Reinhold Merkelbach

Mithras

Reinhold Merkelbach

Mithras

Hain
1984

CIP-Kurztitelaufnahme der Deutschen Bibliothek

Merkelbach, Reinhold:
Mithras / Reinhold Merkelbach. –
Königstein/Ts. : Hain, 1984.
  ISBN 3-445-02329-8

© 1984 Verlag Anton Hain Meisenheim GmbH, Königstein/Ts.
Lithographie: Repro Scheiner, Staudernheim
Satz: Computersatz Bonn GmbH, Bonn
Druck und Bindung: Bercker, Graphischer Betrieb, GmbH, Kevelaer
Printed in West-Germany
ISBN 3-445-02329-8

WOLFGANG WAGNER
in Dankbarkeit
gewidmet

Vorwort

In den Jahren 1896–1898 erschien Franz Cumonts bahnbrechendes Werk „Textes et Monuments figurés relatifs aux mystères de Mithra". Cumont hat die Grundlinien gezogen, denen alle späteren Darstellungen der Mithrasmysterien gefolgt sind.

In diesem Buch wird eine neue Gesamtdarstellung versucht. Seit dem Erscheinen des Werkes von Cumont haben zwei neue Erkenntnisse unser Bild radikal verändert:

(1) Man hat erkannt, daß das persische Wort *mithra* den Sinn „Vertrag" hat. Der Gott trägt also einen redenden Namen und verkörpert den Aufbau der Gesellschaft aus persönlichen, vertragsartigen Beziehungen zwischen einzelnen Menschen. Diese funktionale Bedeutung des Mithraskultes ist auch noch für die römischen Mithrasmysterien charakteristisch.

(2) Bei Ausgrabungen in Ostia ist auf einem Mosaik-Fussboden eine Darstellung mit der siebensprossigen Leiter gefunden worden, welche die sieben Weihegrade der Mysterien darstellt. Auf den sieben Feldern zwischen den Sprossen befinden sich die Symbole der sieben Weihegrade. Wir wissen also nun, welche Symbole zu welchen Weihegraden gehören, und halten den Schlüssel in der Hand um die vielen Symbolgestalten, welche uns auf den Mithrasmonumenten entgegentreten, auf einen der sieben Weihegrade zu beziehen und in ihrer Bedeutung zu enträtseln. Die gesamte Lehre der Mithrasmysterien war in diesen Symbolen niedergelegt.

Aber auch sonst sind die Voraussetzungen für eine Darstellung der Mithrasmysterien heute viel günstiger als zur Zeit Cumonts. Die altpersischen Texte sind weitgehend durch Übersetzungen erschlossen, sodaß man über die persischen Vorstufen viel zuversichtlicher urteilen kann.

Ferner hat sich das archäologische Material mehr als verdoppelt; es sei nur an die Funde in Dura-Europos, Capua und in dem Mithraeum unter S. Prisca in Rom erinnert. Maarten J. Vermaseren hat in seinem grossen Corpus (1956–1960) all diese Monumente zusammengefasst.

Wir können also heute mit ganz anderer Zuversicht als im Jahr 1898 im Umriss ein Gesamtbild der Mithrasmysterien entwerfen. Um dem Leser die Orientierung zu erleichtern, seien die Hauptthesen des vorliegenden Buches in Kürze zusammengefaßt:

Die Mithrasmysterien waren eine Sternenreligion. Die sieben Planeten des geozentrischen Systems waren in eine feste Beziehung zu den sieben Weihegraden der Mysterien gesetzt; dem Aufstieg des lebenden Mysten durch diese sieben Grade entsprach nach seinem Tod ein Aufstieg seiner Seele durch die Sphären der sieben Planeten zum Fixsternhimmel. Die Mithrasreligion ist also eine der Formen gewesen, in denen die kosmische Frömmigkeit der späteren Antike ihren Ausdruck gefunden hat.

Diese Vorstellungen sind uns von den Platonikern her geläufig. Aber es sind auch andere Elemente des Platonismus in die Mithrasmysterien eingegangen. Die Heiligtümer der

Mithrasanhänger waren als Höhlen konstruiert und entsprachen jener Höhle in Platons Staat, in welcher die Menschen als Gefangene angekettet sitzen; ihre Aufgabe ist es, ihre Ketten zu zerbrechen, sich „umzuwenden" *(conversio)* und zum Licht aufzusteigen. Auch die Darstellung des Stieropfers, welche in jedem Mithrasheiligtum zu sehen war, ist aus der platonischen Philosophie zu erklären. Indem Mithras den Stier opferte, erschuf er die Welt. Nun sagt Porphyrios in der Schrift über die Nymphengrotte, daß Mithras als „der Vater und Schöpfer des Alls" angesehen worden ist. Diese Worte sind ein Zitat aus dem Timaios Platons; das Stieropfer durch Mithras steht also in Beziehung zu der Kosmogonie des Timaios.

Die Mithrasmysterien haben zwar ihre Wurzeln in der Religion der Perser, sind aber so stark von griechischen Gedanken durchsetzt, daß sie zu einer neuen Religion wurden.

Man hat sich die Ausbreitung der Mithrasmysterien meist in Analogie zur Ausbreitung des Christentums gedacht. Diese Vorstellung ist falsch; die Mithrasmysten kamen aus ganz anderen sozialen Gruppen als die Christen. Sie haben sich nicht in Gegensatz zum Kult des Kaisers gestellt, sondern eine Religion der Loyalität ausgeübt. Der Großteil der Mithrasanhänger waren kaiserliche Funktionäre der unteren Schichten und Soldaten an den Militärgrenzen, am Rhein, der Donau und am Hadrianswall in Britannien. Das Zentrum des Kultes wird man sich in Rom vorstellen müssen.

Als Kaiser Konstantin das Christentum zur Staatsreligion erhob, konnten loyale Diener des Kaisers nicht mehr Anhänger des Mithras bleiben. So sind die Mithrasmysterien in kurzer Zeit und praktisch ohne Widerstand untergegangen.

Bei der Arbeit an diesem Buch, vor allem bei der Vorbereitung des Bildteils, haben mich viele Freunde und Kollegen unterstützt. Die Direktoren und Mitarbeiter von wohl fünfzig Museen und archäologischen Instituten haben mir bei der Beschaffung der Bildvorlagen geholfen. Ich danke allen diesen Damen und Herren herzlich und bitte um Verständnis dafür, daß ich sie hier nicht namentlich nenne.

Der Standort aller abgebildeten Monumente ist nach den Beschreibungen im Bildteil vermerkt.

Ich kann dieses Vorwort aber nicht schließen, ohne ein herzliches Wort des Dankes an Maarten J. Vermaseren zu richten. Ohne sein grosses Corpus und die in den „Etudes préliminaires aux religions orientales dans le paganisme romain" erschienenen Monographien hätte ich das vorliegende Buch nicht schreiben können. Aber darüber hinaus hat er seit über zwanzig Jahren meine Studien in der uneigennützigsten Weise gefördert. Im Altindischen heißt das Wort *mitra* „Freund"; so hat er sich immer verhalten, und in diesem Sinne grüße ich ihn.

R. Merkelbach

Inhalt

Die römischen Mithrasmysterien

Literatur und Abkürzungen

V = Vermaseren, *Corpus inscriptionum et monumentorum religionis Mithriacae*, 2 Bände, den Haag 1956/1960; es wird nach Nummern zitiert

A.E. = *L'Année Epigraphique*

Becatti, Ostia = *Scavi di Ostia II, I Mitrei, a cura di G. Becatti*, Rom 1954

Bianchi, Mysteria Mithrae = *Mysteria Mithrae. Atti del seminario internazionale ... pubblicati a cura di U. Bianchi*, Etudes préliminiares 80, Leiden 1979

Boyce, A History = M. Boyce, *A History of Zoroastrianism I–II*, Leiden 1975, 1982

C.I.L. = *Corpus Inscriptionum Latinarum*

Cumont = F. Cumont, *Textes et monuments figurés relatifs aux mystères de Mithra I–II*, Bruxelles 1896–1898

Dessau = *Inscriptiones Latinae selectae*, Berolini 1892–1916

J. Duchesne-Guillemin, *La religion de l'Iran ancien*, Paris 1962

Etudes mithriaques = *Acta Iranica, Première série, vol. IV Etudes mithriaques, Actes du 2ᵉ congrès international*, Téhéran 1975, Leiden – Téhéran – Liège 1978 (Rédacteur en chef: J. Duchesne-Guillemin)

Etudes préliminaires = *Etudes préliminaires aux religions orientales dans l'empire romain, publiées par M. J. Vermaseren*, Brill, Leiden

K. F. Geldner, *Die zoroastrische Religion (Das Avesta)*, bei A. Bertholet, *Religionsgeschichtliches Lesebuch²*, Tübingen 1926, Heft 1

Journal of Mithraic Studies 1–2 (Editor R. L. Gordon), London 1976/9

Mithraic Studies = *Mithraic Studies, Proceedings of the First International Congress of Mithraic Studies*, 2 vols. (Editor John Hinnels), Manchester 1975

H. S. Nyberg, *Die Religionen des alten Iran*, 1938, Nachdruck Osnabrück 1966

O.G.I. – Dittenberger, *Orientis Graeci Inscriptiones selectae*, 1903–5

R.E. = Pauly-Wissowa-Kroll, *Realencyclopädie der classischen Altertumswissenschaft*

E. Schwertheim, *Die Denkmäler orientalischer Gottheiten im römischen Deutschland*, Etudes préliminaires 40, Leiden 1974

R. Turcan, *Mithras Platonicus*, Etudes préliminaires 47, Leiden 1975

R. Turcan, *Mithra et le mithriacisme*, Paris 1981

XVI

Vermaseren, *Mithriaca I–IV* (Etudes préliminaires 16):
I The Mithraeum at S. Maria Capua Vetere, 1971
II The Mithraeum at Ponza, 1974
III The Mithraeum at Marino, 1982
IV The Mithraeum of Ottaviano Zeno, 1978

Vermaseren-van Essen = M. J. Vermaseren and C. C. van Essen, *The Excavations in the Mithraeum of the Church of Santa Prisca in Rome,* Leiden 1965

G. Widengren, *Iranische Geisteswelt von den Anfängen bis zum Islam,* Baden-Baden 1961

G. Widengren, *Die Religionen Irans,* Stuttgart 1965

R. C. Zaehner, *The Teachings of the Magi, A Compendium of Zoroastrian Beliefs,* London 1956

R. C. Zaehner, *The Dawn and Twilight of Zoroastrianism,* London 1961

Die Schrift des Porphyrios *De antro nympharum* wird jeweils nach zwei Editionen zitiert:
Porphyrii philosophie Platonici opuscula selecta, iterum recognovit A. Nauck, Lipsiae 1886

Porphyry, The Cave of the Nymphs in the Odyssey. A Revised Text with Translation by Seminar Classics 609, State University of New York at Buffalo. Arethusa Monographs, published by the Department of Classics, State University of New York at Buffalo I, 1969. – Diese Edition ist besorgt von John M. Duffy, Philip F. Sheridan, Leendert G. Westerink und Jeffrey A. White. Da der Spiritus rector der Edition offensichtlich Prof. Westerink gewesen ist, zitiere ich diese Edition unter Beifügung des Buchstabens „W."

Der Gott der Jagd, des Bundes und des Opfers

Mithras als Jäger[1]

Die Stadt Dura-Europos am Euphrat war zwischen 165 und 256 eine römische Grenzfestung gegen die Parther. Sie war besetzt durch abkommandierte Teile zweier Legionen und durch Hilfstruppen, unter denen vor allem syrische Bogenschützen zu nennen sind. Bei den Ausgrabungen wurde ein Mithrasheiligtum mit sehr gut erhaltenen Fresken gefunden. Zwei dieser Gemälde zeigen den Gott Mithras als berittenen Bogenschützen in persischer Tracht, wie er die vor ihm fliehenden Tiere mit seinen Pfeilen erlegt (Abb. 17 = V 52). In den Rücken aller Tiere stecken bereits die Geschosse des Gottes, die nie fehltreffen. Zwei Helfertiere begleiten den Jäger, eine Schlange, die sich unter dem Pferd ringelt, und ein Löwe, der dem Mithras sozusagen als ein großer Jagdhund vorausläuft. Zum Verständnis ist zu sagen, daß der vierte Grad der Mithrasmysten „Löwe" hieß und daß die meisten Mithrasdiener nach relativ raschem Durchlaufen dreier vorbereitender Grade in den Rang des „Löwen" aufrückten. Die Schlange ist, wie sich später zeigen wird, Repräsentant des zweiten Grades der Mithrasmysten.

Aus den germanischen Provinzen sind mehrere Reliefdarstellungen des jagenden Mithras erhalten. Ein drehbares Relief aus Rückingen bei Hanau (Abb. 128/9 = V 1137) zeigt auf dem oberen Feld der Rückseite den jagenden Gott mit dem Lasso in der Hand zwischen den fliehenden Tieren. Auf der Vorderseite sieht man, wie der Jäger den Stier erjagt hat und ersticht. Das untere Feld der Rückseite stellt das anschließende Mahl des erfolgreichen Jägers Mithras (rechts vom Betrachter) und des Sonnengottes Sol (links vom Betrachter) dar. Die Haut des Stieres ist abgezogen und als Decke über den Tisch gebreitet, der Sonnengott hält in der erhobenen rechten Hand das Horn des Tieres als Trinkgefäß. Zwei Diener in persischer Tracht reichen den beiden Göttern die Speisen.

Auch ein Relief aus Dieburg (Abb. 122 = V 1247) zeigt im Mittelfeld den Gott auf der Jagd, umgeben von Hunden. Eine lokale Angleichung an den wilden Jäger der Germanen ist wahrscheinlich.

Auf dem Relief von Neuenheim bei Heidelberg (Abb. 117 = V 1289) reitet der mithrische Heliodromus um den Kosmos, den Globus in der Hand. Sein Mantel bauscht sich zum Rund auf und stellt das Firmament dar; Löwe und Schlange begleiten ihn, wie auf dem Relief in Dura-Europos.

Mehrere drehbare Reliefs zeigen auf der Vorderseite, wie der Gott den Stier erjagt, und auf der Rückseite das anschließende sacrale Mahl. So sieht man auf der Vorderseite des Reliefs von Heddernheim bei Wiesbaden (Abb. 101 = V 1083) den Stiertöter und auf der Rückseite (Abb. 103) im Hauptfeld den Sonnengott, Mithras und die beiden Diener beim Mahl über dem erlegten Stier; darüber eine beschädigte Darstellung des jagenden Gottes.

---

1 Die hier entwickelten Gedanken habe ich dargelegt in den „Hommages à Maarten Vermaseren" II 757–764 (Etudes préliminaires 68, Leiden 1978); vgl. auch „Weihegrade und Seelenlehre der Mithrasmysterien", Opladen 1982.

Auf dem Relief aus Konjic in Dalmatien (Abb. 148 = V 1896) ist auf der Vorderseite
die Tötung des Stiers dargestellt; auf der Rückseite sitzen Mithras und der Sonnengott
beim Mahl, die Hörner in der Hand. Der Tisch vor ihnen ist mit der Haut des Stieres
bedeckt, davor steht ein Dreifuß mit vier kleinen, eingekerbten Brotlaiben. An dem Mahl
nehmen fünf Diener in den Masken der Mysten teil: Links der Rabe *(corax)* und der
„Perser", vorn kauernd ein kleiner Löwe, ganz rechts ein Mann mit großer Löwenmaske.
Der Kopf der zweiten Figur von rechts ist zerstört; es muß entweder der Grad des „Soldaten", des *miles*, oder der des *Nymphus* dargestellt worden sein.

Es ist also klar, daß die Jagd, das Erlegen des Tieres und das anschließende Festmahl der
erfolgreichen Jäger zusammengehören, und man darf sagen: Mithras galt als der Gott
einer Gruppe von Männern, die gemeinsam jagen. Hier eröffnet sich ein Blick auf weit
zurückliegende Zeiten. Die Jäger sind die älteste organisierte Männergruppe, der älteste
„Bund". Sie schließen ihre Gemeinschaft zum Zweck der Jagd, denn in der Gruppe können sie ihren Zweck viel besser erreichen als einzeln, und in vielen Fällen wird der Erfolg
überhaupt erst in der Gruppe möglich. Wenn die Jagd erfolgreich war, wird das Tier
zerlegt und gegessen. Das Essen ist der Zweck der ganzen Veranstaltung, zum Zweck des
Essens hatte sich die Gruppe gebildet. Aber erst der Erfolg – das Erlegen des Tieres und
das gemeinsame Mahl – konstituiert die Gruppe definitiv. Wir greifen hier also einen
Zusammenhang, der sehr alt ist: Gruppenbildung zum Zweck der Jagd – Jagd – Erlegen
des Tieres – gemeinsames Mahl – definitive Konstituierung der Gruppe – Jagd – usw. im
Kreis.[2] Der Gott Mithras versetzt uns zwar nicht nach seinem Namen, wohl aber nach der
Typologie und den besprochenen funktionalen Zusammenhängen zurück in sehr alte Zeiten der Menschheit.

Mithra als Gott des Bundes und des Vertrages

Immerhin ist auch der Name des Gottes relativ alt. In einer Tontafel aus dem 14. Jahrhundert aus Boghaz-Köy (in der Türkei) wird Mithras als Garant eines Vertrages angerufen.[3]
Der Gott trägt einen redenden Namen: Im alten Persischen (Avesta) bedeutet das Wort
mithra-[4] „Vertrag."[5] Natürlich ist nicht ein schriftlicher Vertrag im Sinne des französi-

2 Für diese Zusammenhänge sei verwiesen auf W. Burkert, Homo necans (Berlin 1972; englische
  Übersetzung Berkeley 1983).
3 V 16; vgl. Thieme, Journal of the American Oriental Society 80, 1960, 301–317 = Kl. Schr. I
  396–412.
4 Die indische Form des Götternamens ist *Mitra*-, die lautgesetzlich entsprechende persische
  Mithra-; man schreibt nach der Lehre der indischen Grammatiker nur den Stamm der Substanti-
  ve, ohne Casusendung. Den Gott der römischen Mysterienreligion nennen wir Mithras (mit der
  Endung des Nominativs).
5 Meillet, Journal asiatique 1907 II 143–159; Lommel, Die Yäst's des Awesta (Göttingen 1927)
  61 ff.; Thieme, Mitra und Aryaman, Transactions of the Connecticut Academy of Arts and Sciences 41, 1957, 1–96; derselbe in „Mithraic Studies" I 21–33 und in „Etudes mithriaques" 501–510;

schen Wortes ‚traité' gemeint, sondern eine bindende mündliche Vereinbarung im Sinne von ‚contrat'. Die Vorstellung von Mithras als einem Gott des Bundes und des Vertrages ist also sehr alt.

Im Griechischen gibt es eine Vokabel μίτρα, welche bei Homer einen metallenen Schutzgurt und im späteren Griechisch die Stirnbinde vor allem der Könige bezeichnet; das Wort ist dann auf die Mütze der christlichen Bischöfe übertragen worden. Es ist mit dem Suffix -tr- gebildet, welches ein „Mittel um etwas zu tun" bezeichnet; so ist μέτρον ein Mittel um zu messen, *aratrum* ein Mittel um zu pflügen, θέατρον ein Mittel um zuzuschauen und δίοπτρον ein Mittel um hindurchzuschauen. Das griechische Wort μίτρα bezeichnet also ein „Mittel um zusammenzubinden". Das entsprechende persische Wort *mithra-* ist ein solches Wort in prägnanterem Sinn, der bindende Vertrag.

Vertrag und Opfermahl

Der Bund der Jäger wurde erst definitiv konstituiert, als man das erjagte Tier zusammen aß. Auch spätere Bünde sind in der Regel durch eine gemeinsame Mahlzeit konstituiert worden; ich führe hierfür nur ein einziges Beispiel an, das Wort „Gilde", mit dem das gemeinsame Mahl der Gruppe bezeichnet wird. Bei fortgeschritteneren gesellschaftlichen Zuständen ist es nicht nötig hierfür erst auf die Jagd zu gehen; man muß allerdings vorher ein Haustier schlachten.

Nun war das Schlachten der Tiere in alter Zeit immer ein rituelles Opfern; wer das Opfer vollzog, konnte den Bund stiften; er war der „Chef" der Gruppe. Noch in der griechischen Komödie haben sich die Köche gerühmt, daß ihr Beruf heilig sei,[6] – weil sie das Opfer des Tieres vollzogen, welches die Vorbedingung für das gemeinsame Mahl war. Für das Abschließen eines Bündnisses sagte man im Lateinischen *foedus ferire*, ein Bündnis schlachten, und im Griechischen ὅρκια τέμνειν, Eide schneiden (= schlachten).[7]

Gershevitch, The Avestan Hymn to Mithra (Cambridge 1959) 26 ff.; in den „Etudes mithriaques" die Beiträge von Bonfante (47–57), Mayrhofer (317–325), Puhvel (335–343), H. P. Schmidt (345–393); Mary Boyce, A History I 24 ff. (sie übersetzt: pact, contract, covenant und loyalty).

6 Menander, Dyskolos 646 ἱεροπρεπὴς πῶς ἐστιν ἡμῶν ἡ τέχνη.

7 Hier sei auf drei Parallelen verwiesen, die mir begegnet sind; man wird vermutlich viel mehr finden können.

(a) Germanisch: Auf dem Bildstein von Lärbro-Tängelgarda I in Gotland stehen in der zweiten Reihe von oben zwei Männer mit gezückten Schwertern, zwischen sich einen geschlachteten Eber, und leisten sich einen Eid (Hauck in Hoops Reallexikon der germanischen Altertumskunde II Tafel 67 neben Seite 593; Erklärung auf S. 594 „Eidesleistung auf den Eber").

(b) Mongolisch: Als sich im Jahr 1628 der ostmongolische Stamm der Karadschin den Mandschus unterwarf, fand eine feierliche Zeremonie statt. Man brachte Himmel und Erde ein Opfer dar und leistete den Treueschwur: Beide Parteien schlachteten dem Himmel ein weißes Pferd, der Erde ein gelbes Rind und ließen in eine Schale Fleisch, in eine Schale Blut und in eine Schale blanke Knochen hineintun. Bei Himmel und Erde leisteten sie das Versprechen und beschworen

Das Stieropfer des Mithras

Vertrag, Opfer und Mahl gehören also zusammen. Da nun (a) Mithra der Gott des Vertrages ist, und (b) die Großtat des Mithras in den römischen Mithrasmysterien das Opfer des Stieres war, wird man ohne Bedenken folgern, daß der enge Zusammenhang von Vertrag, Opfer und Mahl auch für die Mithrasreligion gilt.[8] In allen Mithrasheiligtümern der römischen Zeit befand sich an der zentralen Stelle des Raums in Relief oder als Fresko ein Bild des Stieropfers. Der Gott hat den weißen Stier erjagt, ist auf seinen Rücken gesprungen und faßt mit der linken Hand in die Nüstern des Tieres, seinen Kopf hochziehend; der Griff in die Nüstern macht das Tier fast wehrlos. Mit der rechten Hand sticht der Gott sein persisches Kurzschwert in die Halsschlagader des Tieres. Aus der Wunde tritt das heilige Blut; der Gott selbst blickt mit leidvollem Antlitz nach rückwärts; er hat den Stier nur ungern geopfert. Der Stier trägt oft Bänder um den Leib; dies weist darauf hin, daß er schon als domestiziert gedacht wird.

Die weiteren Einzelheiten der Kultbilder werden später noch genauer erläutert. Hier sei nur gesagt, daß das Stieropfer als die große Tat des Gottes Mithras galt und daß aus diesem Stieropfer die Welt entstanden ist.

es: „Wenn die Karadschin jene Worte übertreten und mit dem Mandschu-Reiche uneinig (werden) ... und so vor Himmel und Erde schuldig sind, so soll es allen ... schlecht ergehen – ihr Leben sei kurz! Wie jenes Blut trete Blut hervor und sie sollen sterben; in die Erde vergraben mögen sie jenen Gebeinen gleich vertrocknen. Wenn sie aber den Himmel und Erde geschworenen Eid einhalten, mögen Himmel und Erde gütig sein und Leben und Glück lange währen lassen" (W. Heissig, Bolur Erike „Eine Kette aus Bergkristallen", eine mongolische Chronik der Kienlung-Zeit, Peiping 1946, S. 96 Anmerkung).

(c) Chinesisch: Françoise Aubin, „Cheval céleste et bovin chtonien", in: „Quand le crible était dans la paille ..., Hommage à P. N. Boratav" (Paris 1978, S. 37–63) gibt mehrere interessante Parallelen. In dem historischen Roman von den drei Königreichen (San-kuo yen-i) verschwören sich drei Männer zum Aufstand: „Les trois hommes décident de se regarder mutuellement comme frères jurés ... et de prendre le ciel et la terre à témoin du serment qu'ils en font. Alors, ‚ils préparèrent un bovin noir et un cheval blanc et autres articles nécessaires au rite sacrificiel' "; sie schwören: „Que le Ciel-Empereur et la Terre-Impératrice scrutent réellement nos coeurs. Si nous tournons le dos à notre foi, si nous sommes oublieux à notre affection, que le Ciel et les hommes, ensemble, nous frappent à mort" (S. 37/38). Vgl. S. 42: „Le rite ... garantit toujours un serment imprécatoire d'alliance et d'engagement politique"; S. 48: „la vieille coutume de la fraternité jurée que (le rite) renforce par un festin communautaire de consommation de la chair et du sang des animaux sacrifiés" (Hinweis von W. Heissig).

8 Vgl. M. Boyce, A History 148: „To this day Zoroastrians put all major acts of worship, which are invariably accompanied by offerings (Opfer), under the protection of Mithra, lord of the contract".

Mithra
in der Religion
der Perser

I. Das Stieropfer*

Gehörte das Stieropfer schon zur Religion der alten Perser?

Alle Wahrscheinlichkeit scheint dafür zu sprechen, daß dieses mythische Bild aus dem persischen Altertum stammt und daß das Stieropfer in der alten Zeit auch wirklich vollzogen wurde.

Diese Erwartung wird dadurch verstärkt, daß es auch im alten Indien einen Gott Mitra gibt, der ebenfalls Gott der Freundschaft und des Vertrages ist. Der indische Mitra ist beteiligt am Opfer eines Gottes Soma, von dem es unter anderem heißt, daß er ein Stier sei. Wir kommen darauf zurück.

Nun waren die Kulturen der ältesten Iranier und der ältesten Inder außerordentlich ähnlich. Ihre Sprachen waren eng miteinander verwandt, so eng, daß man sie als verschiedene Dialekte derselben Sprache bezeichnen kann; das Verständnis der ältesten iranischen Texte, des Avesta, ist im wesentlichen aus dem Vergleich mit den ältesten indischen Texten, dem Veda, gewonnen worden. Auch die Religionen der beiden Völker müssen in der ältesten Zeit sehr ähnlich gewesen sein. Beide Völker hatten polytheistische Religionen; und nicht nur der Gott Mithra ist ihnen gemeinsam gewesen, sondern auch viele andere Götter. Man wird zu der Annahme gedrängt, daß auch der altiranische Gott Mithra, ganz wie der indische Mitra und der römische Mithras, den Stier geopfert hat.

Es wird sich zeigen, daß diese Annahme richtig ist. Aber die Frage ist unter den Gelehrten so heftig umstritten, daß wir nicht darauf verzichten können, die Argumente sorgfältig zu erörtern. Es ist nämlich kein einziger altiranischer Text erhalten, in welchem ausdrück-

---

* Ich benütze die folgenden Übersetzungen persischer Texte:

H. Lommel, Die Gathas des Zarathustra, Basel 1971

Die Yäšt's des Awesta, übersetzt von H. Lommel, Göttingen 1927

Fritz Wolff, Avesta, übersetzt auf der Grundlage von Chr. Bartholomae's Altiranischem Wörterbuch, 1910.

Für den Mithra-Yäšt s. unten S. 11, Anm. 5

Für die Inschriften der Achämeniden siehe

R. G. Kent, Old Persian: Grammar, Texts, Lexicon, ²New Haven 1953.

Ausgewählte Quellentexte in Übersetzung: Siehe die im Literaturverzeichnis aufgeführten Bücher von K. F. Geldner, R. C. Zaehner (The Teachings) und G. Widengren (Iranische Geisteswelt).

Die griechischen und lateinischen Quellen sind zusammengestellt von C. Clemen, Fontes historiae religionis Persicae, Bonn 1920.

Darstellungen der persischen Religion: Siehe die im Literaturverzeichnis aufgeführten Werke von M. Boyce, J. Duchesne-Guillemin, H. S. Nyberg, G. Widengren (Die Religionen) und R. C. Zaehner (The Dawn and Twilight). Eine knappe Übersicht bei M. Eliade, Histoire des croyances et des idées religieuses I (1978) 316–347 und II (1978) 294–315. Für Zarathustra s. unten S. 20, Anm. 36

lich vom Stieropfer des Mithra gesprochen wird.[1] Nur jungiranische Texte erzählen von dem Opfer des Stiers; und es ist nicht Mithras, der die Tat vollbringt, sondern Ahriman, der böse Widersacher des guten Gottes Ohrmazd (Ahura Mazda). Allerdings sind überhaupt keine Texte der alten, polytheistischen iranischen Religion erhalten, ganz anders als in Indien, wo die Veden uns einen deutlichen Einblick in die ältesten religiösen Verhältnisse erlauben.

Zarathustra und das Stieropfer

Die ältesten erhaltenen iranischen Texte sind die Hymnen (Gathas) des großen Propheten Zarathustra, der etwa im 7. Jahrhundert v. Chr. gelebt hat; ein genaues Datum ist nicht bekannt. Zarathustra hat eine reinere, neue Religion eingeführt und sich heftig gegen den traditionellen Opferkult des alten Polytheismus gewendet. Er erkennt nur einen einzigen Gott an, Ahura Mazda, den „Weisen Herrn". Wie groß der Bruch in den religiösen Vorstellungen der Perser gewesen ist, kann man an der Tatsache ermessen, daß das aus indoeuropäischer Zeit ererbte Wort für „Götter", *daivas*, welches uns aus dem lateinischen *divi* vertraut ist, im (nachzarathustrischen) Persischen bedeutet: „Götzen, Dämonen, feindliche Wesen". Den Gott Mithra nennt Zarathustra nicht. Aber er wendet sich leidenschaftlich gegen das Stieropfer und gegen den Rauschtrank Hauma (Haoma), der zum Stieropfer gehörte; beide sind, wie wir sehen werden, für den Mithraskult charakteristisch.

Wegen der Götzen, sagt Zarathustra, geben die Priester das Rind dem Mordrausch[2] preis (Yasna 44,20). Sie vernichten mit Freudenrufen das Leben des Rindes und rufen: „Das Rind muß getötet werden, damit zu unserer Hilfe der Todabwender[3] (das Hauma) aufflamme" (Yasna 32,12 und 14). Mit diesem Frevel hat schon der Urmensch der Iranier, Yima, begonnen: „Dieser Frevler einer ist, wie bekannt, auch Yima ..., der unsere Leute erfreuen wollte, indem er Stücke von Rindfleisch aß (und verteilte)" (Yasna 32,8). Zarathustra verklagt diejenigen, welche Gefallen daran finden, das Rind zu quälen (zu schlachten; Yasna 51,14); ein berühmtes Gedicht (Yasna 29) enthält die Klage der Seele des Stie-

---

1 Es gibt einen griechischen Text, aber er ist unbenützbar. Herodot I 131/2 berichtet, daß der Gottheit Mitra Tiere geopfert werden und daß dazu ein Priester die Theogonie singt, also den Mythos von der Entstehung der Götter und der Welt. Dies würde gut dazu passen, daß aus dem Stieropfer des Mithra die Welt entsteht. Aber der Vater der Geschichte meint, Mitra sei eine weibliche Gottheit. Wahrscheinlich haben ihm, als er den Satrapenhof in Sardis besuchte, seine persischen Gewährsmänner von dem Tieropfer an Mithra erzählt, und er hat gemeint, sie sprächen von Μήτρα, der in ganz Kleinasien und dem Orient verehrten Muttergöttin; das lange –e– wurde schon im Altgriechischen so ausgesprochen, daß es einem –i– ähnlich klang. Jedenfalls kann man diese Stelle des Herodot nicht als Beleg für ein Tieropfer für Mithras verwenden.

2 *Aishma daiva* ist der Teufel *Asmodaios* des Alten Testaments.

3 Der Sinn des Wortes ist nicht ganz klar; es ist aber sicher, daß vom Haumatrank gesprochen wird. Vgl. unten S. 12/13 mit Anm. 15, auch S. 14 und 17.

res darüber, daß er dem Mordgrimm (Aishma) ausgeliefert ist. Den Rauschtrank (Hauma), den man bei der Mahlzeit genoß, bezeichnet der Prophet in heiligem Eifer als „Harn" (Yasna 48,10).

Der jüngere Zoroastrismus

Nach dem Tod des Zarathustra hat sich seine Religion nach und nach über das ganze Perserreich ausgebreitet; aber gleichzeitig wurden Elemente aus den alten volkstümlichen Kulten in die Religion des Propheten aufgenommen. Es entstand eine Mischreligion, welche man mit dem Namen „Zoroastrismus" bezeichnet.[4] In dieser Religion war wieder Platz für die alten Götter aus der polytheistischen Zeit, welche dem Volk, den Kriegern und dem Adel so sehr am Herzen lagen: Für Anahita-Artemis, die Göttin der Wasser und der Bäume; für Hauma (Haoma), den Gott des Rauschtranks; für die Ahnengeister; für die Drachensieger Verethragna (griechisch Artagnes) und Thraitauna (Thraetaona, später Feridun); und vor allem natürlich für Mithra. Diese Religion ist uns bekannt aus den Götterhymnen des Avesta, den Yäshts.

Diese Texte lassen bis zu einem gewissen Grad Rückschlüsse auf jenes polytheistische Stadium der persischen Religion zu, welches dem Auftreten des Zarathustra vorauslag. Wenn zum Beispiel im Hymnus auf Mithra der Name des Gottes soviel wie „Vertrag" bedeutet, und wenn in den ältesten indischen Texten Mitra bedeutet: „Freund durch Vertrag", dann ist klar, daß der Gott schon in der indoiranischen Frühzeit bei beiden Völkern den Gott „Vertrag" dargestellt hat.

Aber für unsere spezielle Frage, ob das Stieropfer des Mithra Bestandteil der vorzarathustrischen Religion gewesen sei, helfen die Götterhymnen nicht weiter. Wir haben einen großen Yäsht auf Mithra, der die Macht des Gottes eindrucksvoll preist;[5] aber das Stieropfer kommt in diesem Hymnus nicht vor.

Im täglichen Leben müssen zu allen Zeiten Rinder geschlachtet worden sein. Zum Beispiel berichtet der christliche, armenische Historiker Elishe Vardapet über den sassanidischen, dem Zoroastrismus anhängenden König Yazdagird II. (438–457 n. Chr.), daß er ein großes Rinderopfer veranstaltet habe.[6]

Das Stieropfer muß im ältesten Iran ein großes Fest gewesen sein. Die Teilnehmer aßen das Fleisch des Tieres und tranken den Rauschtrank Hauma (Haoma); solche Mahlzeiten müssen schon zu den Zeremonien der ältesten, polytheistischen Religion Irans gehört haben. Daß sie zum Kult des Mithra gehört haben, ist sehr wahrscheinlich.

---

4 Zarathuštra ist die persische, Zoroastres die griechische Form des Namens; dementsprechend hat H. Lommel vorgeschlagen, das Wort „Zoroastrismus" für die abgeleitete Form der Religion des Propheten zu benützen.

5 Sonderausgabe: The Avestan Hymn to Mithra, by I. Gershevitch, Cambridge 1959.

6 V. Langlois, Collection des historiens anciens et modernes de l'Arménie II (Paris 1869) 187.

Das Stieropfer im Buch „Schöpfung" (Bundahishn)

Ein ausführlicher Bericht über den Tod des ersten Stiers findet sich in dem Buch Bunda-hishn (dies bedeutet: Schöpfung), welches erst aus der Zeit nach Christi Geburt stammt, aber alte Traditionen verwendet.[7]

Der gute Gott Ohrmazd (die spätere Form von Ahura Mazda) hatte das Rind erschaffen, „weiß und glänzend wie der Mond" (1,49);[8] aber später dringt der Böse (Ahriman) in die Welt ein, und Ohrmazd sieht voraus, daß er das Rind schlachten wird. So gibt er dem Rind Hanf zu fressen und führt damit eine Haschisch-Narkose herbei, „damit ihm das Unrecht der Tötung und der Kummer des Leidens vermindert werde" (Kap. 4).[9] Aus dem Rind wird dann alles Kleingetier geschaffen, ferner 55 Sorten Getreide und 12 Arten Heil-pflanzen.[10] Der Samen des Rindes wurde auf den Mond gebracht und dort gefiltert; er enthält die Keime alles Lebens.[11] Die Seele des Rindes wird alle irdischen Kreaturen näh-ren und als das wohltätige Tier im stofflichen Leben wieder geschaffen werden.[12]

Wenn es also hier zwar der Böse ist, der das Rind tötet, so schafft er doch damit das Leben; und indem Ohrmazd das Tier vorher betäubt, wirkt er sogar in gewissem Maß an der Tötung mit. An einer Stelle des Bundahishn heißt es sogar: „Die ganze Schöpfung wurde durch das Opfer geschaffen".[13]

Aber in diesem Buch kommt noch ein zweites Stieropfer vor, im Bericht über die Letz-ten Tage. Es wird dann ein Heiland (Saushyant, Saoshyant) kommen und die Toten wie-der erwecken; er „wird mit seinen Helfern für die Wiederherstellung der Toten ein Opfer vollziehen, und bei diesem Opfer werden sie den Stier Hatayosh schlachten. Von dem Fett dieses Stieres und vom weißen Hom (Hauma) bereiten sie den Unsterblichkeitstrank und geben ihn allen Menschen; und alle werden unsterblich werden".[14]

Hier ist es also der Heiland und nicht der Böse, der das Stieropfer vollzieht; und der letzte Satz erinnert an jenen Ruf, welchen nach Zarathustra (Yasna 32,14) die Schlächter des Rindes voller Freude ausstoßen: „Das Rind muß getötet werden, damit zu unserer Hilfe der Todabwehrer (das Hauma) aufflamme".[15] Was Zarathustra verabscheut hatte,

---

7   Zand-Akasih, Iranian or Greater Bundahišn, transliteration und translation by B. T. Aklesaria, Bombay 1956. Viele Kapitel sind einzeln übersetzt worden; diese Übersetzungen werden unten jeweils angeführt.

8   R. C. Zaehner, Zurvan, A Zoroastrian Dilemma, Oxford 1955, 319; The Dawn and Twilight of Zoroastrianism 262/3; Widengren, Iranische Geisteswelt 69. – Auf den römischen Fresken ist der Mithrasstier immer weiß; im Veda sind die Opfertiere für Mitra ebenfalls weiß.

9   Zaehner, The Teachings of the Magi 48; Widengren, Iranische Geisteswelt 73.

10 Kap. 6 E, 1 (Anklesaria S. 81).

11 Kap. 2, 10 (Anklesaria S. 33); Kap. 6 E, 2–3 (Anklesaria S. 81).

12 Kap. 4 a, 6 (Anklesaria S. 55).

13 Kap. 3, 20 (Zaehner, Zurvan [s. Anm. 8] 336) By the performance of sacrifice all creation was created.

14 Kap. 34 (Zaehner, The Teachings of the Magi 148/9 als § 17; Geldner, Die zoroastrische Reli-gion 49 als § 24; Anklesaria 289/291 als § 23; Widengren, Iranische Geisteswelt 220). Vgl. Zaeh-ner, The Dawn and Twilight 318.

vollbringt im Bundahishn der Heiland. Charakteristisch ist auch die Verbindung von Stieropfer und Haumatrank.

Soweit die iranischen Belege über das Stieropfer.

Zwei Theorien über das Alter des Stieropfers in Iran

Zwei hervorragende Kenner, Franz Cumont und Ilya Gershevitch, haben aus diesen Stellen folgenden Schluß gezogen: Wenn die iranischen Quellen nur von der Tötung des Stiers durch den Bösen (Ahriman) wissen und wenn das Stieropfer des Mithras nur in den römischen Mithrasmysterien vorkommt, dann ist die Tötung des Stiers durch Ahriman das Primäre; daß in Rom Mithras den Stier opfert, beruht nach Cumont und Gershevitch auf sekundärer Änderung. – Diese Annahme berücksichtigt nicht die Tatsache, daß zwischen Opfer und Vertrag (= Mithra) ein innerer Zusammenhang besteht; zu Mithra-Vertrag wäre das Stieropfer erst sekundär und zufällig hinzugetreten. Ferner kommt im Bundahishn nicht nur die eine Tötung des Stiers durch Ahriman vor; vielmehr wird dort auch erzählt, daß am Ende aller Tage ein Heiland den Stier opfern und dadurch den Menschen Unsterblichkeit verschaffen wird. Man wird über diese zweite Tötung des Stiers doch nicht sagen: „Auch dies ist eine sekundäre Änderung, denn das Töten des Stiers ist eine Tat des Bösen". Überdies gibt es mehrere parallele Mythen und Riten über kosmogonische Opfer bei anderen Völkern, die wir unten (S. 193–6) betrachten werden; immer sind es gute Götter, welche diese Schöpfungstat vollbringen. Zum selben Schluß führt, daß Mithra Beziehungen zur Sonne, daß die Kosmogonie Beziehungen zum Sonnenaufgang hat.

Die zweite Möglichkeit, den Befund zu erklären, geht von der umgekehrten Voraussetzung aus und lautet: Stieropfer und Haumatrank haben in der alten, polytheistischen Religion der Perser zum Kult des Gottes Mithra (Vertrag) gehört. Zarathustra hat das Stieropfer verboten; aber man hat es den Persern nicht auf die Dauer nehmen können, und so ist es in der zoroastrischen Phase der Religion wieder eingeführt worden. Man hat es freilich, das Verbot des Propheten wenigstens insoweit beherzigend, im Mithra-Yäsht nicht erwähnt und im Bundahishn wenigstens das erste der Stieropfer dem Ahriman zugeschrieben, nicht dem Mithra; und das zweite Stieropfer, am Ende der Tage, war noch einigermaßen weit entfernt. Aber in anderen Kreisen, von denen wir keine direkte Überlieferung haben, hat man das Stieropfer wie ehemals im Mithrakult vollzogen; und von diesen Mithraverehrern hängen die römischen Mithrasmysterien ab. – Dies ist die Ansicht von A. Loisy[16] und H. Lommel.[17]

H. Lommel hat die Vermutung geäußert, daß schon in einem uns schwer verständlichen Vers des Zarathustra eine Anspielung auf das Stieropfer im Mithrakult vorkomme. Der

---

15 Man könnte vermuten, daß Hanf verdampft wird. Dann wäre eine der Erscheinungsformen des Hauma-Rausches eine Betäubung durch Haschisch. Für den Hanfrausch der Skythen – eines iranischen Stammes – s. Herodot IV 74/5 mit den Erklärungen von E. Rohde, Psyche II 17,1 und K. Meuli, Ges. Schr. II 818/9; bei den Massageten Herodot I 202, 2.

16 Les mystères paiens et le mystère chrétien (Paris 1930) 187,2: „Dans le Boundahish, c'est Ahri-

Text lautet, uns zunächst völlig rätselhaft: „Der Mann wahrlich verdirbt die rechte Lehre, der sagt: ,Das Rind und die Sonne sind das Schlechteste, das man mit Augen sehen kann' " (Yasna 32,10). Wie kann Zarathustra irgendjemand unterstellen, daß er so etwas Unsinniges sagt? Lommel erklärt die Stelle so: Die Leute sagen, daß Mithra, d. h. die Sonne,[18] das Rind getötet habe. Nun tut aber nach der Lehre des Zarathustra derjenige eine böse Tat, der ein Rind tötet. Wenn man also dem Mithra, der Sonne, zuschreibt, er habe das Rind getötet, so kommt man in die größten Schwierigkeiten: Entweder hat Mithra, die Sonne, etwas Böses getan, was undenkbar ist; oder man muß, um Mithra-Sonne zu entlasten, behaupten, das Rind sei schlecht; was ebenso unsinnig wäre. Was die Leute über das Opfer des Rindes durch Mithra sagen, ist eben verkehrt.[19]

Mir persönlich leuchtet diese Interpretation ein. Ich habe sie aber nur der Vollständigkeit halber angeführt, und sie soll in unseren weiteren Überlegungen keine Rolle spielen, da sie von Gershevitch leidenschaftlich bestritten worden ist.[20] In eine philologische Streitfrage zwischen zwei Avesta-Kennern kann ich als Außenseiter nicht eingreifen.[21] Die Richtigkeit der Lommel'schen Anschauung über das Alter des Stieropfers läßt sich aber durch eine weitere Gruppe von Zeugnissen erweisen.

Mitra in Indien

Der Gott Mitra kommt, wie oben gesagt, auch in den indischen Veden vor. Dies ist wichtig für unser Urteil über den iranischen Polytheismus, welcher dem Auftreten des Zarathustra vorausliegt und der von uns nur durch Rekonstruktion erreicht werden kann. Für solche Rekonstruktionen hat die vergleichende Sprachwissenschaft Methoden ausgebildet,

man qui cause la mort du taureau. Ce n'est pas motif pour supposer que les prêtres de Mithra auraient substitué leur dieu à Ahriman. La correction du mythe est bien plutôt de la tradition plus récente, qui a eu scrupule de faire tuer par un dieu lumineux et bon le taureau divinisé. Mais il n'est pas possible que la tradition primitive ait attribué au dieu de la mort et des ténèbres l'acte qui introduit la vie dans le monde."

17 Die Religion Zarathustras (Tübingen 1930) 182–4; Paideuma 3 (1949) 207–218 = Kl. Schr. 199–210 („Mithra und das Stieropfer").

18 Über die Beziehungen des Mithra zur Sonne s. unten S. 24/5

19 Lommel, Oriens (Zeitschrift) 15, 1962, 360 ff. = B. Schlerath, Zarathustra (Aufsatzsammlung 1970) 360 ff. Vgl. auch F. Saxl, Lectures (London 1957) I 18.

20 In „Mithraic Studies" I 68–81 „Die Sonne das Beste".

21 In einem Punkt kann ich als Altphilologe immerhin Stellung beziehen. In Gershevitchs Darlegung spielt die Vorstellung der Manichäer über ihren Mithras als Weltschöpfer eine Rolle; er nimmt an, Porphyrios habe seine Nachricht über Mithras als Weltschöpfer von einem Manichäer erhalten, der ihn besuchte, als Porphyrios die Schrift von der Nymphengrotte verfaßte. Dieser fingierte Besuch wird sogar in Rede und Gegenrede ausgemalt (S. 73). Aber wir werden unten sehen, daß Mithras in den römischen Mithrasmysterien immer Weltschöpfer gewesen ist; lange vor der Zeit des Porphyrios ballt sich auf den Reliefs der Mantel des Gottes zur Himmelskugel.

welche dem Verfahren entsprechen, mittels dessen der Philologe aus den verschiedenen
Varianten eines Textes den ursprünglichen Text des Autors rekonstruiert.

Um ein Beispiel zu geben sei der Fall gesetzt, daß vier Handschriften eines Textes (A,
B, C, D) erhalten sind und daß aus guten Gründen die Zusammengehörigkeit von A/B
einerseits und C/D andererseits gesichert ist. An einer Textstelle nun stehen in den vier
Handschriften drei verschiedene Lesarten, die wir mit den Buchstaben f, g und h bezeichnen. Die Verteilung der Lesarten auf die Handschriften sei diese:

(Verlorene Handschriften):

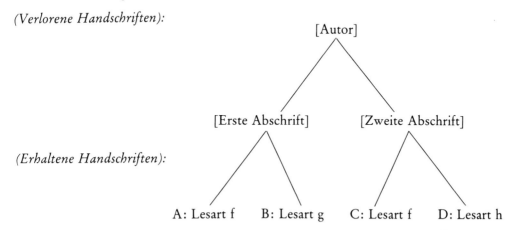

(Erhaltene Handschriften):

Die Lesart f bietet den ursprünglichen Text, der in beiden Zweigen der Überlieferung
(A/B und C/D) jeweils von einer der Handschriften (A und C) bewahrt worden ist. Die
Lesarten g (in der Handschrift B) und h (in der Handschrift D) sind sekundäre Fehler, die
in der Terminologie der Philologen „Sonderfehler" heißen.

Eine ähnliche Form der Schlußfolgerung läßt sich auf die Traditionen über Mithras und
das Stieropfer in den indischen, iranischen und römischen Überlieferungen anwenden.

Zunächst sei vorgeführt, was die indischen Veden über Mitra berichten.

In der ältesten Sammlung, dem Rig-Veda, steht nur ein einziger, kurzer Hymnus an
Mitra.[22] Das Wort bedeutet im Indischen „Freund durch Vertrag"; der indische Gott Mitra ist dem iranischen Mithra-Vertrag dem Sinne nach eng verwandt.

An vielen Stellen wird Mitra zusammen mit dem Gott Varuna genannt. In allen Fällen
bedeutet Mitra: Tag und Sonne, bedeutet Varuna: Nacht. Dem Mitra wird ein weißes
Opfertier geschlachtet, dem Varuna ein schwarzes.[23] In diesem Punkt stimmen die indischen Überlieferungen genau zu den römischen Fresken, auf denen man sieht, wie Mithras den weißen Stier opfert. Im Bundahishn liest man, daß zwar nicht Mithra, wohl aber
der Heiland (Saushyant) am Ende der Tage den weißen Stier opfern wird.

22 III 59; vgl. Geldner, Der Rig-Veda (1951) I 406 f.; Hillebrandt, Lieder des Rigveda (Göttingen
   1913) 73; P. Thieme, Mitra and Aryaman (Transactions of the Connecticut Academy of Arts
   and Sciences 41, 1957) 38–59.
23 H. Oldenberg, Die Religion des Veda ²(1916) 183; Lommel bei Schlerath, Zarathustra 374.

Die wichtigsten indischen Belege stehen im Yajur-Veda, einer jüngeren Textsammlung; erst Lommel hat auf sie hingewiesen.[24] Dort beraten die Götter darüber, daß sie den Rauschtrank Soma keltern wollen; Soma ist die indische Entsprechung des iranischen Wortes Hauma. Soma-Hauma ist, kurz gesagt, jede lebenspendende Flüssigkeit – Wasser des Lebens, Samen, Milch, Regen.[25] Soma ist der Mond, zu dem nach den Vorstellungen der Alten alle Flüssigkeit aufsteigt, solange er zunimmt; dann regnet sie wieder ab, solange der Mond abnimmt; und Soma ist ein Stier, wie bei fast allen Völkern der Mond wegen seiner Hörner[26] als Stier vorgestellt worden ist.

Um den Rauschtrank Soma zu keltern, müssen die indischen Götter die Pflanze zerquetschen, aus der sie die Flüssigkeit gewinnen; im mythischen Bild gesprochen bedeutet dies, daß sie ihren Mitgott Soma töten müssen. Sie fordern auch Mitra auf, sich an dieser Tötung zu beteiligen. Dieser weigert sich zunächst, da er schon seinem Namen nach (*mitra* = Freund) aller Wesen Freund sei und weil die Rinder sich dann von ihm abwenden würden. Aber schließlich überreden die Götter den widerstrebenden Mitra doch dazu, sich an dem Somaopfer zu beteiligen.[27]

Die indoiranischen Gemeinsamkeiten

Die Ähnlichkeiten dieser Überlieferungen zu dem, was wir aus dem Iran und von den römischen Mithrasmysterien wissen, sind schlagend. Nur widerstrebend nimmt der indische Mitra am Somaopfer teil, ganz wie der römische Mithras den Stier widerstrebend opfert; er hat dazu ein Zeichen vom Sonnengott erhalten und wendet sein Gesicht ab,[28] ja, es hat oft einen leidvollen Ausdruck.[29]

24 Symbolon (Jahrbuch für Symbolforschung) 4, 1965, 159 f. = Kl. Schr. 423 f.; Paideuma 3, 1949, 215 = Kl. Schr. 207; und bei Ad. E. Jensen, Das religiöse Weltbild einer frühen Kultur (Stuttgart 1948) 90 (Neubearbeitung unter dem Titel: „Die getötete Gottheit. Weltbild einer frühen Kultur", Urban-Buch 90, Stuttgart 1966; dort S. 99).

25 Lommel, Numen 2, 1955, 196–205 = Kl. Schr. 314–323. Vgl. auch unten S. 204

26 Lateinisch *cornua Lunae;* Shakespeare, Coriolanus I 1, 217 *on the horns a(t) th' moon;* A Midsummernight's Dream V 243 *the horned moone.* Der babylonische Mondgott Nanna heißt „starkes Jungrind mit mächtigen Hörnern" (Falkenstein-v. Soden, Sumerische und akkadische Hymnen und Gebete, Zürich 1953, 223). Für die Beziehungen des Stiers zum Mond und den Mond als Symbol der Wiedergeburt in den steinzeitlichen Höhlenmalereien s. das Buch von Marie E. P. König, Unsere Vergangenheit ist älter, Höhlenkult Alteuropas (Frankfurt 1980).

27 Dies alles nach Lommel. – Adelheid Mette hat mir Übersetzungen der beiden wichtigsten Texte nachgewiesen:

(a) The Veda of the Black Yajus School entitled Taittiriya Sanhita, Part II: Kandas IV–VII, translated … by A. B. Keith (Harvard Oriental Series 19, 1914) S. 534/5 (VI 4, 8).

(b) The Satapatha-Brahmana …, translated by J. Eggeling, Part II, Books III and IV (Sacred Books of the East XXVI, Oxford 1885) S. 271 (IV 1, 4, 8).

28 Vgl. Lommel, Numen 2, 1955, 201 über das vedische Tieropfer: „Blut, das beim Zerlegen des

Der indische Gott Soma ist ein Stier und gleichzeitig der Mond; im Iran wird der Same des getöteten Stiers auf den Mond gebracht (Bundahishn 2,10 und 6 E); und schon bei Zarathustra wird das von ihm verdammte Stieropfer im Zusammenhang mit dem Haumatrinken genannt (Yasna 32,14). Auf den römischen Mithrasreliefs sieht man, daß der Stier in den Mond versetzt ist, und neben dem Stier im Mondboot ist oft das Regenwunder abgebildet, welches Mithras durch einen Pfeilschuß gegen den Felsenhimmel vollbringt: Unter dem Mondboot kniet dann ein Hirt und schöpft aus vorgehaltener Hand das Regenwasser. Ferner saugen auf einigen Reliefs Skorpion und Schlange den Samen aus dem männlichen Glied des Stiers, und oft steht unter dem Stier ein Mischkrug (Kratér), in welchem der Samen des sterbenden Tieres aufgefangen wird.

Die Übereinstimmungen Indien – Iran – römische Mithrasmysterien sind also sehr dicht: Mithra vollbringt widerstrebend das Stieropfer, das aber doch eine Heilstat ist; der Stier ist weiß; der Stier ist der Mond; aus Stier und Mond kommen Regen und die Samen aller Dinge. An die Stelle des Rauschtrankes Soma/Hauma ist in den Mithrasmysterien der Wein getreten, der Rauschtrank der griechisch-römischen Welt; mehrfach ist auf den Mithrasreliefs die Weintraube abgebildet.[30]

Nun sind diese Übereinstimmungen nicht etwa zufällige Einzelpunkte; sie hängen alle innerlich miteinander zusammen, weil der weiße Stier und der leuchtende Mond Verkörperungen der Fruchtbarkeit und des Regens sind und weil der Tod des Mondes und das Opfer des Stiers stattfinden müssen, wenn die Welt bestehen soll; so sehr es dem Opfernden widerstreben mag, der Stier muß sterben. Hinter den einzelnen Gemeinsamkeiten taucht ein ganzes Gedankensystem auf, und es kann kein Zweifel daran bestehen, daß all diese Vorstellungen alt sind und auf denjenigen Polytheismus zurückgeführt werden müssen, welcher den Indern und Iraniern gemeinsam war.

Wir greifen jetzt auf das oben ausgeführte Beispiel von den verschiedenen Lesarten in Handschriften und der Rekonstruktion des ursprünglichen Textes zurück und wenden es auf Mithras und das Stieropfer an; der Leser möge das auf S. 18 stehende Schema über die

---

Opfertiers hervortritt, muß mit Wegblicken übersehen werden". Es gibt zwar in den Museen nicht wenige Mithrasreliefs, auf denen der Gott auf die Stelle am Hals des Stiers blickt, in welche er das Messer stößt; aber fast immer ergibt sich aus der Beschreibung Vermaserens in seinem Corpus, daß der Kopf falsch restauriert ist; richtig beobachtet von J. Duchesne-Guillemin, La religion de l'Iran ancien (Paris 1962) 250, 1. – Vor kurzem hat allerdings Vermaseren zwei Reliefs veröffentlicht, auf denen Mithras auf den Stier niederblickt: Mithriaca III, The Mithraum at Marino (Leiden 1982) Tafel XXV (Boston, Cincinnati Art Museum) und XXVI (Amsterdam, Sammlung Vermaseren). Ich wäre erst dann voll überzeugt, wenn ein solches Exemplar bei Ausgrabungen gefunden wird, nicht aus dem Kunsthandel stammt.

29 Ich vermute, daß bei Porphyrios, De antro nympharum 18 (p. 69, 16 Nauck = 20, 6 Westerink) zu lesen ist: „Der rinderraubende Gott [= Mithras] ist derselbe, der die Entstehung des Lebens verstohlen beweint", βουκλόπος θεὸς ὁ τὴν γένεσιν λεληθότως δακρύων (die Handschriften bieten ἀκούων). Vgl. unten S. 198

30 Z. B. auf den Reliefs von Heddernheim (V 1083, hier Abb. 103) und Ladenburg (hier Abb. 118).

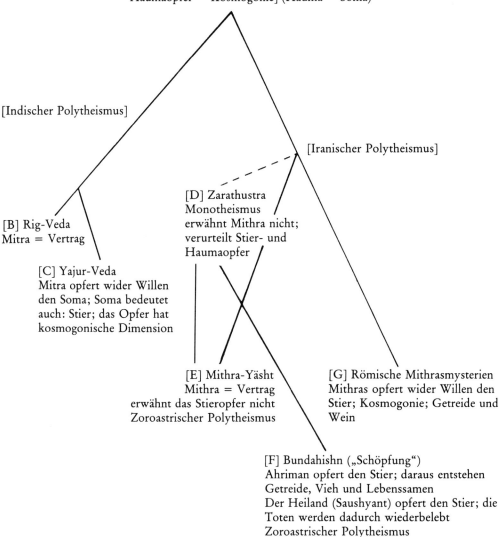

[A] [Indoiranischer Polytheismus]
[dafür wird erschlossen, unter anderem: Mitra = Vertrag; Stieropfer und
Haumaopfer = Kosmogonie] (Hauma = Soma)

[Indischer Polytheismus]

[Iranischer Polytheismus]

[B] Rig-Veda
Mitra = Vertrag

[D] Zarathustra
Monotheismus
erwähnt Mithra nicht;
verurteilt Stier- und
Haumaopfer

[C] Yajur-Veda
Mitra opfert wider Willen
den Soma; Soma bedeutet
auch: Stier; das Opfer hat
kosmogonische Dimension

[E] Mithra-Yäsht
Mithra = Vertrag
erwähnt das Stieropfer nicht
Zoroastrischer Polytheismus

[G] Römische Mithrasmysterien
Mithras opfert wider Willen den
Stier; Kosmogonie; Getreide und
Wein

[F] Bundahishn („Schöpfung")
Ahriman opfert den Stier; daraus entstehen
Getreide, Vieh und Lebenssamen
Der Heiland (Saushyant) opfert den Stier; die
Toten werden dadurch wiederbelebt
Zoroastrischer Polytheismus

Daß im Indoiranischen Polytheismus [A] Mitra = Vertrag war, folgt aus der Übereinstimmung von
[B] Rig-Veda mit [E] Mithra-Yäsht; daß dort (in [A]) das Stieropfer üblich war, und zwar in kos-
mogonischem Sinn, folgt aus der Übereinstimmung von [C] Yajur-Veda mit den römischen Mithrasmysterien [G]; das Somaopfer mit dem Trinken des Rauschtranks im Yajurveda [C] entspricht
dem Weintrinken in den römischen Mysterien [G].

Traditionen betrachten, welche es über das Stieropfer in Indien, dem Iran und den römischen Mithrasmysterien gibt. Er wird feststellen, daß die als [B], [C] und [G] bezeichneten Überlieferungen (Rig-Veda, Yajur-Veda, Mithrasmysterien) die ältesten Verhältnisse wiedergeben. Zarathustras Monotheismus wäre im Schema der Handschriften als eine Abweichung vom Überlieferten, als „Sonderfehler" zu bewerten.[31] Diese Abweichung hat auf den Mithra–Yäsht (E) und auf das Bundahishn [F] so eingewirkt, daß man diese beiden Traditionen für die Rekonstruktion der alten, polytheistischen Religion nur noch mit Vorsicht heranziehen kann.[32]

Jedenfalls ist das Stieropfer schon Bestandteil des vorzarathustrischen iranischen Polytheismus gewesen.

Kontinuität oder Bruch der Überlieferung im Zoroastrismus?

Nicht ganz so sicher ist, ob Zarathustra das Stieropfer wirklich gänzlich verboten hat; denn die Wiedereinführung dieses Opfers im späteren Zoroastrismus hätte ja dann bedeutet, daß die Bekenner der Religion des Propheten sich in einem wichtigen Punkt entgegengesetzt zur Lehre Zarathustras verhalten hätten. Dieser Gesichtspunkt ist in den letzten Jahren vor allem von R. C. Zaehner[33] und Mary Boyce[34] geltend gemacht worden.

Zwar verurteilen die oben zusammengestellten Texte aus den Gathas des Zarathustra das Stieropfer in sehr heftigen Worten; immerhin wäre denkbar, daß der Prophet nicht das Rinderopfer (= das Rinderschlachten) an sich verboten hat, sondern nur grausame Formen das Tier zu töten. Die oben angeführte Stelle aus dem Bundahishn, in welcher Ohrmazd den Stier mit Hanf, also einer Art Haschisch, betäubt, bevor Ahriman ihn tötet, könnte dafür sprechen. Die heutigen Zoroastrier in Persien, eine kleine Gruppe von nur etwa 10 000 Menschen, feiern jedenfalls ihr Mithrasfest noch heute mit einem Tieropfer.[35] Insgesamt aber scheinen mir die leidenschaftlichen Worte Zarathustras in den Ga-

31 Wenn man die Treue zum Überlieferten als Kriterium nimmt, ist Zarathustras Monotheismus eine Abweichung. Diese Abweichung ist natürlich gleichzeitig, von anderem Standpunkt aus betrachtet, eine in die Zukunft weisende Neuentwicklung.

32 Der philologische Kritiker würde die Überlieferungen [E] und [F] als „kontaminiert" bezeichnen, d. h. aus einer zweiten, anderen Quelle beeinflußt. Das Wort „kontaminiert" hat Terenz geprägt, als er seine Komödie „Andria" unter Verwendung von zwei Stücken des Menander, der „Andria" und der „Perinthia", gestaltete und damit ein neues Ganzes schuf. In demselben Sinn enthält das Bundahishn eine aus zoroastrischen und polytheistischen Bestandteilen kontaminierte Version des Stieropfers.

33 The Dawn and Twilight of Zoroastrianism 84–144.

34 A History I 139, 148–150, 172/3, 214–8; On Mithra's Part in Zoroastrianism, Bulletin of the School of Oriental and African Studies, University of London 32, 1969, 10–34; Ataš-Zohr and Ab-Zohr, Journal of the Royal Asiatic Society 1966, 100–118; Zoroaster the Priest, Bulletin of the School of Oriental and African Studies 33, 1970, 30; Haoma, Priest of the Sacrifice, Henning Memorial Volume (London 1970) 62–80.

35 Mary Boyce hat eine lesenswerte Schilderung des Festes gegeben, an welchem sie im Jahr 1964 teilgenommen hat: Mihragan among the Irani Zoroastrians, Mithraic Studies I 106–118.

thas, das Verschweigen des Stieropfers im Mithra-Yäsht und der Bericht des Bundahishn, nach welchem Ahriman (nicht Mithra) den Stier getötet hat, doch mehr für die Annahme zu sprechen, daß der Prophet das Stieropfer ohne jede Einschränkung abgelehnt hat.

Aber in diesem Fall wird die von Zaehner gestellte Frage doch sehr dringend: Wie soll es möglich sein, daß die Zoroastrier sich in Hinsicht auf das Rinderopfer so ganz anders verhalten haben als es Zarathustra forderte?

Um auf diese Frage zu antworten, ist ein kurzer Blick auf die Lehre des Propheten[36] und auf die historischen Umstände nötig, die ganz von dem verschieden waren, was ein moderner Betrachter sich vorzustellen pflegt.

Zunächst, die Verurteilung des Stieropfers ist im Ganzen der Lehre Zarathustras relativ nebensächlich. Der Prophet hat gelehrt, daß ein einziger, großer Gott die Welt geschaffen hat, Ahura Mazda, der „Weise Herr" (Yasna 44); er ist vielleicht der erste Verkünder einer Art von *Monotheismus* auf der Erde gewesen. Er hat ferner gelehrt, daß in der Welt ein guter Geist (Spenta Mainyu) und ein Böser Geist (Angra Mainyu, später Ahriman) wirken, Zwillingswesen, zwischen denen der Mensch seine Entscheidung zu treffen hat (Yasna 30 und 45); insofern kann man seine Lehre auch als *dualistisch* bezeichnen.[37]

Unterhalb des „Weisen Herrn" stehen bei Zarathustra sechs gottähnliche Gestalten, welche uns personifizierte Begriffe scheinen, die Amesha Spentas, die heiligen Unsterblichen:

1 Das Gute Denken (Vohu Manah)
2 Die Wahrheit, rechte Ordnung (Asha, Arta)
3 Die Herrschaft (Chšathra)
4 Die Fügsamkeit, Ergebung (Armaiti, Aramati)
5 Das Heilsein (Haurvatat)
6 Das Nicht-Sterben (Ameretat).[38]

Man kann diese Wesen als Eigenschaften Gottes fassen oder auch als eigene Gestalten; jedenfalls stellen sie einen sehr vergeistigten Religionstyp dar, in welchem die an den Menschen herantretenden moralischen Ansprüche zwar noch als göttliche Wesenheiten gedacht waren, aber doch bereits in fast abstrakter Klarheit formuliert sind. Der Mensch soll, wie es in den Texten immer wieder heißt, richtig denken, richtig sprechen (das heißt

---

36 H. Lommel, Die Religion Zarathustras (Tübingen 1930, Nachdruck Hildesheim 1971); „Die iranische Religion", in: C. Clemen, Die Religionen der Erde, Neudruck München 1966, 167–189; Duchesne-Guillemin, Zoroastre (Paris 1948) und Les religions de l'Iran ancien (1962); Widengren, Die Religionen Irans (1965); Zaehner, The Dawn and Twilight of Zoroastrianism (1961); M. Boyce, A History I 181–246; nützliche Aufsatzsammlung von B. Schlerath, Zarathustra (Darmstadt 1970; Wege der Forschung 169).

37 Stark hervorgehoben von Ed. Meyer, Ursprung und Anfänge des Christentums II 77–83 = Geschichte des Altertums III 118–123 (2. Auflage, von H. E. Stier 1936; mehrfach nachgedruckt) und W. B. Henning bei Schlerath, Zarathustra 160/1.

38 Das Wort ist nah verwandt mit dem griechischen Wort *Ambrosia*, der Unsterblichkeitsspeise der Götter.

auch: wahr sprechen), richtig handeln (also entweder gut herrschen oder sich dem gut
Herrschenden fügen). Diese Gottheiten sind nicht mehr menschenähnliche Figuren, wie
Indra oder Herakles oder Isis; vielmehr enthalten die ersten vier Amesha Spentas eine
ganze Morallehre.

Für den durchschnittlichen Iranier des 7. oder 6. Jahrhunderts v. Chr. war dies gewiß
eine geistig sehr anspruchsvolle Lehre, und es ist begreiflich, daß man die Amesha Spentas
vielfach eher als eigene Götter aufgefaßt hat, die dem Ahura Mazda untergeordnet sind,
aber eigene persönliche Existenz haben. Aber sobald man so dachte, handelte es sich nicht
mehr um eine monotheistische, sondern um ein *polytheistische* Religion; nur waren die
vielen Götter von anderer Art als die Götter der vorzarathustrischen Zeit, wie Mithra und
Anahita. Es gab dann auch keinen Grund, warum man diese alten Götter nicht neben den
Göttern Zarathustras verehren sollte.

Die Begriffe „Monotheismus-Dualismus-Polytheismus" passen offensichtlich schlecht
auf die Gegebenheiten der altpersischen Religion. Noch weniger lassen sich die uns geläu-
figen Vorstellungen ohne weiteres anwenden auf die historischen Umstände, unter welchen die Religion Zarathustras sich im Iran ausbreitete.

Wir orientieren uns an jenen großen Religionsstiftern, die in historisch hellen Zeiten
neue Religionen begründet haben: Jesus, Mani, Mohammed. Die beiden letzteren wollten
Weltreligionen begründen; Jesus wurde dies jedenfalls bald nach seinem Tod von den
Jüngern zugeschrieben (Matth. 28, 19–20). Zarathustra hat zwar andere iranische Stämme
zu seiner Gottesverehrung bekehren wollen; aber der Gedanke an eine Weltreligion lag
ihm völlig fern.

So war auch seine Lehre zunächst nicht in festen Sätzen formuliert, wie es die zehn
Gebote oder das Glaubensbekenntnis sind; die Namen der vier ersten Amesha Spentas
enthielten implicite die zarathustrischen Gebote. Es gab auch keine Darstellung des Lebens des Propheten in der Form, wie die Evangelien das Leben Christi erzählen; man
hatte von Zarathustra selbst nur die Gathas, siebzehn schwierige Hymnen, welche er bei
Opferhandlungen vorgetragen hatte.

Unter diesen Umständen war an eine großangelegte Mission gar nicht zu denken; allein
der Gedanke daran konnte gar nicht gefaßt werden, weil es zur Zeit des Propheten offensichtlich noch kein iranisches Großreich gegeben hat. Die neue Religion muß sich
zunächst dadurch verbreitet haben, daß sie den Menschen wahr schien, daß „Gutes Denken", „Wahrheit", „Rechte Herrschaft" und „Fügsamkeit" eine überzeugende Richt-
schnur abgaben, nach der man das Leben orientieren konnte; daß die Wahl zwischen Gut
und Böse eine Vorstellung war, die dem Menschen hier und jetzt half das Rechte zu tun.
Die Ausbreitung der zarathustrischen Religion ist allerdings später dadurch gefördert
worden, daß die persischen Großkönige seit Dareios Zoroastrier gewesen sind.

Dies war also eine Religion, die man vor allem wegen ihrer reinen, neuen Vorstellungen
übernahm. Man brauchte nicht, wie die alten Germanen, vom Heidentum in eine neue
Religion hinüberzutreten und damit (fast) alle alten religiösen Vorstellungen abzulegen.
Man konnte sehr wohl einen Teil der neuen Vorstellungen annehmen und dabei doch
auch einen Teil der alten religiösen Gedanken beibehalten. Es gab, jedenfalls zunächst,

keinen Katechismus, an dem man hätte messen können, was rechtgläubig war und was nicht.

Wenn man den Prozeß der Ausbreitung der Religion Zarathustras recht verstehen will, muß man ihn nicht nur von der einen Seite aus sehen, der Verbreitung der zarathustrischen Lehren; man muß ihn auch von der polytheistischen Seite her sehen, welche der Religion Zarathustras vorausging.[39] Man wird sich dann vorstellen müssen, daß der iranische Polytheismus bei den meisten persischen Stämmen ganz ungebrochen weiter bestanden hat, während nach und nach zarathustrische Vorstellungen sich ausbreiteten etwa wie Wachs auf einem Löschpapier; im Lauf der Zeit wurde alles von zarathustrischen Vorstellungen durchsetzt, man wußte kaum wie es geschehen war; aber damit war der Kult der alten Götter, des Mithra und der Anahita, keineswegs abgeschafft. Die beiden religiösen Systeme hatten sich durchdrungen und niemand zweifelte daran, daß alles seine Richtigkeit hatte. Überlegungen darüber, was zarathustrische Orthodoxie sei, hat man erst in sassanidischer Zeit angestellt, also seit 224 n. Chr.; denn nun gab es im Christentum und bald im Manichäismus zwei Buchreligionen, denen gegenüber man sich nur behaupten konnte, wenn man auch die zoroastrische Lehre klar abgrenzte. Die Religion Zarathustras war zwar vielleicht in gewissem Sinn die erste Buchreligion in der Geschichte der Menschheit insofern, als man in den Gathas die authentischen Worte des Religionsstifters selbst hatte.[40] Aber die eigentliche Stärke der Buchreligion – die Fixierung der Lehre, der Gebote, der heiligen Geschichte – kam in dieser Religion sicherlich noch nicht zum Tragen, schon weil die Kunst des Lesens noch so wenig verbreitet war. Die Lehre war zunächst nicht dogmatisch fixiert und wurde mündlich weitergetragen; so kommt es, daß der Zoroastrismus zwar uns als Mischreligion erscheint, daß aber die damals lebenden Menschen gar keinen Anlaß sahen, am Kult des Mithra und der Anahita oder am Stieropfer Anstoß zu nehmen.

Wir fassen zusammen: Im Kult des persischen Gottes Mithra-Vertrag wurde schon seit den ältesten Zeiten das Stieropfer vollzogen. Die Tatsache, daß kein alter persischer Text davon berichtet, spricht nicht dagegen; der Prophet Zarathustra hatte das Stieropfer bekämpft, und so hatte man eine Scheu davor, es in geschriebenen Texten zu erwähnen. Zarathustra hat auch den Gott Mithra selbst nicht genannt. Aber die persische Religion ist – von kleinen Zirkeln abgesehen – in gewissem Sinn polytheistisch geblieben; eine systematische, schriftliche Fixierung der Lehre des Propheten hat in der vorchristlichen Zeit nicht stattgefunden, und so ist es gekommen, daß die weitgehend schriftlos lebende Bevölkerung den Widerspruch gar nicht empfand, der zwischen der zarathustrischen Lehre und Ethik und dem Stieropfer bestand.

---

39 Vgl. die klaren Darlegungen von Nock, Essays on Religion (Oxford 1972) II 696: I conceive the historical process as an injection, perhaps in part progressive, of Zoroastrian texts and phrases … into a preexistent nature-worship rather than as an injection of nature-worship … into a Zoroastrian scheme.

40 Ich weiß, daß man annimmt, die Gathas seien lange Zeit hindurch mündlich überliefert worden, indem die Priester diese Gedichte auswendig gelernt und so überliefert hätten. An dem Auswen-

II. Mithra und der „feudale" Staat der Perser

Die Bindungen zwischen Personen als Grundlage des Perserreiches

Man hätte den Gott „Vertrag" und das mit ihm gegebene Tieropfer gar nicht abschaffen können ohne das gesamte politische System des Perserreiches zu vernichten.

Dieser Staat war anders organisiert als moderne Staaten – so anders, daß man unser modernes Wort „Staat"[1] nur mit Vorbehalt verwenden darf.

Es handelte sich nicht um einen Staat, in dem die Verpflichtungen und Rechte jedes Menschen durch geschriebene Gesetze festgelegt waren; nicht um einen Staat mit durchorganisierter, zentraler Bürokratie; man hatte weder Legislative noch Executive noch Justiz.[2] Nein, der Staat der Perser ist zusammengehalten worden durch die persönlichen Bindungen der Menschen zueinander, durch Treueverhältnisse vom König zum Satrapen, vom Satrapen zu seinen Kriegern und zu seinen Hörigen.[3] Die Rechte und Pflichten jedes Einzelnen waren an bestimmte Personen gebunden, und zwar in noch viel stärkerem Maß als im „Feudalismus" des westeuropäischen Mittelalters, in dem schriftliche Urkunden immerhin eine gewisse Rolle spielten.

Diese Treueverhältnisse waren immer gegenseitig und sind durch Zeremonien besiegelt worden, durch Handschlag, Niederknien, Eid und gemeinsame Opfermahlzeit.

Diese persönlichen Beziehungen zwischen den Menschen – Vertrag (contrat), Eid, Freundschaft –, alles, was in der Mitte zwischen ihnen steht und sie verbindet, war Mithra. Wer die Bindungen bricht, den straft der Gott. Vielfach heißt es im Mithra-Hymnus

---

diglernen zweifle ich nicht (das Gedächtnis des Menschen kann viel längere Texte behalten); aber Voraussetzung für das Memorieren ist doch immer ein Buch, in welchem man im Notfall nachsehen kann, wie der Text richtig lautet; andernfalls müßten im Lauf der Zeit sehr große Varianten entstehen. Schon der Begriff eines heiligen, unveränderlichen Textes scheint mir nur möglich auf der Grundlage eines Buches. Ich nehme also an, daß entweder Zarathustra selbst oder einer seiner direkten Jünger die Gathas schriftlich aufgezeichnet hat, sicherlich in einer Silbenschrift (nicht in einer Buchstabenschrift), wohl dem aramäischen Alphabet. Die Vokalisation wurde im mündlichen Vortrag überliefert.

1 Das Wort stammt erst aus der italienischen Renaissance, lo stato, der bestehende Zustand, das Establishment. Noch bei den Griechen, deren Poleis nicht mehr durch wechselseitige Beziehungen zwischen Personen organisiert waren, wird in Verträgen und Beschlüssen nicht die Stadt genannt (also nicht: „Athen"), sondern die Städter, die lebenden Menschen (also: „die Athener").

2 Man benützte auch das Geld nur in ganz geringem Maß; praktisch herrschte im Perserreich Naturalwirtschaft, und damit fehlte jede größere wirtschaftliche Beweglichkeit. Geldwirtschaft und Schrift sind notwendige Voraussetzungen der griechischen Demokratie gewesen.

3 Im Mithra-Yäsht des Avesta heißt es (10,83/4; Lommel, die Yäst's des Awesta S. 76): „Den Mithra mit den weiten Triften verehren wir ..., den fürwahr der *Landesherr* des Landes ... zu Hilfe ruft, den fürwahr der *Gauherr* des Gaues ... zu Hilfe ruft, den fürwahr der *Dorfherr* des Dorfes ... zu Hilfe ruft, den fürwahr der *Hausherr* des Hauses ... zu Hilfe ruft usw."

des Avesta, daß Mithra den Vertragsbrüchigen (den „mithrabetrügenden" in Lommels Übersetzung) vernichtet. So hält der Gott die Gruppen, hält die Gesellschaft zusammen; man könnte sagen: Mithra ist der Gott des iranischen „Feudalismus".[4] Diese Rolle des Gottes ist an vielen Einzelheiten kenntlich.

Mithra Gott des Eides

Die Perser haben ihren Schwur unter Berufung auf Mithra abgelegt.[5] Plutarch berichtet, wie der Perserkönig Darius einen seiner Diener ermahnt, die Wahrheit zu sagen; er erinnert ihn daran, daß der Diener sich durch Handschlag und Eid bei Mithra zur Treue verpflichtet habe: „Sag mir (die Wahrheit), in Ehrfurcht vor dem großen Licht des Mithra (d. h. der Sonne) und der königlichen Rechten".[6]

Beim Abschluß von Verträgen wurde noch zu Ende des 4. Jahrhunderts n. Chr. Mithra – der Sonnengott – als Schwurzeuge angerufen. Im Jahr 383 hat Theodosius den jungen Stilicho als seinen Beauftragten zum Perserkönig nach Babylon geschickt, und dieser hat dort einen Vertrag mit dem Perserkönig abgeschlossen.[7] Die Zeremonie wird von Claudian (*De laudibus Stilichonis* I 58–63) beschrieben. Man brachte auf den Altären ein Weihrauchopfer dar, holte aus dem Inneren des Tempels das heilige Feuer, und die „Magier" opferten nach chaldäischem Ritus junge Stiere; der König selbst spendete mit der Rechten aus schimmernder Schale und rief als Eideszeugen Baal mit seinen Geheimnissen an und Mithras, der (als Sonne) die Planeten umlaufen läßt:

> *Thuris odoratae cumulis et messe Sabaea*
> *pacem conciliant arae; penetralibus ignem*
> *sacratum rapuere adytis, rituque iuvencos*
> *Chaldaeo stravere magi; rex ipse micantem*
> *inclinat dextra pateram secretaque Beli*
> *et vaga testatur volventem sidera Mithram.*

Mithra die Sonne

Der Sonnengott, der alles sieht,[8] war Schwurzeuge der Verträge. Mithra war die Sonne. Im späteren Persisch gibt es ein Wort *mihr-*. Es ist die spätere Form für *mithra-* und

---

4 Ich gebrauche das Wort „Feudalismus" hier in einem etwas vagen Sinn; ich meine damit eine Form der Organisation, welche auf persönlichen Bindungen beruht. Vgl. G. Widengren, Feudalismus im alten Iran (Opladen 1969) und seinen Beitrag zu dem Sammelwerk „Aufstieg und Niedergang der römischen Welt" IX 1, 249–280.
5 Xenophon, Kyrupaideia VII 5,53; Oikonomikos IV 24; Aelian, var. hist. I 33.
6 Plutarch, Alexander 30,8 εἰπέ μοι σεβόμενος Μίθρου τε φῶς μέγα καὶ δεξιὰν βασίλειον.
7 Vgl. A. H. M. Jones, J. R. Martindale, J. Morris, The Prosopography of the Later Roman Empire I 854.
8 Yäsht 10,27 (Mithra-Hymnus) „der Held mit zehntausend Spähern (Augen), der untrügliche, der

bedeutet „Sonne". Der griechische Geograph Strabon (XV 3,13 p. 732 C.) sagt, daß die Perser den Helios ehren, den sie Mithras nennen. Im Mithra-Hymnus des Avesta ziehen weiße Rosse seinen Wagen mit dem *einen* goldenen Rad (Yäsht 10,136) – ein klares Bild des Sonnenwagens; und es heißt, daß der Gott morgens die vielen Erscheinungen hervorbringt, sobald er seinen Leib leuchten läßt (Yäsht 10,142).[9] Auf den Reliefs des Antiochos von Kommagene (Abb. 4 = V 30), ja noch auf dem Felsrelief des Sassaniden Ardashir II. aus dem 4. Jahrh. n. Chr.[10] trägt Mithra den Strahlenkranz.

Der Handschlag

„Bei der königlichen Rechten"hatte sich der Diener des Darius zur Treue verpflichtet.[11] Die Zeremonie des Handschlags sieht man später oft auf Reliefs. Zwei Darstellungen aus Kommagene zeigen Mithras und den König Antiochos im Handschlag verbunden (Abb. 4 und 5). Der Gott übergibt dem Antiochos die Königsherrschaft, er belehnt ihn mit der Herrschaft über Kommagene; dafür ist dann Antiochos zur Treue gegen den Gott verpflichtet. Noch auf dem Felsrelief aus Tak-e-Bostan aus dem 4. Jahrh. n. Chr. sieht man, wie Ahura Mazda einen sassanidischen König mit der Herrschaft belehnt; links daneben steht Mithra im Strahlenkranz, der Gott des Vertrages und der Belehnung.[12]

---

alles weiß". Vgl. den griechischen Eid bei Helios, der alles sieht und alles hört (Ilias 3,277); Appuleius, Metam. I 5 *deierabo Solem istum omnividentem*. Im „orphischen" Hymnus 8,18 ist Helios das „Auge der Gerechtigkeit" (ὄμμα δικαιοσύνης).

9 Nach der oben S. 13 f. erwähnten Erklärung von Yasna 32,10 durch Lommel setzt schon Zarathustra die Identifikation der Sonne mit Mithra voraus.

10 S. die Anmerkung 12.

11 Das Reichen der rechten Hand verleiht bei Persern und Parthern einem Vertrag Gültigkeit. Vgl. Tacitus, Annales XII 47,2 *mos est regibus, quotiens in societatem coeant, implicare dextras;* II 58 *renovari dextras;* XI 9,3 *complexi dextras apud altaria deum;* ähnlich bei Josephus, Antiquitates XVIII 326 (δεξιὰν καὶ πίστιν διδόναι).

12 F. Sarre – E. Herzfeld, Iranische Felsreliefs (Berlin 1910) S. 199/200 Abb. 92/3; K. Erdmann, Die Kunst Irans zur Zeit der Sasaniden (1943) 62/3 mit Abb. 28; R. Ghirshman, Iran: Parther und Sasaniden (1962) S. 190 Abb. 233; L. Trümpelmann, Jahrbuch für Numismatik und Geldgeschichte 25, 1975, 107–111 mit Tafel 16; G. Azarpay, Iranica Antiqua 17 (Gent 1982) 181–7 mit Tafeln I–III.

Auch bei den Manichäern spielte der Handschlag eine große Rolle. Als der Urmensch zum Kampf gegen den Bösen auszog, reichte ihm die „Mutter des Lebens" zum Abschied die Rechte; und als er dem Bösen unterlegen war, rettete ihn der „Lebendige Geist", indem er seine Rechte faßte und ihn zu sich heraufzog (Acta Archelai 7,5; ed. Beeson p. 10,14 κατελθὼν δέδωκεν αὐτῷ δεξιὰν καὶ ἀνήνεγκεν ἐκ τοῦ σκότους). „Deshalb reichen die Manichäer einander die Rechte, wenn sie sich begegnen, zum Zeichen dafür, daß sie aus der Finsternis gerettet sind", διὰ τοῦτο Μανιχαῖοι ἐὰν συναντήσωσιν ἀλλήλοις, δεξιὰς διδόασιν ἑαυτοῖς σημείου χάριν, ὡς ἀπὸ σκότους σωθέντες. Deshalb begrüßt Mani seine Brüder am Anfang der *Epistula fundamenti* mit den Worten: *Dextera luminis tueatur et eripiat vos ab omni incursione maligna et a laqueo mundi* (Adam, Texte zum Manichäismus S. 27), und am Anfang des Briefes an Marcellus

Auf den Reliefs der römischen Mithrasmysten ist der Handschlag zwischen Mithras und dem Sonnengott oft abgebildet. So reichen sich auf einem Altar aus Poetovio Mithras (mit der persischen Mütze) und Sol (mit Strahlenkranz) die Hand über einem brennenden Altar. Dabei haben beide einen großen Dolch angefaßt. Ein Rabe[13] ist herbeigeflogen und hat Fleischstücke auf den Dolch gesteckt. Sicherlich wird das Fleisch dann im offenen Feuer gebraten und verzehrt (Abb. 138 = V 1584).

Denselben Handschlag (δεξίωσις) zeigt ein Relief aus Virunum bei Klagenfurt (Abb. 131 = V 1430). Mithras als junger Mann in persischer Mütze reicht dem danebenstehenden nackten Sol, der durch den Strahlenkranz und die Peitsche des Wagenlenkers bezeichnet ist, die Hand.

Unterhalb dieser Szene sieht man auf dem Relief eine Episode, welche unmittelbar vorangegangen ist und den Übergang vom fünften Weihegrad (dem des Persers) zum sechsten Grad (dem des Heliodromus) darstellt: Der Myste ist vor dem Pater (im Mythos Mithras) niedergekniet und hat ihm gehuldigt; der Pater hat ihm die persische Mütze, das Abzeichen des fünften Grades, abgenommen und hält sie mit der Hand hoch empor; mit der anderen Hand hat der Pater dem Knieenden die Strahlenkrone um die Stirn gebunden und ihn so zum Heliodromus erhoben.

Das Niederknien des Sol vor Mithras und den anschließenden Handschlag über dem brennenden Altar sieht man auch auf den rechten Seitenfeldern der Reliefs von Mauls (Abb. 132 = V 1400) und Osterburken (Abb. 115 = V 1292). In Osterburken hat der Pater dem knienden Mysten die persische Mütze abgenommen; der Strahlenkranz liegt zwischen ihnen auf dem Boden bereit. Man darf interpretieren: Der Sonnengott Sol (bzw. der Heliodromus) huldigt dem Mithras (bzw. dem Pater) als seinem Lehnsherrn.

Bemerkenswert ist, daß auf vielen Mithrasreliefs neben der Szene mit dem Handschlag bzw. dem Niederknien des Sol-Heliodromus vor Mithras-Pater die gemeinsame Mahlzeit der beiden abgebildet wird. Besonders im Donaugebiet sind viele solche Darstellungen gefunden worden; zum Beispiel zeigen die Reliefs aus Apulum in Dacien (Abb. 154 = V 2000) und aus Tavalicavo in Moesien (Abb. 161 = V 2244) links unten die Huldigung und daneben das gemeinsame Mahl. Die beiden Zeremonien gehören zusammen.

Diese personalistische Seite der Mithrasreligion, durch die alle Bindungen zwischen Menschen als persönliche Treueverhältnisse aufgefaßt und religiös sanktioniert wurden, machte den Mithraskult für die Römer so anziehend, weil bei ihnen ebenfalls innerhalb des Staatswesens ein ganz festes System persönlicher Treue- und Abhängigkeitsverhältnisse bestanden hat.

in den Acta Archelai 5 (ed. Beeson p. 5, 24–6,1) heißt es: „Die Rechte des Lichtes möge dich beschützen vor der gegenwärtigen bösen Zeit", ἡ δεξιὰ τοῦ φωτὸς διατηρήσειέ σε ἀπὸ τοῦ ἐνεστῶτος αἰῶνος πονηροῦ. Vgl. das Kap. 9 der Kephalaia (p. 37–42 ed. Polotsky; in Übersetzung auch bei A. Böhlig, in: „Die Gnosis III, der Manichäismus", Zürich 1980, 212–216).

13 Vertreter des ersten Mystengrades, des *corax;* die Mysten des ersten Grades ministrierten beim Mahl.

Mithra der „Mittler"

Plutarch sagt: „Die Perser nennen den Mithras ‚Mittler' ".[14] Die Vorstellung ist alt, denn im altpersischen Kalender ist dem Gott Mithra sowohl bei den Monaten als bei den Tagen der mittlere Platz angewiesen: Von den 30 Monatstagen ist der 16., an welchem die zweite Monatshälfte beginnt, der des Mithra, und von den Monaten heißt wieder der mittlere, der siebente, nach dem Gott.[15]

Denselben Sinn hat es, wenn Porphyrios sagt, Mithras habe im Zodiacus seinen Platz bei den Tag- und Nachtgleichen (Äquinoctien)[16]; denn diese Punkte bezeichnen jeweils den mittleren Punkt des Sonnenlaufes.

Man wird die Bezeichnung des Gottes als Mittler so verstehen dürfen, daß Mithra (Vertrag, contrat) dasjenige ist, was die Menschen verbindet; wie denn im vedischen Indisch Mitra den Freund bedeutet, genauer den „Freund durch Vertrag".[17]

König und Krieger

Das tragende Gerüst des iranischen Staates waren die Könige, ihre Vasallen (die Satrapen) und die Krieger. Mithra ist von Anfang an der Gott der Könige und Krieger. Das Heer der Perser war, wie jedes Heer, eine Gemeinschaft, die Treue geschworen hatte: Treue untereinander, Treue der Mannschaft gegen den Hauptmann, des Hauptmanns gegen den Obersten, des Obersten gegen den König. Mithra, der Vertrag, das persönliche Treueverhältnis hielt die iranische Gesellschaft zusammen.

Der Schlußstein, der das ganze Staatsgebäude zusammenhält, ist der König, ohne ihn würde alles auseinanderfallen; die politische Gemeinschaft selbst verkörperte sich im Herrscher. So ist der König eine Art Verkörperung des Mithra gewesen. Natürlich kann man in Iran nur noch in bedingtem Sinn von einem göttlichen Königtum sprechen. Zara-

---

14 De Iside 46, p. 369 E (ed. Sieveking p. 46,15) Μίθρην Πέρσαι τὸν μεσίτην ὀνομάζουσιν.

15 Der persische Neujahrstag fiel auf das Frühlingsäquinoctium. Der Zeitpunkt der Einführung des Kalenders ist umstritten; sehr skeptisch äußerte sich Bickerman, Archiv Orientalni 35, 1967, 197–207 (The ‚Zoroastrian' Calendar). M. Boyce nimmt an, daß der 365-Tage-Kalender erst aus der Partherzeit stamme (Bulletin of the School of Oriental and African Studies 33, 1970, 513–539 und A History II 243–245). Ich bemerke dazu, daß der 8. Yäsht (auf Tishtrya-Sirius) ein Sonnenjahr ägyptischen Typs voraussetzt, mit 12 Monaten zu 30 Tagen, wobei jeder Monat in 3 Dekaden zerfiel; s. „Isisfeste in griechisch-römischer Zeit" (Meisenheim 1963) 70–76. Die Position des Siriusmonats (Tishtryehe) im Juli ist nur durch Rücksicht auf die ägyptischen Verhältnisse zu erklären, wo die Nilflut zu dem Zeitpunkt eintritt, an dem der Sirius in der Morgenfrühe aufgeht. Der persische Kalender muß also eingeführt worden sein, als die Perser Ägypten beherrschten, d. h. zwischen Kambyses und Alexander dem Großen.
Nybergs Abhandlung „Texte zum mazdayasnischen Kalender" ist in seinen gesammelten Schriften wieder abgedruckt: Monumentum H. S. Nyberg, Acta Iranica, Deuxième série, vol. IV (= Acta Iranica 7), 1975, 397–480.

16 De antro nympharum 24 (p. 73,2 Nauck = 24, 9 Westerink).

17 Vgl. Thieme, Mitra and Aryaman (s. oben S. 4, Anm. 5) 38 f.

thustra hatte Gott so hoch über alles Menschliche erhoben, daß an eine volle Inkarnation nicht mehr gedacht werden konnte. Aber wenn es keinen König gegeben hätte, der durch seine gute Herrschaft (Chšathra) das Recht und die Ordnung (Arta) durchsetzte, so hätte es kein geordnetes, rechtliches Zusammenleben der Menschen geben können. So ist der Königsname Arta-chšathra (griechisch Artaxerxes, parthisch Ardeschir) sehr bezeichnend dafür, was die Perser von ihrem König erwarteten. Sie verehrten in ihren Herrschern nicht die Macht, sondern das, was das Beste im Menschen ist: Recht, Gesittung, gegenseitige Hilfe der in einer geordneten Gesellschaft zusammenlebenden Menschen. Diese geordneten gegenseitigen Beziehungen waren Mithra.[18]

Daß Mithra der Gott der Krieger war, ist aus dem großen Mithras-Hymnus des Avesta (Yäsht 10) klar zu ersehen. Ich paraphrasiere nur eine einzige Stelle (§ 36–38): Mithra läßt die Schlachtreihe vorrücken, er steht fest in der Schlacht und zerbricht die feindliche Heeresreihe, indem er die Mitte des feindlichen Heeres erschüttert; er schleudert die Schädel der mithrabetrügenden Menschen (= der Aufständischen) fort; vernichtet werden ihre Wohnstätten, unbewohnt ihre Häuser; ihre Rinder und Wagen (also ihr ganzer Besitz) werden in den furchtbaren Weg der Gefangenschaft geführt; die Mithrabetrüger stehen dabei und vergießen Tränen.[19]

Srausha und Aryaman

König und Mannschaft gehören zusammen, und so steht bei den Persern neben dem Anführer (Mithra) der Gott Srausha (Sraosha).[20] Auch er trägt einen redenden Namen; Srausha heißt „Gehorsam, Mannschaft". Er wird zweimal im Mithra-Hymnus erwähnt

18 Erwähnung verdient hier das altpersische Wort hamiçiya, welches in der Behistun-Inschrift des Darius oft vorkommt und „aufständisch, rebellisch" bedeutet (Kent, Old Persian S. 213 rechts). Es wird etymologisch abgeleitet von ham- „zusammen" und miça (aus mithra) „Vertrag" oder „befreundet" und ist gleichbedeutend mit dem lateinischen coniurati = Verschworene. Man sieht, wie genau dies zu allem paßt, was bisher dargelegt worden ist: Die Rebellen haben unter sich geschworen, d. h. einen Vertrag geschlossen einander Freund zu sein – aber nicht dem König, auf den sich in dem „feudalen" System alles beziehen sollte; und darum ist „Verschwörer" synonym mit Rebellen.

Françoise Aubin, in dem oben (S. 6 Anm. 7) zitierten Aufsatz, legt dar, daß in China das Schwuropfer eines weißen Pferdes und eines schwarzen Rindes geradezu ein Ritual geworden ist, welches den Beginn eines Aufstandes bezeichnet (S. 40 un rituel d'entrée en rébellion et d'association d'insurgés).

19 Die Stelle erinnert an die schrecklichen Worte des Dschingis-Khan, das Schönste für einen Mann sei, seinen Feind zu besiegen, ihn vor sich herzutreiben, seine Lieben in Tränen zu sehen, seinen Besitz zu rauben und seine Pferde zu reiten. Das Rauben der Pferde im Mithra-Yäsht § 42. Ich zitiere dies um die schreckliche Seite dieses Gottes nicht zu verschweigen.

20 Für diesen Gott vgl. Lommel in der Einleitung zu seiner Übersetzung von Yäsht 11 (S. 85–88); Gershevitch, The Avestan Hymn to Mithra 193; Zaehner, The Dawn and Twilight of Zoroastrianism 94–96; Boyce, A History I 60 f.

(Yäsht 10,41 und 100), und der darauffolgende Hymnus (Yäsht 11) sowie ein weiterer
Hymnus des Avesta (Yasna 57)[21] gelten diesem Gott. Er ist der stärkste, kräftigste,
gewandteste, schnellste, am meisten gefürchtete der Jungen (Yasna 57,13). Er achtet wie
Mithra auf die Verträge (Yäsht 11,14) und ist der „Wächter und Aufseher für das Gedeihen der ganzen Welt" (Yäsht 11,10).[22] Die Diener des Srausha umkreisen ihren Gott wie
Hirtenhunde[23] (Yäsht 11,7): Sie sind die Gefolgschaft. Er steht auf einem Wagen, der von
vier weißen, schattenlosen Rossen gezogen wird, und fährt gedankenschnell dahin (Yasna 57,27). Dies erinnert an das Viergespann, auf dem auf den römischen Mithrasmonumenten der Sonnengott (= der Heliodromus, der 6. Mystengrad) einherfährt; ihm fliegt
Lucifer (der Morgenstern) mit erhobener Fackel voran (Abb. 112 = V 1292, Osterburken).

Das heilige Tier des Srausha ist der Hahn, der kampfesfreudige Vogel, der auch in der
Nacht wacht. Um das Frührot (d. h. wenn der Morgenstern Lucifer aufleuchtet) erhebt
der Hahn seine Stimme und ruft: „Verschlafet nicht die drei besten Dinge: Gutgedachte
Gedanken, gutgesprochenes Wort, gutgetanes Werk".[24] Wir werden dem Hahn als dem
Tier des Heliodromus, des 6. Mystengrades, im römischen Mithraskult wiederbegegnen.

Srausha („Gefolgschaft") folgt dem Mithra nach. Im Avesta steht nach dem Mithra-
Hymnus (10. Yäsht) der Hymnus auf Srausha (11. Yäsht), im Kalender folgt in jedem
Monat auf den Mithra-Tag (den 16.) der Tag des Srausha (der 17.).[25]

Im Indien der Veden steht neben Mitra ein Gott *Aryaman*; Thieme übersetzt ihn als
den Gott „Gastfreundschaft".[26] Der Gott kommt auch bei den Persern vor, unter demselben Namen;[27] im Avestischen heißt er *Airyaman*.[28] Er wird am Ende der Zeiten als Helfer
des Heilands (Saushyant) erscheinen.[29]

---

21 Übersetzt bei Lommel, die Yäšt's 92–95, im Anschluß an den 11. Yäsht.

22 Man vergleiche, daß in den römischen Mithrasmysterien der „Perser" (das ist der fünfte Mystengrad) als „Wächter der Feldfrucht" galt (Porphyrios, De antro nympharum 16, p. 67,14 Nauck
= p. 16,31 Westerink φύλακι καρπῶν).

23 In den römischen Mithrasmysterien gehört der Hund zum vierten Mystengrad. Für die Hochschätzung des Hundes bei den Persern s. Vendidad (Videvdat) 13,8 (Geldner, Das Avesta S. 37;
F. Wolff, Avesta-Übersetzung S. 397) und Plutarch, De Iside 46 (p. 369 F = p. 46,23 Sieveking).

24 Vendidad (Videvdat) 18, 17 und 25; übersetzt von Geldner, Das Avesta S. 38/9 und F. Wolff
S. 419/20.

25 Lommel, Die Yäšt's S. 5; Nyberg, Die Religionen des alten Iran 379; M. Boyce, A History II
245/246.

26 Mitra and Aryaman 38 f. Vgl. auch E. Benveniste, Le vocabulaire des institutions indo-euro-
péennes I (Paris 1969) 100/101 und 368–373.

27 M. Boyce, A History I 57 Anm. 226.

28 Yasna 54,1 (Avesta-Übersetzung von Wolff S. 72); Nyberg, Die Religionen 271; Boyce, A History I 261.

29 Bundahishn 34, 14 (Zaehner, The Teachings of the Magi 148; Widengren, Iranische Geisteswelt 219 [‚Ermen' = Aryaman]; Zaehner, The Dawn and Twilight of Zoroastrianism 318).

Mithras ist immer ein Gott der Herrscher und der ihnen ergebenen Gefolgsleute, ihrer Mannschaft geblieben. Als der Gott ins Römerreich eingeführt und mit ganz andersartigen Vorstellungen amalgamiert wurde, blieb der Mithras-Kult doch immer noch eine Sache männerbundähnlicher Vereinigungen, der römischen Soldaten und der Männer im Dienst des Kaisers. Die römischen Mithrasmysten haben den Kaiser als Bezugspunkt ihrer Religion angesehen; Mithras ist ein Gott der Loyalität geblieben. So kam es, daß mehrere römische Kaiser den fremden Kult gern gesehen und gefördert haben.

Heiraten und das Stellen von Geiseln

Charakteristisch für das System der persönlichen Bindungen sind zwei weitere Mittel, nahe Beziehungen zu knüpfen und zu sichern. Ihre Kenntnis wird uns an späterer Stelle von Nutzen sein.

Erstens war es ganz üblich, daß man durch Heiraten nahe Beziehungen herstellte; des Mitra Genosse Aryaman ist in Indien der Gott der Hochzeitszeremonien.[30] Der persische Großkönig hat seine Töchter regelmäßig seinen Vasallen als Gattinnen gegeben.

Zweitens war das Stellen von Geiseln ein stets gebrauchtes Mittel sich der Treue der Vasallen zu versichern: Die Söhne der Satrapen mußten als dienende Edelknaben[31] an den Hof des Königs gehen. Falls der Satrap abfallen sollte, hätte dies den Tod seines Sohnes bedeutet. Andererseits konnte der Aufenthalt des jungen Adligen am Königshof auch bedeuten, daß sich ihm große Chancen boten. Er lernte durch Anschauung, wie das Reich regiert wurde, konnte zum Vertrauten oder zum Offizier und General aufsteigen[32] und vielleicht eines Tages eine Satrapie übernehmen, die an den König zurückgefallen oder eingezogen worden war. Wenn aber der Geisel floh, dann hatte er die Verbindung gebrochen, und wahrscheinlich plante er einen Aufstand. Man verfolgte den Fliehenden unnachsichtlich und setzte alles daran, ihn wieder einzufangen.[33]

---

30 P. Thieme, Der Fremdling im Rigveda (Abhandlungen für die Kunde des Morgenlandes 23, 2; Leipzig 1938) 123–129. Im Avesta steht das Gebet an Aryaman (Yasna 54) unmittelbar hinter dem Gedicht, welches Zarathustra für die Hochzeit seiner Tochter Purucista verfaßt hat (Yasna 53 = Gatha 17).

31 Oder als dienende Krieger, als „Knappen". Das entsprechende englische Wort *knave* (Schurke; im Kartenspiel: Bube) zeigt, wie man realistischerweise damit rechnete, daß solche Knappen keineswegs immer treue Diener waren.

32 Für die Zustände ist sehr instruktiv, wie in dem mittellateinischen Epos von Waltharius und Hildegund die Stellung der beiden vergeiselten Königskinder am Hofe Attilas geschildert wird: Sie steigen rasch zu den höchsten Positionen empor.

33 Vgl. unten S. 33.

III. Mithra im Reich der Achämeniden

Kyros als Mithra-König

Der Gründer des Perserreiches war Kyros (553–529). Seine Geburtslegende, die wir aus Herodot kennen, ist die typische Königslegende;[1] aber sie hat auch viele Anklänge an Mythen und Riten des Mithra; und seine weitere Geschichte zeigt an so vielen Stellen Parallelen zu Riten, die in Beziehung zu Mithra stehen, daß man ihn als einen Mithra-König bezeichnen darf.

Ich gebe eine kurze Übersicht über die Geschichte des Kyros. Man kann in dieser Geschichte Historie und Mythos nicht voneinander trennen, weil die geschichtlichen Ereignisse oft in den traditionellen rituellen Formen, also entsprechend den Mythen, verlaufen sind. Andererseits kann auch zusätzliche Ausschmückung mit Motiven aus dem Mythos nicht ausgeschlossen werden. Neben den als historisch überlieferten Ereignissen vermerke ich jeweils die Parallelen aus den mithrischen Traditionen oder aus verwandten Ritualen.

Des Kyros Ziehvater heißt Mitradates (Herodot I 110).

Kyros wurde als Kind ausgesetzt, war also in einem rituellen Sinn das erste Wesen auf der Welt, wie es für die Königslegende typisch ist. Zum Beispiel soll auch Mithradates von Pontos seine Jugend einsam in der Wildnis verbracht haben.[2] Auch Mithras war bei seiner Felsgeburt ein solches erstes Wesen.

Kyros wuchs unter Hirten auf. Der felsgeborene Mithras wird auf vielen römischen Reliefs von Hirten empfangen. Der Perserkönig mußte bei der Königsweihe in Pasargadai seine eigenen Kleider ablegen und die Kleidung anziehen, welche Kyros getragen hatte, bevor er König wurde – also Hirtenkleidung –, und dabei einen Becher Sauermilch trinken.[3]

Zu dem Ritual der Königsweihe in der Stadt Pasargadai, in welchem der König die Rolle des Kyros spielte, gehörte auch, daß er einen Feigenbrei aß.[4] Die römischen Reliefs zeigen immer wieder Mithras im Feigenbaum.

Die persischen Jungmannen, also das kriegerische Gefolge des Königs, hießen *Kardakes*. Sie trugen ihren Namen davon, daß die Perser den tapferen Räuber „Kardax" nannten[5]. Der Vater des Kyros soll selbst ein Räuber gewesen sein.[6] Auch Arsakes, der Grün-

---

1 Vgl. Widengren in „Hommages à G. Dumézil" (Brüssel 1960) 225–237; G. Binder, Die Aussetzung des Königskindes (Kyros und Romulus), Meisenheim 1963; A. Alföldi, Die Struktur des voretruskischen Römerstaates (Heidelberg 1974), besonders S. 134–141.
2 Vgl. unten S. 44, Anm. 3.
3 Plutarch, Artaxerxes 3.
4 Plutarch, Artaxerxes 3. Vgl. auch Rhein. Mus. 95, 1952, 288 (zu Herodot I 71).
5 Aelius Dionysius κ 11 (bei H. Erbse, Untersuchungen zu den attizistischen Lexika 1950, S. 125; aus Eustathios zu Ilias B 849, p. 368, 39 Rom. = I 581, 29 van der Valk) κάρδακες οὐκ ἴδιόν τι γένος, ἀλλὰ οἱ μισθοῦ στρατευόμενοι βάρβαροι .... ἁπλῶς δὲ ... οἱ Πέρσαι πάντα τὸν

der der Arsakidendynastie, war ein Räuber.[7] Ihrer aller mythisches Vorbild war Mithra, ihr Gott, der Rinderdieb – „der rinderstehlende Gott".[8] Im Mithra-Hymnus des Avesta raubt der Gott den Feinden die Rinder und Pferde.[9]

Als Kyros noch ein Kind war, berichtet Herodot (I 114), spielten die Knaben ein Spiel „Königswahl" und wählten Kyros zu ihrem König. Dieser vergab nun die Reichsämter. Es handelt sich wahrscheinlich um ein Spiel, welches vor jeder Krönung in Pasargadai aufs neue rituell gespielt worden ist.[10] Kyros befahl den einen, Häuser zu bauen; andere sollten seine „Speerträger" (Leibgarde) sein; ein dritter wurde zum „Auge des Königs" bestimmt, also sozusagen zum Aufseher der Geheimpolizei,[11] ein anderer erhielt das Ehrenamt „die Botschaften zu überbringen".[12] Als einer der Knaben Kyros nicht gehorchte, ließ er ihn prügeln; der Knabe beschwerte sich bei den Erwachsenen, aber Kyros verteidigte sich, er habe jenen „zu Recht" prügeln lassen, da er ihm als dem gewählten König nicht gehorcht habe.[13] – Bei den Worten „zu Recht" wird man daran denken, daß Mithras „der gerechte Gott"[14] war. Aber vor allem erinnert der Beamte mit dem Namen „Auge des Königs" daran, daß Mithra zehntausend Augen hat, zehntausend Späher.[15]

Zu den Zeremonien, welche Kyros vollführte, gehört auch das Entzünden von Feuer durch das Reiben von Lorbeerbaumholz in Zypressenholz.[16] Man sieht die beiden Bäume

---

ἀνδρεῖον καὶ κλῶπα κάρδακα ἐκάλουν. Strabon XV 3,18 p. 734 C. καλοῦνται δ'οὗτοι κάρδα-κες, ἀπὸ κλωπείας τρεφόμενοι·κάρδα γὰρ τὸ ἀνδρῶδες καὶ πολεμικὸν λέγεται.

6 Nikolaos von Damascus 90 F 66, 3 p. 362, 1 Jacoby.

7 Justin XLI 4,7 *hic solitus latrociniis et rapto vivere.*

8 βουκλόπος θεός Porphyrios, De antro nympharum 18 (p. 69,16 Nauck = p. 20,5 Westerink); βοοκλοπίη Firmicus Maternus, De errore profanarum religionum 5.

9 Yäsht 10, 38 und 42.

10 Durchgehende Parallelen zu den Handlungen des Kyros im Königsspiel in der Erzählung des Deiokes, nachdem er zum König gewählt wurde (Herodot I 96–100): Bau eines Palastes, Speer-träger, Regierung durch Boten, Späher, Wahrung der Gerechtigkeit. – Königsspiel in Indien (Sandrokottas): Lassen, Indische Altertumskunde II² (1873) 205,1. Adelheid Mette weist mir als zugrundeliegende indische Texte nach: Vamsatthapakasini ed. G. P. Malalasekera, London 1935 (Pali Text Society) I 184,6–20; Pariśistaparvan des Hemacandra VIII 242 f. in der Übersetzung von Joh. Hertel (Leipzig 1908) 191.

11 Vgl. Aristophanes, Acharner 94; Xenophon, Kyrupaedie VIII 2,10/11 und VIII 6,16; H. H. Schaeder, Iranica 1: Das Auge des Königs (Abhandl. Akad. Göttingen, phil.-hist. Klasse, III. Folge Band 10, 1934); H. Lüders, Philologica Indica (Göttingen 1940) 462.

12 Diese „Boten" heißen ἄγγελοι = Engel. Die Vorstellung von solchen Boten eines unsichtbaren Königs – denn der Perserkönig war für seine Untertanen unsichtbar – scheint stark auf die Ausbildung der jüdischen Engelvorstellungen (unsichtbare Boten Jahwes) eingewirkt zu haben. Das heidnische Altertum hat die Vorstellung von Engeln nicht gekannt; erst in späten Zeiten ist sie von den Juden bzw. Christen übernommen worden.

13 Herodot I 115,2.

14 V 18 (Tyana) θεῷ δικαίῳ Μίθρᾳ.

15 So im 10. (Mithra-)Yäsht an zahlreichen Stellen.

16 Nikolaos von Damaskos 90 F 66,41 p. 369, 25 Jacoby. Vgl. A. Alföldi, Die Struktur des voretruskischen Römerstaates 138 f.

oft auf den römischen Reliefs, und Mithras neben ihnen stehend; man hat richtig erschlossen, daß dies sich auf das rituelle Feuerreiben bezieht.

Bevor Kyros – ein Vasall der Meder – sich zum Aufstand erhob, hat er im Traum die Sonne dreimal gesehen.[17] – Es dürfte das persische Wort *chvarna* zugrundeliegen, „der königliche Glücksglanz", von dem es in den Yäshts heißt, daß Mithra ihn ergriffen hat und ihn verleiht.[18] Dieser Glücksglanz spielt dann wieder eine wichtige Rolle in der Geschichte des Sassaniden Ardeschir (Artaxerxes), der als Geisel am Hof des Partherkönigs weilte; er entfloh um sich gegen die Parther zu erheben; die Parther verfolgten ihn, aber als sie hörten, daß neben Ardeschir der Glücksglanz der königlichen Herrschaft zu Pferde saß, gaben sie die Verfolgung auf; in dem folgenden Krieg siegte Ardeschir und wurde König.[19]

Um den Aufstand vorzubereiten, erbat Kyros (nach dem Bericht bei Nikolaos von Damascus) vom Mederkönig Urlaub. Der König gewährte dies, bereute es aber kurz darauf und schickte Leute aus, um Kyros zurückzuholen. Kyros täuschte die Verfolger, indem er auf ihre Forderung scheinbar einging, aber in der nächsten Nacht entfloh.[20] Dies ist der für die „feudalen" Verhältnisse typische Fall der Flucht des Vasallen (des Geisels); eine solche Flucht bedeutet immer: Umsturz des alten Systems von persönlichen Beziehungen, Versuch der Errichtung eines neuen derartigen Systems.[21]

Über den Aufstand des Kyros erzählt Herodot (I 125/126)[22]: Um die Perser dazu zu bestimmen, sich gegen die Meder zu erheben, berief Kyros eine Versammlung des ganzen Volkes ein. Jeder sollte eine Sichel mitbringen. Am ersten Tag ließ er sie ein großes, mit Dorngestrüpp überwachsenes Gebiet roden. – Auf den römischen Mithrasreliefs sieht man mehrfach den „Perser" (den Mysten des fünften Grades) mit einer Sichel in der Hand.[23]

Am zweiten Tage sollten alle frisch gewaschen wieder zusammenkommen. Kyros schlachtete viele Ziegen und Rinder und bewirtete die Perser mit Fleisch und Wein. Als die Gemüter vom Wein erhitzt waren, fragte er sie, ob der heutige oder der gestrige Tag besser gewesen sei; und als sie antworteten: „der heutige", rief er sie zum Abfall von den Medern auf. Sie sollten künftig nicht mehr – wie gestern – knechtische Arbeit tun, son-

---

17 Deinon von Kolophon (690 F 10 Jacoby) bei Cicero, de divinatione I 46.

18 Yäsht 19,35 und 10,16.

19 Übersetzt von Th. Nöldeke, Bezzenbergers Beiträge zur vergleichenden Sprachwissenschaft 4, 1878, 22 ff.; Widengren, Iranische Geisteswelt 295 ff.

20 Nikolaos von Damascus 90 F 66,21–30 p. 365–367 Jacoby.

21 Vgl. unten die analoge Geschichte des Rodanes in den Babyloniaká des Iamblichos. Ähnlich die Flucht von Walther und Hildegund vom Hof Attilas im mittellateinischen Epos. Erfolgreiche Flucht eines Geisels: Flucht Konstantins vom Hof des Galerius Maximianus (Lactanz, De mortibus persecutorum 24; Aurelius Victor 40,2; Epitome de Caesaribus 41,2; Zosimos II 8,2–3). Der geflohene Geisel wird eingeholt und niedergemacht: Caesar, Bell. Gall. V 7 (Dumnorix).

22 Das Folgende nach Numen 6, 1959, 154/5.

23 V 480,3 = Vermaseren – van Essen, S. Prisca S. 168; V 532 (Rom); Abb. 122 = V 1247 (Dieburg); Abb. 132 = V 1400 (Mauls).

dern – wie heute – ein Wohlleben in Freiheit führen. – Vergleicht man das Stieropfer und anschließende Mahl des Mithras auf den Darstellungen aus der römischen Zeit, wird man erschließen, daß jenes Fest, welches den Aufstand der Perser einleitete, ein großes Mithra-Fest gewesen ist. Der Aufstand der Perser geschah in Formen, die vom Ritual vorgegeben waren,[24] wie die ganze Kyrossage rituelle Hintergründe hat.

Kyros hat also bei seinem Aufstand auf das Ritual eines persischen Männerbundes zurückgegriffen. Die erniedrigende Arbeit mit der Sichel war Vorbedingung für die Aufnahme in die Gruppe. Nur wer den Knechtsdienst gekostet hatte, würde den Wert des neuen Ranges als Freier zu schätzen wissen. Der Weihezermonie des zweiten Tages ging eine Waschung voran,[25] das feierliche Kultmahl schloß sie ab.

Am Grab des Kyros wurde noch zur Zeit Alexanders des Großen in jedem Monat ein Pferdeopfer vollzogen. Auch dies war gewiß keine zarathustrische Zeremonie.[26]

Man wird folgern, daß Kyros ein Mithra-König gewesen ist.[27]

Kambyses opfert den Stier

Von Kambyses (529–522), dem Sohn des Kyros, wird eine Untat berichtet, die immer große Verwunderung hervorgerufen hat. Als er Ägypten erobert hatte und in Memphis verweilte, wurde ein junger Apisstier gefunden. Die Ägypter feierten ein großes Fest. Kambyses aber zog sein Schwert und stach nach dem heiligen Stier. Er traf ihn am Schenkel, und das Tier starb. Die Ägypter waren über diesen Frevel entrüstet.[28]

Politisch war die Handlung des Kambyses ein schwerer Fehler. Die Ägypter hielten sich für vom Sieger verhöhnt und haßten die Perser. Sie sind auch mehrfach von ihnen abgefallen.

Aber noch ein zweiter Perserkönig hat das Opfer des Apisstieres wiederholt. Kurz vor Alexander dem Großen hat Artaxerxes III. Ochos wieder einmal die abgefallenen Ägypter

---

24 Vgl. Trumpf, Zeitschrift für Papyrologie und Epigraphik 12 (1973) 142.

25 Im Mithra-Yäsht (10,122) steht folgende Belehrung für diejenigen, welche sich auf die Zeremonien des Mithra vorbereiten wollen: „Drei Tage und drei Nächte sollen sie ihren Leib waschen, dreißig Schläge sollen sie abbüßen zur Verehrung und Anbetung des Mithra".

26 Arrian, Anabasis VI 29,7 und Strabon XV 3,7 p. 730 C., beide aus Aristobul (Jacoby, Die Fragmente der griechischen Historiker 139 F 51).

27 M. Boyce, A History II 41 nimmt an, daß schon Kyros Zoroastrier gewesen sei; als Beweis führt sie an, daß drei Namen, die im Avesta vorkommen, also spezifisch zoroastrisch seien, auch in der Königsfamilie der Achämeniden belegt sind. Mir scheint dieses Argument sehr schwach.

28 Herodot III 27–29; vgl. schon Numen 6, 1959, 155/6. – Daß Kambyses den Apisstier getötet habe, wird von mehreren Gelehrten bezweifelt: G. Posener, La première domination perse en Egypte (Le Caire 1936) 1–26 und 171–175; Olmstead, A History of the Persian Empire (Chicago 1948) 89; J. Schwartz, Bulletin de l'institut français d'archéologie orientale 48, 1949, 68 ff.; Kienitz, Die politische Geschichte Ägyptens vom 7. bis 4. Jahrhundert vor der Zeitwende (Berlin 1953) 57 ff.; M. Boyce, A History II 73/4. Aber die meisten Gelehrten halten die Überlieferung bei Herodot für vertrauenswürdig.

unterworfen. Auch er hat den Apisstier getötet und ihn dann zusammen mit seinen Freunden verspeist; wieder waren die Ägypter aufs schwerste gekränkt.[29] Als bald darauf Alexander einrückte, empfingen sie ihn als Befreier.

Einen rationalen Grund für die zweimalige Untat zu finden wird schwer sein. Sie dürfte einen mythischen Grund gehabt haben: Der Perserkönig war der inkarnierte Mithra. Wenn der heilige Stier erschien, mußte Mithra seine große Tat wiederholen und den Stier opfern, zum Heil der Welt.

Herodot berichtet, daß die Perser beim Tieropfer die Theogonie (die Entstehung der Götter und der Welt) singen[30] und daß ein Tieropfer ohne Anwesenheit des Priestersängers nicht geschehen dürfe (I 132). Es handelt sich um das Mithrasopfer, denn die Welt ist aus diesem Opfer erst entstanden. Herodot sagt, daß der opfernde Priester den Persern und dem König alles Gute wünschte; dies ist jene Konstituierung des Verbandes durch Opfer und Mahlzeit, von der wir schon so oft gesprochen haben. Ein solches Stieropfer glaubte Kambyses als neuer Mithra vollziehen zu müssen.

Darius (521–485)

Kambyses starb auf dem Rückweg von Ägypten nach Persien. Nach seinem Tod übernahm sein Bruder die Regierung. Er heißt bei Herodot Smerdis, in den persischen Quellen Gaumata. Er wurde von Darius gestürzt, der sich vorher mit sechs anderen Großen verschworen hatte. Sie behaupteten, der echte Smerdis, der Bruder des Kambyses, sei längst tot; der Mensch, der jetzt auf dem Thron säße, sei ein gleichnamiger Magier (Priester), der sich die Herrschaft angemaßt habe. Wie sich die Sache wirklich verhalten hat, kann kaum noch ermittelt werden und ist für unseren Zusammenhang ohne Bedeutung.

Die Machtergreifung des Darius geschah in Formen, die in der traditionellen Religion vorgegeben waren. Ein Mythos erzählte von dem Heros Thraitauna (Thraetaona), der zum Kreis des Mithras gehörte, daß er sich am Neujahrstag gegen den Drachen Azi Dahaka erhoben und die Herrschaft gewonnen habe; zur Erinnerung daran setzte Thraitauna das Mithra-Fest Mithrakana (Mihragan) ein. In Wiederholung dieses Mythos hat Darius den Usurpator Smerdis am Neujahrstag getötet[31] und zur Erinnerung daran das Fest des Magiermordes *(Magophonia)* eingerichtet. Dieses Fest ist mit den Mithrakana identisch;

---

29 Plutarch, De Iside 11 und 31 (= Deinon von Kolophon 690 F 21 Jacoby); Aelian, Var. hist. IV 8 und VI 8; De natura animalium X 28. M. Boyce, A History II 264 bestreitet auch bei Artaxerxes III. die Richtigkeit der Überlieferung. Vgl. unten S. 37.

30 Vgl. die unendlichen vedischen Opferlieder.

31 Herodot III 79; vgl. Marquardt, Philologus 55, 1896, 235–236 und Untersuchungen zur Geschichte von Eran (Philol. Suppl. 10, 1907) 136. Es „ist jedenfalls klar, daß dies das Fest irgendeines Gottes des iranischen Pantheons war" (Dandamaev, Persien unter den ersten Achämeniden [1976] 138). M. Boyce (A History I 102 Anm. 110; 172 Anm. 169) bestreitet die These von Marquardt, hält aber für möglich, daß Magophonia und Mithrakana zusammenhängen (A History II 88 Anm. 36).

Darius hat also den Smerdis als ein neuer Thraitauna getötet. Ein Relief in seinem Palast zu Persepolis zeigt ihn im Kampf mit einem Löwendrachen.[32]

Nach dem Tod des Smerdis vereinbarten die Verschwörer, daß derjenige unter ihnen der neue König sein solle, dessen Pferd als erstes am nächsten Tag bei Sonnenaufgang wiehern werde. Das Pferd des Darius wieherte zuerst. Dieses Pferdorakel ist gewiß nicht zarathustrisch; man kann aber sagen: Der Sonnengott (Mithra) hat Darius durch sein Einwirken auf das Pferd zum König erwählt.[33]

Das wichtigste Dokument für die Regierung des Darius ist die Felsinschrift von Behistun mit dem Bericht über den Sturz des falschen Gaumata (Smerdis) und über die Taten des Darius. In diesem langen Text wird als einziger Gott Ahura Mazda genannt. Weder die Götter des Polytheismus (Mithra, Anahita) noch die göttlichen Wesenheiten Zarathustras (die Amesha Spentas) kommen vor. Man hat daher die Ansicht vertreten, daß Darius Zoroastrier gewesen sein,[34] und man hat auch die gegenteilige Ansicht ausgesprochen.[35]

Nach dem, was oben auseinandergesetzt worden ist, handelt es sich hier nicht um eine Alternativfrage. Als Darius die Herrschaft gewann, lag das Auftreten Zarathustras schon längere Zeit (vielleicht ein Jahrhundert) zurück. Teile seiner Lehre waren weithin zur Anerkennung gekommen; aber in vielen Punkten bestanden die alten, polytheistischen Vorstellungen unverändert fort.

Darius hat also den Thron bestiegen inmitten einer Umgebung, in welcher die alten Götter noch sehr lebendig waren. Andererseits war der *eine* große Gott Zarathustras, Ahura Mazda, auch sein Gott; er war Zoroastrier, und dasselbe gilt für alle seine Nachfolger bis zur Eroberung des Landes durch Alexander.

Xerxes I. (485–465)

Von dem Sohn des Darius, Xerxes, ist eine Inschrift erhalten, in welcher er sich rühmt, ein Heiligtum der Götzen zerstört zu haben; für „Götzen" benützt er das Wort *daivas*, welches früher die Götter bezeichnet hatte:[36]

„... there was a place, where previously false gods *(daivas)*, were worshipped. Afterwards, by the favor of Ahuramazda, I destroyed that sanctuary of the demons, and I made

---

32 Sarre, Die Kunst des alten Persien (Berlin 1921) Abb. 16; von der Osten, Die Welt der Perser (Stuttgart 1956) Tafel 49; Ghirshman, Iran: Protoiranier, Meder, Achämeniden (München 1964) S. 202 Abb. 250/1.

33 Herodot III 84–87; vgl. Widengren in „La regalità sacra" (Leiden 1959) 244.

34 Lommel, Die Religion Zarathustras 4 f. Zaehner, The Dawn and Twilight of Zoroastrianism 154–158. M. Boyce, A History II 118 ff.

35 Widengren, Die Religionen Irans 142–9.

36 Kent, Old Persian 150 ff., Inschrift XPh; Zaehner, The Dawn and Twilight of Zoroastrianism 159; Brandenstein-Mayrhofer, Handbuch des Altpersischen (Wiesbaden 1964) 8; M. Boyce, A History II 174–6.

proclamation: ‚The demons shall not be worshipped'. Where previously the demons were worshipped, there I worshipped Ahuramazda and Arta[37] reverently."

Man kann kaum bezweifeln, daß hier ein Zoroastrier spricht. Die Umwertung des *daivas* aus Göttern zu Dämonen muß als zarathustrisch betrachtet werden, und Arta (Asha) – Wahrheit, gerechte Ordnung – ist eine der sechs göttlichen Wesenheiten (Amesha Spentas) des Zarathustra. Arta wird in anderen Teilen der Inschrift noch mehrfach neben Ahura Mazda genannt.

Mithra in den Inschriften der späteren Achämeniden

Während Darius und Xerxes nur Ahura Mazda genannt hatten, haben zwei spätere Könige Mithra und Anahita in ihren Inschriften ausdrücklich erwähnt. Es waren Artaxerxes II. Mnemon (404–359) und Artaxerxes III. Ochos (359–338).[38] Artaxerxes II. hat sich in Pasargadai nach dem Ritual des älteren Kyros krönen lassen,[39] d. h. wahrscheinlich nach einem Mithra-Ritual. Artaxerxes III. hat in Ägypten den heiligen Apisstier getötet, wie vor ihm Kambyses;[40] offensichtlich fühlte auch er sich als ein Mithra-König.

Die Religion des Zarathustra und der alte Polytheismus – zu welchem der Kult des Mithra gehörte – haben sich im Zoroastrismus so durchdrungen, daß die Griechen den Zoroaster geradezu als Stifter der Mithrasmysterien angesehen haben.[41]

Der Großkönig und Mithra

Es seien hier noch einige Stellen aus griechischen Autoren zusammengestellt, in denen der Großkönig in Beziehung zu Mithra gesetzt wird.

Der Historiker Duris von Samos erzählt, daß der Perserkönig sich am Tag des Mithra berausche.[42] Man wird sich erinnern, daß zu dem von Zarathustra bekämpften Stieropfer – einer Mithra-Zeremonie – auch das Trinken des „todabwehrenden" Rauschtranks Hauma gehörte.

Plutarch erzählt, die Perser ehrten den König als Abbild des Gottes, der das All rettet.[43] Man kann dies nur auf Mithra beziehen, von dem es in einem Vers an der Wand des

---

37 Arta = die Wahrheit, die rechte Ordnung, s. oben S. 20.
38 Kent, Old Persian 154–156 (Inschriften A²Sa, A²Sd, A²Hb, A³Pa).
39 Plutarch, Artaxerxes 3; vgl. Alföldi, Die Struktur des voretruskischen Römerstaates 137/138 und oben S. 31.
40 Vgl. oben S. 34 f.
41 Porphyrios, De antro nympharum 6.
42 Bei Athenaios X 45 (p. 434 EF) = Jacoby, Die Fragmente der griechischen Historiker 76 F 5 (p. 139).
43 Leben des Themistokles 27,4 ὡς εἰκόνα θεοῦ τοῦ τὰ πάντα σῴζοντος.

Mithraeums unter S. Prisca in Rom heißt, daß er durch das Stieropfer die Menschen gerettet hat.[44]

Schließlich heißt es im Alexanderroman, der Mazedonenkönig habe bei einem Besuch bei Dareios beinahe geglaubt, dieser sei als Gott Mithra vom Himmel herabgestiegen.[45] Hier liegt also geradezu eine Identifikation des Perserkönigs mit Mithra vor.

Ein eigentliches Gottkönigtum, dies sei doch bemerkt, ist für einen Zarathustrier ausgeschlossen. Für ihn gibt es nur den *einen* Gott, Ahura Mazda; für einen Gottkönig ist daneben kein Platz. Man muß aber nicht glauben, daß dies eine Verminderung der Königsmacht bedeutet hätte; genau das Gegenteil ist der Fall. Ein König, der gleichzeitig Gott ist, ist zur Hälfte seines Wesens Priester und nur zur anderen Hälfte Regent und Politiker. Wenn ein solcher Regent seine Priestereigenschaft ablegt und sich Gott unterordnet, dann bekommt er die Hände frei um seine weltlichen Interessen um so energischer zu vertreten.

Der Mithra-Yäsht

Im fünften oder vierten Jahrhundert muß auch der große Mithra-Hymnus gedichtet worden sein, der in der Sammlung des Yäshts steht und den wir schon öfters herangezogen haben. Nach den Worten dieses Hymnus gehört die Verehrung des Mithra in die von Zarathustra gestiftete Religion. Der Dichter läßt Ahura Mazda selbst zu Zarathustra (= Spitama) sprechen (Yäsht 10,119; 137): „Den Mithra sollst du verehren, o Spitama, du sollst ihn verkünden den Priesteranwärtern ... Heil jenem Hausherrn ..., für den ein frommer Priester ... mit Mithras Spruch Opfer darbringt". Dazu bemerkt Lommel, hier solle „recht geflissentlich eine zunächst keineswegs unumstrittene Anerkennung des Gottes als orthodox begründet werden".[46]

Der Yäsht rühmt in schwungvollen Versen Mithra als den Gott des Vertrages, des Lichtes, der Krieger. Was ganz fehlt, sind die mythischen Taten des Mithra. Sie hätten immer auf jene eine große Heilstat des Gottes geführt, das Stieropfer, aus dem die Welt entstanden ist. Aber auch mit einer schon verwässerten Lehre des Zarathustra ließ sich das Stieropfer nicht vereinbaren.

Der Sturz der Achämeniden

In den Jahren 334–327 hat Alexander das Perserreich erobert und eine mazedonisch-griechische Herrschaft im ganzen vorderen Orient aufgerichtet. Dies war für die Perser eine politische Katastrophe.[47]

---

44 V 485 = van Essen-Vermaseren, S. Prisca S. 217 (Vers 14) *Et nos servasti eternali sanguine fuso.*
45 II 14,5 p. 81,21 Kroll ὡς θεὸν Μίθραν νομίζων οὐρανοῦ κατελθόντα.
46 Die Yäšt's S. 65.
47 Im Jahr 247 v. Chr. standen dann die Parther erfolgreich gegen die Herrschaft der griechisch-

Aber in mehreren Nachfolgestaaten des Perserreiches, die starken iranischen Einfluß erfahren hatten und eine „feudale" Struktur der Gesellschaft behielten, blieb Mithras weiterhin der Gott, der Staat und Gesellschaft zusammenhielt. Dies gilt vor allem für das Königreich Pontos, Armenien, Kappadokien und Kommagene. Mithras hat also den Charakter eines „politischen" Gottes nie abgelegt; er sollte auch im Westen ein Gott der Krieger und Funktionäre sein. Aber den fast national-persischen Charakter hat Mithras doch verloren, als das Reich der Achämeniden unterging.

Der Untergang des persischen Großreiches ist geradezu Vorbedingung für die spätere Ausbreitung des Mithraskultes nach Westen gewesen. Durch das Zurücktreten der nationalen Komponente des Mithraskultes wurde eine Vertiefung des religiösen Gehaltes und eine Amalgamierung mit griechischen religiösen Vorstellungen ermöglicht. Als dann später im römischen Kaiserreich die politischen Grenzen zwischen den Nationen innerhalb des Mittelmeerbeckens verschwanden und eine einheitliche Kultur entstand, die man fast international nennen kann, da konnte aus dem schon etwas gräzisierten Mithraskult eine der großen Religionen des Kaiserreiches werden.

mazedonischen Könige (der Seleukiden) auf und begründeten das Reich der Arsakiden. Ihnen folgte (seit 224 n. Chr.) die persische Dynastie der Sassaniden. Unter diesen Herrschern fand eine Erneuerung der zorastrischen Religion statt; das früheste Dokument ist die Inschrift des Priesters Karter (M. Sprengling, Third Century Iran. Sapor and Kartir, Chicago 1953). Mithra ist auch in dieser Zeit der Gott des Vertrages, s. das oben (S. 25 Anm. 12.) besprochene Felsrelief aus Tak-e-Bostan. – Mani hat den Gott Mihr (= Mithra) in die für Persien bestimmte Fassung seines Religionssystems eingepaßt, und zwar anscheinend an eben den Stellen, wo in der „christlichen" Fassung des Manichäismus der Erlöser Jesus vorkam. Ich kann dies hier nicht verfolgen. – Vgl. Mary Boyce, „On Mithra in the Manichaean Pantheon", in „A Locust's Leg: Studies in Honour of S. H. Taqizadeh, ed. W. B. Henning and Ehsan Yarshater" (London 1962) 44–54.

MITHRAKULTE HELLENISTISCHER ZEIT

Die persischen Könige waren gestürzt; aber der Adel hat, entsprechend der Verschmelzungspolitik Alexanders, seine führende Stellung behalten. Charakteristisch ist der Fall des Satrapen Atropates, der rechtzeitig zu Alexander überging und die Herrschaft über jenes Gebiet behielt, das nach ihm Atropatene hieß (heute Aserbeidschan).

Dieser Adel hat Mithra verehrt, den Gott des auf Personen aufbauenden Herrschaftssystems. Die Burgherren hätten ihre eigene Vorrangstellung aufgegeben, wenn ihnen Mithra nichts bedeutet hätte.

In den Grenzgebieten zwischen den Persern und ihren Nachfolgern, den Parthern, und jenen Landschaften, die griechisch besiedelt waren, also in Syrien und den meisten Küstenstrecken Kleinasiens entstanden und vergingen in hellenistischer Zeit zahlreiche kleinere und größere Fürstentümer und Königreiche. Die Könige, welche zu etwas größerer Bedeutung gelangten, leiteten ihren Stammbaum fast alle voller Stolz von den Achämeniden ab und verehrten Mithra als ihren Dynastiegott. Freilich ist die Überlieferung für viele Gebiete so dünn, daß wir über dies Allgemeine hinaus nicht viel mehr sagen können.

Die wichtigsten dieser Königreiche waren Pontos, Kappadokien, Armenien und Kommagene. Überall ist die Verehrung des Mithra belegt; Näheres können wir freilich nur in Kommagene erkennen.[1]

I. Das Königreich Pontos

Der historisch wichtigste dieser Staaten war das Königreich Pontos an der Nordküste Kleinasiens, das zur Zeit seiner größten Ausdehnung auch die Kaukasusküste mit der Halbinsel Kertsch (Phanagoreia), die Insel Krim und die skythische Küste umfaßte. In diesem Reich haben sechs Könige des Namens Mithradates regiert; sie führten den Mithra im Namen. Der berühmteste und letzte war Mithradates Eupator (120–63 v. Chr.), der große Römerfeind. Im ersten Krieg gegen Rom ist er bis nach Griechenland übergesetzt und hat Athen in seine Hand gebracht; drei der größten römischen Feldherrn – Sulla, Lucullus und Pompeius – haben gegen ihn gekämpft und ihn schließlich endgültig besiegt. Er hat sein Geschlecht auf die persischen Großkönige und auf die mazedonischen Herr-

---

1 Im eigentlich griechischen Kleinasien spielte die Verehrung des Mithras eine sehr geringe Rolle; man kann die Zeugnisse bei Vermaseren I bequem übersehen. Für die Griechen blieb Mithras immer der Gott jener Perser, die einst versucht hatten ihr Land zu erobern. Franz Cumont, „Mithra en Asie Mineure" (in: Studies presented to W. H. Buckler, Manchester 1939, 67–76) hat die Bedeutung Kleinasiens für die Verbreitung der Mithrasmysterien überschätzt. – Auf die Ausläufer der iranischen Mithras-Verehrung bei den Indoskythen (Kanischka) einzugehen liegt außerhalb des Planes dieser Darstellung.

scher zurückgeführt; in einer Ansprache an seine Soldaten[2] soll er gesagt haben, „er sei glorreicher als die Römer, da er seine väterlichen Ahnen von Kyros und Dareios, den Gründern des Perserreiches, seine mütterlichen Ahnen von Alexander dem Großen und Seleukos Nikator, den Gründern des makedonischen Reiches ableite".

Das Leben des Mithradates Eupator ist vom Glanz der iranischen Königslegende umgeben: Im Jahr seiner Geburt und im Jahr seiner Thronbesteigung erschien am Himmel ein Komet, der beidemal siebzig Tage lang leuchtete. Als Knabe und junger Mann lebte er in selbstgewählter Verbannung auf dem Lande, ähnlich wie Kyros. „Er gab sich ganz der Übung der Jagd hin und schlief sieben Jahre lang weder auf dem Land noch in der Stadt unter einem Dach, sondern durchschweifte die Wälder und übernachtete an den verschiedensten Plätzen im Gebirge. Keiner wußte, wo er sich aufhielt. Er war daran gewöhnt, im Lauf vor den wilden Tieren zu fliehen oder sie zu verfolgen, ja sogar mit ihnen seine Kraft zu messen."[3]

Wahrscheinlich gehörte der Kern einer berühmten antirömischen Schrift, der „Orakel des Hydaspes", in die Zeit des Mithradates Eupator. Darin wurde prophezeit, daß ein mächtiger König aus dem Osten, in dem man einen Mithrakönig sehen darf, das römische Reich zerstören und die Weltherrschaft nach Asien übertragen werde.[4]

Man wird also vermuten – Sicherheit ist nicht zu erreichen –, daß Mithradates Eupator den Mithra zum Königsgott hatte. Über die religiösen Zustände im Königreich Pontos haben wir fast keine Nachrichten. Die Stadt Trapezunt hat in der römischen Kaiserzeit, von Trajan (98–117) bis Philippus Arabs (244–249), zahlreiche Münzen mit Darstellungen des Mithras geprägt, der als der traditionelle Gott der Stadt angesehen worden ist. Neben Münzen, welche Mithras mit persischer Mütze und dem Strahlenkranz des Sonnengottes zeigen, finden sich vor allem andere, auf denen er auf einem Pferd reitet. Manchmal sieht man daneben einen Baum, auf dem ein Adler sitzt, und darüber einen Stern. Einmal sind rechts und links neben ihm die beiden Fackelträger (Cautes und Cautopates), ein fliegender Rabe und eine Schlange abgebildet.[5] Diese vier Figuren sind von den römischen Reliefs bekannt.

---

2 Justin XXXVIII 7,1 *se ... clariorem ... esse, qui paternos maiores suos a Cyro Dareoque, conditoribus Persici regni, maternos a Magno Alexando ac Nicatore Seleuco, conditoribus imperii Macedonici, referat ...*

3 Justin XXXVII 2,7 *per septem annos neque urbis neque ruris tecto usus est, sed per silvas vagatus diversis montium regionibus pernoctabat ignaris omnibus, quibus esset locis, adsuetus feras cursu aut fugere aut persequi, cum quibusdam etiam viribus contendere.* – Vgl. Widengren, Die Religionen Irans 236 ff.

4 Diese Deutung ist wahrscheinlich, aber nicht sicher. Vgl. H. Windisch, Die Orakel des Hystaspes (Amsterdam 1929); Bidez-Cumont, Les Mages hellénisés (Paris 1938) II 370 ff.; H. Fuchs, Der geistige Widerstand gegen Rom in der antiken Welt (1938) 31 ff.; Widengren, Die Religionen Irans 199 ff. und Iranische Geisteswelt 222 ff.

5 Waddington-Babelon-Th. Reinach, Recueil général des monnaies grecques d'Asie Mineure² (1925) S. 147–162. Baum, Adler, Stern nr. 25, 45 und 50; Fackelträger, Rabe und Schlange nr. 39; Schlange auch in nr. 50; ein brennender Altar nr. 35 und 45.

II. Mithraszeremonien der Seeräuber

Mithradates Eupator hatte sich bei seinem Kampf gegen die Römer auch mit den kilikischen Seeräubern verbündet. Von diesen erzählt Plutarch,[6] daß sie „fremdartige Opfer in Olympos darbrachten und geheime Weihen zelebrierten, von denen die Mithrasweihe noch heute existiert, die zum erstenmal von jenen bekannt gemacht wurde". Diese Seeräuber besaßen an der Südküste Kleinasiens einen wohlorganisierten Räuberstaat und haben einige Jahre lang alle Schiffe des Mittelmeeres in Schrecken versetzt. Schließlich hat Pompeius dem Unwesen ein Ende gemacht (67 v. Chr.).

Man wird diesen Seeräuberstaat als Sonderfall eines kriegerischen Männerbundes auffassen. Freilich stand kein göttlicher König mehr an der Spitze des Kultbundes und garantierte die Gerechtigkeit zwischen den Menschen.

Eine direkte Verbindung zwischen den Mithraszeremonien der Seeräuber und den späteren Mysterien wird man nicht herstellen; zwischen dem Ende des Seeräuberstaates und den römischen Mysterien liegen 150 Jahre. Es hat in allen iranischen oder von iranischem Adel beherrschten Ländern Mithraszeremonien gegeben; daß gerade die Zeremonien der Seeräuber den Griechen als erste näher bekannt geworden sind, ist nur ein Zufall, der vielleicht daraus zu erklären ist, daß es aus der Feder eines zeitgenössischen griechischen Historikers (Theophanes von Mytilene) eine ausführliche Darstellung der Kriege des Pompeius gegeben hat.

III. Kappadokien

Dies ist das Hochland in der Mitte Kleinasiens, östlich von Ankyra beginnend und bis zum Euphrat reichend. Es war unter den Persern und Seleukiden eine Satrapie und unterstand einem Fürstengeschlecht, dessen Angehörige meistens den Namen Ariarathes führten und sich von einer Tochter des Kyros, des Gründers des Perserreiches, herleiteten.[7] Der Seleukide Antiochos II. hat schon um 250 v. Chr. Ariarathes den III. als selbständigen König anerkannt und ihm seine Tochter Stratonike zur Ehe gegeben. Auf den Münzen sieht man die kappadokischen Könige mit persischer Tiara; der Kalender des Landes war der persische.[8]

---

6 Pompeius 24,7 ξένας δὲ θυσίας ἔθυον αὐτοὶ τὰς ἐν Ὀλύμπῳ καὶ τελετάς τινας ἀπορρήτους ἐτέλουν, ὧν ἡ τοῦ Μίθρου καὶ μέχρι δεῦρο διασώζεται, καταδειχθεῖσα πρῶτον ὑπ' ἐκείνων. Mit Olympos ist entweder die lykische Stadt oder der Berg bei dieser gemeint.

Es sei hier auch noch darauf verwiesen, daß die Stadt Tarsos unter Gordian III. Münzen mit dem Stieropfer des Mithras geprägt hat (V 27).

7 Diodor XXXI 19.

8 Ginzel, R. E. X 1917; Nyberg, Die Religionen des alten Iran 479; Samuel, Greek and Roman Chronology 177.

Über die religiösen Zustände ist fast nichts bekannt. Bei Tyana ist eine Weihinschrift „für den gerechten Gott Mithras"[9] gefunden worden. Bei Pharasa (Ariaramneia) befindet sich eine künstliche, in den Fels gehauene Höhle, und in zwei Kilometer Entfernung, ebenfalls in den Felsen eingehauen, die Inschrift:

„Sagarios der Sohn des Maipharnes, Stratege von Ariaramneia, hat für Mithras die magischen Opferriten vollführt".[10]

Die Nennung der „Magier", also der persischen Priester, ist interessant; aber was man sich bei den „magischen Opferriten für Mithras" denken soll, bleibt ganz ungewiß.

IV. Armenien

Spuren des Mithrakultes

Die Armenier waren seit der Zeit der Achämeniden politisch von den Persern abhängig, ihr Königreich war ein persischer Vasallenstaat. Sie verehrten dieselben Götter wie die Perser;[1] im Detail ist aber sehr wenig über ihre Religion bekannt. Immerhin kann man mit Sicherheit erschließen, daß die Armenier Mithras verehrt haben. Auf das, was man sonst über die religiösen Zustände in Armenien ermitteln kann, soll hier nicht eingegangen werden. Man muß aber immer im Sinne behalten, daß die armenische Religion polytheistisch war, daß also Mithras hier ganz wie in Persien nur einer der großen Götter des Landes gewesen ist.

Die Armenier haben ihre eigene Schrift erst geschaffen, als das Land christlich wurde; es gibt also aus der früheren Zeit keine armenischen Quellen für die politische und religiöse Geschichte des Landes. Immerhin lautet das armenische Wort für Tempel *mehean*, was wörtlich „Mithrastempel" bedeutet.[2] Daß Mithras also in Armenien verehrt wurde, daß er

---

9 V 18 θεῷ δικαίῳ Μίθρᾳ.

10 V 19 Σαγάριος Μαι[φά]ρνου στρατηγὸς Ἀριαραμνεί(ας) ἐμάγευσε Μίθρῃ. Vgl. Widengren, Die Religionen Irans 178 (mit Anmerkung 17). Der Name Maipharnes ist von F. Rosenthal hergestellt worden, s. Schaeder, Orientalistische Literaturzeitung 43, 1940, 383; J. und L. Robert, Bull. ép. 1941, 146 und 1958, 6 sowie L. Robert, Hellénica II 83,3 und Noms indigènes dans l'Asie-mineure Gréco-romaine (1963) 537,5.

1 Strabon XI 14,16 p. 532, zitiert unten S. 256, Anm. 18.

2 Gershevitch, in: Mithraic Studies I 87: „The Armenians had, attested from the beginnings of Armenian literature in the fifth century A. D., a word which etymologically means ‚Mithra-temple', which yet they never use in this sense, but only in the generic sense of ‚temple'. When Agathangelos actually wants to refer to a temple of Mithra he says, without, of course, being aware of this, ‚the Mithratemple (mehean) of Mithra (mhrakan)' (cf. Hübschmann, Armenische Grammatik [1897] p. 53). In this word for ‚temple', therefore, there lies, enshrined as a fossil, a forgotten god Mithra". Vgl. auch Gershevitch, Mithraic Studies II 357. – Meillet und M. Boyce,

auch dort der Gott der personellen Bindungen von ‚Lehnsherr' und ‚Vasall'[3] war, steht außer Zweifel.

Eine seltsame Geschichte über einen Sohn des Mithras steht bei einem namentlich unbekannten Autor des 2. Jahrhunderts n. Chr.[4]: Mithras ergoß seinen Samen auf einen Felsen, und der Fels gebar einen Sohn, Diorphos. Dieser wurde von Ares im Zweikampf besiegt und getötet und in den gleichnamigen Berg verwandelt, der am armenischen Fluß Araxes liegt.

Dies erinnert an die Geburt des Mithras aus dem Felsen und an den Aufenthalt des Mher = Mithras im Fels in dem armenischen Volksepos, welches im Anhang besprochen wird.

Seit der Römerzeit hört man etwas mehr über Armenien; das Land war der wichtigste Pufferstaat zwischen den Römern und Parthern. Lange Zeit haben sich die Römer und Parther in die Herrschaft geteilt: Der kleinere, westliche Teil (*Armenia minor*) gehörte zur römischen Einflußsphäre, der größere östliche Teil (*Armenia maior*) zu der Sphäre der Parther. Der Grenzfluß war der Euphrat. Die Römer und Parther haben oft um Armenien gekämpft, aber nie mit voller Kraft. Armenien lag an der Nordostgrenze des römischen und an der Nordwestgrenze des Partherreiches, und beide Großmächte schätzten es, daß Armenien im Norden ihres Gebietes als Pufferstaat zwischen ihnen selber und den gefährlichen Stämmen des Kaukasus lag. Charakteristisch hierfür ist der Kompromiß, welchen der römische Feldherr Domitius Corbulo unter Nero mit dem Partherkönig Vologaeses nach verschiedenen kriegerischen Wechselfällen schloß: Des Vologaeses Bruder Tiridates – also ein Parther – sollte König von Groß-Armenien sein, aber die Belehnung mit der Herrschaft vom römischen Kaiser erhalten. Bei dieser Gelegenheit fanden zwei Zeremonien statt, die deutliche mithrische Züge tragen.

Die Mithras-Zeremonien bei der Belehnung des Tiridates durch Corbulo und Nero

Zunächst trafen Corbulo und Tiridates östlich des Euphrat an einem verabredeten Platz zusammen. Von je zwanzig Reitern begleitet, ritten sie aufeinander zu. Tiridates sprang als erster vom Pferd, danach auch Corbulo; sie traten aufeinander zu und reichten sich die Rechte.[5] Corbulo sprach seine Freude darüber aus, daß Tiridates den Weg des Friedens

A History of Zoroastrianism II 185 (mit Anm. 44) erklären das armenische Wort ‚mehean' als „Platz des Mithra", was für unsere Zwecke – den Nachweis, daß Mithra auch ein Gott der Armenier gewesen war – auf dasselbe herauskommt.

3 Ich bitte diese Worte auch hier cum grano salis zu verstehen; es ist nicht die spezielle, westeuropäische und frühmittelalterliche Form des Feudalismus gemeint, sondern nur eine verwandte Erscheinung.

4 Ps. Plutarch, De fluviis 23, 4; besprochen von Burkert, Würzburger Jahrb. N. F. 5, 1979, 260/1.

5 *dexteras miscuere* (Tac. ann. XV 28).

wählen wollte. Tiridates begann mit einer Aufzählung seiner vornehmen Ahnen und erklärte dann, er wolle nach Rom reisen, um den Kaiser als seinen Oberherrn anzuerkennen. Es wurde verabredet, daß Tiridates einige Tage später in einer Zeremonie angesichts beider Heere sein Königsdiadem vor dem Bild des römischen Kaisers ablegen und es erst dann wieder tragen solle, wenn er es in Rom aus der Hand des Kaisers neu empfangen habe. Dies wurde durch einen Freundschaftskuß bestätigt.

Der Vertrag wurde einige Tage später in einer großen Zeremonie angesichts der beiden Heere abgeschlossen. Auf der einen Seite standen die Reiterregimenter der Armenier mit ihren herkömmlichen Feldzeichen, auf der anderen Seite die Legionen mit den Adlern und den Götterbildern aus dem Fahnenheiligtum, die „in der Art eines Tempels" aufgestellt wurden; in der Mitte stand eine *Sella curulis* (der Sitz des römischen Magistrats) mit dem Bild des Nero. Man opferte „nach dem Brauch" Schlachttiere; Tiridates trat vor das Bild des Nero, nahm das Königsdiadem vom Haupt und legte es vor dem Bild des Kaisers nieder. Danach fand eine Festmahlzeit statt.[6] Diese wurde durch ein Trompetensignal beendet, und zum Ende der Zeremonie wurde ein vor dem Feldherrnzelt aufgebauter Brandaltar entzündet, alles nach der alten Sitte (*prisci moris*).

Tacitus, der diese Episode überliefert, nennt den Namen des Gottes Mithras nicht; aber es steht außer Zweifel, daß für die Armenier und ihren aus parthischem Fürstenhaus stammenden König dies eine mithrische Zeremonie gewesen ist, mit Vertragsschluß, Opfer und gemeinsamer Mahlzeit.

Bei dem zweiten Akt, der Belehnung des Tiridates durch Nero in Rom, wird Mithras ausdrücklich genannt.

Tiridates kam einige Jahre später, wie verabredet, nach Italien, um die Belehnung mit dem Königreich Armenien von Nero zu empfangen. Er reiste mit großem Gefolge durch das Römerreich. Da Nero sich gerade in Neapel befand, suchte Tiridates ihn dort auf, kniete vor ihm nieder, verschränkte die Hände und nannte ihn seinen Herrn. Nero nahm ihn freundlich auf und gab ihm die Rechte. Es fanden gerade Gladiatorenkämpfe – eine Schaustellung der kaiserlichen Macht – und Tierkämpfe statt, und Tiridates wurde dazu eingeladen. Damit auch der Gast beteiligt war, wurde er aufgefordert, von der Tribüne herab ein Tier zu erlegen. Tiridates soll mit einem einzigen Pfeil zwei Stiere erschossen haben. Es ist auffällig, daß er sich keinen Löwen oder Bären zum Ziel wählte, sondern das Tier des Mithras.

Danach reisten Nero und Tiridates nach Rom, um die Belehnungszeremonie zu vollziehen. Sie fand auf dem Forum statt. Nero erschien mit dem Senat und der Leibwache und nahm Platz auf einer *Sella curulis*, die auf einem hohen Podium stand. Ringsum waren die militärischen Feldzeichen aufgestellt. Tiridates schritt mit seinem Gefolge durch ein Spalier von Bewaffneten und beugte vor Nero die Knie, wie schon in Neapel. Dann sprach

---

6 Als Gaius Caesar, der Enkel des Augustus, im Jahr 2 v. Chr. einen Friedensvertrag mit dem Partherkönig Phraatakes schloß, fanden zwei Festmahlzeiten statt, eine auf der römischen und eine auf der parthischen Seite des Euphrat: Velleius Paterculus II 101, 3.

er: „Mein Herr! Ich, der Nachkomme des Arsakes, der Bruder der Könige Vologaeses und Pakoros, bin dein Knecht; ich kam zu dir als meinem Gott um dich ebenso anzubeten *wie auch den Mithras*, und ich werde die Stellung haben, welche du mir als Schicksalsfaden zuspinnen wirst; denn du bist für mich Parze (Schicksalsschwester) und Fortuna". Nero antwortete: „Ich mache dich zum König von Armenien, damit deine Brüder erkennen, daß ich es vermag, Königreiche zu nehmen und zu geben". Damit hieß er den Tiridates emporsteigen zu einem Thron, der erhöht, aber noch zu Füßen des kaiserlichen Throns vorbereitet worden war, gab ihm die rechte Hand[7] und küßte ihn. Nachdem der Armenier auf seinem Thron Platz genommen hatte, bat er den Nero, er möge ihm die armenische Tiara (welche er trug) abnehmen und das Königsdiadem verleihen, und Nero tat dies. Die Zeremonie wurde durch ein Festmahl beendet, welches nach persischem Priesterritual *(cenae magicae)* abgehalten wurde.[8]

Aus den Worten des Tiridates ist klar, daß diese Belehnungszeremonie für ihn ein Mithras-Ritual gewesen ist. Da Mithras für die Parther und Armenier der Gott der Verträge und der persönlichen Bindungen gewesen ist, konnte dies auch nicht anders sein.[9]

Ein Zeugnis für die fortdauernde Bedeutung des Mithras in Armenien ist auch der Roman des Iamblichos, „Babyloniaká", der um 170 n. Chr. in Groß-Armenien geschrieben worden ist. Viele Episoden in dieser Erzählung erinnern an Zeremonien und Bilder der römischen Mithrasmysterien. Wir werden diesen Roman im Anhang (S. 253 ff.) besprechen.

Es sei hier auch schon darauf hingewiesen, daß wir uns bei der Besprechung der römischen Mysterien der These von Nilsson anschließen werden, wonach diese Mysterien die einmalige Stiftung eines unbekannten religiösen Genies gewesen sind. Der Mann muß aus dem griechisch sprechenden Osten gekommen sein; es kommen also vor allem die Provinzen Kappadokien, Pontos und Armenien in Frage.

---

7 Dies steht bei Sueton, Nero 13,2.

8 Plinius, hist. nat. XXX 17 über Tiridates (und Nero): *Magos secum adduxerat, magicis etiam cenis eum* (sc. *Neronem*) *initiaverat.* – *Magus* bedeutet hier nicht „Zauberer", sondern bezeichnet einen persischen Priester.

9 Hauptquelle ist Cassius Dio 63,1–7 (3,68–72 Boissevain); vgl. auch Sueton, Nero 13. Die Episode ist von Cumont besprochen worden: Rivista di Filologia e d'Istruzione classica 61, 1931, 145–154. – Man beachte, daß die beiden Szenen am Euphrat und in Italien nach fast identischem Schema ablaufen: Zuerst verabreden Corbulo und Tiridates mit geringer Begleitung den Frieden, dann wird er mit großem Pomp angesichts der beiden Heere ratifiziert. In Italien treffen Nero und Tiridates zuerst in Neapel zusammen; die endgültige Belehnung findet dann in Rom mit großem Pomp in einer militärischen Zeremonie statt. – Moderne Literatur: Mommsen, Röm. Gesch. V. 387–393; Anderson in der Cambridge Ancient History X 758–773; Debevoise, A Political History of Parthia (Chicago 1938) 193–195; K.-H. Ziegler, Die Beziehungen zwischen Rom und dem Partherreich (Wiesbaden 1964) 72–75; K. Schippmann, Grundzüge der parthischen Geschichte (Darmstadt 1980) 56.

Armenien wird christlich

Im vierten Jahrhundert n. Chr. ist Armenien christlich geworden. In Bagayariç in Klein-armenien hatte es einen Mithrastempel gegeben; aber Gregorius Illuminator hat diesen Tempel zerstört. Darüber erzählt Agathangelos:[10]

„Ebenso kam er (Gregorius) zu dem Götzentempel des Meher (= Mithras), der der Sohn des Aramazd genannt wurde, in der Siedlung, die man in parthischer Sprache Bagayariç nennt, und diesen (Tempel) riß man bis zu den Fundamenten nieder, und die gesammelten Schätze plünderte man und teilte sie an die Armen aus, und die Gebiete (des Tempels) weihte man der Kirche."

Mit dem Gott Mithras ist es in Armenien seitdem vorbei. Freilich, die Erzählungen über Mithras hat man nicht vergessen. Die christlichen Autoren Armeniens berichten noch, daß Ahura Mazda seine Mutter geheiratet und daß diese den Mithras geboren habe;[11] auch, daß Mithras=Sonne nach dem Kampf zwischen dem Sohn des Ahura Mazda und Ahriman als Richter erschaffen worden sei.[12] Dies erinnert sehr an das Wort Plutarchs, Mithras sei der „Mittler".[13]

Aber noch im 19. Jahrhundert hat man sich in Armenien Geschichten von Mithras erzählt. Das armenische Volksepos, welches aufgezeichnet wurde, berichtet von einem gewaltigen Riesen Mher (der armenischen Form des Namens Mithras), und zahlreiche Einzelheiten erinnern an die römischen Mithrastraditionen. Wir werden dieses Epos im Anhang kurz besprechen.

V. Kommagene

Unter den hellenistischen Staaten, in welchen Mithras eine Rolle gespielt hat, ist das Königreich Kommagene der einzige, für den wir ein klares Bild über die religiösen Vorstellungen gewinnen können. Darum sei diesem Reich ein eigenes Kapitel gewidmet.

---

10 Bei Cumont, Textes et monuments II 4; s. auch Widengren, Iranisch-semitische Kulturbegegnung in parthischer Zeit (Köln 1960) 85 (danach das obige Zitat).

11 Eznik von Kolb, Adversus haereses II 8 (Cumont, Textes et monuments II 3); übersetzt von S. Weber in der Bibliothek der Kirchenväter 57, Ausgewählte Schriften der armenischen Kirchenväter I, München 1927, 96; französische Übersetzung von L. Mariès (und Ch. Mercier), Eznik de Kolb, De deo (= Contra haereses), Patrologia orientalis XXVIII 4, Paris 1959, S. 609 [= 71]; § 187.

12 Eznik II 9 (bei Cumont II 3; in der Übersetzung von S. Weber S. 197; in der von L. Mariès S. 610 [= 72], § 190).

13 μεσίτης: De Iside et Osiride 46, p. 369 E (p. 46, 15 ed. Sieveking).

1. Der Kommagenische Königskult

Antiochos von Kommagene

Kommagene liegt im Taurusgebirge zwischen den Flüssen Euphrat und Pyramos; seine Nordgrenze verlief wenig nördlich des höchsten Berges, des heutigen Nemrud Dagh (der nach dem Jäger Nimrod des Alten Testamentes heißt); nach Süden zu reichte es zur Zeit seiner größten Ausdehnung bis nach Zeugma am Euphrat. Das Land war unter Persern und Seleukiden eine Satrapie gewesen. Als die Macht der Seleukiden verfiel, machte sich der Fürst von Kommagene selbständig (um 160 v. Chr.). Um 100 v. Chr. regierte dort Mithradates Kallinikos („der den schönen Sieg errungen hat"). Er führte den Königstitel und leitete sein Geschlecht von einem persischen Satrapen Aroandes (oder Orontes) ab, der um 400 in Armenien geherrscht und Rodogune, eine Tochter des Großkönigs, geheiratet hat.[1] Kommagene hatte damals möglicherweise zu dieser armenischen Satrapie gehört.

Mithradates Kallinikos von Kommagene hat eine seleukidische Prinzessin Laodike geheiratet. Die Seleukiden führten ihr Geschlecht auf Alexander den Großen zurück.[2] Der Sohn des Mithradates und der Laodike stammte also von Alexander und Darius ab. Er hieß Antiochos (Abb. 9) und regierte etwa von 70–35 v. Chr. Er hat im ganzen Land eine größere Zahl von Heiligtümern erbaut und dort lange Inschriften aufstellen lassen. Was im folgenden zur Sprache kommt, ist fast alles allein aus diesen Inschriften bekannt.[3]

1 O. G. I. 390–93 = Iscr. gr. lat. Syrie 3 und 16–18. Für Orontes s. R. E. XVIII 1, 1164–1166 (nr. 6) und den Kleinen Pauly IV 348 (nr. 2) sowie Honigmann, R. E. Suppl. IV 980/1.

2 Diese Abstammung von Alexander war fiktiv, aber für unseren Zusammenhang ist das ohne jede Bedeutung, denn für die Menschen des 1. Jahrhunderts in Kommagene war diese Abstammung eine Tatsache.

3 Die wichtigsten Publikationen sind:

O. Hamdy-Bey – Osgan-Effendi, Le tumulus du Nemroud-dagh (voyages, description, inscriptions avec plan et photographies), Constantinople 1883, mit 33 Lichtdrucktafeln und 2 Plänen. Ich habe dieses Werk nicht gesehen.

K. Humann und O. Puchstein, Reisen in Kleinasien und Nordsyrien, Berlin 1890 (S. 97–406 Reisen nach dem Nemrud Dagh).

F. K. Dörner – Th. Goell, Arsameia am Nymphaios. Istanbuler Forschungen 23, Berlin 1963.

Dazu kommen einige auf einen weiteren Leserkreis berechnete Darstellungen, die in moderner Weise reich illustriert sind und außerordentlich dazu helfen, sich eine allgemeine Anschauung zu verschaffen:

F. K. Dörner, Kommagene. Ein wiederentdecktes Königreich, Gundholzen/Böblingen 1967 (2. Auflage).

F. K. Dörner, Kommagene. Götterthrone und Königsgräber am Euphrat, Bergisch Gladbach 1981.

Kommagene, Sondernummer der Zeitschrift „Antike Welt" 6 (1975).

Die Texte des Antiochos von Kommagene werden mit folgenden Siglen bezeichnet, welche in den Anmerkungen zu diesem Kapitel benützt werden:

Die lokalen Anlagen für den Königskult

Antiochos hat für sein Land eine Art zentraler Staatsreligion gestiftet, mit göttlichen Ehren für den regierenden König (also sich selbst) und dessen Vorfahren. Solche Herrscherkulte gibt es praktisch in allen hellenistischen Königreichen, aber es ist kein Kult bekannt, der so bis ins Detail durchorganisiert gewesen wäre.

Das ganze Land war überzogen mit einer Serie von Kultstätten für diesen Königskult; jede dieser Kultstätten verfügte über einige der Nachbardörfer, welche für den Aufwand aufkommen mußten, den dieser Kult mit sich brachte. In einer der Inschriften sagt der König: „Ich habe die Menschenmenge in meinem Königreich zu diesen Versammlungsplätzen und Festen und Mahlzeiten nach Dörfern und Städten eingeteilt und festgesetzt, daß sie jeweils im nächstgelegenen Heiligtum feiern sollten, wie es für sie nach der Nachbarschaft passend war“.[4] Der 10. und 16. Tag jeden Monats (der Krönungs- und Geburtstag des Königs) wurden gefeiert; am Jahrestag der Krönung und Geburt wurde an den Festtag ein zweiter Feiertag angehängt, „um der Menge der Schlachtopfer und der Größe des Schmauses willen“[5]. Dies ergab 26 Festtage im Jahr; in einigen kleineren Heiligtümern war die Zahl der Festtage etwas geringer.

Es wurde also eine Art Staatskirche eingerichtet. An jedem größeren Ort befand sich ein Heiligtum, und man erwartete von den Einwohnern des Landes, daß sie sich an den 26 Feiertagen des Jahres in das nächstgelegene Heiligtum begeben sollten.

Die beiden uns durch längere Inschriften besser bekannten Kultplätze in den Städten

---

A = Inschrift aus Arsameia am Nymphaios, ed. Dörner, Arsameia am N. (Berlin 1963) S. 40–59; Doerrie, Der Königskult des Antiochos von Kommagene im Lichte neuer Inschriftenfunde (Göttingen 1964) 29–128; H. Waldmann, Die kommagenischen Kultreformen unter König Mithradates I. Kallinikos und seinem Sohn Antiochos I. (Leiden 1973) S. 82–89 (= Etudes préliminaires 34).

G = Inschrift aus Arsameia am Euphrat (heute Gerger), Inscr. gr. lat. Syrie nr. 47; bei Dörner (Arsameia) und Doerrie (Der Königskult) synoptisch zu A und N abgedruckt; Waldmann, Die kommagenischen Kultreformen 124–130 (vollständigste Lesung).

N = Inschrift vom Nemrud Dagh, O. G. I. 383 = Inscr. gr. lat. Syrie nr. 1; Doerrie, Der Königskult 29–128; Waldmann 63–71 (mit dem Schlußabschnitt Np auf der von Dörner aufgefundenen Stele vom Prozessionsweg).

Das Buch von Waldmann ist nützlich, weil es fast alle Texte bietet, zum Teil in erheblich verbesserter Lesung, dazu eine praktische Beilage mit einer Synopse aller Texte und einen Wortindex. Leider sind seine Hypothesen über die Kultreformen des Mithradates I. Kallinikos, die schon im Titel des Buches erscheinen, verfehlt; die Inschriften sind alle von Antiochos I. gesetzt worden. Vgl. J. Wagner, Istanbuler Mitteilungen 33 (1983) 177–224.

4 N 93–99 (O. G. I. 383 = Inscr. gr. lat. Syrie 1) βασιλείας δὲ πλῆθος εἰς συναγωγὰς καὶ πανηγύρεις ταύτας διελὼν κατὰ κώμας καὶ πόλεις τοῖς ἔγγιστα τεμένεσιν ὡς ἥρμοζεν ἑκάστοις κατὰ γιτνίαν ἐνεορτάζειν ὥρισα.

5 N 89–91 Χάριν τε θυσιῶν πλήθους παὶ μεγέθους εὐωχίας δύο προσκαθωσίωσα ἡμέρας.

Arsameia am Euphrat (heute Gerger) und Arsameia am Nymphenfluß (Nymphaios) waren gleichzeitig Grabanlagen für die früheren Herrscher; in Arsameia am Euphrat wurden die göttlichen Vorfahren des Antiochos verehrt, also wohl von seinem Großvater an zurück, in Arsameia am Nymphaios sein Vater Mithradates. Das Zentralheiligtum auf dem Nemrud Dagh, welches unten ausführlicher besprochen wird, war die Grabanlage für Antiochos selbst.

In jedem Heiligtum amtierte ein Priester, der über Tempelsklaven und -sklavinnen verfügte, welche bei den Festen die Mahlzeiten bereiteten, aufwarteten und musizierten. An jedem Festtag sollte das Volk in den Tempelbezirk kommen und dort gemeinsam feiern; man aß in Fröhlichkeit zusammen den Braten und trank den Wein. Man hat zu diesem Zweck große bauliche Anlagen bereitgestellt, Säle mit Mosaikfußböden und eingefriedigte freie Plätze. In dem Heiligtum zu Arsameia am Nymphaios z. B. war eine Freitreppe, welche im Heiligtum gelegen war, 7 Meter breit, „um einen reibungslosen Zu- und Abgang der Teilnehmer an den Kultfeiern zu gewährleisten".[6]

In all diesen Heiligtümern standen Reliefs, welche den König Antiochos im Handschlag (*dexterarum iunctio*) mit den großen Göttern zeigen. Für Antiochos im Handschlag mit Mithras s. Abb. 4 (vom Nemrud Dagh) und 5 (aus Arsameia am Nymphaios). Wir kommen unten darauf zurück.

Das Zentralheiligtum auf dem Nemrud Dagh

Außer diesen zum Teil großen lokalen Anlagen gab es ein Zentralheiligtum auf dem höchsten Berg des Landes, dem über 2000 Meter hohen Nemrud Dagh. Diese Stelle, die den Göttern im Himmel am nächsten war, hatte sich Antiochos für sein eigenes Grab ausersehen. Er gestaltete den Gipfel des Berges zu einem riesigen Grabtumulus um, indem er das vorhandene Gestein in kleine, faustgroße Schottersteine schlagen und diese zu einem 50 Meter hohen künstlichen Kegel mit einem Durchmesser von 150 Meter aufhäufen ließ (Abb. 1–3). In diesen künstlichen Schotterberg tiefer einzudringen ist den Archäologen bisher nicht gelungen, und so dürfte sich das Grab des Königs Antiochos auch heute noch unversehrt auf dem Gipfel des Berges befinden.

Auch auf dem Nemrud Dagh sind die 26 Feiertage des Jahres gefeiert worden; in den Vorratsräumen des Tempels befanden sich goldene Kränze für die Festteilnehmer, die am Ende des Festes wieder abgegeben werden mußten, und Geschirr zum Essen und Trinken. Freilich, auf den Gipfel des Berges zu gelangen war nicht ganz so bequem wie zum Fest sich in das nächstgelegene Heiligtum zu begeben; man mußte den Berg erst ersteigen. Wer von etwas weiter herkam, mußte sich auf eine Wanderung von mehreren Tagen einrichten. Man wird sich vorstellen dürfen, daß richtige Pilgerfahrten zur Teilnahme am Fest auf dem Berg eingerichtet worden sind.

6 Dörner in Etudes mithriaques 126.

Die Götterstatuen

Am Ost- und Westende des Schotterkegels standen „auf himmlischen Thronen"[7] jeweils fünf riesige Statuen. Diejenigen von der Westterrasse stehen auch heute noch da, mit Ausnahme der von Blitzen getroffenen Köpfe (Abb. 1–2). Sie stellen den König Antiochos, seine personifizierte Heimat Kommagene und drei Götter dar, welche sowohl mit griechischen als auch mit ihrem iranischen Namen genannt werden. Gleichzeitig werden Kommagene und die drei Götter als die Götter der Planeten Luna, Jupiter, Mercur und Mars aufgefaßt. Man sieht:

1) König Antiochos (ganz links)[8] (Abb. 2)
2) Kommagene, die Heimat des Königs[9] (= Luna) (Abb. 2 und 6).
3) Zeus-Oromasdes (=Jupiter) (in der Mitte)
4) Apollon–Mithras/Helios (= Mercur) (Abb. 2)
5) Herakles-Artagnes[10] (= Mars) (ganz rechts).

Seitlich standen dann noch, sozusagen als Schutzwächter der Götter, jeweils ein Adler und ein Löwe[11] (Abb. 7–8).

Vor jeder Götterstatue stand ein kleiner Opferaltar.

Der Gott Mithras kommt also auch hier wieder in einem polytheistischen System vor, und wir können unsere Betrachtungen nicht auf Mithras allein beschränken, sondern müssen versuchen, die gesamte Religion im Umriß zu beschreiben.

7 N 38 und 42 (O. G. I. 383 = Inscr. gr. lat. Syrie 1) οὐράνιοι θρόνοι.
8 Ich folge hier J. H. Young, Am. Journ. Arch. 69, 1964, 33 f.
9 Das Wort Kommagené ist zunächst ein Adjektiv, welches die geographische Zugehörigkeit bezeichnet (Ethnikon); es befindet sich im Übergang zum Eigennamen, etwa wie Maria Magdalené eigentlich heißt „Maria von Magdala", aber dann zum Eigennamen (Maria) Magdalene geworden ist. Unter der Statue steht „Kommagene, die Heimat des Königs" (O. G. I. 387 = Inscr. gr. lat. Syrie 32); sonst lesen wir „die allersnährende kommagenische Heimat" und „die kommagenische Hestia".
10 Artagnes ist der iranische Heros Verethragna, der zum Mithras-Kreis gehört und ein Sieges-Heros ist. Ihm ist der 14. Yäsht gewidmet.
11 Die „Löwen" sind der vierte Grad der späteren Mithrasmysterien; von „Adlern" in den Mysterien spricht Porphyrios, De abstinentia IV 16 (p. 254, 9 Nauck). – Um das Grabmal der Königin Isias (wohl der Gattin des Antiochos) auf dem Kara Kuš stehen auf Säulen Adler, Löwe und Stier, mithrische Tiere. Vgl. Humann-Puchstein, Reisen 217–232; Dörner im Sonderheft „Kommagene" der Zeitschrift „Antike Welt" 6, 1975, 61 und in „Kommagne" (1981) S. 53 ff. und S. 137 Tafel XII. – Für Isias als Gattin des Antiochos s. Petzl-Wagner, Zeitschr. für Papyrol. 20, 1976, 212. – Vielleicht ist der schöne Frauenkopf, den Dörner in Arsameia gefunden hat (Abb. 10), ein Bild der Isias.

Die Reliefs: Die Götter im Handschlag mit Antiochos – Das Löwenrelief – Die Planetenkonjunktion des 7. 7. 62 v. Chr.

Auf der Westterrasse (Abb. 14) standen links von den riesigen Götterfiguren fünf große Reliefs; auf der Ostterrasse (Abb. 2) waren diese Reliefs unterhalb der Götterstatuen (d. h. vor ihnen) angeordnet. Vier der Reliefs zeigen König Antiochos im Handschlag mit den Göttern, das fünfte ist das Löwenrelief. Es sind, wieder vom Beschauer aus gesehen, von links nach rechts:

1) Antiochos im Handschlag mit der „kommagenischen Heimat" (= Luna)
2) Antiochos im Handschlag mit Apollon–Mithras/Helios (= Mercur) (Abb. 4 = V 30)
3) Antiochos im Handschlag mit Zeus-Oromasdes (= Jupiter)
4) Antiochos im Handschlag mit Herakles-Artagnes (= Mars)
5) das Löwenrelief (Abb. 13 = V 31).

Vor jedem Relief stand ein Opferaltar.

Auf dem Löwenrelief sind die 19 Sterne des Sternbildes des Löwen auf einer Löwenfigur eingezeichnet; der hellste von diesen, Basiliskos = Regulus, also der Königsstern, ist derjenige, welcher sich mitten auf der Brust befindet. Darunter sieht man die Mondsichel, offensichtlich der Planet der „allesernährenden kommagenischen Heimat"[12]. Über dem Löwen sind drei große Sterne eingezeichnet, welche die Planeten Mars, Mercur und Jupiter bezeichnen, also die Sterne des Herakles-Artagnes, des Apollon-Mithras und des Zeus-Oromasdes.[13]

---

12 Luna zählt hier natürlich als Planet, entsprechend dem ptolemäischen System. Daß alles Wachsen von Luna kommt, sagen die antiken Autoren oft.

13 Die Planeten tragen auf dem Löwenrelief nicht nur die Götternamen Mars, Mercur und Jupiter, sondern zusätzlich noch die Namen *Pyroeis, Stilbon* und *Phaethon*. Diese Namen stammen aus einem System der Planetennamen, in welchem die Benennung nach Göttern hatte vermieden werden sollen. Die Zusammenhänge sind, kurz zusammengefaßt, diese: Man hat die Planeten in Babylon und Griechenland zunächst mit Götternamen bezeichnet, wie dies auch heute noch geschieht. Diese Bezeichnungen legten aber den Gedanken nahe, daß zwischen dem Planeten, der den Namen eines Gottes trug, und dem Gott selbst eine Beziehung bestehe, daß also z. B. der Planet Jupiter mit dem Gott Zeus-Jupiter zusammenhänge. Aber es war reiner Zufall gewesen, daß man dem Stern Jupiter gerade den Namen des Gottes Zeus-Jupiter gegeben hatte; ein anderer Name, sagen wir z. B. Poseidon-Neptun, hätte ganz genau so den Zweck erfüllt, den betreffenden Planeten zu identifizieren. Aber die identischen Namen für den Planeten und für den Gott führten fast notwendig zu der Annahme, daß Planet und Gott miteinander zusammenhingen, und in der Astrologie ist diese Ungenauigkeit in der Verwendung der Namen zu einem großen Wahnsystem ausgebaut worden. Man hat in hellenistischer Zeit erkannt, welche Verwirrung aus der Verwendung der Götternamen für die Planeten entstand, und hat nach einer indifferenten, objektiveren Terminologie für die Planeten gesucht. Man benannte also den *Mars* mit dem Namen „der Feurige" (Πυρόεις), den *Mercur* mit dem Namen „der Glänzende" (Στίλβων), den *Jupiter* mit dem Namen „der Leuchtende" (Φαέθων). [*Saturn* hieß „der Scheinende" (Φαίνων), *Venus* „der Lichtbringer" (*Lucifer,* Φωσφόρος). Für all dies s. den Aufsatz von Cumont, Les noms des planètes, in: L'Antiquité classique 4, 1935, 5–43.] Auf dem Löwenrelief in Kom-

Wie O. Neugebauer ausgerechnet hat,[14] handelt es sich hier um eine Konjunktion der vier Planeten Mars, Mercur, Jupiter und Luna, welche am 7. Juli 62 v. Chr. im Sternbild des „Löwen" (und speziell beim Stern Regulus) stattgefunden hat. Diese vier Planeten zogen am Himmel sichtbar am Regulus vorbei und gaben ihm – so konnte man es verstehen – die Hand.[15] Das Löwenrelief stellt also in einem einzigen Bild dasselbe dar wie die vier anderen danebenstehenden Reliefs, den Handschlag zwischen König Antiochos (dessen Stern der Regulus, der Königsstern, ist) und den vier großen Göttern.

Man nennt dieses Relief meistens „Löwenhoroskop". Aber der Ausdruck „Horoskop" ist für den modernen Leser irreführend, weil man dabei an eine Konstellation bei der Geburt zu denken pflegt. Doch diese Darstellung hat mit der Geburt des Antiochos nichts zu tun; es handelt sich um eine Planetenkonjunktion im Sternbild des Löwen.[16]

Wenn Antiochos im Handschlag mit den Göttern dargestellt wird, so bedeutet dies, daß sie ihn mit der Herrschaft über Kommagene belehnen. Eine derartige Belehnung muß schon beim Herrschaftsantritt des Antiochos in einer Krönungszeremonie stattgefunden haben. Wenn auf den Reliefs des Nemrud Dagh eine Belehnung dargestellt wird, welche auf den 7. 7. 62 v. Chr. datiert werden muß, so werden wir schließen: Antiochos, sein Hofastrologe und wahrscheinlich sein ganzes Land müssen der Ansicht gewesen sein, daß die Götter die Belehnung des Antiochos an diesem Tag durch die Sternenkonjunktion im Regulus bestätigt haben. Die Planeten, nach der philosophischen Lehre Platons „sichtbare Götter"[17], hatten den König an diesem Tag gegrüßt.

---

magene hat man diese „wissenschaftlichen" Planetennamen benützt; man liest also als Bezeichnung der drei Planeten (Inscr. gr. lat. Syrie 36 = V 31):

Πυρόεις Ἡρακλέ(ους) für den Stern des Herakles-Artagnes (= Mars)

Στίλβων Ἀπόλλωνος für den Stern des Apollon-Mithras (= Mercur)

Φαέθων Διός für den Stern des Zeus-Oromasdes (= Jupiter).

Die „wissenschaftlichen" Planetennamen haben sich nicht durchgesetzt; die poetischen Götternamen sind stets neben ihnen in Gebrauch geblieben, wie man ja auch an den Beischriften des Löwenreliefs sieht, und haben schließlich allein das Feld behauptet.

14 O. Neugebauer-H. B. Van Hoesen, Greek Horoscopes (Memoirs of the American Philosophical Society 48 (Philadelphia 1959) 14; H. Dörrie, Der Königskult des Antiochos von Kommagene 202–206.

15 Dies ist die überzeugende Interpretation von H. Dörrie (s. die vorige Anmerkung).

16 Wenn man den Ausdruck „Horoskop" nicht auf die Geburtskonstellation bezieht, sondern auf den Stand der Sterne zu Beginn eines neuen Zeitabschnitts im Leben eines Menschen oder einer Stadt (Gründung) oder eines Landes, dann ist der Ausdruck Horoskop korrekt. Man nannte diese Art der Astrologie, welche den Zeitpunkt für einen Neubeginn nach freiem Ermessen auswählte, „katarchisch" (den Beginn bestimmend). Diese Astrologie rechnet also nicht rückwärts („Wie war der Stand der Sterne bei der Geburt? Was folgt daraus mit unabänderlicher Notwendigkeit?"), sondern nach vorn und läßt damit dem freien Willen des Menschen einen beträchtlichen Spielraum.

17 Epinomis 984 D 5.

Sicherlich ist die Konjunktion im voraus berechnet worden, und man hat vermutlich zu Ehren des Antiochos-Regulus am 7. 7. 62 eine große Zeremonie begangen. Wir wissen darüber nichts. Es ist aber bekannt, daß Antiochos kurz vorher, vermutlich im Jahr 63 v. Chr., eine bedeutende Erweiterung seines Herrschaftsgebietes erlangt hatte: Als Pompeius nach seinem Sieg über Mithridates von Pontos und seinem Zug durch Armenien, Syrien und Judaea die Herrschaftsverhältnisse des Orients neu ordnete, hat er das Gebiet des Antiochos nach Süden bis zum Euphratübergang bei Seleukeia-am-Euphrat (Zeugma)[18] erweitert.[19] Unter der Kontrolle des Antiochos standen von nun an die zwei wichtigsten Euphratübergänge, die von Samosata und Zeugma. Dies bedeutete zweifellos eine sehr erhebliche Erhöhung der Einkünfte des Königs und auch seiner politischen Bedeutung. Vermutlich hat Antiochos diese Vergrößerung seines Königreiches zu der Planetenkonjunktion des 7. 7. 62 in Beziehung gesetzt.[20]

Die Ahnengalerie

Außer den Sitzbildern der Götter und den soeben besprochenen Reliefs mit der Begrüßung des Antiochos durch die Götter befanden sich auf den beiden großen Terrassen des Nemrud Dagh Reliefs der Vorfahren des Antiochos, und zwar von 15 Ahnen väterlicherseits bis auf die Großkönige Xerxes (Abb. 12) und Darius (Abb. 11) und von 17 Ahnen mütterlicherseits bis auf Alexander den Großen.[21] Die Anordnung war verschieden. Auf der Ostterrasse faßten die Ahnengalerien den Platz vor den Götterstatuen beiderseits ein; nach hinten (und unten) zu wurde der Platz durch einen großen Feueraltar abgeschlossen. Auf der Westterrasse standen die persischen und kommagenischen Ahnen rechts vom Betrachter der Götterbilder; die mazedonischen Ahnen standen den Götterbildern gegenüber. Vor jedem Relief stand wieder ein Opferaltar.

In schematischer Darstellung war die Anordnung also wie auf der folgenden Seite zu sehen ist, wobei man sich vorstellen muß, daß das Gelände von den Götterbildern oben bis zum eingefaßten Platz und hinunter zum Hauptaltar abschüssig war.

18 Für die Lokalisierung von Seleukeia-am-Euphrat in Zeugma s. J. Wagner, Seleukeia am Euphrat/ Zeugma, Beihefte zum Tübinger Atlas des Vorderen Orients, Reihe B Nr. 10; und im Sonderheft „Kommagene" der Zeitschrift „Antike Welt" 6, 1975, S. 52.
19 Appian, Mithridat. 559. Magie, Roman Rule in Asia Minor 377.
20 Am 7. 7. 62 war Pompeius nicht mehr in Kleinasien, sondern bereits auf der Rückreise nach Rom, s. Gelzer, R. E. XXI 2114–8 und Pompeius² 107–110.
21 Vgl. Dörner, Mitteilungen des deutschen archäologischen Instituts, Abteilung Istanbul 17 (1967) 195–210.

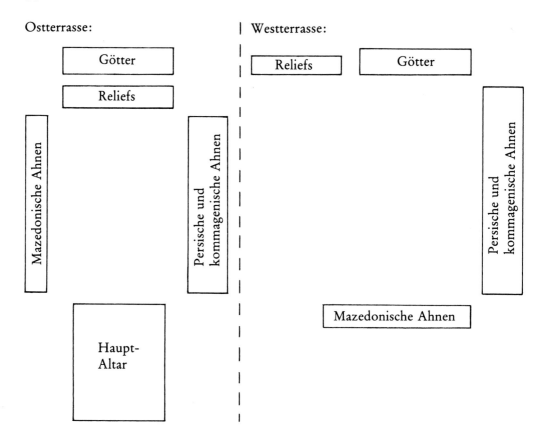

Antiochos sagt stolz, er habe diese Ahnengalerie „entsprechend der alten Überlieferung der Perser und Makedonen"[22] aufgestellt; er nennt die Ahnen „die glückseligste Wurzel seines Geschlechts"[23] und beruft sich auf die „väterlichen Götter aus persischem und makedonischem Land und auf die kommagenische Herdgöttin (Hestia)"[24], was wieder bedeutet, daß am heimatlichen kommagenischen Herd die persischen und makedonischen Traditionen zu einer Synthese zusammengeflossen sind.

Daß auch die Könige von Pontos und Kappadokien ihr Geschlecht von Persern und Makedoniern ableiteten, haben wir schon gesehen.

22 N 29 παλαιὸς λόγος Περσῶν τε καὶ Ἑλλήνων, O. G. I. 383 = Inscr. gr. lat. Syrie 1.
23 N 30 ἐμοῦ γένους εὐτυχεστάτη ῥίζα.
24 N 224–226 πατρῴους ἅπαντας θεοὺς ἐκ Περσίδος τε καὶ Μακέτιδος γῆς Κομμαγηνῆς τε ἑστίας.

Dieselbe Synthese wie bei den Ahnen haben wir auch bei den Göttern beobachtet, wo Zeus mit Oromasdes, Apollon mit Mithras/Helios, Herakles mit Artagnes gleichgesetzt wurde. Die in den Heiligtümern des Antiochos verehrte weibliche Göttin trägt die verschiedensten Namen, bald „kommagenische Heimat" und „kommagenische Hestia", bald „argandenische Göttin"[25] (eine andere Gottheit mit Lokalnamen), bald „Hera Teleia"[26] (Hera als Ehestifterin), bald Artemis Diktynna;[27] es handelt sich nach der Ansicht des Antiochos gewiß nur um verschiedene Namen einer und derselben alles umfassenden und alles erhaltenden Natur- und Erdgöttin. An einer Stelle heißt Apollon-Mithras die „delphische Macht".[28]

2. Orientalische Elemente des Kommagenischen Königskultes

Mithrische Bestandteile

Zur persischen Religion, und insbesondere zu Mithras, laufen viele Beziehungen:

1) Der Vater des Antiochos heißt Mithradates, ebenso wieder sein Sohn.

2) Antiochos führt den Titel „gerechter Gott";[29] derselbe Beiname ist für Mithras bezeugt.[30]

3) Einer der Festtage, und zwar der Geburtstag des Königs, fällt auf den 16. jedes Monats. Der 16. als der Tag der Monatsmitte ist im iranischen Kalender der Tag des Mithras, des „Mittlers".[31] Wenn feststünde, daß Antiochos tatsächlich am 16. Monatstag geboren wurde, wäre dies ein zufälliges Zusammentreffen; aber es ist klar, daß die Daten für das Feiern des „Königsgeburtstages" sehr oft nach Erwägungen festgelegt werden, in denen der tatsächliche Tag der Geburt keine Rolle spielt.

4) Die drei Götter, welche Antiochos offenbar in allen Heiligtümern mit Handschlag begrüßen, sind – mit ihren iranischen Namen benannt – Oromasdes, Mithras und Artagnes. Der Handschlag, mit welchem ein Vertrag (mithra) abgeschlossen und ein persönliches Treueverhältnis begründet wird, ist für Mithras charakteristisch;[32] man sieht ihn auf Dutzenden römischer Mithrasreliefs.

---

25 G 50 (Inscr. gr. lat. Syrie 47; Waldmann, Die Kultreformen S. 126).

26 A 251 (Dörner, Arsameia S. 58; Dörrie, Der Königskult S. 124).

27 Petzl-Wagner, Zeitschr. für Papyrol. 20, 1976, 213.

28 Np37 (Waldmann, Die Kultreformen S. 71) Δελφικῆς δυνάμεως.

29 Alle Inschriften des Antiochos bieten am Anfang den Großen Titel, in dem diese Worte vorkommen. Schon sein Großvater Samos hieß „der Gerechte" (auf den Münzen und in der Inschrift zu Gerger = Arsameia am Euphrat O. G. I. 402 = Inscr. Syrie 46).

30 V 18 aus Tyana in Kappadokien.

31 Plutarch, De Iside 46, p. 369 E (= p. 46, 15 Sieveking).

32 Vgl. hier Abb. 4 (Nemrud Dagh) und 5 (Arsameia am Nymphaios).

5) In dem Felsheiligtum zu Arsameia am Nymphaios sind zwei künstliche Höhlen gefunden und ausgegraben worden, von denen eine 158 Meter lang ist.[33] Eine Höhle wird auch in einem Text genannt.[34] Die Analogie zur Mithrashöhle ist klar.

Aus persischer Tradition stammt auch der Feuerkult und die „dualistische" Vorstellung, daß der Mensch als „Mitstreiter"[35], „nach frommen Taten begehrend"[36] auf der Seite des Guten gegen das Böse kämpfen soll.[37]

Die Personenbezogenheit des Königskultes

Aber dies sind Einzelheiten. Wir dringen tiefer ein, wenn wir uns die Frage stellen, warum der Königskult in den hellenistischen Staaten des griechischen Ostens eine Notwendigkeit war.

Der Grund ist, daß die Völker des Ostens die abstrakte Vorstellung eines „Staates", einer *res publica* noch nicht kannten. Wenn sie den Gedanken fassen sollten, daß eine größere Menschengruppe zusammengehörte, gemeinsame Aufgaben und gemeinsame Schicksale hatte, dann mußte es einen für alle sichtbaren Repräsentanten dieses Ganzen geben, also entweder einen Gott (in einem Tempelstaat) oder einen König. Noch in der römischen Kaiserzeit war in jeder Stadt des Imperiums ein Standbild des regierenden Kaisers aufgestellt; ohne diese Statue hätte der Römerstaat für die Bewohner der Provinzstadt, so möchte man sagen, nicht existiert. Der Herrscherkult war also eine Denknotwendigkeit; man hat dasjenige, worauf die Gedanken zielten, sich zunächst als wirkende göttliche Person vorgestellt; danach hat man das Persönliche abgestreift und behielt den abstrakten Begriff. Es ist also nicht so, daß man erst den Begriff hatte und ihn dann personifizierte, sondern umgekehrt: Man stellte sich dasjenige, was die Gedanken suchten, erst als Person vor; davon ist das Abstractum erst abgeleitet. Es sind viele Abstracta aus Götternamen hervorgegangen; die griechische Göttin *Hygieia* z. B. war eigentlich ein feminines Adjektiv mit der Bedeutung „die Gesunde" = „das gesunde Mädchen",[38] und Mithras selbst war der Vertrag[39]. Es war also nicht etwa unsinniger Hochmut einzelner

---

33 Großer Felsgang: Arsameia am Nymphaios S. 129–145; Felsenkammer bei der Sockelanlage I: Plan 6 und 7. Dörner, Kommagene (1981) 204–211, der auch auf den Felsgang in Gerger (= Arsameia am Euphrat) hinweist, der noch nicht erforscht ist.

34 Stele von der Sockelanlage I in Arsameia am Nymphaios: Dörner in „Arsameia am Nymphaios" S. 93 und Waldmann, Die kommagenischen Kultreformen S. 99, Zeile 14.

35 A 249 und 255 συναγωνιστὴν ἀγαθῶν ἔργων, συναγωνιστὰς τόλμης ἀγαθῆς (Dörner, Arsameia S. 58; Dörrie, Der Königskult S. 124 und 127).

36 A 237/8 ἐπιθυμητὴς ὁσίων ἔργων.

37 Der Dualismus spielt in den römischen Mysterien keine Rolle mehr, wie wir sehen werden.

38 H. Usener, Götternamen. Versuch einer Lehre von der religiösen Begriffsbildung (Bonn 1895); über *Hygieia* S. 166/7 und 370. Der Göttername = das Abstractum *Hygieia* hat das feminine Adjektiv gänzlich verdrängt; als feminine Form des Adjektivs ὑγιής wurde in der gesamten Graecität die masculine Form verwendet.

39 Vgl. oben S. 20 über die „heiligen Unsterblichen" (Amesha Spentas) des Zarathustra und S. 28 f. über den Gott Srausha („Gehorsam, Mannschaft").

Menschen, der zu der Institution des Gottkönigtums geführt hat; das Gottkönigtum war vielmehr ein notwendiger Schritt auf dem Weg zur Ausbildung größerer politischer Einheiten,[40] und ein Gottkönig war immer durch seine göttliche Rolle, durch unendliche Riten gebunden, konnte also keineswegs skrupellose Machtpolitik betreiben. Freilich, von den Griechen her gesehen, die eine abstrahierende Philosophie und einen kräftigen Rationalismus entwickelt hatten, war ein Gottkönigtum intellektuell nicht mehr zu rechtfertigen. Daher kommt die zwiespältige Haltung der Griechen und Römer zu diesem Phänomen, das sie nicht ganz entbehren konnten, über welches sie aber geistig längst hinausgewachsen waren.

Mit dem personenbezogenen Denken hängt auch zusammen, daß die frühen „Staaten" alle mittels persönlicher Beziehungen und Bindungen zusammengehalten wurden. Wir haben gesehen, daß Mithra in der iranischen Welt geradezu der göttliche Exponent solcher Bindungen gewesen ist. Es ist daher keineswegs überraschend, daß wir den Gott in Kommagene in ebendieser Rolle wieder antreffen. Der Handschlag des Antiochos mit den Göttern bedeutet an sich schon einen „Vertrag", es ist also Mithra = Vertrag auch im Handschlag des Antiochos mit Oromasdes-Zeus und mit Artagnes-Herakles präsent. Der Handschlag des Königs mit Mithras bestätigt, daß dieser Gott eine ganz wesentliche Funktion im Königreich hat: Feste gegenseitige Beziehung, Vertrauen und Sicherheit. Noch auf den sassanidischen Felsreliefs ist immer wieder der Handschlag abgebildet.

Das gemeinsame Mahl

Aber die Präsenz des selten sichtbaren Königs genügte noch nicht, um in den Bewohnern eines Reiches ein Gefühl der Gemeinsamkeit und Zusammengehörigkeit zu schaffen. Die zusammengehörenden Menschen mußten sich von Zeit zu Zeit leiblich sehen um zu erfahren, daß sie zusammengehörten. Diesen Zweck erfüllten in der alten Zeit überall die gemeinsamen Feste, zu denen in Griechenland auch die Theateraufführungen, in Rom die Zirkusspiele gehörten. Die Etymologie des englischen Wortes „holiday" sagt, was für Empfindungen die Menschen früher am Tag des Festes hatten; es ist kein Zufall, daß man an seiner Statt heute weitgehend die neutrale Vokabel „vacation" gebraucht. Die großen gemeinsamen Feste sind für die älteren Menschengruppen geradezu konstitutiv gewesen, und zu den Festen hat immer das gemeinsame Mahl gehört. Wir haben am Anfang dieses Buches erläutert, daß solches gemeinsame Mahl überhaupt der Zweck der ältesten Vergesellschaftung, der „Männerbünde" der Jäger gewesen ist; es sei daran erinnert, daß Opfer und gemeinsames Mahl (Agape) im Zentrum der christlichen Religion stehen.

Es ist für den modernen Menschen, der in der Regel darauf rechnen kann satt zu werden, schwer zu verstehen, daß gemeinsames Essen einen hohen religiösen Wert haben kann. Man muß dabei berücksichtigen, daß die alten Religionen keineswegs mystisch-tiefsinnig gewesen sind, sondern in vielen Aspekten fröhlich, irdisch und diesseitig, dem Augenblick hingegeben. Ein griechisches Wort, welches dem etymologischen Wortsinn

40 Die Modernen haben dem Begriff der „Nation" oft einen fast göttlichen Rang verliehen.

nach „Frohsinn" bedeutet (εὐφϱοσύνη), muß man meistens mit „Mahl" übersetzen; ein anderes Wort, welches etymologisch mit „sich in guter Verfassung befinden" übersetzt werden müßte (εὐωχία), bedeutet „Festschmaus".[41] Die Überreste der Mahlzeiten, die Knochen, hat man zu großen Haufen aufgeschichtet und als Altäre angesehen; sie wuchsen im Lauf der Generationen an den heiligen Stätten – z. B. in Olympia – mehrere Meter hoch und bildeten kleine Hügel, und man darf sich vorstellen, daß die Menschen mit einer Art innerer Ergriffenheit später an den Festtag zurückdachten, an dem sie gemeinsam fröhlich „rundherum satt" geworden waren. Die Knochenaltäre bezeichneten den sakralen Platz, an dem dieses Glück eingetreten war. W. Krämer hat in einer bahnbrechenden Untersuchung nachgewiesen, daß solche Altäre aus Knochen in ganz Süddeutschland und Österreich aufgeschichtet worden sind;[42] vermutlich hat es diese Riten im ganzen eurasischen Gebiet gegeben.

Es ist also nicht überraschend, daß die gemeinsamen Festmahlzeiten im kommagenischen Kult eine solche Rolle spielen. Wenn das Königreich eine politische Einheit werden sollte, so waren gemeinsame Feste das Mittel, welches die Tradition vieler Jahrhunderte dafür bereitgestellt hatte.

Prozessionsfeste und Pilgerreisen

Es ist klar, daß für das Zusammenströmen der Menschen zum Fest geeignete Formen ausgebildet werden mußten. Sie standen seit langer Zeit bereit: Im ganzen vorderen Orient – aber z. B. auch bei den Griechen und Germanen[43] – haben Prozessionsfeste eine große Rolle gespielt; sie dürften manchmal den Charakter von Wallfahrten gehabt haben.[44] Es handelt sich um Veranstaltungen, bei denen eine Unterscheidung des Religiösen vom Politischen keinen Sinn hätte; das (aus unserer Sicht) politisch Zweckmäßige ist in religiösen Formen durchgeführt worden. Daß der Weg auf den Nemrud Dagh hinauf von jedem Teilnehmer am Fest eine beachtliche körperliche Leistung forderte und daß auch auf dem Weg Vorsorge für Unterkunft und Verpflegung der Fremden (*peregrini* – Pilger)

---

41 Diese Vokabel und das davon abgeleitete Verbum εὐωχέομαι kommen charakteristischerweise in den Inschriften des Antiochos mehrfach vor, z. B. N 157 (O. G. I. 383 = Inscr. gr. lat. Syrie 1) und A 123 und 137 (Dörner, Arsameia S. 46 und 48; Dörrie, Königskult S. 77).

42 Prähistorische Brandopferplätze, Helvetia Antiqua, Festschrift E. Vogt (1966) 111–122. Vgl. auch E. Simon, Die Götter der Griechen (1969) 17; W. Burkert, Griechische Religion der archaischen und klassischen Epoche (1977) 95.

43 Als Beispiele sei für Griechenland das alle acht Jahre stattfindende Fest genannt, bei dem ein Knabe als Vertreter des Apollon vom Tempetal in Thessalien aus wochenlang durch die Stämme der delphischen Amphiktyonie zog, um dann am Ende in Delphi das Stepterion-Fest mit dem Drachenkampf zu vollziehen. Für die Germanen sei der Umzug der Nerthus erwähnt, der die Göttin wochenlang durch weite Gebiete Norddeutschlands führte.

44 Für solche Feste in Ägypten vgl. W. Wolf, Das schöne Fest von Opet (1931); A. Erman, Die Religion der Ägypter (1934) 198–200; Yoyotte in „Sources orientales" III (1960) Les pèlerinages 45–49.

getroffen werden mußte, liegt auf der Hand. Man hat mit einer großen Anzahl von Teilnehmern gerechnet, auch von solchen, die eigens herbeigekommen waren, d. h. einen weiteren Weg genommen hatten.[45]

Tempelgüter und Hierodulen („heilige Sklaven")

Schließlich sei daran erinnert, daß die von Antiochos in seinem Lande eingerichteten Tempelgüter ebenfalls Institutionen sind, welche im ganzen vorderen Orient angetroffen werden. Es handelt sich um eine Form der Gruppenbildung, welche vermutlich über lange Jahrhunderte hin erfolgreich gewesen ist und eine gute Zusammenarbeit vieler Menschen möglich gemacht hat. In den Tempelgütern regierte der Gott des Tempels, vertreten durch seinen Priester. Diese Form der menschlichen Organisation konkurrierte in gewissem Maß mit dem quasi-feudalen System der Gruppenbildung durch menschliche Beziehungen untereinander, und sobald die „feudalen" Gruppen es unternahmen, ihr Herrschaftsgebiet durch Eroberungskriege systematisch zu erweitern, konnten die Tempelgüter und kleinen Tempelstaaten sich nur noch als Residuen halten. Man kann im Namen eines Gottes viel weniger effizient Politik betreiben als wenn man sich resolut am Interesse der hier und jetzt lebenden Menschen orientiert. So kommt es, daß die Tempelstaaten in der großen Politik nur eine geringe Rolle spielen und daß wir über sie – und erst recht über die Tempelgüter – relativ wenig wissen.[46] Besser informiert sind wir nur über die Tempel Ägyptens, also des Landes, von dem später das Mönchtum und mit ihm eine neue Form der Kirchengüter ausgegangen ist. Für uns genügt hier festzustellen, daß Antiochos von Kommagene bei der Ausstattung der Tempelgüter mit Dörfern, welche die materielle Grundlage für die Feste bereitstellen sollten, an Gepflogenheiten angeknüpft hat, die im ganzen vorderen Orient üblich gewesen sind.

Den Tempelgütern sind in Kommagene „heilige Sklaven" zugeteilt, vor allem „Musikantinnen", die bei den Festen aufspielen. Die Kinder dieser Sklavinnen bleiben im Tempel. Man wird also damit rechnen müssen, daß bei den kommagenischen Kultfesten in einem gewissen Maß auch das vorgesehen war, was die modernen Autoren „sakrale Prostitution" nennen.[47] Dazu sei nur bemerkt, daß diese Einrichtung mit dem, was wir Pro-

---

45 N 149–150 (O. G. I. 383 = Inscr. gr. lat. Syrie 1) πᾶν τὸ παρατυγχάνον πλῆθος ἐπιχώριον καὶ παρεπίδημον.

46 Erwähnt seien der Tempelstaat von Pessinunt, der von Hierapolis-Kastabala und der von Olba in Kilikien. – Über den Tempelstaat in Zela, die Hierodulen und das Fest der Sakaia s. Strabon XI 8,4 p. 512. – Auch die Artemis von Ephesos besaß ein ausgedehntes Tempelgut, s. die Kartenskizze in den „Inschriften von Ephesos" VII 2, S. 296. – Vgl. Rostovtzeff, Studien zur Geschichte des römischen Kolonats (1910) 269–278; Gesellschafts- und Wirtschaftsgeschichte der hellenistischen Welt 395–8; Broughton bei T. Frank, Economic Survey of Ancient Rome IV 641–6 und 676–84; P. Debord, Aspects sociaux et économiques de la vie religieuse dans l'Anatolie gréco-romaine (Etudes préliminaires 88, 1982).

47 Vgl. den Bericht Strabons über die Hierodulen der Anaitis (= Anahita) in der armenischen Landschaft Akilisené (XI 14,16 p. 532).

stitution nennen, wahrscheinlich nicht viel mehr als den Namen gemeinsam hatte. Diese Tempelsklavinnen und Musikantinnen haben sich den Männern sicherlich nicht für Geld hingegeben, waren keine „Verdienerinnen" *(meretrices)*, wie die Römer die Prostituierten nannten; und sie lebten im Tempel wie in einer großen Familie, wo für alle gesorgt war, auch für ihre Kinder – kurz, es war eine ganz andere Organisation des Zusammenlebens für diese Menschengruppe vorgesehen als sie uns, die wir in Kleinfamilien aufgewachsen sind, als die naturgegebene erscheint.

3. Griechische Einflüsse in Kommagene

Griechen am Hof des Antiochos

Wie man sieht, hat Antiochos in seinen Maßnahmen an Traditionen angeknüpft, welche es in den Ländern des Orients seit langer Zeit gegeben hat. Aber er hat gleichzeitig auch die moderne Zeit in sein Land eingeführt, hat viele Elemente der griechischen Zivilisation übernommen, nannte sich einen „Philhellenen". Dies sei nun kurz dargestellt.

Zunächst ist klar, daß an seinem Hof griechische Berater und Literaten gelebt haben. Einer von ihnen, der Finanzminister[48] Apollâs, ist uns aus einer Inschrift bekannt.

Vor allem ist der Stil seiner Inschriften von der Art, daß sie nur von geschulten Literaten verfaßt sein können. Es handelt sich um eine kunstvolle Prosa, die in Wettbewerb mit der hohen Poesie tritt. Auf Schritt und Tritt werden seltene, ja sonst gar nicht belegte zusammengesetzte Wörter benützt, wie sie für den Stil hoher Poesie charakteristisch sind. Am auffallendsten ist, daß der Artikel (der, die, das) und die Hilfsverben „sein" und „werden" fast gänzlich vermieden werden. Der Grund ist, daß Artikel und Hilfsverben in der Sprache Homers nicht vorkommen und auch sonst in der Sprache hoher Poesie vermieden werden. Die Inschriften des Antiochos sollen mit der Poesie wetteifern, und darum werden Artikel und Hilfsverben nicht benützt. Die Texte der Inschriften wirken hochstilisiert, ja bombastisch, aber in diesem Genre gekonnt.

An manchen Stellen wird das Vokabular der griechischen Mysterien verwendet. Die Menschen reinen Herzens sollen „getrost" den Göttern ins Antlitz blicken[49]; sie können „glückselige Hoffnungen" haben.[50] „Alles, was fromm ist, ist leichtes Werk", steht in den kommagenischen Inschriften[51]; in den dionysischen Liedern der Bakchen des Euripides heißt es: „Eine leichte Mühe ist es sich daran zu halten, daß das Göttliche – was auch

---

48 ἐκλογιστής: Dörner(-Naumann), Forschungen in Kommagene (Berlin 1939) 43–47; Waldmann, Die Kultreformen 49.

49 A 238 (Dörner, Arsameia S. 58; Dörrie, Der Königskult S. 121) θαρροῦντες.

50 N 108 (O. G. I. 383; Inscr. gr. lat. Syrie nr. 1) μακαριστὰς ἐλπίδας.

51 N 120 τὸ μὲν γὰρ ὅσιον ἅπαν κοῦφον ἔργον.

immer das sein mag – Kraft hat".[52] Die Wörter „Liturgie" (Gottesdienst)[53] und „Erstlingsgabe"[54] stammen aus dem griechischen religiösen Vokabular.

Aus dem Löwenrelief mit der Darstellung der Planetenkonjunktion folgt mit Sicherheit, daß Antiochos auch astronomisch-astrologische Berater gehabt hat. Dies führt zu einem weiteren Punkt, in dem griechischer Einfluß zu konstatieren ist: dem Gestirnkult.

Die göttlichen Sterne

Zeus-Oromasdes ist mit Jupiter gleichgesetzt worden, Apollon-Mithras mit Mercur und andererseits auch mit Helios, Herakles-Artagnes mit Mars, die kommagenische Heimat mit Luna: Die Götter wirken also aus den Sternen. Solche Sternverehrung ist aus Babylonien bekannt, und babylonische Einflüsse sollen keineswegs ausgeschlossen werden. Aber auch die griechischen Philosophen hatten längst den Schritt zur Vergöttlichung der Sterne getan.

Die wunderbar schöne, poetische Religion der frühen Griechen, wie sie uns aus Homer, Pindar und Aischylos entgegentritt, war durch die rasche Entwicklung des griechischen Rationalismus und der griechischen Philosophie für geschulte, denkende Menschen fast unmöglich geworden. Gott kann keine Menschengestalt haben, sagte der vorsokratische Denker Xenophanes; dies ist eine Voreingenommenheit der Menschen, und wenn Pferde Götter hätten, würden sie sich diese als Pferde denken; in Wirklichkeit kann Gott nur reiner Geist sein. Protagoras erklärte, daß man über die Götter nichts Sicheres in Erfahrung bringen könne und daß darum alles nach menschlichen Gesichtspunkten beurteilt werden müsse: Der Mensch sei das Maß aller Dinge.

Angesichts dieses Zusammenbruchs der überlieferten religiösen Vorstellungen haben vor allem Platon und die Stoiker versucht, neue Grundlagen für ein religiöses Weltbild zu legen, damit die Menschen nicht im Leben alle Orientierung verlören. Dabei haben sie an Vorstellungen von der Göttlichkeit der Sterne angeknüpft, die es in Griechenland (wie wohl fast auf der ganzen Welt) auch schon früher gegeben hatte.

In die Lebenszeit Platons fiel eine bedeutende astronomische Entdeckung. Man hatte die Planeten – das griechische Wort bedeutet „Irrsterne" – vorher für Sterne gehalten, die anders als alle anderen Himmelslichter sich am Himmel planlos hin- und herbewegten. Nun beobachtete ein Mitglied der platonischen Akademie, Philipp von Opus, daß die Planeten in regelmäßigen Umlaufzeiten die Erde umliefen.[55] Sie waren keine „Irrsterne"; Gesetz und Ordnung herrschten am Himmel. Was war der Grund für die im Detail kom-

---

52 Vers 893/4 κοῦφα γὰρ δαπάνα νομίζειν ἰσχὺν τόδ' ἔχειν, ὅ τι ποτ' ἄρα τὸ δαιμόνιον.
53 N 73, 170, 185.
54 A 247 (Waldmann, Die Kultreformen S. 89; Dörrie, Der Königskult S. 124) ἀπαρχαῖς.
55 Es ist nicht geklärt, ob die Erkenntnis von der regelmäßigen Umlaufzeit der Planeten in Griechenland oder in Babylon gewonnen ist. Früher hat man angenommen, daß die Babylonier hierüber schon in älterer Zeit präzise Kenntnisse hatten; aber diese Vorstellung hat sich als irrig herausgestellt.

plizierten, aber regelmäßigen Bahnen der Planeten, die voll zu erklären erst durch die Entdeckungen Keplers und Newtons möglich geworden ist? Hier formulierte man eine Hypothese, die unbeweisbar war, aber attraktiv schien: Die Sterne waren beseelt, sie nahmen die regelmäßigen Bahnen aus eigenem Willen und eigener Einsicht, denn sie waren „sichtbare Götter".[56]

Im Timaios hat Platon dann eine Theorie von der Kombination des Ewig-Gleichen mit dem Veränderlichen, im Timaios und Phaidros eine Lehre von den Schicksalen der Seele an die Sterne geknüpft: Die Seele stammt vom Fixsternhimmel, aus dem Bereich des Ewigen; von dort ist sie in den Bereich des Veränderlichen gestürzt, bis sie auf der Erde angekommen in einen Körper eingegangen ist, von dem sie sich wieder freimachen und nach dem Tod den Aufstieg zu den unsterblichen Sternen nehmen soll.

Einen etwas anderen Weg ist die philosophische Schule der Stoiker gegangen; man lehrte dort, daß der umfassende „Logos" (Sinn) den ganzen Kosmos durchwalte und daß zwischen den Teilen des Kosmos eine alles bestimmende Sympathie bestehe. Die Sonne bewirkt auf der Erde den Wechsel der Jahreszeiten, Luna bestimmt die Periode der Frau; zu Beginn des ersten vorchristlichen Jahrhunderts bewies der stoische Philosoph Poseidonios von Apameia in Syrien, daß der Mond auch Ebbe und Flut herbeiführt. Wenn die beiden großen Sterne solche Wirkungen auf die Erde ausüben, so spekulierte man weiter, dann konnte man vermuten, daß auch die anderen Planeten – Mercur und Venus, Mars, Jupiter und Saturn – Einfluß auf das Leben der Menschen nehmen. Man begann Beobachtungen über den Zusammenhang zwischen den Planetenkonstellationen und dem Schicksal der Menschen zu sammeln, zunächst in der völlig legitimen Absicht, eine wissenschaftliche Hypothese (freilich eine falsche, aber man weiß bei einer Hypothese zunächst ja nie, ob sie zutrifft oder nicht) an beobachteten Fakten zu überprüfen. Dies führte dann bekanntlich zur Ausgestaltung eines umfangreichen astrologischen Lehrgebäudes, in dem immer wieder Analogien oder Zufälligkeiten als Beweisstücke genommen wurden.

Es ist klar, daß man am Hof des Antiochos ähnlichen Spekulationen nachgegangen ist; das Löwenrelief mit der Darstellung der besonderen Planetenkonjunktion am 7. Juli 62 beweist dies.

Wenn in den Inschriften gesagt wird, daß die Seele des Königs Antiochos sich im Tod vom Körper trennen und zu den Sternen aufsteigen wird,[57] so ist das mit diesen Gedanken in Zusammenhang zu bringen. Es handelt sich um weit verbreitete Vorstellungen der hellenistischen Zeit.

Rationalistische Religionstheorien – Euhemeros von Messene

Aber es hat bei den Griechen auch andere Reaktionen auf die Tatsache gegeben, daß die homerischen Götter intellektuell nicht mehr befriedigten: Man hat rationalistische Theo-

---

56 Epinomis 984 D 5 θεοὺς ... ὁρατούς.
57 N 41–43 = O. G. I. 383 = Inscr. gr. lat. Syrie 1, Zeilen 41–43.

rien darüber aufgestellt, wie es zu dem überlieferten griechischen Göttersystem gekommen sei.

Zu Ende des peloponnesischen Krieges, also nicht lange vor 400 v. Chr., hat ein vornehmer Athener Kritias[58] ein Satyrspiel auf die Bühne gebracht, in dem er den Erzschlaumeier und Meisterbetrüger Sisyphos auftreten und seine Ansichten über die Götter vortragen ließ.[59]

Die Menschen haben, so sagte er, den ursprünglichen wilden Zustand[60] überwunden, indem sie sich Gesetze gaben, durch welche Unrecht bestraft wurde. Aber dies nützte nur, wenn die Übertretung des Gesetzes offenkundig war. Wie sollte man sich helfen, wenn die Gesetze heimlich gebrochen wurden? Das geschah oft. Da hat denn, so fuhr Sisyphos fort, ein kluger Mann sich die Götter ausgedacht, um die Menschen auch von heimlichen Übeltaten abzuhalten; er hat ihnen weisgemacht, daß es einen Gott im Himmel gebe, der alles hört und sieht und sogar die heimlichen bösen Gedanken erkennt; und da er es sei, der auch die Macht über Blitz und Donner habe, sei aller Anlaß gegeben ihn zu fürchten und deshalb den Gesetzen zu folgen auch dann, wenn keiner der Menschen es sehen könne. So habe dieser kluge Mann die Gottesfurcht erfunden, und was er gesagt habe, sei zwar gelogen gewesen, aber mit vortrefflichem Erfolg.

Kritias wird selbst nicht anders gedacht haben, aber er hat die Vorsichtsmaßnahme ergriffen, diese Gedanken von einer Negativ-Figur auf der Bühne sagen zu lassen; für Gedanken, welche ein Bösewicht im Theater äußert, kann man den Dichter nicht gut haftbar machen.

Diese Gedanken waren in hellenistischer Zeit weit verbreitet. Der Geograph Strabon schrieb in der Zeit des Tiberius: „Donnerkeil und Wetterleuchten[61] und Dreizack..., als Waffen der Götter, sind Fabeleien, wie alles, was die Alten über die Götter vorgetragen haben; die Staatengründer haben sie in ihre geordneten Staaten aufgenommen als Schreckgespenster für kindliche Gemüter".[62]

Diese Entwicklung wurde dadurch verstärkt, daß man längst die mythische Weltbetrachtung der alten Zeit aufgegeben und durch eine historische Betrachtung ersetzt hatte. Für die mythische Weltbetrachtung war das Faktische keine Kategorie; der Mythos sollte die allgemeine Wahrheit, welche hinter den Erscheinungen empfunden und erkannt wurde, in Bildern und Erzählungen zur Anschauung bringen; jene allgemeinen Gedanken,

---

58 Er war ein Vetter der Mutter Platons, spielte in der attischen Politik eine Rolle und war in den Jahren 404/3 einer der „dreißig Tyrannen".

59 Vorsokratiker 88 B 25; Tragici Minores ed. Snell 43 F 19; Sextus Empiricus, Adversus mathematicos IX 54 p. 402.

60 ἦν χρόνος ὅτ' ἦν ἄτακτος ἀνθρώπων βίος καὶ θηριώδης ἰσχύος θ' ὑπηρέτης, von Euhemeros aufgenommen, s. unten S. 69, Anm. 66.

61 So übersetze ich das Wort *Aigis*, welches atmosphärische Erscheinungen bezeichnet.

62 Strabon I 2, 8 (p. 19/20 C.) κεραυνὸς γὰρ καὶ αἰγὶς καὶ τρίαινα ... θεῶν ὅπλα μῦθοι, καὶ πᾶσα θεολογία ἀρχαική· ταῦτα δ' ἀπεδέξαντο οἱ τὰς πολιτείας καταστησάμενοι μορμολύκας τινὰς πρὸς τοὺς νηπιόφρονας.

welche wir in abstrakten Worten zu formulieren suchen, wurden in den mythischen Bildern dargestellt und konnten bei dem damaligen Stand menschlicher Sprache auch gar nicht anders zum Ausdruck gebracht werden. Aber seit dem 5. Jahrhundert v. Chr. fragte man bei Erzählungen, ob sie faktisch richtig seien oder nicht; und daß die Mythen der alten Dichter nicht faktisch zutreffend sein konnten, lag auf der Hand. Einige Generationen später war das historische Denken so selbstverständlich, daß man die andere Optik der mythische Erzählungen gar nicht mehr begriff[63] und sich die Frage stellte, wie die alten Dichter auf den Gedanken gekommen seien ihre Geschichten in so unwahrscheinlichen Fassungen zu erzählen und welche historischen Tatsachen wohl dahinter verborgen sein könnten.

Mit dieser sozusagen „historistischen" Optik hat im 3. Jahrhundert v. Chr. *Euhemeros von Messene* ein Buch verfaßt, in welchem in Form eines Reiseberichtes eine quasi-historische Erklärung der Mythologie und des Glaubens an die Götter gegeben wurde.[64] Er behauptete, von Ägypten aus durch das Rote Meer in den Indischen Ozean gefahren zu sein und dort eine Insel aufgesucht zu haben, die den Namen Panchaia trug; dort sei eine große Tempelanlage und dahinter ein hoher Berg gewesen. In der Tempelanlage stand, so erzählte Euhemeros, eine lange Inschrift auf einer goldenen Stele, welche den authentischen, historischen Bericht über die Urgeschichte der Menschheit und die Entstehung der Götterverehrung gab.

Uranos, sein Sohn Kronos (Saturn) und der Enkel Zeus (Jupiter) sind Könige gewesen, sterbliche Menschen; sie haben in weiten Kriegszügen die ganze Welt unterworfen und bei allen Völkern ihren eigenen Kult eingerichtet. Daher kommen die Doppelnamen des Gottes, wie Zeus Atabyrios auf Rhodos, Zeus Labrayndos in Labraynda bei Mylasa, Zeus Kasios am Berg Kasios in Syrien[65]. Überall wurden also jährliche Feste des Zeus einge-

---

63 Schon Hekataios von Milet (Jacoby, Die Fragmente der griechischen Historiker nr. 1) hat „wahrscheinliche" Deutungen mythischer Erzählungen gegeben. Im Mythos hatte es geheißen, Herakles habe den Höllenhund aus dem Hades heraufgeführt; Hekataios kommentiert, der Hades sei eine Höhle bei Tainaron südlich von Sparta gewesen, und der „Höllenhund" nichts als eine Schlange, die auch nicht besonders groß war, sondern nur gefährlicher als andere Schlangen (Pausanias III 25,4 = 1 F 27 Jacoby; Fragment im Kommentar zu Antimachos von Kolophon II 28–32, in den Papiri della regia Università di Milano I nr. 17).

Sehr charakteristisch für das gänzlich veränderte, historische Denken ist, daß Plutarch *(De animae procreatione in Timaeo)* den Weltschöpfungsmythos im Timaios Platons als eine quasi-historische Darstellung interpretierte, während die anderen Platoniker des Altertums den Mythos – gewiß zu Recht – als eine Darstellung des Zustandes des Kosmos verstanden, in welcher die Episoden nur deshalb zeitlich aufeinander folgten, weil alles sich auf diese Weise besser erzählen ließ. Plutarch, selber Historiker, konnte sich also in die „mythische" Darstellungsform des von ihm so gründlich studierten Platon nicht mehr hineindenken.

64 Euhemeri reliquiae, collegit G. Némethy, Budapest 1889; Jacoby, Die Fragmente der griechischen Historiker nr. 63 (danach wird im folgenden zitiert); Giovanna Vallauri, Evemero di Messene, Torino 1956; vgl. Jacoby, R. E. VI 952–972. – Euhemeros ist von Ennius, also in der Mitte des 2. Jahrhunderts vor Christus, ins Lateinische übersetzt worden.

65 63 F 23 Jac. (in p. 312,1 lese ich *Labrayndio* und *Labrayndus*).

richtet. Weil damals das Leben der Menschen noch ungeordnet war, verbot Zeus das Sich-gegenseitig-Auffressen[66] und gab den Menschen Gesetze.[67] Er hinterließ überall Monumente seiner selbst[68] und brachte sein späteres Leben auf dem Berg in Panchaia zu,[69] der „Sitz des Uranos"[70] genannt wird. Dort hat er den ersten Altar erbaut[71] und dem Himmel, der früher „Äther" geheißen hatte, nach seinem Großvater den Namen „Uranos" gegeben.[72] Im Alter ist er dann auf Kreta gestorben und „zu den Göttern gegangen".[73] So stand vollkommen fest, daß die Verehrung dieser „Götter" zu einem bestimmten Zeitpunkt unter der Königsherrschaft des Zeus begonnen habe.[74]

In dem Tempelbezirk zu Panchaia waren sehenswerte Standbilder der „Götter" von ausgezeichneter Kunst und staunenswertem Gewicht[75] aufgerichtet. Um den Bezirk herum wohnten die Priester, die den Tempel verwalteten. Die ringsumher liegende Ebene ist 200 Stadien (40 km) weit Besitz der Götter, und die Einkünfte werden für die Opferschmäuse verwendet.[76] Auf dem dahinter liegenden heiligen Berg verrichten die Priester jährlich ein feierliches Opferfest.[77]

Die Kultorte der übrigen Götter auf der Erde befinden sich vielfach dort, wo sie seinerzeit als Menschen gestorben sind; Zeus war in Kreta gestorben und wird dort am Dikte-Berg verehrt, Apollon in Delphi, Isis auf der Insel Pharos, Demeter in Eleusis.[78] Sie alle waren zu Lebzeiten „Wohltäter" der Menschen gewesen und sind deshalb nach dem Tod als Götter verehrt worden.

Die Ähnlichkeiten zwischen der Erzählung des Euhemeros und den Kultstiftungen des Antiochos von Kommagene sind – wie H. Doerrie gesehen hat – so eng, daß an einer Beeinflussung des kommagenischen Kultes durch den Roman des Euhemeros nicht gezweifelt werden kann. „Was den olympischen Göttern vor langer Zeit möglich war – nämlich von Königen zu Göttern zu werden –, das muß ebensogut jedem gelingen, der sich nach ihrem offenkundig erfolgreichen Beispiel richtet".[79]

66 F 22 und T 4 c (p. 301,2 wird aus dem Sisyphos des Kritias zitiert ὅτ' ἦν ἄτακτος ἀνθρώπων βίος).

67 F 22 und 24.

68 F 24 *sempiterna monumenta sui reliquit*. F 23 *ut ipse sibi fana in multis locis constituerit*.

69 F 20.

70 F 21 *Caeli sella*; F 3 (p. 306,21 Jac.) = Diodor V 44,6 Οὐρανοῦ δίφρος. Vgl. die „himmlischen Throne" auf dem Nemrud Dagh, oben S. 54, Anm. 7.

71 F 21 *in eo monte aram creat Caelo primusque in ea ara Jupiter sacrificavit*.

72 F 21.

73 F 24 *vitam commutavit et ad deos abiit*.

74 F 23 *de tempore ... constat quando dii coli coeperint*.

75 F 3 (p. 306,5 Jac.) = Diodor V 44,1 τοῖς βάρεσι θαυμαζόμενα.

76 F 3 (p. 306,17–19 Jac.) = Diodor V 44,5.

77 F 3 (p. 306,29) = Diodor V 44,7.

78 T 4 d = Cicero, De natura deorum I 119 *ab Euhemero autem et mortes et sepulturae demonstrantur deorum*. T 4 f = Minucius Felix, Octavius 21,1 *ob merita virtutis aut muneris deos habitos Euhemerus exsequitur et eorum natales, patrias, sepulcra dinumerat et per provincias monstrat, Dictaei Iovis et Apollinis Delphici et Phariae Isidis et Cereris Eleusiniae*.

79 Dörrie, Der Königskult 219. Vgl. schon Jacoby, R. E. VI 963 (unten).

Antiochos hat die Gedanken des Euhemeros zweifellos durch seine griechischen Berater kennen gelernt, von denen oben (S. 64) schon gesprochen worden ist. Es hat offensichtlich geradezu als Maxime politischen Handelns gegolten, daß ein fähiger Politiker die
religiösen Veranstaltungen – Feste, Prozessionen, Opferschmäuse – im Sinne seiner politischen Zwecke verwenden solle.[80]

Tatsächlich haben die religiösen Feste der frühen Menschen eine politische Komponente dieser Art immer gehabt; die Trennung von Politik und Religion ist erst in einem relativ
weit vorgeschrittenen Stadium der menschlichen Geschichte möglich geworden – und ist
vollständig wohl noch nirgends durchgeführt.

Aber die euhemeristische Komponente der kommagenischen Staats- und Königsreli-
gion rückt das ganze Unternehmen des Antiochos doch in ein eigentümliches Zwielicht.
Von den orientalischen Voraussetzungen aus betrachtet schien diese Religion ganz im
Rahmen des Üblichen und Traditionellen zu bleiben; die griechische (und vielleicht auch
babylonische) Sternenmystik fügte diesem Kult sogar eine neue religiöse Dimension hinzu; aber von Euhemeros aus gesehen rückt alles in die Sphäre berechnender politischer
Überlegungen, ja eines fast zynischen Kalküls.

Hier kommt zum Vorschein, was wir oben (S. 61) die zwiespältige Haltung der Griechen zum Herrscherkult genannt haben. Die Voraussetzungen moralischer Art waren
sehr verschieden, je nachdem, ob man von den Vorstellungen der in Kommagene lebenden Menschen ausging oder vom Rationalismus griechischer Literaten, und im Kopfe des
Antiochos mag Vielerlei durcheinander gegangen sein. Ein handelnder Politiker – und das
war Antiochos – muß es verstehen, mehrere Dinge unter einen Hut zu bringen. An einer
tüchtigen Portion kaltblütiger Überlegung wird man nicht zweifeln.

4. Kommagene nach Antiochos

Das Königreich Kommagene ist bald nach dem Tod des Antiochos von den Römern eingezogen und direkter römischer Verwaltung unterstellt worden. So kann der von ihm
eingerichtete Herrscherkult nicht lange in der Form durchgeführt worden sein, welche er
beabsichtigt hatte. Schon unter Tiberius ist das Land direkt einem römischen Statthalter
unterstellt worden.[81] Caligula hat dann noch einmal das Gebiet durch Vasallenkönige
regieren lassen;[82] aber von Vespasian wurde es endgültig in das römische Herrschaftsgebiet einbezogen.[83]

Die Grab- und Kultanlage auf dem Nemrud Dagh hat man zweifellos auch in den

---

80 Dörrie in „Studien zur Religion und Kultur Kleinasiens, Festschrift für F. K. Dörner", Etudes
   préliminaires 66, (Leiden 1978) I 245–262.
81 Tacitus, ann. II 56,4; Strabon XVI 2,3 p. 749 C.
82 Sueton, Caligula 16,3; Cassius Dio 59,8,2 und 60,8,1.
83 Josephus, Bell. Iud. VII 219 ff.; Dessau, Inscr. Lat. selectae 9198.

folgenden Jahrhunderten als ein Wunderwerk bestaunt.[84] Der christliche Theologe und Dichter Gregor von Nazianz (330–390), der selber aus der Landschaft Kommagene stammte, hat sie den sieben Weltwundern als achtes angeschlossen (Anth. Pal. VIII 177):[85]

„Es gibt sieben Wunder auf der Welt, in der wir leben: Die Mauer von Babylon, das Standbild des Zeus in Olympia, die hängenden Gärten der Semiramis, die Pyramiden, den Artemistempel zu Ephesos, den Helioskoloß zu Rhodos, das Grabmal des Maussolos in Halikarnaß; das achte Wunder war ich, das riesige Grabmal, in der Höhe erbaut".[86]

Aber als das Land christlich wurde, hat man die Anlage – wie so viele heidnische Kultstätten – demoliert, die Bausteine abgefahren und aus ihnen zu Ehren der christlichen Märtyrer eine Kirche gebaut. Dies ergibt sich, wie L. Robert erkannt hat,[87] aus einer ganzen Serie von Epigrammen des Gregor von Nazianz, die im VIII. Buch der griechischen Anthologie überliefert sind. Dies muß auf Befehl eines hohen kaiserlichen Funktionärs geschehen sein, der bei dieser Gelegenheit auch das Gold und Silber mitgehen ließ, welches sich in dem Grabheiligtum befand.

Um ein Beispiel zu geben, sei das Epigramm 176 paraphrasiert:[88]
„Ein Mann braucht künftig nicht mehr den festgefügten Pflug durch die Erde zu ziehen, er braucht nicht mehr zur See zu fahren und keine kriegerische Waffe mehr zu haben; er braucht nur noch eine Hacke und einen wilden Sinn in seiner Brust, dann kann er, wenn

---

84 Sie gilt noch heute als die größte archäologische Sehenswürdigkeit der Türkei, s. E. Akurgal, Ancient Civilizations and Ruins of Turkey (Istanbul 1973) 346.

85 Daß Gregor mit dem in der Höhe erbauten Grabmal die Anlage des Antiochos auf dem Nemrud Dagh gemeint hat, hat L. Robert gesehen; s. darüber unten Anmerkung 87. Was oben im Text folgt, ist keine Übersetzung, sondern eine Paraphrase.

86 ἑπτὰ βίοιο πέλει τάδε θαύματα· τεῖχος, ἄγαλμα,
      κῆποι, πυραμίδες, νηός, ἄγαλμα, τάφος.
    ὄγδοον ἔσκον ἔγωγε πελώριος ἐνθάδε τύμβος
      ὑψιπαγής.

87 Opera Minora IV 396 (aus Zeitgründen hat L. Robert in dem dort abgedruckten Vortrag keine näheren Erklärungen geben können): „Je ne puis … montrer comme les épigrammes 176–254 de Grégoire de Nazianze dans le livre VIII de l'Anthologie contre les violateurs des tombeaux ne sont pas des variations répétées contre ces crimes répétés et des interdictions et imprécations destinées à être gravées sur des tombes, mais qu'il s'agit de variations autour d'un même fait, la violation par un haut fonctionnaire, nouvel Hérostrate, du même édifice colossal et prestigieux, le monument d'Antiochos Ier de Commagène au Nimroud Dagh, édifice élevé jusqu'au ciel, merveille pour les voisins et les passants, travail d'autrefois, montagne sur une montagne, oeuvre des géants".

88 Μηκέτι πηκτὸν ἄροτρον ἀνὴρ ἐπὶ γαῖαν ἐλαύνοι,
      μὴ πέλαγος πλώοι, μὴ δόρυ θοῦρον ἔχοι·
    ἀλλὰ φέρων σκαπάνην τε καὶ ἄγριον ἐν φρεσὶ θυμόν
      ἐς τύμβους πατέρων χρυσὸν ἴοι ποθέων,
    ὁππότε καὶ τοῦτόν τις ἐμὸν περικαλλέα τύμβον
      σκάψεν ἀτασθαλέως εἴνεκα κερδοσύνης.

er Gold braucht, zu den Gräbern der Väter gehen; – (das kann man ja sehen,) wenn dieser Bursche in seinem frevlen Sinn jenes schöne Grab in meiner Heimat niedergerissen hat nur wegen seiner Habsucht".

Die Römischen Mithrasmysterien

I. Die Mithrasmysterien – eine neue Religion[1]

Mithras, der persische Gott, ist im 2. und 3. Jahrhundert im römischen Kaiserreich von vielen Menschen verehrt worden, in einer Mysterienreligion, die durch viele archäologische Funde bezeugt ist. Waren die Mithrasmysterien eine Fortsetzung der alten persischen Religion? Oder richtiger gefragt: Inwieweit waren sie eine Fortsetzung des persischen Kultes?

Der alte Grundgedanke der gegenseitigen Beziehung zwischen den Menschen, der Verpflichtung und der Treue, ist fast unverändert geblieben; er paßte vorzüglich in das römische Gesellschaftssystem, in dem ebenfalls die persönlichen Beziehungen eine große Rolle gespielt haben. Ferner sind zahlreiche einzelne Elemente aus der persischen Religion in die römischen Mysterien übernommen worden; bei so gut wie allen Mythen über Mithras, die wir auf den römischen Monumenten finden, können persische Ursprünge nachgewiesen werden. Auch das Stieropfer, welches in allen römischen Mithrasheiligtümern im Kultbild dargestellt war und als die Heilstat des Gottes galt, geht auf persische Traditionen zurück.

Andererseits sind die Unterschiede des römischen Mithraskultes zu der alten persischen Religion und auch zu den besprochenen hellenistischen Religionen groß.

Der persische Mithra war einer der Götter in einem polytheistischen System gewesen. Im Zoroastrismus war er ganz dem obersten Gott Ahura Mazda (Oromasdes) untergeordnet. Auch in Kommagene – wo allein wir ein hellenistisches System im Zusammenhang beobachten können – war Mithras nur ein Gott neben anderen, Oromasdes Herakles Kommagene. Dagegen ist der Mithras der römischen Mysterien der oberste Gott; von Ahura Mazda ist keine Spur. Alle anderen Götter – der Sonnengott, Luna, Jupiter, Mars, Venus, Mercur – sind in Rom dem Mithras untergeordnet. Dies ist zwar keine monotheistische Religion, aber doch beinahe eine „henotheistische", d. h. eine Religion, welche zwar verschiedene Götter anerkennt, aber gleichzeitig lehrt, daß dies im Grunde nur verschiedene Erscheinungsformen eines und desselben Gottes seien.

Ferner waren die alten Kulte, in welchen Mithras einen Platz hatte, öffentliche Kulte; dagegen sind die römischen Mysterien ein Geheimkult, eine „Mysterienreligion". Religionen dieses Typs kommen überhaupt erst in der römischen Kaiserzeit vor.

Diese Religionen wären ohne das römische Weltreich nicht möglich gewesen. Alle früheren Religionen hingen eng mit einem bestehenden Staat oder mit einem besonderen Volk zusammen; in diese alten Religionen wurde man hineingeboren. Die Mysterienreli-

---

1 Für Kapitel I und II dieses Teils vgl. „Weihegrade und Seelenlehre der Mithrasmysterien", Opladen 1982 (Vortrag in der Rheinisch-Westfälischen Akademie der Wissenschaften). – Eine Zusammenfassung meiner Ergebnisse habe ich gegeben im Katalog der Ausstellung „Spätantike und frühes Christentum", welche das Liebieghaus in Frankfurt von Dezember 1983–März 1984 veranstaltet hat (S. 124–137; vgl. auch S. 536–543).

gionen sind auch alle aus besonderen Völkern herausgewachsen, haben aber die Bindungen an einen besonderen Staat und an ein Volk abgestreift. Sie erkennen das Römerreich als denjenigen Staat an, in welchem fast die ganze zivilisierte Welt organisiert ist; sie wenden sich vorwiegend an die religiösen Bedürfnisse der Menschen und sind in einem intensiveren Maße Religion als alle früheren Kultverbände. Die Isis- und Mithrasmysten und die Christen haben missioniert. Wer die Voraussetzung zur Aufnahme erfüllte und sich anschließen wollte, war willkommen, gleichgültig, aus welchem Land er stammte; er fand in dem neuen Kult eine geistige Heimat.

Allen diesen Religionen ist gemeinsam, daß sie aus der Religion eines Volkes herausgewachsen sind, welches seine politische Organisation verloren hatte, Judaea und Ägypten durch die römische Eroberung, Persien schon durch Alexander den Großen. Die römischen Mithrasmysterien greifen auf das Persien der Achämeniden zurück und beziehen sich nicht auf den zeitgenössischen Staat der Parther.

Es besteht also einerseits eine gewisse Kontinuität von der alten persischen Religion zu den römischen Mithrasmysterien, aber andererseits handelt es sich bei den Mysterien doch auch um ein neues Phänomen. Man kann nicht von einer Mithrasreligion sprechen, die sich von den Persern bis zu den Römern fortgepflanzt habe; man müßte dann zum Beispiel auch die christliche Religion als identisch mit dem Judentum bezeichnen, denn das Christentum ist aus dem Judentum hervorgegangen und hat sogar das heilige Buch der Juden, das Alte Testament, zur Gänze übernommen. Dennoch ist deutlich, daß zunächst Jesus und Paulus die überlieferten religiösen Lehren stark verändert haben und daß dann später alle aus dem Judentum übernommenen Traditionen mit griechischen, vor allem platonischen Elementen kombiniert und zu einem neuen Ganzen umgestaltet worden sind.

Etwas Ähnliches gilt für die Mithrasmysterien: Die aus der persischen Religion übernommenen Elemente sind hier zu einem System organisiert, welches neu ist. Dies geschah in Anlehnung an griechische philosophische Vorstellungen, genauer gesagt, an platonische Lehren.

Das organisatorische Rückgrat der Mithrasmysterien war ein System mit sieben Weihegraden, welches in feste Beziehung zu den sieben Planetengöttern gesetzt war. Damit war ein Gehäuse gegeben, in welches alle älteren Elemente eingepaßt worden sind. Aber das scheinbar nur äußerliche System war gleichzeitig auch Ausdruck für einen neuen Inhalt: Diese Mysterien waren eine Sternreligion,[2] alle Lehren hatten ihren Platz in einem kosmischen Rahmen; der Aufstieg der Mysten auf der Leiter der sieben Weihegrade symbolisierte seinen Aufstieg durch die Planetensphären zum Ewigen, dem Fixsternhimmel. Wenn man die Erscheinung von dieser Seite her betrachtet, kann man auch sagen: Die Mithrasmysterien waren eine neue Religion, die mit der Religion der alten Perser nicht viel mehr gemein hatte als den Namen des Gottes und einige mythische Episoden.

---

2 Vgl. die Grabschrift eines Mithraspriesters aus Mediolanum (V 708 = Dessau 4270 a) *Marcus Valerius Maximus sacerdos dei Solis invicti Mithrae studiosus astrologiae* etc. (*astrologia* bedeutet hier wie fast immer in den antiken Texten dasjenige, was wir heute Astronomie nennen).

Das System der sieben Grade und der sieben Planetengötter – dies sind gleichzeitig die sieben Wochentagsgötter – ist fixiert gewesen und war kaum wandlungsfähig. Es kann nicht in längerer Entwicklung entstanden, sondern muß einmal und als Ganzes erdacht und konstruiert worden sein. M. P. Nilsson hat die Vermutung ausgesprochen,[3] „daß die Mithrasmysterien eine einmalige Schöpfung eines unbekannten religiösen Genies" waren; wir können diese Ansicht nur bestätigen.

Wo dieses System zum erstenmal geschaffen wurde, ist unbekannt; sein Erfinder hat gute Kenntnisse der persischen Religion gehabt. Das religiöse Zentrum des neuen Kultes muß aber, dies wird sich deutlich zeigen, schon sehr bald in der Hauptstadt des Reiches, in Rom selbst, gewesen sein; von Rom aus ist der Kult in die Provinzen des Reiches gebracht worden.[4]

II. Weihegrade und Planetengötter

Das Mosaik der Leiter mit den sieben Türen

Jeder der sieben Weihegrade stand unter dem Schutz (der *tutela*) eines Planetengottes:[1]

1 *Corax* (Rabe) – Tutela des Mercur
2 *Nymphus*[2] (Raupe, Puppe, Bräutigam) – Tutela der Venus
3 *Miles* (Soldat) – Tutela des Mars
4 *Leo* (Löwe) – Tutela des Jupiter

---

3 Geschichte der griechischen Religion II² 675.

4 Franz Cumont selbst hat am Ende seines Lebens betont, daß das Zentrum des Mithraskultes im 3. Jahrhundert n. Chr. in Rom gewesen sein muß; vgl. Mithraic Studies I 169, Anm. 100: I now believe that Mithraism of the third century conforms to the type established at Rome under the surveillance of imperial authority.

1 Dies ist durch drei übereinstimmende Zeugnisse sicher:

(a) das Fußbodenmosaik in Ostia (V 299, s. gleich oben im Text)

(b) die Mystenprozession aus dem Mithraeum unter S. Prisca in Rom (V 480, zu korrigieren durch Vermaseren-van Essen, S. Prisca S. 168)

(c) Hieronymus, Epistula 107 ad Laetam (2,292 ed. Hilberg; 5,146 ed. Labourt).

2 Der Grad des *nymphus* ist in Dura-Europos oft bezeugt (V 63), ferner in dem Mithraeum unter S. Prisca (V 480,6) und bei Firmicus Maternus, De errore profanarum religionum 19. In den Editionen der Hieronymusbriefe von Hilberg und Labourt liest man im Text *cryphius*, aber dies ist eine Konjektur; in den Handschriften steht auch hier *nymphus*, was Labourt anzumerken vergessen hat. In der Loeb Classical Library ist eine Auswahl der Hieronymusbriefe erschienen, St. Jerome, Select Letters, translated by F. A. Wright (1933); hier findet man (S. 342) die Lesart *nymphius*, wobei das -i- zuviel ist. Es besteht kein Zweifel daran, daß dieser Grad *nymphus* hieß. Vgl. B. M. Metzger, American Journal of Philology 66, 1945, 225–233 = Historical and Literary Studies, Pagan, Jewish and Christian (Leiden 1968) 25–33.

5 *Perses* (Perser) – Tutela der Mondgöttin Luna
6 *Heliodromus* (Sonnenläufer) – Tutela des Sonnengottes Sol
7 *Pater* (geistliches Oberhaupt) – Tutela des Saturn.

Das für die Kenntnis der Grade wichtigste Monument ist das Fußbodenmosaik in Ostia, welches man „die Leiter mit den sieben Türen" nennen kann (Abb. 38 = V 299).

Nach einem Eingangsfeld sieht man eine schwarze Leiter, welche sieben Felder in sich schließt; darüber ist ein größeres achtes Feld mit der Inschrift des Stifters Felicissimus. Wir wissen aus einer Stelle des platonischen Philosophen Celsus, daß es in den Mithrasmysterien eine solche Leiter mit sieben Toren gegeben hat, an welche ein achtes Tor anschloß.[3] Celsus setzt die sieben Tore in Beziehung zu den sieben Planetengöttern. Auch Porphyrios sagt, daß im Inneren der Mithrashöhle in gleichmäßigem Abstand Symbole der Planeten waren.[4] In dem Mosaik zu Ostia ist jede Tür einem Planeten zugeordnet.

Man betritt den Raum von links. Auf dem Fußboden sieht man im Mosaik zuerst eine kreisförmige Darstellung, welche man als einen stilisierten Baum deutet.[5] Es folgt ein Mischkrug (Kratér) mit zwei Henkeln. Wir werden den Mischkrug später besprechen; die Mithrasmysten haben sich vorgestellt, daß in ihm die Samen und Keime allen Lebens sind. Am rechten Ende des Eingangsfeldes ist ein brennender Altar, wie er für die persischen Kulte charakteristisch ist. Auf den Mithrasmonumenten findet man ihn oft bei Szenen, in welchen zwei Personen durch Handschlag verbunden sind. Unter der ersten Sprosse der Leiter sieht man zwei persische Mützen mit Stern. Es sind die Mützen der beiden Fackelträger Cautes und Cautopates, welche als Nebenfiguren in fast allen Darstellungen des Stieropfers abgebildet sind. An derjenigen Stelle, welche dem Platz der Mützen auf dem Mosaik entspricht, hat man in mehreren Mithräen Statuen oder Fresken der beiden Fackelträger in persischer Tracht gefunden. Ihre lateinischen Namen sind *Hesperus* und *Lucifer*, Abendstern und Morgenstern.

Im ersten Feld steht links der Rabe (*corax*), Symbol des ersten Grades. Neben ihm befindet sich ein Becher, denn die Mysten des ersten Grades haben beim gemeinsamen Mahl ministriert und die Becher dargereicht. Rechts der Heroldstab, das Symbol des Planetengottes *Mercur*.

Das zweite Feld, das des *Nymphus*, ist links zerstört. Rechts sieht man unten eine Lampe und oben ein Diadem; man hat dem Mysten des zweiten Grades ein solches Diadem um den Kopf gelegt. Zu diesem Grad gehörte die Planetengöttin *Venus*.

---

3 Bei Horigenes, Contra Celsum VI 22, p. 92,5 Koetschau τοιόνδε τὸ σύμβολον· κλῖμαξ ἑπτάπυλος, ἐπὶ δ'αὐτῇ πύλη ὀγδόη.
4 De antro nympharum 6 (p. 60,9–11 N. = 8,19–20 W.; unten S. 207 Anm. 38) : Zoroaster hat zu Ehren des Weltschöpfers Mithras die erste heilige Höhle hergerichtet, die im Inneren mit Symbolen der „kosmischen Elemente" (= der Planeten) und der „Klimata" (der Himmelsrichtungen, die durch die Windgötter dargestellt wurden) ausgestattet war.
5 Für einen Versuch dieses Symbol zu deuten s. unten S. 192 f.

Das dritte Feld ist das des *Miles* (Soldaten) und seines Gottes *Mars*. Man sieht einen Helm und Speer, daneben links eine persische Mütze von einfacher Art.

Das vierte Feld ist das des *Löwen*, der unter dem Schutz des *Jupiter* stand. Das Symbol des Gottes ist das Blitzbündel (rechts), d. h. der von Blitzen umgebenen Donnerkeil,[6] mit welchem Jupiter seine Gegner erschlägt. Links sieht man eine Feuerschaufel, denn zum Grad des Löwen gehörte das Element des Feuers. In der Mitte ist ein Sistrum. Damit hat es folgende Bewandtnis: Das Sistrum, eine Rassel, ist ein Instrument der ägyptischen Göttin Isis. Als ihr Gemahl Osiris (-Orion) tot und verschwunden war, hat sie ihn gesucht und dabei das Sistrum geschüttelt. Schließlich hat sie ihn in den Fluten des neuen Nils wieder gefunden. Diese Nilflut setzte in der Mitte des Juli ein, wenn am 14. der Orion und am 19. der Sirius – der Hundsstern – aufging. Das Sistrum ist also das Symbol für die Tage um den 19. Juli, die Hundstage. Zu dieser Zeit steht die Sonne im Zodiacalzeichen des „Löwen"; das Sternbild des Löwen seinerseits steht wieder im Schutz (in der *tutela*) des Planetengottes Jupiter. Dies gilt nicht nur in den Mithrasmysterien; der Sterndichter Manilius sagt in seiner Aufzählung der Schutzverhältnisse (*tutelae*): „Du, Jupiter, regierst den Löwen" (II 441 *Iuppiter . . . regis ipse leonem*). Sistrum, *Hunds*stern, *Hund*stage und Hitze, Löwe und Jupiter gehören also zusammen.[7] Für das Verständnis der Mithrasmysterien ist wichtig, daß Löwe und Hund eng miteinander zusammenhängen.

Das fünfte Feld zeigt die Symbole des *Persers*. Die Mondsichel bedeutet, daß er unter dem Schutz (der tutela) der *Luna* steht. Daneben steht der Abendstern (*Hesperus*), dessen Aufleuchten die Nacht und den Mond ankündigt. Darunter befindet sich eine Sense, denn zu den Prüfungen des „Persers" vor der Beförderung zum nächsten Grad scheint gehört zu haben, daß er Getreide schneiden oder Gestrüpp roden mußte. Schließlich sieht man links das charakteristische Kurzschwert des Persers, den Akinakes.[8] Es hing nicht links am Gürtel herab, sondern war am rechten Oberschenkel zweifach befestigt, am Griff und am Ende der Scheide. Auf dem Mosaik ist der Griff links unten; rechts oben befindet sich die Öse, welche zur Befestigung der Scheide diente.

Das sechste Feld ist das des *Heliodromus*, dessen Schutzgott *Sol-Helios* war. Dies zeigt die Binde mit den sieben Strahlen an. Daneben sieht man die Peitsche, mittels deren der

---

6 Das deutsche Wort „Donnerkeil" bezeichnet im etymologischen Wortsinn den Keil, die Waffe des Gottes Donar; dem entspricht das englische „thunderbolt". Also auch hier die Vorstellung von einer Waffe des Himmelsgottes.

7 Der Frühaufgang des Sirius und die Nilflut spielten schon in den persischen Texten eine wichtige Rolle, denn dem Sirius – persisch Tishtrya – gilt ein langer Hymnus im Avesta, der 8. Yäsht, und der 4. Monat des persischen Jahres heißt *Tir* (im kappadokischen Kalender *Tiri*); in diesen Monat fällt der Frühaufgang des Sirius. Manilius I 401 ff. berichtet, daß man vom Taurusgebirge aus (also in Kappadokien) den Aufgang des Sirius beobachtet, und ein seltsamer Text aus Ps. Johannes Chrysostomos, Opus imperfectum in Matthaeum (Migne, Patr. Gr. 56, 637) berichtet von einem Opfer für den Sirius auf einem im Osten liegenden *Mons Victorialis*. Der Frühaufgang des Sirius ist also schon bei den Persern gefeiert worden.

8 Über den Gebrauch und die Befestigung des Akinakes hat mich Gerold Walser belehrt.

Sonnengott seine vier Pferde regiert. Links ist die Fackel des *Lucifer*, des Morgensternes, der dem Sonnengott vorauseilt.

Im siebenten Feld, dem des *Pater*, sieht man die persische Mütze, den Stab des Magiers (denn die persischen Priester hießen Magier) und die Schale zum Ausgießen des Opfertranks. Rechts die Sichel des *Saturn*, des Planetengottes, welcher dem Pater zugeordnet war.

Darüber kommt ein größeres, achtes Feld mit der Inschrift des Stifters, dem Kratér und Zweigen, wie sie im persischen Kult gebräuchlich waren. Das achte Feld symbolisierte die Regionen jenseits des Fixsternhimmels, zu denen die Seele des Mysten nach dem Tod emporstieg.

Das Mosaik der sieben Torbögen

Einen ganz identischen Sinn muß auch das Fußbodenmosaik der sieben Torbögen in Ostia gehabt haben (Abb. 34 = V 239).[9] Es ist rechts und links von den Symbolen der Zodiacalzeichen eingefaßt. Man beachte, daß rechts zwischen der Reihe der Tore und den Zodiacalzeichen ein kleiner Gang frei geblieben ist, der es offenbar ermöglichen sollte, daß der Myste eines höheren Grades in sein Feld gelangen konnte ohne die von ihm in einer früheren Weihe schon durchschrittenen Tore nochmals zu passieren.

Die Weihegrade auf den Darstellungen des Stieropfers

Die sieben Weihegrade sind auch auf allen Darstellungen des Stieropfers zu sehen. Um den Stier herum ist immer eine wechselnde Zahl von Figuren angeordnet, aber sieben von ihnen kommen auf allen Darstellungen vor, und es gibt zahlreiche mithrische Kultbilder, welche nur diese sieben Figuren abbilden: Mithras, die beiden persisch gekleideten Fakkelträger, unter dem sterbenden Stier Hund, Skorpion und Schlange, und in der Luft über Mithras der Rabe. Als Beispiel sei das Fresco von Capua genannt (Abb. 25 = V 181): Mithras opfert den weißen Stier, aus dem alles Leben entstehen wird. Der blaue Mantel des Gottes entfaltet sich zum Himmelsrund, auf dem sieben Sterne erglänzen – die Planeten- und Wochentagsgötter, deren Repräsentanten auf dem Bild wir eben besprechen. Links sieht man den Sonnengott, rechts oben Luna, links unten den Kopf des *Oceanus*, rechts unten den der Erde (*Tellus*). Ähnlich das Fresco aus dem Mithraeum Barberini in Rom (Abb. 52 = V 390), das Relief vom Esquilin (Abb. 50 = V 368) und das von Mauls (Abb. 132 = V1400). Auf mehreren dieser Kultbilder sind im Himmel oder auf dem Mantel des Mithras, der sich zum Himmel entfaltet, sieben Sterne abgebildet, also die Planetengötter, in deren Schutz die sieben Mystengrade stehen.

Die sieben Grade werden auf den Reliefs durch folgende Figuren dargestellt:

---

9 Man pflegt es das Mosaik der sieben Sphären zu nennen, aber „sieben Torbögen" ist zutreffender und paßt zu dem Zeugnis des Celsus über die sieben Tore.

1 *Corax*: Auf Reliefs und Fresken fliegt der Rabe vom Sonnengott (Sol) zu Mithras und meldet diesem, daß es jetzt Zeit ist, den Stier zu opfern.

2 *Nymphus*: Er wird durch die Schlange dargestellt, welche immer unter dem Stier zu sehen ist. Sie leckt das Blut, welches aus der Wunde fließt, die Mithras dem Stier zugefügt hat. Wie die Schlange mit dem Nymphus zusammenhängt, darauf werden wir in Kürze zurückkommen. Hier sei nur daran erinnert, daß die Schlange auch auf zwei Fresken aus Dura (Abb. 17 = V 52) Helfer des Mithras auf der Jagd ist und auf dem Relief von Neuenheim (Abb. 117 = V 1289) den Heliodromus auf seinem Ritt über den Himmel begleitet.

3 *Miles*: Dieser Grad wird durch den Skorpion dargestellt, welcher auf allen Darstellungen die Hoden des Stiers angreift um den Samen des heiligen Tieres zu trinken. Der Grad des *miles* steht unter dem Schutz (der *tutela*) des Mars, und dasselbe gilt für das Zodiacalzeichen des Skorpions; der römische Sterndichter Manilius sagt über das Sternbild des Skorpions und den Planeten Mars: „Der kämpferische Skorpion gehört zu Mars" (II 443 *pugnax Mavorti Scorpios haeret*). Die Geschütze (Wurfmaschinen) des römischen Heeres hießen *scorpiones*.

4 *Leo*: Dieser Grad wird auf den Darstellungen mit nur sieben Figuren durch den Hund repräsentiert; wenn mehr Figuren vorkommen, ist fast immer auch ein Löwe abgebildet. Auf dem Jagdbild von Rückingen (Abb. 129 = V 1137, Rückseite) jagt Mithras zusammen mit einer Meute von Hunden, während in Dura-Europos (Abb. 17 = V 52), Neuenheim (Abb. 117 = V 1289) und in einem Seitenfeld in Osterburken (Abb. 112 = V 1292) der Löwe Helfer des Gottes auf der Jagd ist. Daß Löwe, Hund und der Planetengott Jupiter miteinander zusammenhängen, haben wir bei der Besprechung des Mosaiks mit der Leiter und den sieben Türen gesehen.

5 *Perses*: Er wird durch den Fackelträger *Cautopates* mit der gesenkten Fackel dargestellt. Sein lateinischer Name ist *Hesperus*, der Abendstern, der ebenfalls die Fackel senkt. Hesperus führt die Nacht herauf, und damit Luna. Auf dem Mosaik der siebensprossigen Leiter zu Ostia ist im fünften Grad neben dem Kurzschwert und der Sichel des „Persers" die Mondsichel mit einem Stern, eben dem Hesperus, abgebildet.

6 *Heliodromus*: Er ist *Cautes* mit der erhobenen Fackel, griechisch *Phosphoros*, lateinisch *Lucifer*; das Mosaik zu Ostia zeigt als Attribute die erhobene Fackel, die Peitsche des Wagenlenkers und den Strahlenkranz des Sonnengottes. Er steht unter dem Schutz des Sol.

7 *Pater*: Dies ist auf den Darstellungen Mithras selbst, den Porphyrios – unter Aufnahme einer Wendung aus dem Timaios Platons – den „Schöpfer und Vater des Alls" nennt.[10] Sein Planet ist der Saturn.

---

10 Porphyrios, De antro nympharum 6 (p.60,7–8 N. = 8,17–8 W.); Platon, Timaios p.28C3.

Zwei Gemmen mit den Emblemen der Weihegrade

Für den Zusammenhang der sieben Figuren in den Darstellungen des Stieropfers mit den sieben Planetengöttern und den zugehörigen sieben Mystengraden sind zwei religiöse Gemmen (V 2354/5) besonders lehrreich. Sie sind einander so ähnlich, daß es genügt eine von ihnen zu besprechen (Abb. 166 = V 2355). Man sieht wie üblich Mithras, den Stier und die beiden Fackelträger; oben der Sonnengott und Luna; über Mithras fliegt der Rabe; links vom Stier eine Schildkröte, Symbol des ersten Grades;[11] rechts Schlange und Hund. Hinter dem linken Fackelträger ein Palmbaum,[11a] neben dem rechten Fackelträger zwei persische Mützen; die eine hat die Spitze nach oben (*Lucifer*), die andere nach unten (*Hesperus*). Eine ähnliche Mütze zeigt das Mosaik von Ostia beim dritten Grad.

Die ganze Szene wird durch die sieben Sterne am Himmel als kosmisch gekennzeichnet: Es sind die sieben Planeten; der große Stern rechts ist die Sonne. Damit kein Zweifel aufkomme, was gemeint ist, sind außerdem noch sieben Symbole am Himmel zu sehen:

1. Links neben Luna der Heroldstab des Mercur, Symbol des ersten Grades; er wird durch den Raben und die Schildkröte repräsentiert;

2. Rechts über dem Kopf des Mithras die Taube der Venus, Symbol des zweiten Grades (*nymphus*); repräsentiert durch die Schlange;

3. Über dem Mantel des Mithras das Schwert des Mars, Symbol des *miles* (des dritten Grades);

4. Links über Luna und dem Heroldstab der Donnerkeil des Jupiter, Symbol des vierten Grades, des Löwen; repräsentiert durch den Hund;

5. Über dem rechten Fackelträger Cautopates die Büste der Luna, Symbol des fünften Grades, des „Persers". Er hat die Fackel nach unten gewendet; die umgedrehte persische Mütze rechts neben ihm gehört auch zu ihm;

6. Über dem linken Fackelträger der Sonnengott im Strahlenkranz, Symbol des Heliodromus, des sechsten Grades; repräsentiert durch den linken Fackelträger Cautes, der seine Fackel nach oben hält. Zu ihm gehört auch die nach oben zeigende persische Mütze, welche man im Feld zwischen dem Kopf des Stieres und dem rechten Fackelträger sieht. Die nach oben zeigende Mütze des Cautes (*Lucifer*) bezeichnet den Aufgang, die nach unten zeigende Mütze des Cautopates (*Hesperus*) den Untergang; die Mütze des Cautes ist deshalb nicht neben ihm, sondern links neben Cautopates abgebildet, weil sie mit der nach unten zeigenden Mütze rechts neben Cautopates zusammen gesehen werden soll. Auf diese Weise fällt in die Augen, daß diese beiden Mützen den Kreislauf von Aufgang und Untergang darstellen.

7. Links neben Mithras die Sichel, das Symbol des Saturn und des siebenten Grades, des Pater.

---

11 Siehe unten S. 87/88. Der Skorpion, das Tier des dritten Grades, scheint zu fehlen. Vielleicht kann man annehmen, daß auf der sehr kleinen Darstellung Skorpion und Hoden des Stiers als eine einzige Rundung graviert sind.

11a Symbol des sechsten Grades.

Das siebentürige Portal

Darstellungen der sieben Grade finden sich auch auf einem weiteren Fußbodenmosaik zu Ostia, im Mithraeum des siebentürigen Portals (Abb. 37 = V 287). Am Beginn des Ganges ist ein propyläenartiges Torgebäude dargestellt, mit einem großen Mitteltor und je drei weiteren Toren auf beiden Seiten; dies bezieht sich wieder auf die von Celsus erwähnten sieben Tore und ihren Zusammenhang mit den sieben Weihegraden und den Planetengöttern. Im Mittelfeld des Mosaiks sieht man dann um den Mischkrug (Kratér) herum eine Gruppe von fünf Symbolen: Links den Raben (1. Grad), die Lanze des Soldaten (*miles*; 3. Grad) und eine kleine Mondsichel („Perser", 5. Grad); rechts die Schlange (*nymphus*, 2. Grad) und den Löwen (4. Grad). Dieser liegt quer auf dem seitlichen Grenzstreifen.

Der 6. und 7. Grad, Heliodromus und Pater, waren vermutlich auf dem Kultbild am Ende des Heiligtums beim gemeinsamen Mahl dargestellt;[12] man kann auch erwägen, daß sie auf eigenen Altären zu sehen waren.[13]

Die Bronzeplatte der drei obersten Grade

Eine Bronzeplatte aus Ostia (Abb. 33 = V 234/5) zeigt Symbole der drei obersten Grade. Sie ist dem *Pater patrum* Sextus Pompeius Maximus gewidmet, also einem Mann, der in der mithrischen Hierarchie noch über den Patres der einzelnen Gemeinden stand und eine Art Oberaufsicht über alle Mithräen in Ostia geführt haben dürfte. Die Platte hat oben drei Spitzen; in der linken sieht man die Sichel, das Symbol des Persers; in der Mitte eine Büste des Sonnengottes (Heliodromus); und rechts eine Opferschale, das Symbol des Pater.[14]

Die Symbolik der Elemente

Zu der bisher dargestellten Symbolik kommt hinzu, daß die mithrischen Grade sich auch auf die Elemente bezogen haben. Der Rabe (1. Grad) ist das Tier der Luft, die Schlange (2. Grad) der Erde, der Löwe (4. Grad) des Feuers. Der Perser (5. Grad) hatte Beziehung zum Wasser, denn er hat der Erde den Regen gebracht, wie wir noch hören werden. Der

---

12 In diesem Mithräum hat es anscheinend zwei Siebener-Reihen gegeben, die der Planetengötter und die der Mystengrade. Die Planetengötter Venus, Mercur, Mars und Luna sind im Mosaik an den Seitenwänden der Bänke dargestellt, welche den Kultraum seitlich einfassen; Jupiter und Saturn sieht man auf dem Fußboden am Ende des Gangs. Der Sonnengott (Sol-Helios) war wohl wieder im Kultbild am Ende des Heiligtums oder in einem beleuchtbaren Altar gegenwärtig.

13 Man kann z. B. an den gemeinsamen Altar des Sol und der Luna denken, welcher in Ostia im Mithraeum „der bemalten Wände" (delle pareti dipinte) erhalten ist (V 267; Becatti, Ostia Tafel XI).

14 Die Herkunft der Platte aus Ostia ist sicher, weil S. Pompeius Maximus auf der in Ostia gefundenen Inschrift V 233 vorkommt.

Heliodromus (6. Grad) war durch die Luft zum Himmel emporgestiegen. Der letzte Grad ist vorwiegend ein Grad des Feuers, umfaßt aber wohl alle Elemente. Es ist noch nicht gelungen zu entschlüsseln, auf welches Element der 3. Grad, der Skorpion, zu beziehen ist.

Ein Gruppenbild der Mithrasmysten

In Rom ist ein Relief erhalten, welches geradezu eine Art Gruppenbild der Mithrasmysten in ihren verschiedenen Graden (also großenteils in ihren Tiergestalten) darstellt (Abb. 42 = V 334).

In der Mitte steht Mithras, also der Pater (7. Grad), in Siegerpose auf dem Stier; er hält in der rechten Hand den blanken Dolch empor, mit dem er die Heilstat des Stieropfers vollbracht hat. In der Linken hält er die Erdkugel; er ist ja „der Schöpfer und Vater des Alls". Links von ihm der Sonnengott im Strahlenkranz, rechts Luna mit der Mondsichel; die ganze Szene spielt also im Kosmos.

Am linken Rand des Reliefs sieht man den Fackelträger mit der erhobenen Fackel, Cautes-Lucifer, den Repräsentanten des Heliodromus, des 6. Grades; er steht unterhalb des Sonnengottes, zu dem er gehört. Rechts von Mithras sitzt Cautopates-Hesperus mit gesenktem Haupt,[15] der Vertreter des 5. Grades, des „Persers"; er trägt eine persische Mütze und hält die Fackel gesenkt. Er sitzt unterhalb von Luna.

Die übrigen Grade werden durch Tiere dargestellt. Direkt über Cautopates sieht man den Raben (*Corax*, 1. Grad). Zwischen dem Raben und dem Knie des Mithras ist der Skorpion (*Miles*, 3. Grad). Links über dem Raben (und links unter dem Sonnengott) ist der Löwe (4. Grad).

Am unteren Rand des Reliefs sieht man links den Hund (4. Grad) und unter dem Stier die Schlange (2. Grad).

Rechts von Mithras befindet sich unmittelbar über der persischen Mütze des Cautopates eine kleine Bienenpuppe, die unten (S. 88 ff.) näher erläutert werden soll. Rechts darüber (und rechts unter Luna) der Hahn, das Tier der Morgenfrühe. Er gehört zu Cautes-Lucifer, dem Genius des Morgens, also zum Grad des Heliodromus (6. Grad).

Am rechten Rand sitzt in der Höhe des Kopfes des Cautopates ein Adler, das Tier des Jupiter, und hält in den Klauen den Donnerkeil (4. Grad).

Auf beiden Seiten wird das Bild von je einer Zypresse und je zwei Palmbäumen eingefaßt, heilige Bäume für die Mithrasmysten.

Es sind hier also mehrere Grade durch zwei oder drei Tiere dargestellt, zum Beispiel der vierte Grad durch Löwe, Hund und Adler. Es ist durch Porphyrios ausdrücklich bezeugt, daß es für den Löwengrad mehrere Tiermasken gab.[16] Er bringt dies mit der platonischen Lehre von der Seelenwanderung in Verbindung und sieht darin eine Anspie-

---

15 Ähnlich der Cautopates aus Poetovio *V 1571* = Selem, Les religions orientales dans la Pannonie romaine (Etudes préliminaires 85) S. 117 nr. 68 f.
16 De abstinentia IV 16, p.254, 10 Nauck: vgl. unten S. 241, Anm. 33.

lung auf die Verwandtschaft des Menschen mit den Tieren. Platon erzählt im Schluß-mythos des „Staates", daß zwei der größten Helden des trojanischen Krieges, Aias und Agamemnon, sich bei der Wahl der neuen Lebenslose für die Gestalten eines Adlers und eines Löwen entschieden hätten.[17]

Schema der Weihegrade

Man kann also folgendes Schema der Weihegrade, der zugehörigen Planeten, der Elemente, der Repräsentanten und Symbole aufstellen (wobei die Rubrik der Symbole durch einige Zeichen ergänzt ist, die erst später besprochen werden):

Grad	Planetengott	Element	Repräsentation auf den Kultbildern mit dem Stieropfer	Andere Repräsentationen und Symbole
1 Corax	Mercur	Luft (Caelus)	Rabe	Heroldstab, Becher, Schildkröte, Leier, Widder
2 Nymphus	Venus	Erde (Tellus)	Schlange	Lampe, Bienenpuppe, Taube
3 Miles	Mars		Skorpion	Helm, Lanze, einfache persische Mütze
4 Leo	Jupiter	Feuer (Vulcanus)	Hund	Löwe, Adler, Feuerschaufel, Donnerkeil, Sistrum, Zypresse
5 Perses	Luna	Wasser (Oceanus)	Cautopates (Hesperus)	Akinakes, Sichel, gesenkte Fackel, Eule, Nachtigall, Wasserkrug, Delphin, Dreizack
6 Heliodromus	Sol	Luft (Caelus)	Cautes (Lucifer)	Strahlenkranz, Globus, erhobene Fackel, Peitsche, Hahn, Palme
7 Pater	Saturn	(Feuer)	Mithras	Stab, Schale, Krug, Sichel, Steuerruder

Dieses Schema könnte durch eine weitere Rubrik ergänzt werden, in welcher die zu den Weihegraden gehörigen Mythen aufgeführt werden. Es gibt Mithrasmythen, die man auf einen bestimmten Weihegrad beziehen kann:[18]

17 Staat X p.620 AB; vgl. unten S. 240 Anm. 29.
18 Die Beweise dafür werden unten (bei den einzelnen Weihegraden) angeführt.

Auf den ersten Grad bezieht sich ein Mythos von Mercur und der Leier, den wir im nächsten Abschnitt besprechen werden.

Das Wegtragen des geopferten Stiers gehörte zum 2. Grad.

Die Geburt des Mithras aus dem Felsen gehörte zum 3. Grad.

Der Kampf des Jupiter gegen die Giganten war der Mythos des 4. Grades.

Zum 5. Grad gehörte die Befreiung des Regenwassers durch den persischen Bogenschützen.

Den Übergang vom 5. Grad (Perser) zum 6. Grad (Heliodromus) bezeichnet eine auf vielen Monumenten dargestellte Szene, auf der ein Perser den Wagen des Sonnengottes besteigt und mit ihm himmelan fährt.

Raub und Zähmung des Stieres stehen in Beziehung zum 6. Grad.

Zum 7. Grad gehörte das Stieropfer.

Diesen Mythen dürften im Kult kleine Dramen entsprochen haben, die den Charakter von Prüfungen hatten; wer sie bestanden hatte, stieg zum höheren Grad auf.

Wir gehen nun zur Besprechung der einzelnen Mystengrade über.

III. Die einzelnen Weihegrade

1. Corax (Rabe)

Die Mysten des ersten Grades trugen Rabenmasken und haben bei Tisch bedient;[1] ihr Symbol auf dem Mosaik der Leiter in Ostia ist der Becher. Man sieht diese „Raben" öfters auf den Darstellungen, auf den Fresken in Dura-Europos (Abb. 15 = V 42, 13) und im Mithraeum unter S. Prisca in Rom (V 483),[2] auf den Reliefs aus Rom (Abb. 53 = V 397) und in Konjic (Abb. 148 = V 1896).

    Auf einem Altar in Poetovio (Abb. 138 = V 1584) reichen sich zwei Personen die Hand über einem brennenden Altar (Initiationsszene eines „Persers", des fünften Grades). Von oben kommt ein Rabe geflogen und spießt auf einen Dolch Fleischstücke, die dann gebraten werden. Im Mithraeum zu Stockstadt sind zwei Rabenstatuen gefunden worden (V 1192/3). Der Rabe aus dem Mithraeum zu Vulci[3] dürfte auch gesondert aufgestellt gewesen sein.

---

1 Porphyrios nennt die „Raben" ὑπηρετοῦντες, „Diener" (De abstinentia IV 16, p.254, 8 Nauck). Eine beschädigte Statue aus Rückingen (V 1141) stellt einen ausschreitenden nackten jungen Mann dar, der ein Weingefäß in der Hand trägt. Der Kopf und ein Bein sind abgebrochen. Es dürfte sich um die Darstellung eines Rabenmysten handeln.

2 Vermaseren-van Essen, S. Prisca Tafel 55–58 (Klapptafel), links neben dem Sonnengott.

3 A. M. Sgubini Moretti bei U. Bianchi, Mysteria Mithrae S. 289 tav. X.

Ein Christ berichtet, daß die Raben-Mysten „wie Vögel mit den Flügeln schlagen und die Stimme des Raben imitieren".[4]

Der Grad des „Raben" stand unter dem Schutz des Mercur. Die zahlreichen Darstellungen des Mercur in den Mithraeen[5] beziehen sich also gleichzeitig auch auf den ersten Grad. Die Attribute des Mercur sind: Rabe,[6] Heroldstab, Widder und Schildkröte bzw. die aus ihr gefertigte Leier.

Von diesen Attributen bedarf der Heroldstab keiner Erklärung. Der Widder bezieht sich vermutlich auf das Suovetaurilienopfer, welches wir unten (S. 180 ff.) besprechen werden. Der Rabe bezeichnet als Vogel die Luft.[7]

Schildkröte, Leier und Sphärenharmonie

Schildkröte und Leier schließlich beziehen sich auf den griechischen Mythos von der Erfindung dieses Musikinstruments. Nach der üblichen Erzählung, die wir vor allem aus dem homerischen Hermeshymnus und den „Spürhunden" des Sophokles kennen, hat Hermes gleich nach seiner Geburt seinem Bruder Apollon eine Rinderherde gestohlen; er war also ein Rinderdieb, wie Mithras. Er hat eines der Rinder geschlachtet. Danach begegnete ihm die Schildkröte. Er erkannte, daß er aus diesem Tier ein Instrument bauen könnte, tötete das Tier und entfernte alle Fleischteile unter dem halbkugelförmigen Rückenschild. Aus diesem baute er die erste Leier, indem er einen Teil der Rinderhaut über die Höhlung spannte, die beiden Rinderhörner daran als Steg befestigte und Saiten aus Rinderdarm vom Steg zum Hohlraum spannte.

Daß in den Mithrasmysterien auf diesen Mythos angespielt wurde, ist deshalb sicher, weil neben Mercur bald eine Schildkröte dargestellt ist[8] und bald eine Leier.[9]

Der gelehrte alexandrinische Dichter Eratosthenes hat ein Kleinepos „Hermes" geschrieben, in welchem weiter erzählt wurde, daß der Gott, nachdem er die Leier erfunden und auf ihr gespielt hatte, durch den Luftraum bis zum Sternenfirmament emporgestiegen sei. Dabei passierte er alle sieben Planetensphären und bemerkte voll Staunen, daß die Planeten auf ihren Bahnen tönten, und zwar in eben den sieben Tönen, welche sich auf der Leier befanden: Die Harmonie der Sphären wiederholte die Harmonie der Leier. Zum

4 Ps. Augustinus (Ambrosiaster), Quaestiones veteris et novi testamenti 113, 11 (p. 308 Souter) *alii ... sicut aves alas percutiunt vocem coracis imitantes.*
5 Abb. 78 = V 780 (Emerita), Abb. 85 = V 821 (London), 1089 (Heddernheim), V 1176 und 1178 und Abb. 125 = V 1210 (Stockstadt), 1257 und 1267 (Dieburg), 1317 (Gimmeldingen).
6 Der Rabe neben Statuen des Mercur in V 1257 (Dieburg) und V 1317 (Gimmeldingen).
7 Unter den Wassertieren gehört vielleicht die Krabbe zum ersten Grad, vgl. die Bemerkung zu Abb. 146 = V 1861 (Salona).
8 Abb. 85 = V 821 (London); V 1178 (Stockstadt); Abb. 125 = V 1210 (Stockstadt); V 1257 (Dieburg). Die Schildkröte als Symbol des 1. Grades auf der Nebenseite eines Altars aus Poetovio (V 1496).
9 Abb. 78 = V 780 (Emerita).

Andenken daran befestigte er, als er am Fixsternhimmel angekommen war, dort seine Leier, und an derselben Stelle steht seitdem das Sternbild der Leier.[10]

Eratosthenes war Platoniker, und die Mithrasmysterien waren von platonischen Gedanken ganz durchdrungen. Der Aufstieg durch die Planetensphäre ist es, den die siebensprossige Leiter den Mithrasmysten verheißt. Daß es in den Mysterien musikalische Lehrstücke gegeben hat, werden wir unten (S. 210 f.) sehen.

2. Nymphus (Bienenpuppe)

Ein griechisches Wort *nymphos* existiert nirgends außerhalb der Sprache der Mithrasmysten. Es gibt nur die Vocabeln *nymphios* Bräutigam und *nymphe*; dieses Wort bedeutet Braut, den Naturgeist Nymphe, und die Raupe oder Puppe der Biene und Wespe. Offensichtlich ist das Wort *nymphos* eine Neubildung eigens für den zweiten Grad der Mithrasmysterien. Es ist eine masculine Form zu *nymphe*, und zwar nicht zu *nymphe* in der Bedeutung „Braut" (denn dafür gab es ja die Vocabel *nymphios*), sondern zu *nymphe* in der Bedeutung „Raupe, Puppe (der Biene und Wespe)".[1] *Nymphos* bedeutet also etwa: „Männliche Puppe".

In der Sprache der Zoologen heißt die Bienenpuppe auch heute noch „Nymphe".[2]

In der Zoologie des Aristoteles kommt das Wort *nymphe* für die Bienenpuppe in einem bezeichnenden Zusammenhang mit den Schmetterlingen vor, die im Griechischen *psychai* hießen – denn man benützte für den Schmetterling dieselbe Vocabel wie für die Seele. Er sagt:[3]

> Die ‚Psychai' (Schmetterlinge) entstehen aus Raupen ... Diese sind erst kleiner als ein Hirsekorn; wenn sie wachsen, werden sie kleine Würmer, und dann nach drei

---

10 Die Belege stehen bei I. U. Powell, Collectanea Alexandrina (Oxford 1925) 61; Theon von Smyrna, Expositio rerum mathematicarum ad legendum Platonem utilium, ed. Hiller (1878) 142 bzw. ed. Dupuis (Paris 1892) 232; Chalcidius, In Timaeum 73 (p. 120/1 Waszink). Papyrusfragmente bei H. Lloyd-Jones und P. Parsons, Supplementum Hellenisticum (1983) nr. 397/8.

1 Hier verdanke ich Maria Totti einen entscheidenden Hinweis.

2 Im Brockhaus-Lexikon (14. Auflage, 1908, II 956/7) steht unter „Biene" (leicht gekürzt): „Alle Bienen entwickeln sich aus Eiern. Nachdem das Ei 3 Tage gelegt ist, kommt die Larve heraus. Der Larvenzustand dauert 6 Tage. Während dieser Zeit werden die Larven von den Arbeitsbienen reichlich gefüttert. Am ersten Tag liegt die Larve am Boden der Zelle, dann hebt sie sich, wie sie wächst, allmählich und füllt schließlich die ganze Zelle aus, so daß der Kopf sich in der Zellenöffnung befindet. Jetzt wird die Zelle verdeckt, die Larve spinnt sich gleich den übrigen Insektenlarven ein und heißt eine *Nymphe*. Nach vollendeter Entwicklung zerfrißt die junge Biene den Zellendeckel von innen und schlüpft aus."

3 Historia animalium V 19, p. 551 a 14–b5 γίνονται δ'αἱ μὲν καλούμεναι ψυχαὶ ἐκ τῶν καμπῶν ... πρῶτον μὲν ἔλαττον κέγχρου, εἶτα μικροὶ σκώληκες αὐξανόμενοι, ἔπειτα ἐν τρισὶν ἡμέραις κάμπαι μικραί· μετὰ δὲ ταῦτα αὐξηθεῖσαι ἀκινητίζουσι, καὶ μεταβάλλουσι τὴν

Tagen kleine Raupen. Dann wachsen sie weiter und verhalten sich ruhig, sie verwandeln ihre Gestalt und heißen nun Puppen; sie haben eine harte Schale, aber wenn man diese anfaßt, bewegen sie sich. Nach nur kurzer Zeit wird die Schale durchbrochen, und es fliegen Tiere mit Flügeln heraus, die wir *Psychai* (Schmetterlinge) nennen. Zuerst, wenn sie Raupen sind, nehmen sie Nahrung zu sich und scheiden das Überflüssige aus; sobald sie aber Puppen sind, fressen sie nichts mehr und scheiden auch nichts aus. Auf dieselbe Weise geschieht es auch mit den anderen Tieren, die aus Würmern entstehen ... Auch bei den Bienen und den wilden Bienen und Wespen, solange sie noch frische Würmer sind, sieht man, daß sie Nahrung aufnehmen und Ausscheidungen haben; wenn sie aber aus dem Wurm-Stadium zur Umgestaltung kommen – sie heißen dann *Nymphai* –, dann nehmen sie keine Nahrung mehr zu sich und scheiden auch nichts aus, sondern sind eingeschlossen und halten sich ruhig, bis sie groß genug sind; dann kommen sie heraus, nachdem sie den Verschluß der Zelle durchstoßen haben.

Im Lexikon des Hesych wird definiert:[4]

„Nymphen" heißen die Raupen in den Bienenzellen, wenn sie Flügel bekommen.

Für Porphyrios gehen in der Schrift über die Nymphengrotte – die viele Anspielungen auf die Mithrasmysterien enthält – die Bedeutungen der Wörter Nymphen, Seelen, Bienen ohne Unterschied ineinander über:[5]

μορφήν, καὶ καλοῦνται χρυσαλλίδες, καὶ σκληρὸν ἔχουσι τὸ κέλυφος, ἁπτομένου δὲ κινοῦνται... χρόνου δ᾽οὐ πολλοῦ διελθόντος περιρρήγνυται τὸ κέλυφος, καὶ ἐκπέτεται ἐξ αὐτῶν πτερωτὰ ζῶα,ἃς καλοῦμεν ψυχάς. τὸ μὲν οὖν πρῶτον, ὅταν ὧσι κάμπαι, τρέφονται καὶ περίττωμα ἀφιᾶσιν· ὅταν δέ γένωνται χρυσαλλίδες, οὐθενὸς οὔτε γεύονται οὔτε προίενται περίττωμα. τὸν αὐτὸν δὲ τρόπον καὶ τἆλλα ὅσα γίνεται ἐκ σκωλήκων... καὶ γὰρ οἱ τῶν μελιττῶν καὶ ἀνθρηνῶν καὶ σφηκῶν ὅταν μὲν νέοι σκώληκες ὧσι, τρέφονταί τε καὶ κόπρον ἔχοντες φαίνονται. ὅταν δ᾽ἐκ τῶν σκωλήκων εἰς τὴν διατύπωσιν ἔλθωσι, καλοῦνται μὲν ν ύ μ φ α ι τότε, οὐ λαμβάνουσιν δὲ τροφὴν οὐδὲ κόπρον ἔτ᾽ ἔχουσιν, ἀλλὰ περιειργμένοι ἀκινητίζουσιν ἕως ἂν αὐξηθῶσιν. τότε δ᾽ἐξέρχονται διακόψαντες ὧι καταλήλειπται ὁ κύτταρος.

4 Hesych ν 713 (ed. Latte 2,719) νύμφαι ... οἱ σκώληκες οἱ πτεροφυοῦντες οἱ ἐν τοῖς τῶν μελισσῶν κυττάροις.
5 Kap. 10 p. 63, 7–11 N. (p. 12,13 W.) νύμφας δὲ ναΐδας λέγομεν καὶ τὰς τῶν ὑδάτων προεστώσας δυνάμεις ἰδίως, ἔλεγον δὲ καὶ τὰς εἰς γένεσιν κατιούσας ψυχὰς κοινῶς ἁπάσας. ἡγοῦντο γὰρ προσιζάνειν τῷ ὕδατι τὰς ψυχὰς θεοπνόῳ ὄντι (=Numenios fr. 30 Des Places).
Kap. 18 p. 69,4–6 N. = 18,27 W. πηγαὶ δὲ καὶ νάματα οἰκεῖα ταῖς ὑδριάσι νύμφαις, καὶ ἔτι γε μᾶλλον νύμφαις ταῖς ψυχαῖς, ὃς ἰδίως μελίσσας οἱ παλαιοὶ ἐκάλουν...
Kap. 19 p.69,22–70,2 N. = 20,11 W. οὐχ ἁπλῶς μέντοι πάσας ψυχὰς εἰς γένεσιν ἰούσας μελίσσας ἔλεγον, ἀλλὰ τὰς μελλούσας μετὰ δικαιοσύνης βιοτεύειν καὶ πάλιν ἀναστρέφειν εἰργασμένας τὰ θεοῖς φίλα. τὸ γὰρ ζῶον φιλόστροφον καὶ μάλιστα δίκαιον καὶ νηφαντικόν. – Für die Gerechtigkeit der Bienen s. Platon, Phaidon 82 AB.

Nymphen nennen wir speziell die Najaden und die ‚Kräfte‘, welche dem Wasser
vorstehen; in allgemeinem Sinn nannte man so alle Seelen, die zur Geburt (aus den
Sternensphären) herabsteigen; denn man meinte, daß die Seelen sich auf dem Wasser
niederlassen, weil es vom Geist Gottes beseelt ist . . .
Quellen und Bäche sind die Wohnorte der Wassernymphen und noch mehr der
„Nymphen“ im Sinn von Seelen, welche die Alten in speziellem Sinn „Bienen“
nannten . . .
Sie nannten aber nicht ohne weiteres alle Seelen, die zur Geburt hinabsteigen, „Bienen“, sondern nur diejenigen, welche in Gerechtigkeit leben und wieder (zu den
Sternensphären) zurückkehren sollten, nachdem sie vollbracht hatten, was den Göttern lieb ist; denn dieses Tier kehrt gern um und ist besonders gerecht und nüch-
tern.

Vergil sagt in dem Gedicht vom Landbau, die Bienen hätten Anteil am Göttlichen und am
Hauch des Aethers, d. h. des Fixsternhimmels:

> *esse apibus partem divinae mentis et haustus aetherios* (IV 220/1);

und fährt fort mit der Lehre vom Aufstieg der Seele nach dem Tod: Das Göttliche (das
seinen festen Platz in den Fixsternen hat) durchdringe alles Lebendige; von ihm empfange
alles, was geboren werde, das Leben; „darum werde auch alles, wenn es sich auflöse,
wieder dorthin zurückgebracht; es gebe keinen Tod; das Lebendige fliege zur Zahl der
Sterne und steige zum hohen Himmel empor“,

> *scilicet huc reddi deinde ac resoluta referri*
> *omnia, nec morti esse locum, sed viva volare*
> *sideris in numerum atque alto succedere caelo* (IV 225/7).

In der Aeneis vergleicht Vergil die Seelen im Elysium mit den Bienen (VI 707), und Aristoteles sagt, die Bienen seien göttlich.[6]
    Raupen, Puppen, Bienen, Umgestaltung, Metamorphose: Es ist klar, wie gut diese Vor-
stellungen zu einem Mysterienkult passen, in welchem ein stufenweiser Aufstieg durch
sieben verschiedene Gestalten vorgesehen war. Der Weg durch die sieben Grade war
gleichzeitig auch ein Weg durch die sieben Sphären der Planeten hinauf zum achten Tor,
dem Fixsternhimmel; wahrscheinlich ist in den Mithrasmysterien eine pythagoreisch-pla-
tonische Seelenwanderungslehre vorgetragen worden. Für Platon (Phaidon 82 B) ist die
Biene eine der besten Verkörperungen für die Seele.
    Auf den zweiten Weihegrad bezieht sich wohl auch die Biene auf der mithräischen
Gemme (Abb. 165b = V 2354). Man sieht sie dort vor einem Löwen; wir werden bei der
Besprechung des vierten Grades darauf zurückkommen.

---

6 De generatione animalium III 10 (p. 761a5) θεῖον . . . τὸ γένος τῶν μελιττῶν.

Schlange

Auf den Mithrasreliefs kommt die Bienenpuppe nur ein einzigesmal vor, in dem oben
besprochenen „Gruppenbild" der Mithrasmysten aus Rom (Abb. 42 = V 334). Sonst wird
der Grad des Nymphus durch die *Schlange* dargestellt. Auch sie ist ein Tier der Verwandlung und der ewigen Verjüngung; sie schlüpft aus der alten Haut[7] und trägt ein neues
Gewand. Eine große Schlange als Symbol des zweiten Grades ist auf der Nebenseite eines
Altars aus Rom dargestellt (Abb. 45 = V 339, aus dem Mithraeum unter der Kirche San
Clemente).

Als Tier der Erde bezeichnet die Schlange in der Symbolik der Elemente die Erde.

Auf der Schale aus Salona mit den Wassertieren (Abb. 146 = V 1861) sieht man auch
zwei Wasserschlangen (*Hydrae*). Man wird vermuten, daß auch sie den dritten Grad
repräsentieren.

Diadem und Lampe

Auf dem Mosaik der Leiter sind Diadem und Lampe Symbole des zweiten Grades; die
Lampe sieht man auch auf dem Relief von Fellbach (Abb. 109 = V 1306, über dem Kopf
des Stiers). Der zugehörige Planet war *Venus*; bei dem Wort *nymphus* war es unvermeid-
lich, in Gedanken Aphrodite zu assoziieren. Statuen dieser Planetengottheit sind in Rom
(unter S. Prisca, Abb. 60 = V 488) und Emerita (Abb. 80 = V 784) gefunden worden, eine
Plakette in Ostia (V 320 B).[8]

Bei einem christlichen Autor ist ein Zuruf erhalten, mit dem man den Nymphus
begrüßte: „Sei gegrüßt, Nymphus, sei gegrüßt, neues Licht".[9]

---

7 Die alte Haut der Schlange heißt im Griechischen γῆρας „Alter"; indem die Schlange die alte
  Haupt abstreift, legt sie auch das Alter ab.

8 Vermaseren Band 2, 24/5; M. Floriani-Squarciapino, I Culti Orientali ad Ostia (1962) S. 57 und
  Tafel XV. Auf einem Fresco in Ostia (V 268,1) ist der Nymphus in Frauentracht dargestellt. Er
  hat sich das Diadem angelegt und betrachtet sich im Spiegel.

9 Firmicus Maternus, De errore profanarum religionum 19 [– – – –] δε νύμφε, χαῖρε νύμφε, χαῖρε
  νέον φῶς.
  Erwähnt sei auch ein Vers aus dem Mithraeum unter S. Prisca (Vermaseren-van Essen, S. Prisca
  211):

  nubila per ritum ducatis tempora cuncti.

  Dies gibt keinen rechten Sinn, und da immer nur Teile aus längeren Hymnen auf der Wand
  aufgemalt wurden, wobei die Reihenfolge der Wörter mehrfach geändert wurde, um einen kurzen
  in sich zusammenhängenden Satz zu gewinnen, vermute ich, daß in dem zugrundeliegenden Gedicht gestanden hat:

  (– ∪ ∪) *per ritum ducatis tempora cuncti*
  nubili(a) ... (mit Elision)

  „möget ihr alle entsprechend dem Ritus die Hochzeitszeit (= die Zeit des Nymphus) verbrin-
  gen".

Eros und Psyche

Die wichtigste Darstellung eines Nymphus ist ein Relief aus Capua, welches Eros und Psyche zeigt (Abb. 27 = V 186). Das Relief steht unter den Abbildungen von Eros und Psyche ganz einzigartig da, weil Psyche hier eine kräftige, erwachsene Person ohne weibliche Kennzeichen ist; sie wird von einem Erosknaben mit erhobener Fackel geführt, der einen Kopf kleiner ist. Das Gewand der Psyche fällt von der rechten Schulter, aber es kommt darunter kein Busen zum Vorschein; und die Art, wie Psyche mit der rechten Hand das Gewand hochhebt, ist entschieden theatralisch. Mit anderen Worten: Diese Psyche ist der Nymphus der Mithrasmysterien, sie ist ein junger Mann, der die Weihe des zweiten Grades erhält.

Der Erosknabe mit der erhobenen Fackel ist von den Mithrasdienern zweifellos mit Phosphóros-Lucifer gleichgesetzt worden, der ebenfalls die erhobene Fackel trägt und eine Verkörperung des Heliodromus, also des sechsten Grades ist.[10] Wir kommen darauf bei der Besprechung des Heliodromus zurück.

Es gibt auch aus dem Mithraeum unter S. Prisca ein Fragment mit Eros und Psyche (Abb. 64)[11] sowie eine Gemme, auf deren einer Seite man Mithras beim Stieropfer sieht, während auf der anderen Seite Eros und Psyche abgebildet sind (Abb. 167 = V 2356).

Eine Darstellung von Eros und Psyche in einem Mysterienkult ist aus dem Phaidros des Platon zu deuten. Dort wird es als die Aufgabe der Seele – Psyche – hingestellt, die Flügel wachsen zu lassen und, von Eros begeistert durch die Liebe zum Schönen, aufzusteigen zum „überhimmlischen", transzendenten Ort. In den Mithrasmysterien ist diese Lehre in ein festes Ritual umgesetzt worden: Die Mysten sollten durch die sieben Planetensphären zum Fixsternhimmel emporsteigen. Es zeigt sich, daß das System der sieben Weihegrade deswegen so starr fixiert war, weil in diesem System und in den dazugehörigen Riten der eigentliche Grundgedanke dieser Mysterien zum Ausdruck gekommen ist. Wir werden diesen Gedanken später weiter verfolgen.

Die Zeremonie des Transitus

Auf den Nebenfeldern vieler Mithrasmonumente schleppt ein Diener in persischer Tracht den geopferten Stier weg. Er hat die Hinterbeine über seine Schulter gelegt und mit den Händen gefaßt; der Leib des Tieres hängt über seinen Rücken herab, Kopf und Vorderbeine schleifen beinahe auf der Erde.[12] Einigemale ist diese Szene auch auf dem Relief

---

10 Neben der Statue der Planetengöttin Venus (2. Grad) aus Emerita (Abb. 80 = *V 784*) sieht man ebenfalls einen kleinen Cupido-Eros, auf einem Delphin reitend.

11 Vermaseren-van Essen, S. Prisca S. 478 nr. 275 und Tafel CXXVIII 1.

12 V 207 (Lanuvium), Abb. 41 = V 321 (Ostia), Abb. 52 = V 390,5 (Rom, Mithraeum Barberini), V 729 (San Zeno), Abb. 132 = V 1400 (Mauls), V 1472 (Siscia), Abb. 149 = V 1920 (Potaissa), Abb. 150 = V 1935 und Abb. 152 = V 1958 (beide Apulum), Abb. 153 = V 1972 (Apulum), V 2171 (Romula), V 2226 (Ratiaria), V 2245 (Kral-Marko, unten Mitte), V 2292 (Acbunar).

eines besonderen Altars dargestellt worden,[13] und im Mithraeum zu Sidon (Abb. 19 = V 77) wurde sogar eine Statue des stiertragenden persischen Dieners gefunden.

Das geopferte Tier wird offensichtlich zu dem Platz getragen, an welchem die Festmahlzeit stattfindet. In Dura-Europos sieht man auf einem Fresco, wie zwei Diener in persischer Tracht den über einer Stange hängenden Stier herbeitragen (Abb. 15 = V 42, 12).

Diese Zeremonie hieß *transitus*, denn auf der Darstellung der Szene aus Poetovio (Abb. 133 = V 1494/5) steht *transitu*, ‚für den Übergang'.[14]

Aus Versen an der Wand des Mithraeums unter S. Prisca in Rom ergibt sich, daß man diese Szene „nach dem Ritus" gespielt hat. Die Verse lauten:

Hunc quem aureis humeris portavit more iuvencum

——————— ein Vers zerstört ———————

atque perlata ‹hisce› humeris tuli maxima divum.[15]

„*Diesen jungen Stier, den er nach der Sitte getragen hat ... und ich habe mit den Schultern das Oberste der Götter getragen*".

Es hat sich sicherlich auch um den Übergang von einem Weihegrad zu einem höheren gehandelt (und damit um den Übergang aus einer Planetensphäre in die nächste);[16] ob der Kandidat einen ganzen toten Stier wegschleppen mußte oder ob es sich um eine symbolische, leichtere Zeremonie handelte, weiß ich nicht zu sagen. Jedenfalls war dies eine Prüfung, welche bestanden werden mußte, und vermutlich war – wie schon im Fall des ersten Grades, der „Raben" – eine dienende Funktion beim Mahl damit verbunden.

Durch zwei Monumente ist klar, daß es sich um eine Prüfung handelte, welche die Mysten des 2. Grades vor dem Übergang zum 3. Grad zu bestehen hatten. Das Tier, welches meistens den zweiten Grad repräsentierte, ist die Schlange gewesen. Nun befindet sich auf zwei Bildern unter dem Perser, der den Stier wegschleppt, eine kleine Schlange.[17] Daraus folgt, daß es im Kult die Aufgabe der *nymphi* gewesen ist, den geopferten Stier – wirklich oder nur symbolisch – wegzutragen.

---

13 V 1091 (Heddernheim), 1168 (Stockstadt), 1250 (Dieburg).

14 Das Wort kommt noch mehrfach vor: V 1497 (= Dessau 4247, Poetovio), 1722 (Carnuntum), 1737 (Brigetio), 1811 (Sárkeszi in Pannonien), 1900 (Skelani in Dalmatien). Die Beziehung des Wortes *transitus* auf das Wegschleppen des Stieres ist nur im Fall des Monuments von Poetovio gesichert; die Vocabel kann für den Übergang aus jedem Grad in den nächsthöheren benützt worden sein.

15 Vermaseren–van Essen, S. Prisca S. 200–5. Im dritten Vers habe ich um des Metrums willen ein Wort zugesetzt.

16 Das Wort *transitus* wurde auch von den Bewegungen der Sterne gebraucht; vgl. Augustin, Confess. X 56 *nec curo nosse transitus siderum*; Macrobius, In somnium Scipionis I 20,26 *transitus Solis* (nach einem Hinweis von M. Vermaseren).

17 Abb. 54 = V 435 (Rom, ganz links unten); Abb. 101 = V 1083 (Heddernheim, oberer Streifen).

3. Miles (Soldat)

Auch der dritte Grad gehörte noch zu den vorbereitenden Stufen, die von den Mysten rasch durchlaufen wurden. Das wichtigste Zeugnis ist der Bericht Tertullians über das Schwertritual mit dem zugehörigen Fresco aus Capua.[1]

Der Skorpion

Auf den Reliefs und Fresken mit dem Stieropfer wird der *Miles* durch einen Skorpion dargestellt. Diese Deutung wird gesichert durch einen Mischkrug (Kratér) aus Friedberg im Taunus (Abb. 102 = V 1061). Um das Gefäß und seine beiden Henkel winden sich zwei Schlangen, Symbole des zweiten Grades; in der Mitte sieht man den Skorpion, und daneben eine Leiter mit drei Stufen[2]. Ein Mithrasmyste, der den Grad des Miles erreicht hatte, war auf der Leiter seiner religiösen Laufbahn drei Stufen emporgestiegen.

Unter den Wassertieren gehörte vermutlich der Krebs zum dritten Grad; er ist auf der Schale aus Salona (Abb. 146 = V 1861) mit seinen Scheren abgebildet, die an die Scheren des Skorpions erinnern.

Der Gott des Skorpions und des „Soldaten" war Mars. Man hat den Planeten Mars in feste Beziehung zum Tierkreiszeichen des Skorpions gesetzt. „Der Skorpion", sagt Manilius, „macht, daß der Sinn der Menschen zum Krieg und zu den Feldlagern des Mars entbrennt; bald führt er blutigen Krieg gegen die Menschen, bald gegen die Tiere" (IV 217 ff.):

> *Scorpios ...*
> *in bellum ardentis animos et Martia castra/efficit ...*
> *nunc hominum, nunc bella gerit violenta ferarum.*[3]

Am Körper des Menschen waren die Geschlechtsteile dem Tierkreiszeichen des Skorpions unterstellt, denn „der Skorpion regiert am Geschlechtsteil" (*Scorpios inguine regnat*, Manilius IV 707).[4] So greift auf den mithrischen Kultbildern der Skorpion nach dem Hoden des Stieres, um das Sperma des heiligen Tieres zu trinken.

---

1 Ein Fresco in Ostia (V 268,2) ist fast sicher auf diesen Grad zu beziehen. Es zeigt einen rasch ausschreitenden jungen Mann mit gesenktem Speer.
2 Eine ähnliche Symbolik findet sich auf einer Löwenstatue aus Nyon in der Schweiz (V 1394; Colonia Iulia Equestris). Auf dem Löwen, dem Tier des 4. Grades, ist beiderseits in einem Dreieck ein Skorpion eingezeichnet, das Tier des 3. Grades. Der Löwe wird von der Schlange umgürtet, dem Tier des 2. Grades.
3 Vgl. noch Porphyrios, De antro nympharum 22 (p. 71, 12 N. = 22,12 W.).
4 Ähnlich Firmicus Maternus, Mathesis II 24 (1, 73, 5 Kroll-Skutsch) *natura in Scorpione*; Paulus Alexandrinus 2 (p. 6, 14 de Boer) Σκορπίος ... κυριεύει ... αἰδοίων; entsprechend p. 10, 14; Sextus Empiricus, Adversus mathematicos V 22.

Eine Statue des Planetengottes Mars ist in Stockstadt gefunden worden (V 1177), eine Plakette in Ostia (V 320 B).[5]

Andere Symbole des dritten Grades

Auf dem Mosaik der Leiter und der sieben Tore zu Ostia (Abb. 38 = V 299) sieht man Helm, Lanze und persische Mütze als Attribute des *Miles*. Altäre aus Heddernheim (Abb. 104 = V 1087) und Carnuntum (V 1672)[6] zeigen persische Mützen; sie sind von Mysten des dritten Grades geweiht oder bezeichnen diesen Grad. Auf einem Altar aus Trier sind persische Mütze und Kurzschwert abgebildet, also wohl Symbole des dritten Grades (Abb. 91 = V 987).

Das Schwertritual

Die Einweihungszeremonie zum Grad des *miles* enthielt einen Ritus mit Schwert und Kranz, über den Tertullian berichtet. Dem Einzuweihenden wurde ein Kranz vorgehalten, den er gewinnen sollte; der Zugang zu diesem Kranz wurde aber durch eine Person versperrt, die mit einem Schwert bewaffnet war. Der Myste mußte diese Person im Zweikampf überwinden – gewiß nur in einem Scheinkampf; aber eine Mutprobe ist diese Zeremonie allemal gewesen. Nachdem der Kandidat den Kampf bestanden und seinem Gegner Schwert und Kranz entwunden hatte, setzte ein Mysteriendiener dem Mysten den Kranz auf; aber da mahnte ihn der Pater dazu, den Kranz mit eigener Hand wieder abzustreifen und dazu zu sagen: „Mithras ist mein Kranz".

Ein Teil dieser Szene ist auf einem Fresco aus dem Mithraeum in Capua abgebildet (Abb. 28 = V 191). Dort kniet der nackte Myste; das Schwert, welches er seinem Gegner entwunden hatte, liegt neben ihm. Von hinten kommt ein Mysteriendiener in weißem Gewand, um ihm den Kranz aufzusetzen. Links davon ist das Fresco leider zerstört; es muß dort der Pater gestanden haben, der den Mysten ermahnte, den Kranz abzulehnen.

Von dieser Szene berichtet der Christ Tertullian in seiner Schrift „Über den Kranz des Soldaten" (*De corona militis*) in einer Mischung aus Grimm und Anerkennung. Ein Christ durfte die religiösen Kränze der Heiden nicht tragen; er stand – auch als Zivilist – im „Kriegsdienst Christi" (*militia Christi*) und mußte sich zu seinem Gott bekennen. Daher war vor kurzem ein christlicher Soldat, als die Truppen bekränzt angetreten waren um ein Geldgeschenk des Kaisers zu empfangen, aus Reih und Glied getreten und hatte sich vor allen Kameraden (*commilitones*) den Festkranz vom Kopfe gerissen. Ihn sollten sich alle Christen, alle Mitstreiter (*commilitones*) zum Vorbild nehmen, auch diejenigen, welche

---

5 Vermaseren Band 2, S. 24/5; M. Floriani Squarciapino, I Culti Orientali ad Ostia (1962) S. 57 und Tafel XV.

6 In den Beschreibungen heißt es, die persische Mütze befinde sich über einem Dolch; die Photographien lassen keine klare Entscheidung zu. Für die Kombination von persischer Mütze und Dolch siehe das oben im Text genannte Monument aus Trier.

den Kriegsdienst Christi als Zivilisten versahen; dies umso mehr, als auch die Mithrasmysten in der Öffentlichkeit keinen Festkranz tragen durften; denn der Teufel, der in der Mithrasreligion ein täuschendes Abbild der christlichen Heilsreligion geschaffen hat, hat die Ablehnung der Kränze auch in die Mithrasmysterien eingeführt. „So schämt euch doch", ruft Tertullian, „ihr Mitstreiter (jenes christlichen Soldaten), – selbst wenn ihr nicht nach ihm beurteilt werden sollt, sondern nur nach irgendeinem *miles* des Mithras! Wenn dieser in der Grotte eingeweiht wird, wahrlich in der Burg der Finsternis, und wenn ihm der Kranz – der ihm (als Preis) vorgehalten wurde, wobei ihm ein Schwert entgegenstand; sozusagen eine Nachäffung unseres Martyriums – wenn ihm also der Kranz aufgesetzt werden soll, wird er ermahnt, seine Hand dagegen zu erheben, den Kranz vom Haupt zu streifen und höchstens auf der Schulter zu tragen und zu sagen: ‚Mithras ist mein Kranz';[7] und von dieser Zeit an trägt er niemals mehr einen Kranz, und dies ist bei ihm das Kennzeichen und dient ihm zur Bewährung, wenn erprobt werden soll, ob er die heiligen Verpflichtungen (des Mysten) einhält; und man glaubt ihm auf der Stelle, daß er ein *miles* des Mithras ist, wenn er den Kranz ablehnt und sagt, der Kranz gehöre seinem Gott. Daran wollen wir die geniale List des Teufels erkennen, der sich deshalb Einiges von unseren heiligen Zeremonien angeeignet hat, um uns durch die Treue seiner eigenen Anhänger zu verwirren und dann (beim jüngsten Gericht) zu verurteilen".[8]

Auf dem Altar des Centurio Lucius Sentius Castus aus Vindovala (Rudchester) am Hadrianswall ist ein Kranz abgebildet, in dessen Mitte die Inschrift *DEO* steht; dies ist also ein solcher, dem Mithras geweihter Kranz (Abb. 86a = V 839).

Eine Szene mit einem Schwert scheint auch das Relief aus Besigheim zu zeigen (Abb. 111 = V 1301, oberes Relief, Mittelfeld).

Nachdem der Miles den Kranz abgelehnt hatte, erhielt er vermutlich die persische Mütze, das Symbol des dritten Grades.

Die Felsgeburt

Von den Mythen um Mithras stand der Mythos von der Geburt des Gottes aus dem Felsen bzw. aus dem Baum in Beziehung zum dritten Grad; auf mehreren Darstellungen steigt der jugendliche Gott aus einem Felsen auf, der von einer Schlange – dem Symbol

---

7 *Mit(h)ran esse coronam suam*, wobei man unter *Mit(h)ran* sowohl den Gott als auch die Stirnbinde (*mitra*) verstehen konnte.

8 De corona militis 15: *Erubescite, commilitones eius, iam non ab ipso iudicandi, sed ab aliquo Mithrae milite. qui cum initiatur in spelaeo, in castris vere tenebrarum, coronam interposito gladio sibi oblatam quasi mimum martyrii, dehinc capiti suo accomodatam, monetur obvia manu a capite pellere et in humerum, si forte, transferre, dicens Mithran esse coronam suam. atque exinde numquam coronatur, idque in signum habet ad probationem sui, sicubi temptatus fuerit de sacramento, statimque creditur Mithrae miles, si deiecerit coronam, si eam in deo suo esse dixerit. agnoscamus ingenia diaboli, idcirco quaedam de divinis affectantis, ut nos de suorum fide confundat et iudicet.*

des zweiten Grades – umwunden ist.[9] Die Tiergestalt der Schlange hinter sich lassend, die alte Schlangenhaut abstreifend wird Mithras aus dem Felsen geboren.

Es gibt bei vielen Völkern Überlieferungen über die Geburt des ersten Menschen oder Gottes aus dem Felsen; auch eine Stelle in der Odyssee (19,163) spielt darauf an. Dies soll hier nicht verfolgt werden; es sei nur darauf hingewiesen, daß an vielen Orten die Sonne hinter der Kulisse einer Bergkette aufzusteigen scheint.

Daß Mithras aus dem Felsen geboren wurde, sagen die Texte[10] und Inschriften[11] oft. Die alten Perser haben den Himmel als steinern angesehen (wir kommen darauf beim Regenwunder des fünften Grades zurück): die Geburt aus dem Felsen bedeutete also auch eine Geburt aus dem Himmelsfirmament. Auf den Reliefs und Fresken sieht man die Felsgeburt etwa vierzigmal[12]. Einige dieser Darstellungen seien hervorgehoben.

Eine Reliefplatte aus Rom (Abb. 48 = V 353) zeigt Mithras als Knaben, wie er aus dem Fels emporsteigt. Er trägt in der rechten Hand den persischen Dolch, in der linken die Fackel. Die Haare um das Gesicht deuten einen Strahlenkranz an, wie sehr oft; darüber sitzt die persische Mütze. Die Platte stammt wohl aus einer Folge von sieben Platten mit Darstellungen der sieben Grade, von denen uns noch die Platte mit dem Heliodromus (Abb. 49 = V 354) erhalten ist. Auch er hat ein kindliches Gesicht.

Auf einer Statuengruppe aus Rom liegen neben dem aus dem Fels auftauchenden Mithras schon Schwert und Scheide, Bogen, Pfeile und Köcher bereit (Abb. 68 = V 590).

Im Mithra-Hymnus des Avesta wird beschrieben, wie Mithra als Sonne über einem Berggipfel im Osten aufgeht.[13] Auf einem Fresco aus Dura-Europos ist diese Szene dargestellt (Abb. 15 = V 42,5). Auf einem Relief aus der Civitas Montanensium in Moesien taucht Mithras aus einem flammenden Felsen empor, den man gleichzeitig auch als einen brennenden Altar verstehen kann (Abb. 162 = V 2237).

Auf einem Relief aus Köln (Abb. 97)[14] steigt Mithras, Fackel und Schwert in den Händen, aus dem Felsen empor. Seine Haare sind kranzförmig angeordnet.

Mehrfach stehen rechts und links von dem aus dem Fels emporsteigenden Mithras zwei Hirten.[15] Auf dem Fresco im Mithraeum Barberini (Abb. 52 = V 390) und auf den Reliefs

---

9 V 1240 (Dieburg); V 1492 (Poetovio); V 1669 und 1687 (Carnuntum); V 1756 (Aquincum); V 1930 (Dacia, heute Bruckla); V 1949 und 1991 und 1994 (Apulum); Abb. 158 = V 2134 (Sarmizegetusa); V 2151 (Sarmizegetusa); V 2184 und 2188 (Dacia).

10 Justinus Martyr, Dialogus cum Tryphone 70; Firmicus Maternus, De errore paganarum religionum 20 (zweimal); Commodian I 13 *Invictus* (Instructiones I 13, p. 18 ed. Dombart, 1887); Lydus, De mensibus IV 30, p. 90 Wünsch.

11 V 1490, 1674, 1743, 1874 *petrae genetrici*; s. weiter V 1224, 1652, Schwertheim, S. 211 nr. 171 a und V 733.

12 Eine schöne neue Statue aus dem Mithraeum unter S. Stefano in Rom hat E. Lissi Caronna veröffentlicht (bei U. Bianchi, Mysteria Mithrae S. 214 fig. 2).

13 Yäst 10,13.

14 Ristow, Mithras im römischen Köln (Etudes préliminaires 42) S. 26 nr. 24; Schwertheim S. 17 nr. 11a und Tafel 3.

15 Abb. 131 = V 1430 (Virunum), Abb. 140 = V 1593 (Poetovio).

aus Nersae (Abb. 73 = V 650) und Apulum (Abb. 154 = V 2000; Abb. 160 = V 2198/9) begrüßen sie den jungen Gott mit an den Mund gelegter Hand, d. h. sie werfen ihm eine Kußhand zu. Dies ist eine Gebärde der Huldigung,[16] und auf der Gruppe aus Rom Abb. 68 = V 590 steht unter dem Hirten, der die Kußhand wirft, das Wort *Nama* (Verehrung). Auf dem Relief zu Besigheim hat der Hirt sein Schaf mitgebracht (Abb. 111 = V 1301). Auf die Ähnlichkeit dieser Huldigung der Hirten für den neugeborenen Mithras mit der Anbetung der Hirten im Lukasevangelium sei nur mit einem Wort hingewiesen. Das Motiv stammt fast sicher aus persischer Tradition.[17] Der Urkönig Kyros selbst ist unter Hirten aufgewachsen.

Saturns Traum

Neben der Szene mit der Felsgeburt sieht man oft einen schlafenden Saturn.[18] Meist ist sein Haupt verhüllt, und er hat den Arm hochgezogen um seinen Kopf darauf zu legen, wie auf ein Kopfkissen. Auf einem Relief aus Poetovio (Abb. 140 = V 1593) schwebt über ihm ein geflügelter Genius, der ihm im Traum erscheint.

Ähnliche Szenen mit dem träumenden Saturn sind auch oft über oder neben der Wagenfahrt des „Persers" mit dem Sonnengott (dem Heliodromus) abgebildet; vgl. unten S. 118.

Auf das Ritual der Mysterien bezogen heißt dies, daß dem Aufsteigen eines Mysten in einen höheren Grad eine Traumoffenbarung vorangehen mußte; der Priester – hier durch Saturn dargestellt – mußte träumen, daß es nun an der Zeit sei, diesen Mysten in einen höheren Grad einzuweihen. Aus dem Bericht des Appuleius über die Isismysterien wissen wir, daß die Isismysten eine höhere Weihe erst dann empfingen, wenn der Priester vorher eine entsprechende Traumoffenbarung empfangen hatte.[19]

Es ist möglich, daß der Traum Saturns auch in einem Mithrasmythos vorkam, daß

---

16 Vgl. auch V 1974 (Apulum). Für die Geste vgl. Plinius, nat. hist. XXVIII 25 *in adorando dextram ad osculum referimus*; Minucius Felix 2,4 *Caecilius simulacro Serapidis denotato, ut vulgus superstitiosum solet, manum ori admovens osculum labiis pressit*; Appuleius, Apologie 56,4 *adorandi gratia manum labris admovere*; Metam. IV 28 *admoventes oribus suis dexteram primore digito in erectum pollicem residente ut ipsam prorsus deam Venerem religiosis venerabantur adorationibus.*

17 Vgl. Widengren, Die Religionen Irans S. 232 und 310,2; in „La légende royale de l'Iran antique", Hommages à Georges Dumézil (Brüssel 1960) 230 und 236/7.

18 Abb. 15 = V 42,4 (Dura-Europos); Abb. 41 = V 321 (Ostia); Abb. 52 = V 390,2 (Rom Mithraeum Barberini); Abb. 73 = V 650 (Nersae); Abb. 101 = V 1083 und Abb. 130 = V 1128 (Heddernheim); Abb. 112 und 114 = V 1292 (Osterburken); Abb. 132 = V 1400 (Mauls); Abb. 131 = V 1430 (Virunum); V 1656 (Stix-Neusiedl); Abb. 149 = V 1920 (Potaissa); Abb. 150 = V 1935 und Abb. 153 = V 1972 (Apulum); Abb. 164 = V 2338 (Kurtovo); auf dem Fresco in Marino (Vermaseren, Mithriaca III Tafeln III, V und VI).

19 Appuleius, Metamorphosen XI 27,9. – Für inschriftliche Belege, aus denen hervorgeht, daß in den Mithrasmysterien Träume eine Rolle spielten, s. unten S. 139, Anm. 22.

Saturn also einst geträumt hat, es sei Zeit, jetzt einen jungen Gott als Retter für die Menschheit aus dem Felsen hervorgehen zu lassen. Über das Schlafen und Träumen des Kronos(-Saturn) hat es offenbar viele Traditionen gegeben;[20] schon ein orphisches Fragment[21] schildert, wie Kronos seinen Hals seitwärts legt und entschläft, und vom Träumen des Kronos hat Aristoteles in einem verlorenen Dialog gesprochen.[22] Da wir aber keine Anhaltspunkte dafür haben, wie diese Traditionen über Kronos in den Mithrasmythos eingepaßt gewesen sind, soll der Traum des Kronos hier nicht weiter verfolgt werden.

Der Baumzyklus

Neben dem Mythos von der Geburt des Gottes aus dem Felsen gab es einen Mythos von der Geburt aus dem Baum. Die beiden Vorstellungen sind weit verbreitet, und in bekannten Versen aus Homer und Hesiod stehen Baum- und Felsgeburt nebeneinander.[23]

Auf der Querleiste über dem Relief von Heddernheim taucht Mithras aus einer Zypresse empor (Abb. 101 = V 1083). In der linken unteren Ecke eines Reliefs aus Ostia steht ein Baum, aus dessen Mitte eine persische Mütze herauskommt; auch dies wird eine Darstellung der Geburt aus dem Baum sein (Abb. 41 = V 321). In Neuenheim (Abb. 116 = V 1283) ist auf dem oberen Querstreifen rechts die Geburt aus der Zypresse dargestellt.

In der linken oberen Ecke des Reliefs von Osterburken (Abb. 112 = V 1292) taucht Mithras aus einem Feigenbaum auf. Links darunter steht er neben dem Baum und greift mit den Händen in die Zweige; vermutlich erntet er Feigen. Die Feigen waren als wildwachsende Früchte für die frühen Menschen im Süden eine wichtige Nahrung, und man hat aus getrocknetem Feigenbrei eine Art Konserve oder eiserne Ration für Hungerzeiten hergestellt.[24] Zum Krönungsritual des Perserkönigs gehörte das Verzehren eines Feigenbreis.[25]

Vom Feigenbaum und seinen Früchten handelt anscheinend ein Hexameter, der im Mithraeum unter S. Prisca in Rom gefunden wurde:

> *Dulcia sunt fi[ceta,] avium sed cura gubernat . . .*[26]

„Süß sind die Feigenpflanzungen; aber Sorge beherrscht denjenigen, der den Weg verloren hat".

20 Vgl. Pohlenz, R. E. XI 2013 (§ 38); A. Alföldi, Aion in Mérida und Aphrodisias (Madrider Beiträge 6, Mainz 1979) 20–25; Vermaseren, Mithriaca III 73.

21 Fr. 149 Kern (aus Clemens, Strom. VI 2,26, Band 2, p. 442 Staehlin). In den Mithrasmysterien sind einige orphische Traditionen aufgenommen worden, s. unten S. 227.

22 Tertullian, De anima 46,10 *Ridebo, qui se existimavit persuasurum quod prior omnibus Saturnus somniarit . . . Aristoteles, ignosce ridenti.* – Die Stelle ist von J. H. Waszink behandelt worden (Opuscula 336–340; vorher in: Vigiliae Christianae 1, 1947, 145–9).

23 Odyssee 19, 163; Hesiod, Theogonie 35.

24 Herodot IV 23, 2–3 von den Skythen, einem iranischen Stamm.

25 Plutarch, Artaxerxes 3; vgl. Nikolaos von Damaskos 90 F 66, 34 (p. 368,18 Jac.); Strabon XV 3,18 (p. 734 C.); Herodot I 71 (nach der Emendation Rhein. Mus. 95, 1952, 288).

26 Vermaseren-van Essen, S. Prisca S. 206.

Hier ist freilich das entscheidende Wort ergänzt. Wenn die Ergänzung richtig ist, wurde im Mythos erzählt, daß der Gott sich in der Wildnis beinahe verirrt hätte, dann aber im Feigenbaum Speise fand.

Auf mehreren Reliefs ist die Felsgeburt des Mithras so dargestellt, daß der Fels wie ein eiförmiger Pinienzapfen aussieht, z. B. in der Statuette aus Rom (Abb. 46 = V 344).[27] Diese Variante läßt den Gott also auch aus dem Pinienzapfen geboren sein (wie Attis). Gleichzeitig wird auch auf die Geburt aus dem Ei hingedeutet, auf die wir erst später bei der Behandlung des kosmischen Rahmens dieser Szene zurückkommen werden (unten S. 221). Hier sei nur vorweg gesagt, daß die Bildgedanken der Felsgeburt und der Geburt aus dem Ei dem Sinne nach äquivalent sind und ineinander übergehen. Auf einem Nebenfeld in Neuenheim hält der aus dem Fels auftauchende Mithras in der rechten Hand das Schwert, in der erhobenen Linken den Globus (Abb. 116 = V 1283).

Aber nicht nur Mithras ist aus dem Baum geboren, sondern auch Cautes und Cautopates. Auf dem rechten Seitenstreifen des Reliefs von Dieburg steht ein Baum, der sich in drei Zweige teilt; aus jedem Zweig kommt ein Gesicht mit persischer Mütze heraus (Abb. 122 = V 1247). Auf einem Fragment aus Poetovio (Abb. 136 = V 1510) stehen drei Zypressen nebeneinander, aus denen drei Köpfe auftauchen. Ein Altar aus der Gegend von Trier zeigt auf den beiden Nebenseiten die Geburt der Luna und des Sonnengottes aus dem Baum; dies bezieht sich auf die Geburt des Cautopates-Persers und des Cautes-Heliodromus (Abb. 94a–b = V 992).

Man kann vielleicht schließen, daß nach der Lehre der Mithrasmysterien alle Menschen aus Bäumen abstammen. Man könnte erwägen das Nebeneinander der Fels- und Baumgeburt so zu interpretieren, daß der Gott Mithras aus dem Felsenhimmel geboren wurde, die Menschen aus den Bäumen.

4. Leo (Löwe)

Wenn auf den Darstellungen des Stieropfers nur sieben Figuren zu sehen sind, wird der Grad des ‚Löwen‘ durch einen Hund dargestellt.[1] Aber man hat auf vielen Kultbildern auch noch einen Löwen abgebildet; denn die meisten Mithrasdiener standen im Rang des Löwen.

---

27 Vgl. noch Abb. 106 = V 1127 (Heddernheim), V 1088 (Heddernheim), 1656 (Stix-Neusiedl), 1687 (Carnuntum), 1994 (Apulum), 2151 (Sarmizegetusa), 2170 (Romula).

1 Der Hund stand bei den Persern als nützliches Tier in Ehren, s. oben S. 29 Anm. 24. Die Mutter des Kyros hat nach Herodot I 110 den Namen *Spakó* „Hündin" getragen.

Die Prozession der Löwen in S. Prisca

Für die große Bedeutung der ‚Löwen' in der mithrischen Kultgemeinde sind die beiden Darstellungen aus dem Heiligtum unter S. Prisca in Rom besonders aufschlußreich, auf welchen eine Prozession der Löwen dargestellt ist. Die erste Schicht dieser Fresken ist im Jahr 202 gemalt worden. Als man dann um 220 den Raum neu verputzt und wieder ausgemalt hat, hat man wieder eine Löwenprozession dargestellt (Abb. 57 = V 481). Sie ziehen an dem Pater vorbei und bringen ihre Gaben. Daneben stehen zwei Hexameter:

> *Accipe thuricremos, pater accipe sancte leones,*
> *per quos thura damus, per quos consumimur ipsi.*[2]

„Nimm freundlich auf, heiliger Pater, die weihrauchverbrennenden Löwen (und ihr Element, das Feuer), durch welche wir Weihrauch spenden, durch welche wir auch selbst verzehrt werden".

Für die gründliche Romanisierung dieser Mithrasgemeinde ist charakteristisch, daß die Worte *thuricremos* und *thura damus* aus Vergils Aeneis, dem römischen Nationalepos, stammen,[3] und daß *thura damus* gleichzeitig römische Sacralsprache wiederholt.[4]

Jedenfalls darf man aus den Fresken unter S. Prisca schließen, daß die Löwenprozession eine wichtige und zentrale Zeremonie der Mithrasmysterien gewesen ist. Das Weihrauchopfer über dem brennenden Altar, welches die ‚Löwen' darbringen, galt als unblutiges, den Göttern besonders wohlgefälliges Opfer.

Löwenmasken, Löwenstatuen, Löwengrotte

Die Mysten haben auch Löwenmasken getragen, wie auf dem Relief aus Konjic zu sehen ist, das wir oben schon besprochen haben (Abb. 148 = V 1896; s. S. 4). Dort steht rechts ein Mann mit einer großen Löwenmaske, und links unten sitzt ein kleiner Löwe vor dem dreibeinigen Tisch mit den heiligen Broten.

Ein christlicher Autor berichtet, daß die Mithrasmysten „nach Art der Löwen gebrüllt haben".[5]

Die meisten Mysten sind zum Grad des Löwen aufgestiegen, und so werden die Löwen auch in den Inschriften oft erwähnt. Eine Statue aus Carnuntum stellt einen Löwen als Tier dar (Abb. 141 = V 1690). Man hat viele solche Statuen gefunden.[6]

---

2 V 485, besser bei Vermaseren-van Essen, S. Prisca 224.
3 Aen. IV 453 *thuricremis*, von Vermaseren-van Essen notiert; VIII 106 *thura dabant*.
4 Der Vergil-Kommentator Servius bemerkte zu Aeneis VIII 106 „*thura dabant*": *Verbo sacrorum usus est* (Vergil hat hier einen Ausdruck aus der Sacralsprache benützt).
5 Ps. Augustin (Ambrosiaster), Quaestiones veteris et novi testamenti 113,11 (p. 308 Souter) *alteri ... leonum more fremunt*. – Dieser Autor hat zur Zeit des Papstes Damasus (366–384) in Rom gelebt.
6 V 100 (Memphis), 921 (Les Bolards), 1093 und 1112 (Heddernheim), 1190/1 (Stockstadt), 1238 (Wiesbaden), 1310/11 (Brumath), 1336 (Königshoffen), 1394 (Nyon), 1535 (Poetovio), 1640 (Sca-

Ein Standbild aus Emerita (Abb. 76 = V 775) zeigt einen nackten jungen Mann, den man auf kaum 20 Jahre schätzen würde. Rechts neben seinem Fuß sitzt ein Löwe; damit wird angezeigt, daß diese Figur einen Mithrasmysten im Grad des Löwen darstellt.

Auf der Liste der Mithrasmysten aus Sentinum[7] kommt ein Mann vor, der den Titel trägt: *Pater leonum*.[8] Die Mystengruppe, welche unter einem Pater eines Mithrasheiligtums stand, setzte sich vor allem aus „Löwen" zusammen.

Aus einer in San Gemini in Umbrien neu gefundenen Inschrift ergibt sich, daß man dort das Mithrasheiligtum *Leonteum*[9], Aufenthaltsort der Löwen, genannt hat.[10]

Löwe, Feuer und Zypresse

Man hat dem Löwen eine Beziehung zur Natur des Trockenen und Heißen beigelegt;[11] daher symbolisierte der ‚Löwe' das Element des Feuers.

Auf dem Relief von Neuenheim (Abb. 116 = V 1283) steht in der linken oberen Ecke ein Hirt neben einer Zypresse und faßt an den Baum. Wahrscheinlich entzündet er Feuer, indem er einen Lorbeerzweig im Holz der Zypresse dreht; denn in der halbmythischen Jugendgeschichte des Kyros wird berichtet, daß er in seiner Jugend durch Drehen eines Lorbeerzweiges im Holz einer Zypresse Feuer gezündet habe (s. oben S. 32.). Das Feuerzünden gehörte zu den ersten und notwendigsten Handgriffen der frühen Menschen und

---

rabantia), 1667 (Carnuntum), 1762 (Aquincum), 1824 (Intercisa). – Auf den Reliefs kommen die Löwen noch viel öfters vor.

7 V 688 = Dessau 4215.

8 Die Eintragung für diesen Mann lautet: *Sentin(as) pater leonum Ianuarius*; dieser Pater der Löwen hieß Ianuarius und war Freigelassener des Municipium von Sentinum. Der Beleg ist wichtig, weil er zeigt, daß Freigelassene im täglichen Leben und erst recht in einer religiösen Gemeinde leitende Funktionen haben konnten. Vgl. dazu auch V 1466 (Neviodunum) und 1474 (Siscia). – In der Inschrift V 803 = Dessau 4209 (aus San Juan in Spanien) liest man ... *presedente patrem patratum leonem*, was wahrscheinlich bedeuten soll: *praesedente patre patrato leonum.*

9 *Leonteum* = λεοντεῖον. Für den Sinn vgl. Debrunner, Griechische Wortbildungslehre § 290: „-εῖον ... bezeichnet ... gewöhnlich ein Lokal (für eine Berufstätigkeit)".

10 Die Inschrift wurde veröffentlicht von Ciotti, Hommages Vermaseren I (Etudes préliminaires 78) I 233–239; auch von C. A. Spada, bei U. Bianchi, Mysteria Mithrae 647. Sie lautet: *Leonteum cum signo* (dem Götterbild) *et cetero cultu exornatum ex permissu sanctissimi ordinis ex pec(unia) sua a solo fecerunt leones consummati* (geweiht) *ab Egnatio Reparato sacerdote legit(imo)* (= νομίμῳ) *et collatore* (der den Rang des Löwen verliehen hat), *T. Lepidius Honorinus, Alexander et Amicus circ(itores) Aug(usti) n(ostri)* und fünf weitere Namen. – Diese *circitores* sind kaiserliche Sklaven, die als Aufsichtspersonal Verwendung fanden, z. B. zur Überwachung der Aquaeducte.

11 Tertullian, Adversus Marcionem I 13 *aridae et ardentis naturae sacramenta leones Mithrae philosophantur.* – Vgl. auch die oben S. 79 besprochene Beziehung des vierten Grades zum heißesten Zeitpunkt des Jahres, den Hundstagen, welche auf dem Mosaik der Leiter in Ostia durch das Sistrum angedeutet wird.

spielte in den Ritualen eine große Rolle. Die Zypresse hat harzhaltiges Holz und brennt besonders leicht. Die Beziehung der Zypresse zum Löwengrad ist auf dem rechten Seitenstreifen des großen Reliefs von Saarburg (V 966, mittleres Feld) dargestellt, wo ein Löwe neben einer Zypresse zu sehen ist. Das Harz *(thus)* ist jene Substanz, welche die „weihrauchverbrennenden *(thuricremi)* Löwen" von S. Prisca als Räucheropfer darbringen.

Auf mehreren Reliefs sieht man am oberen Rand eine Reihe von sieben brennenden Altären, die den sieben Planetengöttern und den sieben Mystengraden entsprechen. Die Altäre sind voneinander durch Bäume abgetrennt. Baum und Altar gehören zusammen, weil das Feuer ursprünglich im Baum gezündet wurde.

In Heddernheim (V 1112) und Carnuntum (V 1667) sind steinerne Löwentiere gefunden worden, deren aufgerissenes Maul nach hinten zu durch eine Art Kanal verlängert wird. Dies waren also feuerspeiende Löwen.

Die Statue mit dem Löwenkopf

Der Gott des Feuers war Vulcan. In den Mithraeen sind viele Statuen gefunden worden, welche einen nackten Mann mit Löwenkopf darstellen, dessen Leib von einer Schlange umwunden ist. In einer Statue aus Ostia (Abb. 40 = V 312) sind ihm die Schmiedewerkzeuge des Vulcan beigegeben. Fast immer hat die Gestalt mit dem Löwenkopf vier Flügel; diese symbolisieren – abgesehen von anderen Bedeutungen, die wir später behandeln – die Luft. Die Schlange bezeichnet – wieder neben anderen Bedeutungen – die Erde. Das Wasser wird manchmal durch einen Kratér dargestellt,[12] aber öfters fehlt ein Symbol des Wassers;[13] Porphyrios sagt, daß man bei der Weihe der ‚Löwen' kein Wasser verwendete, weil es mit dem Feuer im Krieg stehe.[14] Der Mund des Löwen ist meist weit aufgerissen, als wolle er Feuer speien.

Die meisten dieser Figuren tragen Schlüssel[15] in der Hand, stellen also den Gott Janus dar. Dies war der Gott der Schwelle und öffnete die Tore. Er hatte zwei Gesichter; eines blickte nach vorn, das andere nach hinten. Sein besonderer Festtag war der erste Januar, wo man aus dem alten in das neue Jahr hinübertrat.

Schließlich stellen mehrere dieser Figuren den Saturn dar, der griechisch Kronos hieß und den man mit dem Zeitgott Chronos identifizierte. Wir werden daher bei der Besprechung des siebenten Grades und im Abschnitt über Mithras als Gott der Zeit auf diese Statuen wieder zurückkommen.

---

12 V 103 (Oxyrhynchos), 314 (Ostia), 1298 (Wahlheim).
13 Abb. 20 = V 78 (Sidon), Abb. 40 = V 312 (Ostia), V 326 (Castel Gandolfo), Abb. 51 = V 383 (Rom), V 550 und 551 (Rom), 902 (Vienna Allobrogum), 1123 (Heddernheim).
14 De antro nympharum 15 p. 67, 11 N. = 16,29 W. παραιτησάμενοι τὸ ὕδωρ ὡς πολεμοῦν τῷ πυρί.
15 Möglicherweise ist dieser Schlüssel auf den fünften Grad zu beziehen, s. unten S. 111.

Arimanius

Eine dieser Statuen (V 833/4) trägt den Namen eines Gottes *Arimanius*.[16]

Man hat den Arimanius der Mithrasinschriften immer mit dem bösen Gott der Perser zusammengebracht, der im Avesta Angra Mainyu und später Ahriman heißt.[17] Den Lauten nach liegt diese Gleichung nahe; aber für den Inhalt der Inschriften ergeben sich die größten Schwierigkeiten. Soll man im Ernst annehmen, die Mithras-Diener hätten den bösen Widersacher in Person, Ahriman, als Gott verehrt?

Es ist oben (S. 29) schon erwähnt worden, daß es bei Persern und Indern einen anderen Gott mit ähnlichem Namen gab, *Aryaman*; die avestische Namensform ist Airyaman. In den indischen Texten ist Aryaman ein Begleiter des Mitra.[18] Ich vermute, daß der Arimanius der Mithrasmysten mit diesem Aryaman gleichzusetzen ist (und nicht mit dem Bösen, Angra Mainyu/Ahriman), und daß Arimanius/Aryaman speziell zum Grad des ‚Löwen‘ gehörte.

Der Donnerkeil

Der Planetengott des vierten Grades war Jupiter, seine Waffe der Donnerkeil. Die Alten unterschieden drei Phänomene: Blitz, Donner und Donnerkeil. Der Blitz war zu sehen, der Donner zu hören; aber schlimm war es, wenn man den Donnerkeil zu spüren bekam, den einschlagenden, vernichtenden Blitz, den Jupiter auf seine Feinde schleuderte, eine übermächtige Waffe, gegen die sich niemand wehren konnte. Auf den Monumenten sieht der Donnerkeil aus wie ein Bündel von Blitzen. Er ist eines der Zeichen des Löwengrades

---

16 Der Name des *(deus) Arimanius* kommt in folgenden Inschriften vor:
V 222 (Ostia) = Dessau 4265 ... *Petronius Felix Marsus signum Arimanium do(no) de(dit) d(edicavit)*.
V 834 (Eboracum) = Collingwood-Wright, The Roman Inscriptions of Britain 641; vgl. U. Bianchi, Mithraic Studies II 457–462; der Text ist wahrscheinlich so zu lesen:

d(ono) *Vol(usius) Ire[naeus]*   *[d(edit)]*
        Arimaniu[m]

Abbildungen der Statue mit der Inschrift in den Mithraic Studies II Tafel 7b und bei E. und J. R. Harris, The Oriental Cults in Roman Britain (Etudes préliminaires 6) Tafel XI (mit S. 43).
V 1773 = Dessau 4264 (Aquincum) *Deo Arimanio Libella* (ein Mann) *leo fratribus voto dicavit*.
V 1775 (Aquincum) *Deo Arimanio*.
V 369 (Rom) = Dessau 4263 *Deo Arimanio Agrestius vir clarissimus defensor magister et pater patrum voti compos dat* (Ende des 4. Jahrh. n. Chr., s. Herz, Zeitschrift für Papyrologie und Epigraphik 49, 1982, 221).
17 Ahriman ist die Form im späteren Persischen (Pahlavi); Plutarch, De Iside 46/7 (p. 46, 12; 47, 2 und 16 Sieveking) nennt den Gott Areimanios. – Der „weise Herr“ des Zarathustra, Ahura Mazda, heißt im Pahlavi Ohrmazd, bei Plutarch Oromazdes.
18 P. Thieme, Mitra und Aryaman, Transactions of the Connectitut Academy of Arts and Sciences 41 (1957) 72–91.

auf dem vierten Feld des Fußbodenmosaiks von Ostia (Abb. 38 = V 299) und auf einem ‚Löwen'-Altar aus der Kaserne der Kuriere (*castra peregrina*) in Rom.[19]

Der Adler

Das Tier des Jupiter war der Adler. Auf einem Altar aus Heddernheim (Abb. 106 = V 1127) sitzt der Adler mit dem Donnerkeil in den Klauen über dem Globus.[20]

Dieselbe Figur in dem Gruppenbild aus Rom (Abb. 42 = V 334) haben wir schon besprochen. Auch auf einem neugefundenen ‚Löwen'-Altar aus Rom ist ein Adler abgebildet.[21]

Die Einweihungszeremonien

Von der Einweihungszeremonie der ‚Löwen' wissen wir durch Porphyrios, daß die Hände durch Bestreichen mit Honig gereinigt wurden, nicht durch Wasser, weil das Wasser zum Feuer im Gegensatz stehe; dabei schärfte man dem Mysten ein, daß er seine Hände rein halten müsse von allem Leid und Schaden Bringenden und von allem Unreinen; die Zunge wurde durch Honig von aller Sünde gereinigt.[22]

Auf der Gemme in Florenz (Abb. 165b = V 2354) ist ein Löwe abgebildet, der das Maul öffnet; ihm fliegt eine Biene in den Mund. Damit wird auf die Honigzeremonie der Löwenweihe angespielt, bei der die Mysten des zweiten Grades (*nymphi* = Bienen) wohl ministriert haben. Die Gemme dürfte einem ‚Löwen' bei der Weihe übergeben worden sein.[22a]

Auf diese Zeremonie wird Bezug genommen in dem Beinamen *Melichrisus* „der mit Honig Gesalbte", welchen ein Myste in einer Inschrift aus Novae in Moesien trägt.[23] Anscheinend haben die Mysten bei der Aufnahme in den Grad des Löwen einen neuen,

---

19 Panciera bei Bianchi, Mysteria Mithrae S. 89 und 115, fig. 3. Über das Symbol des Donnerkeils ist nachträglich eingemeißelt: *Leo vivas cum Caedicio patre*.

20 Auch in Stockstadt (V 1197). Im Giebel des Trierer Reliefs Abb. 90 (= V 985) sieht man links einen Löwen, rechts einen Globus und darüber einen Donnerkeil; was sich über diesem befand, ist weggebrochen. Man darf sich ohne Bedenken einen Adler hinzudenken.

21 Panciera bei U. Bianchi, Mysteria Mithrae 89 und 116 (fig. 4). Vermutlich ist auch der Vogel auf dem Altar in San Zeno bei Verona (V 729) ein Adler (Hinweis von Markus Kassel).

22 De antro nympharum 15 (p. 67, 6–13 N. = 16, 25–30 W.) ὅταν μὲν οὖν τοῖς τὰ λεοντικὰ μυουμένοις εἰς τὰς χεῖρας ἀνθ'ὕδατος μέλι νίψασθαι ἐγχέωσι, καθαρὰς ἔχειν τὰς χεῖρας παραγγέλλουσιν ἀπὸ παντὸς λυπηροῦ καὶ βλαπτικοῦ καὶ μυσαροῦ καὶ ὡς μύστῃ, καθαρτι-κοῦ ὄντος τοῦ πυρός, οἰκεῖα νίπτρα προσάγουσι, παραιτησάμενοι τὸ ὕδωρ ὡς πολεμοῦν τῷ πυρί. καθαίρουσι δὲ καὶ τὴν γλῶτταν τῷ μέλιτι ἀπὸ παντὸς ἁμαρτωλοῦ. – Für eine Honig-spende im Opferritus der Perser s. Strabon XV 3,14 p. 733 C.

22a Vier ähnliche Gemmen aus Rom (2.–3. Jahrhundert n. Chr.) befinden sich in Hannover, s. P. Zazoff – M. Schlüter, Antike Gemmen in deutschen Sammlungen IV (1975) Nr. 1710–13.

23 Abb. 163 = V 2269, zitiert unten S. 148, Anm. 10.

zusätzlichen Namen von religiöser Bedeutung erhalten. Solche Namen heißen *signa* oder *supernomina*; wir werden darauf zurückkommen. In der Löwenprozession aus S. Prisca sind bei mehreren Personen Begrüßungszurufe beigeschrieben. Die Löwen werden alle mit redenden Namen begrüßt. Ich zitiere einige dieser Zurufe und setze jeweils eine Übersetzung oder Umschreibung des Namens hinzu (V 481, 5–6; 482, 2–4):

Nama[24] *Niceforo leoni*, „Verehrung dem Löwen Nicephorus" (dem Siegbringer)
Nama Theodoro leoni, „Verehrung dem Löwen Theodorus" (dem von Gott Gegebenen)
Nama Phoebo leoni, „Verehrung dem Löwen Phoebus" (dem Glänzenden, Reinen; Phoebus ist ein Beiname des Sonnengottes Apollo)
Nama Gelasio leoni, „Verehrung dem Löwen Gelasius" (dem mit dem lachenden, strahlenden Gesicht)
Nama Heliodoro leoni, „Verehrung dem Löwen Heliodorus" (dem vom Sonnengott Gegebenen).

Phoebus, Heliodorus, auch Gelasius sind Namen, welche sich offensichtlich auf den Sonnengott, also auf Mithras, beziehen, und Theodorus und Nicephorus passen in dieses Bild. Wir haben gesehen, daß der felsgeborene Mithras in der Gruppe aus Rom (Abb. 68 = V 590) von dem danebenstehenden Hirten mit verehrender Kußhand und dem Ruf *Nama* begrüßt wurde. Vermutlich wurden die neuen Löwenmysten in entsprechender Weise von der Gemeinde unter Zuwerfen von Kußhänden mit dem Verehrungsruf *Nama* und ihren neuen religiösen Namen begrüßt.

Eine Darstellung der Löwenweihe findet sich auf den beiden Nebenszenen am unteren Rand eines Reliefs aus Rom (Abb. 47 = V 350). Links kniet der neue Myste nackt vor dem Pater, der durch die persische Mütze gekennzeichnet ist. Der Pater setzt dem Mysten mit der linken Hand einen Kranz auf; in der rechten Hand hält er den Donnerkeil, welchen er dem Knieenden überreichen wird. Daß die Übergabe des Donnerkeils zum Ritual gehört, ergibt sich aus mehreren Darstellungen desjenigen Mythos, der das Vorbild für die Löwen-Weihe gewesen ist; dort übergibt Saturn (der Planetengott des Paters) dem Jupiter (dem Planetengott des „Löwen") den Donnerkeil, und anschließend erschlägt Jupiter mit dem Blitz die Giganten.[25] Es scheint, daß bei den Zeremonien aller Grade der Einzuweihende nackt vor dem Pater niederkniete und einen neuen Kopfschmuck erhielt.

---

24 *Nama* bedeutet „Verehrung"; s. Duchesne-Guillemin, La religion de l'Iran ancien (1962) 255, 5 und Belardi bei U. Bianchi, Mysteria Mithrae 110/1. Unter S. Prisca in Rom (rechte Wand, um 220 n.Chr.) sieht man eine Prozession der sieben Grade; neben den Repräsentanten der Grade steht jeweils in Farbe *nama*, also *nama Nymphis*, *nama militibus*, *nama leonibus* usw. (V 480; Vermaseren-van Essen, S. Prisca 155–8). Auch in einer Inschrift von Aquincum liest man *Leoni[b]us nama* (V 1745 in der Lesung von Tóth, Acta classica universitatis scientiarum Debrecen 10/11, 1974/5, 151–4).
Neben der Acclamation mit *nama* gibt es auch solche mit dem Sinn „er soll leben"; Panciera bei U. Bianchi, Mysteria Mithrae 93 veröffentlicht zwei Inschriften aus Rom mit der Acclamation *leo vivas* und verweist auf V 67 (Dura) *Patri vita Kamerio* und V 823 (London) *Hominibus bagis* (= *vagis*) *bitam* (= *vitam*).

Auf der rechten Nebenszene stehen links und rechts von einem sicherlich brennenden Altar der Pater und der jetzt bekleidete neue Myste. Dieser reicht dem Pater seine Hand dar; der Pater berührt sie von oben. Es wird nicht zu kühn sein, darin die von Porphyrios beschriebene Zeremonie zu erkennen, in welcher der Pater die Hände des neuen Löwen mit Honig bestrich und so zeremoniell reinigte.

Die im Handschlag Verbundenen (Syndexii)

In vielen anderen Szenen sehen wir zwei Personen im Handschlag über dem brennenden Altar. Hierfür gab es ein eigenes Wort der Mithrasmysten, *syndexios*, „durch Handschlag der rechten Hände verbunden". In einem Hexameter wird der Mithrasmyste begrüßt als „durch Handschlag mit dem ehrwürdigen Pater verbunden",

συνδέξιε πατρὸς ἀγαυοῦ.[26]

Auf den Graffiti in Dura-Europos liest man: „Verehrung allen, die beim Gott durch Handschlag miteinander verbunden sind";[27] „Verehrung dem Geminianus, dem guten Syndexios"; „Verehrung dem Monimos, dem guten Syndexios".[28] Das Wort wird auch im Lateinischen benützt. Als in Rom ein Pater namens Aebutius Restitutianus ein neues Heiligtum erbaut hatte, sagt er in seiner Versinschrift, er habe dies getan, „damit die durch Handschlag Verbundenen fröhlich auf immer ihre Weihen feiern könnten" (V 423,7)

ut possint s y n d e x i *hilares celebrare vota per aevom.*

Hier ist *syndexi(i)* geradezu ein Name für alle Mithrasmysten; denn der Handschlag war die charakteristische Zeremonie dieses Kultes. Durch den Handschlag entstand eine feste persönliche Beziehung; der Eingeweihte wurde zu einer Art Lehensmann des Paters.

Jupiters Gigantenkampf

Zum Löwengrad gehört der Mythos vom Sieg Jupiters über die Giganten.
    Auf dem Relief von Osterburken sieht man links zwei Szenen (Abb. 112 = V 1292):
    (1) Saturn (der Gott des 7. Grades) übergibt Jupiter (dem Gott des 4. Grades) den Donnerkeil;
    (2) Jupiter hält in der hocherhobenen rechten Hand den Donnerkeil, mit dem er den vor ihm knienden Giganten erschlägt. Der Gigant hat Schlangenfüße.

---

25 Abb. 116 = V 1283 (Neuenheim, links); Abb. 112 = V 1292 (Osterburken, links); V 1359 (Königshoffen); die bei Vermaseren fig. 357 abgebildeten beiden Fragmente gehören wohl so zusammen. daß der die Waffe schwingende Jupiter links unten und der kauernde Gigant rechts oben nebeneinander in dasselbe Feld kommen.
26 Firmicus Maternus, De errore profanarum religionum 5.
27 V 54 νᾶμα πᾶσι τοῖς συνδεξίοις παρὰ τῷ θεῷ.
28 V 63a (Band II S. 14); vgl. auch V 60 und 63.

Die Übergabe des Donnerkeils über dem brennenden Altar findet sich auch auf dem
Altar von Neuenheim (Abb. 116 = V 1283, links), den Gigantenkampf Jupiters auf zahl-
reichen anderen Monumenten. Mehrfach erschlägt der Gott nicht nur einen, sondern zwei
Giganten, so auf dem Fresco aus Dura-Europos (Abb. 15 = V 42, 2–3).[29]

Wir besitzen Zeugnisse, aus denen man mit Wahrscheinlichkeit erschließen kann, daß
dieser Kampf des Jupiter gegen den schlangenfüßigen Giganten in den Mysterien in einem
kleinen Drama gespielt worden ist.

In der römischen „Kaisergeschichte" (Historia Augusta), einem Werk der Zeit um 400,
wird vom Kaiser Commodus berichtet:

„Er ließ Leute, die an den Füßen schwach waren und solche, die nicht gehen konnten,
zu Giganten machen, so daß sie von den Knien an nach unten mit Stoff und Leinen sozusagen als Schlangen ausstaffiert waren, und tötete sie mit Pfeilen. Die Mithrasmysterien
befleckte er, indem er wirklich einen Menschen erschlug, während dort sonst nur irgendetwas gesagt oder gespielt zu werden pflegt um den Anschein des Schreckens zu
geben".[30]

Ein ähnlicher Bericht steht bei dem Historiker Cassius Dio, der um 230 gestorben ist
und die Regierung des Commodus noch selbst miterlebt hat:

„Einmal ließ er (Commodus) in der Stadt alle, die durch eine Krankheit oder ein ande-
res Mißgeschick an den Füßen schwach waren, zusammenbringen und ihnen um die Knie
Nachbildungen von Schlangen binden; er gab ihnen Schwämme, mit denen sie statt der
Steine werfen sollten, und erschlug sie mit der Keule als Giganten".[31]

Cassius Dio sagt nichts von Mithras, und genau genommen steht auch in der Kaisergeschichte nicht, daß der Gigantenkampf des Commodus in den Mithrasmysterien statt-
fand.[32] Aber im nächsten Satz spricht die Kaisergeschichte davon, daß Commodus in den
Mithrasmysterien Menschen getötet habe, und so liegt es sehr nahe, bei der Erklärung des
Textes die beiden Sätze zusammenzunehmen und zu sagen: Wahrscheinlich hat der Gigantenkampf des Commodus in den Mithrasmysterien stattgefunden. Wie die Giganten
gegen Jupiter Steine werfen, sieht man auf dem Fresco von Dura-Europos (Abb. 15 =

---

29 Vgl. weiter Abb. 52 = V 390 (Rom, Mithraeum Barberini), Abb. 73 = V 650 (Nersae, links
    oben), V 723 (San Zeno), Abb. 101 = V 1083 (Heddernheim), Abb. 132 = V 1400 (Mauls),
    Abb. 131 = V 1430 (Virunum); auch im Mithraeum von Marino, s. Vermaseren, Mithriaca III,
    Tafel III und V. Ein Fragment aus Poetovio: V 1574.

30 Historia Augusta, vita Commodi 9 *Debiles pedibus et eos qui ambulare non possent in gigantum
    modum formavit, ita ut a genibus de pannis et linteis quasi dracones degererentur, eosdemque
    sagittis confecit. sacra Mithriaca homicidio vero polluit, cum illic aliquid ad speciem timoris vel
    dici vel fingi soleat.*

31 72, 20, 3 (3, 302, 1–5 Boissevain) ... ἐπειδή ποτε πάντας τοὺς τῶν ποδῶν ἐν τῇ πόλει ὑπὸ
    νόσου ἢ καὶ ἑτέρας τινὸς συμφορᾶς ἐστερημένους ἀθροίσας δρακόντων τέ τινα αὐτοῖς εἴδη
    περὶ τὰ γόνατα περιέπλεξε, καὶ σπόγγους ἀντὶ λίθων βάλλειν δοὺς ἀπέκτεινέ σφας ῥοπάλῳ
    παίων ὡς γίγαντας. Vgl. A Loisy, Les mystères paiens et le mystère chrétien ²(1930) 181 ff.

32 Dies betont A. Kehl, in: Anthropica, Gedenkschrift zum 100. Geburtstag von Pater Wilhelm
    Schmidt, Studia Instituti Anthropos 21 (1968) 213–223.

V 42);[33] freilich kämpft Jupiter gegen sie mit dem Donnerkeil, nicht mit Pfeilen oder der Keule. Commodus hat auch sonst den Hercules gespielt, der mit der Keule kämpft.

Man beachte, daß Jupiter in den Mithrasmysterien weit unter Saturn rangiert. Er ist nicht der römische Jupiter, der König der Götter, sondern nur ein Planetengott unter den anderen.

Die Mithrasmysterien sind, dies wird schon jetzt klar geworden sein, ein *einmal* und höchstwahrscheinlich von *einer* Person konstruiertes System. Es bestand aus den sieben Weihegraden, die auf die sieben Planeten bezogen waren, und bildete ein festes Gehäuse, in welches alle anderen Elemente eingepasst waren. So sollten auf den Darstellungen des Stieropfers die sieben Grade durch den Pater, die beiden Fackelträger und die vier Tiere (Rabe, Schlange, Skorpion und Hund) vertreten sein. Zu diesem System gehörten auch die Mythen der sieben Grade. Soweit wir erkennen können, handelte es sich um Mythen, welche in der persischen Religion vorkamen. Die großen persischen Drachensieger sind die Heroen Thraitauna (-Feridun-Rodanes) und Verethragna(-Artagnes). Der Erfinder der Mithrasmysterien hat, so wird man vermuten dürfen, nach einem griechisch-römischen Äquivalent für einen dieser persischen Drachensieger gesucht; natürlich kam nur Jupiter in Frage. Da Thraitauna und Verethragna in der persischen Religion zwar einen hohen, aber keinen überragenden Rang hatten, wurde dem Jupiter im Gefüge der Mithrasmysterien nur ein mittlerer Rang, der vierte Grad, angewiesen.

Dieser Erfinder der Mithrasmysterien dürfte aus der griechischen Hälfte des römischen Reiches gekommen sein, und zwar aus einer Provinz, die früher einmal zum Perserreich gehört hatte, also z. B. aus dem westlich des Euphrat gelegenen Teil Armeniens, der zum Römerreich gehörte, oder von der Schwarzmeerküste (Pontus); nur von dort konnte er so genaue Kenntnisse der persischen Mythen und Riten mitbringen. Auch konnte nur ein Griechisch sprechender Mann[34] mit der platonischen Philosophie so vertraut sein, wie wir es bei dieser Person voraussetzen müssen.

5. Perses (Perser)

Cautopates, Hesperus und Luna

Der ‚Perser‘ stand unter dem Schutz der Planetengöttin Luna. Sein Repräsentant auf den Darstellungen des Stieropfers ist *Cautopates*,[1] der persisch gekleidete Hirt mit der gesenk-

---

33 Vgl. auch Abb. 131 = V 1430 (Virunum), Abb. 73 = V 650 (Nersae) und V 720 (Angera).

34 Es sei auch darauf hingewiesen, daß die Insignien der Mystengrade mit griechischen Vocabeln bezeichnet wurden: *(Hiero)coracica, leontica, persica, heliaca, patrica:* V 400–405 aus Rom und Porphyrios, De abstinentia IV 16 (p. 254, 10 Nauck). Nur um der leichteren Verständlichkeit willen benützen wir für die Mystengrade und Planetengötter die lateinischen Wörter.

---

1 Eine gesicherte Anknüpfung der beiden Namen Cautes und Cautopates an iranische Wörter ist noch nicht gefunden worden. M. Schwartz schlägt vor, Cautes anzuknüpfen an *kauta-* „jung“

ten Fackel. Er trägt oft auch einen Bogen und Köcher oder einen Hirtenstab. Sein griechisch-lateinischer Name ist *Hesperus.*

Auf dem großen Relief von Heddernheim (Abb. 101 = V 1083) schwebt Lucifer mit erhobener Fackel über dem Sonnenwagen; auf der anderen Seite lenkt Luna ihr Ochsengespann hinab, und links über ihr stürzt Hesperus mit gesenkter Fackel.[2]

Auf einem Monument aus Königshoffen im Elsaß (Abb. 110 = V 1347) steht Cautopates mit gesenkter Fackel in einem Tempelchen. Im Giebel befindet sich eine Büste der Luna.

Altäre aus Heddernheim (Abb. 108 = V 1120) und Groß-Krotzenburg (Abb. 127 = V 1152) zeigen die Mondsichel im Dreieck, so auch der kleine Altar, der auf dem Relief mit dem Stieropfer aus Fellbach vor dem Kopf des Stieres abgebildet ist (Abb. 109 = V 1306).

Beleuchtete Altäre der Luna werden wir später besprechen (S. 135).

Eule und Nachtigall

Der Vogel des Cautopates war die Eule, die des Nachts wacht. Man sieht sie auf fünf Statuen zu Füßen des Cautopates.[3] Auf dem Relief aus Novae in Moesien hält Cautopates sie in der Hand (Abb. 163 = V 2268). Sie ist auch auf dem Fußbodenmosaik im Mithraeum der Tiere zu Ostia abgebildet (Abb. 36 = V 279).

Auf einer mithrischen Brosche aus Ostia (Abb. 39 = V 318) ist an derjenigen Stelle, wo sonst Cautopates steht, ein zartes kleines Vögelchen, die Nachtigall. Sie wacht und singt auch in der Nacht[4] und ist ein Symbol des Wächters. In Poetovio ist eine Bronzefigur der Nachtigall gefunden worden (Abb. 135 = V 1508).

und Cauto-pates an *patar* „Schützer" (Mithraic Studies II 406–423). Vgl. ferner I. Gershevitch, The Avestan Hymn to Mithra 151.

2 Hier steht Cautes unter Luna und Cautopates unter dem Sonnengott; s. darüber unten S. 207. – Auf dem Relief aus Rom (Abb. 47 = V 350) sieht man unterhalb von Sol-Helios und von Luna zwei jugendliche Büsten, die ebenfalls auf Lucifer und Hesperus zu deuten sind. – Auf dem Relief aus dem Mithraeum unter S. Stefano in Rom fliegt der Luna ein Genius voraus; er senkt die Fackel nicht, aber es muß doch Hesperus gemeint sein (E. Lissi Caronna bei U. Bianchi, Mysteria Mithrae S. 215 fig. 3).
Auf dem leider an vielen Stellen falsch ergänzten Relief aus Rom V 415 führt Lucifer mit erhobener Fackel den Sonnenwagen herauf, während Hesperus der Luna mit gesenkter Fackel voranschreitet. Ähnliche Darstellungen auf Monumenten, die nicht mithrisch sind, bespricht F. Cumont, Recherches sur le symbolisme funéraire des Romains (1942) 77 ff.

3 Es sind die Cautopates-Statuen aus Rusicade in Africa (V 123) und aus dem Mithraeum unter S. Stefano Rotondo (E. Lissi Caronna bei Bianchi, Mysteria Mithrae 216 fig. 4); V 427 und 431 aus Rom; V 359, ebenfalls aus Rom; die Eule ist deutlich zu erkennen auf der Photographie, welche D. Gallo veröffentlicht hat (bei Bianchi S. 254 fig. 4).

4 Anthologia Latina ed. Riese 762, 8 (an Philomela, die Nachtigall): *Tu cantare simul nocte dieque soles.* Aelian, var. hist. XII 20 (= Hesiod, fr. 312) λέγει Ἡσίοδος τὴν ἀηδόνα μόνην ὀρνίθων ἀμοιρεῖν ὕπνου καὶ διὰ τέλους ἀγρυπνεῖν.

Weitere Symbole des fünften Grades

Im Mosaik der Leiter zu Ostia (Abb. 38 = V 299) sind der Bogen und das persische Kurzschwert (Akinakes) Symbole des ‚Persers'.

Weitere Attribute des fünften Grades sind Schlüssel, Wasserkrug, Delphin, Dreizack
und Ähre. Einen *Schlüssel* hält Cautopates auf Reliefs von Heddernheim (Abb. 107 =
V 1110) und Stockstadt (V 1163).[5] Dieser Schlüssel dürfte eine Beziehung zu den sieben
Toren haben, welche die Weihegrade voneinander trennten. Vielleicht war auch der
Hauptschlüssel zu jeder Mithrasgrotte einem Mysten im Grad des Persers anvertraut, der
zum „Custos" des Heiligtums bestellt war. Der Sinn der anderen Attribute – Wasserkrug,
Delphin, Dreizack und Ähre – wird sich aus einer Besprechung der Mythen des fünften
Grades ergeben. Es handelt sich um fünf Mythen: Mithras auf der Jagd, das Hirtenleben,
das Wasserwunder, die Ernte und die Fahrt auf dem Sonnenwagen.

Mithras auf der Jagd

Die charakteristische Waffe der Perser ist der Bogen gewesen, und in den Mithrasmysterien gehört er zum Grad des Persers. Die Jagd in großem Stil war erst durch den Bogen
möglich geworden. Die Darstellungen des jagenden Mithras aus Dieburg (Abb. 122 =
V 1247) und Rückingen (Abb. 129 = V 1137) gehören also wahrscheinlich zum Grad des
Persers.[6] Wir haben sie im einleitenden Abschnitt bereits besprochen. Aus Dieburg haben
wir eine Statuette des Persers mit Pfeil und Bogen (Abb. 121 = V 1249), aus Dura-Europos ein Graffito (V 58): „Verehrung den Persern mit ihren Pfeilen", ναμα – – – Πέρσες
(= Πέρσαις) [σὺν β]ελέμνοις.

Hirtenleben

Von der Jagd sind die Menschen zur Viehzucht und zum Ackerbau übergegangen. Beide
Kulturstufen kommen auf den Mithrasmonumenten vor.

Auf den Nebenszenen einiger Reliefs vom Rhein und von der Donau sieht man Hirten
mit ihren Herden. So befindet sich auf dem Relief aus Potaissa (Abb. 149 =V 1920) über
der Mütze des Mithras ein liegender Widder, über dem ein Ziegenbock steht. Links davon
ist der Stier in einem Stall, rechts liegt Saturn (der Pater) und sieht dem Treiben befriedigt
zu. Rechts von Saturn richtet ein Hirt – der ‚Perser' – eine Hürde auf.

Auf einem Relief aus Apulum befindet sich der Stier im Stall genau über der Mütze des

---

5 Im Abschnitt über den Löwengrad haben wir den löwenköpfigen Chronos besprochen, der als
 Ianus einen Schlüssel in der Hand hält. Vielleicht ist dieser Schlüssel auf den fünften Grad zu
 beziehen.
6 Den jagenden Mithras aus Dura-Europos (Abb. 17 = V 52) wird man allerdings dem sechsten
 Grad zuordnen, wegen der Parallelität dieser Darstellung mit dem Heliodromus aus Neuenheim
 (Abb. 117 = V 1289).

Mithras; rechts davon Widder und Ziegenbock, und danach der Hirt, der den Zaun aufgerichtet hat. Der ruhende Saturn ist diesmal noch weiter rechts zu sehen, unter Luna (Abb. 150 = V 1935).

Auf einem anderen Relief aus Apulum (Abb. 153 = V 1972) hat ein Hirt für den Stier ein Zelt gebaut; es ist wieder über der Mütze des Mithras zu sehen. Rechts von diesem Hirten ein zweiter Hirt, der eine Hürde aufgerichtet hat.[7]

Auf dem Relief aus Kurtowo-Konare in Thrakien (Abb. 164 = V 2338) baut rechts oben, neben Luna und dem ruhenden Saturn, ein Hirt einen Zaun; links von ihm ein liegender Widder und der Stier im Mondboot, auf den wir später zurückkommen.

Auf dem Relief aus Alcsut in Pannonien liegt oben rechts ein Ziegenbock; links von ihm baut der Hirt den Zaun (Abb. 144 = V 1740).

Den Hirten beim Bau der Hürde und neben ihm den Stier in einer Höhle sieht man auf einem Fragment aus Köln (Abb. 96 = V 1019). Ein fragmentiertes Relief aus Heddernheim (Abb. 130 = V 1128) zeigt im oberen Feld von rechts den Stier im Mondboot, den Stier im Stall und den Hirten beim Errichten des Zauns. Links schließen an Mars, Jupiter und Mercur; rechts (unter dem Stier im Mondboot) der ruhende Saturn und Luna. Die beiden fehlenden Wochentagsgötter Sol und Venus sind links weggebrochen.

Man darf also schließen, daß es in den Mithrasmythen eine Episode gegeben hat, die man „Hirtenleben" nennen kann und in der geschildert wurde, wie die persischen Hirten das Vieh gezähmt und in großen Herden gehalten haben. Die Zähmung des Stiers werden wir beim sechsten Grad besprechen.

Das Wasserwunder

Aber einmal trat auf der Erde eine große Dürre und Trockenheit ein; das Vieh dürstete, die Feldfrucht dorrte aus, fast alles Leben kam zum Erliegen. Die Hirten wendeten sich an Mithras mit der Bitte um Hilfe. Der Gott schoß seinen Pfeil gegen den Felsenhimmel; da öffnete sich der Himmel und es regnete, und da sprang aus dem Felsen ein Quell. Das Vieh konnte wieder trinken und die Feldfrucht wachsen.

Im linken Feld des Reliefs von Besigheim (Abb. 111 = V 1301) kniet ein Hirt bittend vor Mithras; dieser nimmt den Pfeil aus dem Köcher. Im rechten Feld kniet der Hirt noch immer, aber Mithras hat den Pfeil nun schon an die Bogensehne gelegt, und rechts fängt ein zweiter Hirt das aus dem Himmel niederströmende Wasser mit seinen beiden Händen auf.

Ähnlich auf der rechten Seite des Altars von Poetovio, der sich auf den Grad des ‚Persers' bezieht (Abb. 138 = V 1584): Ein kleiner persischer Hirt kniet vor dem rechts stehenden Mithras und fleht ihn um Hilfe für die verdurstende Welt an. Mithras schießt seinen Pfeil gegen den Felsenhimmel, und links sieht man einen anderen Hirten, der aus vorgehaltener Hand das Wasser trinkt, welches aus dem Felsen sprudelt. Vieh und Feldfrucht können sich erholen.

7 Den Bau der Hürde zeigt auch das Relief von Biljanovac (V 2202 oben).

Das Wasserwunder ist auch sonst noch sehr oft dargestellt.[8] Auf Mithras-Orion als Bringer der Nilflut kommen wir unten S. 130 f. zu sprechen.

Der Schuß des Mithras richtet sich bald gegen den steinernen Himmel, bald gegen einen Felsen; der Pfeil des Gottes spaltet den Stein, und das Wasser kann hervorsprudeln. Die Perser haben, wie viele andere Völker, den Himmel für steinern gehalten und haben für „Himmel" und „Stein" dasselbe Wort benützt, *aśman*.[9] Das Wort – und die damit verbundene Vorstellung vom steinernen Himmel – geht in die indoeuropäische Vorzeit zurück, denn das griechische Wort *akmon* ist vom gleichen indoeuropäischen Wort abzuleiten; es bedeutet „Himmel" (als Eigennamen) und „steinerner Amboss". Die vom Himmel gefallenen Meteorsteine haben die frühen Menschen zu der Vorstellung geführt, daß der Himmel steinern sei. Von hier aus klärt sich auch auf, warum die Alten die Welt als eine riesige Grotte ansehen konnten und wieso die Mithrasgrotten ohne weiteres als Abbild des Kosmos akzeptiert wurden; die Vorstellung war ganz allgemein. Wenn der Himmel eine riesige steinerne Wölbung ist, dann ist unser Aufenthaltsort auf der Erde eine sehr große Grotte. Das Höhlengleichnis Platons setzt diese Vorstellung voraus, und in einem Vers des Empedokles heißt es von der Einkörperung der Seele in den irdischen Leib: „Wir sind in diese überdachte Höhle gekommen".[10]

Es hat also für die Mithrasmysten gar keinen Unterschied gemacht, ob der Gott das rettende Wasser durch den Schuß auf den Himmel oder auf den Felsen gewann, und auf vielen Darstellungen kann man nicht entscheiden, welches von beiden gemeint ist.

Ein Vers aus dem Mithraeum unter S. Prisca feiert diese Tat des Gottes:[11]

Fons concluse petris, geminos qui aluisti nectare fratres[12]

„Du im Fels verschlossener Quell, der du die Zwillingsbrüder (Cautes und Cautopates) mit Nektar genährt hast".

Der Nektar dürfte das rettende Wasser gewesen sein.

---

8 Vgl. Abb. 15 = V 42,8 (Dura-Europos), Abb. 52 = V 390,4 (Rom, Mithraeum Barberini), das Mithraeum von Marino (Vermaseren, Mithriaca III, Tafel VIII), Abb. 101 = V 1083 (Heddernheim, in den Zwickeln über dem Stieropfer), V 1225 (Stockstadt), Abb. 116 = V 1283 (Neuenheim, oben), Abb. 132 = V 1400 (Mauls, rechts unten), V 1422 (Enns, oben), Abb. 131 = V 1430 (Virunum), Abb. 149 = V 1920 (Potaissa), Abb. 150 = V 1935, Abb. 152 = V 1958, Abb. 153 = V 1972 (alle aus Apulum).

9 Vgl. Reichelt, Indogermanische Forschungen 32, 1913, 23–57; Biezais, Annales Academiae Regiae Scientiarum Upsaliensis 4, 1960, 5–28; Boyce, A History I 132.

10 Vorsokratiker 31 B 120 ἠλύθομεν τόδ'ὑπ' ἄντρον ὑπόστεγον.

11 Vermaseren-van Essen, S. Prisca S. 193.

12 Offensichtlich sind zwei Verse gekürzt und zusammengezogen worden, damit ein kurzer, aber syntaktisch vollständiger Satz herauskam. Die zugrundeliegenden Verse dürften gelautet haben:

Fons concluse petris geminos qui nectare fratres
– – – – – – – – – – – – – – – – – –*aluisti.*

Die Christen werden diesen Schuß des Mithras gegen den Fels als eine Nachahmung des Regenwunders angesehen haben, welches Moses vollbracht hatte.

Der Mythos vom Regenwunder ist persischer Herkunft.

Im Mithra-Yäscht wird der Gott angerufen als derjenige, „der die Gewässer voll werden läßt, der die Anrufungen erhört,[13] der Regen fallen und Kräuter wachsen läßt".[14] Da Mithra ein indo-iranischer Gott ist, darf man auch den Hymnus des Rig-Veda V 63 an Mitra-Varuna (Vertrag-Wahrheitswort) heranziehen: „Welchem Irdischen ihr beide, Mitra und Varuna, helft, dem quillt der Regen mit dem honigreichen Naß des Himmels ... Um Regen bitten wir als eure Gabe... Mit von Blitzen hellen Wolken tretet ihr hin zum Gebrüll des Donners, ihr laßt den Himmel regnen ... Ihr verbergt die Sonne im Gewölk, mit Regen am Himmel. Gewitterguß! deine honigreichen Tropfen spritzen hoch. Die Regenwinde schirren ihren Streitwagen an ... Ihr Allherrscher, netzt uns mit der Milch des Himmels... Der Gewitterguß, Mitra und Varuna! redet prächtig seine naßreiche ... Sprache ... Laßt den Himmel regnen."[15]

In dem mittelpersischen Buch „Die Schöpfung" (Bundahishn),[16] das wir schon mehrfach herangezogen haben, besteht ein Zusammenhang zwischen dem Tod des Stiers, der Dürre und dem Regen. Dort wird der Stier nicht von Mithra geopfert, sondern von dem Bösen getötet. Nach dem Tod des Tieres steigt seine Seele zum Himmel empor und klagt vor Ohrmazd (Ahura Mazda), die Erde liege wüst, die Bäume trockneten aus, und das Wasser versiege.[17] Aber es gelingt dem Ohrmazd, die Seele des Stiers zu befriedigen; sein Licht und sein Samen werden dem Mond anvertraut und dort gefiltert.[18] Die Seele des Stiers verspricht alle Kreaturen zu nähren und in der materiellen Welt als das „wohltätige Lebewesen" wieder neu geschaffen zu werden.[19]

---

13 Auf den römischen Steinen ruft der kniende Hirt den Gott an, er möge helfen.

14 Vers 61 (H. Lommel, Die Yäst's des Awesta, 74).

15 Gedichte aus dem Rig-Veda, übertragen von P. Thieme (Stuttgart 1969) 47/8; vgl. „Lieder des Rigveda", übersetzt von A. Hildebrandt (1913) 81. Für den Sieg über die Dürre bei Indern und Iraniern vgl. Reichelt, Indogermanische Forschungen 32, 1913, 28; H. Lommel, Der arische Kriegsgott (Frankfurt 1939) 51–70; G. Widengren, Stand und Aufgaben der iranischen Religionsgeschichte, Numen 1 (1954) 51–55 = S. [37–41] des Separatdruckes (Leiden 1955) und „Die Religionen Irans" (Stuttgart 1965) 41–49.

16 Zand-Akasih, Iranian or Greater Bundahišn, transliteration and translation by B. T. Anklesaria (Bombay 1956).

17 Kap. IV A (Anklesaria 53) ... the earth has lain in ruin, the Tree is dried, and the water afflicted.

18 Kap. II 10 (W. B. Henning, Selected Papers II [1977] 99) ... the Moon in which the seed of the animals is stored. Kap. VI E (Anklesaria 81) They entrusted to the Moon the light and the ‚vis‘ (semen) which were in the seed of the Gav [des Urstiers]. They adorned the seed, filtered by the light of the Moon, with all colours and instilled life within it. Kap. XIII 4 (Anklesaria 119) Having carried the seed of the Gav [des Urstiers] up to the Moon station, they purified it there and created forth, out of it, the beneficient animals of many species.

19 Kap. IV A, 6 (Anklesaria 55) [die Seele des Stiers] became satisfied, saying: „I will nourish the creatures", that is, she agreed to be recreated in material life as the beneficient animal. – Der

In den Mithrasmysterien muß die mythische Erzählung etwas anders geführt worden sein, weil dort das Opfer des Stiers eine Heilstat war. Aber es ist klar, daß der Mythos sehr ähnlich gewesen sein muß; denn man sieht auf den Monumenten immer wieder, daß ein kleiner Stier (= die Seele des Stiers) in die Mondsichel versetzt ist, und dieser Stier im Mondboot[20] ist fast immer rechts über den Darstellungen des Regenwunders zu sehen; der Hirt, der mit vorgehaltener Hand das herniederströmende Wasser auffängt, kniet meistens direkt unter diesem Mondboot. Das Wasser (und alle Lebenssamen) regnen also aus dem Mond auf die Erde herunter.

Die Ernte

Als Mithras durch seinen Schuß gegen die Regenwolke den Regen herabbrachte, hat er nicht nur das Vieh vor dem Verdursten gerettet, sondern auch die Fruchtfelder vor dem Vertrocknen. So war er auch der Gott der reichen Ernte, und dem Grad des ‚Persers‘ kam der Ehrentitel zu „Beschützer der Früchte".[21]

Auf den linken Seitenstreifen der Reliefs von Dieburg (Abb. 122 = V 1247) und Mauls (Abb. 132 = V 1400) schneidet Mithras mit der Sichel die Ähren. Auf dem Mosaik der Leiter in Ostia (Abb. 38 = V 299) ist die Sense eines der Attribute des ‚Persers‘.[22] Auf der Bronzeplatte aus Ostia Abb. 33 (=V 234) symbolisiert die Sichel den fünften Grad. Man wird also erzählt haben: Als das Getreide reif war, hat Mithras mit der Sense oder der Sichel die Ernte eingebracht.

Die Episode erinnert an den oben (S. 33 f.) besprochenen Bericht des Herodot über den Aufstand der Perser unter Kyros gegen die Meder. Kyros hatte die Perser am ersten Tag mit der Sichel roden lassen; am zweiten Tag kamen sie dann frisch gewaschen zusammen

---

7. Yäsht ist an den „rindererzeugenden Mond" gerichtet; es heißt von ihm (Vers 4): „Wenn der lichte Mond Wärme bringt, läßt er durch Regen die grünen Pflanzen im Frühling aus der Erde wachsen" (Lommel, Die Yäst's S. 46).

20 Daß der Mond ein „leuchtendes Schiff" *(lucida navis)* und ein „Schiff der lebenspendenden Wasser" *(navis vitalium aquarum)* sei, hat Mani gelehrt; s. das Zitat aus Manis Buch *Thesaurus vitae* bei Augustin, De natura boni 44 (p. 881–3 Zycha); vgl. auch De haeresibus ad Quodvultdeum 46,6 (Corpus Christianorum Lat. 46, 314; die beiden Stellen auch bei A. Adam, Texte zum Manichäismus S. 2/3 und 66).

21 Porphyrios, De antro nympharum 16, zitiert unten S. 117 Anm. 26. Auf einem Fresco im Mithraeum Barberini sieht man einen Mann mit Lorbeerkranz, der einen Korb mit Früchten trägt (Vermaseren, Mithriaca III, The Mithraeum at Marino, Tafel XVIII). – Im Mithra-Yäsht heißt der Gott „Wächter" (§ 54 und 103).

22 Nicht ganz sicher ist die Deutung des ‚Persers‘ in der Mystenprozession unter S. Prisca (V 480,3). In Vermaserens „Corpus" (I S. 197) heißt es: „The walking person holds a bundle of ears in his upraised right hand and in his left hand a sickle". Dagegen steht in der Publication über S. Prisca (S. 156): „His right arm and hand are upraised and above are thick traces of yellow with some brown lines in the upper side *(falx)*. In his left hand, which itself is lost, he holds a long twig which bends at its upper end. Becatti, Mitrei, 111 explains this object as a *falx*, but I am inclined to think that he is wrong." Vgl. auch V 532 (Rom).

und hielten ein großes Festmahl ab. Wir haben oben gesehen, daß die Kyrossage in vielen Einzelheiten rituelle Hintergründe hat. Es ist also wahrscheinlich, daß die Arbeit des Mithras mit der Sichel auf den Mithrasreliefs auf persische Riten zurückzuführen ist.

Erklärung weiterer Symbole des ‚Persers‘

Eine Darstellung des Cautopates aus Bononia (Abb. 72 = V 694) ist nun leicht zu erklären. Man sieht ihn mit persischer Mütze und gesenkter Fackel. Im linken oberen Eck befindet sich die Mondsichel, darunter ein Krug,[23] aus dem Wasser fließt: Eine Anspielung auf das Regenwunder. Zu seinen Füßen links der Stier und rechts Gebüsch.

Ein Altar aus der Stadt Italica in Spanien zeigt auf drei Seiten die Früchte: Einen Weinstock, einen Feigenbaum und fünf Weizenähren. Es ist ein Altar eines ‚Persers‘ als des Beschützers der Früchte. Auf der vierten Seite ist der Stier abgebildet (V 770).[24]

Ein Symbol des ‚Persers‘ ist auch der Delphin; denn der Delphin (der Gebärmutterfisch) ist das wunderbarste unter den Tieren des Wassers, und der ‚Perser‘ ist der Spender des Wassers. Wir haben zwei Statuen des Cautopates mit dem Delphin, aus Rusicade in Africa (V 123)[25] und aus Emerita (Abb. 75 = V 773). Bei der Einweihungszeremonie des ‚Persers‘ auf dem Altar aus Poetovio (Abb. 138 = V 1584, s. unten) liegt ein Delphin neben dem Altar; ein Altar aus Apulum (Abb. 151 = V 1942) zeigt auf zwei Seiten den Delphin.

Daneben sieht man auf demselben Altar den Dreizack, das Symbol des Meergottes Neptun, also wieder ein Symbol des Wassers.

Auf den Grad des Persers beziehen sich die drei Seiten eines Altars aus Poetovio (Abb. 138 = V 1584). Die rechte Seite mit dem Wasserwunder haben wir schon besprochen. Links sind die Attribute des Persers: Bogen, Köcher und Kurzschwert (Akinakes).

---

23 Ein Krug auch neben der Statue des ‚Persers‘ aus Dieburg (Abb. 121 = V 1249).

24 Alle Seiten abgebildet bei García y Bellido, Studies presented to David M. Robinson (1951) I 776 ff.

25 Hier ist neben Cautopates auch noch eine Eule zu sehen, ebenfalls Symbol des 5. Grades. Der Delphin kommt noch auf zwei weiteren Monumenten vor:
(a) Auf einem Altar aus Angera in Norditalien (V 720); der Altar zeigt auch Jupiters Gigantenkampf und den Adler, also Symbole des 4. Grades;
(b) auf einer Schale aus Salona (Abb. 146 = V 1861); im mittleren Rund sieht man das Stieropfer, darüber auf dem Rand den Sonnengott, den liegenden Saturn und Luna; daran schließen Wassertiere an: ein Krokodil, ein Delphin, eine Wasserschlange (Hydra), ein Mischkrug (Kratér), nochmals eine Wasserschlange, ein Krebs und eine Krabbe. Die Verteilung auf die Weihegrade ist vermutlich: 1 Krabbe, 2 Hydra, 3 Krebs (mit den Scheren, die den Zangen des Skorpions ähnlich sind), 5 Delphin, 6 Krokodil (als Sonnentier). Ein Tier des 4. Grades muß im Wasser fehlen, weil der 4. Grad zum Element des Feuers gehört und Feuer und Wasser sich ausschließen.

Das Mittelrelief zeigt eine Einweihungszeremonie bei brennendem Altar. Rechts steht der Pater und hält in seiner Hand einen Dolch; zu seinen Füßen liegt ein Delphin. Oben kommt ein Rabe geflogen und spießt Fleischstücke auf den Dolch. Links steht der Einzuweihende; er hält sein Kurzschwert in der linken Hand nach unten; er faßt mit der rechten Hand nach der Rechten des Paters; sie sind also *syndexii*. Der Einzuweihende ist fast nackt, trägt aber über der Schulter einen Mantel und auf dem Kopf den Strahlenkranz des Heliodromus. Es ist also der Übergang vom 5. zum 6. Grad dargestellt.

Ganz ähnlich ist die Darstellung auf dem zweiten Nebenfeld rechts oben auf dem Relief von Nersae in Italien (Abb. 73 = V 650). Der Pater steht vor dem brennenden Altar und hält in der rechten Hand seinen nach oben gerichteten blanken Dolch. Links vom Altar kniet der nackte Einzuweihende. Er hält in der einen Hand das Kurzschwert, das nach unten gerichtet ist; mit der anderen Hand greift er nach der ausgestreckten Hand des Paters.

Von der Einweihungszeremonie zum Grad des Persers wissen wir, daß man auch ihm (wie dem Löwen) Honig reichte; denn der Perser, so sagt Porphyrios, war der „Schützer der Früchte", und der Honig habe in diesem Fall die symbolische Bedeutung des Konservierens, Bewahrens und Schützens.[26]

Die Fahrt des Persers mit dem Wagen des Sonnengottes

Der Übergang des Mysten vom 5. zum 6. Grad ist wahrscheinlich durch eine symbolische Fahrt auf dem Wagen des Sonnengottes (bzw. des Heliodromus) dargestellt worden.

Man sieht auf vielen Monumenten, wie ein persisch gekleideter junger Mann zu dem Sonnengott auf den Sonnenwagen hinaufsteigt; der Sonnengott reicht ihm die Hand und hilft ihm beim Hinaufsteigen – sie sind also wieder durch Handschlag verbunden, *syndexii*. Man deutet diese Szene meist als eine Himmelfahrt des Mithras zusammen mit dem Sonnengott; aber es ist sicher der ‚Perser' gemeint, denn Mithras selbst wird als Pater (siebenter Grad) oder in der Figur des Saturn dargestellt.

Diese Fahrt auf dem Wagen des Sonnengottes ist auf Dutzenden von kleineren Kultreliefs aus dem Donauraum abgebildet, aber auch auf den Nebenfeldern der Fresken und Reliefs in Italien und Germanien.

Diese Episode ist wahrscheinlich auch auf dem drehbaren Relief von Dieburg zu erkennen. Auf der einen Seite ist Mithras auf der Jagd dargestellt; die Hauptdarstellung wird von zehn kleineren Feldern umgeben. Die andere Seite zeigt eine Episode, welche der Himmelfahrt des Persers mit dem Sonnengott unmittelbar vorausgeht (Abb. 123 = V 1247). In einem Kreis – dem Himmelsrund – steht eine Tempelfront; im Giebel des Tempels ein Kopf des Sol in einem Medaillon. Vor dem Tempel sitzt der jugendliche Sonnengott Sol-Apollo; zu ihm tritt von links der junge Perser heran; Sol reicht ihm die

---

26 De antro nympharum 16 p. 67, 13–15 N. (= p. 16, 30–32 W.) ὅταν δὲ τῷ Πέρσῃ προσάγωσι μέλι ὡς φύλακι καρπῶν, τὸ φυλακτικὸν (sc. τοῦ μέλιτος) ἐν συμβόλῳ τίθενται.

Hand (wie auf den Darstellungen, wo der Perser den Sonnenwagen besteigt). Sol steigt gerade von seinem Thron herunter, und in Kürze werden die beiden den Sonnenwagen besteigen; rechts und links führen vier jugendliche Knechte schon die vier Pferde herbei. Im Hintergrund – hinter und neben Sol – stehen vier Frauen, die vier Jahreszeiten. Unterhalb der Szene, in einem abgesonderten Feld, Oceanus, der Himmelsgott Caelus und die Erdgöttin Tellus; in den vier Ecken die vier Windgötter (die vier Himmelsrichtungen).[27]

Der ruhende Saturn

Neben oder auch über der Wagenfahrt des Persers und des Heliodromus sieht man oft den ruhenden Saturn. Meist ist er durch Verhüllung des Hauptes und den hochgezogenen und angewinkelten Arm als schlafend gekennzeichnet.[28] Man wird also auch in diesem Fall, wie bei den Darstellungen Saturns über der Felsgeburt, annehmen, daß Saturn träumt. Vermutlich ist auch dieser Traum auf das Initiationsritual zu beziehen: Erst wenn der Pater (= Saturn) geträumt hatte, daß ein ‚Perser‘-Myste zum Rang des Heliodromus aufsteigen solle, erst dann durfte die Weihe vollzogen werden.

6. Heliodromus (Läufer mit der Sonne)

Cautes-Lucifer

Zum Heliodromus gehörte Sol-Helios als Planetengott (denn im antiken Weltbild war die Sonne ein Planet). Die Symbole dieses Grades sind auf dem Mosaik der Leiter in Ostia (Abb. 38 = V 299) der Siebenstrahlenkranz, die Fackel und die Geißel des Wagenlenkers.

Der Heliodromus läuft dem Sonnengott voraus. Er ist identisch mit dem Morgenstern *Lucifer*, der mit seiner erhobenen Fackel vor der Sonne hereilt, und mit dem persischen Fackelträger *Cautes*; dieser erhebt die Fackel und bezeichnet damit ebenfalls den Sonnenaufgang. In mehreren Inschriften heißt er „der aufgehende Gott" *(deus oriens)*.[1]

---

27 Man hat dies Relief bisher immer auf Phaethon und Apollon gedeutet, und es sei nicht bestritten, daß Ovids Schilderung der Phaethonepisode (Metamorphosen I–II) den Bildhauer angeregt hat. Aber da Phaethon abgestürzt ist, kommt eine Gleichsetzung von Mithras und Phaethon nicht in Betracht.

28 Abb. 71 = V 693 (Bononia); Abb. 116 = V 1283 (Neuenheim); Abb. 112 und 114 = V 1292 (Osterburken); Abb. 131 = V 1430 (Virunum); Abb. 154 = V 2000 (Apulum); V 2202 (Biljano-vac); Abb. 161 = V 2244 (Tavalicavo); s. auch Abb. 164 = V 2338 (Kurtovo). – Manchmal hat Saturn seine Hand nicht zum Schlaf angewinkelt, sondern zum Gruß erhoben; in diesem Fall wird man erklären: Er ist aus dem Schlaf erwacht und begrüßt die beiden Wagenfahrer (Abb. 134 = V 1475, Siscia; Abb. 150 = V 1935 und Abb. 152 = V 1958 und Abb. 153 = V 1972, alle aus Apulum).

1 V 518 (Rom) *Oriens;* V 1469 (Pregrade), V 1941 (Apulum) und V 2213 (Moesien) *Deus oriens.*

Auf einem Relief aus Carnuntum hält Cautes in der rechten Hand die erhobene Fackel, in der Linken eine Ähre (Abb. 142 = V 1697).

Sol Hyperion und der Globus

Der Heliodromus und sein Gott Helios/Sol hängen so eng miteinander zusammen, daß man sie auf vielen Darstellungen nicht voneinander unterscheiden kann. So zeigt eine Seite des Altars von Poetovio (Abb. 139 = V 1591) den Sonnengott mit Sieben-Strahlen-Kranz, Geißel und Globus in der Hand; hinter ihm vier Pferdeköpfe, welche das Viergespann des Gottes andeuten.[2] Der Globus bezeichnet die Erde, um welche der Gott täglich seine Kreisbahn nimmt.

Eine Reliefplatte aus Rom (Abb. 49 = V 354) zeigt den Heliodromus mit knabenhaftem Gesicht und Strahlenkranz. Er erhebt die rechte Hand im Sonnengestus und trägt in der Linken den Erdball; dahinter die Peitsche.[3]

Ein Altar aus Vercovicium am Hadrianswall in Britannien (heute Housesteads; Abb. 88 = V 859) ist „dem Sol Hyperion", *Soli Hiperioni*[4] gewidmet, also „dem darüberhin wandelnden Sonnengott".[5] Sol-Helios ist im Siebenstrahlenkranz mit Peitsche abgebildet.

Auf dem Relief von Neuenheim (Abb. 117 = V 1289) reitet der Sonnengott, den Globus in der Hand, um den Erdball. Löwe und Schlange begleiten den Gott.[6]

Der Globus ist ein Abzeichen des Heliodromus. Auf dem Fresco aus Rom (V 459) hält er, ein persisch gekleideter junger Mann, den blauen Globus in der Hand.[7] Auf dem leider

---

2 Den Sonnengott in seiner Quadriga sieht man in einer Gruppe aus Stockstadt (V 1174).

3 Auch auf einer Plakette aus Ostia sieht man den jugendlichen Sonnengott mit erhobener rechter Hand, die Geißel in der Linken(V 320 B bei Vermaseren, Corpus 2, 24/5 und M. Floriani-Squarciapino, I Culti Orientali ad Ostia [Etudes préliminaires 3, 1962] S. 57 und Tafel XV. Eine schöne Darstellung des Sonnengottes mit der erhobenen rechten Hand aus Poetovio bei P. Selem, Les religions orientales dans la Pannonie romaine (Etudes préliminaires 85) S. 141/2 nr. 110 a mit Tafel XXVII und Titelbild.

Auf den Heliodromus bezieht sich vermutlich auch der Sol aus Petronell, Corpus signorum Imperii Romani, Österreich I 3 (1970) nr. 189 (M.-L. Krüger).

4 Man hat in Verkennung von Buchstabenligaturen bisher SOLI HERION gelesen (so Collingwood-Wright, The Roman Inscriptions of Britain 1601). Vgl. meine Notiz in Britannia 14, 1983, 269/270.

5 So haben die Alten das griechische Wort Hyperion verstanden, z. B. Cornutus, Theol. Graec. 17 (p. 30, 17 Lang). Vom Standpunkt der historischen Etymologie aus ist diese Erklärung falsch, wegen des langen -i- in Hyperion. Aber in unserem Zusammenhang kommt es nur darauf an, was man sich in der Kaiserzeit bei diesem Wort gedacht hat.

6 Auf dem Fresco aus Dura (Abb. 17 = V 52) jagt Mithras in Begleitung von Löwe und Schlange. Diese Jagdszene ist also wohl dem 6. Grad zuzuordnen. Wir haben die Jagdszenen aus Dieburg (Abb. 122 = V 1247) und Rückingen (Abb. 129 = V 1137) dem 5. Grad zugeordnet; aber vielleicht gehören alle Jagdszenen zum 6. Grad.

7 Farbphotographie bei Vermaseren, Mithriaca I, Tafel XIV.

arg zerstörten Fresco mit der Prozession der Mystengrade im Mithraeum unter S. Prisca in Rom ist der Heliodromus die erste Person, welche vor den sitzenden Pater tritt, mit dem blauen Globus in der Hand.[8]

Der Sonnenaufgang und der ‚Befestiger‘ des Himmelsgewölbes

Alle Abbildungen des in der Quadriga den Himmel hinauffahrenden Sonnengottes stehen in Beziehung zum Grad des Heliodromus. Sie bezeichnen gleichzeitig den Sonnenaufgang und die tägliche Reise des Gottes um die Erde.

Auf einem Relief in Trier (Abb. 90 = V 985) sieht man den Sonnengott im Himmelskreis. Er stützt den linken Unterarm auf den unteren Teil des Himmelsrundes und hält in der linken Hand den Erdball, dem er den Tag bringt. Die rechte Hand stützt er gegen den oberen Teil des Himmelsrundes. Offenbar ist gemeint, daß der Gott im Aufgehen das Himmelsrund sozusagen auseinanderstemmt, daß er den Himmel an jedem Morgen neu erschafft. Die Darstellung bezieht sich nicht auf Helios-Mithras, sondern auf Helios-Cautes(-Heliodromus); dies ist dadurch deutlich gemacht, daß auf dem Kreis, der die Darstellung umgibt, nur die sechs Zodiacalzeichen abgebildet sind, welche die Zeit zwischen dem Frühlingsaequinoctium und dem Herbstaequinoctium bezeichnen, also diejenige Periode, zu welcher der Tag länger ist als die Nacht; und diese Periode gehört zu Cautes mit der erhobenen Fackel.

Denselben Sinn haben eine Serie anderer Bilder, auf denen ein persischer Hirt Himmel und Erde auseinanderstemmt. Sie zeigen den Sonnengott in seiner Gestalt als Heliodromus beim Sonnenaufgang. Die Szene ist dargestellt im Mithraeum Barberini (Abb. 52 = V 390; rechts), in Heddernheim (Abb. 130 = V 1128), Besigheim (Abb. 111 = V 1301), Mauls (Abb. 132 = V 1400), Poetovio (Abb. 136 = V 1510) und Kurtowo in Moesien (Abb. 164 = V 2338).[9]

Die Person gleicht immer mehr einem persischen Hirten als dem Sonnengott; man könnte daraus schließen, daß bei der Weihe zum Heliodromus eine Szene gespielt wurde, in welcher der Initiand rituell Himmel und Erde auseinander stemmte, also das Licht-Werden der Kosmogonie und des Tagesanbruchs wiederholte.

Eine Variante dazu sind Relieffelder, auf denen ein persischer Hirt den Erdball auf den Schultern trägt, ganz wie sonst Atlas. Man sieht diese Szene in Neuenheim (Abb. 116 = V 1283) und Osterburken (Abb. 112 = V 1292).[10]

---

8 V 480,2; Vermaseren-van Essen, S. Prisca S. 156 und Tafel LIX.

9 Vgl. noch die Monumente von Enns (V 1422), Sarkeszi (V 1815), Sarmizegetusa (V 2046) und aus einem unbekannten Ort von Scythia minor (V 2315).

10 Dies erinnert an jene Gestalt der Manichäer, welche ebenfalls den Himmel auf den Schultern trägt und die Namen Ὠμοφόρος und *Atlas* führt (z. B. Acta Archelai 8, p. 11, 9 Beeson; Augustin, Contra Faustum Manichaeum XV 5 p. 424,6 Zycha); vgl. F. Cumont, Recherches sur le manichéisme I (1912) 69–75.

Man kann damit vielleicht in Verbindung bringen, daß in Inschriften des Mithraeums von Dura-Europos ein Mystengrad στερεωτής genannt wird.[11] Das Wort gehört zu στε-ρέωμα „Himmelsgewölbe" und bezeichnet den „Befestiger" des Himmelsgewölbes. Da in Dura-Europos der Grad des Heliodromus als einziger der sieben Grade nicht bezeugt ist, hat Cumont erschlossen, daß die Mysten des sechsten Grades in Dura nicht als *Heliodromus*, sondern als *Stereotés* bezeichnet wurden.

Lucifer – Cupido – Heliodromus und der Nymphus

Auf dem Relief von Capua (Abb. 27 = V 186) führt ein Erosknabe (Cupido) den als Psyche ausstaffierten Nymphus an der Hand; in der anderen Hand hält Cupido eine erhobene Fackel, wie sie sonst Lucifer trägt. Dies bedeutet, daß bei der Einweihungszeremonie des 2. Grades (des Nymphus) ein Myste des 6. Grades (Lucifer-Cupido-Heliodromus) den Einzuweihenden auf der Leiter des Aufstiegs um eine Sprosse nach oben geführt hat.[12] Auch bei der Statue aus Emerita (Abb. 80 = V 784) sitzt neben Venus – der Göttin des zweiten Grades – ein kleiner Cupido; und auf dem Relief von Heddernheim (Abb. 101 = V 1083) ist rechts über Cautes-Heliodromus (6. Grad) eine Schlange (2. Grad) abgebildet, die aus einem Baum herauskommt. Schließlich zeigt das Relief von Bononia (Abb. 71 = V 693) in der Mitte des unteren Streifens statt des im Wagen fahren-den Heliodromus einen kleinen Cupido, der zum Himmel emporfährt und von dem lie-genden Saturn (7. Grad) erwartet wird. Es ist also klar, daß die beiden Knaben mit der erhobenen Fackel – Lucifer und Cupido – im Mithraskult als identisch angesehen wurden und Verkörperungen des 6. Grades, des Heliodromus, waren, und daß der Heliodromus bei der Weihe des Nymphus die Rolle des Mystagogen spielte.[13]

Hahn, Eidechse, Krokodil

Der Vogel des Heliodromus ist der Hahn, das Tier des Morgens.[14] Er hat den Alten als

---

11 V 60 νᾶμα ἐλπίσι Ἀντωνείνῳ στερεωτῇ ἀγαθῷ συνδεξίῳ τῷ εὐσεβεῖ. Vgl. V 63 und Cu-mont(-Francis) in Mithraic Studies I 202.

12 Wir werden später sehen, daß damit auf den Aufstieg der von Eros beflügelten Psyche angespielt wird, wie ihn Platon im Symposion und im Phaidros beschrieben hat (s. S. 235).

13 Man könnte erwägen, ob der Heliodromus bei allen Initiationszeremonien diese Rolle gespielt hat; denn die Fresken von Capua zeigen, daß zu jeder Initiation drei Personen gehören, der Pater, der Mystagoge und der Einzuweihende. Zwei Statuen des Mercur (1. Grad) aus Stockstadt (Abb. 125 = V 1210 und V 1257) zeigen neben dem Gott einen Hahn, das Tier des Heliodro-mus, und auf der Seite eines Altars in Poetovio (V 1496) sitzt ein Hahn auf einer Schildkröte (1. Grad). Dies wäre leicht zu erklären, wenn der Heliodromus (durch den Hahn bezeichnet) auch bei der Weihe des ersten Grades (Mercur, Schildkröte) als Mystagoge fungierte.

14 Vgl. den Preis des Hahns bei Ambrosius in dem Hymnus „*Aeterne rerum conditor*": *Praeco diei iam sonat/noctis profundae pervigil,/nocturna lux viantibus,/a nocte noctem segregans./Hoc exci-tatus L u c i f e r/solvit polum caligine,/hoc omnis erronum chorus/ vias nocendi deserit./... Sur-*

der persische Vogel gegolten;[15] Plutarch berichtet, daß bei den Persern Hunde und Hähne als Tiere gälten, die auf der Seite des Guten kämpften.[16] Auf dem Fresco von Capua steht der Hahn neben Cautes (Abb. 26 = V 182).[17] Auf der Brosche aus Ostia (Abb. 39 = V 318) wird Cautes durch den Hahn vertreten.

Auf dem Relief aus Rom (Abb. 54 = V 435) sieht man unmittelbar unter dem Kopf des Sonnengottes eine *Eidechse;* sobald die Sonne aufgeht, kriecht sie aus ihrem Versteck im Felsen heraus. Sie heißt *saura heliace,* gehört also zu Helios. Auch die Abzeichen des Heliodromus hießen *heliaca.*[18]

Wahrscheinlich galt auch das *Krokodil* als ein Tiersymbol des Heliodromus. Man sieht es unter den Wassertieren auf der Schale aus Salona (Abb. 146 = V 1861). Nach Porphyrios fährt Helios auf einem Krokodil durch den Aether.[19]

Die Palme

Unter den Bäumen galt die Palme mit ihren strahlenkranzartigen Blättern als Symbol des Sonnengottes. Sie ziert den Altar des Cautes-Lucifer-Heliodromus in Apulum (Abb. 156 = V 1985) und eine Darstellung des Saturn aus Rückingen (Abb. 126 = V 1138).

Auf dem Relief aus Rom (Abb. 54 = V 435) ist über Cautes ein Palmblatt abgebildet; auf der Gemme in New York (Abb. 168 = V 2361) ist der Wagen des Heliodromus vorn mit einem Palmblatt verziert. Auf dem Altar aus Vindovala am Hadrianswall (Abb. 86a = V 839) fassen Palmzweige jenen Kranz ein, der durch die Inschrift *deo* als dem Gotte geweiht bezeichnet ist. Auch sonst werden Palmbäume oft auf den Mithrassteinen abgebildet.

---

gamus ergo strenue/gallus iacentes excitat/et somnolentos increpat/... Gallo canente spes redit/ aegris salus refunditur,/mucro latronis conditur (etc.).

15 Aristophanes, Vögel 485, 707, 833; Kratinos fr. 279 Kassel-Austin; Menodotos von Samos (541 F 2 Jacoby) bei Athenaios XIV 70 p. 655 A (3,449,10 Kaibel). Für den Hahn als Vogel des persischen Gottes Srausha („Gehorsam, Gefolgschaft") s. oben S. 29.

16 De Iside 46 (p. 369 EF; p. 46,23 Sieveking) νομίζουσι ... τῶν ζῴων ὥσπερ κύνας καὶ ὄρνιθας ... τοῦ ἀγαθοῦ ... εἶναι (ὄρνις bedeutet vorzugsweise „Hahn" bzw. „Huhn"; so auch heute noch im Neugriechischen).

17 Vgl. noch die Statue aus dem Mithraeum unter S. Prisca (Vermaseren-van Essen, S. Prisca S. 341 Nr. 19 mit Tafel LXXVI) und das Relief in Krakau (Vermaseren, Mithriaca III, Tafel XXIX; über Cautes eine Büste des Sonnengottes = des Heliodromus).

18 V 401 = Dessau 4267 b. Eine Eidechse war auch (neben einer Schlange, 2. Grad, und einem anderen Tier) auf der Vase aus Stockstadt V 1220 abgebildet, s. Schwertheim S. 150 nr. 117 h nach Stade in: Der Obergermanisch-rätische Limes A III (Nachträge zu Abt. B Nr. 33 Kastell Stockstadt) 42.

19 Bei Euseb, Praep. evang. III 11,48 (p. 143,13 Mras = Bidez, Vie de Porphyre p. 19*,7; aus der Schrift περὶ ἀγαλμάτων). Vgl. auch Clemens, Strom. V 7,41,3 (p. 354,12 Stählin).

Die Einweihungszeremonie

Die Einweihung des Heliodromus ist auf zahlreichen Monumenten dargestellt. Der Einzuweihende kniete vor dem Pater nieder und huldigte ihm; der Pater nahm ihm die persische Mütze ab und krönte ihn mit dem Strahlenkranz des Heliodromus.

So zeigt ein Fresco aus Dura-Europos den nackten, knienden Mysten mit bittend erhobenen Händen; der Pater zieht ihm die persische Mütze vom Kopf. Darüber ist die Strahlenkrone abgebildet, welche dem Knieenden gleich danach aufgesetzt werden wird (Abb. 15 = V 42,11).[20]

Ähnlich auf dem Relief von Osterburken (Abb. 112 und 115 = V 1292): Der Pater hat die persische Mütze vom Kopf des nackten Knieenden gehoben; der Strahlenkranz liegt auf dem Boden bereit (Abb. 115). Wie der Pater den Knieenden mit dem Strahlenkranz krönt, sieht man im rechten Feld eines Reliefs aus Ostia (Abb. 41 = V 321).

Beide Stufen zeigt der Querstreifen über dem Relief von Heddernheim (Abb. 101 = V 1083): Rechts kniet der Myste vor dem Pater (dessen Figur stark restauriert ist); links davon setzt der Pater (mit persischer Mütze und fliegendem Mantel) dem Heliodromus den Strahlenkranz auf.

Auf dem Relief von Virunum kniet der Myste vor dem Pater; dieser hat ihm die persische Mütze abgenommen und schwingt sie hoch in die Luft;[21] mit der Linken hat er dem neuen Heliodromus die Strahlenkrone aufgesetzt (Abb. 131 = V 1430). Es folgt ein Bild, wo Mithras (der Pater) und der Sonnengott (der Heliodromus mit Strahlenkranz und Peitsche) im Handschlag vereint sind.

Das Abnehmen der persischen Mütze und den anschließenden Handschlag zeigt auch der rechte Seitenstreifen von Mauls (Abb. 132 = V 1400). Dieselben Szenen sind auch auf einem Relief von Poetovio dargestellt (Abb. 137 = V 1579).

Auf dem Fresco von Marino sieht man auf dem Seitenstreifen rechts unten das Abnehmen der persischen Mütze, und darüber den Handschlag über dem brennenden Altar; der Pater trägt ein rotes Gewand und die persische Mütze, der Heliodromus ist nackt, hat aber einen Mantel über die Schulter geworfen und ist mit dem Strahlenkranz gekrönt.[22]

Die Einheitlichkeit dieser Darstellungen über alle Provinzen des römischen Reiches hinweg darf man als Beweis dafür ansehen, daß die Mithrasmysterien überall in derselben Weise begangen worden sind.

Bei dieser Weihe ist anscheinend auch die Szene mit dem Dolch vorgekommen, auf welchem gebratene Fleischstücke aufgespießt wurden; wir haben die beiden Reliefs (Abb. 73 = V 650 aus Nersae und Abb. 138 = V 1584 aus Poetovio) schon oben im

20 Ein oben beschädigtes Relief aus Dacien (Abb. 159 = V 2190) ist ähnlich zu deuten: Der Pater nimmt einem knienden Initianden die persische Mütze ab; im Feld oben darf man sich einen Strahlenkranz vorstellen.
21 Ähnlich auf dem Fresco im Mithraeum Barberini (Abb. 52 = V 390,5) und im rechten Seitenfeld des Reliefs von Nersae (Abb. 73 = V 650).
22 Vermaseren, Mithriaca III, Tafel III und VIII.

Abschnitt über den ‚Perser' besprochen. Sicherlich wurde jede Weihezermonie durch ein Festmahl abgeschlossen.

Die beleuchtbaren Altäre des Sonnengottes werden wir später behandeln (S. 135).

Raub und Zähmung des Stieres

Der Mythos von Raub und Zähmung des Stieres stand in Beziehung zum sechsten Mystengrad. Die Zähmung ist dem Stieropfer, welches zum siebenten Grad gehört, vorausgegangen.

Mithras heißt bei den antiken Autoren oft der „rinderraubende Gott". Ein Hymnenfragment redet den Mithrasmysten an:

μύστα βοοκλοπίης, συνδέξιε πατρὸς ἀγαυοῦ.

„Myste des Rinderraubes, in Handschlag verbunden mit dem ehrwürdigen Vater"[23].

Der Christ Commodian hält den Mithrasdienern vor:

Insuper et furem adhuc depingitis esse,
cum, si deus esset, utique non furto vivebat.
terrenus utique fuit et monstruosa natura,
vertebatque boves alienos semper in antris . . .

„Überdies malt ihr ihn auch noch als Dieb, während er doch, wenn er ein Gott gewesen wäre, gewiß nicht vom Raub gelebt hätte. Er war gewiß von irdischer (sterblicher) Art, ein monströses Wesen, und er trieb immer die fremden Rinder in seine Höhle".[24]

Die Mithrasmysten antworteten, indem sie den Rinderraub allegorisch interpretierten; Porphyrios sagt: „Der rinderraubende Gott ist derjenige (Gott), der im Geheimen über die Entstehung des Lebens Tränen vergießt".[25] Solche allegorischen Interpretationen waren in der römischen Kaiserzeit sehr beliebt; Augustin ist erst zum Christentum seiner Mutter zurückgekehrt, als er von Ambrosius gelernt hatte, daß die Geschichten des Alten Testaments von den jüdischen Erzvätern nicht nach dem Wortlaut des Textes, sondern allegorisch zu verstehen seien.

Die Hochschätzung, ja Bewunderung des Viehraubes geht auf die alten, nomadischen Zeiten der Perser zurück und findet sich auch bei vielen anderen Völkern. Die erste Tat des griechischen Gottes Hermes war, daß er nur einige Stunden nach seiner Geburt seinem Bruder Apollon eine große Rinderherde raubte. Die Gründer Roms, Romulus, Re-

---

23 Firmicus Maternus, De errore profanarum religionum 5.
24 „*Invictus*": Instructiones I 13, p. 18 ed. Dombart (1887).
25 De antro nympharum 18 p. 69,16 N. = 20,5 W. βουκλόπος θεὸς ὁ τὴν γένεσιν λεληθότως δακρύων (damit Leben entstehe, muß Mithras zuerst den Stier töten; vgl. unten S. 198 Anm. 9).

mus und ihre Gefährten führten den Titel „Räuber" *(latrones)* und raubten das Vieh der Nachbarn. Das bekannte irische Epos heißt „Der Rinderraub", und in der deutschen Sprache gibt es eine Wendung, mit der man einen Freund bezeichnet, auf dessen Geschick und Treue man sich in den schwierigsten Situationen verlassen kann: „Mit ihm kann man Pferde stehlen". Von Kyros, dem Gründer des Perserreichs, wird berichtet, daß sein Vater „vom Raub lebte, während seine Mutter Ziegen weidete".[26] Von jenem Arsakes, der um 240 v. Chr. die Perser von der Herrschaft der Mazedonen befreite, heißt es: „Er war ein Mann von erprobter Tapferkeit und pflegte vom Raub zu leben".[27] Von dem persischen Heros Feridun (altpersisch: Thraitauna, bei Iamblich: Rodanes) berichtet eine Tradition, daß er Kühe aus ihrem Versteck trieb.[28] Es ist also klar, daß auch diese mythische Episode der Mysterien an persische Überlieferung anknüpfte.

Die Einzelheiten des Stierraubes und der Zähmung des Tiers können wir nur notdürftig aus den Nebenfeldern der Mithrasreliefs rekonstruieren. Besonders wertvoll sind die Reliefs aus Neuenheim (Abb. 116 = V 1283), Dieburg (Abb. 122 = V 1247) und Rückingen (Abb. 128 = V 1137), weil dort vier bzw. drei Episoden des Stierzyklus nebeneinander dargestellt sind.

Zunächst grast der Stier allein (Abb. 116 = V 1283). Weiter sieht man in Dieburg den Gott mit hocherhobener Hand, vermutlich ein Lasso schwingend, mit dem er den Stier eingefangen und entführt hat. Rechts davon liegt dann der eingefangene Stier friedlich in einem Stall, den Mithras inzwischen erbaut hat. Wir haben dies oben anläßlich des fünften Weihegrades schon besprochen („Hirtenleben"). Der Stier im Stall ist auf vielen Monumenten dargestellt, z. B. dem Relief aus Siscia (Abb. 134 = V 1475). Der Stall sieht oft fast wie ein Tempel aus, einmal eher wie ein Zelt (Abb. 153 = V 1972, Apulum) und einmal wie eine Höhle (Abb. 96 = V 1019, Köln).

Zunächst scheint sich der Stier willig in den neuen Herrn gefügt zu haben. Zweimal trägt ihn der starke persische Hirt auf den Schultern wie sonst der gute Hirt das verlorene Schaf, ein Beinpaar über die rechte, das andere über die linke Schulter gelegt (Abb. 128 = V 1137, Rückingen, zweiter Streifen von oben; Abb. 116 = V 1283 Neuenheim). Er hat das starke Tier gezähmt und ihm einen Gurt *(dorsuale)* um den Leib gelegt. Dieser Gurt findet sich auf vielen Darstellungen des Stieropfers.

Auf vielen Monumenten reitet ein persischer Hirt auf dem Stier.[29] Besonders wichtig

---

26 Nikolaos von Damaskos 90 F 66 (Jacoby, Die Fragmente der griechischen Historiker II 361,32) ἦν ὁ Κῦρος οὗτος ᾿Ατραδάτου παῖς, ὅστις ἐλῄστευεν ὑπὸ πενίας· ἡ δὲ γυνὴ αὐτοῦ . . . αἰπο-λοῦσα ἔζη.

27 Justin 41,4,6–7 *Erat eo tempore Arsaces, vir . . . virtutis expertae. hic solitus latrociniis et rapto vivere . . .*

28 Widengren, Numen 1 (1954) 55 = Stand und Aufgaben der iranischen Religionsgeschichte S. [41] und „Die Religionen Irans" 46 nach: al-Biruni, Chronology of Ancient Nations, übersetzt von Sachau (London 1879) 226,9 ff.

29 Abb. 15 = V 42,9 (Dura-Europos); Abb. 130 = V 1128 (Heddernheim, links); V 1422 (Enns; links unten); V 1472 und Abb. 134 = V 1475 (Siscia), Abb. 149 = V 1920 (Potaissa, links), Abb. 150 = V 1935 und Abb. 153 = V 1972 (Apulum, links), V 2044 und 2107 (Sarmizegetusa),

sind zwei Altäre aus Dacien (Abb. 156 = V 1985, Apulum; Abb. 157 = V 2186, Fundort unbekannt). Auf ihnen hebt der Reiter die Fackel hoch; er heißt also nicht Mithras, sondern Cautes. Hieraus ergibt sich, daß die mythische Episode vom Reiten auf dem Stier in Beziehung zum sechsten Grad stand.

Der Stier hatte sich also dem Gott unterworfen und war sein Haustier geworden. Aber dann wollte der Stier dem Gott, der ihn führte, durchgehen (Relief von Rückingen, Abb. 128 = V 1137). Mithras packte ihn an den Hörnern und zähmte ihn wieder; diese Szene ist auf den Reliefs aus Besigheim (Abb. 111 = V 1301) und Vindovala am Hadrianswall (Abb. 86 a = V 839) dargestellt. Sie wird beschrieben am Ende des ersten Buches der Thebais des Statius, also unter Domitian; dort betet eine Person zum Sonnengott: (Ich rufe dich an) „als Mithras, der unter den Felsen der persischen Grotte die Hörner dreht, welche sich nicht dazu bequemen wollten ihm zu folgen",

.... *seu Persei sub rupibus antri*
indignata sequi torquentem cornua Mithram (I 719/720).

Aber schließlich ist der Stier dem Gott doch entlaufen.[30] Mithras eilte ihm nach, sprang auf und faßte das Tier mit einem Würgegriff am Hals.[31] Auf den Reliefs von Neuenheim (Abb. 116 = V 1283), Osterburken (Abb. 112 = V 1292) und Dieburg (Abb. 122 = V 1247) sieht man den Stier in rasendem Lauf; Mithras hat ihn um den Hals gefaßt,[32] der Leib des Gottes hängt lang ausgestreckt nach hinten. Aber schließlich siegte der würgende Gott, der Stier brach zusammen. Mithras griff mit der linken Hand in die Nüstern des Tieres, so daß es vor Schmerzen wehrlos wurde, und opferte den Stier durch einen Stich

---

V 2159 (Drubeta), V 2171 (Romula), V 2202 (Biljanovac, unten links), V 2226 (Ratiaria), V 2310 (Kallatis), V 2320 (Serdica, links), V 2331 (Bessapara), in Marino (Vermaseren, Mithriaca III, Tafel III und VI).
Eine merkwürdige indirekte Überlieferung darüber, daß Mithras auf dem Stier reitet, findet sich in einem manichäischen Text in türkischer Sprache. Dort ist von einem falschen Propheten die Rede, der am Ende der Zeiten erscheinen wird; er heißt „falscher Mithra", und es wird von ihm gesagt: „Jenes Dämonen Kennzeichen und Reittier wird ein Stier sein" (A. v. Le Coq, Türkische Manichaica aus Chotscho, Abhandlungen der preuss. Akademie 1919 Nr. 3, S. 5 = G. Hazai, Sprachwissenschaftliche Ergebnisse der deutschen Turfanforschung I [Leipzig 1972] S. 454).

30 Auch im Roman des Heliodor reißt sich ein Stier los und wird dann von Theagenes wieder eingefangen (X 28).

31 Dieses Bändigen des Stiers ist in Thessalien und später in Rom oft als Kunststück gewandter und starker junger Männer vorgeführt worden und hieß Taurokathapsia (vgl. Ziehen, R. E. V A 24–27) oder Taurotheria (I. G. IX 2, 531–5); es wird im Roman des Heliodor (X 30) beschrieben. Vgl. die sorgfältige Darstellung bei L. Robert, Journal des savants 1982, 147–157. Besonders lehrreich ist das Relief aus Bizye in Thrakien bei L. Robert 158 (auch bei M. H. Sayar, Epigraphica anatolica 2, 1983, 144–6 mit Tafel 13): Der Dompteur hat den Stier bei den Hörnern gefaßt; sein Leib hängt waagerecht nach hinten, wie der des Mithras auf den oben genannten Reliefs von Osterburken, Neuenheim und Dieburg.

32 Vgl. auch das Fragment aus dem Mithraeum unter S. Prisca bei Vermaseren–van Essen, S. Prisca S. 130 und Tafel XIV 2.

in die Halsschlagader, nachdem der Sonnengott ihm mit einem Lichtstrahl oder durch den fliegenden Raben das Zeichen gegeben hatte. Man darf vermuten, daß der Ungehorsam des Tieres als Grund dafür angesehen wurde, daß es sterben mußte; denn die Menschen haben immer versucht, den Opfertieren selber die Schuld für ihren Tod zuzuschieben.[33]

7. Pater

Saturn-Sarapis und seine Symbole

Der Planetengott des Pater war Saturn. Mit diesem Gott verbanden die Alten die Vorstellung von der „guten alten Zeit", ja, der Goldenen Zeit; diese Goldene Zeit wird am Ende der Tage zurückkehren, prophezeit Vergil in der vierten Ecloge:

.... *redeunt Saturnia regna*

(die Herrschaft des Saturn kehrt zurück).[1]

Auf dem Mosaik der Leiter zu Ostia sind Symbole dieses Grades eine persische Mütze, Stab und Opferschale des Magiers, und die Sichel des Saturn.

In der Mitte des Freskenbogens aus Dura-Europos sieht man Saturn mit der Sichel, das Haupt von einem Nimbus umgeben (Abb. 15 = V 42,1). Auf zwei Fresken aus demselben Heiligtum thronen zwei Patres auf Lehnstühlen; sie halten in der rechten Hand den Stab des Magiers und in der linken eine Schriftrolle (Abb. 16 a = V 44). Auch auf dem Fresco aus dem Mithraeum unter S. Prisca sitzt der Pater auf einem Thronstuhl, und die Mysten ziehen an ihm vorbei.[2] Ein Mosaik aus Ostia zeigt Saturn mit·„Heiligenschein" und Sichel neben einem brennenden Altar (Abb. 35 = V 252).[3]

Saturnus wird auf den Mithrasmonumenten oft mit den Attributen des ägyptischen Allgottes Sarapis dargestellt. Sarapis war in einer einzigen Person gleichzeitig Osiris und Apis, der Sonnengott Sol und Apollo, Jupiter und Pluto, Chronos = Kronos (und damit lateinisch: Saturn), Aion, Aesculap und vielleicht noch andere Götter. Er wurde meist in einer Gestalt dargestellt, welche den Zeusfiguren nachgebildet war; und darum werden

33 Vgl. Meuli, Gesammelte Schriften II 952–4; 996; 1004; W. Burkert, Homo necans, s. das Register (S. 352) unter „Unschuldskomödie".

1 Vgl. auch Aeneis VI 792–4.

2 V 480,1; Vermaseren-van Essen, S. Prisca S. 155 f. und Tafel LIX. Farbige Photographien im Anhang zu U. Bianchi, Mysteria Mithrae (S. 885 ff.).

3 Man gibt dieser Darstellung meist den Namen des Gottes der Wälder „Silvanus"; aber man vergleiche z. B. das Fresco des Saturn aus der Casa dei Dioscuri in Pompei, abgebildet bei Boll-Gundel, Sternglaube und Sterndeutung[4] Tafel IV Abb. 7.
Im Corpus Signorum Imperii Romani, Österreich I 3 (1970; M.-L-Krüger) sind als nr. 185–188 Darstellungen des „Silvanus" aus Deutsch-Altenburg/Carnuntum und Petronell verzeichnet, die wohl alle aus Mithraeen stammen und Saturn darstellen.

die Kronos-Saturn-Statuen der Mithraeen von den Gelehrten meist Jupiter-Sarapis genannt. Diese Statuen zeigen den Gott mit dem Füllhorn in der Hand und dem Fruchtkorb
(Modius oder Kalathos) auf dem Kopfe, stellen also den Gott als Geber der Früchte dar;
diese Eigenschaft paßt nicht zu dem Jupiter der Mithrasmysterien, der ja auch nur der
vierthöchste Gott ist, wohl aber zu Saturnus, in dessen Namen die Römer das Wort *sata*
(Saat, Frucht) zu hören glaubten.[4] Diese Statuen stellen also Sarapis-Saturn dar, nicht
Sarapis-Jupiter.

Die ganze Gestalt des Saturn ist in Relief auf einem Altar aus Poetovio abgebildet
(Abb. 139 = V 1591): Er trägt den Fruchtkorb auf dem Kopf, das Füllhorn im linken
Arm, und gießt mit der rechten Hand aus einer Schale (dem Attribut des Pater) die Spende auf den brennenden Altar. Entsprechende Statuen des Gottes, denen der Kopf abgebrochen ist, sind in London (Abb. 83 = V 812)[5] und Dieburg (Abb. 120 = V 1253)[6]
gefunden worden, Köpfe ohne den Leib im Mithraeum unter S. Prisca in Rom (Abb. 58 =
V 479), in Emerita (Abb. 79 = V 783) und wiederum in London (Abb. 82 = V 818).

Auf der Statue in London (Abb. 83 = V 812) hält Saturn ein Steuerruder. Zusammen
mit dem großen Kopf aus London (Abb. 82 = V 818) ist „a colossal right hand holding
part of a stick (oar?)"[7] gefunden worden, also der Rest eines Steuerruders. Ovid erzählt,
daß Saturn einst zu Schiff in Italien angekommen sei.[8] Es ist klar, daß dieses Steuerruder
des obersten Gottes für die Mithrasdiener eine symbolische Bedeutung gehabt hat und
den Steuermann des Weltalls[9] bezeichnet.

Auch das Relief aus Rückingen (Abb. 126 = V 1138), dessen Oberteil verloren ist, stellt
Saturn als Weltenherrscher dar.[10] Er hat in der rechten Hand ein Szepter gehalten; darunter ist der Dreizack Neptuns und die persische Mütze über einem Dolch, Symbole des
fünften Grades. Zwischen dem Szepter und dem Oberschenkel des Gottes sind Palmblät-
ter, Symbol des Heliodromus; und darunter das Steuerruder des obersten Gottes. In der
linken Hand hat Saturn das Füllhorn gehalten.

Der Pater ist abgebildet auf allen Einweihungsszenen, auf welchen zwei (oder mehr)
Personen erscheinen.

---

4 Von der historischen Sprachwissenschaft her gesehen ist dies falsch, weil Saturnus ein langes -a-
  hat, das Wort *sata* aber ein kurzes. Aber diese historisch falsche Etymologie war für die Römer
  seit Varro (im 1. Jahrh. v. Chr.) eine gängige Vorstellung, und darauf allein kommt es hier an.
5 Man nennt die Figur „Bonus Eventus".
6 Vermutlich stellt auch die Figur aus Dieburg V 1255/6 = Schwertheim S. 165/4 nr. 123 g den
  Saturn dar.
7 So Vermaseren zu V 818.
8 Fasti I 233 ff.; vgl. auch Macrobius, Saturnalia I 7,21.
9 Platon, Politikos 272 E τοῦ παντὸς ὁ ... κυβερνήτης ... πηδαλίων οἴαχος ἀφέμενος. Mehrfach bei Boethius, Consolatio philosophiae: I pr. 6 *quoniam deo mundum regi non ambigis, quibus etiam gubernaculis regatur, advertis?* III pr. 12 *quibus gubernaculis mundus regatur,* und
  später: *Cum deus omnia bonitatis clavo gubernare iure credatur etc.*
10 Man hat bisher angenommen, daß eine weibliche Gottheit dargestellt sei; aber auch bei der
   Londoner Statue Abb. 83 = V 812 fällt das Gewand des Saturn bis auf die Füße herab.

Es sei besonders hingewiesen auf das Fresco aus Capua, wo der nackte Myste mit einer Binde um die Augen vor dem Pater kniet (Abb. 30 = V 188) und auf das Fresco aus Marino, wo der Pater in der roten Tracht der persischen Magier dem Heliodromus die Hand reicht.[11]

Der Pater wurde manchmal ausführlicher *pater sacrorum* genannt (Pater der heiligen Zeremonien). Es findet sich auch der Ausdruck „Pater nach dem Brauch" (*pater nomimus* V 739; 76, 79, 85). Es gab noch den höheren Grad eines *pater patrum* (Pater der Patres). Dieser Grad heißt zweimal mit einer altrömischen sacralen Vocabel *pater patratus* (V 706; 803). Auf dem oben genannten Fresco von S. Prisca (V 480,1) steht bei dem Bild des Pater die Beischrift: „Verehrung den Patres, vom Orient zum Okzident, unter dem Schutz des Saturn":

Nama patribus ab oriente ad occidentem tutelā Saturni.

Die Ausgräber haben mit gutem Grund vermutet, daß unter S. Prisca in Rom ein Zentralheiligtum für die Mithrasdiener des ganzen Reiches war, von wo aus man allen Patres der bewohnten Welt Segenswünsche schickte.[12]

Chronos

Der griechische Name des Saturn war Kronos. In der Kaiserzeit nahm man allgemein an, daß Kronos mit dem Zeitgott Chronos identisch sei,[13] und auch die Mithrasdiener haben ihren Saturn-Kronos als einen Gott der Zeit aufgefaßt. Man sieht den Gott auf Darstellungen des Stieropfers direkt über dem Kopf des Mithras, als Entsprechung am Himmel zu Mithras auf dem Stier. Auf dem Fresco des Mithraeums Barberini ist dieser Gott dargestellt als nackter Mann mit Löwenkopf, den Leib von der Schlange umwunden und auf dem Globus stehend (Abb. 52 = V 390).[14] Auf einem Relief aus Rom ist der Leib ebenfalls von der Schlange umwunden, aber der Kopf ist menschlich (Abb. 44 = V 335). Auf einem Relief aus Dacien (Abb. 160 = V 2198) sieht man nur den Löwenkopf oberhalb des Mithras. Diese Figur geht also in die löwenköpfigen Darstellungen des Feuers über, welche wir beim vierten Grad behandelt haben. Wir werden auf diesen Chronos bei der Besprechung des Mithras als Gottes der Zeit wieder zurückkommen.

11 Vermaseren, Mithriaca III Tafel VIII.
12 Vermaseren-van Essen, S. Prisca S. 180.
13 Cornutus, Theologia Graeca 2 (p. 4,1–2 Lang) und 6 (p. 6,20–7,5 L.); Plutarch, De Iside 32 p. 363 D (p. 31,12 Sieveking); Cicero, De natura deorum II 64; Servius zu Verg. Aen. III 104 (p. 360,5 Thilo); Ps. Clemens, Homilien 4,24,4; 6,5,1; 6,7,4; 6,12,3 (p. 92,15; 108,5; 109,14; 111,3 Rehm); Recognitiones X 31,2 und 5; X 34,2 (p. 347,12 und 18; 349,10 Rehm).
14 Farbige Detailphotographie bei Vermaseren, Mithriaca III Tafel XVI.

Stieropfer

Zum Grad des Pater gehört im Mythos die große Heilstat des Mithras, das Stieropfer und das anschließende Mahl mit dem Sonnengott Sol. Das Stieropfer geht auf persische Opferriten zurück, welche in die Zeit vor Zarathustra – also in den persischen Polytheismus – zurückreichen.

Beim Stieropfer sind, wie wir gesehen haben, die Repräsentanten der sechs unteren Weihegrade zugegen. Wir werden das Stieropfer als den zentralen Mythos der Mithrasmysterien später noch ausführlich besprechen; es bedeutet die Erschaffung der Welt und hat eine kosmische Dimension, da alle teilnehmenden Personen gleichzeitig Sternbilder sind.

Es sei hier nur auf einige Punkte eingegangen.

Zunächst auf ein realistisches Detail in den Darstellungen des Stieropfers: Es ist dem Gott gelungen, den Stier mit der linken Hand in die Nüstern zu fassen. Durch diesen Griff ist das Tier ihm praktisch ausgeliefert. Heute wird den Stieren ein Ring in die Nase eingesetzt, an dem man sie führen kann.

Der Gott opfert das Tier dann durch einen Stich in die Halsschlagader; das heilige Tier verblutet rasch.

Der Rabe fliegt auf dem Sonnenstrahl

Auf vielen Darstellungen des Stieropfers fliegt der Rabe vom Sonnengott zu Mithras, oft auf einem Sonnenstrahl, und bringt dem Mithras die Meldung, er solle jetzt den Stier opfern. Was bedeutet dies? Ein eigentlicher Befehl des Sol an Mithras kann schwerlich gemeint sein, weil im mithräischen Pantheon Mithras eindeutig über dem Sonnengott steht. Die Antwort ist wahrscheinlich diese: Die Sonne ist – unter anderem – ein Instrument der Zeitmessung. Der heilige Tag, an dem das Mithrasopfer stattfindet, wird durch den Stand der Sonne angezeigt, z. B. zur Zeit des Herbstaequinoctiums, das im persischen Kalender – dessen Neujahrstag auf das Frühlingsaequinoctium fiel – etwa dem 16. Tag im 7. Monat entspricht, dem Tag Mithras im Monat Mithras. Wenn die Sonne diese Position am Himmel erreicht hat, dann ist es Zeit den Stier zu opfern.

Mithras-Orion

Vor kurzem hat M. P. Speidel in einer kleinen Monographie darauf hingewiesen, daß die Figur des Mithras auf den Szenen mit dem Stieropfer auch den Orion darstellt, den großen Jäger der griechischen Mythologie.[15] Die gespreizten Beine des Mithras, sein Gürtel, seine Schultern passen genau zu den Figuren des Orion auf den antiken Himmelskarten;[16] auch Orion führt das Schwert; und vor allem, auch Orion hat den Kopf immer nach

15 Mithras-Orion, Leiden 1980 (Etudes préliminaires 91).
16 Man sehe die Nachzeichnung des „Atlas Farnese" bei Thiele, Antike Himmelsbilder 27 und Speidel, Mithras-Orion 9 (fig. 2); den Codex Philippicus, Thiele 164; das Planisphaerium des Codex Vaticanus Graecus 1087 bei Boll, Sphaera Tafel I.

rückwärts gewendet,[17] ganz wie Mithras auf den Reliefs. Mithras ist also gleichzeitig der griechische Heros Orion; man muß ja immer mit doppelten Deutungen rechnen.

Gesichert wird die Beobachtung Speidels durch das kleine Relief von Heddernheim (Abb. 130 = V 1128), wo die beiden Beine des Orion durch Sterne markiert sind. Dies gibt nur Sinn, wenn man die Figur auf das Sternbild des Orion bezieht. Da nun der Mithras dieses Reliefs genau den Darstellungen der übrigen Reliefs und Fresken entspricht, ist sicher, daß die Deutung auf Orion auch für alle anderen Abbildungen gilt.[18]

Hier ist nun wieder an den ägyptischen Mythos von der Dürre im Sommer und der Nilflut zu erinnern, auf den schon bei der Besprechung des Mosaiks der Leiter in Ostia (Abb. 38 = V 299) verwiesen worden ist. Als Symbol des vierten Mystengrades ist in Ostia das Sistrum, die Rassel der Isis abgebildet. Nach dem Tod ihres Gatten Osiris, der auch Orion heißt, suchte Isis den Verstorbenen in der Zeit der größten Sommerhitze, der Hundstage, indem sie die Rassel schwang. Da begann der Nil zu schwellen, zunächst am 14. Juli, dem Tag des Frühaufgangs des Orion, und dann am 19. Juli, an dem der Sirius (der Hundsstern) in der Frühe aufgeht. Die Dürre war überwunden, die Nilflut überschwemmte das Land.

Der ägyptische Mythos war schon den Persern wohl bekannt, denn der 8. Yäsht auf Tishtrya-Sirius bezieht sich auf dieselben Daten und auf die Flut des Nils.[19]

Wenn oben eine Beziehung zwischen den Löwenstatuen des 4. Grades und dem löwenköpfigen Chronos-Saturn (also dem 7. Grad) festzustellen war, so liegt hier eine ähnliche Beziehung vor, die sich diesmal auch auf den 5. Grad erstreckt. Der Grad des Löwen symbolisiert die Hitze, die Zeit, in welcher Isis den Osiris sucht und die Rassel schwingt. Die Hitze wird überwunden durch die Großtat des „Persers", der mit dem Bogen gegen den Fels schießt, aus dem das Wasser sprudelt; der mit dem Bogen gegen den steinernen Himmel schießt, so daß dieser sich spaltet und der Regen aus dem Mondschiff auf die Erde niedergeht. Dasselbe vollbringt Mithras-Orion, indem er den Stier opfert, der seinen heiligen Samen auf die Erde vergießt und dessen Seele in das Mondboot versetzt wird, aus dem dann der Regen niedergeht; dasselbe bedeutet es aber auch, wenn der Stern Orion aufgeht und nach der Zeit der schrecklichen Dürre die Nilflut, das rettende Wasser heraufführt.

Ferner hat der „Perser", indem er in der Dürrezeit den Regen herbeiführte, die Feldfrucht gerettet und galt als „Hüter der Früchte" (Porphyrios, De antro nympharum 16); und er hat dann selbst zur Sichel gegriffen und das Getreide geerntet. Aber auch das

---

17 Bei dem Astrologen Antiochos (wo Orion mit Osiris geglichen ist) heißt er Ὄσιρις ὕπτιος. Vgl. Boll, Sphaera 57 und 164 f. – Ägyptische Darstellungen: Brugsch, Thesaurus inscriptionum Aegyptiarum (1883) 80; Neugebauer-Parker, Egyptian Astronomical Texts III (1969) Tafel 18 und 20. Für das Schwert in der Hand des Orion s. die Texte aus Teukros und Valens (I 2, p. 7,4–7 Kroll) bei Boll, Sphaera 167.

18 Es scheint, daß auch auf dem Relief in Ostia Abb. 41 = V 321 Mithras-Orion bezeichnet ist, durch die beiden Sterne über den Schultern des Gottes.

19 Vgl. „Isisfeste in griechisch-römischer Zeit" (1963) 70–76.

Stieropfer des Mithras hatte reichen Erntesegen zur Folge: Auf dem kleinen Relief von Heddernheim (Abb. 130 = V 1128) und einem Relief von Siscia (Abb. 134 = V 1475) ist die Darstellung des Stieropfers von einem Ährenkranz umgeben. Auf fast allen Reliefs mit dem Stieropfer sprossen aus dem Schwanz des Tiers Ähren, und auf dem Relief aus Rom Abb. 67 (= V 593) verwandelt sich das aus der Wunde fließende Blut in Ähren. Der „theologische" Sinn dieser Mithrasmythen ist immer der gleiche.

Das sacrale Mahl

Nachdem der Stier geopfert war, feierten Mithras und der Sonnengott ein gemeinsames sacrales Mahl. Es ist oft dargestellt worden, z. B. auf dem Fresco aus Dura (Abb. 16 b = V 49). Die Vertreter der anderen Mystengrade nehmen daran in dienender Funktion teil. Auf zwei Darstellungen sitzen nicht nur Mithras und der Sonnengott (= Heliodromus) bei Tisch, sondern es sind drei Personen (Abb. 71 = V 693 Bononia, V 782 Emerita), offensichtlich die Vertreter des 5.–7. Grades.

Öfters war das zentrale Kultrelief in den Mithraeen so eingerichtet, daß es auf der Vorderseite eine Darstellung des Stieropfers und auf der Rückseite das heilige Mahl zeigte. In diesem Fall war das Relief in einen feststehenden Rahmen eingepaßt und konnte um Zapfen gedreht werden.[20]

Auf der Rückseite des Reliefs von Heddernheim (Abb. 103 = V 1083) sitzen Mithras und Sol über dem toten Stier, der gleichsam den Tisch darstellt. Zwischen ihnen hängen über einem Schwert der Strahlenkranz und die Mütze des Persers. Der Sonnengott reicht Mithras eine große Traube; Mithras hält ein Trinkhorn. Rechts und links bringen die beiden Fackelträger als Diener Körbe mit Brot (oder Früchten).

Auf dem Relief aus Ladenburg (Abb. 118)[21] liegen Mithras und der Sonnengott über dem toten Stier und halten Trinkhörner in der Hand; vor ihnen steht ein dreifüßiger Tisch, dessen Beine aus denen des Stiers gefertigt sind; sicherlich sind auch die Trinkhörner vom Stier genommen.[22] Eine Weintraube[23] und zwei Brote liegen auf dem Tisch.

Auf der Rückseite des Reliefs von Konjic (Abb. 148 = V 1896) sieht man Mithras und den Sonnengott hinter dem Tisch sitzen, der mit der Haut des Stiers gedeckt ist; sie halten

---

20 S. in Abb. 101/3 = V 1083 (Heddernheim), Abb. 70 = V 641 (Fanum Romanum), Abb. 128/9 = V 1137 (Rückingen), Abb. 148 = V 1896 (Konjic) und auf einigen fragmentierten Stücken: V 635 (Rom), V 1161 (Stockstadt), 1857 (Colonia Claudia Aequum), 723 (San Zeno), Abb. 53 = V 397 (Rom).

21 Schwertheim S. 188 f. nr. 144 mit Tafel 42.

22 Bei den indischen Zoroastriern wurde noch im 18. Jahrhundert am Spendaramat-Fest das Horn eines Tieres benützt, welches am Tag Mithra (am 16.) des Monats Mithra (des 7. Monats), also beim Mithrafest (Mihragan) geopfert worden war (Anquetil du Perron, Le Zend-Avesta II (Paris 1771) 577; zitiert von Mary Boyce in: Mithraic Studies I 106 Anm. 1).

23 Weintrauben auch auf der linken Seite des Reliefs aus der Stadt Italica in Spanien (V 770); Reste eines Weinstocks auf dem Relief aus Bonn Abb. 99 = Schwertheim S. 35 nr. 36 mit Tafel 7 oben.

die Trinkhörner in den Händen. Von links bedienen ein Diener mit Rabenmaske und der „Perser", von rechts ein Myste mit Löwenmaske und ein zweiter, dessen Oberkörper und Kopf zerstört sind *(Miles* oder *Nymphus).* Ein weiterer Löwe, diesmal in Tiergestalt, sitzt unter dem Tisch. Vor dem großen Tisch steht ein kleiner dreifüßiger Tisch, auf welchem die heiligen Brote liegen.[24]

Es ist durch die Zeugnisse zweier christlicher Schriftsteller bezeugt, daß bei den mithrischen Kultmahlen in sacramentaler Weise Brot und Wasser gereicht wurden.

Justin sagt, daß bei der Einweihung in die Mithrasmysterien ein Brot und ein Becher mit Wasser gebraucht wird,[25] und Tertullian – für den die Mithrasmysterien nichts anderes sind als eine Veranstaltung des Teufels – berichtet: „Wenn ich mich noch recht an Mithras erinnere, so bezeichnet der Teufel dort seine ‚Soldaten' *(milites)* durch ein Zeichen auf der Stirn und feiert eine Darreichung *(oblatio)* des Brotes".[26] Dies ist nach Tertullian nichts als eine Nachäffung der entsprechenden christlichen Zeremonien, durch welche der Teufel die frommen Gemüter von der wahren Religion ablenken will.

IV. Kultstätten und Kultzeremonien

Die Mithrashöhlen

Porphyrios berichtet, Zoroaster habe als erster ein Heiligtum zu Ehren des Weltschöpfers Mithras eingerichtet; er habe im Bergland Persiens eine natürliche Höhle, in welcher Blumen wuchsen und Quellen vorhanden waren, so ausgebaut, daß sie ein Abbild des Kosmos wurde; im Inneren der Höhle seien Symbole der Planeten und der Himmelsrichtungen (d. h. der Winde) angebracht gewesen.[1] Nach diesem auf Zoroaster zurückprojizierten Schema sind alle Mithrasheiligtümer im römischen Reich erbaut worden. Man hat sie meist als unterirdische künstliche Grotten angelegt; wo die Bodenverhältnisse dies nicht

---

24 Man erwartet, daß alle sieben Grade abgebildet sind, da auch sieben Personen auf dem Bild zu sehen sind. Aber der Löwe ist doppelt; eine Figur ist zerstört und kann auf Nymphus oder Miles gedeutet werden, aber eine dieser Personen scheint zu fehlen.

Man sieht die heiligen Brote auch auf dem Fragment aus Rom (Abb. 53 = V 397), auf dem Teller aus Trier Abb. 93 (= V 988), auf dem Relief aus Caetobriga in Spanien (V 798, auf dem Teller, welchen der linke Diener reicht), auf dem Relief aus Sexantaprista (V 2272, rechts oben unter Luna).

25 Justinus martyr, Apologia 66 ἐν τοῖς τοῦ Μίθρα μυστηρίοις ... ἄρτος καὶ ποτήριον ὕδατος τίθεται ἐν ταῖς τοῦ μυουμένου τελεταῖς.

26 De praescriptione haereticorum 40 (über den diabolus): *si adhuc memini Mithrae, signat illic in frontibus milites suos, celebrat et panis oblationem.*

1 Porphyrios, De antro nympharum 6 (p. 60,4–11 N. = 8,15–20 W.).

erlaubten, wie in Ostia, baute man die Heiligtümer im Erdgeschoß ein. Als Beispiele sind hier Ansichten der Mithraeen von Capua (Abb. 24 = V 180) und unter San Clemente in Rom (Abb. 43 = V 338) abgebildet.

Diese Heiligtümer sind meistens relativ klein gewesen; man darf die durchschnittliche Breite mit 8–10 Metern ansetzen, die durchschnittliche Länge mit 15–20 Metern. In solchen Räumen war kaum Platz für mehr als 30–50 Personen; wenn die Gemeinde größer wurde, mußte eine neue „Höhle" gebaut werden. Zu dem Hauptraum kamen meist Nebenräume dazu, und in manche Mithraeen gelangte man nur durch längere unterirdische Gänge, wie man sie noch heute im Mithraeum unter San Clemente in Rom passieren kann.

Der Eingang der Mithraeen war seitlich; man vermied es, daß der Eintretende sogleich das Kultbild erblickte. Wie in fast allen Tempeln befand sich der Eingang zum Hauptraum möglichst im Osten, das Kultbild im Westen, so daß es nach Osten blickte.[2] An den beiden Längswänden des Mithraeums waren Bänke aufgemauert, auf denen die Mysten bei den Kulthandlungen und beim Kultmahl lagen; denn jede Mithrasgrotte war gleichzeitig ein Speisesaal. In der Mitte befand sich ein Gang, wie man aus den Grundrissen der Mithraeen in Ostia ersehen kann (Abb. 34 = V 239; Abb. 36 = V 279; Abb. 37 = V 287; Abb. 38 = V 299). Das Mosaik der Leiter z. B. befindet sich in diesem Mittelgang. Am Anfang des Ganges waren oft Abbildungen der beiden Fackelträger angebracht.[3] Am Ende sah man das Kultbild, als Fresco oder als Steinrelief. Die Reliefsteine hatten manchmal Darstellungen auf beiden Seiten: Vorn das Stieropfer und hinten das heilige Mahl des Mithras mit dem Sonnengott.

Die Seitenwände waren mit bunten Fresken bemalt; man sah Blumen, Sträucher und religiöse Bilder, wie sie vor allem in Capua und Ostia ausgegraben worden sind. Die gewölbte Decke war blau ausgemalt, denn sie stellte den Himmel dar, und war mit Sternen übersät. Die ganze Mithrashöhle war ein Abbild des Weltalls.

Künstliches Licht

Man war in diesen Kultstätten gänzlich auf künstliche Beleuchtung angewiesen. Die Christen haben nicht verfehlt darauf hinzuweisen, daß die Mithrasheiligtümer Stätten der Finsternis seien. So sagt Tertullian von den Mithrashöhlen: „Wahrhaftig, in der Burg der Finsternis" *(in castris vere tenebrarum)*.[4] Firmicus Maternus berichtet: „Sie feiern die Weihezeremonien (des Mithras) in verborgenen Höhlen in der Absicht, immer im

---

2 Porphyrios, De antro 3 (p. 57,12–14 N. = 4,23–7 W.).
3 Zum Beispiel in Abb. 34 = V 239 und in Abb. 37 = V 287 (beide in Ostia); in Marino (Vermaseren, Mithriaca III S. 21 mit Tafeln IX und X); im Mithraeum unter S. Prisca in Rom (Vermaseren-van Essen, S. Prisca S. 133); persische Mützen als Symbole der Fackelträger auf dem Fußbodenmosaik der Leiter in Ostia (Abb. 38 = V 299).
4 De corona militis 15.

Schmutz der Dunkelheit untergetaucht die Wohltat des glänzenden und heiteren Lichtes zu meiden".[5]

Die Mithrasdiener haben aus der Not eine Tugend gemacht und künstliche Lichteffekte gesucht. Auf dem Relief aus Jajce in Dalmatien (Abb. 147 = V 1902) befinden sich über den Köpfen der beiden Fackelträger dreieckige Aussparungen, in welche man Lämpchen stellen konnte. So leuchtete über den Spitzen der Mützen von Cautes-Lucifer und Cautopates-Hesperus ein kleines, flackerndes Licht und bezeichnete die Sternnatur der beiden Figuren.

Es gab viele Bilder des Sonnengottes Sol-Helios, auf denen die sieben Strahlen um das Haupt des Gottes perforiert waren. Man beleuchtete das Bild dann von hinten, so daß der Strahlenkranz des Gottes feurig glühte.[6] Solche Lichtlöcher befinden sich z. B. um das Relief mit dem Bild des Sonnengottes aus Brocolitia in Britannien (Carrawburgh; Abb. 87 = V 847). Auch auf einem Altar des Sonnengottes in Bingen (Abb. 124 = V 1241/2)[7] sind die sieben Strahlen perforiert. Der Kopf des Sonnengottes ist hier zerstört, vermutlich absichtlich von christlicher Hand. Der Altar war innen hohl und hatte auf der Rückseite eine Nische, in welche eine Lampe hineingestellt werden konnte.[8]

Für Luna gab es entsprechende Altäre; auf ihnen war die Mondsichel ausgespart. Ein solcher Altar ist in Bonn gefunden worden (Abb. 99).[9] Auch er hat innen eine Aushöhlung für eine Lampe. Ein zweiter Altar derselben Art befindet sich in Ostia (V 225).[10]

Zwei erhaltene Altäre haben große ausgehöhlte Nischen, in welche man eine Lampe stellen konnte; diese Nischen wurden dann durch perforierte Abdeckplatten von vorn verschlossen. Es sind dies die Altäre von Vindovala in Britannien (Abb. 86 b = V 839) und von Aquincum (Abb. 145 = V 1765); am letzteren ist deutlich der innere Falz zu sehen, in welchen die Abdeckplatte eingefügt wurde. Es sind auch mehrere perforierte Abdeckplatten erhalten. Die eindrucksvollste ist ein Relief aus Rom (Abb. 55 = V 458), aus dem der Kopf des Sonnengottes herausgebrochen ist. Man sieht noch den Rest des Haarkranzes des Sol-Helios und darüber die Ausnehmungen für die sieben Strahlen. Die rechte Hand ist im Sonnengestus erhoben; auf der rechten Seite der Platte wendet Luna den Kopf abwärts zum Untergang: Der Vollmond geht beim Sonnenaufgang unter. Ähnlich ist eine Bleiplatte aus dem Mithraeum unter S. Prisca in Rom (Abb. 62 = V 494); der Strahlenkranz des Gottes ist ausgeschnitten.

Es sind auch mehrere perforierte Platten mit Darstellungen des Stieropfers erhalten

---

5 De errore profanarum religionum 5: *Sacra vero eius in speluncis abditis tradunt, ut semper obscuro tenebrarum squalore demersi gratiam splendidi ac sereni luminis vitent.*

6 Diese Monumente sind von D. Wortmann besprochen worden (Bonner Jahrbücher 169, 1969, 410–423).

7 Schwertheim S. 126 nr. 108 b mit Tafel 24. – Vgl. auch V 2053 (Sarmizegetusa).

8 Vgl. auch den Altar aus Stockstadt V 1201.

9 Schwertheim S. 35 nr. 36 mit Tafel 7.

10 Becatti, Ostia Tafel II 2. Hierher gehören auch die Altäre aus Ostia V 287 = Becatti S. 94 mit Tafel XIX (Luna) und V 267 = Becatti S. 60 ff. mit Tafel XI (Sol und Luna).

(Abb. 134 = V 1475, Siscia; V 2202, Biljanovac; Abb. 164 = V 2338, Kurtowo). Es scheint, daß die untere Nische des Altars von Vindovala (Abb. 86 b = V 839) für eine solche Darstellung des Stieropfers vorgesehen war.

Dies sind also illuminierte Kultbilder und Altäre. Tatsächlich werfen die Christen den Mithrasdienern ihre mystischen Illuminationen vor. „Man sieht in der Höhle etwas Anderes, als was wirklich da ist, was durch verführerischen Trug bewirkt wird", sagt jener Autor, den wir ‚Ambrosiaster' nennen.[11] Ein ähnlicher Vorwurf steht bei Hegemonius in einem Bericht über eine Disputation zwischen einem Christen Archelaus und dem persischen Religionsstifter Mani. Dort redet Archelaus den Mani an: „Du barbarischer Priester des Mithras, mit dem zusammen du betrügst: Die Sonne, welche du verehrst, ist (ja nicht Christus, sondern nur) Mithras, der Illuminator mystischer Plätze, wie du glaubst, der Mitwisser (deiner Gaukeleien). Dies ist es, was du (deinen Anhängern) vorspielst und die Mysterien durchführst wie ein eleganter Schauspieler".[12]

Es sind also in den Mithraeen kleine Dramen gespielt worden, – wie das in einem Mysterienkult nicht anders zu erwarten ist.

Die Fresken im Mithraeum zu Capua: Einweihungszeremonien

Einzelne Szenen der Einweihungszeremonien haben wir schon besprochen.[13] Die Fresken im Mithraeum zu Capua zeigen mehrere solche sakrale Szenen. Man sieht regelmäßig drei Personen: Den Pater mit roter persischer Mütze und rotem Mantel; den nackten neuen Mysten; und den „Geleiter" des neuen Mysten, den Mystagogen, mit weißer Tunica. Die am besten erhaltenen Gemälde sind:

Abb. 29 (= V 187) Der Mystagoge führt den Mysten herbei, dem die Augen verbunden sind.

Abb. 30 (= V 188) Rechts steht der Mystagoge; in der Mitte kniet der Myste mit gefalteten Händen und verbundenen Augen. Links steht der Pater; er hält in der vorgestreckten linken Hand einen Gegenstand, den man nicht sicher deuten kann. Man könnte an eine Schale denken; in diesem Falle würde auf dem Bild eine Taufe dargestellt. In der rechten Hand führt er den Stab des Magiers.

Abb. 28 (= V 191) Die oben S. 95 f. besprochene Zeremonie mit Kranz und Schwert, welche zum Grad des Miles gehörte.

Abb. 31 (= V 193) Der Myste liegt ausgestreckt auf dem Boden; beiderseits von ihm Pater und Mystagoge, beide sehr beschädigt.

---

11 Ps. Augustinus (= Ambrosiaster), Quaestiones veteris et novi testamenti 113,26 (p. 315 Souter) *... in spelaeo, ubi aliud est quam cernitur operante illecebrosa fallacia.*

12 Acta Archelai cum Manete 40 (p. 59 Beeson): *O barbare sacerdos Mithrae et collusor, Solem tantum coles Mithram, locorum mysticorum illuminatorem, ut opinaris, et conscium. hoc est quod apud eos ludes et tamquam elegans mimus perages mysteria.*

13 S. oben S. 95, 105 und 123.

Abb. 32 (= V 194) Der Myste kniet mit vor der Brust verschränkten Händen; vor ihm liegt ein sakrales Brot. Hinter ihm der Mystagoge, der den Mysten am Kopf anfaßt. Rechts steht der Pater; er zeigt mit seinem Stab auf das vor dem Mysten liegende Brot. Das Brot ist auch auf mehreren Reliefs zu sehen, in denen das heilige Mahl des Mithras und des Sonnengottes dargestellt wird. Das Fresco in Capua zeigt also sicherlich eine Zeremonie mit dem heiligen Brot.

Eine ähnliche Szene sieht man auf einem Fresco aus dem Mithraeum Barberini.[14] Dort kniet eine nackte Person, die auf dem Haupt einen Kranz trägt, der Initiand; ihm tritt der stehende Priester mit persischer Mütze, Mantel und Tunica entgegen.

Nun gibt es bei christlichen Autoren mehrere Zeugnisse über den Mithraskult, welche genau zu den Bildern passen.

So berichtet Tertullian, daß auch die Heiden eine Taufe kennen. Sie schreiben ihren Götterbildern dieselbe Wirkung zu, welche Christus in der Taufe vollbringt. Aber da ihnen eine Kenntnis der geistigen Mächte nicht gegeben ist, welche die Absolution verleihen, machen sie sich Lügen vor; ihr Wasser ist wirkungslos, und dies gilt für die Taufbäder im Kult ‚einer gewissen‘ Isis und des Mithras.[15]

An einer anderen Stelle sagt er, der Teufel, dessen Rolle ja darin bestehe, die Wahrheit zu verdrehen, äffe die heiligen Sacramente in den Mysterienzeremonien der Heidengötter nach. Auch er benetzte seine Gläubigen und verspreche Vergebung der Sünden durch ein Taufbad; „und wenn ich mich noch recht an Mithras erinnere, bezeichnet er (der Teufel) dort seine ‚Soldaten‘ auf der Stirn; er feiert auch die Darreichung des Brotes und führt eine Nachahmung der Auferstehung vor und gewinnt den Kranz unter dem Schwert".[16]

Hier werden also genannt (1) eine Taufe zur Vergebung der Sünden, (2) eine „Bezeichnung" auf der Stirn, (3) eine Darreichung des Brotes, (4) eine Art Auferstehung und (5) eine Zeremonie mit Kranz und Schwert. Diese haben wir im Abschnitt über den Grad des „Miles" besprochen.

Die „Auferstehung" könnte sehr wohl eine Fortsetzung derjenigen Szene gewesen sein, wo der Myste ausgestreckt auf dem Boden liegt. Eine Doktrin von der Auferstehung des Fleisches am jüngsten Tag hat es in den Mithrasmysterien nicht gegeben. Wir werden in dem Abschnitt über die philosophischen Lehren sehen, daß die Mithraspriester die Seelenwanderung lehrten. Immer bleibt bestehen, daß der Übergang des Mithrasmysten von einem Weihegrad zum anderen einen symbolischen Tod und die symbolische Wiederge-

---

14 Vermaseren, Mithriaca III, The Mithraeum at Marino 87 mit Tafel XIX.

15 De baptismo 5: *Sed enim nationes* (‚Heiden‘), *extraneae ab omni intellectu spiritalium potestatum* (während die Christen diese Mächte kennen), *eandem efficaciam idolis suis subministrant; sed viduis aquis sibi mentiuntur. nam et sacris quibusdam per lavacrum initiantur, Isidis alicuius aut Mithrae.*

16 De praescriptione haereticorum 40: *... a diabolo ..., cuius sunt partes intervertendi veritatem, qui ipsas quoque res sacramentorum divinorum idolorum mysteriis aemulatur. tingit et ipse quosdam utique credentes et fideles suos, expiationem* (oder *expositionem*) *delictorum de lavacro repromittit, et si adhuc memini Mithrae, signat illic in frontibus milites suos; celebrat et panis oblationem et imaginem resurrectionis inducit et sub gladio redimit coronam.*

burt eines neuen Menschen bedeutete, so daß dem Tertullian sehr wohl die Ähnlichkeit der Mithrasweihe zu der christlichen Auferstehungslehre peinlich sein konnte.

Eine Zeremonie mit dem Brot sieht man auf dem Fresco aus Capua (Abb. 32 = V 194). Wenn auf den Reliefs das Kultmahl des Mithras und des Sonnengottes dargestellt ist, steht meistens vor dem mit der Stierhaut bedeckten großen Tisch ein kleiner Beisetztisch mit den heiligen Broten; manchmal bringen auch Diener Brote zum Tisch. Vgl. oben S. 132/3.

Die „Bezeichnung" auf der Stirn erinnert an die drei „Bezeichnungen" *(signacula)* der Manichäer, welche wir unten S. 189 besprechen werden.

Eine Taufe zeigt vielleicht das Fresco aus Capua Abb. 30 = V 188. Sicher wurde eine Vergebung der Sünden ausgesprochen; dies ergibt sich auch aus dem Bericht des Porphyrios, daß man bei der Mithrasweihe die Zunge mit Honig von allem Sündigen reinigte.[17]

Ein anderer Christ berichtet, daß man in der Mithrashöhle mit den Mysten, denen die Augen verbunden sind, sein Spiel treibe. „Denn es werden ihnen die Augen verbunden, damit sie sich nicht davor scheuen so schmählich entehrt zu werden ...; manche werden, nachdem ihnen die Hände mit Hühnerdarm gefesselt wurden, in Pfützen voller Wasser geworfen; dann tritt einer, der sich ‚Befreier' nennt, mit dem Schwert heran und schneidet die Därme auf. Es kommen noch andere Riten vor, die noch unwürdiger sind. Da sehe man, auf welche Weise man ein schmähliches Spiel treibt mit Leuten, die sich ‚Weise' (= Philosophen) nennen; aber weil sie all dies in der Finsternis erleiden, glauben sie, es könne unbekannt bleiben".[18]

Hier haben wir also die verbundenen Augen und die gefesselten Hände der Fresken von Capua, und der auf dem Fresco (Abb. 31 = V 193) ausgestreckt Liegende könnte der Myste sein, der gefesselt in eine „Pfütze" geworfen wurde.

Wenn hier eine Person vorkommt, die sich „Befreier" *(liberator)* nennt, so erinnert dies an eine Weihinschrift aus Groß-Krotzenburg, welche „dem unbesiegten Gott Mithras, dem Befreier" gesetzt ist:

D(eo) i(nvicto) M(ithrae) Liberari (= Liberali).[19]

---

17 De antro nympharum 15 (p. 67,12 N. = 16,29 W.) καθαίρουσι δὲ καὶ τὴν γλῶτταν τῷ μέλιτι ἀπὸ παντὸς ἁμαρτωλοῦ.

18 Ps. Augustinus (= Ambrosiaster), Quaestiones veteris et novi testamenti 113,11 (p. 308 Souter): *Illud autem quale est, quod in spelaeo velatis oculis inluduntur? Ne enim horreant turpiter dehonestari se, oculi illis velantur ... alii autem ligatis manibus intestinis pullinis proiciuntur super foveas aqua plenas, accedente quodam cum gladio et inrumpente intestina supra dicta, qui se liberatorem appellet. sunt et cetera inhonestiora. ecce quantis modis turpiter inluduntur, qui se sapientes appellant. sed quia haec in tenebris patiuntur, putant posse nesciri.*

Da wir unten Gründe kennen lernen werden, welche zu der Annahme führen, daß man bei den Zeremonien in der Mithrashöhle auch an jene Höhle denken sollte, welche Platon im Höhlengleichnis (Buch VII des „Staates") beschreibt, sei auf Folgendes hingewiesen: Dort befinden sich Männer in der Höhle, die gefesselt sind und gelöst werden (p. 514 A 5 und 515 C 6); der Befreier heißt (p. 517 A 5) ὁ ἐπιχειρῶν λύειν.

19 Schwertheim, Die Denkmäler orientalischer Gottheiten im römischen Deutschland S. 134 nr. 114 d.

Ein wichtige Zeremonie ist offensichtlich auch die Prozession der Mysten vor dem Pater gewesen, welche auf den Fresken unter S. Prisca abgebildet ist und die wir schon besprochen haben.

Daß in den Mithraszeremonien durch die „Löwen", welche ja feurige Natur hatten, Weihrauch verbrannt wurde, ergibt sich aus jenem Vers aus dem Mithraeum unter S. Prisca, wo die Löwen *thuricremi* (Weihrauchverbrenner) genannt werden.

Neue Namen (Signa) für die Mysten

Wahrscheinlich haben die Mysten bei der Weihe auch einen neuen, religiösen Namen bekommen, ein *signum*. In der Besprechung des Löwen-Grades wurde schon darauf hingewiesen. Es sind zwei sichere Fälle solcher *signa* bekannt.

Auf einem Altar steht: „Aebutius Restitutianus, der auch Proficentius heißt, der Priester des unbesiegten Gottes Sol-Mithras, hat den Altar gestiftet".[20]

Proficentius heißt etwa: „Der vorwärts gekommen ist", ein Signum, welches zu einem Mysten des siebenten Grades trefflich paßt. Derselbe Proficentius wird in einer anderen Inschrift *pater sacrorum* genannt. Er berichtet dort, daß Mithras ihn ermahnt habe, vermutlich im Traum, ein neues Mithraeum zu bauen, damit die im Handschlag Vereinten (*syndexi*) in der Zukunft fröhlich ihre Feiern abhalten könnten.[21]

Der Text ist auch deshalb interessant, weil sich aus ihm ergibt, daß religiöse Träume in den Mithrasmysterien – wie auch im Isisdienst und bei den Christen – eine Rolle gespielt haben.[22]

Der zweite Text stammt aus Lambaesis und betrifft Marcus Aurelius Decimus, der im Jahr 283/4 Statthalter der Provinz Numidia war. Sein religiöser Beiname war Decentius (der Anständige). Die Inschrift lautet: „Dem unbesiegten Sonnengott Mithras hat Decimus, Exzellenz, der Statthalter der Provinz Numidia, sein Gelübde eingelöst. Decentius, zum Heil".[23]

---

20 V 422 *Aebutius Restitutianus qui et Proficentius antistes dei Solis invicti Mithrae aram d(ono) d(edit)*.

21 V 423; vgl. oben S. 107.

22 Man sehe weiter die Inschriften V 214 = Dessau 4237 (*in visu* und *numini praesenti*); V 304 (*somno monitus*); V 418 (*in visu*); V 527 = Dessau 4203 (*ex viso*); V 2307 κατ' ἐπιταγήν und Vermaserens „epigraphischen Index" unter den Stichworten *iussu* und (*ex) viso*, etwa zwanzig Belege. – Von den Träumen Saturns war oben S. 98 und 118 die Rede.

23 Diese Inschrift ist von J. Marcillet-Jaubert durch glückliche Verbindung zweier Fragmente (V 136 + 138 F, Band II, S. 21) hergestellt worden. Sie lautet (Zeitschrift für Papyrol. 14, 1974, 249):

> *invicto deo Soli*
> *Mithrae Decimus vir perfectissimus praeses*
> *provinciae Numidiae votum solvit*
> *DECENTIUS feliciter.*

Für die Person des M. Aurelius Decimus (*signo*) Decentius s. Prosopography of the Later Roman Empire I 245.

Hier wird also der Statthalter, der im profanen Leben Marcus Aurelius Decimus hieß, am Ende des Textes mit einem Heilsruf begrüßt. Vorher wird sein religiöser Name genannt: *Decentius*.

Tischgerät

Es ist Geschirr gefunden worden, welches speziell für die Mahlzeiten der Mithrasmysten angefertigt worden ist; es ist oben bei der Besprechung der Weihegrade schon behandelt worden. Dazu gehört die Schale aus Terra sigillata aus Trier (Abb. 93 = V 988) mit der Darstellung der Mystengrade, der Mischkrug aus Friedberg (Abb. 102 = V 1061) mit den Symbolen des zweiten und dritten Grades (Schlange, Skorpion und dreisprossige Leiter) und mehrere Terra-sigillata-Schalen aus der Gegend von Rom.[24] Ein Silberteller mit einer Darstellung des Stieropfers wurde in Stockstadt gefunden (V 1206).

Gemmen

Bei der Weihe sind den Mysten offenbar nicht selten geschnittene Gemmen übergeben worden. Sie sind im Katalog von Vermaseren als nr. 2354–2367 aufgeführt;[25] einige von

24 Es sind drei Schalen bekannt:
(a) V 207 aus Lanuvium;
(b) Akademisches Kunstmuseum Bonn, inv. 671, s. F. Drexel, Bonner Jahrbücher 118, 1909, S. 232 mit Anm. 3; N. Himmelmann, Das akademische Kunstmuseum der Universität Bonn (1972) S. 40, Nr. 30 Abb. 30; Katalog der Ausstellung des Liebieghauses in Frankfurt „Spätantike und frühes Christentum" (1983) S. 541/2 nr. 148 mit Abb.;
(c) Mainz, Römisch-germanisches Zentralmuseum, Inv. O 39580; Late Antique and Early Christian Art, ed. by K. Weitzmann, The Metropolitan Museum New York, Princeton 1979, Nr. 175.
Vgl. J. W. Salomonson, Bulletin van de Vereeniging tot Bevordering van de Antieke Beschaving 44 (1969) 30 f. mit der Liste S. 103 nr. 13–15.
Vgl. auch H. Vertet, Les représentations mithriaques sur les vases d'argile en Gaule, in: Actes du quatre-vingt-huitième congrès nationale des sociétés savantes, Clermont-Ferrand 1963, Section d'archéologie (Paris 1965) 121–9.
25 Dazu die Gemme aus Carnuntum V 1704, vermutlich auch die Gemme der Staatlichen Kunstsammlungen Kassel, Inv. Ge 157 (im Katalog des Liebighauses [s. die vorige Anmerkung] S. 508 nr. 115 = P. Zazoff, Die antiken Gemmen [1983] S. 359/360 mit Anm. 69 und Tafel 116,3 = Antike Gemmen in deutschen Sammlungen III 236 nr. 157 mit Tafel 105 nr. 157 ab). Die Vorderseite zeigt den Heliodromus wie die Mithrasgemme Abb. 168 = V 2361, die Rückseite trägt die Geheimnamen der sieben Planeten wie die Mithrasgemme Abb. 165 b = V 2354 *(Semea Konteu Kenteu* etc., s. die Beschreibung). – Ferner die von J. Croissant veröffentlichte Gemme (Musée belge de philologie et d'histoire 7, 1928, 1387–96, Une nouvelle intaille mithriaque). – Die Nummern V 2357 und 2358 sind zu streichen. – Es ist theoretisch möglich, daß uns sehr viel mehr Gemmen erhalten sind, die von Mithrasmysten getragen wurden; denn alle Gemmen mit Planetengöttern (Mars Mercur etc.), alle Gemmen mit Hekate (und Diana Venus Minerva), alle Gemmen mit Tieren, welche die Grade symbolisierten (Skorpion, Eidechse, Löwe), können

ihnen haben wir oben besprochen, so die Gemmen mit den Symbolen der sieben Grade und der symbolischen Darstellung der Löwenweihe (Abb. 165 b = V 2354), den Heliodromus in Vorderansicht (Abb. 168 = V 2361) und die Gemme mit Eros und Psyche (Abb. 167 = V 2356). Man sollte diese Gemmen nicht „magisch" nennen; es sind religiöse Gegenstände.

Festdaten

Die Mithrasfeste sind vor allem an den astronomisch bestimmten vier Hauptpunkten des Jahres gefeiert worden, an denen jeweils eine neue Jahreszeit begann, also am längsten und kürzesten Tage des Jahres und an den beiden Tag- und Nachtgleichen im Frühling und Herbst.

Der kürzeste Tag des Jahres, der 25. Dezember, war der Geburtstag des unbesiegbaren Gottes. Dieses Datum gibt der römische Festkalender des Jahres 354 n. Chr.[26]:

> *(ante diem) VIII Kal(endas) Ian(uarias) n(atalis) Invicti.*

Zweifellos ist hier mit *Invictus* nicht nur Mithras gemeint, sondern auch *Sol invictus*, den Aurelian im Jahr 274 zum Gott des Reiches erhob. Diese beiden Götter fielen zusammen, denn Mithras war auch Sonnengott. Man nimmt daher allgemein an, daß der 25. Dezember der Geburtstag des „unbesiegbaren Gottes Mithras" *(deus invictus Mithras)* war, wie er auf den Inschriften immer wieder genannt wird.

Für Mithrasfeiern zur Zeit der Sommersonnenwende haben wir zwei inschriftliche Zeugnisse. Das Mithrasheiligtum zu Nersae (nördlich von Rom) ist am 24. Juni des Jahres 172 eingeweiht worden.[27] Ferner wurde am 24. Juni 239 in Virunum bei Klagenfurt ein völlig restauriertes Mithrasheiligtum neu eingeweiht.[28]

Ebenso wichtige Zeitpunkte waren nach den persischen Traditionen die Tage der Tag- und Nachtgleichen (Aequinoctien) um den 21. März und 22. September. Porphyrios sagt: „Man hat dem Mithras seinen Platz zur Zeit der Tag- und Nacht-Gleichen angewiesen; deshalb trägt er das Schwert, welches zum ‚Widder', dem Zodiacalzeichen des Mars, gehört".[29]

---

mithrisch gewesen sein. Man sehe z. B. die Gemme mit Sol, Luna und der Eidechse in Hannover (Antike Gemmen in deutschen Sammlungen IV Tafel 226 nr. 1709). Aber mit solchen Möglichkeiten ist wenig gewonnen.

26 C. I. L. I² 1, p. 278 = Inscriptiones Italiae XIII 2, 260/1 = Hopfner, Fontes historiae religionis Aegyptiacae (1924) 260/1 527, Kalender des Philocalus. – Vgl. H. Usener, Das Weihnachtsfest ²(1910) 348; H. Rahner, Griechische Mythen in christlicher Deutung (1945) 191.

27 V 647 = Dessau 4190 *Dedicatum VII Kal(endas) Iul(ias) Maximo et Orfito co(n)s(ulibus).*

28 V 1438 = Dessau 4198 *Dedicatum VII Kalendas Iulias.*

29 De antro nympharum 24 (p. 73,2–4 N. = 24,9–10 W.) τῷ μὲν οὖν Μίθρᾳ οἰκείαν καθέδραν τὴν κατὰ τὰς ἰσημερίας ὑπέταξαν· διὸ κριοῦ μὲν φέρει Ἀρηίου ζῳδίου τὴν μάχαιραν κτλ.

Mithras war der Gott der Mitte; so war im persischen Kalender der 7. Monat der Monat des Mithras, und innerhalb dieses Monats war wieder der mittlere Tag, der 16., dem Gott geweiht. Das persische Jahr ist in achämenidischer Zeit dem ägyptischen Jahr nachgebildet worden, welches 365 Tage hatte (12 Monate zu je 30 Tagen und 5 Schalttage).[30] Der Neujahrstag der Perser fiel im Prinzip auf das Frühlingsaequinoctium.

Der Gründer der römischen Mithrasmysterien hat die Vorstellung von Mithras als dem Mittler übernommen und damit auch den Gedanken, daß Mithras im Kalender seinen Platz an den mittleren Punkten des Sonnenumlaufes, also an den Tag-und-Nacht-Gleichen (Aequinoctien) habe. Die Bestimmung dieser beiden Punkte fiel ihm nicht schwer, denn er lebte in dem festen julianischen Kalendersystem und konnte die exakten Ergebnisse der griechischen Astronomie benützen, das heißt, er konnte die Tage der Aequinoctien und Solstitien aus Tabellen ablesen.

Nun sieht man auf vielen Mithrasmonumenten den Zodiacus (Tierkreis), jenen in 12 Abschnitte aufgeteilten größten Kreis am Himmel, durch welchen die Sonne im Lauf des Jahres ihren Weg nimmt. Der Zodiacus ist eine Monatseinteilung für den Himmel. In den Mithraeen beginnt die Reihe der Zodiacalzeichen fast immer mit dem Zeichen des Widders *(Aries)* und endet mit den „Fischen" *(Pisces)*.[31] Die Sonne tritt in das Zeichen des Widders am 21. März ein, zur Zeit der Frühlings-Tag-und-Nacht-Gleiche. Dieses Datum muß also als der Anfang des sacralen Jahres der Mithrasmysterien gelten.

So liest man in dem Mithraeum unter S. Prisca in den Fragmenten aus mithrischen Hymnen:

Primus et hic Aries restrictius ordine currit

„Auch hier läuft der Widder als erster in der Reihe in zurückhaltendem Schritt".[32]

Wenn in den Mithraeen der Zodiacus als Halbkreis über dem Stieropfer dargestellt ist, sieht man den Widder am linken und die Fische am rechten Ende des Halbkreises. Am höchsten Punkt stoßen das sechste und siebente Zeichen, „Jungfrau" *(Virgo)* und „Waage" *(Libra)*, zusammen. Dies ist der zweite Äquinoctialpunkt, etwa am 22. September, und der Beginn der zweiten Jahreshälfte. Auch dieser Zeitpunkt ist wieder dem Mithras heilig, wie schon im persischen Jahr, wo dieser Monat nach Mithras genannt ist. Auf den Darstellungen des Stieropfers erkennt man dies daran, daß die Spitze der persischen Mütze des Gottes auf den obersten Punkt des Zodiacus deutet, also auf die Stelle der Herbst-Tag- und Nachtgleiche.[33]

---

30 Vgl. oben S. 27, Anm. 15.
31 Vermaseren-van Essen, S. Prisca S. 222; Vermaseren, Mithras, The Secret God 174; The Mithraeum at Ponza (Mithriaca II) 27.
32 V 485, besser bei Vermaseren-van Essen, S. Prisca 213.
33 Abb. 15 = V 40 (Dura-Europos), Abb. 101 = V 1083 (Heddernheim), Abb. 128 = V 1137 (Rükkingen), Abb. 127 = V 1149 (Groß-Krotzenburg), Abb. 112 = V 1292 (Osterburken); vgl. auch das Fußbodenmosaik zu Ostia, Abb. 34 = V 239. – Der gemalte Zodiacus in Dura-Europos V 43 beginnt rechts unten mit der Waage und hat als höchsten Punkt den Einschnitt zwischen

Wenn die Zodiacalzeichen in einem Kreis um das Stieropfer stehen, sind sie meist so angeordnet, daß die Sommersonnenwende – wo die Sonne am höchsten steht – am höchsten Punkt des Kreises ihren Platz gefunden hat und die Wintersonnenwende am tiefsten Punkt; die Äquinoctialzeichen stehen dann in den „mittleren" Positionen, das Frühlingsäquinoctium (mit dem Widder) rechts und das Herbstäquinoctium (mit der Waage) links, so daß eine Kreisbewegung entgegen dem Uhrzeigersinn entsteht.[34]

In dem ovalen Relief aus Modena mit der Geburt des Mithras aus dem Weltenei befindet sich der „Widder" am höchsten, die „Waage" am tiefsten Punkt des Ovals (Abb. 74 = V 695); Kopf und Füße des Gottes zeigen auf diese beiden Punkte.

Auf den Reliefs aus Sidon (Abb. 18 = V 75) und Vercovicium (Abb. 89 = V 860) beginnt der Zodiacus nicht mit dem „Widder", sondern mit dem nachfolgenden Zeichen des „Stieres"; die zweite Jahreshälfte beginnt dann entsprechend mit dem auf die „Waage" folgenden Zeichen des Skorpions. Dieselbe Zweiteilung des Jahres wird vorausgesetzt auf denjenigen Bildern, auf welchen neben Cautes und Cautopates die Zeichen des Stiers und des Skorpions zu sehen sind.[35] Dies ist nur eine Variante; vermutlich wollte man in diesen Fällen das Jahr mit dem Zeichen des Stieres beginnen lassen, weil er das heilige Tier des Mithras war. Vielleicht handelt es sich auch um eine Anpassung an die römische Staatsreligion, denn der Tag der Gründung Roms, der 21. April, fällt mit dem Tag zusammen, an welchem die Sonne in das Zeichen des Stieres tritt; an diesem Fest feierte man in Rom das Fest der Palilia, und aus den Darstellungen des Mithraeums unter S. Prisca ergibt sich, daß die Palilien von den Mithrasdienern gefeiert worden sind.

Mit dem Datum des Mithrasfestes dürfte, wie vor kurzem vorgeschlagen worden ist,[36] auch der Strahl zusammenhängen, der vom Sonnengott in der linken oberen Ecke der Reliefs auf Mithras fällt, der den Stier opfert. Auf dem Strahl fliegt oft der Rabe von Sol zu Mithras, um ihm eine Nachricht vom Sonnengott zu überbringen. Zu dieser erzählenden, mythischen Deutung kommt wahrscheinlich eine kalendarische hinzu: Man hat vermutlich Vorkehrungen getroffen, daß am Festtag zu einem bestimmten Zeitpunkt durch ein Loch im Dach des Mithraeums ein Sonnenstrahl auf den Kopf des Gottes im Kultrelief fiel. Zur Not konnte man auch statt der wirklichen Sonnenstrahlen eine andere Lichtquelle, z. B. eine starke Lampe, benützen, deren Strahl das Kultbild traf. Der gelehrte Vergilkommentator Servius sagt, daß bei religiösen Zeremonien Imitationen dasselbe bedeuten wie das Wirkliche.[37]

Dem hierbei benützten Verfahren liegen alte und weitverbreitete Hilfsmittel zur Be-

den Fischen und dem Widder (diese Figuren sind zerstört, aber an der Anordnung besteht kein Zweifel). Die entscheidende Position der Äquinoctialpunkte ist also dieselbe.

34 Abb. 81 = V 810 (London) und V 1472 (Siscia).

35 Abb. 44 = V 335 (Rom), Abb. 71 = V 693 (Bononia), V 2006 (aus Dacien), V 2120 (Sarmizegetusa), V 2122 (Sarmizegetusa).

36 W. Lentz, Mithraic Studies II 358–377.

37 Kommentar zur Aeneis II 116 *sciendum in sacris simulata pro veris accipi.* Zu IV 512 *in sacris . . . quae exhiberi non poterant simulabantur, et erant pro veris.*

stimmung eines Datums aus der Position der Sonne zugrunde. Der Tag, an welchem ein Gnomon (ein Stab an der Sonnenuhr) in der nördlichen Halbkugel den kürzesten Schatten wirft, ist der Tag der Sommersonnenwende, und der Zeitpunkt ist der Mittag. Auf der Sonnenuhr wurden die Kurven der Schatten für die verschiedenen Tagesstunden und die verschiedenen Monate verzeichnet; die Spitze des Schattens zeigte die Zeit an. Wenn man nur einen einzigen Zeitpunkt festlegen wollte, konnte man anstelle des Gnomons ein Lichtloch in einem dunklen Zimmer nehmen; der durch das Loch fallende Lichtstrahl ist identisch mit der Linie, welche von der Spitze eines bis zur Höhe des Lichtlochs reichenden Gnomons bis zum Ende des von ihm geworfenen Schattens gehen würde.[38]

Daß man im Altertum solche Vorrichtungen im Kult benützt hat, ist aus dem Bericht des Christen Rufin über das Sarapeion in Alexandria klar. Er erzählt:

„Es gab dort Einiges, was mit List und Kunst zum Staunen und zur Bewunderung der Zuschauer eingerichtet war. Im Osten (des Tempels) war ein ganz kleines Fenster so angebracht, daß an demjenigen Tag, wo nach dem Brauch ein Bild des Sonnengottes hineingetragen wurde um Sarapis zu begrüßen, bei genauer Beachtung des Zeitpunktes in dem Augenblick, wo das Bild in den Tempel hereingebracht wurde, ein Sonnenstrahl durch eben dieses fiel und Gesicht und Lippen des Sarapis so beleuchtete, daß es für das zuschauende Volk so aussah, als würde Sarapis durch den Sonnengott mit einem Kuß begrüßt".[39]

Nun zeigen die Mithrasreliefs, auf denen vom Sonnengott ein Strahl auf Mithras fällt, eine Anordnung, welche der hier besprochenen sehr ähnlich ist. Über dem Stieropfer wölbt sich die Halbkugel des Himmels, die an einem einzigen Punkt – dem kleinen Fensterchen im Bericht über das Sarapeum – durch den Strahl durchbrochen wird, der vom Sonnengott ausgeht und auf den Kopf des Mithras fällt. Man wird vermuten dürfen, daß es in den Mithraeen eine Zeremonie gegeben hat, welche der Zeremonie im Sarapeum sehr ähnlich war.

Ein ganz sicherer Nachweis ist allerdings noch nicht geführt worden; denn die meisten Mithrasgrotten sind eingestürzt. Die Ausrichtung des Heiligtums nach Osten allein reicht nicht aus um eine solche Vermutung zu beweisen; man müßte das kleine Loch aufweisen,

---

38 Im wirklichen praktischen Gebrauch hat das System nur Sinn für die Bestimmung der Sonnenwenden; die Bestimmung der Äquinoctien müßte auf praktische Schwierigkeiten gestoßen sein, weil die Tage vor und nach den Äquinoctien fast identische Sonnenpositionen zeigen, so daß man sich in der Bestimmung des Äquinoctialtages hätte irren können. Aber für die Praxis der Mithrasmysterien kann dies keine Rolle gespielt haben, da man den Festtag aus dem Kalender entnehmen konnte. Der einfallende Sonnenstrahl kann nur noch für das sacrale Drama Bedeutung gehabt haben, nicht mehr für die Bestimmung des Datums.

39 Hist. eccles. XI 23 *erant etiam quaedam ad stuporem admirationemque videntium dolis et arte composita: fenestra perexigua ab ortu solis ita erat aptata, ut die, qua institutum fuerat simulacrum Solis ad Serapem salutandum intro ferri, diligenter temporibus observatis ingrediente simulacro radius solis per eandem fenestram directus os et labra Serapis illustraret ita, ut inspectante populo osculo salutatus Serapis videretur a Sole* (Hopfner, Fontes 627).

durch welches der Sonnenstrahl fiel, und dazu Monat, Tag und Uhrzeit. Immerhin steht die Statue des den Stier opfernden Mithras in Ostia (V 229) unter einem Lichtloch, und das Mithraeum von Capua hat mehrere Öffnungen (V 180).[40]

Wurde das Stieropfer in den Mithraeen vollzogen?

Man fragt sich, ob das Stieropfer in den Mithraeen gefeiert worden ist. Es ist schwer darüber zu einer entschiedenen Meinung zu kommen, denn wenn bei den Mithraeen gelegentlich auch Rinderknochen gefunden worden sind, so kann man daraus nur Eines mit Sicherheit schließen: Daß heilige Mahlzeiten stattgefunden haben; und dies ist eine Selbstverständlichkeit. Ich habe starke Zweifel daran, ob das Stieropfer vollzogen wurde; die meisten Mithraeen sind dafür viel zu klein.[41] Wir haben zwar eine Reihe von Hinweisen darauf, daß ein dreifaches Opfer eines Ebers, eines Widders und eines Stiers vollzogen worden ist, das sogenannten *Suovetaurile*. Aber dies war ein uraltes römisches Staatsopfer, welches im Freien vollzogen wurde und im Zusammenhang damit gesehen werden muß, daß der Mithraskult von Septimius Severus ab zu den römischen Staatskulten in Beziehung gesetzt wurde. Für die Mithrasgrotten kam ein Suovetaurile kaum in Betracht. Die Wahrscheinlichkeit scheint mir also dafür zu sprechen, daß man in den Mithraeen das Opfer nur in einer stellvertretenden Zeremonie vollzogen hat, – wie es ja auch im christlichen Gottesdienst geschieht.

Die Mithrasmysten haben an das Stieropfer – auch wenn es nur angedeutet worden sein sollte – Heilserwartungen geknüpft; das Vergießen des heiligen Blutes hat ihnen die Hoffnung auf „Rettung" gegeben. Ein Vers aus dem Mithraeum unter S. Prisca lautet: „Auch uns hast du gerettet, indem du das ewige Blut vergossest",

et nos servasti aeternali sanguine fuso.[42]

---

40 Für Alles Nähere sei auf den Aufsatz von Lentz verwiesen. In den Hommages à M. J. Vermaseren (Etudes préliminaires 68) II 590–605 schlagen W. Lentz und W. Schlosser vor, das im Mithraeum von Riegel in Baden gefundene sogenannte Kultschwert vielmehr als einen Gnomon zu deuten, was mir erwägenswert scheint. Sie deuten auch die „Schlüssel", welche Cautopates auf mehreren Monumenten trägt, als Gnomones (Abb. 107 = V 1110 Heddernheim; V 1163 Stockstadt; V 1231 Aquae Mattiacae-Wiesbaden).

41 H. Seyrig hat in der Zeitschrift „Iraq" 36 (1974) 229–230 den Griff eines Opfermessers veröffentlicht und zweifelnd als ein Gerät angesprochen, welches im Mithraskult benützt wurde. Er zieht allerdings auch die Möglichkeit in Betracht, daß das Messer im Kult der Kybele und des Attis zum Taurobolium diente. Auf dem Griff sind abgebildet: ein Stierkopf, eine Schlange, ein Skorpion, Büsten von Sol und Luna, eine persische Mütze, ein Schwert, Kymbala, ein Altar, ein Mischkrug (Kratér), ein Eber- und ein Löwenkopf, ein Jagdspieß und eine menschliche Figur, die in ein Leichentuch eingewickelt ist, mit am Leib anliegenden, über dem Bauch zusammengeführten Armen. – Es ist klar, daß man viele dieser Symbole auf den Mithraskult beziehen kann; aber die Kymbala kommen in den Mithrasmysterien nicht vor und sind für den Kult der Kybele charakteristisch, so daß ich dieser Interpretation den Vorzug gebe.

42 V 485, besser bei Vermaseren-van Essen, S. Prisca S. 217. Der Philologe kann nicht umhin anzu-

Tertullian hätte dazu sicher gesagt: „Hier erkennen wir wieder die List und Schlauheit des Teufels, der sich Einiges unserer heiligen christlichen Lehren aneignet um uns im Glauben wankend zu machen".

V. Chronologie und Geographie

War der Vorwurf der Christen, im Mithraskult werde das Christentum nachgeäfft, berechtigt oder nicht?

Die Frage ist nicht eindeutig zu beantworten. Natürlich ist der Gott Mithras viel älter als das Christentum, und bei vielen Zeremonien und Mythen lassen sich Anknüpfungen an altpersische Zeremonien und Mythen nachweisen. Die Vorstellungen von der Heiligkeit des Opfers sind überdies fast allen menschlichen Kulturen gemeinsam.

Andererseits besteht gar kein Zweifel, daß die eigentlichen römischen Mithrasmysterien später als das Christentum entstanden sind; und man kann die Ansicht vertreten, daß die Mithrasmysterien geradezu als eine ganz neue Religion aufgefaßt werden müssen. Die Möglichkeit einer Beeinflussung der Mysterien durch das Christentum ist also nicht ganz und gar abzuweisen.

Schließlich muß man auch bedenken, daß sich die alten nationalen Religionen unter den neuen, für alle gleichen Bedingungen des römischen Kaiserreiches notwendigerweise konvergent entwickeln mußten.

Wir lassen also diese Frage als unlösbar auf sich beruhen, prüfen aber nun genauer, was wir über die Chronologie der Mithrasmysterien wissen.

Vermaseren hat den beiden Bänden seines Werkes Listen aller datierten Mithrasmonumente beigegeben. Ich zähle 137 Nummern, und inzwischen sind weitere hinzugekommen.[1] Von wenigen Ausnahmen abgesehen findet man sicher datierte Monumente erst seit dem Jahr 140 n. Chr., von da an aber in Fülle. Daraus ergibt sich als statistischer Befund, daß die Mithrasmysterien erst nach dem Jahr 140 n. Chr. weit verbreitet waren.

---

merken, daß der Vers, wie er auf der Wand steht, gegen alle Regeln des lateinischen Hexameters verstößt. In dem zugrundeliegenden Gedicht wird gestanden haben:

> *et nos ——*
> *⟨atque⟩ aeternali servasti sanguine fuso.*

Der Maler war gezwungen, das Wesentliche möglichst kurz zu sagen, und hat – so vermute ich – die Verse in eine Zeile zusammengezogen ohne sich über das Metrum Gedanken zu machen. S. Panciera hat die Reste des Verses neu untersucht und stellt fest, daß die Lesung vor allem des Wortes *(a)eternali* unsicher ist (bei Bianchi, Mysteria Mithrae S. 103/5 Anmerkung).

1 Band I S. 362, II S. 439. Aus Vermaserens Liste zählen folgende Nummern nicht für die eigentlichen Mithrasmysterien: V 28–32 und 90 C aus Kommagene; V 19 aus Ariaramneia in Kappadokien und 23 aus Phrygien.

Die drei letzten Zeugnisse der eigentlichen Mysterien fallen in die Jahre 313, 315 und 325.[2] Konstantin hatte im Jahr 312 im Zeichen Christi an der milvischen Brücke gesiegt; die endgültige Niederlage seines Mitkaisers Licinius, der in der letzten Zeit seiner Regierung das Heidentum bevorzugt hat, fällt ins Jahr 324.

Es gibt dann noch eine Gruppe von datierten Monumenten aus den Jahren 357–387 n. Chr. Sie stammen alle aus Rom und seiner Umgebung, von Personen der heidnischen Reaktion gegen das christliche Kaisertum in Konstantinopel und Mailand.[3] Diese Monumente, die wir später kurz besprechen werden, gehören ebenfalls nicht mehr zu den eigentlichen Mithrasmysterien.

Die Zeit, in welcher die Mithrasmysterien blühten, ist also etwa durch die Jahre 140 und 312 n. Chr. zu begrenzen.

Es gibt einige Zeugnisse, die früher datiert werden müssen:

(1) Der unter Domitian lebende Dichter Statius erwähnt Mithras in seinem Epos *Thebais*, das im Jahr 90 n. Chr. vollendet wurde. Ein Held seines Gedichtes betet zu Phoebus Apollo: „Steh uns bei ... sei es, daß es besser ist dich ‚rosenfarbenen Titan' (= Helios-Sol) zu nennen nach dem Ritus der Achaemeniden, sei es, daß du besser fruchtbringender Osiris gerufen wirst oder Mithras, wenn du unter den Felsen der persischen Grotte die Hörner bändigst, welche dir nicht folgen wollen (= den Stier zähmst)":

> *Adsis ... seu te roseum Titana vocari*
> *gentis Achaemeniae ritu, seu praestat Osirin*
> *frugiferum, seu Persei sub rupibus antri*
> *indignata sequi torquentem cornua Mithram.*[4]

Hier wird nicht nur auf die steinerne Grotte Bezug genommen, sondern vor allem auf eine Episode aus dem mythischen Zyklus „Mithras und der Stier", den wir auf vielen Mithrasmonumenten dargestellt finden (s. oben S. 124 ff.): Mithras hat den Stier gezähmt und ist auf ihm geritten. Dieser Mithrasmythus war also zur Zeit Domitians in Rom bekannt.

(2) Das zweite Zeugnis ist eine Statue des Mithras, der den Stier opfert; sie ist gesetzt von einem Mann namens Alcimus, der Sklave und Gutsverwalter des Tiberius Claudius Livianus war.[5] Der Sklave Alcimus muß über erhebliche Mittel verfügt haben, wenn er die

---

2 V 523 (Rom), 150 (aus Africa), 1315 (Gimmeldingen in der Pfalz). Übrigens wird in V 150 nur Sol genannt, nicht auch Mithras, so daß das Monument nicht sicher mithrisch ist.

3 Vgl. I. M. Hackethal, Zeitschr. für Papyrol. 3, 1968, 239–245. – Zu V 369 (Rom) s. oben S. 104 Anm. 16 (Agrestius). V 129 aus Cirta in Africa und 206 aus Antium sind ebenfalls von Angehörigen dieser Gruppe gesetzt. Ein Sonderfall ist die Weihung des Flavius Gerontius in Sidon V 76–79 im Jahr 389 n. Chr., s. die Erläuterung zu Abb. 20 = V 78/9. – V 113 (bei Vermaseren Band II, S. 17 und 439) ist kein Mithrasmonument. – V 1414 war unter Honorius kaum noch eine mithrische Kultstätte.

4 Thebais I 716–720.

5 Abb. 67 = V 594 = C. I. L. VI 718 = Dessau 4199.

Statue aufstellen lassen konnte; und dies ist nicht verwunderlich, denn er war Gutsverwalter im Dienst eines der mächtigsten Männer im Römerreich: Sein Herr, Claudius Livianus,[6] war unter Trajan *Praefectus praetorio*, also einer der beiden Kommandanten der
kaiserlichen Leibgarde und in vieler Hinsicht praktisch der Stellvertreter des Kaisers. Er
hat es sicherlich nicht mißbilligt, daß Alcimus eine Statue des Mithras aufstellte. Das
Monument ist unter Trajan zu datieren (98–117), spätestens in die ersten Jahre Hadrians.

(3) Eine weitere Weihinschrift ist von einem kaiserlichen Freigelassenen Titus Flavius
Hyginus Ephebianus gesetzt worden.[7] Auch er muß wohlhabend gewesen sein. Da er
Titus Flavius heißt, ist er wahrscheinlich unter den flavischen Kaisern freigelassen worden, wohl unter Domitian. Die Inschrift wird also in die Zeit des Domitian oder Trajan
gehören, eventuell in die Zeit Hadrians.

Alle drei Zeugnisse stammen aus Rom, und zwar aus dem engeren oder weiteren
Umkreis des Kaiserhofes.

(4) Ein erstaunlich frühes Zeugnis kommt aus der Stadt Novae an der unteren Donau,
in der Provinz Moesia (heute in Bulgarien). Dort hat ein Mann mit dem Namen *Melichrisus*[8], Sklave und Funktionär des Pächters aller Zölle an der unteren Donau[9], dem Mithras
ein Relief aufgestellt.[10] Der Zollpächter ist aus einem anderen Text bekannt, der genau ins
Jahr 100 n. Chr. datiert ist.[11] Der Zolldienst dieser Gegenden lag zwar damals juristisch
gesehen noch in privaten Händen; aber faktisch waren die Zollbediensteten staatliche
Funktionäre. Wir werden auf den Mithraskult bei den Zollbeamten der Donauprovinzen
wieder zurückkommen.

(5) In Carnuntum hat ein Centurio der *Legio XV Apollinaris* dem Mithras einen Altar
geweiht (V 1718). Diese Legion, die am jüdischen Krieg und an den Dakerkriegen teilgenommen hatte, wurde im Jahr 114 von Trajan nach Kappadokien versetzt. Die Inschrift
muß also vor diesem Jahr gesetzt worden sein. Da die übrigen fest datierten Mithrasmo-

---

6 Prosopographia Imperii Romani², C 913; R. E. III 2729 nr. 207; Kl. Pauly I 1214, nr. 31;
    R. Syme, Journ. Rom. Stud. 80, 1980, 66/7.
7 V 362 = C. I. L. VI 732 = Moretti, Inscr. Graecae urbis Romae I 179.
8 Wohl ein Mystenname, s. oben S. 105.
9 *Conductor publici portorii ripae Thraciae;* es ist das Donauufer gemeint.
10 Abb. 163 = V 2269 *[Invicto] deo Melichrisus P. Caragoni Philopalaestri [conductoris publici por-
    torii ripae Thraciae servus vilicus posuit].* – Das erste erhaltene Wort ist deutlich *DEO*. Der Text
    wurde von Nesselhauf durch Vergleich mit dem in der nächsten Anmerkung zitierten Text aus
    Histria hergestellt (Epigraphica 1, 1939, 334); vgl. auch De Laet, Portorium (1949) 204,4.
11 Es ist der Erlaß über die Grenzen (ὁροθεσία) der Stadt Histria, von Manius Laberius Maximus.
    Er ist in zwei Kopien erhalten (Inscriptiones Scythiae minoris I [collegit D. M. Pippidi, Bukarest
    1983] nr. 67,68 und nr. 68,68). Die Stelle über Charagonius Philopalaestrus lautet, wenn man die
    beiden Exemplare kombiniert:

    ... *Charagonio Philopalaestro* (s. unten) *con[ductori pub]lici portorii ripae Thraciae* ...

    Statt *Philopalaestro* steht auf dem Stein *PHICORALAESTRO*. Der griechische Steinmetz hat
    das lateinische P als ein griechisches ϱ gelesen und in ein lateinisches R transponiert.

numente alle später als das Jahr 100 sind, wird man auf ein Datum zwischen 100 und 114 n. Chr. geführt.

(6) In Heddernheim hat ein Reiter der *Ala I Flavia milliaria* einen Mithrasaltar geweiht (V 1092). Diese Einheit lag zwischen 87 und 123 dort.[12] Man wird auch hier auf ein Datum in den ersten zwanzig Jahren des 2. Jahrhunderts geführt.[13]

(7) Ebenfalls in Heddernheim hat ein Centurio der *Cohors XXXII voluntariorum* einen Altar geweiht (V 1098). Diese Einheit lag bis etwa 110 in Heddernheim, danach im benachbarten Oberflorstadt.[14] Dies führt auf ein Datum kurz vor 110 n. Chr.[15]

(8) Plutarch erzählt in der Biographie des Pompeius, daß die kilikischen Seeräuber zur Zeit des Pompeius „fremde Weihezeremonien vollzogen, unter welchen die Mithrasweihe, die von ihnen zuerst eingeführt worden ist, sich bis heute erhalten hat".[16] Plutarch, der in der Zeit Trajans schrieb, hat also davon gehört, daß es Mysterien des Mithras gibt. Es scheint nicht, daß er genauere Kenntnisse davon hatte, denn er kommt in dem Buch über Isis und Osiris auch ausführlich auf die persische Religion zu sprechen (Kap. 46/7), zeigt aber dort keine Kenntnis der mithrischen Lehren, ganz anders als später Porphyrios.

(9) Unter Trajan hat die Stadt Trapezunt Münzen geprägt, welche auf der einen Seite den Kopf des Kaisers zeigen und auf der anderen Mithras mit persischer Mütze; von der Mütze gehen Sonnenstrahlen aus. Wir haben diese Münzen oben S. 44 besprochen. Offenbar war Mithras fast ein Stadtgott von Trapezunt, denn die Mithras-Prägungen der Stadt laufen durch das 2. und 3. Jahrhundert hindurch weiter.

Das Zeugnis aus Trapezunt ist in Kleinasien vereinzelt. Im Übrigen zeigt sich, daß die Mithrasmysterien wahrscheinlich schon unter Domitian bestanden haben; unter Trajan und Hadrian nahmen sie in relativ kleinen, aber sehr einflußreichen Kreisen einen Aufschwung, in der Hauptstadt und bei einigen militärischen Einheiten.

Auch die *geographische Verteilung* der Mithras-Funde führt zu dem Schluß, daß Rom bei der Ausbreitung des Kultes von entscheidender Bedeutung gewesen ist.

Die Funde sind vor allem in Rom und an den Militärgrenzen gemacht worden: in Britannien; in Germanien; an der Donaugrenze, vor allem in Noricum, Pannonien, Moesien

---

12 E. Stein, Die kaiserlichen Beamten und Truppenkörper in Deutschland 130/2.

13 E. Schwertheim, Die Denkmäler orientalischer Gottheiten im römischen Deutschland 271; Daniels, Mithraic Studies II 266 (in einem sehr wertvollen Aufsatz).

14 E. Stein, Die kaiserlichen Beamten und Truppenkörper 231/2.

15 E. Schwertheim, Die Denkmäler 270/1; Daniels, Mithraic Studies II 266. – Die von Schwertheim S. 274 herangezogenen beiden Inschriften aus Mainz geben keine sicheren chronologischen Indizien: In V 1223 wird eine *[cohors I I]tur(aeorum)* ergänzt. Da die Einheit um 88 n. Chr. nach Syrien versetzt wurde, müßte diese Inschrift vorher gesetzt sein. Aber man kann ebensogut ergänzen: *[cohors Bi]tur(igum)*, und damit schwindet die chronologische Fixierung. – In der Inschrift C. I. L. XIII 11824 = Schwertheim S. 116/7 nr. 95 steht der Name des Mithras in der Ergänzung, so daß sich Schlüsse aus diesem Text verbieten.

16 Vita Pompei 24, s. oben S. 45 Anm. 6.

MITHRAEEN UND MITHRAS-
FUNDE IN BRITANNIEN

VALLUM ANTONINI

Bremenium ○   Brocolitia

VALLUM HADRIANI

Vindovala
Longovicium

Luguvalium

Uxellodunum
Vercovicium
Corstopitum

Eboracum

Deva

Segontium

Glevum   Verulamium

Isca

Londinium

○ Mithraeum
⊡ Legionsfestung (Isca, Deva, Eboracum)

Isca – Caerleon	Luguvalium – Carlisle
Glevum – Gloucester	Uxellodunum – Castlesteads
Verulamium – St. Albans	Vercovicium – Housesteads
Deva – Chester	Brocolitia – Carrawburgh
Segontium – Caernarvon	Corstopitum – Corbridge
Eboracum – York	Vindovala – Rudchester
Longovicium – Lanchester	Bremenium – High Rochester

und in der vorgeschobenen Provinz Dakien; in Afrika vor allem in Lambaesis, dem Standort der einzigen dort befindlichen Legion.

Dazu kommen Streufunde in den übrigen Provinzen, wobei Emerita als Provinzhauptstadt und Trier als Sitz eines Procurators durch wichtige Funde herausragen. Im griechischen Teil des Reiches gibt es nur wenig Mithrasfunde: in Ägypten, in dem Grenzfort Dura-Europos am Euphrat und in ziemlich später Zeit in Sidon. In Kleinasien und Griechenland existiert praktisch kein Mithraskult.

Was die Militärgrenzen angeht, so ist für Britannien zu bemerken, daß die Mithraeen nur am Hadrianswall gefunden worden sind, nicht am nördlicher gelegenen Wall des Antoninus Pius. Dieser ist nach dem Tod des Pius (im Jahr 161) aufgegeben worden; die Verteidigungslinie wurde wieder an den Hadrianswall zurückverlegt. Man muß schließen, daß die Mithraeen in Britannien erst nach diesem Zeitpunkt erbaut worden sind.[17]

Von den insgesamt fünfzehn Fundorten in Britannien befinden sich allein acht am Hadrianswall. Dazu kommen die Funde in der Hauptstadt Londinium und an den drei Legionslagern (Eboracum, Deva, Isca). Auch die verbleibenden drei Orte sind militärisch (Verulamium, eine Veteranenkolonie; Glevum und Segontium, beides Standorte von Truppen). Der militärische Charakter des Mithraskultes in Britannien ist also evident.

In Germanien sind die Mithraeen vor allem am Limes gefunden worden, und zwar in besonders hoher Zahl in dem Gebiet um Wiesbaden. Dort hatten die Römer unter Domitian, von Mainz aus operierend, einen Brückenkopf auf der rechten Rheinseite gebildet, der von starken Einheiten gesichert wurde. Bei Groß-Krotzenburg stieß der Limes auf den Main. Ein Stück weit bildete dann der Fluß die Grenze. Danach führte der Limes zunächst zum Neckar hinüber und folgte diesem Fluß. Auch dort sind wichtige Funde gemacht worden. Unter Antoninus Pius wurde der Limes auf eine Linie vorverlegt, die vom Mainknie bei Miltenberg gerade nach Lorsch verlief; auch hier sind wichtige Funde gelungen. Da die Neckarlinie nicht wieder zur Grenze wurde, wird man in diesem Fall schließen, daß die Mithraeen am Neckar schon vor Antoninus Pius angelegt worden sind. Nach der Mitte des 3. Jahrhunderts zogen die Römer sich aus dem rechtsrheinischen Germanien zurück. Nun wurde der Rhein die Militärgrenze; dementsprechend findet man in der Pfalz und im Elsaß zahlreiche Mithraeen. Für all dies sei auf die beigegebene Skizze verwiesen.

---

17 Die älteste britannische Mithrasinschrift ist wahrscheinlich V 870 = Collingwood-Wright, The Roman Inscriptions of Britain 1137, vom Hadrianswall, um 163–166. Der Name des Gottes ist zwar eradiert, scheint aber gelautet zu haben *Soli invicto,* und in dieser Zeit muß damit Mithras gemeint sein. Die Inschrift ist gesetzt von einem Detachement *(vexillatio)* der Legio VI Victrix *sub cura Sex. Calpurni Agricolae legati Augusti pro praetore* und sicherlich mit Billigung des Generals. Für diesen Mann vgl. R. E. III 1366; Kl. Pauly I 1022, nr. II 1; Prosopographia Imperii Romani², C 249; G. Alföldy, Konsulat und Senatorenstand unter den Antoninen (1977) 219 (und Index); A. R. Birley, The Fasti of Roman Britain (Oxford 1981) 127–9.

MITHRAEEN AN DER RÖMISCHEN MILITÄRGRENZE IN GERMANIEN

Die römische Militärgrenze verlief:

(1) Unter Domitian – Trajan – Hadrian: Rhein – Limes um den Brückenkopf bei Wiesbaden/Frankfurt – der Main bis Obernburg – (hintere) Limeslinie zum Neckar – Neckar – Donau

(2) Von Antoninus Pius bis in die Mitte des 3. Jahrh.: Rhein – Limes um den Brückenkopf bei Wiesbaden/Frankfurt – der Main bis zum Mainknie (bei Miltenberg) – (vordere) Limeslinie bis zur Donau – Donau

(3) Seit der Mitte des 3. Jahrh.: Rhein – Bodensee – Iller – Donau. Die Mithräen westlich des Rheins stammen vorwiegend aus dieser Zeit.

Die gestrichelte Linie ist der Limes.

Viele Funde wurden dann wieder an der Donaugrenze im Gebiet von Vindobona (Wien), Carnuntum, Brigetio und Aquincum (Budapest) gemacht, weiter in der von Trajan eroberten Provinz Dacien. Als diese vorgeschobene Position wieder aufgegeben wurde, wurde auch dort die Donau zur Grenze; dementsprechend sind auch an der unteren Donau viele Mithraeen gefunden worden.[18]

18 Hier findet man auch ausnahmsweise einmal ein Mithraeum in einer griechischen Stadt, in Histria (V 2296; verbesserter Text bei D. M. Pippidi, Inscriptiones Scythiae minoris I [Bukarest 1983] nr. 137; vgl. auch Pippidi in den Hommages M. Vermaseren, Etudes préliminaires 68, III 967–973). Die Inschrift ist etwa im Jahr 159 gesetzt worden, denn der eponyme Priester der Stadt ist der damalige Statthalter von Moesia inferior, Iulius Statilius Severus (Prosopographia Imperii Romani², J 588). Der Text enthält eine Liste derjenigen Mysten, welche Geld für den Bau der Grotte gestiftet haben. Unter den Stiftern ist der erste Mann der Stadt, der *Pontarches* M. Ulpius Artemidorus, den wir aus zahlreichen anderen Inschriften kennen; er hatte eine Fest-

Eine Besonderheit Pannoniens sind die reichen Funde in Poetovio (Pettau, heute Ptuj an der Drau, am Dreiländereck Österreich-Jugoslawien-Ungarn). Dort war eine Umschlag- und Zollstation für alle Transporte aus Italien in die Donaugegenden, und zwar trennten sich in Poetovio die Straßen; die eine führte nach Norden über Savaria nach den Gegenden des heutigen Wien oder Budapest, die andere nach Osten der Drau entlang nach Moesien und Dacien. Die Erhebung des Zolles lag in den Händen einer zunächst rechtlich privaten Organisation, des *Publicum Portorium Illyrici;* da aber der Staat großes Interesse an der konsequenten Erhebung der Zölle hatte, stand faktisch die Macht des Römerstaates hinter dieser Organisation, und man muß sie als eine halbstaatliche Einrichtung ansehen. Später ist die Zollerhebung dann auch vom Staat übernommen worden. Unter den Funktionären dieser Gesellschaft sind viele Mithrasanhänger gewesen.

Man darf zusammenfassend sagen: Schon allein aus der geographischen Verteilung der Mithrasfunde ergibt sich, daß die Mysterien des persischen Gottes besonders von den Soldaten und den kaiserlichen Funktionären ausgebreitet worden sind. Das Zentrum der Religion muß in Rom gewesen sein. An die Militärgrenzen, so wird man schließen, wurde der neue Kult von Offizieren gebracht, die aus der Hauptstadt an die Militärgrenze versetzt worden sind; im illyrischen Zolldienst und in den anderen Zweigen der römischen Verwaltung ist er von den leitenden Funktionären gefördert worden. Der zunächst naheliegende Gedanke, die Mithrasmysterien hätten sich ähnlich wie das Christentum von den unteren Schichten her ausgebreitet, trifft sicher nicht den historischen Sachverhalt; eine Unterwanderung militärischer Einheiten durch eine neue Religion ist kaum vorstellbar.

VI. Die Religion der Loyalität und das Kaisertum[1]

Mithras war der Gott der gegenseitigen Beziehungen zwischen den Menschen, sowohl der Verbindung unter Gleichen als auch des Verhältnisses zwischen dem Mächtigeren und seinem Gefolgsmann in dem Sinn, daß die Verpflichtung gegenseitig war: Der Schwächere war zwar untergeordnet, aber er hatte seine berechtigten Ansprüche auf Schutz und Hilfe durch den Stärkeren. Diese Grundvorstellung des Mithrasdienstes kam den Vorstellungen der Römer und ihrer gesellschaftlichen Organisation entgegen. Der Hauptgrund für den großen Erfolg der Mithrasmysterien im römischen Heer und in der kaiserlichen Verwaltung liegt in diesem Prinzip der gegenseitigen Verpflichtung.

versammlung der Pontos-Städte organisiert und ihr präsidiert, vielleicht das ganze mehrtägige Fest bezahlt. Einer der anderen Stifter ist Iulius Bassus, ein *beneficiarius consularis* (ein Ordonnanz-Gefreiter des Gouverneurs). Zu dem Text ist heranzuziehen Pippidi, Scythica minora 226 (mit Anm. 20 und 22), 243–6, 250–6.

1 Werner Eck hat, hilfsbereit wie immer, dieses Kapitel im Manuscript gelesen und mich vor vielen Fehlern bewahrt. Dies bedeutet nicht, daß er den Inhalt durchweg billigt.

Patronus, Klient und Familia

Gegenseitige Verpflichtungen der Menschen bildeten von jeher die Grundlage des römischen Lebens. In der Politik konnte nur ein Mann Einfluß üben, der eine sichere Gefolgschaft hatte; und jedes der römischen Adelshäuser besaß solche Gefolgsleute. Alle römischen *nobiles* waren *patroni* mit Anhängern in der stadtrömischen *plebs,* auf dem Lande in Italien, in den italischen Städten *(muncipia)* und in den Provinzen des Reiches. In der Zeit der Republik war der Reichsbewohner darauf angewiesen, in ein solches Patronatsverhältnis eingegliedert zu sein, denn das Reich wurde durch die Senatsoligarchie regiert, und man konnte ohne den *patronus* gar nicht zu Gehör kommen. Der Patron hatte seinerseits die Verpflichtung, für den ‚Klienten‘ einzutreten und ihn zu schützen. Diese Klientelverhältnisse erbten sich in den Familien fort; in der Zeit der Republik hatten alle großen römischen Häuser eine starke *clientela*. Als das Römerreich dann Monarchie wurde, vergrößerte sich die *clientela* des Kaiserhauses, während die der anderen Adelsfamilien schrumpften. Viele Menschen sahen nun auf den Kaiser als ihren *Patronus;* sie betrachteten ihn nicht abstrakt als das Oberhaupt des Staates, sondern als den ihnen (wenn auch in der Ferne und über Mittelsleute) verbundenen großen Chef.

Dementsprechend bedeutet das lateinische Wort *familia* etwas ganz Anderes als „Familie“ in den neueren Sprachen. Das Wort ist abgeleitet von *famulus,* „Diener“. *Familia* bedeutet also wörtlich „Dienerschaft“ und tatsächlich die Lebensgemeinschaft in einem großen Hause: Den Familienvater *(pater familias* mit altertümlicher Genetivendung), die Mutter, ihre Kinder *(liberi,* die Freigeborenen) und die Diener *(famuli),* Sklaven und Freigelassene.[2] Es konnten auch Freigeborene in diesen Kreis aufgenommen werden; Familien aus der Plebs waren im Klientelverhältnis angeschlossen; Gutshöfe im Besitz des Patronus gehörten ebenfalls zu dieser „Familie“, kurz, eine solche Gemeinschaft war rasch auf tausend Köpfe angewachsen. Dennoch bildete die Familia noch immer eine Lebens- und Interessengemeinschaft mit den geschilderten gegenseitigen Verpflichtungen.

Die *Familia Caesaris* bestand aus vielen Tausenden von Menschen, und die Kaiser benützten diese Menschen zu den vielfältigsten Aufgaben in der Staatsverwaltung. Ein guter Teil der Mithrasdiener waren solche Männer aus der kaiserlichen „Familie“.

Der Kaiser als Patron der Soldaten und Offiziere

Ähnliche Verhältnisse gegenseitiger Verpflichtung bestanden auch zwischen den römischen Feldherrn und ihren Soldaten. Es sei an Marius und Sulla, Pompeius und Caesar erinnert um zu zeigen, was dies schon in der Zeit der ausgehenden Republik bedeutete: Einerseits war es diesen Generalen möglich, ganze Armeen aus ihren Anhängern aus dem Boden zu stampfen; und andererseits waren sie dazu verpflichtet, den ausgedienten Soldaten und Centurionen Landgüter zu verschaffen.

---

2 Über den Familienverband s. F. Vittinghoff, Soziale Struktur und politisches System der hohen römischen Kaiserzeit, in Historische Zeitschrift 230 (1980) 33–36.

Unter den Kaisern war das römische Heer ganz auf den einen Imperator ausgerichtet. Für die Offiziere der mittleren Laufbahn, also für die Männer aus dem Ritterstand, wurde eine ganz neue Verwaltungslaufbahn im kaiserlichen Dienst eingerichtet. Auch aus dieser Gruppe sind viele Mithrasanhänger gekommen, auch für sie galt das Prinzip der Gegenseitigkeit.

Um zu verstehen, was es bedeutet, daß gerade diese beiden Menschengruppen – Offiziere und Beamte aus dem Ritterstand einerseits, Sklaven und Freigelassene des Kaisers andererseits – unter den Mithrasanhängern besonders zahlreich sind, ist ein etwas weiterer Blick auf die Organisation der römischen Gesellschaft nötig.

Im Aufbau der römischen Gesellschaft haben sich verschiedene Organisationsprinzipien überschnitten und überlagert. Es sei versucht, dies in der gebotenen Kürze darzustellen.

Der Rechtsstatus der Bewohner des römischen Reiches

Rechtlich gesehen gab es im Römerreich drei Gruppen:

a) Die römischen Bürger *(cives Romani)*. Zu diesen gehörten nicht nur die Freigeborenen, sondern auch die Freigelassenen *(liberti)*.

b) Die Bürger in den Städten der Provinzen (d. h. außerhalb Italiens) ohne die Rechte eines römischen Bürgers. Sie waren von Rom aus gesehen „Fremde" *(peregrini)* und standen daher unter dem ‚peregrinen' Recht.[3]

c) Die Sklaven *(servi)*. Wenn der Sklave eines römischen Bürgers freigelassen wurde, erhielt er dessen Familiennamen und den Rechtsstatus des römischen Bürgers. Solche Freigelassene übersprangen sozusagen die unter (b) aufgeführte Kategorie des Peregrinen.

Rechtlich gesehen ist der Unterschied zwischen den Sklaven und den freigelassenen römischen Bürgern groß. Im praktischen Leben war dieser Übergang fließend; denn der Freigelassene stand in einem Patronatsverhältnis zu demjenigen römischen Bürger, der ihn freigelassen hatte. Er war einerseits verpflichtet weiter im Interesse seines Patronus zu handeln und genoß andererseits dessen Schutz.

Die sozialen Klassen innerhalb der römischen Bürger

Innerhalb der römischen Bürgerschaft gab es klar voneinander abgegrenzte soziale Klassen. In der Hauptstadt Rom waren die Mitglieder der Ratsversammlung (des Senates), also die Senatoren, die oberste Klasse. Nach ihnen kamen die Ritter; diesen Rang konnten nur Männer mit beträchtlichem Vermögen erreichen. Darauf folgten die römischen Bürger ohne besonderen Rang. Das geringste Ansehen genossen die Freigelassenen. Sie waren

---

3 Ich übergehe das *ius Italicum* für Bewohner der Provinzen, weil es in unserem Zusammenhang keine Bedeutung hat.

zwar *cives Romani,* gehörten aber doch erst seit kurzem zur Bürgerschaft, und man trat ihnen mit einer gewissen Reserve entgegen.

In den kleineren Landstädten und in den Provinzen wiederholte sich dieser ständische Aufbau in vereinfachter Form. Den höchsten Rang hatten hier ebenfalls die Mitglieder der Ratsversammlung, die *decuriones,* inne. Unter ihnen standen die einfachen Bürger, und die unterste Schicht war auch hier die der Freigelassenen. Aber der Rang eines *Decurio* in einer Landstadt entsprach natürlich nicht dem eines römischen Senators. Ein Teil von ihnen gehörte immerhin zum Ritterstand; aber die meisten Decurionen wären in Rom selbst unter die einfachen Bürger eingereiht worden.

Chancen um zu Reichtum und Macht zu gelangen

Aber wenn der rechtliche Status etwas anderes war als die soziale Klasse, so stand es mit den Chancen, Macht, Reichtum und Einfluß zu gewinnen wieder anders. Diese hängen wohl überall im wesentlichen davon ab, ob es gelingt jene höheren oder niedereren Schaltstellen in Besitz zu nehmen, von denen aus die Macht ausgeübt wird. In einer Monarchie, wie im kaiserlichen Rom, wurden Macht und Einfluß dadurch erreicht, daß man in Stellen einrückte, auf welche der Kaiser einen Teil seiner Machtbefugnisse delegiert hatte. Der Nachteil, welcher im Status eines Freigelassenen oder gar eines Sklaven lag, konnte im praktischen Leben mehr als kompensiert sein, wenn dieser Mann eine Stelle im kaiserlichen Dienst erhielt, die mit Machtbefugnissen ausgestattet war. Ein römischer Bürger und vor allem ein Ritter konnte in einer Laufbahn im Dienst des Kaisers in Machtpositionen kommen, welche einem Senator nur schwer erreichbar oder sogar systematisch versperrt waren.

Ein Schichtenmodell der Gesellschaft im römischen Kaiserreich

Die Lebens- und Aufstiegschancen der verschiedenen Menschengruppen im römischen Reich seien nun anhand der nebenstehenden Skizze erläutert, in welcher der Versuch gemacht ist, die Verschränkung der rechtlichen und sozialen Gesichtspunkte augenfällig zu machen.[4] Es sei vorweg betont, daß es sich um nicht mehr handelt als um einen Versuch, eine erste Übersicht über ein kompliziertes System zu ermöglichen.

---

4 Dieses Schema ist weitgehend inspiriert von der Skizze, welche G. Alföldy vor kurzem vorgelegt hat (Gymnasium 83, 1976, 10 = Römische Sozialgeschichte [1975] 131). Ich verfolge allerdings begrenztere Ziele als Alföldy, indem ich nicht die Struktur der römischen Gesellschaft darstellen will, sondern nur die relative Stellung der verschiedenen Gruppen zueinander und deren Aufstiegschancen.

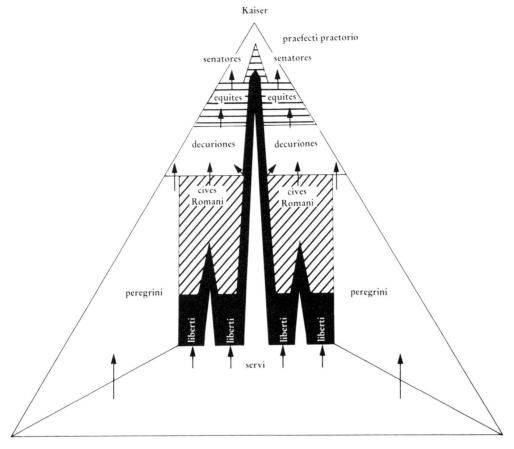

Schichtenmodell der römischen Gesellschaft

Die sozial unterste Schicht sind die *Sklaven*. Diese können im Besitz von Bürgern peregrinen Rechts sein, oder von römischen Bürgern, oder von römischen Adligen, oder im Besitz des Kaisers. Die Sklaven der Adligen und des Kaisers können wiederum entweder auf dem Lande als Arbeiter in Gütern oder Handwerksbetrieben oder aber in der engeren *Familia* des Besitzers leben; in diesem Fall sind sie in der Hauptstadt Rom tätig oder auch an einem anderen Ort des Römerreiches, an den sie im Auftrag ihres Herrn geschickt worden sind. Unsere Nachrichten sind nur für diese letztgenannte Gruppe (Sklaven im unmittelbaren Dienst des Kaisers oder eines Adligen) so reichlich, daß wir uns ein Bild machen können. Diese Sklaven konnten darauf rechnen, später freigelassen zu werden. Aber diejenigen Sklaven, welche mit der Führung von Kassen beauftragt wurden, blieben Sklaven, solange sie dieses Amt führten; es gab Bestimmungen im römischen Recht, welche dies notwendig machten. Wenn ein Sklave die Kasse eines römischen Bankiers führte, oder die Kasse einer Zolleinnehmergesellschaft in einer Provinz, dann gingen Millionenbeträge durch seine Hände; und wenn er gar eine kaiserliche Kasse führte, in Rom oder in einem Zentralbüro für die Steuereinziehung in den Provinzen, dann war dieser Sklave in Wirklichkeit ein mächtiger Mann, der auch sehr gut entlohnt wurde. Seine soziale Position konnte, auch wenn er nach seinem rechtlichen Status ein Sklave war, höher sein als die vieler römischen Bürger, Ratsherren und sogar Ritter. Wenn er sein Amt abgab, wurde er freigelassen und damit römischer Bürger.

Die *Bewohner der Provinzen* waren zwar Einwohner des römischen Reiches, besaßen aber zunächst kein römisches Bürgerrecht. Nach und nach haben jedoch viele dieser „Fremden" *(peregrini)* das römische Bürgerrecht erhalten.

Junge Männer aus dieser Bevölkerungsgruppe konnten in den Hilfsformationen des römischen Heeres *(auxilia)* Soldaten werden; wenn sie nach 25jähriger Dienstzeit ausschieden, erhielten sie das römische Bürgerrecht. Im Durchschnitt standen die *peregrini* wesentlich besser da als die Sklaven; aber einem tüchtigen Sklaven aus der *familia Caesaris* eröffneten sich ganz andere Aufstiegsmöglichkeiten als einem gewöhnlichen *peregrinus*.

Zu den Bürgern gehören die freigeborenen *cives Romani* und die *Freigelassenen.*

Die letzteren sind gewissen Beschränkungen unterworfen: Sie bleiben ihrem früheren Patronus auf ihr Leben verpflichtet und können (im Prinzip) nicht in die nächsthöhere Klasse der Ratsherren aufsteigen. Dafür konnten sie „Augustus-Priester" *(Augustales)* werden, also Priester im Kaiserkult, was immerhin deutlich sozialen Rang anzeigte.[5] Aber wenn die Freigelassenen im Dienst römischer *nobiles* oder gar des Kaisers standen, wurden sie oft zu wichtigen Verwaltungsaufgaben herangezogen. Sie gehörten ja zur *familia* des Nobilis oder des Kaisers, waren ihrem Patron verpflichtet und waren „sichere" Leute – Männer, deren Fähigkeiten man kannte und die es sich gar nicht leisten konnten, gegen die Interessen des Patrons zu handeln. So sind diese Freigelassenen oft in wichtige Positionen gekommen, und am Kaiserhof sind einige von ihnen in Spitzenstellen aufgestiegen. – Für alle Freigelassenen gilt, daß ihre Kinder römische Bürger ohne Einschränkung sind.

Die freigeborenen römischen Bürger *(cives Romani)* hatten gegenüber den bisher genannten Reichsbewohnern rechtlich bedeutende Vorteile und konnten, wenn sie in den Stadtrat gewählt wurden, in die Klasse der *decuriones* aufsteigen. Wenn ein römischer Bürger Soldat wurde, diente er in den Legionen und hatte Chancen zu einem unteren Offiziersrang (als *Centurio*) in der Legion oder bei den Hilfstruppen aufzusteigen.

Die nächsthöhere Klasse waren die Ritter *(equites).* Voraussetzung für die Aufnahme in diese Klasse war ein mittleres Vermögen. Männern aus dieser Gruppe eröffneten sich schon recht weite Möglichkeiten. Sie konnten höhere Offiziere werden *(tribuni);* einige von ihnen traten als *Procuratores* in den kaiserlichen Dienst. Die höheren Stellen in dieser Laufbahn bestanden in großen Finanzverwaltungen. Einige dieser Männer sind auch in den Senat aufgestiegen. Die beiden *Praefecti praetorio,* also die wichtigsten Helfer des Kaisers in der Regierung des Reiches, wurden aus dem Ritterstand bestellt, ebenso der

---

5 Vgl. A. D. Nock, Annuaire de l'Institut de philol. et d'hist. orientales 2 (1933–34; Mélanges Bidez) 627–38 = Essays on Religion and the Ancient World I (Oxford 1972) 348–356.

Statthalter der reichen Provinz Ägypten. Diese Personen hatten eine weit größere Macht als ein mittlerer Senator.

Für die *Senatoren* waren die meisten Spitzenstellen reserviert; sie waren die Befehlshaber der Legionen und die Provinzstatthalter.

Diese Auseinandersetzung hat gezeigt, daß man den sozialen Rang der Sklaven, Freigelassenen und Ritter nicht ohne weiteres nach ihrem rechtlichen Status beurteilen kann; Sklaven in der Finanzverwaltung, Freigelassene im Dienst der Reichsverwaltung und Ritter in hohen Positionen können viel wichtigere Personen gewesen sein als man zunächst denken würde. Dies ist für das Urteil über diejenigen Personen wichtig, welche in den Mithrasinschriften vorkommen.

Die Rolle der Ritter und der kaiserlichen Sklaven und Freigelassenen in der Reichsverwaltung

Aber bevor wir die Inschriften besprechen, muß noch die allgemeine Funktion einerseits der Ritter und andererseits der Sklaven und Freigelassenen in der Verwaltung des römischen Reiches erläutert werden. Es wird sich auch hier zeigen, daß ein Urteil allein nach dem Rechtsstatus oder nach der Zugehörigkeit zu sozialen Schichten angesichts der komplexen Wirklichkeit nicht ausreicht.

Die römische Republik hatte nur eine sehr rudimentäre Administration, und dies war eine der Ursachen ihres Scheiterns. Das Reich war durch die Übermacht der römischen Waffen erobert worden und wurde durch das Heer zusammengehalten. Aber da die Statthalter der Provinzen durch keine funktionierende Zentralverwaltung kontrolliert wurden und ihre eigenen Zwecke verfolgten, kam es zum Bürgerkrieg und zum Zusammenbruch der Republik. Augustus hat dann alle militärische Gewalt in seiner, des Kaisers, Hand konzentriert, und er und die folgenden Kaiser haben eine Verwaltung aufgebaut, welche man zwar nach ihrem Umfang mit den Verwaltungen der modernen Staaten in gar keiner Weise vergleichen ~~vergleichen~~ kann, die aber doch die laufenden Aufgaben im wesentlichen löste und alles in allem ein sehr positives Urteil verdient.

Das Kaisertum ruhte auf zwei Säulen: Auf dem Heer und auf der kaiserlichen Verwaltung. Wir finden Anhänger der Mithrasreligion vor allem in diesen beiden Institutionen. Dies ist charakteristisch; denn der Mithraskult ist eine Religion der Loyalität.

Für das Militär bedarf dies keiner weiteren Erläuterung; aber über das administrative System der Kaiserzeit muß noch kurz gesprochen werden.

Grundstock hierfür waren zunächst die bestehenden republikanischen Magistrate. Aber in zunehmendem Maß wurden für Aufgaben, welche bisher noch nicht von stadtstaatlichen Stellen wahrgenommen worden waren, neue Funktionäre eingesetzt, welche der Kaiser selbst bestellte. Es waren dies für die höheren Positionen römische Ritter, für die niedereren kaiserliche Freigelassene, und für die Kassenbeamten kaiserliche Sklaven. Die beiden letzten Gruppen standen zum Kaiser in direktem Patronatsverhältnis; für die Ritter galt zumindest, daß sie ohne kaiserliche Gunst nicht zu höheren Positionen emporsteigen konnten und in voller Loyalität zum Kaiser standen.

Männer aus senatorischen Familien kamen für diese Aufgaben nicht in Betracht. Einige von ihnen waren in der ersten Zeit noch mächtige Patrone mit Tausenden von Klienten. Der Kaiser brauchte Männer von anderem Herkommen. Für die niedrigeren Funktionen verwendete er seine eigenen Sklaven und Freigelassenen, die praktisch ganz von ihm abhingen; mit den höheren Funktionen betraute er Männer des Ritterstandes, also solche Männer, die nicht durch alte Familienverbindungen selber *patroni* waren und deren Aufstiegsmöglichkeiten allein im kaiserlichen Dienst lagen.

Der „Zement" des Kaiserreiches

Wenn wir vorhin ein Schichtenmodell vorgeführt haben, in welchem der Aufbau des römischen Staates erklärt wurde, so sei dieses Modell nun ergänzt durch ein anderes Bild: Man stelle sich hundert Steinblöcke vor, welche enggeschichtet nebeneinander liegen ohne fest miteinander verbunden zu sein; und man stelle sich vor, daß über diese Blöcke ein Zement gegossen wird, der alle leeren Stellen ausfüllt und das Ganze zu einer einheitlichen, kompakten Masse macht. In diesem Bild sollen die einzelnen Blöcke die alten römischen Adelsfamilien mit ihrer Klientel und die anderen gewachsenen Bindungen darstellen, und der Zement die Männer im kaiserlichen Dienst, welche den Zusammenhalt des Staates ausmachen.

Diese neuen Gruppen im Dienst des Kaisers, die ritterlichen Offiziere und Procuratoren einerseits und die kaiserlichen Freigelassenen und Sklaven andererseits, sind sich ihrer neuen Stellung sehr rasch bewußt geworden; und besonders die Funktionäre aus der *Familia Caesaris*, die *Caesariani*, hatten bald das Gefühl: Der Staat ist in unserer Hand; wir sind es, welche die Maschine am Laufen halten; wir sind der Kitt, der das Reich zusammenhält.

Eine Hypothese über die Entstehung der Mithrasmysterien

Der Mithraskult kam den Vorstellungen dieser Männer in zweifacher Hinsicht entgegen: Erstens war er eine Religion der Gruppe, welche ihren Dienst in Treue gegenüber ihrem Patron erfüllt; und zweitens war er eine reine Männerreligion, für welche die „natürliche" Familie (im modernen Sinn des Wortes) nicht zählte.

Gerade dies war wichtig, sowohl für die Soldaten als auch für die *Caesariani*. Die Soldaten hatten in jungen Jahren ihre natürliche Familie verlassen und waren irgendwohin ans Ende der Welt versetzt worden; alle bisherigen Bindungen waren abgefallen, sie waren einsam. Sie hatten ihre Kameraden; aber der Mithraskult bot ihnen eine neue Bruderschaft, einen Ersatz für die heimatlichen Bindungen.

Die *Caesariani* andererseits waren nur zum kleinen Teil in natürlichen Familien aufgewachsen. Bei den gekauften Sklaven ist dies sowieso klar; sie sind als Kinder in eine fremde Umgebung versetzt worden und mußten sich der neuen Gruppe anpassen. Auch die in der Sklaverei geborenen Kinder, also die Kinder kaiserlicher Sklavinnen, müssen in der

Gruppe aufgewachsen sein; ihre Eltern hatten keine eigene Wohnung. Eine Religion, welche die Gruppe zum wesentlichen Inhalt hatte, mußte für sie einen großen Reiz haben.

Um die Richtung ganz klar zu machen, in welche meine Gedanken beim Studium der Mithrasmonumente geführt worden sind, will ich hier eine Hypothese formulieren, welche unbeweisbar bleiben muß, aber den Vorteil hat, daß deutlich gesagt wird, wo nach meinem Urteil die inneren Triebkräfte zu suchen sind, die zur Entwicklung der Mithrasmysterien und ihrem beträchtlichen Erfolg geführt haben: Ich vermute, daß die Mithrasreligion ausgebildet worden ist von einem Mann aus dem kaiserlichen Hofstaat, der ursprünglich aus dem Osten stammte, z. B. aus Armenien oder aus der Provinz Pontos;[6] und daß er diese Religion geschaffen hat für die Bedürfnisse der um ihn lebenden *Caesariani*,[7] als eine Religion der Gruppe, welche eine religiös sanktionierte Loyalität nach oben hin anbot. Die leitenden Personen in der *Familia Caesaris* und im Heer die Vorgesetzten hatten keinen Anlaß diesem Kult Hindernisse in den Weg zu legen. Viele werden gedacht haben: Man soll diese Leute gewähren lassen, denn ihr guter Wille steht außer Zweifel. Andere werden die Mithrasmysten sogar gefördert haben. Aber es hat sich immer nur um ein Angebot von seiten der Mithrasmysten gehandelt, auf welches von der anderen Seite – den Kaisern – niemals mit einer entsprechenden Aufmerksamkeit von oben nach unten geantwortet worden ist. Dies wäre auch gar nicht möglich gewesen; denn die Kaiser regierten nicht allein durch den Hofstaat und die *Caesariani*, sondern auch mit Hilfe der Senatsaristokratie, deren Interessen ganz andere waren und die daher auch andere religiöse Bindungen hatten als die *Caesariani*. Die Kaiser hatten – mindestens – mit diesen beiden ganz verschiedenen Gruppen zu rechnen; und im übrigen war man in der Zeit des römischen Polytheismus gegen andere Religionen tolerant.

Zu dieser Hypothese paßt, daß zwei der frühesten erhaltenen Mithrasinschriften gesetzt worden sind von dem kaiserlichen Freigelassenen Titus Flavius Hyginus Ephebianus und von Alcimus, dem Sklaven und Gutsverwalter des Praefecten der Praetorianergarde, Claudius Livianus.

Soweit meine hypothetischen Überlegungen. Ich kehre nun wieder zu den gesicherten Fakten zurück, die wir den Mithrasmonumenten entnehmen können.

Wir wenden uns zu einer Untersuchung des Mithraskultes im Heer.

6 Es sei daran erinnert, daß die Stadt Trapezunt seit Trajan Münzen mit dem Bild des Mithras geprägt hat (s. oben S. 44 und 149.).
7 Ich will natürlich nicht sagen, daß dieser Mann die Überlegung angestellt hat: Diese Menschengruppe braucht eine Religion, wie kann ich sie konstruieren? Nein; er muß – so denke ich im Rahmen meiner Hypothese – von der Wichtigkeit der gegenseitigen Beziehungen zwischen den Menschen und von den später ausführlich zu erörternden platonisierenden Vorstellungen immer tief durchdrungen gewesen sein.

Der Mithraskult im Heer

Wir können in mehreren Fällen nachweisen, daß Offiziere in gehobenen Stellungen die Ausbreitung der Mithrasmysterien tatkräftig gefördert haben. Es ist dabei zu betonen, daß die uns zur Verfügung stehende Überlieferung ganz zufällig ist; es ist sicher nicht ein Hundertstel der Inschriftsteine erhalten, welche gesetzt worden sind. Trotzdem ergibt das, was aufgefunden worden ist, ein klares Bild.

Die interessante Person ist

M. Valerius Maximianus[8]

Dieser Offizier stammte aus Poetovio in Pannonien (Pettau, heute Ptuj). Sein Vater war ein angesehener Bürger der Stadt gewesen; er selbst ist als Ritter in das Heer eingetreten, d. h. in die höhere Offizierslaufbahn, und hat am Partherkrieg des Kaiser Lucius Verus teilgenommen (162–165). In den Kriegen Marc Aurels an der Donau hat er sich dann vielfach ausgezeichnet und viele Aufgaben erfolgreich durchgeführt; er wurde um 176 in den Senat aufgenommen. Er hat anschließend fünf verschiedene Legionen an der Donaufront im Krieg gegen die Marcomannen kommandiert und wurde schließlich bald nach 180 nach Numidien versetzt, als Statthalter und Kommandeur der einzigen dort stehenden Legion.

Es scheint, daß dieser Mann eine wichtige Rolle bei der Ausbreitung des Mithraskultes gespielt hat; denn in allen sechs von ihm befehligten Legionen gibt es später Mithrasverehrer.[9] Bei drei dieser sechs Legionen sind die zufällig erhaltenen Fakten so bemerkenswert, daß es lohnt sie zu besprechen.[10]

(a) *Legio XIII Gemina* (Standlager in Apulum)

Hier hat Valerius Maximianus selbst als Legionsgeneral dem unbesiegten Sonnengott Mithras auf Grund eines Gelübdes einen Altar geweiht.[11] Dies ist das früheste datierte Mithrasdenkmal aus Dacien, welches erhalten ist.

Von zwei weiteren Generalen, die ihm im Kommando über diese Legion folgten, sind ebenfalls Weihungen an Mithras erhalten, von C. Caerellius Sabinus[12] und Q. Caecilius

---

8 Die Laufbahn dieses Mannes ist seit 1955 aus einer langen Inschrift bekannt, welche Pflaum veröffentlicht hat (Libyca 3, 1955, 135–154 = L'Afrique romaine 65–84). Vgl. den Kleinen Pauly V 1113 nr. 10.

9 Zum Folgenden vgl. wieder Daniels, Mithraic Studies II 254 f.

10 Ich übergehe also die Zeugnisse für die Mithrasverehrung in folgenden, von Valerius Maximianus kommandierten Legionen: *I Adiutrix* (Standlager in Brigetio), *I Italica* (in Novae in Moesien), *V Macedonica* (in Potaissa in Dacien); man findet die Belege im Index von Vermaseren (Band II S. 431).

11 V 1950 = C. I. L. III 1122 = Pflaum, L'Afrique romaine 66 nr. 2 *[Soli] invicto Mitrae M. Val. Maximianus leg(atus) Aug(usti) v(otum) s(olvit)*.

12 Prosopographia Imperii Romani², C 161; R. E. III 1284 nr. 9; Kl. Pauly I 996 nr. 3; vgl. Russu in „Dacia" 16, 1972, 295–8. Die Inschrift aus Apulum: V 1968.

Laetus[13]. Sie haben beide unter Kaiser Commodus (180–192) kommandiert. Es ist klar, daß diese Legion in der Zeit des Marc Aurel und seines Sohnes Commodus stark mithraisiert war.[14]

(b) *Legio II Adiutrix* (Standlager in Aquincum)

Hier sind nicht weniger als sieben Weihinschriften für Mithras gefunden worden, welche von *tribuni laticlavii* gesetzt worden sind, von Offizieren „mit dem breiten Streifen" des Senatorenstandes.[15] Dem Rang nach war der *tribunus laticlavius* der zweithöchste Offizier der Legion; es waren immer junge Männer, welche aus der obersten Gesellschaftsschicht stammten und für eine Laufbahn als hohe Beamte und Generale in Frage kamen. Man hat offenbar bei dieser Legion von einem dort eingetroffenen neuen *tribunus laticlavius* geradezu erwartet, daß er an den Mithrasfeiern teilnahm und dies durch Weihung eines Altars dokumentierte.

Von vieren dieser Offiziere wissen wir, daß sie später in hohe Positionen gekommen sind:

C. Iulius Lepidus Tertullus war im Jahr 194 Gouverneur der Provinz Numidia;[16]

L. Aurelius Gallus war im Jahr 198 Consul;[17]

L. Cassius Pius Marcellinus wurde vor dem Jahr 214 zum Consul designiert;[18]

Tib. Pontius Pontianus wurde später Statthalter von Niederpannonien.[19]

Wir wollen durchaus nicht behaupten, daß diese Offiziere, die in ihrer Jugend einen Mithrasaltar in Aquincum geweiht haben, später in anderer Umgebung dem Kult des persischen Gottes weiter sehr ergeben gewesen sind; man darf ja nie vergessen, daß die heidnischen Religionen keinen Ausschließlichkeitsanspruch gestellt haben und gegeneinander tolerant waren. Aber daß Männer wie die hier aufgeführten in der Regel der Mithrasreligion freundlich und fördernd gegenüberstanden, ist wohl sicher.

Der dritte Platz, an dem wir das Wirken des Valerius Maximianus verfolgen können, liegt in Africa:

---

13 Prosopographia Imperii Romani², C 53; R. E. III 1201/2 nr. 60. Er wurde später sodalis Augustalis und Proconsul der Provinz Baetica. Die Inschrift aus Apulum: V 1969.

14 Ich übergehe die Weihung an den Sonnengott Sol, welche der Legionsgeneral Q. Marcius Victor Felix Maximillianus in Apulum gesetzt hat (V 1952), denn diese Weihung hat der General zusammen mit seiner Frau (und seinem Sohn) vorgenommen; es ist also fraglich, ob man unter *Sol* hier den Mithras verstehen darf.

15 Bisher war nur die Weihung des Tib. Pontius Pontianus bekannt; die Inschriften der sechs weiteren *Tribuni laticlavii* sind noch unediert. A. Mócsy hat mir die Namen der Offiziere freundlicherweise mitgeteilt.

16 Prosopographia Imperii Romani², J 554; R. E. X 662 nr. 317; Dessau 3957 und 6851.

17 Prosopographia Imp. Rom.², A 1517; Kl. Pauly I 768 nr. II 21.

18 Prosopogr. Imp. Rom.², C 516; Kl. Pauly I 1075, nr. II 16; wohl auch Prosopogr. Imp. Rom.², C 507 (Dessau 3925); R. E. Suppl. IX 19 f. nr. 84.

19 V 1790 = Dessau 4260, unter Caracalla. Prosopogr. Imp. Rom.¹, P 608; R. E. XXII 42 nr. 44; A. Dobó, Die Verwaltung der römischen Provinz Pannonien 90/1 nr. 63 (mit der neuen Inschrift Intercisa I nr. 314).

(c) *Legio III Augusta* in Lambaesis

Als Valerius Maximinianus Statthalter in Numidien war, hat er in Lambaesis, dem Standort der Legion, dem Mithras zwei Altäre errichtet, deren Weihinschriften erhalten sind.[20] Es handelt sich hier – wie in Apulum – um die älteste aus dieser Provinz erhaltene Mithrasinschrift.

Man wird vermuten dürfen, daß Valerius Maximinianus den Kult des Mithras bei diesen Legionen eingeführt hat. Er stammte aus Poetovio, wo der Kult des Gottes sehr beliebt gewesen ist. Er hat eine Laufbahn als Ritter genommen und sein Leben ganz im kaiserlichen Dienst verbracht; als ein Mann des Kaisers ist er schließlich auch in den Senat aufgenommen worden. Die Bindung an den Kaiser ist für den Mithrasverehrer typisch.

Weitere hohe Offiziere als Verehrer des Mithras

Eine beträchtliche Rolle für die Verbreitung der Mithrasmysterien dürfte auch Gaius Iulius Septimius Castinus gespielt haben.[21] Er war unter Septimius Severus Kommandeur der *Legio I Minervia* (in Bonn) und kommandierte anschließend eine Einheit, welche aus abkommandierten Teilen *(vexillationes)* der vier rheinischen Legionen gebildet worden war „um Abtrünnige und Rebellen zu bekämpfen". Um welchen Aufstand es sich handelt, wissen wir nicht. Etwa von 208–211 war Castinus Statthalter von Niederpannonien in prätorischem Rang, mit Sitz in *Aquincum* (Budapest). Dort hat er dem Mithras einen Altar geweiht (V 1774 = C. I. L. III 3480). 212 oder 213 wurde er Consul und war im Jahr 217 Statthalter der drei dakischen Provinzen. Hier haben wir also einen Mann, der im Generalsrang stand, zweimal Provinzen regiert hat und ein Mithrasdiener war. Viele seiner Untergebenen werden seinem Beispiel gefolgt sein.

In *Mainz* hat der Statthalter von Obergermanien, Quintus Iunius Quintianus, im Jahr 213 (also auch unter Caracalla) dem „unbesiegten Gott" (= Mithras) einen Altar geweiht.[22]

Ein anderer Gouverneur, der den Mithraskult förderte, war Lucius Flavius Aper. Er gehörte zu den Offizieren aus dem Ritterstand, denen der Kaiser Gallienus das Kommando über die Legionen übertrug; er befehligte zwei Legionen an der Donau und war Praeses der Provinz Unter-Pannonien. In *Poetovio* sind ein Mithrasrelief und ein Altar gefunden worden, die er selbst geweiht hat.[23] Ein anderes Relief mit einer Darstellung der Fels-

---

20 V 137 = Pflaum, L'Afrique romaine 68 nr. 15 *Deo invicto Mithrae sac(rum) M. Val. Maximianus leg(atus) Aug(usti) pr(o) p(raetore).* V 138 B (Band 2,20) = Pflaum S. 68 nr. 15a *Soli deo invicto Mithrae M. Valerius Maximianus leg. Aug. pr. p.*

21 P. I. R.², J 566; R. E. X 803/5 nr. 477; Kl. Pauly II 1536 nr. 82; A. Dobó, Die Verwaltung der römischen Provinz Pannonien von Augustus bis Diocletianus (1968) 80/2 nr. 57; Dessau 1153.

22 V 1227 = C. I. L. XIII 6754. Der Text beginnt: *Deo invi[cto ——],* und man hat in der Lücke entweder *Mithrae* oder *Soli* ergänzt. In der Zeit des Caracalla ist der unbesiegte Gott – auch wenn er *Sol* genannt worden sein sollte – jedenfalls noch mit Mithras identisch; der Kult des syrischen *Sol,* der nicht ohne weiteres dem Mithras gleichzusetzen ist, fällt erst in die zweite Hälfte des 3. Jahrhunderts.

geburt des Mithras trägt die Inschrift:[24] „Dem unbesiegten Sonnengott Mithras, zum Heil der Stabsangehörigen des Aper, des Kommandanten der V. und XIII. Legion".

Es ist also klar, daß die Stabsangehörigen den Mithras mit Billigung des Statthalters verehrt haben, vielleicht sogar dazu aufgefordert worden sind.

Ein entsprechender Fall kommt in einer Inschrift aus *Aquincum* (Budapest) vor. Sie stammt aus den Jahren 161/163 und lautet:[25] „Dem unbesiegten Sonnengott, zum Heil der *familia* des Statthalters Tiberius Haterius Saturninus. Der Pater Arpocras hat (diese Inschrift) aufgestellt".

Hier wird also die gesamte Dienerschaft *(familia)* des Haterius Saturninus genannt. Es muß dem Gouverneur doch wohl bekannt gewesen sein, welche Götter von seinen Dienern verehrt wurden. Man wird also annehmen, daß er die Verehrung des Mithras durch seine *familia* gebilligt hat.

Aus *Lambaesis* in Numidien stammt die folgende, in den Jahren 230/232 gesetzte Inschrift:[26] „Dem unbesiegten Sonnengott Mithras, zum Heil und Gedeihen des Statthalters Gaius Fabius Fabianus Vetilius Lucilianus (hat diese Inschrift gesetzt) der Kanzleisekretär Celsianus".

Celsianus war ein Soldat, der in die Kanzlei des Statthalters der Provinz Numidia abkommandiert und dort als Sekretär tätig war.

Ebenfalls in Lambaesis finden wir um 235 den Mithrasverehrer M. Aurelius Sabinus aus Carnuntum als Kommandanten der Lagerfestung *(praefectus castrorum)*.[27]

In *Brocolitia* (Carrawburgh), einem Fort des Hadrianswalles in Britannien, war ein Regiment batavischer Hilfstruppen stationiert (die *Cohors I Batavorum*). Es sind dort

---

23 V 1585 *Deo Soli invicto Mithrae pro salute domini nostri Gallieni pii felicis invicti Augusti Flavius Aper vir egregius libens merito.*
  V 1596 *[Deo Soli invicto Mithrae pro salute legionum V] Macedonicae et XIII Geminae Gallienarum Flavius Aper vir egregius praepositus.*

  Für Flavius Aper s. Prosopographia Imp. Rom.², F 207; R. E. VI 2531 nr. 34; Dobó, Die Verwaltung der römischen Provinz Pannonien 101/2 nr. 75.

24 V 1594 *Deo Soli invicto Mithrae pro salute officialium Apri praepositi legionum V Macedonicae et XIII Geminae Gallienarum.*

25 V 1777 = C. I. L. III 3479 *Deo invicto pro salute familiae Tiberii Hateri Saturnini legati Augustorum pro praetore. Arpocras pater posuit.* – Für Haterius Saturninus s. Prosopogr. Imp. Rom.², H 32; R. E. VII 2516 nr. 17; Kl. Pauly II 957 nr. 7; G. Alföldy, Konsulat und Senatorenstand unter den Antoninen (1977) 251 und Index.

26 V 138 C (Band II 20) *Deo Soli invicto Mythre* (sic) *pro salute et incolumitate C. Fabi Fabiani Vetili Luciliani legati Augusti pro praetore, clarissimi viri, Celsianus act(arius) et notarius v(otum) l(ibens) a(nimo).* – Für Fabius Fabianus Vetilius Lucilianus s. Prosopogr. Imp. Rom.², F 29; R. E. VI 1769 nr. 72.

27 V 134 = C. I. L. VIII 2675 = Dessau 4194 *Deo Soli invicto Mithrae M. Aurelius, Marci filius, Carnunto, Sergia (tribu), Sabinus praefectus legionis III Augustae piae vindicis [[Maximianae]] votum solvit libens merito.* – Die Legio III Augusta hatte von dem regierenden Kaiser (Maximinus Thrax, 235–8) den ehrenden Beinamen *Maximiana* erhalten; nach dem Sturz des Kaisers verfiel dieser der *damnatio memoriae*, und der Beiname der Legion wurde ausgemeißelt.

Mithrasaltäre gefunden worden, welche von drei verschiedenen Kommandeuren dieser Einheit gesetzt worden sind.[28]

Entsprechende Funde sind in *Vindovala* (Rudchester), einem anderen Fort des Hadrianswalles, gemacht worden. Dort stand ein Regiment Hilfstruppen, welches aus Friesen rekrutiert war (die *Cohors I Frisiavonum*). Drei Kommandeure dieser Einheit haben Altäre zu Ehren des Mithras aufgestellt.[29]

Von einem dritten Fort, *Uxellodunum* (Castlesteads), haben wir zwei Altäre, welche durch den Kommandeur der *Cohors* errichtet worden sind.[30]

Offensichtlich haben alle drei Regimenter über längere Zeit hin vorwiegend aus Mithrasdienern bestanden.

Ein Verehrer des Mithras war auch M. Porcius Verus, der im ersten Drittel des 3. Jahrhunderts in *Intercisa* an der Donau (Pannonia inferior) eine *Cohors miliaria Hemesenorum equitata civium Romanorum* befehligte, also ein 1000 Mann starkes Regiment, das ursprünglich in Emesa in Syrien rekrutiert worden war und das aus Infanterie und Kavallerie bestand.[31] M. Porcius Verus wurde später Finanzprocurator von Noricum und hat in *Celeia* (heute Celje, früher Cilli) in einem Mithraeum ein Relief geweiht.[32]

---

28 V 845 = Collingwood-Wright, The Roman Inscriptions of Britain 1544 = A. R. Burn, The Romans in Britain[2] (1969) S. 116 nr. 152: *Deo invicto Mithrae Lucius Antonius Proculus praefectus cohortis I Batavorum Antoninianae votum solvit libens merito.* Aus der Zeit des Caracalla oder Elagabal.
   V 846 = Collingwood-Wright 1545 = Burn S. 116 nr. 153 *Deo invicto Mithrae sacrum Aulus Cluentius Habitus praefectus Cohortis I Batavorum ... votum solvit libens merito.* – In dem Text wird noch mitgeteilt, daß Cluentius Habitus aus Larinum in Italien stammt. Die Familie rühmte sich trojanischer Abstammung (Vergil, Aeneis V 123), und ein gleichnamiger Mann war im Jahr 66 v. Chr. von Cicero in einer berühmten Rede verteidigt worden.
   Abb. 87 = V 848 = Collingwood-Wright 1546 = Burn S. 116 nr. 151 *Deo invicto Mitrae Marcus Simplicius Simplex pr(a)efectus votum solvit libens merito.*
   Die drei Altäre sind auch besprochen von E. Birley, Roman Britain and the Roman Army (1961) 172–178.
29 V 841 = Collingwood-Wright 1395 *Deo invicto Mytrae* (sic) *Publius Aelius Titullus praefectus votum solvit libens laetus merito.*
   V 842 = Collingwood-Wright 1396 *Deo Soli invicto Tiberius Claudius Decimus, Cornelia (tribu), Antonius praefectus templum restituit.*
   V 843 (s. Vermaseren Band II, S. 40) = Collingwood-Wright 1397 *Soli Apollini aniceto [Mithrae] Aponius Rogatianus [praefectus votum solvit libens merito].*
30 V 872, nach der Lesung bei Collingwood-Wright 1993 *Deo Soli invicto Mithrae Marcus Licinius Ripanus praefectus votum solvit libens merito.*
   V 874 = Collingwood-Wright 1992 *Deo Soli invicto Sextus Severius Salvator praefectus votum solvit libens merito.*
31 Année épigraphique 1965,10 = Vidman, Sylloge inscriptionum religionis Isiacae et Sarapiacae (1969) nr. 674 = H. G. Pflaum, Les carrières procuratoriennes équestres, Supplément 1982, S. 78 unten. Die Inschrift ist Iupiter, Iuno, Minerva, Serapis, Isis und den anderen Göttern geweiht.
32 V 1448 = C. I. L. III 5317 *Marcus Porcius Verus, procurator Augusti, me posuit.*

Im übrigen genügt es festzustellen, daß eine große Zahl von Mithrasinschriften von Soldaten aller Ränge gesetzt worden ist.[33] Es sei hier nur noch ein Fall erwähnt, in welchem wieder die Offiziere bzw. der Chef der Einheit selbst das Mithrasheiligtum errichten ließen und dort Weihgeschenke gestiftet haben.

Es handelt sich um das Mithraeum in dem Fort Dura-Europos an der Euphratgrenze. Es wurde etwa im Jahr 168 n. Chr. gegründet; zu der Garnison gehörte eine Einheit palmyrenischer Bogenschützen. Sie wurde von einem *Strategos* namens Ethphani kommandiert, und dieser hat das kleinere Mithrasrelief geweiht, welches bei einem späteren Umbau des Heiligtums unterhalb des größeren eingemauert wurde (s. Abb. 15 = V 37–39).[34]

Zwei Jahre später kommandierte ein Offizier namens Iaibâs als „Anführer der Bogenschützen" (V 41 στρατηγὸς τοξοτῶν) diese Einheit. Er hat das größere Mithrasrelief geweiht (Abb. 15 = V 40).

In den letzten Jahren des Septimius Severus wurde das Mithraeum umgebaut. Zu der Besatzung des Forts gehörte damals eine eigens für diesen Zweck zusammengestellte Einheit, welche aus abkommandierten Teilen *(vexillationes)* der *Legio IV Scythica* und der *Legio XVI Flavia Firma* bestand. Der Befehl über diese Einheit war einem ranghohen *Centurio* (Hauptmann) übertragen worden. Dieser Mann hat das Heiligtum des unbesiegten Sonnengottes Mithras zum Heil des Kaisers und seiner Söhne wiederherstellen lassen.[35] Er nennt auch seinen Vorgesetzten, den kaiserlichen Procurator der Provinz *Syria Coele*. Es ist klar, daß die diesem relativ hochstehenden Mann unterstehenden Soldaten ermutigt worden sind den Mithras zu verehren.

Die Mithrasdiener in der kaiserlichen Verwaltung und im illyrischen Zolldienst

Wir gehen nun über zur Besprechung derjenigen Mithrasinschriften, welche von Funktionären der kaiserlichen Verwaltung stammen, also von Freigelassenen und Sklaven. Es sind zwei Gruppen von Zeugnissen zu behandeln, diejenigen aus den Donauprovinzen und die aus Rom und seiner Umgebung.

In den Donauprovinzen – Raetia, Noricum, Pannonia, Moesia, Dacia – war der Mithraskult sehr stark bei den Funktionären des staatlichen Fahr- und Depeschendienstes *(cur-*

---

33 Vgl. die Untersuchung von C. M. Daniels: The role of the Roman army in the spread and practice of Mithraism (Mithraic Studies II 249–274).

34 Die griechische Inschrift lautet (V 38) Ἐθφανει ἰσταρτηγα (so, mit einem i- vor dem st- und Vertauschung von -ra- zu -ar-). Die palmyrenische Inschrift (V 39) nennt denselben Ethpeni, den Anführer der Bogenschützen in Dura, und gibt das Datum des Jahres (168 n. Chr.).

35 V 53 *Pro salute et incolumitate dominorum nostrorum Imperatorum L. Septimi Severi pii Pertinacis et M. Aurelii Antonini [[et L. Septimi Getae]] Augustorum templum dei Solis invicti Mithrae sub Minicio Martiali procuratore Augusti restitutum ab Antonio Valentino centurione principe, praeposito vexillationum legionum IIII Scythicae et XVI Flaviae Firmae piae fidelis.* – Der Name des Septimius Geta ist getilgt worden, nachdem sein Bruder Caracalla ihn hatte ermorden lassen.

sus publicus)[36], der Finanzverwaltung, der Bergwerke und des Zolls vertreten. Diese Aufgaben wurden teils vom Staat an Unternehmer *(conductores)* verpachtet und teils durch den Staat unmittelbar durchgeführt. Aber auch die Pächter hatten eine nahezu staatliche Funktion.[37] In beiden Fällen wurde ein ganzer Stab von Sklaven und Freigelassenen verwendet. Diese Personen treten uns zahlreich in den Inschriften als Mithrasanhänger entgegen. Sie sind alle relativ wohlhabend geworden und beziehen ihre Vorgesetzten oder den Kaiser in ihre Weihinschriften ein. Sie betonen also ihre Loyalität.

Der Staatliche Fahr- und Depeschendienst *(cursus publicus)* war in Abschnitte aufgeteilt, die jeweils mehrere Provinzen umfaßten. Jeder Abschnitt unterstand einem Aufseher über den Fahrdienst *(praefectus vehiculorum)*. Dies war ein relativ hoher Posten, der von Männern aus dem Ritterstand versehen wurde.

Drei dieser Männer sind uns aus den Inschriften bekannt. Bemerkenswert ist der Fall des Ulbius Gaianus, von dem in Mailand und in Virunum (bei Klagenfurt) zwei gleichlautende Weihinschriften für Mithras gefunden worden sind.[38]

Die Erbschaftsteuer von 5 % wurde zunächst von Steuerpächtern, später direkt von der staatlichen Finanzverwaltung erhoben. Eine Inschrift aus der Provinz Dacia ist von dem Freigelassenen einer Steuerpächtergesellschaft gesetzt,[39] andere stammen von kaiserlichen Freigelassenen[40] oder Sklaven; so war ein kaiserlicher Sklave namens Ampliatus in Sarmizegetusa Kassenbeamter *(dispensator)* und hatte als Stellvertreter *(vicarius)* einen anderen Sklaven namens Protas; dieser weihte dem persischen Gott einen Altar „zum Heil des Ampliatus, des kaiserlichen Kassenbeamten".[41] Die Bindung an den Vorgesetzten ist charakteristisch.

---

36 Der *Cursus publicus* entsprach etwa dem europäischen „Post"-Dienst in der Zeit der Postkutschen, vor der Erfindung der Eisenbahn, war aber bei den Römern allein auf staatliche Zwecke beschränkt. In den älteren Büchern wird ‚Cursus publicus' oft mit „Reichspost" übersetzt; aber dieses Wort erweckt bei dem heutigen Leser falsche Assoziationen.

37 Dies ist besonders deutlich bei den beiden Personen, welche die Aufgaben eines Aufsehers über den staatlichen Fahrdienst *(praefectus vehiculorum)* und eines ‚privaten' Zollmeisters *(conductor publici portorii)* vereinen, C. Antonius Rufus (siehe unten) und T. Iulius Saturninus (V 1847 = A. E. 1940, 101; vgl. P. I. R.², J 548 und Pflaum, Les carrières procuratoriennes I 435 nr. 174). Vgl. Hirschfeld, Die kaiserlichen Verwaltungsbeamten 87/8.

38 V 709 und 1439 = Dessau 4193 *Invicto patrio Ulb(ius) Gaianus praef. vehic.* – Die beiden anderen *Praefecti vehiculorum* sind in der vorigen Anmerkung genannt.

39 V 2007 = Dessau 4241 aus Apulum oder Sarmizegetusa: *Io(vi) S(oli) invicto deo genitori r(upe?) n(ato?). L. Aelius Hylas vicesimae libertus . . . signum numinis cum absidata ex voto posuit.* – Zu *vicesimae libertus* bemerkt Dessau: „Intellege sociorum, qui vicesimam conduxerant, libertus".

40 V 2032 *Soli invicto Mithrae Carpion Augusti libertus tabularius votum solvit libens merito.* – Derselbe Carpion auch in C. I. L. III 980 als *tabularius provinciae Daciae Apulensis* (Weihung an Asclepius und Hygia). – Der *Adiutor tabularii Synet(h)us* in V 2121 war kaiserlicher Freigelassener.

41 V 2029 = Dessau 4261 *Nabarze (= Mithrae) deo pro salute Ampliati Augusti nostri dispensatoris et sua* (sc. *salute*) *suorumque omnium Protas vikarius eius.*

Aus Poetovio in Pannonien haben wir eine Inschrift von einem Rechnungsführer bei der Erbschaftssteuer, der kaiserlicher Sklave war;[42] in Siscia hat ein kaiserlicher Sklave und Rechnungsführer dem Mithras einen Säulengang mit Vorratsraum erbaut.[43]

In der Provinz Noricum haben der kaiserliche Freigelassene Hilarus und der kaiserliche Sklave Epictetus in der Stadt Virunum (auf dem Zollfeld bei Klagenfurt) „einen wegen seines Alters eingestürzten Tempel auf eigene Kosten mit den Wandgemälden" wiederherstellen lassen. Die Einweihung geschah am 24. Juni 239, also am Tag der Sommersonnenwende. Hilarus war Rechnungsführer *(tabularius)*, Epictetus verwaltete den Tresor als *arcarius*, wozu in früheren Zeiten, als es noch kein Papiergeld gab, größere bauliche Vorkehrungen nötig waren.[44]

Ein Text aus Aquileia zeigt, daß ein gewisser Tiberius Claudius Macro die Eisenbergwerke der Provinz Noricum gepachtet hatte. Er hat in Aquileia als seinen Vertreter einen Sklaven namens Velox eingesetzt. Dieser hat „zum Heil" seines Herrn eine Mithrashöhle mit der gesamten Einrichtung bauen lassen.[45]

In der Provinz Dacia hatte ein Gaius Iulius Valentinus die Salzbergwerke gepachtet. Er hat als Geschäftsführer seinen Freigelassenen Gaius Iulius Omucio („Männlein") eingesetzt; Omucio hat „zum Heil" seines Herrn einen Mithrasaltar gestiftet.[46]

Am wichtigsten für die Verbreitung des Mithraskultes war die Zollorganisation dieses Gebietes.[47] Wir haben schon oben eine Inschrift aus Novae an der unteren Donau bespro-

---

42 V 1583 *Invicto Aug(usto) sacrum. E... Augusti servus hereditatium tabularius votum solvit.*

43 V 1478 *Deo invicto Mithrae sacrum. Iucundus Augusti nostri dispensator provinciae Pannoniae superioris porticus et apparitorium ex voto fecit.*

44 V 1438 = Dessau 4198 *Pro salute Augusti. in honorem domus divinae Soli invicto Mythrae Hilarus Augusti libertus tabularius p(rovinciarum) R(aetiae) N(orici) et Epictetus arkarius Augusti nostri templum vetustate conlapsum sumptu suo cum pictura refecerunt, Imperatore domino nostro Gordiano Augusto et Aviola consulibus, sacerdote Licinio Marcello patre sacrorum. Dedicatum VII Kalendas Iulias Q. Viv[—*
    Die Abkürzung P. R. N. hat R. Egger aufgelöst als *p(rovinciarum) R(aetiarum) N(oricarum)*; s. P. Leber, „Carinthia" ⟨1⟩, Geschichtliche und volkskundliche Beiträge zur Heimatkunde Kärntens 145 (1955) 203 Anm. 5; ich habe die Namen der Provinzen in den Singular gesetzt. Es ist auch vorgeschlagen worden *p(atrimonii) r(egni) N(orici)* oder *p(rovinciae) r(egni) N(orici)* oder *p(rivatae) r(ationis) N(orici)*; vgl. Hirschfeld, Die kaiserlichen Verwaltungsbeamten 45,1 und Boulvert, Les esclaves et affranchis impériaux sous le Haut Empire (1964) 126.
    Vgl. auch die Inschrift V 754 aus der Zeit des Philippus Arabs in Val di Dente in Histria, gesetzt „zum Heil des Kaisers" von den Freigelassenen Charitinus als *Subprocurator* und dem Sklaven Sabinianus als Bürosekretär *(adiutor tabularii)*.

45 V 747 *Pro salute Tiberi Claudi Macronis conductoris ferrariarum Noricarum Velox servus vilicus speleum cum omni apparatu fecit.*

46 V 2011 *Soli invicto pro salute C. Iuli Valentini conductoris salinarum C. Iulius Omucio libertus actor posuit.*

47 Vgl. Hirschfeld, Die kaiserlichen Verwaltungsbeamten bis auf Diocletian 85–89; de Laet, Portorium (1949) 175–246; Nesselhauf, Epigraphica 1, 1939, 331–9; Vittinghoff, R. E. XXII 358–368; Pippidi, Epigraphische Beiträge zur Geschichte Histrias in hellenistischer und römischer Zeit

chen, die etwa im Jahr 100 gesetzt worden ist und in der das Zollgebiet an der unteren Donau genannt wird *(publicum portorium ripae Thraciae)*.[48] Reichere Zeugnisse für den Zolldienst haben wir erst seit der Zeit des Kaisers Antoninus Pius. Die Zollorganisation für sämtliche Donauprovinzen hieß damals *publicum portorium Illyrici* oder *vectigal Illyricum*. Das Gebiet dieses Zollbezirkes reichte von den Donauquellen bis zum Schwarzen Meer.[49]

Das Zentralbüro *(tabularium)* befand sich in Poetovio (Pettau, Ptuj). Der Zoll wurde für alle Transporte erhoben, die auf den Straßen aus Oberitalien (über den Brenner oder über Aquileia) in die Donauprovinzen führten – Raetia, Noricum, Pannonia, Dalmatia, Dacia und Moesia, also in den heutigen Staaten Westdeutschland, Österreich, Ungarn, Jugoslavien, Rumänien und Bulgarien. Aus der Stadt Oescus in Moesia (heute in Bulgarien) ist ein Dekret der Stadt erhalten, in welchem ein Mann namens Iulius Capito geehrt wird, der zusammen mit seinen zwei Brüdern (Iulius Ianuarius und Iulius Epaphroditus)[50] den illyrischen Zoll gepachtet hatte.[51] In dem Dekret wird darauf Bezug genommen, daß auch die Städte Poetovio und Sirmium in Pannonia (heute in Jugoslavien), Ratiaria und Tomi in Moesia (heute in Bulgarien und Rumänien), Romula und Sarmizegetusa in Dacia (heute in Rumänien) den Iulius Capito geehrt haben; in Oescus hat man ihn schließlich mit einer Statue geehrt.

Man beachte dabei, daß der gesamte illyrische Zoll offensichtlich von den Brüdern in drei Regionen aufgeteilt worden ist, so daß die genannten Städte nur den dritten Teil des Zollgebiets ausmachen (natürlich abgesehen vom Zentralbüro in Poetovio). Die zwei Brüder des Iulius Capito dürften den Zoll in Pannonia und Noricum erhoben haben.

Das Zollgebiet wurde zunächst vom Staat an Unternehmer verpachtet, wie z. B. an die soeben geannnten Iulii, und diese erhoben die Zölle mittels eines großen Stabes von Sklaven und Freigelassenen. Da der römische Staat auf die Zahlungen der Zollpächter angewiesen war, genossen diese staatlichen Schutz, so daß sie und auch ihre Bediensteten für die Bevölkerung praktisch Vorgesetzte waren, deren Weisungen man ohne weiteres zu gehorchen hatte. Rechtlich waren die Steuerpächter zwar Privatpersonen und ihr Personal

(1962) 145–150; Monographie von A. Dobó, Publicum portorium Illyrici (Budapest 1940), in ungarischer Sprache, mit italienischer Übersetzung der Einleitung auf S. 186–194 und Quellensammlung (man findet sich darin auch ohne Kenntnis der ungarischen Sprache zurecht); auch Dobó, Die Verwaltung der römischen Provinz Pannonien von Augustus bis Diocletianus (1968) 180–188.

48 Vgl. oben S. 148.

49 Appian, Illyrice 16 (1,331,3–6 ed. Viereck-Roos) (Ῥωμαῖοι) τὸ τέλος τῶνδε τῶν ἐθνῶν ἀπὸ ἀνίσχοντος Ἴστρου μέχρι τῆς Ποντικῆς θαλάσσης ὑφ’ἓν ἐκμισθοῦσι καὶ Ἰλλυρικὸν τέλος προσαγορεύουσιν.

50 Dessau 1464 (Almus) und 1855 (Nicopolis ad Istrum), C. Iulius Epaphroditus bei Dobó, Publicum portorium Illyrici S. 175 nr. 49 (Poetovio), T. Iulius Capito in C. I. L. III 6126 = Dobó, S. 183 nr. 99 (aus Ostrovo).

51 Dessau 1465 (Oescus).

Freigelassene und Sklaven; aber sie erfüllten quasi-staatliche Funktionen und genossen das Ansehen staatlicher Funktionäre.

Wo die Zollgrenze und die Grenze des römischen Staates identisch waren, war eine enge Zusammenarbeit der Zöllner mit dem Militär selbstverständlich. Etwa ab 180 n. Chr. ist dann die Erhebung des Zolls in staatliche Regie übergegangen.

Unter den Funktionären des Zolldienstes hat sich ein richtiger Corpsgeist entwickelt. Eine Inschrift ist gesetzt „der Gottheit der Kaiser und dem Genius des Zolldienstes", und zwar von einem Sklaven und Stellvertreter der oben genannten drei Brüder namens Iulius;[52] eine andere Inschrift nennt sogar den Genius des „allerglänzendsten illyrischen Zolldienstes"[53]; eine dritte nennt Iupiter zusammen mit „der Gottheit unseres Kaisers und des Zolldienstes".[54] Eine weitere Inschrift ist geweiht „dem Genius des Illyricum" zum Heil des Kaisers von dem Sklaven Iulianus, der dort Leiter einer Zollstation war.[55] Der „Genius des Illyricum" ist wohl nicht verschieden von dem des illyrischen Zolldienstes.

Nun beobachten wir, daß die Pächter des riesigen Zollbezirks selber den Mithrasdienst propagiert haben müssen; denn für zwei Pächter sind jeweils von mehreren Untergebenen Mithrasinschriften gesetzt worden, und dies kann bei ihrem gänzlich von den Vorgesetzten abhängigen Personal nicht anders erklärt werden als durch die Annahme, daß die Vorgesetzten selber den Mithras verehrten. Die „personalistische" Komponente der Mithrasreligion war sehr geeignet für eine Menschengruppe, welche innerhalb eines an Personen gebundenen Treue-Systems große Geldbeträge erhob und verwaltete.

Zunächst der Fall des Gaius Antonius Rufus.[56] Er hat in Senia (einem Hafen am Nordostende der Adria) einen Sklaven namens Hermes Fortunatianus als Geschäftsführer eingesetzt, und dieser hat eine ganze Mithrasgrotte geweiht.[57]

In Poetovio waren zu verschiedenen Zeiten als seine Geschäftsführer (vilici) tätig:

(a) der Sklave Primus; die Aufgabe des Primus war weiter übertragen worden an den Sklaven Prudens (d. h. dieser war der vicarius des Primus). Prudens hat eine Statue mit der Felsgeburt des Mithras gestiftet.[58]

---

52 Dessau 1855 (Nicopolis ad Istrum) *Numini Augustorum et Genio publici portorii Hermes, Iuliorum Ianuarii Capitonis Epaphroditi conductorum publici portorii Illyrici et ripae Thraciae servus vilicus, posuit.*

53 C. I. L. III 8140 = Dobó, Publicum portorium Illyrici S. 177 nr. 69 (Margum) *[Numini Augustorum (?) et Genio] splendidissimi vectigalis Illyrici ... Be[ll]icus (?) Caesaris nostri verna vilicus (etc.).*

54 Dessau 1856 (Nicopolis ad Istrum) *Iovi optimo maximo et numini Augusti nostri et publici portorii ... Maceio Caesaris nostri servus vilicus vectigalis Illyrici ...*

55 Dessau 9023 (Ulpianum) *Genio Illyrici pro salute Imperatoris M. Aurelii Severi Alexandri Augusti et Mamaeae Augustae ... Iulianus vilicus stationis Ulpianensis tabularius sumptu suo fecit (etc.).*

56 Pflaum, Les carrières procuratoriennes équestres I 358–360 (nr. 151).

57 V 1846 = Dessau 4225 *Invicto Mithrae spelaeum cum omne (sic) impensa Hermes C. Antonii Rufi praefecti vehiculorum et conductoris publici portorii servus vilicus Fortunatianus fecit.*

58 V 1493 = Dessau 4245 *naturae dei Prudens, Primi, Antoni Rufi publici portorii vilici, vicarius.*

(b) Später ist Prudens in die Funktion des Primus als *vilicus* nachgerückt und hat nun seinerseits einen Ersatzmann *(vicarius)* namens Felix.[59] Auch Felix hat eine Statue mit der Felsgeburt des Gottes aufgestellt.

(c) Noch später ist Antonius Rufus nicht mehr Pächter des Zolls, sondern staatlicher Procurator für den Zoll; in seinem Dienst steht jetzt als „Durchsucher" *(scrutarius)* der Sklave Primitivus. Er hat eine Statue des Cautes gestiftet.[60]

Die hier vorgeführten Abhängigkeitsverhältnisse seien noch in einem Schema dargestellt, in welchem diejenigen Personen kursiv gedruckt sind, welche Mithrasmonumente geweiht haben:

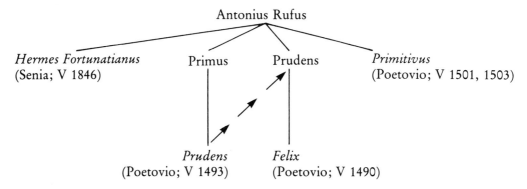

It ist evident, daß auch der Chef selbst, Antonius Rufus, ein Mithrasverehrer gewesen sein muß; von ihm ist die Verehrung des persischen Gottes auf seine Geschäftsführer *(vilici)*, und von diesen auf ihre Stellvertreter *(vicarii)* übergegangen.

Ähnlich ist der Fall des Quintus Sabinius Veranus.[61] Er war Zollpächter für ein Drittel des illyrischen Zollgebietes, das Gebiet von Noricum, und hatte ein Büro am Zentralplatz des illyrischen Zolles, in Poetovio. Es ist von zwei seiner Geschäftsführer bekannt, daß sie ihrerseits wieder Ersatzleute hatten:

(a) Für den *vilicus* Servandus, einen Sklaven, waren als Ersatzleute tätig die Sklaven Epictetus und Viator; sie haben eine Weihung an „den ewigen Quell" errichtet.[62]

(b) Für den *vilicus* Vitalis, ebenfalls einen Sklaven, war Ersatzmann der Sklave Optimus; er hat einen Mithrasaltar gestiftet.[63]

---

59 V 1490 = Dessau 4244 *Petrae genetrici Felix, Prudentis, Antoni Rufi publici portorii vilici, vicarius ex viso* (sic; ein Traumgesicht).

60 V 1501 und 1503 *Primitivos (= -vus) C. Antoni Rufi procuratoris Augusti publici portorii scr(utarius) etc.*

61 Vgl. R. E. IA 1589 nr. 3; P. Leber, „Carinthia ⟨1⟩" 145 (1955) 201–3.

62 V 1533 *Fonti perenni Epictetus et Viator, Servandi, Q. Sabini Verani t(ertiae) p(artis) conductoris publici portorii, vilici, vicari(i).*

63 V 1491 = Dessau 4243 *Deo invicto Mithrae Optimus, Vitalis* (Genetiv)*, Sabini Verani publici portorii vilici, vicarius votum solvit.*

Aus der Zeit, als die drei Brüder namens Iulius den illyrischen Zoll gepachtet hatten, besitzen wir die Inschrift eines ihrer Sklaven, Eutyches, der dem Mithras einen Altar widmet zum Dank dafür, daß er befördert worden ist. Im Ort Atrans/Trojana (zwischen Celje/Celeia und Ljubliana/Laibach/Emona) war ein Sklave Benignus der Geschäftsführer (vilicus) der Iulii; der Ersatzmann (vicarius) dieses Benignus war Eutyches, der Stifter des Altars. Nun ist Eutyches als Kontrolleur (contrascriptor) nach Boiodurum (Passau-Innstadt) versetzt worden; dankbar stiftet er für das Mithraeum zu Atrans ein Bild der Luna und erwähnt in der Inschrift auch noch den Vorsteher der dortigen Gemeinde, Claudius Senillus.[64]

Von Atrans/Trojana nach Passau ist nicht gerade der nächste Weg. Das illyrische Zollgebiet war eben riesig, größer als die österreichisch-ungarische Monarchie. Die Zollpächter haben ihr Personal in diesem Gebiet nach Bedarf versetzt, und wer sich bewährte, wurde befördert.[65]

Seit dem Ende des 2. Jahrhunderts ist die Zollerhebung ganz in die kaiserliche Verwaltung eingegliedert worden; die dort beschäftigten Sklaven sind nunmehr Caesaris servi oder Augustorum servi, wie sie stolz sagen.[66] Südlich von Viminacium hat einer dieser kaiserlichen Sklaven namens Ision ein ganzes Mithrasheiligtum auf seine Kosten errichten lassen.[67] Weiter südlich hat der kaiserliche Sklave Apollonides, als er noch Kontrolleur (scrutarius) auf einer Zollstation namens Vizianum war, gelobt, ein verfallenes Mithrasheiligtum „zum Heil der Kaiser" wiederherzustellen; er wurde dann an eine andere Zollstation namens Lamudum versetzt, hat aber sein Gelübde gehalten und das Heiligtum restauriert.[68]

64 V 1484 = Dessau 1857 Deo invicto Mithrae Eutyches Iuliorum conductorum publici portorii servus contrascriptor stationis Boiodurensis ex vikario Benigni vilici stationis Atrantinae aram cum signo Lunae ex voto posuit pr(o)s(edente) T. Claudio Senillo. – Für die Auflösung von pr. s. siehe G. Alföldy, Epigraph. Stud. 8, 1969, S. 1/2 nr. 1, auch V 1598 (Poetovio) ... pros(edente) Lucio Vernasio Heraclida und V 803 = Dessau 4209 presedente patrem patratum leonem (San Juan in Hispania).

65 Für die weiten Entfernungen, über welche hinweg diese Mithrasdiener im Zolldienst miteinander verbunden waren, ist auch die Inschrift V 1532 bezeichnend. Ein M. Antonius Celer hat sie in Poetovio gesetzt „für die Gesundheit des Charidemus, des Sklaven unseres Augustus, des Stellvertreters an der Innstation" (d. h. bei Rosenheim): Deo invicto Mithrae pro salute Charidemi, Augusti nostri vilici stationis Enensis, M. Antonius Celer votum solvit libens merito.
Eine Inschrift aus Ischl im Salzkammergut ist dem Mithras gesetzt worden vom kaiserlichen Sklaven Secundinus, dem Platzhalter an der statio Escensis (V 1407).

66 Inschrift aus Poetovio „zum Heil der Kaiser", V 1529: Deo invicto Mithrae pro salute dominorum nostrorum Augustorum et [[Getae]] Caesaris Salvianus eorundem servus contrascriptor stationis Atrantinae votum solvit libens merito. – Aus den Jahren 198–209; der Name des Geta ist später ausgemeißelt worden.

67 V 2235, aus dem heutigen Ort Gubervci: Invicto deo Ision Caesaris nostri servus vilicus vectigalis Illyrici templum omni re instructum a solo pecunia sua faciendum curavit.

68 V 2208 (Lopata) Deo invicto pro salute Augustorum nostrorum templum vetustate dilapsum

Es ist klar, daß wir mit dem Wort „Sklave" ganz andere Vorstellungen verbinden als es für diese Männer zutreffend ist. Ihr Rechtsstand war der eines Sklaven, ihre tatsächliche Stellung war nach heutigen Begriffen die von Beamten der unteren und mittleren Laufbahn. Ihre Nationalität war der kaiserliche Dienst.[69] Es ist wohl kein Zufall, daß die Reliefs mit der Darstellung des Hirtenlebens fast alle aus dem „Illyricum" stammen. Man sieht die Hirten Zäune bauen und Schafe, Ziegen und Rinder beaufsichtigen; in ähnlicher Weise, so werden die Angehörigen des Zolldienstes es gesehen haben, war es ihre Aufgabe, die unter ihrer Aufsicht stehenden Menschen zu leiten.

Am Ende ihrer sicherlich meist langen Dienstzeit wurden diese Sklaven freigelassen und konnten sich als wohlhabende Männer in einer Provinzstadt zur Ruhe setzen. Es gab im ganzen Reich die Collegien der „Sechsmänner zum Kult des Augustus" *(seviri Augustales)*, und diese Collegien standen auch den Freigelassenen offen. Die Freigelassenen des Zolldienstes blickten auf ein Leben zurück, das sie als ein Leben im Dienst des Staates und des Kaisers verstanden hatten; sie waren durch Leistung und Loyalität hochgekommen und haben den Kaiserkult auch als Freigelassene weiter ausgeübt. Charakteristischerweise sind mehrere Mithrasinschriften von solchen *seviri Augustales* gesetzt worden.[70]

Mithras in Rom: Die kaiserlichen Freigelassenen

Wir betrachten nun die Zeugnisse des Mithraskultes in Rom und seiner Umgebung und beginnen mit den kaiserlichen Freigelassenen.

Der Einfluß der leitenden Männer dieser Gruppe ist sehr groß gewesen; wer an die Spitze kam, hatte sich schon vielfach bewährt. Auch das intellektuelle Niveau der leitenden Personen ist manchmal hoch gewesen. Es sei daran erinnert, daß Epiktet im Kindesalter als Sklave an den Kaiserhof kam und dort auf Veranlassung des Freigelassenen Epaphroditus in der Philosophie unterrichtet wurde. Epaphroditus war unter Nero der

---

inpendio suo restituit Apollonides eorundem servus sc(rutarius) stationis Lamud(ensis), Gentiano et Basso consulibus (im Jahr 211).

V 2209 *Deo invicto Mithrae fano magno* (sic) *pro salute Augustorum nostrorum Apollonides eorundem vectigalis Illyrici servus sc(rutarius) stationis Lamud(ensis) quam* (sic) *voverat sc(rutarius) stationis Vizi(anae) votum solvit libens merito. – Vizianus. – Gentiano et Basso consulibus.* Erwähnt sei auch die Inschrift aus Poetovio, in welcher eine Zollstation am Ort *Confluentes* (an der Einmündung der Save in die Donau, gegenüber Singidunum-Belgrad) erwähnt wird (V 1536): [————] *tabularius et vilicus stationis Confluent(ium) ex voto posuit et signum [C]aeli ex [visu dedicavit].* Für die Ergänzung *[C]aeli* vgl. V 1127 (hier Abb. 106).

69 Ich variiere ein Wort von Ed. Schwartz, Kaiser Konstantin und die christliche Kirche ²(1936) 4.

70 V 718 (Angera in Italien), 744 (Aquileia), 1598 (Poetovio), 1659 (Carnuntum), 1732 (Brigetio), 1917 (Napoca: *pro salute ordinis Augustalis),* 1940 (Apulum), 2035 und 2067 (Sarmizegetusa). In V 1880 (Narona in Dalmatien) setzt ein Freigelassener M. Lusius Trofimâs dem Mithras einen Altar; derselbe Mann ist als *Augustalis* bezeugt (C. I. L. III 1799).

Beamte *a libellis*, d. h. derjenige Minister, welcher alle Gesuche an den Kaiser zu bearbeiten hatte. Er hat später den Josephus, der als kriegsgefangener Sklave und danach Freigelassener am Hof Vespasians lebte, dazu veranlaßt, das Geschichtswerk über den jüdischen Krieg zu schreiben. Dies zur Charakterisierung des Weitblickes und der Bildung eines leitenden Freigelassenen. Man würde die Situation völlig verkennen, wenn man annähme, es handle sich um Männer von geringem oder mittlerem intellektuellem Niveau.

Wir haben gesehen, daß es in der Hauptstadt einige frühe Zeugnisse des Mithraskultes gibt, vor allem die Inschrift des Alcimus, der unter Trajan Sklave und Verwalter des Praetorianerpraefecten Claudius Livianus gewesen war. Die Kaiser Trajan, Hadrian, Antoninus Pius und Marc Aurel selbst haben dem Mithraskult gewiß nur geringes Interesse entgegengebracht.

Dies ändert sich unter Commodus, der sich in die Mithrasmysterien einweihen ließ. Er soll die Zeremonien entweiht haben, indem er (in einem sakralen Drama) einen Menschen tötete, „während dort sonst nur irgendetwas gesagt oder gespielt zu werden pflegt, um den Anschein des Schreckens zu erwecken".[71]

Unter den Kaisern Commodus, Septimius Severus und Caracalla kommt der Mithraskult in Mode und wird von den Kaisern her begünstigt. Unter Commodus weiht in Ostia ein mithraeischer Pater „eine Crypta des Kaiserpalastes *(palatium)*, die ihm vom Kaiser Marcus Aurelius Commodus überlassen worden war".[72] Das Mithraeum unter S. Prisca in Rom ist im Jahr 202 in einem Gebäudekomplex errichtet worden, der kaiserlicher Besitz war. Eine römische Inschrift aus den Jahren 209–211 nennt einen kaiserlichen Freigelassenen als „Pater und Priester des unbesiegten Mithras im kaiserlichen Haus".[73] Eines der Mithraeen zu Ostia ist von den Ausgräbern „Mitreo del Palazzo Imperiale" genannt worden.[74] F. Coarelli, der Kenner der Topographie des antiken Rom, hat vor kurzem die Lage aller Mithraeen untersucht, die in Rom ausgegraben worden sind.[75] Seine Schlußfolgerung ist: „Die Gebäude, bei denen sich Mithraeen befinden und deren Zweck feststellbar ist, sind alle oder sozusagen alle öffentlich".[76] Für Ostia, den Hafen von Rom, hatte dies schon der Bearbeiter der Mithraeen von Ostia, G. Becatti, festgestellt.

---

71 Historia Augusta, Vita Commodi 9; s. oben S. 108, Anm. 30.

72 V 315 = Dessau 4227 C. *Valerius Heracles pater et antistes dei iubenis (= iuvenis) inconrupti Solis invicti Mithrae cryptam Palati concessam sibi a M. Aurelio [Commodo Antonino Augusto ——].* Daß der Kaiser Commodus genannt war, ergibt sich aus der Inschrift V 313 = Dessau 4212 desselben C. Valerius Heracles (hier Abb. 40)..

73 V 511 = Dessau 4270 *Deo Mithrae L. Septimius Augustorum (trium) libertus Archelaus pater et sacerdos invicti Mithrae domus Augustanae etc.* (hier Abb. 40).

74 Vgl. Becatti, Ostia S. 57: *Questo mitreo è impiantato in una dimora signorile il cui nome di Palazzo Imperiale ... non sembra del tutto improprio, perchè è molto probabile che questo grandioso complesso monumentale servisse di residenza occasionale a imperatori, a membri della casa imperiale, e ad altri funzionari dello stato.*

75 Bei U. Bianchi, Mysteria Mithrae 69–79; anschließend (81–83) auch eine Topographie der Mithraeen in Ostia, beides mit übersichtlichen Plänen.

76 S. 79 „In conclusione, gli edifici collegati con mitrei, e la cui funzione è identificabile, sono tutti o quasi tutti pubblici. Emergono per importanza la caserme *(castra peregrina, equitum singulari-*

Jedenfalls sind die unterirdischen Mithrasgrotten nicht etwa in heimlicher Arbeit ausgehöhlt worden; vielmehr sind diese Bauvorhaben sicherlich immer bei der zuständigen Behörde angezeigt und alle Bauvorschriften eingehalten worden. Einen heimlichen Männerbund aufzubauen, über den die Regierung nicht informiert war, wäre in Rom selbstmörderisch gewesen. Als unter der Republik ein heimlicher Bacchuskult entstand, sind Consuln und Senat mit äußerster Schärfe eingeschritten (Bacchanalienskandal). Als der Statthalter der Provinz Bithynien, Plinius der Jüngere, bei Kaiser Trajan anfragte, ob man den Einwohnern von Nikomedeia gestatten solle, eine Feuerwehrgilde zu bilden, antwortete der Kaiser, dies sei nicht zu tolerieren; aus solchen Vereinigungen könnten sich *hetaeriae* bilden, männerbündische Cliquen, und dies sei gefährlich.[77] Der Kreis der Teilnehmer an den Mithrasmysterien war offensichtlich von solcher Art, daß die Regierung davon überzeugt war, daß von dieser Gruppe keine Gefahr für den Staat ausgehen könne. Ein heimliches Erbauen der Mithrashöhlen ist also ganz ausgeschlossen, und daraus folgt, daß der Kult von Anfang an von den Kaisern toleriert worden sein muß.

Den Mithraskult zu dulden ist wahrscheinlich deshalb so unbedenklich gewesen, weil die Kultgemeinden in starkem Maß entweder von kaiserlichen Freigelassenen oder von Soldaten durchsetzt waren. Eine Kontrolle dessen, was in den Grotten gesprochen wurde, brauchte gar nicht erst eingerichtet zu werden; diese Kontrolle war von selbst gegeben; und der ganze Kult ist vermutlich eben im Kreis dieser Männer entwickelt worden und war auf ihre religiösen Bedürfnisse angelegt.

Wir besprechen also weiter die Zeugnisse, welche wir für kaiserliche Freigelassene als Mithrasmysten haben.

Eine der höchsten Positionen, welche ein Freigelassener im 2. und 3. Jahrhundert am kaiserlichen Hof erreichen konnte, war die des „Verantwortlichen für das Hoflager" *(procurator castrensis).* Es war dies ein ziviles Amt; das Wort *castrensis* ist nur einer der vielen Belege dafür, daß man in Rom fast alles in militärischen Kategorien gesehen hat. Nun hat in der Regierungszeit des Commodus ein solcher *Procurator castrensis* zusammen mit seinen Söhnen eine Mithrasweihung vorgenommen.[78] Der Kult des persischen Gottes pflanzt sich also vom Kaiser über einen der ranghöchsten Freigelassenen fort in die

---

um, praetoria, urbana, stationes vigilum), le terme (terme di Tito, di Caracalla, di Costantino, di Sura, Deciane), le *Stabula factionum* circensi, gli edifici annonari, le sedi di corporazione, ecc. Risulta così confermata l'osservazione di Becatti a proposito dei mitrei di Ostia, che resultano inseriti sempre o quasi sempre non in case private, ma in edifici di carattere pubblico".

77 Epist. X 33/4. Den Einwohnern von Amisos wird die Einrichtung einer Kasse für gemeinsame Mahlzeiten nur erlaubt, weil Amisos eine „verbündete" Stadt war und nach eigenen Gesetzen leben durfte. Unter römischem Recht wäre dies nicht erlaubt gewesen (epist. X 93 *in ceteris civitatibus, quae nostro iure obstrictae sunt, res huius modi prohibenda est).* – Dies sind Zeugnisse aus der Zeit, als die Mithrasmysterien anfingen sich auszubreiten.

78 V 510 *Soli invicto Mithrae pro salute Commodi Antonini Augusti domini nostri M. Aurelius Stertinius Carpus una cum Carpo procuratore kastrensi patre et Hermioneo et Balbino fratribus votum solvit feliciter.* Für den *Procurator castrensis* M. Aurelius Carpus s. Prosopogr. Imp. Rom.², A 1474, für den Sohn M. Aurelius Stertinius Carpus Prosopogr. Imp. Rom.², A 1612.

gesamte *Familia Caesaris* (kaiserliche Dienerschaft). So haben zwei kaiserliche Freigelassene eine ganze Mithrasgrotte auf eigene Kosten bauen lassen.[79] Zwei kaiserliche Sklaven, denen die Verwaltung von Landgütern unterstand, verehren den persischen Gott.[80]

Im Jahr 183 weiht M. Ulpius Maximus als Vorsteher der Briefboten *(praepositus tabellariorum)* dem Mithras einen „Altar mit dem zugehörigen Schmuck und vier Vorhänge mit den Zeichen des Herrn (des Gottes)".[81] Seine Untergebenen, die Briefboten, waren kaiserliche Sklaven oder Freigelassene.

Im Jahr 184 weiht der kaiserliche Freigelassene Marcus Aurelius Euprepes dem Mithras einen Altar auf Grund eines Traumgesichtes.[82] Im Jahr 194 weiht derselbe Euprepes eine Statue des mithrischen Zeitgottes Chronos.[83]

Im Jahr 208 finden wir in Rom eine Weihung durch einen Veteranen in einem Mithrasheiligtum, dessen Priester ein Freigelassener des Kaisers war.[84]

Verehrung des Mithras bei Spezialeinheiten des Kaisers

Neuere Ausgrabungen haben in Rom ein Mithraeum unter der Kirche S. Stefano Rotondo ans Licht gebracht. Dieses Mithraeum hat sich innerhalb des „Lagers der Kuriere" *(Castra peregrinorum)*[85] befunden. Dies war eine Aufsichts-, Nachrichten- und Spionage-Einheit. Sie bestand aus Soldaten, die aus den Legionen einzeln zu besonderen Dienstleistungen abkommandiert waren. Solche Abkommandierungen erfolgten oft zur Beschaffung des

---

79 V 407 (unter Septimius Severus, zwischen 198 und 202) *Pro salute et reditum (sic) et victorias (sic) Imperatorum ... totiusque domus divinae deum invictum Mithram Aurelius Zosimion et Aurelius Titus, Augustorum liberti, suis impendiis conlocaverunt, item antrum suis sumptibus exstructum fecerunt, item consummatum consecraverunt.*

80 V 547 = Dessau 1615 *Soli invicto deo Atimetus Augustorum nostrorum servus act(or) praediorum Romanianorum;* V 564 (aus dem Jahr 177) *Soli invicto Mithrae Victor vilicus praediorum Maecianorum donum dedit etc.*

81 V 563 = Dessau 4202 *Soli inbicto (= invicto) Mitre M. Ulpius Maximus praepositus tabellariorum aram cum suis ornamentis et bela (= vela) domini insicnia (= insignia) habentes (= habentia) numero IIII ... d(onum) d(edit).*

82 V 527 = Dessau 4203 *M. Aurelius Augusti libertus Euprepes Soli invicto Mithrae aram ex viso posuit etc.*

83 *V 526 = Dessau 4204 Numini invicto Soli Mithrae M. Aurelius Augusti libertus Euprepes una cum filiis suis donum dedit etc.*
Weitere kaiserliche Sklaven und Freigelassene: V 528 *Vestalis Caesaris nostri servus* (Rom), V 214 = Dessau 4237 *Victorinus Caesaris nostri verna dispensator* (aus Tibur, in der Nähe der Hadriansvilla), V 308 *Aurelius Crescens Augusti libertus fratres* (die Fackelträger) *ex speleo dilapso in meliori* (sic) *restauravit* (Ostia).

84 V 630 *Soli invicto Mithrae Aelius Victorinus veteranus Augustorum nostrorum ex beneficiario ab imperatore nostro missus honesta missione donum dedit dedicavit ... antist(it)e M. Aurelio Augusti liberto Romulo, huius loci sacerdote.*

85 *peregrinus* ist oft im etymologischen Wortsinn zu verstehen, als ein aus *per + ager* zusammengesetztes Wort, „ein Mann, der über die Äcker (und in die Ferne) wandert". Daraus sind dann in den modernen Sprachen abgeleitet: pellegrino, pèlerin, Pilger, pilgrim.

Getreides für die Verpflegung der Truppe, und daher hießen die Abkommandierten *frumentarii*, Beschaffer des Getreides. Man hat diesen unverfänglichen Namen auch verwendet, wenn Soldaten ausgeschickt wurden um Verdächtige zu beschatten, Erkundigungen einzuziehen und zu spionieren.[86] Die Bevölkerung hat natürlich schnell begriffen, was es mit diesen anscheinend so harmlosen „Getreidebeschaffern" auf sich hatte; Aurelius Victor spricht von dem „pestbringenden Geschlecht der *frumentarii*".[87]

Es waren auch die ehrlicheren Namen „Späher" *(speculatores)* und *curiosi* in Gebrauch.

Während die *frumentarii* in den Provinzen nur einzeln oder in kleinen Gruppen tätig waren, gab es in Rom eine Zentralstelle für den Nachrichtendienst in der genannten Kaserne der Kuriere *(castra peregrina)*. Es sind dort viele Inschriften von *frumentarii*, *curiosi*, *peregrini* gefunden worden.

In der Zeit des Commodus wurde dort ein Mithraeum errichtet. In den Inschriften werden genannt:[88]

(a) Ein römischer Ritter namens A. Caedicius Priscianus, der uns schon aus einer anderen Inschrift als Priester des Kaiserhauses unter Commodus bekannt war.[89] Unter den Mithrasmysten hatte er den Rang eines Pater inne, und zwar offensichtlich eines Pater, der über mehreren Mithraeen stand; denn unter ihm stand

(b) Aurelius Sabinus, ebenfalls ein römischer Ritter, als Pater „dieses Platzes".

(c) Dessen Vater, M. Aurelius Bassinus, hat in dem Heiligtum eine Statue mit der Felsgeburt des Mithras (dem „gebärenden Fels") geweiht. Bassinus ist aus einer anderen Inschrift bekannt; er war Centurio bei der berittenen Leibwache (den *equites singulares Augusti*) gewesen, in der wichtigen Funktion eines Exerziermeisters.[90] Sein Sohn war

---

86 Script. hist. Aug., vita Hadriani 11,4 *(Hadrianus) erat curiosus ... amicorum, ita ut per frumentarios occulta omnia exploraret nec adverterent amici.* – Vgl. Youties Kommentar zu Pap. Michigan VIII 472,16 und M. Clauss, Untersuchungen zu den principales des römischen Heeres von Augustus bis Diocletian: Cornicularii, speculatores, frumentarii (Bochum 1973) 85 ff. Eine Auswahl von Inschriften bei Dessau 2215–2223.

87 Caesares 39,44 *pestilens frumentariorum genus.*

88 Panciera, bei U. Bianchi, Mysteria Mithrae 87–96. Die Inschriften lauten:
(a) Unter einer Statue der Felsgeburt: *Petram genetricem Aurelius Bassinus, aedituus principiorum castrorum peregrinorum, dedicavit hoc in loco et dono dedit, antistante A. Caedicio Prisciano, equite Romano, patre.*
(b) Auf einem Altar, Vorderseite: *Deo Cautae Aurelius Sabinus, pater huius loci, et B(a)ebius Quintianus ex voto posuerunt.*
Auf der linken Seite ein Donnerkeil, Zeichen des Löwengrades, und die inschriftliche Acclamation: *Leo vivas cum Caedicio patre.*
(c) Auf einem zweiten Altar, Vorderseite: *Deo Caut{ae}opathi Aurelius Sabinus pater huius loci, et Bebius Quintianus leo ex voto posuerunt.*
Auf der rechten Seite eine Schale, Symbol des siebenten Grades, und die inschriftliche Acclamation: *Leo vivas cum Caedicio patre.*

89 Prosopogr. Imp. Rom.², C 115; als *sacerdos domus Augustae* genannt in C. I. L. VI 2010, b 22.

90 C. I. L. VI 273 *[Deo] Herculi M. Aurelius Bassinus, centurio exercitator numeri equitum singularium, cum Aurelio Sabino equite Romano filio votum solvit libens merito.*

dann in den Ritterstand aufgestiegen. Bassinus selbst war offenbar ein religiöser Mann, denn er diente nicht nur dem Mithras, sondern war auch Küster eines Heiligtums im Kommandogebäude (in den *principia*) der Castra peregrina. Dies muß ein Kaiser- und Fahnenheiligtum gewesen sein, wie es sich bei allen römischen Einheiten befand.

Wir sind also hier in einer Gruppe von Menschen, die ganz auf den Dienst des Kaisers ausgerichtet waren.

Wir haben auch zwei Mithrasinschriften, welche solche *frumentarii* gesetzt haben, die in den Provinzen tätig waren, eine aus Lugdunum (Lyon)[91] und eine aus Emerita in Spanien.[92]

Hier ist auch nochmals an die *circitores Augusti nostri* zu erinnern, die kaiserlichen Sklaven im Patrouillendienst über Land, welche oben S. 102 Anm. 10 besprochen worden sind.[93]

Auf diese Funktionäre, wie für die des illyrischen Zolldienstes, muß der Mithraskult eine sehr günstige Auswirkung gehabt haben. Denn die *frumentarii* waren zwar bei der Bevölkerung verhaßt; aber dies bedeutet natürlich nicht, daß sie als einzelne böse Menschen gewesen sind. Kein Staat kann ohne Polizei und Nachrichtendienst auskommen, deren Angehörige überzeugt sind, eine notwendige und nützliche Funktion zu erfüllen. Wenn diese Männer in eine Religion mit hohen moralischen Anforderungen eingebunden sind, ist dies zum Vorteil des Ganzen. Wir werden sehen, daß in der Mithrasreligion hohe Anforderungen gestellt worden sind.

Unter Septimius Severus ist der Mithraskult dann auch bei der Praetorianergarde (der Leibgarde des Kaisers) beliebt geworden. Das Relief Abb. 53 (= V 397) und die Statue eines Fackelträgers (V 398) stammen aus den *Castra praetoria*, der Kaserne der Prätorianer.

Auf der griechischen Insel Andros hat eine abkommandierte Gruppe von Prätorianern, ein altgedienter Soldat und drei Untergebene, ein Mithraeum erbaut. Vermutlich waren diese vier Soldaten auf Andros die Wachmannschaft für einen Verbannten.[94]

Zwischen 200 und 202 errichteten zwei Freigelassene des Kaisers, welche anscheinend Intendanten zur Versorgung der Prätorianergarde waren, dem Mithras ein Heiligtum

---

91 V 908 *Deo invicto Aurelius Secundinius Donatus frumentarius legionis et commentariensis* (Registrator) *votum solvit libens merito.*

92 V 793 = Dessau 9279 *Anno Coloniae CLXXX* (also 155 n. Chr.) *aram genesis invicti Mithrae M. Valerius Secundus frumentarius legionis VII Geminae dono ponendam merito curavit, C. Accio Hedychro patre.*

93 In der Inschrift, welche in San Gemini in Umbrien neu gefunden wurde und in der ein *Leonteum*, eine Löwengrotte, erwähnt wird. Die *circitores* waren auch Streckenwärter bei den Wasserleitungen.

94 V 2350 *Pro salute Imperatoris Caesaris L. Septimi Severi* (und seiner Söhne) *M. Aurelius Rufinus evocatus Augustorum nostrorum sancto deo invicto speleum constituit cum militibus praetorianis Flavio Clarino, Aelio Messio, Aurelio Iuliano.* Vgl. Reed, Zeitschr. für Papyrol. 18, 1975, 207–211.

„zum Heil der Kaiser und der getreuen Prätorianercohorten, welche (den Abfall vom Kaiser) rächen".[95]

Die Beliebtheit der Mithrasreligion unter den Prätorianern seit Septimius Severus hängt auch damit zusammen, daß dieser Kaiser die Prätorianer umorganisiert hat. Vor ihm waren sie vor allem aus Italien rekrutiert worden; es handelte sich also um Männer, welche in Rom oder in Italien Familienverbindungen hatten und nicht Einzelgänger in ganz neuer Umgebung waren.[96] Septimius Severus hat dies geändert; die Prätorianer waren nun ausgewählte Mannschaften, die aus den Legionen (d. h. meist von der Militärgrenze) nach Rom versetzt wurden.[97] Für diese aus ihrer früheren Umgebung in die fremde Hauptstadt verpflanzten Männer mußte die Mithrasreligion sehr attraktiv sein, weil diese Kultgemeinschaft ihnen eine neue Heimat gab.

Suovetaurilia

In welchem Maß der Mithraskult in der Zeit der severischen Kaiser in die traditionelle römische Religion einbezogen worden ist, zeigt sich besonders deutlich daran, daß zu den mithrischen Zeremonien nun ein *Suovetaurile* gehört, das Opfer eines Ebers *(sus)*, eines Widders *(ovis)* und eines Stiers *(taurus)*.[98] Ein solches Opfer ist in dem Mithraeum unter S. Prisca dargestellt, und auch auf anderen Mithrasdenkmälern wird auf ein *Suovetaurile* hingewiesen. Dieses Opfer konnte unmöglich in einer Mithrashöhle vollzogen werden; es muß in der Öffentlichkeit durchgeführt worden sein. Die Mithrasreligion ist also nicht nur in der Umgebung des Kaisers begünstigt worden, sie ist auch öffentlich hervorgetreten.

Das *Suovetaurile* ist eine sehr altertümliche Zeremonie. Es kommt schon bei Homer vor; dort opfert Odysseus diese drei Tiere dem Poseidon, zur Sühne dafür, daß er den

---

95 V 626 *Pro salute et reditu Imperatoris Caesaris L. Septimi Severi Pii Pertinacis Augusti* (und seiner Söhne), *item cohortium praetoriarum piarum vindicum deum [invictum Solem] procurantibus Hermete et Euphrata Augustorum libertis … Q. Pompeius Primigenius pater et sacerdos huius loci cum [consecraneis] fecit, item sacrarium suis sumptibus cum deo a solo exornatum [exstruxit] pro victoriis Augustorum nostrorum. Inchoatum agente Nicephoro Augustorum liberto adiutore proc(uratoris)* [――――, *consummatum* ――――]. Vgl. zum Text I. M. Hackethal, Zeitschr. f. Papyrol. 3, 1968, 247; zur Sache M. Durry, Les cohortes prétoriennes (1938) 340/1; G. Boulvert, Les esclaves et affranchis impériaux 112–5, besonders 113 Anm. (unten); Weaver, Familia Caesaris 231–6.
96 Vgl. Durry, Les cohortes prétoriennes 246 und Tacitus, Annales IV 5.
97 Vgl. A. Birley, Epigraphische Studien 8 (Bonn 1969) 64 f. und Septimius Severus (1971) 165.
98 Vgl. Vermaseren, Suovetaurilia in Roman Art, in: Bulletin van de Vereeniging tot Bevordering der Kennis van de antieke Beschaving 32 (1957) 1 ff. und in den Mededelingen van het Nederlands Instituut te Rome 37, 1975, 11–12; Vermaseren-van Essen, S. Prisca 160–164; Scott-Ryberg, Rites of the State Religion in Roman Art, in: Memoirs of the American Academy in Rome 22 (1955); I. M. Hackethal, Zeitschr. f. Papyrol. 3 (1969) 228–238; U. Scholz, Philol. 117, 1973, 3–28.

Kyklopen Polyphem, den Sohn des Poseidon, geblendet hatte.[99] Eine Bündniszeremonie zwischen Griechen und Persern, bei welcher ein *Suovetaurile* geopfert wird, beschreibt Xenophon in der Anabasis (II 2,9).

In Rom wurde dieses Opfer oft in staatlichen Kultzeremonien vollzogen

— vor dem Aufbruch des Heeres zum Feldzug oder bei der Übernahme des Kommandos durch einen neuen General oder zum Abschluß einer Musterung
— bei der Einweihung von Gebäuden (Tempeln, Häusern, neugegründeten Städten)
— zur Reinigung der Feldflur und der Tiere.

Es war im Prinzip möglich, daß auch Private ein *Suovetaurile* darbrachten. Aber in der Kaiserzeit ist diese große Zeremonie vor allem vom Herrscher selbst oder seinem Stellvertreter vollzogen worden. Auf der Trajanssäule sieht man es dreimal in den Szenen aus den Dakerkriegen.[100] Es findet sich wahrscheinlich auch auf der Säule des Marc Aurel mit den Darstellungen der Marcomannenkriege,[101] sicher auf einem Relief des Konstantinsbogens, welches ursprünglich für Marc Aurel gearbeitet worden ist,[102] und schließlich auf der Decchnnaliensäule des Diocletian.[103]

Das Mithraeum unter S. Prisca enthält zwei Freskenschichten, die untere ältere aus dem Jahr 202, die obere jüngere etwa aus dem Jahr 220. Auf der oberen Schicht sieht man die Prozession der *Leones* und der sieben Weihegrade; dabei werden drei Opfertiere mitgeführt, Stier, Widder und Eber. Es handelt sich also um ein *Suovetaurile*. Wahrscheinlich gilt dasselbe für die untere Freskenschicht, die nicht ganz freigelegt werden konnte, weil man dann die obere Schicht hätte zerstören müssen.

Diese Darstellung bezieht sich – wie alle derartigen antiken Bilder –[104] nicht auf eine bloß vorgestellte Zeremonie, sondern auf ein Ereignis, welches wirklich stattgefunden hat,

---

99 Odyssee 11,131 und 23,278.
100 Szene 8, 53, 103; vgl. K. Lehmann-Hartleben, Die Trajanssäule (1926), besonders S. 24 ff.; Scott-Ryberg, Rites of the Roman State Religion 109 ff. und Tafeln XXXVI–XXXVIII; vgl. Enciclopedia dell' Arte Antica II 756 ff. (Rocchetti) und U. Scholz, Philol. 117, 1973, 8.
101 Szene 30. Vgl. E. Petersen – A. v. Domaszewski – G. Calderini, Die Marcussäule auf der Piazza Colonna in Rom (1896); W. Zwikker, Studien zur Marcussäule (1941); C. Caprino – G. M. Colini – G. Gatti – M. Pallottino – R. Romanelli, La Colonna di Marco Aurelio (1955); Scott-Ryberg, Rites 113 f., Tafel XXXIX.
102 Scott-Ryberg, Rites 114 f. mit Tafel XL, fig. 59.
103 A. Riegl, Spätrömische Kunstindustrie (²1929) 154–9; H. P. L'Orange, Röm. Mitt. 53, 1938, 1–34 = Likeness and Icon, Selected Studies (1973) 131–157; Scott-Ryberg, Rites 117 ff. mit Tafel XLI fig. 61; H. Kähler, Rom und seine Welt (1960) Tafel 250,3; H. Kähler, Das Fünfsäulendenkmal der Tetrarchen auf dem Forum Romanum (1964) Tafel 2,2; Nash, Bildlexikon I 201 fig. 227; U. Scholz, Philol. 117, 1973, 12.
104 Wenn z. B. ein Asiarch (Vorsteher bei den Festspielen der Provinz Asia) in Kos in Mosaik das Parisurteil und Tierkampfszenen darstellen läßt, so ist zu schließen, daß er bei den Festspielen diese Aufführungen gegeben hat. Wenn Gladiatorenkämpfe dargestellt werden, so hat der Auftraggeber der Darstellung diese Kämpfe bei einem Kaiserfest veranstaltet. Für das Mosaik s. Morricone, Bollettino d'Arte 1950, 227.

und zwar nicht in einer Mithrasgrotte – die wäre dafür viel zu klein gewesen –, sondern in aller Öffentlichkeit. Da das Mithraeum unter S. Prisca sich in einem Gebäude befand, welches dem Kaiser gehörte, und da ein *Souvetaurile* fast immer offiziellen Charakter hatte, wird man erschließen, daß diese Opferzeremonie mit offizieller Billigung vollzogen worden ist.

Anspielungen auf *Souvetaurilia* finden sich auf mehreren Mithrasmonumenten, da man oft außer dem Stier auch einen Eber und einen Widder in die Darstellung einbezogen hat.[105]

Aus den Fresken unter S. Prisca ergibt sich aber nicht nur, daß die Mithrasdiener die *Suovetaurilia* begangen haben; es findet sich auch eine Anspielung auf die *Palilia*, das Fest der urrömischen Hirtengöttin Pales. Die *Palilia* wurden am 21. April gefeiert und galten als der Tag der Gründung Roms durch die Hirten unter den Urkönigen Romulus und Remus.

Die römische Mithrasgemeinde hat die Göttin Pales mit der Erdgöttin Tellus gleichgesetzt. Auf dem unteren Fresco steht der Beginn eines Gebetes an die Göttin: „Fruchtbare Erdmutter Pales, die du alles gebierst..."

> *Fecunda Tellus, cuncta quae gener[as] Pales ...*[106]

Vielleicht liegt sogar eine Anspielung auf den Tag der Palilien vor, denn zwei andere Verse bei den Fresken von S. Prisca erwähnen den Widder *(aries)* und das Stieropfer.[107]

---

105 Abb. 103 = V 1083 (Heddernheim, Rückseite), Abb. 129 = V 1137 (Rückingen, Rückseite), Abb. 132 = V 1400 (Mauls). – Bei den Inschriften V 742 und 745 (= Dessau 4222, aus Aquileia) handelt es sich um Mithrasweihungen durch Fahnenträger *(signiferi)* „beim Lustrum" *(in lustro)* von Hauptleuten *(Centurionen)*. Welche genaue Zeremonie hiermit verbunden war, scheint nicht bekannt; es könnte sich um eine mithrische Kulthandlung gehandelt haben. Jedenfalls wird man annehmen, daß mit diesem *Lustrum* ein *Suovetaurile* verbunden war, wie üblich.

Eine Anspielung auf das *Suovetaurile* findet sich auch auf der Vorderseite des Reliefs von Konjic; links trägt ein Perser (wohl Cautopates) einen Eber, rechts ein anderer Perser (wohl Cautes) einen Widder, in der Mitte opfert Mithras den Stier (V 1896).

Übrigens gab es neben der Form *Suovetaurilia* auch die Form *Solitaurilia*, s. Quintilian I 5,67; Valerius Maximus IV 1,10; Charisius 139,7 Barwick; Festus p. 393 Lindsay². Eine Umdeutung zum Sinn „Stieropfer für den Sonnengott Mithras" lag nahe.

106 Vermaseren-van Essen, S. Prisca S. 187. Ich ergänze *gener[as]*, nicht *gener[at]*, nach dem Beginn der *Precatio Terrae Matris*, welche Vermaseren selbst angeführt hat (Riese, Anthol. Lat. I p. 26; Baehrens, Poet. Lat. Min. I 138; Duff, Minor Latin Poets 342; Shackleton-Bailey, Anthol. Lat. I [1882] p. 24):

> *Dea sancta Tellus, rerum naturae parens,*
> *quae cuncta generas et regeneras in dies (etc.).*

107 Vers 13 (Vermaseren-van Essen, S. Prisca 213):

> *Primus et hic aries restrictius ordine currit,*

und dann in Vers 14 die Anspielung auf das Stieropfer (Vermaseren-van Essen 217)

> *Et nos servasti eternali sanguine fuso.*

Da die Sonne am 21. April (dem Tag der Palilien) aus dem Zeichen des Widders in das des Stiers hinübertritt, könnte damit der Tag der Opferzeremonie bezeichnet sein.[108]

Jedenfalls beginnt hier eine Verschmelzung des Mithraskultes mit den römischen Staatskulten, den *Suovetaurilia* als einem kaiserlichen Fest und den *Palilia* als dem Fest der Gründung Roms. Diese Entwicklung fällt in die Zeit der severischen Kaiser.

Fremdheit der „persischen" Zeremonien

Wir haben gesagt, daß das unter S. Prisca dargestellte *Suovetaurile* mit offizieller Billigung dargebracht worden sein muß; wir haben nicht gesagt, der Kaiser habe selber daran teilgenommen, und auch nicht, daß es ein im eigentlichen Sinne offizielles Opfer des römischen Staates gewesen sei. Denn eine letzte Fremdheit ist den Mithrasmysterien immer geblieben. Zwar war an den Lehren dieser Religion authentisch persisch nur noch das, was wir den Loyalismus genannt haben, die starke Personenbezogenheit; und diese war auch eminent römisch. Im übrigen waren die persischen Bestandteile der Riten mehr äußere Verzierung; die Lehren der Religion waren in starkem Maß von der griechischen Sternenreligion geprägt.

Immerhin, der Kult stammte aus dem Orient und konnte nicht unter die staatlichen Zeremonien der Römer aufgenommen werden. Dies gilt auch für den Kult bei den römischen Truppen; im Fahnenheiligtum des Legionslagers ist nie eine Mithrasstatue aufgestellt worden, beim Eidschwur der angetretenen Truppe auf den Kaiser waren nur die altrömischen Statuen und Insignien präsent.

Vor allem war Mithras der „persische Gott", und mit den Persern haben die Römer immer wieder Kriege führen müssen. Welchen Nachteil dies für eine Religion bedeutete, welche aus Persien kam, kann man deutlich ersehen aus der Feindschaft, welche man dem Manichäismus entgegenbrachte. So hat Diocletian diese neue Religion verboten, da die Manichäer „in unsere Welt gekommen sind aus dem uns feindlichen Volk der Perser" und da zu befürchten sei, daß sie „mit den abscheulichen Bräuchen und verkehrten Gesetzen der Perser das bescheidene und ruhige römische Volk, Menschen unschuldiger Art, gleichsam wie mit dem Gift einer bösartigen Schlange infizieren".[109]

Die Christen haben nicht gezögert, den Manichäern vorzuwerfen, sie seien eine persische Sekte und schon darum den Römern feindlich.[110] Charakteristischerweise hält der

---

108 Hackethal, Zeitschr. f. Papyrol. 3 (1968) 238.

109 Mosaicarum et Romanarum legum collatio XV 3 (aus dem Codex Gregorianus; Fontes iuris Romani anteiustiniani II 580/1): *Manichaeos audivimus nuperrime veluti nova et inopinata prodigia in hunc mundum de Persica adversaria nobis gente progressa vel orta esse ... verendum est, ne forte ... conentur per execrandas consuetudines et scaevas leges Persarum innocentioris naturae homines, Romanam gentem modestam atque tranquillam ... veluti venenis anguis malivoli inficere.*

110 Euseb, Hist. eccles. VII 31 Mani „hat aus der Welt der Perser in die unserige gleichsam einen vergifteten Pfeil abgeschossen und an uns das todbringende Gift abgewischt (= uns mit dem

antimanichäische Schriftsteller Hegemonius dem Mani vor, er sei ein barbarischer Priester des Mithras.[111]

Man hat vermutlich auch dem Mithraskult manchmal vorgeworfen, er sei eine feindliche Religion. Erhalten ist uns nur eine Stelle, in der diese Anschuldigung erhoben wird. Sie steht in der Streitschrift des neubekehrten Christen Firmicus Maternus[112] gegen die heidnischen Religionen. Er fragt die Mithrasverehrer: „Haltet ihr dies für der römischen Nation würdig, den Kulten und Gesetzen der Perser zu dienen?"[113]

In der östlichen Reichshälfte muß die Empfindung recht lebhaft gewesen sein, Mithras sei ein persischer Gott, und die Perser seien die gefährlichsten Feinde. Es ist kein Zufall, daß in Griechenland und im griechischen Kleinasien so wenig Mithraeen gefunden worden sind, und daß die wenigen erhaltenen Inschriften fast alle von Soldaten gesetzt wurden, nicht von der einheimischen Bevölkerung.[114]

Für Rom und die westliche Hälfte des Reiches andererseits hat man wohl kaum mit nennenswerten Vorurteilen gegen die „persische Religion" zu rechnen. Die Soldaten am Hadrianswall, am Rhein und an der Donau hatten andere „Erbfeinde" als die Perser. Von Rom aus gesehen sind die Parther in den beiden ersten Jahrhunderten der Kaiserzeit keine sehr gefährlichen Gegner gewesen; dies änderte sich erst, als Ardeschir im Jahr 224 die parthischen Arsakiden stürzte und die neue Dynastie der Sassaniden begründete. Den Freigelassenen am Kaiserhof, jener für die Ausbreitung des Mithraskultes so entscheidend wichtigen Gruppe, lag der Gedanke völlig fern, daß die Teilnahme an den Zeremonien des Mithras gegen die Interessen des Römerreiches verstoßen könne.

Zahl der Mithrasheiligtümer und der Mithrasanhänger in Ostia und in Rom

F. Coarelli hat vor kurzem eine interessante Überlegung darüber angestellt, wieviele Mithrasheiligtümer es in Ostia und in Rom gegeben haben mag.[115] Ich wiederhole seine Rechnung.

Das antike Ostia umfaßte ein Gebiet von etwa 70 Hektar; davon sind 33 Hektar ausgegraben, also nicht ganz die Hälfte. Dies ist eine Basis, von der ausgehend man eine Rech-

---

Gift infiziert)" ἐκ τῆς Περσῶν ἐπὶ τὴν καθ' ἡμᾶς οἰκουμένην ὥσπερ τινὰ θανατηφόρον ἰὸν ἐξωμόρξατο. (Ich habe hier das Wort ἰός = 1. Pfeil, 2. Gift doppelt übersetzt, um den Sinn deutlich zu machen).

111 Acta Archelai 40 (p. 59,27 Beeson) *O barbare sacerdos Mithrae*. Das Werk ist von einem Griechen aus Syrien in der ersten Hälfte des 4. Jahrhunderts geschrieben worden, aber großenteils nur in lateinischer Übersetzung erhalten.

112 Firmicus Maternus hatte – noch als Heide – ein umfangreiches Lehrbuch der Astrologie verfaßt und hatte allen Anlaß, jetzt dem Heidentum öffentlich abzusagen.

113 De errore profanarum religionum 5 *Si hoc Romano nomine* („Nation") *dignum putatis, ut Persarum sacris, ut Persarum legibus serviatis . . .*

114 V 24 B (Band 2, S. 13; Klaros); 2350 (Andros; s. hier S. 179, Anm. 94); 2352 (Patras) *Soli invicto milites* [. . ...]uist[.. Mn]esarcus.

115 Bei U. Bianchi, Mysteria Mithrae 76/7.

nung anstellen kann, welche Aussicht hat zu ungefähr richtigen Ergebnissen zu kommen. In dem ausgegrabenen Gebiet sind 18 Mithraen gefunden worden. Es kommt also etwas mehr als 1 Mithraeum auf eine Fläche von 2 Hektar, und die Zahl der Mithraen in Ostia dürfte etwa 40 gewesen sein.

Davon ausgehend kann man versuchen, die Zahl der Mithrasanhänger in Ostia zur Zeit der größten Blüte zu bestimmen.[116] Dabei ist zu bedenken, daß die Eingangszahl von 18 Mithraen in Ostia nicht bedeutet, daß während der ganzen Zeit zwischen ca. 100 und 310 n. Chr. alle 18 Mithraen in Gebrauch waren, und auch nicht, daß alle 18 Heiligtümer in der Zeit der höchsten Blüte des Mithraskultes benützt worden sind. Es werden Mithraen eingestürzt und Ersatzbauten an anderer Stelle angelegt worden sein. Immerhin darf man annehmen, daß zur Zeit der größten Blüte des Kultes drei Viertel der festgestellten Mithraen in Gebrauch gewesen sind; so daß man also für diese Zeit in Ostia mit 30 (statt 40) Heiligtümern rechnen darf.

Die Mithraskultstätten waren verhältnismäßig klein; man darf als Duchschnittszahl für eine Mithras-„Grotte" 40 Verehrer des Gottes ansetzen. Dann erhalten wir für Ostia 30 × 40 = 1 200 Mithrasverehrer.

Die Zahl der Einwohner von Ostia wird von Meiggs auf 50–60 000 geschätzt, von Calza auf 36 000. Wir wollen annehmen, daß Ostia 48 000 Einwohner hatte. Für den Mithraskult kamen nur erwachsene Männer in Frage; und man kann damit rechnen, daß etwa ein Drittel der Bevölkerung erwachsene Männer waren. Dann wird man schätzen: Zur Zeit der größten Ausbreitung der Mysterien gab es in Ostia unter 16 000 erwachsenen Männern etwa 1 200 Mithrasverehrer, das sind 7,5 %.

Coarelli hat auch versucht, von den Verhältnissen in Ostia ausgehend einen Analogieschluß auf diejenigen in der Hauptstadt Rom zu ziehen. Er setzt dabei voraus, daß Ostia ein Spiegelbild Roms in kleinerem Maßstab sei, sowohl in der Zusammensetzung der Bevölkerung wie in der Dichte der Einwohner. Beide Annahmen sind nicht sicher; immerhin sei kurz vorgerechnet, welche Resultate sich unter diesen Annahmen ergeben.

Coarelli will bestimmen, wieviele Mithraen es in Rom gegeben hat. Hierfür sind zwei Rechnungen möglich:

(a) Man kann ausgehen von der Zahl der Mithraen im Verhältnis zur Fläche der Stadt, also von der Annahme: Auf 2 Hektar Grund traf jeweils 1 Mithraeum. Das Gebiet der Stadt Rom innerhalb der Aureliansmauer beträgt 1373 Hektar. Es war nicht durchweg bebaut; aber andererseits sind größere Gebiete jenseits des Tiber außerhalb der Aureliansmauer geblieben. Wenn man mit diesen Zahlen rechnet, kommt man auf ca. 685 Mithraen in Rom.

(b) Man kann auch ausgehen vom Verhältnis der Bevölkerungszahl zur Zahl der Mithraen. Wenn man die Einwohnerzahl von Ostia auf 48 000 ansetzt und mit 40 Mithraen in der Stadt rechnet, kommt man auf ein Mithraeum auf jeweils 1 200 Menschen. Nun schätzt man, daß Rom zur Zeit des Antoninus Pius etwa eine Million Einwohner hatte.

---

116 Die folgende Überlegung nicht mehr bei Coarelli.

Wenn auf je 1 200 Menschen ein Mithraeum traf, muß es in Rom 833 Mithraeen gegeben haben.[117]

Diese Resultate passen einigermaßen zusammen und scheinen einen Rahmen abzustek-ken, innerhalb dessen man sich orientieren kann.

Für die Zahl der Mithrasmysten in Rom könnte man ähnliche Rechnungen anstellen; aber die Unsicherheiten kumulieren sich, so daß darauf verzichtet werden soll.

In den Provinzen war die Zahl der Mithrasmysten mit Sicherheit prozentual viel geringer als in Rom.

Der Mithraskult nach dem Sturz der severischen Dynastie

Die Glanzzeit der Mithrasmysterien in Rom scheint in die Zeit zwischen 180 und 220 zu fallen. Im Jahr 235 wurde der letzte Kaiser der severischen Dynastie, Alexander Severus, ermordet. Es scheint, daß die Beliebtheit der Mithrasreligion in der folgenden Zeit nach-läßt; jedenfalls hat man nicht mehr den Eindruck, daß der Kult von oben gefördert wur-de.[118]

Man muß freilich bedenken, daß zwischen 251 und 284 sich ständig Truppenbefehlsha-ber gegen den regierenden Kaiser erhoben, so daß es zu dauernden Bürgerkriegen und einer starken Verarmung kam. Man hat sicherlich oft einfach kein Geld für neue Bauten

117 Diese zweite Rechung hat Coarelli in ganz anderer Weise durchgeführt, was man in seinem Beitrag nachlesen möge; er erhält nach dieser Rechnung die Zahl von 2 000 Mithraeen in Rom, was wohl zu viel ist.

118 Der Mangel an Quellen für diese Jahre läßt es geraten erscheinen, mit allgemeinen Folgerungen zurückhaltend zu sein. Darum sei die folgende Erwägung nur in einer Anmerkung vorgebracht.

Kaiser Maximinus Thrax (235–238) war Befehlshaber der Donauarmee und ist während seiner ganzen Regierungszeit nie nach Rom gekommen. Zwischen ihm und dem „Establishment" in Rom bestanden keine Sympathien, und das gilt sicher nicht nur für den römischen Senat, sondern auch für das von Rom aus gelenkte Personal des kaiserlichen Dienstes, die Freigelassenen, und wohl auch für einen guten Teil der Ritter in der kaiserlichen Laufbahn. Wenn es richtig ist, daß die beiden letzteren Kategorien für die Mithrasmysterien von entscheidender Bedeutung waren, dann kann man sich denken, daß Maximinus Thrax die mithrischen Mystengemeinden als von der römischen Zentrale aus gelenkt wenig schätzte.

I. Tóth hat dargelegt, daß die Heiligtümer des Jupiter Dolichenus an Rhein und Donau unter Maximinus systematisch zerstört worden sind (Acta archaeologica Academiae scientiarum Hungaricae 25, 1973, 109–116). Die Verehrer des Jupiter Dolichenus stammten wahrscheinlich aus ganz ähnlichem Milieu wie die Mithrasdiener. Es wird an manchen Stellen Ressentiments gegen alles gegeben haben, was eng mit Rom zusammenhing; und dazu gehörten, nach der in diesem Buch vertretenen Hypothese, die Mithrasmysterien.

In der Zeit Gordians III. (238–244) wurden in Tarsos in Kilikien Münzen mit dem Stieropfer des Mithras geprägt (V 27). Es sei angemerkt, daß die Legende der Rückseite so aufzulösen ist: Α (πρώτης) μ(εγίστης) κ(αλλίστης) Γ (= τῶν τριῶν ἐπαρχείων προκαθεζομένης) Β (= δὶς νεωκόρου); s. P. Weiss, Chiron 9, 1979, 545–552; die drei Provinzen sind Cilicia, Isauria und Lycaonia.

gehabt. Die inschriftliche Überlieferung für diese Jahre ist äußerst dürftig, nicht nur in den Mithraeen; denn wenn man anfangen mußte zu sparen, hat man gewiß zu allererst die Kosten für die Inschriften eingespart.

Die Situation ändert sich sofort, als Diocletian Kaiser wird. Dieser Herrscher – der seine Abkunft auf Jupiter zurückführte und sich *Iovius* nannte – wollte als ein neuer Augustus die altrömischen Traditionen wieder aufnehmen, und da der Mithraskult zu seiner Zeit schon seit fünf Generationen zu den Religionen des Reiches gehörte, hat er auch diesen Kult gefördert. Man findet jetzt wieder eine Reihe von Mithrasweihungen durch hohe Offiziere und Beamte.[119]

Auch bei den Truppen seines Mitkaisers Maximian war Mithras beliebt. Dieser Kaiser führte seine Abkunft auf Hercules zurück und hat eine neue Eliteeinheit aufgestellt, die *legio II Herculia*. Als er im Jahr 298 einen Krieg in Mauretanien gegen aufständische Stämme führte,[120] hat er zwei (aber vielleicht auch mehr) Cohorten dieser Legion mitgeführt; diese haben dem Mithras in Sitifis ein Kultrelief geweiht.[121]

Als Diocletian und Maximian im Jahr 305 abdankten, übergaben sie die Herrschaft an zwei *Augusti* und zwei (jüngere) *Caesares*, die ihrerseits auch von Jupiter und Hercules abstammten *(Iovii et Herculii)*. Aber sehr bald gerieten die Nachfolger in Streit miteinander. Auf ihre Bitten hin versuchte Diocletian zu vermitteln und berief im Jahr 308 eine Kaiserkonferenz nach Carnuntum bei Wien. Es gelang ihm, den Zwist zunächst noch einmal zu schlichten. Bei dieser Gelegenheit wurde ein Mithrasheiligtum zu Carnuntum restauriert und mit der Inschrift versehen (Abb. 142 = V 1697/8): „Dem unbesieglichen Son-

---

119 V 722 (Comum; wohl 291/2) *Templum dei Solis* (vermutlich: des Mithras) *iussu dominorum nostrorum Diocletiani et Maximiani Augustorum T. Flavius Postumius Titianus vir clarissimus corrector Italiae perfecit ac dedicavit etc.* – Flavius Postumius Titianus war Consul im Jahr 301 (R. E. XXII 954/5 nr. 82; Prosopography of the Later Roman Empire I 919).
V 138 D (Vermaseren, Corpus 2, S. 20; Lambaesis, im Jahr 303) *Deo Soli invicto Mithrae Valerius Florus vir perfectissimus praeses provinciae Numidiae Militianae ex voto posuit.* – Valerius Florus hat als Gouverneur die Christen verfolgt, s. Prosopography of the Later Roman Empire I 368.
V 1431 = Dessau 4197 (Virunum bei Klagenfurt, im Jahr 311) *Deo invicto Mithrae templum vetustate conlabsum quot (= quod) fuit per annos amplius quinquaginta desertum Aurelius Hermodorus vir perfectissimus praeses provinciae Norici mediterranei a novo restitui fecit etc.* Vgl. Prosopography I 422.
In V 2280 (Axiopolis in Moesien) erscheint ein General unbekannten Namens, ——]*ius v(ir) p(erfectissimus) du[x* ——; vermutlich aus dieser Zeit.
In der Inschrift aus Virunum V 1434 wird die von Diocletian aufgestellte *legio I Noricorum* erwähnt.
V 1614 (Poetovio, Zeit Diocletians) *Templum dei Solis invicti Mithrae Aurelius Iustinianus vir perfectissimus dux labefactatum restituit.* Vgl. Prosopography I 489.
120 Für diesen Krieg vgl. Eutrop IX 23 und Aurelius Victor, Caesares 39,22 sowie Ensslin, R. E. XIV 2505; für die *legio II Herculia* s. Ritterling, R. E. XII 1467/8.
121 V 149 = Dessau 4195 *Deo invicto Mytre* (sic) *leg(ionis) II Herculiae fec(erunt) cohortes X et VII, votum solverunt l(ibentes) a(nimo).*

nengott Mithras, dem gnädigen Schützer ihrer Herrschaft, haben die Iupiter- und Hercules-Nachfolger, die allerfrömmsten Kaiser, die Kultstätte wieder hergerichtet".[122]

Konstantins Sieg vor Rom im Zeichen Christi bereitete dieser Nachblüte des Mithraskultes ein jähes Ende.

VII. Moralische Lehren

Da jede Religion dem Menschen helfen soll im Leben den rechten Weg zu finden und hier und jetzt die richtigen Entscheidungen zu treffen, hat es in allen Religionen moralische Lehren gegeben um den Egoismus einzudämmen; denn das alleinige Verfolgen des eigenen Vorteils hat auf längere Sicht noch Keinem den erstrebten Vorteil gebracht. Das Christentum der Antike war die Religion der *Agape*, des Rücksichtnehmens auf den Anderen, des Sich-damit-Abfindens, daß der Andere so ist wie er ist, des Sich-in-den-Andern-Schickens. Die Mithrasmysterien waren ein Kult der festen gegenseitigen Beziehungen und der Loyalität, haben also ebenfalls den Anderen in ihre Moral einbezogen, freilich nicht im gleichen Sinn wie das Christentum mit seinem Begriff des „Nächsten". Für die Mithrasdiener steht die archaische Vorstellung der Gruppe und des Bundes im Vordergrund; der Mithraskult war die Religion der Soldaten und der *Caesariani*, der Vereinzelten, welche in der neuen Gruppe auch eine neue geistige Heimat fanden. Man wird vermuten dürfen, daß die Anzahl der Karrieristen, welche in keiner Religion je gefehlt hat, im Mithraskult besonders stark vertreten war.

Die Betonung der Loyalität tritt dem Betrachter auf den Monumenten deutlich entgegen in den sich immer neu wiederholenden Szenen des Handschlags über dem brennenden Altar. Im übrigen sind die Reliefs und Fresken natürlich stumm über die moralischen Lehren. Da unsere schriftlichen Zeugnisse nur sehr begrenzt sind,[1] wissen wir über die Moral der Mithrasmysten nur wenig. Immerhin können wir doch Einiges erkennen.

Porphyrios sagt in der Schrift von der Nymphengrotte, daß man den Mithrasmysten beim Übergang zu einem neuen Grad Gebote gegeben hat: „Wenn man denen, welche in

---

122 V 1698 = Dessau 659 *Deo Soli invicto Mithrae fautori imperii sui Iovii et Herculii religiosissimi Augusti et Caesares sacrarium restituerunt.*

1 Die eigentlichen Mysterien haben nur über etwa 200 Jahre hin existiert, etwa von 100 bis 313, und allein Autoren aus dieser Zeit können uns über das Innere des Kultes instruieren. Aber es sind bekanntlich nur wenige lateinische heidnische Autoren aus dieser Zeit erhalten: Appuleius, Fronto, der Jurist Gaius, Censorinus, Nemesian. Im Griechischen steht es wesentlich besser, aber in der Griechisch sprechenden Reichshälfte war der Mithraskult unbedeutend. Die wichtigsten Aufschlüsse erhalten wir durch Porphyrios, der in Rom schrieb, und Celsus, von dem nur Auszüge in der Schrift des Christen Horigenes „Gegen Celsus" erhalten sind. Die christlichen Autoren dieser Zeit, Justin und Tertullian, erwähnen Mithras nur polemisch, aber manchmal in sehr aufschlußreicher Weise.

den Löwengrad eingeweiht werden, die Hände statt mit Wasser mit Honig reinigt, trägt man ihnen auf, die Hände rein zu halten von allem, was Leid und Schaden bringt und unrein ist … Sie reinigen auch die Zunge mit Honig von allem Sündigen".[2]

Man kann damit die drei Zeremonien vergleichen, mit denen die Manichäer die moralischen Pflichten des Menschen symbolisierten, „die Versiegelung des Mundes, der Hände und des Schoßes" *(signacula oris et manuum et sinus)*. Augustin gibt als ihren Zweck an, „daß der Mensch mit dem Mund, mit den Händen und mit dem Schoß rein und unschuldig sein soll".[3]

Das wichtigste Zeugnis für die moralischen Lehren der Mithrasmysterien steht bei dem Christen Justin, der um 165 in Rom als Märtyrer gestorben ist. Er polemisiert gegen die Mithrasmysterien, welche von den bösen Dämonen als Imitation der christlichen Religion eingerichtet worden sind. Wir müssen also seine Worte sozusagen gegen den Strich lesen um zu erfahren, auf welche Mithraszeremonien er sich bezieht. Der Gedankengang bei Justin ist etwa dieser: Die Mithrasanhänger sagen, ihr Gott sei „aus dem Felsen geboren"; und der Kult findet in einer Grotte statt. Beide Vorstellungen sind nach Justin aus dem Alten Testament entwendet, aus Daniel und Jesaias. – Bei den Mithraszeremonien wird Brot und Wasser gereicht, und man sagt dazu Gebote auf: Das Darreichen des Brotes und Wassers ist aus dem christlichen Abendmahl genommen, die Gebote finden sich wieder bei Jesaias. – Das Alte Testament wird also in der aus Paulus bekannten Weise als Vorausdeutung auf das Neue Testament gänzlich in die Argumentation einbezogen; so glaubt Justin den Beweis zu erbringen, daß die christliche Religion unter Einschluß der auf sie vorausverweisenden Propheten in all jenen Punkten, in denen die Priorität zwischen Christentum und Mithraskult strittig sein könnte, eindeutig die ältere sei, daß der Mithraskult nur eine Veranstaltung des Teufels sei, um die Menschen auf einen Irrweg zu führen. In diesen Erörterungen erwähnt Justin nebenher interessante Details über den Mithraskult.

Er sagt in der *Apologie*, einer an den Kaiser Antoninus Pius gerichteten Schutzschrift zur Verteidigung der christlichen Religion:

„(Unsere) Apostel haben in ihren ‚Erinnerungen an Jesus',[4] welche Evangelien (frohe Botschaft) heißen, diesen Ritus tradiert, der ihnen aufgetragen worden ist: Jesus hat ein Brot genommen, gedankt und gesagt: ‚Tut dies zu meinem Andenken; dies

---

2 De antro 15 (p. 67,6–13 N. = 16,25–30 W.) ὅταν μὲν οὖν τοῖς τὰ λεοντικὰ μυουμένοις εἰς τὰς χεῖρας ἀνθ' ὕδατος μέλι νίψασθαι ἐγχέωσι, καθαρὰς ἔχειν τὰς χεῖρας παραγγέλλουσιν ἀπὸ παντὸς λυπηροῦ καὶ βλαπτικοῦ καὶ μυσαροῦ . . . . . καθαίρουσι δὲ καὶ τὴν γλῶτταν τῷ μέλιτι ἀπὸ παντὸς ἁμαρτωλοῦ.

3 De moribus Manichaeorum 10 (Adam, Texte zum Manichäismus 61; Oeuvres de Saint Augustin I 1, La morale chrétienne, par B. Roland-Gosselin, p. 282). Dem Wort *signaculum* (Bezeichnung) bei den Manichäern entspricht es, wenn Tertullian über die Beteiligung des Teufels an den Mithrasweihen sagt: „Er bezeichnet seine Milites an der Stirn" (s i g n a t . . . *in fronte milites suos;* De praescriptione haereticorum 40). Vgl. oben S. 138.

4 ἀπομνημονεύματα, der Titel von Xenophons Buch über Sokrates.

ist mein Leib'; und ebenso hat er einen Becher genommen, gedankt und gesagt: ,Dies ist mein Blut'; und er hat nur ihnen (den Aposteln) daran Anteil gegeben. Aber die bösen Dämonen haben dies imitiert und in den Mithrasmysterien denselben Ritus tradiert; ihr wißt ja oder könnt leicht in Erfahrung bringen, daß (dort) bei der Einweihung des neuen Mysten Brot und ein Becher Wasser vorgesetzt und dazu gewisse Aussprüche getan werden."[5]

Etwas mehr erfahren wir in einer anderen Schrift, dem Dialog mit dem Juden Tryphon:

> „Wenn diejenigen, welche die Einweihung in die Mithrasmysterien tradieren, sagen, er sei ,aus dem Fels' geboren, und wenn sie den Ort ,Grotte' nennen, in welchem sie denjenigen die Weihe tradieren, welche sich von ihm (Mithras) haben einfangen lassen, wie soll ich da nicht sehen, daß sie das Wort des Daniel imitieren: ,Ohne Hände wurde ein Stein herausgeschnitten aus einem großen Berg' (Daniel 2,34)?[6] Und dasselbe ist es mit Jesaias; sie haben es unternommen, eine ganze Rede von ihm zu imitieren. Denn sie haben es listig so eingerichtet, daß auch bei ihnen Worte gesprochen werden, man solle das Gerechte tun. Ich muß euch notwendigerweise die Rede des Jesaias zitieren, damit ihr daraus seht, daß dies sich so verhält. Sie lautet so (Jes. 33,14–16):[7]

> > … Wer wird euch den ewigen Ort verkünden?[8] Er, der in Gerechtigkeit wandelt, der vom gerechten Weg spricht, der die Gesetzlosigkeit und Ungerechtigkeit haßt und seine Hände frei hält von Geschenken, der seine Ohren verstopft um nichts von einem ungerechten Bluturteil zu hören, der seine Augen verschließt um keine Ungerechtigkeit zu sehen: Er wird in der hohen Grotte[9] aus starkem Fels wohnen, ihm wird Brot gegeben werden, und ihm ist das Wasser sicher …[10]

---

5 Justin, Apologie 66 οἱ γὰρ ἀπόστολοι ἐν τοῖς γενομένοις ὑπ᾿ αὐτῶν ἀπομνημονεύμασιν, ἃ καλεῖται εὐαγγέλια, οὕτως παρέδωκαν ἐντετάλθαι αὐτοῖς· τὸν Ἰησοῦν λαβόντα ἄρτον εὐχαριστήσαντα εἰπεῖν· „τοῦτο ποιεῖτε εἰς τὴν ἀνάμνησίν μου, τοῦτ᾿ ἔστι τὸ σῶμά μου." καὶ τὸ ποτήριον ὁμοίως λαβόντα καὶ εὐχαριστήσαντα εἰπεῖν· „τοῦτό ἐστι τὸ αἷμά μου." καὶ μόνοις αὐτοῖς μεταδοῦναι· ὅπερ καὶ ἐν τοῖς τοῦ Μίθρα μυστηρίοις παρέδωκαν γίνεσθαι μιμησάμενοι οἱ πονηροὶ δαίμονες· ὅτι γὰρ ἄρτος καὶ ποτήριον ὕδατος τίθεται ἐν ταῖς τοῦ μυουμένου τελεταῖς μετ᾿ ἐπιλόγων τινῶν, ἢ ἐπίστασθε ἢ μαθεῖν δύνασθε.

6 Justin will hier beweisen, daß die Vorstellung eines aus dem Felsen entstandenen Gottes im Mithraskult gegenüber der jüdisch-christlichen Religion sekundär ist.

7 Ich überspringe hier einige Sätze des Jesaias, welche Justin zitiert.

8 Auf diesen „ewigen Ort" (αἰώνιος τόπος) kommen wir später zurück.

9 Diese Grotte steht nicht in den Evangelien, sondern in dem apokryphen Kindheitsevangelium des Jacobus Kap. 18. Der Prophet Daniel, so argumentiert Justin, hat Christus vorausverkündet, der in der Grotte geboren wurde; der Aufenthalt des Mithras in der Grotte ist demgegenüber sekundär. Diese Stelle Justins beweist, daß das Kindheitsevangelium des Jacobus um 160 n. Chr. bekannt war und als authentisch galt.

10 Justin sagt: Daniel deutet auf die christliche Abendmahlszeremonie voraus; sie ist also jedenfalls

Offensichtlich spricht er (Jesaias) in dieser Prophezeiung von jenem Brot, welches uns Christus tradiert hat, wir sollten dies tun zur Erinnerung daran, daß er Fleisch geworden ist wegen derer, die auf ihn vertrauen, und wegen derer er auch gelitten hat, und (er spricht) von jenem Becher, den zur Erinnerung an sein Blutopfer dankend zu nehmen er uns tradiert hat."[11]

In unserem Zusammenhang sind die Streitfragen zwischen den Christen und den Mithrasverehrern, die Frage nach der Priorität, uninteressant; dagegen ist von hohem Interesse, was nebenher zum Vorschein kommt. Aus Porphyrios wissen wir, daß man den Mithrasmysten bei der Weihe auftrug, *die Hände rein zu halten* von allem, was Leid und Schaden bringt. Justin nun wirft den Mithrasanhängern vor, sie imitierten eine Rede des Jesaias, in welcher dieser unter anderem von dem Gerechten spricht, der *seine Hände frei hält* von Geschenken.[12] Es ist evident, daß sich beide Stellen auf denselben Ritus der Mithrasinitiation beziehen, auf ein Gebot, welches den Mithrasmysten eingeschärft worden ist. Dieser Satz aus Jesaias läuft also tatsächlich parallel zu einem Ritus der Mithrasmysterien; und wenn Justin sagt, die Mithrasdiener hätten die ganze Rede des Jesaias imitiert, so wird daran richtig sein, daß die bei Jesaias vorkommenden Gebote inhaltlich auch in den Mithrasmysterien gelehrt wurden. Darum wollen wir uns die Rede des Jesaias noch einmal vergegenwärtigen. Zum „ewigen Ort", sagt er, wird kommen

viel älter als die entsprechende Zeremonie der Mithrasmysterien. – Danach habe ich wieder einige Sätze des Jesaias ausgelassen, welche Justin zitiert.

11 Dialogus 70 ὅταν δὲ οἱ τὰ τοῦ Μίθρου μυστήρια παραδιδόντες λέγωσιν „ἐκ πέτρας" γεγεννῆσθαι αὐτόν, καὶ „σπήλαιον" καλῶσι τὸν τόπον, ἔνθα μυεῖν τοὺς πειθομένους αὐτῷ παραδιδοῦσιν, ἐνταῦθα οὐχὶ τὸ εἰρημένον ὑπὸ Δανιηλ ὅτι „λίθος ἄνευ χειρῶν ἐτμήθη ἐξ ὄρους μεγάλου" μεμιμῆσθαι αὐτοὺς ἐπίσταμαι, καὶ τὰ ὑπὸ Ἡσαίου ὁμοίως, οὗ καὶ τοὺς λόγους πάντας μιμήσασθαι ἐπεχείρησαν; δικαιοπραξίας γὰρ λόγους καὶ παρ᾽ ἐκείνοις λέγεσθαι ἐτεχνάσαντο. τοὺς δὲ εἰρημένους λόγους ὑπὸ Ἡσαίου ἀναγκαίως ἀνιστορήσω ὑμῖν, ὅπως ἐξ αὐτῶν γνῶτε ταῦθ᾽ οὕτως ἔχειν. εἰσὶ δὲ οὗτοι· ... (33,14) τίς ἀναγγελεῖ ὑμῖν τὸν τόπον τὸν αἰώνιον; (15) πορευόμενος ἐν δικαιοσύνῃ, λαλῶν εὐθεῖαν ὁδόν, μισῶν ἀνομίαν καὶ ἀδικίαν καὶ τὰς χεῖρας ἀφωσιωμένος ἀπὸ δώρων, βαρύνων ὦτα ἵνα μὴ ἀκούσῃ κρίσιν ἄδικον αἵματος, καμμύων τοὺς ὀφθαλμοὺς ἵνα μὴ ἴδῃ ἀδικίαν· (16) οὗτος οἰκήσει ἐν ὑψηλῷ σπηλαίῳ πέτρας ἰσχυρᾶς, ἄρτος δοθήσεται αὐτῷ, καὶ τὸ ὕδωρ αὐτοῦ πιστόν. ....
ὅτι μὲν οὖν καὶ ἐν ταύτῃ προφητείᾳ ⟨λέγει⟩ περὶ τοῦ ἄρτου, ὃν παρέδωκεν ἡμῖν ὁ ἡμέτερος Χριστὸς ποιεῖν εἰς ἀνάμνησιν τοῦ σεσωματοποιῆσθαι αὐτὸν διὰ τοὺς πιστεύοντας εἰς αὐτόν, δι᾽ οὓς καὶ παθητὸς γέγονε, καὶ περὶ τοῦ ποτηρίου, ὃ εἰς ἀνάμνησιν τοῦ αἵματος αὐτοῦ παρέδωκεν εὐχαριστοῦντας ποιεῖν, φαίνεται.
Justin kommt in Kap. 78 nochmals auf die Jesaias-Stelle zurück. Er erwähnt wieder die Grotte, d. h. das Kindheitsevangelium des Jacobus, spricht von denjenigen, welche die Mithrasmysterien in der Grotte „tradieren" (τοὺς τὰ Μίθρα μυστήρια παραδιδόντας ἐν τόπῳ ἐπικαλουμένῳ παρ᾽ αὐτοῖς σπηλαίῳ) und sagt nun in aller Deutlichkeit, daß all dies vom Teufel (διάβολος) veranstaltet worden ist.

12 Wie heilsam muß dieses Gebot für die Mithrasanhänger unter den Beamten des illyrischen Zolldienstes gewesen sein!

— Er, der in Gerechtigkeit wandelt
— der vom gerechten Weg spricht
— der die Gesetzlosigkeit und Ungerechtigkeit haßt
— der seine Hände frei hält von Geschenken
— der seine Ohren verstopft, um nichts von einem ungerechten Bluturteil zu hören
— der seine Augen verschließt, um keine Ungerechtigkeit zu sehen.

Diese „ganze Rede", sagt Justin, haben die Mithrasdiener imitiert; es hat also im Mithrasritual zu allen diesen Sittenlehren Parallelen gegeben, eine ganze Reihe von Geboten. Das Detail entgeht uns, aber der allgemeine Hintergrund ist klar: Mithras war „der gerechte Gott", wie er in einer Inschrift genannt wird.[13]

Als eine unsichere Vermutung sei hier noch folgende Überlegung angeschlossen.

Am Eingang des Mithrasheiligtums in Ostia, in welchem die Leiter im Mosaik abgebildet ist, befindet sich ein Kreis, den man allgemein als Symbol eines Baumes deutet. Wenn man diese Deutung annimmt, befindet sich ein Baum gerade vor dem Eingang in die Mithrashöhle, und dies erinnert an die Nymphengrotte in der Odyssee, neben der ein Ölbaum steht. Porphyrios hat in seiner Schrift über die Nymphengrotte diese Verse allegorisch interpretiert, und er nimmt in seinen Deutungen sehr oft Bezug auf die Mithrasgrotten und die Lehren der Mithrasmysterien. Am Ende dieser Schrift kommt er auch auf den Ölbaum zu sprechen; er nennt die Mithrasmysterien nicht, aber man kann erwägen, daß er sie auch hier im Auge hatte. Der Ölbaum ist ihm ein Symbol der göttlichen Einsicht, denn er ist die Pflanze der Athena und Athena ist die Göttin der Einsicht.[14] Vom Ölbaum wird der Kranz genommen, mit dem man die Sieger in den Wettkämpfen für ihre Mühe belohnt; und derjenige, welcher die Mühseligen und um Hilfe Bittenden erfrischt, ist der Weltschöpfer, der den Kosmos zusammenhält.[15] – An einer früheren Stelle hat Porphyrios gesagt, daß Mithras der Weltschöpfer sei;[16] die Parallelisierung der Bekränzung der Sieger mit dem Trösten der Mühseligen durch den Weltschöpfer gibt nur dann Sinn, wenn man an Zeremonien wie die in der Mithrashöhle denkt, in welchen den Mysten ebenfalls Kränze verliehen worden sind.

Porphyrios fährt fort: So wie Odysseus bei Homer alle Geschenke, welche ihm die Phäaken mitgegeben hatten, in der Höhle versteckt, die Gestalt eines Bettlers annimmt und sich zusammen mit Athena – der Göttin der Einsicht und Überlegung – unter den Ölbaum setzt und mit ihr berät, was zu tun sei, so soll, sagt Porphyrios, der Mensch alles

---

13 V 18 aus Tyana in Kappadokien: θεῷ δικαίῳ Μίθρᾳ.

14 De antro nympharum 32 (p. 78,13 N. = 30,23 W.) σύμβολον φρονήσεως θεοῦ ἡ ἐλαία· ᾿Αθηνᾶς μὲν γὰρ τὸ φυτόν, φρόνησις δὲ ἡ ᾿Αθηνᾶ.

15 De antro 33 (p. 79,11 N. = 32,5 W.) ὁ τοὺς ἐλεεινοὺς ἀνακτώμενος καὶ ἱκέτας ὁ συνέχων τὸν κόσμον δημιουργός.

16 De antro 6 (p. 60,8 N. = 8,18 W.) εἰκόνα φέροντος τοῦ σπηλαίου τοῦ κόσμου, ὃν ὁ Μίθρας ἐδημιούργησε. Kap. 24 (p. 73,5 N. = 24,11 W.; über Mithras) ὡς καὶ δημιουργὸς ὢν καὶ γενέσεως δεσπότης.

Überflüssige ablegen, seinen Körper einschrumpfen lassen, die Gedanken vom Irdischen abwenden und die gefährlichen Leidenschaften der Seele abwerfen.[17]

Wenn dies sich auf die Mithrasmysterien bezieht, dann wäre der Baum am Eingang des Mithraeums von Ostia ein Ölbaum und stellte ein Symbol der inneren Sammlung vor dem Betreten der Mysteriengrotte dar: Der Myste hatte seine Gedanken von der Welt abzuwenden.

VIII. Stieropfer und Kosmogonie[1]

Wir kommen zu dem zentralen Mythos der Mithrasmysterien. In jedem Heiligtum befand sich ein Relief oder Gemälde, auf dem dargestellt war, wie Mithras den Stier opfert. Diese Tat war das wichtigste Ereignis im Mythos des Gottes: Durch sie entstand die Welt. Dies wird unzweideutig in persischen Überlieferungen berichtet: Aus den Gliedern des sterbenden Stiers sproßten die Bäume und Pflanzen. Auf den meisten Mithrasreliefs wächst aus dem Schwanz des Stiers die erste Kornähre; auf einer Darstellung aus Rom verwandelt sich das Blut, welches aus der Wunde fließt, in Ähren (Abb. 67 = V 593). Auch der Wein entstand aus dem Blut des Opfertiers. Der Same des Stiers wird dem Mond übergeben und in dessen Licht gereinigt. Auf andere Einzelheiten kommen wir später zurück.

Für uns ist diese Kosmogonie verwunderlich. Aber in alter Zeit war der Gedanke sehr verbreitet, daß die Welt aus einem Uropfer – Tier oder Mensch oder Gott – entstanden sei, und zahlreiche Rituale haben diese Vorstellung den Teilnehmern der Zeremonie vor Augen geführt. Um dies zu veranschaulichen, gebe ich einige Beispiele und bespreche germanische Kosmogonien, das indische Uropfer und das babylonische Weltschöpfungsepos.

Parallele Mythen und Riten

Nach den altgermanischen Traditionen gab es am Anfang der Zeiten nur ein großes „Gähnen", die Felsschlucht – Ginnungagap –, sozusagen den leeren Raum. Darin wuchs der Urriese Ymir, der Zwitter, das zweigeschlechtliche Urwesen, aus dem alles entstanden ist.

---

17 De antro 33 (p. 79,12–19 N. = 32,8–13 W.) εἰς τοῦτο τοίνυν φησὶν Ὅμηρος δεῖν τὸ ἄντρον ἀποθέσθαι πᾶν τὸ ἔξωθεν κτῆμα (ν 361–371), γυμνωθέντα (χ 1) δὲ καὶ προσαίτου σχῆμα περιθέμενον (ν 434–438) καὶ κάρψαντα (ν 430) τὸ σῶμα καὶ πᾶν περίττωμα ἀποβαλόντα καὶ τὰς αἰσθήσεις ἀποστραφέντα βουλεύεσθαι μετὰ τῆς Ἀθηνᾶς, καθεζόμενον σὺν αὐτῇ ὑπὸ πυθμέν' ἐλαίας (ν 372), ὅπως τὰ ἐπίβουλα τῆς ψυχῆς αὐτοῦ πάθη πάντα περικόψῃ.

1 Im Folgenden wiederhole ich längere Abschnitte aus meinem Vortrag über die Kosmogonie der Mithrasmysterien, der im Eranos-Jahrbuch 34, 1965 (erschienen 1967) 219–257 gedruckt ist.

Diesen Riesen erschlagen die Götter. Snorri Sturluson erzählt das in der jüngeren Edda[2]:

> Die Götter nahmen den Ymir, schafften ihn mitten in das Ginnungagap (die Fels-schlucht der Urzeit) und machten aus ihm die Erde, aus seinem Blute das Meer und die Seen, die Erde selbst wurde aus seinem Fleisch gemacht und die Berge aus den Knochen, Gestein und Geröll machten sie aus den Zähnen und Kiefern und solchen Knochen, die zerbrochen waren ... Aus dem Blute, das aus den Wunden rann, machten sie das Meer, mit dem sie die Erde umschlossen, und sie legten es im Ring um sie herum ... Sie nahmen auch seinen Schädel, machten daraus den Himmel und stellten ihn über der Erde auf mit seinen vier Enden, und unter jede Ecke stellten sie einen Zwerg, die heißen: Oster, Wester, Norder, Süder. Dann nahmen sie die sprü-henden Funken, die frei herumfuhren ..., und setzten sie mitten ins Ginnungagap (die große Schlucht) an den Himmel, oben und unten, um Himmel und Erde zu beleuchten. Sie wiesen allen Lichtern ihre Stätte an, den einen am Himmel, andere bewegten sich frei unterhalb des Himmels, und sie gaben ihnen ihre Stätte und bestimmten ihre Bahn... (Die Erde) ist kreisrund von außen, und außen herum liegt das tiefe Meer, und an dessen äußerem Strande wiesen sie den Geschlechtern der Riesen Land an zur Siedlung, drinnen aber auf der Erde legten sie einen Zaun um die Welt zum Schutz gegen die Riesen, und zu diesem Zaun verwendeten sie die Wimpern des Riesen Ymir und nannten die entstandene Burg Midgard. Sie nahmen auch sein Gehirn, warfen es in die Luft und machten daraus die Wolken (für schlechtes Wetter), so wie es im Gedichte heißt:

> Aus Ymirs Fleisch
> ward die Erde geschaffen,
> aus dem Blute das Brandungsmeer,
> das Gebirg aus den Knochen,
> die Bäume aus dem Haar,
> aus der Hirnschale der Himmel.
>
> Aus des Riesen Wimpern
> schufen Rater hold
> Midgard den Menschensöhnen,
> aus des Riesen Gehirn
> sind die rauhgesinnten
> Wolken alle gewirkt.

Dieses Uropfer ist wahrscheinlich im Fesselhain der Semnonen jährlich im Ritual wieder-holt worden; Tacitus berichtet im Kapitel 39 der Germania: „Zu festgesetzter Zeit kom-

---

2 Kap. 8 (Sammlung Thule 20, 55 f., übersetzt von Neckel). Dieser Text und das unten herangezo-gene babylonische Weltschöpfungsepos wurden sehr förderlich besprochen durch C. F. v. Weiz-säcker, Die Tragweite der Wissenschaft I (Stuttgart 1964) 130 f.

men Gesandtschaften aller Völker gleicher Abstammung in einem Wald zusammen, der durch feierliche Zeremonien der Väter und die altehrwürdige Scheu geheiligt ist; man opfert von Staats wegen einen Menschen und feiert schreckliche Weltanfänge barabarischer Sitte." Was im Munde des Christen Snorri eine gruselig-heitere Geschichte war, muß bei den Semnonen feierlich-schauerliche Wirklichkeit gewesen sein.

Nun hat es solche kosmogonischen Opfer nicht nur bei den Germanen gegeben; im Rigveda steht ein Hymnus, der zu einem entsprechenden Opferritual gehört; dort wird erzählt, daß der Urmensch Purusa von den Göttern geopfert wurde:

„Tausendköpfig ist der Purusa, tausendäugig, tausendfüßig. Er hält die Erde umschlungen... Purusa ist alles, was war und sein wird. Und er herrscht über die Unsterblichkeit... Ein Viertel von ihm sind alle Wesen, drei Viertel von ihm ist das Unsterbliche im Himmel...

Als die Götter den Purusa opferten, da war der Frühling das Opferschmalz, der Sommer das Brennholz, der Herbst die Opfergabe. Als Opfer weihten sie auf der Streu den zuerst geborenen Purusa. Ihn opferten die Götter ... Von diesem Allopfer wurde das gesprenkelte Schmalz gesammelt. Es bildete die Tiere der Luft und der Wildnis sowie die des Dorfes. Aus diesem Allopfer entstanden die Lieder und Melodien. Aus ihm entstanden die Verse, aus ihm entstand der Opferspruch. Aus ihm entstanden die Pferde und alles, was doppelte Zahnreihen hat, die Rinder entstanden aus ihm, aus ihm Ziegen und Schafe.

Als sie den Purusa zerlegten, wieviel Teile haben sie gemacht? Was wurde sein Mund, was seine Arme, was seine Schenkel, was seine Füße genannt? Der Brahmana war sein Mund, seine Arme wurden zum Krieger, seine Schenkel zu Vaisya, aus seinen Füßen ging der Sudra hervor (das heißt, aus ihm entstanden die vier Stände).

Der Mond entstand aus seinem Geiste, aus dem Auge entstand die Sonne, aus dem Mond Indra und Agni (der Feuergott), aus dem Hauch ging Vayu (der Windgott) hervor. Aus dem Nabel entstand der Luftraum, aus dem Haupt ward der Himmel, aus den Füßen die Erde, aus dem Ohr entstanden die Himmelsrichtungen; in dieser Weise bildeten sie die Welten."[3]

Derselbe Grundgedanke – die Erschaffung des Alls aus einem Opfer – findet sich auch in dem berühmten indischen Pferdeopfer, dem Aśvamedha. Kosmogonisches Opfer kann also Mensch, Gott oder Tier sein.

Dies gilt übrigens auch für den alten Iran; denn neben dem Stieropfer steht dort ein Menschenopfer: Nach dem Tod des Urmenschen Gayomard entstanden aus seinem Körper die sieben Metalle, aus seinem Samen das erste Menschenpaar.

Eine ähnliche Kosmogonie findet sich in dem babylonischen Weltschöpfungsepos, das auf Tontafeln erhalten ist. Dort besiegen die jüngeren Götter unter Marduk in einer großen

3 Rigveda X 90: Die Lieder des Rigveda, übersetzt von A. Hillebrandt (1913), 130 f. Gedichte des Rig-Veda, Auswahl und Übersetzung von H. Lommel (München 1955) 113–116.

Schlacht die älteren Götter. Die Urgöttin Tiamat wird durch den Sturmwind, einen Diener Marduks, getötet: Er fährt in ihren Mund, bläst sie auseinander und reißt sie in zwei Teile. Die anderen alten Götter und ihr Führer Kingu werden gefangengenommen. Aus dem Leichnam der Tiamat erschafft Marduk die Welt[4]:

> „Dann ruhte der Herr, ihren toten Körper zu betrachten, auf daß er das Ungeheuer zerteile und kunstvolle Werke schaffe. Er zerlegte sie in zwei Teile, wie eine Muschel. Eine Hälfte hob er hoch und wölbte sie als Himmel . . . er überquerte den Himmel und überblickte die Gefilde. . . Er baute Wohnungen für die großen Götter, ihre Sternen-Ebenbilder setzte er fest als Himmelszeichen (die Bilder des Zodiacus). Er bestimmte das Jahr durch Himmelszonen: drei Konstellationen für jeden der zwölf Monate (die Dekane). Nachdem er die Tage des Jahres festgesetzt hatte durch Himmelsbilder, errichtete er den Sitz des Nebiru (Jupiter). . . Zu beiden Seiten (des Zodiacus) schuf er die Wohnungen von Enlil und Ea (die nördliche und südliche Himmelshalbkugel). . . Im Bauch der Tiamat bildete er den Zenit. Er ließ den Mond erglänzen und übergab ihm die Nacht; er bestimmte ihn zu einem Wesen der Nacht, das die Tage bezeichnen sollte. (Er sprach zum Mond:)
> Unaufhörlich jeden Monat forme Zeichen wie eine Krone. Wenn du aufsteigst über das Land am Monatsanfang, sollst du leuchtende Hörner[5] haben, die sollen sechs Tage ankündigen und am siebenten Tag eine Krone erreichen. Bei Vollmond stehe der Sonne gegenüber in der Monatsmitte. Wenn die Sonne dich überholt am Horizont, so verkleinere deine Krone und vermindere das Licht; und zur Zeit deines Verschwindens nähere dich dem Lauf der Sonne."

Der Rest der Tontafel ist leider zerstört. Es muß erzählt worden sein, wie Marduk aus dem unteren Teil der Tiamat die Erde bildete.

Danach erschafft Marduk den Menschen. Der gefangene Führer der Truppen der Tiamat, Kingu, wird getötet und aus seinem Blut die Menschheit gebildet.

Man könnte viele Parallelen zu den vorgeführten Mythen und Riten sammeln. Ich erinnere nur daran, daß aus dem Fleisch des getöteten und zerstückelten Osiris das Fruchtland aller ägyptischen Gaue entstand.

Im Manichäismus findet sich eine sehr ähnliche Kosmogonie. Der Weltschöpfer – in der iranischen Überlieferung heißt er bisweilen Mithra – überwindet die Dämonen (die Archonten) und zieht ihnen die Haut ab. Er macht daraus den Himmel, aus ihren Knochen die Berge, aus ihrem Fleisch die Erde.[6]

---

4 Enuma Elish IV 135–V 22, nach (Pritchard-) Speiser, Ancient Near Eastern Texts Relating to the Old Testament, 67 f.; A. Heidel, The Babylonian Genesis 42–45; H. Schmökel bei W. Beyerlin, Religionsgeschichtliches Textbuch zum Alten Testament (Göttingen 1975) 108 f.
5 *Cornua Lunae*, s. S. 16, Anm. 25.
6 Vgl. Augustin, Contra Faustum Manichaeum XX 9 (p. 545/6 Zycha) *Spiritum Potentem* (eine der göttlichen Wesenheiten des Manichäismus) *de captivis corporibus gentis tenebrarum . . . victis atque subactis mundum fabricantem*. In der Abschwörungsformel bei A. Adam, Texte zum Mani-

Der Sinn des Opfers

Wir fragen nun nach dem Sinn dieser Mythen und Kulte. Dabei dürfen wir von vornherein nicht hoffen, eine völlig eindeutige Antwort zu erhalten. Es ist schwierig, in einer modernen, rationalisierten Sprache über die Gedanken der früheren Menschen zu sprechen. Solche Mythen und Kulte sind zwar sozusagen „Urgedanken" der Menschheit; aber sie sind noch nicht in klaren Worten ausgedrückt, sondern in Geschichten und kultischen Handlungen; diese sind vieldeutig wie Bilder und Symbole. Die Teilnehmer jener alten Zeremonien haben Empfindungen gehabt, die wir nun zu verdeutlichen versuchen, indem wir sie vergrößernd und vergröbernd mit unseren Worten beschreiben. Dabei wird es nötig sein, sich dem Phänomen von verschiedenen Seiten her zu nähern.

Die besprochenen Mythen leiten das Leben aller Geschöpfe ab aus einem Tod am Anfang der Zeiten. Das ist unlogisch, aber sinnvoll. Leben und Tod hängen zusammen; alles Leben entsteht aus dem Tod, alles Leben muß sterben. Ich zitiere nur zwei berühmte Stellen des Neuen Testament: „Was du säst, wird nicht lebendig, es sterbe denn" (1. Kor. 15,36), und: „Wenn das Getreidekorn nicht in die Erde fällt und stirbt, bleibt es allein; aber wenn es stirbt, bringt es reiche Frucht" (Joh. 12, 24).

Diese Bilder sind aus dem Ackerbau genommen und sind tröstlicher Art. Viel problematischer wird es beim Opfer eines Tieres.[7] Für die meisten Menschen ist Fleisch ein wichtiges, fast unentbehrliches Nahrungsmittel; um Fleisch zu essen, muß man vorher ein Tier schlachten. „Schlachten" und „opfern" werden in allen alten Sprachen durch dasselbe Wort bezeichnet. Wir können eigentlich niemals ein ganz gutes Gewissen haben, wenn wir Fleisch essen. Das Tier lebte wie wir: Haben wir ein Recht, sein Leben zu opfern, um das unsere zu erhöhen? Andererseits aber gibt es keine kräftigere Nahrung als Fleisch; es stärkt unser Leben wie nichts anderes. Dies Dilemma haben die Alten viel stärker empfunden als wir, weil sie die Opfertiere selbst schlachteten. In vielen Ritualen wird der Anschein erweckt, daß der Opferer eigentlich am Tod des Tieres unschuldig sei.

Auch im Mithrasmythos kommt ein ähnlicher Gedanke zum Ausdruck. Schon altindische Texte sagen, daß Mithras das Opfertier nicht aus eigenem Antrieb getötet hat.[8] Auf den römischen Reliefs sieht man, daß der Sonnengott durch den Raben Mithras das Zei-

---

chäismus S. 98 Zeile 40–43 muß der Abschwörende erklären, daß der Weltenschöpfer zu seinem Werk keine Materie habe benützen müssen, die es ja noch gar nicht gab, also auch nicht die Häute, Sehnen, Körper und den Schweiß der bösen Archonten: μὴ δεηθέντα ὕλης τῆς μηδέπω οὔσης, μήτε βυρσῶν καὶ νεύρων καὶ σωμάτων καὶ ἱδρώτων τῶν πονηρῶν ἀρχόντων, οὓς ὁ Μάνης ἀνέπλασεν. Vgl. auch den Bericht des Theodor bar Konai über das System des Mani, bei Adam, Texte S. 19 und bei Cumont, Recherches sur le manichéisme (1912) 25 f.

7 Zum Folgenden vgl. K. Meuli, Griechische Opferbräuche (Ges. Schr. II 907–1021) und W. Burkert, Homo necans (Berlin 1972; englische Übersetzung Berkeley 1983).

8 S. H. Lommel, Paideuma 3, 1949, 215 = Kl. Schr. 207 f.; Symbolon (Jahrbuch für Symbolforschung) 4, 1965, 159 f. = Kl. Schr. 423 f.; und bei Ad. E. Jensen, Das religiöse Weltbild einer frühen Kultur (²Stuttgart 1949) 90 = Die getötete Gottheit (Stuttgart 1966) 99. Vgl. oben S. 16.

chen gegeben hat, den Stier zu opfern. Indem Mithras das Messer in das Tier sticht, wendet er sein Antlitz schmerzerfüllt ab; s. z. B. den „schönen Kopf" des Gottes aus S. Prisca (Abb. 56 = V 479) und den als Intarsio gearbeiteten Kopf aus demselben Mithraeum (Abb. 63 = V 494). „Im Geheimen beweint der Gott die Entstehung (des Lebens)", sagt Prophyrios.[9]

Wenn das Tier geschlachtet ist, wird das Fleisch gegessen, beim feierlichen Mahl des Mithras und des Sonnengottes. Diese Mahlzeit ist sehr oft in den Mithraeen dargestellt; vgl. zum Beispiel die mittlere Szene im unteren Register des Reliefs von Tavalicavo (Abb. 161 =V 2244). Auch die niedereren Grade nehmen an der Mahlzeit teil, oft als Ministranten, z. B. auf dem Teller in Trier (Abb. 93 = V 988). Dieses gemeinsame Mahl des Mithras und des Sonnengottes wird in den Kultmahlen der Mithrasmysterien wiederholt. Das Essen vom Fleisch des geopferten Tieres hat den Charakter einer Kommunion. Der Teilnehmer am Mahl wird gleichsam göttlicher Kraft teilhaftig.

Wir brechen hier ab und erörtern eine zweite, allgemeine Bedeutung der Opferzeremonie. Die einzelnen Teile des Opfertiers werden in Beziehung gesetzt zu den Tieren und Pflanzen und den Teilen der Welt. Diese Gedankenverbindung ist uns vertraut durch die Überlegungen über den Zusammenhang von Mikrokosmos und Makrokosmos. Der Mensch ist im Kleinen eine ganze Welt; daher kann man im einzelnen Menschen auch die ganze Welt erkennen. Wie im Menschen alles zusammenhängt, so auch im Weltall: Berge und Täler, Fruchtland und Wüste, Flüsse und Meer, Städte und Dörfer bilden eine sinnvolle Einheit. Man kann sie freilich nicht mit einem Blick übersehen, wie bei einem Menschen oder einem Stier; aber wenn man nachdenkt, wird man den Zusammenhang vieler Einzelheiten erkennen und kann getrost schließen, daß auch das Ganze sinnvoll zusammenhängt.

Wenn also die ganze Welt aus einem Wesen geschaffen ist – für diese Betrachtungsweise ist es gleichgültig, ob aus einem Menschen oder einem Tier –, so bedeutet dies: Sie ist ein Ganzes, wie jenes Urwesen ein Ganzes war; man kann darauf vertrauen, daß dieses Ganze sinnvoll ist, und kann sich zuversichtlich als ein kleiner Teil desselben fühlen.

Das Urwesen wurde zerstückelt; natürlich, denn ein harmonisches Ganzes besteht aus Teilen. Die Teile existieren einerseits für sich; und andererseits gehören sie doch auch wieder zusammen.

Dies ist also eine harmonisierende Gedankenfolge. Unlösbar ist zwar das Problem von Leben und Tod und von der Schuld, welche darin besteht, daß wir auf Kosten anderer leben; aber der Zusammenhang der Teile und des Ganzen ist sicher, und eine tröstliche Lösung des einen Problems schließt Hoffnung für jenes andere in sich: das Tier, dessen Fleisch ich esse, ist ebenso ein Teil des Weltganzen wie auch ich, und vielleicht darf ich mich dabei beruhigen.

Zweifellos hat das kosmogonische Opfer noch viel mehr Aspekte, als wir hier erörtert

---

9 Porphyrios, De antro nympharum 18 (p. 69,16 N. = 20,6 W.) ὁ τὴν γένεσιν λεληθότως δακρύων (die Handschriften haben ἀκούων). Der Gott weint darüber, daß aus dem Stieropfer das Leben entsteht.

haben. Aber vielleicht genügt dies wenige schon, um zu zeigen, daß die blutigen Einzelheiten jener Mythen und Riten doch in ihrer Weise Antworten waren auf sehr ernste Fragen, denen sich der Mensch gegenübersieht. Die Alten waren einfach und gleichzeitig tiefsinnig.

Nur mit einem Wort sei daran erinnert, daß in Griechenland aus einem Opferritual – dem Bocksopfer – die Tragödie entstanden ist. Freilich berichtet die Tragödie nicht mehr von der Entstehung der Welt. Aber der Gesichtspunkt hat sich nur wenig verschoben: Es handelt sich um Sinn und Sinnlosigkeit des Lebens, um Schuld und Sühne, Tod und Fortbestehen, kurz gesagt um das „Tragische"; damit sind wir im Grunde noch immer bei demselben Thema, mit dem wir in jenen schaurigen Urmythen konfrontiert wurden. Der etymologische Zusammenhang der „Tragödie" mit dem Bock (τράγος), der geopfert wurde, ist kein Zufall.

Das Stieropfer als Kosmogonie

Wir kehren zu Mithras zurück. Das Opfer des Mithrasstiers bedeutete und wiederholte die Entstehung der Welt. Dies scheint bei den Persern auch für andere Opfer gegolten zu haben; jedenfalls erzählt Herodot (I 132), daß „bei jedem Opfer ein Magier ein Zauberlied singt, welches die Perser ‚Theogonie' nennen". Theogonie bedeutet für die Griechen ein Lied von der Entstehung der Welt und der Götter.

Indem der Gott den Stier opferte, erschuf er die Welt. So nennt Porphyrios den Mithras „Schöpfer und Vater des Alls"[10] und sagt, daß der Gott „die Welt geschaffen hat".[11] Das Stieropfer war eine Heilstat; in der Inschrift des Mithraeums unter S. Prisca heißt es:

> Et nos servasti (a)eternali sanguine fuso,
>
> „Auch uns hast du gerettet, indem du das ewige Blut vergossest".[12]

Wir wollen uns nun die Darstellung des Stieropfers in den Einzelheiten näher ansehen.

Die Entstehung des Himmels

Der Mantel des Mithras ist immer weit nach hinten aufgebauscht. Mehrfach sieht man auf dem Mantel sieben Sterne, also die sieben Planeten.[13] Es ist ein Sternenmantel. Wenige

---

10 De antro nympharum 6 (p. 60,7 N. = 8,17 W.) τοῦ πάντων ποιητοῦ καὶ πατρὸς Μίθρου.

11 De antro 6 (p. 60,9 N. = 8,18 W.) τοῦ κόσμου, ὃν ὁ Μίθρας ἐδημιούργησε. Wieder in Kap. 24 (p. 73,4–6 N. = 24,10–12 W.) über Mithras: ἐποχεῖται δὲ ταύρῳ Ἀφροδίτης, ὡς καὶ {ὁ ταῦρος} δημιουργὸς ὢν {ὁ Μίθρας} καὶ γενέσεως δεσπότης.

12 V 485, besser bei Vermaseren-van Essen, S. Prisca S. 217. Vgl. oben S. 145.

13 V 245, V 310, Abb. 41 = V 321 (alle aus Ostia); Abb. 52 = V 390 (Rom, Mithraeum Barberini). Sterne im Feld z. B. in Abb. 50 = V 368 (Rom) und Abb. 143 = V 1727 (Brigetio). Auf dem Fresco in Marino erglänzen auf dem Mantel zahllose Sterne, darunter sieben große (die Planeten); s. Vermaseren, Mithriaca III Tafel IV.

farbige Fresken sind erhalten; auf ihnen ist der Mantel entweder himmelblau, so in Capua (Abb. 25 = V 181) und in Marino[14], oder feurigrot, wie im Mithraeum Barberini (Abb. 52 = V 390), was ebenfalls den Himmel (das Empyreum) bedeutet. Wir werden sagen: Aus dem Mantel des Mithras entstand der Himmel. Diese Deutung wird zur vollen Sicherheit gebracht durch einige Darstellungen, auf denen der Mantel sich zu einer Kugel ballt, zum Beispiel auf den Reliefs von Neuenheim (Abb. 116 = V 1283), Osterburken (Abb. 112 = V 1292) und Fellbach (Abb. 109 = V 1306).[15]

Mithras hat den Stier in einer Grotte geopfert. Auch die Grotte bedeutet den Himmel, wie Porphyrios sagt (De antro 6). Entsprechend schmiegt sich der Sternenmantel des Mithras oft der Wölbung der Grotte an, zum Beispiel auf der Bronzeplatte von Brigetio (Abb. 143 = V 1727). Aus dem Mantel wurde der gewölbte Himmel.

Über dem Halbkreis der Grotte, der oft wie ein Triumphbogen aussieht, findet sich häufig die Reihe der zwölf Sternbilder des Tierkreises *(Zodiacus)*.[16] Man hat daraus meist geschlossen, daß die Astrologie in den Mithrasmysterien eine große Rolle spielte. Aber dies ist falsch. Die Zodiacalbilder stellen hier nur die Rundung des Himmels dar, welche sich in der mythischen Urzeit bildete, als Mithras den Stier opferte. Wir werden bald ausführlich über die beiden Kreise am Himmel sprechen, den Äquator und den Zodiacus. Hier sei nur, damit man den Gedanken an Astrologie gänzlich beiseite lasse, dies gesagt: Wenn die Mithrasmysterien stoisch gewesen wären und mit einer unabänderlichen Folge von Ursache und Wirkung gerechnet hätten, dann wäre in ihrer Lehre Platz für die Astrologie gewesen; aber die Mysterien waren vielmehr platonisch; man rechnete also damit, daß der Mensch seine Entscheidungen selbst traf; und hiermit läßt sich der Gedanke an Astrologie niemals vereinen.

Schon das deutsche Wort „Tierkreis" erweckt ganz falsche Assoziationen und ist genau besehen eine Fehlübersetzung des griechisch-lateinischen Wortes *Zodiacus*. Das antike Wort ist abgeleitet von *zodion* „beseeltes Wesen"; und beseelte Wesen sind nicht nur die Tiere, sondern auch die Menschen und nach antiker Auffassung auch die Sterne, so daß das Wort *zodion* oft geradezu mit „Stern" übersetzt werden muß.[17] Als man im 4. Jahrhundert v. Chr. erkannte, daß die Planeten auf regelmäßigen Bahnen liefen, stellte man die Hypothese auf, sie täten dies in vollem Bewußtsein, seien also beseelte Wesen. Der Weg der Planeten ist auf einen relativ schmalen Streifen des Himmels beschränkt, auf welchem sich alle Planeten bewegen. Diesen Kreis am Himmel merkte man sich, indem man ihn in zwölf Teile teilte und jeden Teil durch eine der dahinter am Fixsternhimmel stehenden Konstellationen markierte. Das Wort *zodiacus cyclus* bezeichnet also den „Kreis für die

---

14 Vermaseren, Mithriaca III, Tafeln III und IV.

15 Vgl. noch V 966 (Saarburg), 1118 (Heddernheim), 1359 (Königshoffen), V 1818 (Székesfehérvár) und V 1910 (Raetinium; sehr deutlich).

16 Zum Beispiel Abb. 52 = V 390 (Mithraeum Barberini), Abb. 101 = V 1083 (Heddernheim).

17 Vgl. J. Stenzel, Kleine Schriften zur griechischen Philosophie (1956) 1–31 („Über zwei Begriffe der platonischen Mystik: ζῷον und κίνησις"). ζῳδίον ist das Diminutivum zu ζῷον.

beseelten Wesen" (die Planeten); die Bedeutung wurde dann auch auf die zwölf Konstellationen übertragen, welche den Weg bezeichneten. Mit Tieren – wie das deutsche Wort suggeriert – hat dies nur insofern zu tun, als einige der zwölf Konstellationen nach Tieren benannt sind (*Aries* Widder, *Taurus* Stier usw.); aber sind die Zwillinge oder die Jungfrau Tiere? Ich gebrauche also nur den lateinischen Ausdruck *Zodiacus*.

Der Zodiacus auf den Mithrasmonumenten bedeutet also: Als der Gott den Stier opferte, entstand der Himmel, und mit ihm entstand jene Bahn, auf welcher Sonne, Mond und die Planeten um die Erde laufen. Derselbe Gedanke ist noch klarer ausgedrückt auf einigen Reliefs, in welchen Mithras und der Stier vom vollen Kreis des Zodiacus umgeben sind.[18] Auf diesen Reliefs ist die Höhle gar nicht dargestellt, – denn die Mithrashöhle ist identisch mit dem steinernen Himmel.

Mithras die Sonne

Mithras selbst ist die Sonne, der „Erzeuger des Lichts" (*genitor luminis V 1676*). Dies sagen die antiken Gewährsmänner und die Inschriften. Der moderne Betrachter sieht hier freilich eine Schwierigkeit: Neben Mithras steht der Sonnengott als eigene Person, wie kann da auch Mithras die Sonne sein? Außerdem ist Mithras der Planet Saturn. Aber man darf sich an diesen Pleonasmen der mythisch anschaulichen Darstellung nicht stören; die Gleichstellung von Mithras und Sol ist vielfach und sicher bezeugt. Mehrere Monumente[19] lassen Sonnenstrahlen vom Kopf des Mithras ausgehen. Daß drei göttliche Wesen als verschiedene Personen auftreten und doch auch wieder eines sein können, ist uns geläufig; warum soll dies nicht auch für zwei gelten? Überhaupt darf man sich an einer gewissen Unlogik der Mythen und Riten nicht stoßen. Man könnte einen Widerspruch konstatieren: „Mithras hat den Stier in einer Höhle geopfert; er ist vorher aus dem Fels geboren und hat schon andere Abenteuer bestanden, folglich hat es die Erde schon gegeben. Aber dennoch soll das All erst beim Stieropfer entstanden sein?" Eine solche Überlegung wäre schon an sich nicht sehr sinnvoll. Bei Mythen, die – wenigstens ursprünglich – auch anschaulich im Ritual dargestellt wurden, ist es sinnlos so zu fragen. Wenn man beim Stieropfer die Kosmogonie wiederholte, so war dennoch die Erde, auf der man stand, faktisch immer schon vorher da.

Mithras also war (oder wurde) die Sonne; und der Stier wurde, so fahren wir nun fort, der Mond.

Stier, Mond und Hauma

Die Sichel des Halbmondes hat man immer als „Hörner des Mondes" (*cornua lunae*) bezeichnet; Luna fährt meist auf einem von Stieren gezogenen Wagen; und man könnte

18 Abb. 81 = V 810 (London), V 1161 (Stockstadt), Abb. 119 = V 1271 (Dieburg), V 1472 (Siscia), V 1815 (Sárkeszi).
19 V 690 (Macerata) und 692 (Pisignano).

viele Belege anführen für den Zusammenhang von Stier (oder Rind) und Mond.[20] Das persische Buch „Die Schöpfung" (Bundahishn) sagt, daß der Same des Stiers dem Mond übergeben und in dessen Licht gereinigt wurde.[21]

Wie auf den Reliefs links von Mithras meist der Sonnengott abgebildet wird, so rechts vom Stier meist Luna. Auf vielen Reliefs blickt die Göttin schmerzlich weg; sie will den Tod ihres geliebten Tieres nicht sehen.[22] Ferner liegt häufig in einer Nebenszene der Stier in einem kleinen Boot;[23] das Boot ist der Mond. Die Seele des Stiers ist an den Himmel versetzt. Auf dem Relief von Tavalicavo (Abb. 161 = V 2244) sieht man unmittelbar über dem Kopf des sterbenden Stiers den Stier am Himmel, in der Mondsichel. Porphyrios sagt: „Der Stier ist Luna, und (umgekehrt) erhält Luna ihre größte Kraft, wenn sie im Zeichen des Stieres steht".[24]

Der Stier ist auf den Fresken immer weiß. Dies entspricht sowohl Texten über den Mithrasstier im altindischen Veda als auch der persischen Überlieferung; dort ist der Stier „weiß und glänzend wie der Mond".[25]

Ferner ist der Stier auf vielen Denkmälern so dargestellt, daß er einer breiten Mondsichel ähnlich ist. Mithras faßt das Tier in den Nüstern und zieht den Kopf so hoch, daß vom Kinn über Hals und Bauch ein Halbkreis entsteht, z. B. auf dem Fresco im Mithrae-

---

20 Vgl. Nonnos, Dionys. XXIII 309 ταυροφυὴς κερόεσσα βοῶν ἐλάτειρα Σελήνη. Bei Lukian, Philopseudes 14 wird erzählt, Selene habe sich in eine Kuh verwandelt: βοῦς ἐγένετο πάγκαλος. Vgl. M. L. König, Unsere Vergangenheit ist älter, Höhlenkult Alteuropas (Frankfurt 1980) passim.

21 Zand-Akasih, Iranian or Greater Bundahišn, Transliteration and translation by B. T. Anklesaria (Bombay 1956) S. 81 (Kap. 6 E, 2 f.). Vgl. oben S. 17 und 114/5.

22 Abb. 23 = V 164 (wohl Rom), V 174 (Pausilypum), V 357 (Rom), Abb. 54 = V 435 (Rom), V 546 (Rom), Abb. 73 = V 650 (Nersae), V 726 (San Zeno), V 736 (Aquileia), V 1423 (Tulln bei Wien), V 1446 (St. Veit bei Graz), V 1472 (Siscia), Abb. 162 = V 2237 (Civitas Montanensium), in Marino (Vermaseren, Mithriaca III, Tafel III), auf dem Fragment des Reliefs, welches unter S. Stefano Rotondo gefunden wurde (E. Lissi Caronna bei U. Bianchi, Mysteria Mithrae S. 213 fig. 1). Auf dem Relief von Fiano Romano (Abb. 70 = V 641) sitzen Mithras und der Sonnengott beim Mahl über dem Leib des Stiers; Luna in der linken oberen Ecke blickt weg.

23 Abb. 130 = V 1128 (Heddernheim), V 1422 (Enns), Abb. 134 = V 1475 (Siscia), Abb. 144 = V 1740 (Alcsút), Abb. 149 = V 1920 und V 1926 (Potaissa), Abb. 150 = V 1935, Abb. 152 = V 1958, Abb. 153 = V 1972, V 1975 und Abb. 154 = V 2000 (alle aus Apulum), V 2036/7, 2051, 2111 (Sarmizegetusa), V 2202 (Biljanovac), 2214 (Janjevo), 2272 (Sexantaprista), 2291/2 (Acbunar), 2315 (Scythia Minor), Abb. 164 = V 2338 (Kurtovo).
Auf dem Relief aus Dura-Europos (Abb. 15 = V 40) ist über dem Stieropfer der Zodiacus abgebildet; über dem Zodiacalbild des Stieres befindet sich ein kleiner Halbmond.

24 Porphyrios, De antro nympharum 18 p. 69,13 N. = p. 20,3 W. ταῦρος μὲν σελήνη, καὶ ὕψωμα σελήνης ὁ ταῦρος. Das Wort ὕψωμα bezeichnet dasjenige Zeichen des Zodiacus, in welchem der Planet seine stärkste Wirkung entfaltet; s. Bouché-Leclercq, L'astrologie grecque (1899) 192 f.

25 Bundahishn, Kap. 1,26 bei Reitzenstein-Schaeder, Studien zum antiken Synkretismus (1926) 214; R. C. Zaehner, Zurvan, A Zoroastrian Dilemma (Oxford 1955) 319; The Teachings of the Magi 40; Widengren, Iranische Geisteswelt (Baden-Baden 1961) 69.

um Barberini (Abb. 52 = V 390). Die Vorderbeine muß man sich freilich meist wegden-ken; manchmal sind sie auch so angezogen, daß sie fast in den Halbkreis passen. Der Eindruck der Rundung war am Bauch leicht zu erreichen. Am Hals ist oft eine herabhän-gende Halsfalte des Tieres so geführt, daß vom Kinn an eine durchgehende runde Linie entsteht, z. B. in der Gruppe aus Rom (Abb. 67 = V 593). Der Rücken des Tieres ist oft durchgedrückt, so daß er der inneren Rundung einer breiten Mondsichel ähnlich wurde, z. B. auf dem Relief aus Dormagen (Abb. 95 = V 1012). Auch die Hinterbeine sind meist wegzudenken. Sehr oft tritt Mithras mit seinem rechten Fuß auf den rechten Hinterfuß des Stiers und verdeckt damit gleichzeitig mit seinem Bein das Bein des Stiers, z. B. auf den Reliefs aus Rom Abb. 54 und 67 (V 435 und 593). Auf dem Relief Abb. 23 (= V 164) erhält man eine vollständige Mondsichel, wenn man von der Bauchrundung des Tieres die Linie zum Schwanz verlängert; der Schwanz biegt dann nach oben um, und die Mondlinie verlängert sich über den unteren Rand des Mantels, den der Gott trägt, zum Beginn der Rückenrundung des Stiers.

Um die Ähnlichkeit des Stiers mit der Mondsichel anzudeuten, nahm man in vielen Reliefs anatomische Entstellungen in Kauf; vgl. zum Beispiel die Reliefs von Neuenheim (Abb. 116 = V 1283), Micia (Abb. 155 = V 2025) und Tavalicavo (Abb. 161 = V 2244). Man darf also sagen: Als Mithras den Stier opferte, verwandelte sich dieser in den Mond.

Daß der Stier der Mond ist, sagt der gelehrte Lactantius Placidus im Kommentar zu jenen Versen in der Thebais des Statius (I 717), die wir oben besprochen haben. Sie stehen in einer Anrufung des Sonnengottes, der als Mithras die Hörner des Stiers bändigt *(tor-quentem cornua Mithram)*; dazu erklärt der Kommentator:

> (Mithras) faßt mit beiden Händen die Hörner des Stiers. Diese Interpretation bezieht sich auf Luna ... Mit diesen Worten hat (der Dichter) die Mysterien des Sonnengottes kundgemacht. Denn der Sonnengott sitzt auf dem Stier und faßt ihn an den Hörnern und lehrt Luna mit seiner Kraft, daß jene schwächer und niedriger ist. (*... utrisque manibus bovis cornua comprimens. quae interpretatio ad Lunam dicitur ... his autem versibus sacrorum Solis mysteria patefecit. Sol enim Lunam minorem potentia sua et humiliorem docens taurum insidens cornibus torquet*).

Im Übrigen hängt der Tod des Mithrasstiers mit dem Mond auch insofern zusammen, als der Mond seit ältesten Zeiten das Symbol für Tod und Wiederbelebung ist. Zur Zeit des Neumondes ist der Mond gestorben, auf drei Tage; dann erscheint wieder die kleine Sichel des aufgehenden Mondes am Himmel. „Der Mond ist der erste Gestorbene".[26]

Auf einigen Reliefs vergießt der sterbende Stier seinen Samen.[27] Dasselbe muß man für

---

26 So der Völkerkundler E. Seler, zitiert von M. Eliade, Traité d'histoire des religions (1953) S. 155 (§ 54) = Die Religionen und das Heilige (Darmstadt 1966) 200.

27 Vgl. Abb. 66 = V 548 (Rom; mit der Anmerkung von Cumont, Textes et monuments II 209); Abb. 69 = V 598 (Rom); Abb. 127 = V 1149 (Groß-Krotzenburg); Relief aus Rom, abgebildet bei Vermaseren, Mithriaca III Tafel XXIV.

sämtliche Darstellungen des Stieropfers annehmen, da oft unter dem Stier ein Mischkrug (Kratér) steht, in welchem der Same aufgefangen wird.

Hier ist es nötig, auf altpersische, ja indoiranische Vorstellungen zurückzugreifen, die H. Lommel verständlich gemacht hat. Ich skizziere sie, indem ich mich eng an Formulierungen von Lommel anlehne.[28]

Die Inder verehrten einen Gott Soma, die Iranier eine Gottheit Hauma (geschrieben Haoma; später Hōm), die von sehr anderer Art ist als europäische Gottesvorstellungen.

Hauma ist jede lebenspendende Flüssigkeit. Er ist der heilige Opfertrank und die Pflanze, aus der er erpreßt wird, ein Trank der Lebenserneuerung. Hauma ist der Regen, der alles grünen läßt, durch den die Pflanzen wachsen. Wasser und Pflanzen ernähren das Vieh und die Menschen; indem sie Hauma in sich aufnehmen, leben sie.

Hauma wird im Stier und im Mann zum Samen, in der Kuh und im Weib zu Milch; er ist Zeugungskraft und Nahrung. Aus dem Samen entsteht das neue Leben, die Milch nährt die Nachkommen. Nach altem Volksglauben kommt der Regen aus dem Mond und tränkt die Pflanzen. Hauma ist der Mond; und der Mond ist ein Stier. Alles von der Erde scheidende Leben sammelt sich im Mond, solange er zunimmt. Wenn er abnimmt, kommt im Regen alles Leben wieder zur Erde zurück. So ist Hauma-Mond Aufenthaltsort der Verstorbenen und Entstehungsort neuen Lebens.[29] Damit es neues Leben auf Erden gibt, muß der Mond abnehmen, der Stier muß getötet werden. Zum Heil der Welt, zur Lebenserneuerung auf Erden muß Mithras den Hauma-Stier opfern. In seiner Gestalt als Stier wird Hauma getötet; aus seiner Erscheinungsform als Mond entspringt neues Leben.

Zarathustra hatte das Stieropfer und den Hauma-Kult leidenschaftlich bekämpft. Aber nach seinem Tod haben seine Religion und der alte iranische Polytheismus sich gegenseitig durchdrungen, so daß eine Mischreligion entstanden ist, der jüngere Zoroastrismus. In dieser Religion hatte der Hauma-Kult seinen Platz.[30]

Die persischen Texte sagen, daß der sterbende Stier (und der sterbende Urmensch Gay-

---

28 Wörter und Sachen 19, 1938, 251 ff.; Paideuma 3, 1949, 207–218 = Kl. Schr. 199–210; Paideuma 5, 1950/4, 164 = Kl. Schr. 289; Numen 2, 1955, 196–205 = Kl. Schr. 314–323; Symbolon (Jahrbuch für Symbolforschung) 4, 1965, 159 ff. = Kl. Schr. 413 ff. Vgl. auch M. Boyce, A History of Zoroastrianism I 156–162.

29 Die Vorstellungen finden sich noch in der Lehre des Mani. Das Mondschiff heißt im 7. Buch des ‚Thesaurus vitae‘: *Navis vitalium aquarum*, was man fast paraphrasieren könnte als „Schiff des Hauma" (bei Augustin, De natura boni 44, p. 883 Zycha). Ephraim der Syrer berichtet über die Lehre des Mani: „Der Mond empfängt das Licht, das ausgeläutert ist, zieht es fünfzehn Tage lang hinauf und leert es dann in weiteren fünfzehn Tagen wieder aus" (Adam, Texte zum Manichäismus [2. Auflage 1969] 116 nach C. W. Mitchell, S. Ephraim's Prose Refutations of Mani, Marcion and Bardaisan I [London 1912] p. XXXVI). Alexander von Lykopolis berichtet: ἐν . . . ταῖς αὐξήσεσιν τὴν σελήνην λαμβάνειν τὴν ἀποχωριζομένην δύναμιν ἀπὸ τῆς ὕλης καὶ πλήρη γίνεσθαι ταύτης τὸν χρόνον τοῦτον (Contra Manichaei opiniones disputatio ed. Brinkmann [1895] p. 6,25–7,2; Adam, Texte zum Manichäismus p. 56).

30 Altpersische Hymnen auf Hauma (Hōm): Yäšt 20 und Yasna 9–11 (Lommel, Die Yäšt's des Awesta S. 186–195). Nach dem Mithra-Yäšt hat Mithra als erster das Hauma-Opfer dargebracht (§ 88–90; Lommel, Die Yäšt's S. 77).

omard) seinen Samen vergießt. Aus seinem Samen entsteht das erste Rinderpaar, von dem alle Tiere abstammen.[31]

Soweit die altiranischen Vorstellungen. Lommel hat daraus den notwendigen Schluß gezogen, daß nicht nur der Same des Stiers, sondern der Stier selbst Hauma gewesen ist, eine Verkörperung des lebendigen Prinzips.

In den römischen Mithrasmysterien hat man kaum noch von Hauma (Hom) gesprochen; der griechisch-römische Trank der Unsterblichkeit war der Wein, und so überreicht auf der Rückseite des Reliefs von Heddernheim (Abb. 103 = V 1083) der Sonnengott dem Mithras eine große Traube. Aber der allgemeine Sinn des Mythos kann schwerlich verschieden gewesen sein. Allein die Gleichsetzung von Stier und Mond genügt, dies zu beweisen. „Luna ist Vorsteherin alles Entstehens", sagt Porphyrios.[32] Eine ausführliche Darstellung der Bedeutung des Mondes für Werden und Vergehen gibt Plutarch am Ende der Schrift über das Gesicht in der Mondscheibe.[33] Der Sinn dieser Vorstellungen ist im übrigen jedem klar, der den Himmel regelmäßig betrachtet.

Auf einem Relief aus Rom (Abb. 69 = V 598) liegt die Göttin Tellus unter dem Stier, und zwar an derselben Stelle, wo sonst der Mischkrug (Kratér) steht, der den Samen des Tieres auffängt:[34] Tellus empfängt das Sperma (Hauma) des Mondstieres. Die gleiche

---

31 Zand-Akasih, Iranian or Greater Bundahišn, Transliteration and Translation by B. T. Anklesaria (Bombay 1956) S. 119 (Kap. XIII 4).

32 De antro nympharum 18 (p. 69,12 Nauck = 20,2 Westerink). Daß alle Feuchtigkeit und alles Leben vom Monde komme, sagen viele antike Autoren. Ich entnehme dem reichen Aufsatz von H. Rahner, Zeitschrift für katholische Theologie 63, 1939, 311–349 und 428–442; 64, 1940, 60–80 und 121–131 = Symbole der Kirche (1964) 91–173 die folgenden Belege:
Vergil, Georgica III 337 *roscida Luna.* – Statius, Thebais I 338 *(Titanis = Luna) rorifera.* Macrobius, Saturnalia VII 16,31 *cum Luna plena est ... aer aut in pluviam solvitur aut si sudus sit multum de se roris emittit.*
Plutarch, De Iside 41 (p. 367 D = 41,10–12 Sieveking) τὴν μὲν γὰρ σελήνην γόνιμον τὸ φῶς καὶ ὑγροποιὸν ἔχουσαν εὐμενῆ καὶ γοναῖς ζῴων καὶ φυτῶν εἶναι βλαστήσεσιν. Quaestiones convivales III 10,3 (p. 658 F = 114,25 Hubert) ἡ ... ὑγρότης ὑπὸ τῆς σελήνης διαχεομένη, (p. 659 B = 115,19 Hubert) δροσοβολεῖ γὰρ (sc. ὁ ἀὴρ) ταῖς πανσελήνοις μάλιστα διατηκόμενος. Lydus, De mensibus IV 80 (p. 133,8 Wünsch) ἀρχὴ γενέσεως σελήνη. Nonnos, Dion. 40,376 (und 44,221) δροσόεσσα Σελήνη.
Sehr charakteristisch noch Ambrosius, Hexaemeron (Corp. script. eccles. Lat. 32) IV 8,32 (p. 137,19) *minuitur Luna ut elementa repleat;* Maximus von Turin, Homil. 101 *exinanivit se lumine, ut universa recreet humore et imbre* (Migne, Patrol. Lat. 57, 487 C).
Vgl. auch H. Rahner, Griechische Mythen in christlicher Deutung (Zürich 1945) 200–224.
Die Vorstellungen der Alten von der Rolle des Mondes sind von mehreren modernen Autoren in lehrreicher Weise dargestellt worden. Ich nenne: K. Reinhardt, Kosmos und Sympathie (München 1926) 308–353; F. Cumont, Recherches sur le symbolisme funéraire des Romains (Paris 1942) 177–203; M. L. West, Early Greek Philosophy and the Orient (Oxford 1971) 24; 62/4; 66/8; Cl. Préaux, La lune dans la pensée grecque (Bruxelles 1973) 142–151.

33 Kap. 28–31 (p. 942 F–945; Teubner-Edition Bd. V fasc. 3, p. 82–89).

34 Z. B. in Heddernheim (Abb. 101 = V 1083), Groß-Krotzenburg (Abb. 127 = V 1149), Osterburken (Abb. 112 = V 1292).

Bedeutung hat es, wenn auf einem Relief aus Damascus (Abb. 22 = V 88) die Schlange – das Tier der Erde – und auf einem Relief aus Rom (Abb. 44 = V 335) der Skorpion den Samen des Stiers aus dessen männlichem Glied trinkt.

Die vier Elemente

Damals sind auch die vier Elemente entstanden. Wir haben gesehen, daß die Mystengrade gleichzeitig die Elemente darstellten, Rabe und Heliodromus die Luft, Schlange *(nymphus)* die Erde, „Perser" das Wasser, Löwe (bzw. Hund) das Feuer. Schon die Perser haben die Elemente verehrt; Anahita ist Göttin des Wassers, Atar Gott des Feuers, Vayu Gott des Windes.

Bäume und Pflanzen

Neben und hinter dem Stier stehen nicht selten Bäume, zum Beispiel auf dem Relief von Neuenheim (Abb. 116 = V 1283). Dies spielt an auf die Entstehung der Pflanzen beim Tod des Stiers. Möglicherweise darf man, wie schon Cumont vermutet hat, noch präziser deuten. In den persischen Büchern wird nämlich mehrfach ein Wunderbaum erwähnt, von dem die Samen aller Bäume stammen.[35] Dieser Allsamenbaum ist wieder Hauma. Er könnte hier abgebildet sein.

Auf den Reliefs der Römerzeit verwandelt sich der Schwanz des Stieres in Getreideähren. Auch dies geht auf iranische Traditionen zurück; nach dem Bundahishn wachsen aus den Gliedern des geopferten Stieres 55 Kornsorten.[36]

Die Winde und die Himmelsrichtungen

Auf mehreren Reliefs finden wir in den Ecken Büsten der Windgötter. So sieht man in Heddernheim (Abb. 101 = V 1083) links und rechts als zweiten Kopf oben und unten die Windgötter. Auf den Darstellungen von Modena (Abb. 74 = V 695) und Trier (Abb. 90 = V 985) befinden sich die Winde in den Ecken neben dem Oval beziehungsweise dem Kreis. Zwei Windgötter sieht man in den oberen Ecken des Reliefs von Neuenheim (Abb. 116 = V 1283) und in den unteren Ecken des Londoner Reliefs (Abb. 81 = V 810).[37]

Die vier Windgötter symbolisieren gleichzeitig die Himmelsrichtungen. Wenn Porphy-

---

35 Zand-Akasih, Iranian or Greater Bundahišn S. 79 (Kap. VI D, 5 f.) und 147 (Kap. XVI 4).
36 Iranian or Greater Bundahišn S. 81 (Kap. VI E) und 117 (Kap. XIII) und 147 (Kap. XVI 3).
37 Vgl. noch die Reliefs von Saarburg (V 966), Stockstadt (1216 und 1225), Basel-Augst (1388) und Carnuntum (1685).

rios in der Schrift von der Nymphengrotte sagt, daß die erste, von Zoroaster in Persien ausgestattete Mithrashöhle „Symbole der kosmischen Elemente (= der Planeten) und der Himmelsgegenden" enthielt,[38] so sind damit die Windgötter gemeint. An einer späteren Stelle spricht er nochmals von den Winden und gebraucht *Boreas* und *Notos* als Synonyme für Norden und Süden; er kommt dann überraschenderweise auf die Seelenwanderung zu sprechen und weist den Winden dabei eine Rolle zu, was in der griechischen Sprache insofern nicht fernliegt, als das Wort für Seele, *Psyche*, den Sinn von ‚Atem, Hauch' hat: „Zu den Seelen, die ins Werden (ins Leben) gehen und sich vom Leben trennen, haben sie (die Mithrasverehrer) in angemessener Weise die Winde gestellt, weil auch die Seelen (der Atem) Luft an sich ziehen und von entsprechendem Wesen sind."[39]

Die Verehrung der Winde geht also nach Porphyrios auf persische Ursprünge zurück, und dies ist zutreffend. Im Avesta begleitet den Mithra „der starke, selbstgeschaffene Luftraum" (Yäsht 10,66).

Die Lehre von den Winden und dem Wetter gehört für die Alten zur Astronomie. Auch bei den Winden herrscht ein Kreislauf, nicht anders als bei den Umdrehungen der Himmelskörper.

Cautes und Cautopates, Lucifer und Hesperus

Rechts und links vom Stieropfer stehen die beiden Fackelträger in persischer Tracht. Sie sind die Repräsentanten des fünften und sechsten Grades, stehen in Beziehung zu Luna und dem Sonnengott und heißen auf Lateinisch Hesperus und Lucifer. Meist steht Cautes-Lucifer mit der erhobenen Fackel unter dem Sonnengott, Cautopates-Hesperus mit gesenkter Fackel unter Luna, aber nicht selten sind die Positionen auch gerade umgekehrt. In diesen Fällen sollen die vier Gestalten im Uhrzeigersinn gelesen werden: Auf den Aufgang des Sonnengottes (links oben) folgt der Untergang der Luna (rechts oben), auf diesen im Kreislauf wieder der Sonnenaufgang (Lucifer-Cautes rechts unten) und der Untergang der Luna (Hesperus-Cautopates links unten).

Die Fackelträger bezeichnen auch den Kreislauf des Jahres. Auf einigen Statuen sieht man Cautes mit erhobener Fackel und dem Zodiacalzeichen des Stieres[40] und Cautopates mit gesenkter Fackel und dem Zeichen des Skorpions.[41] Dieselben Zeichen sind den Fackelträgern auf einigen Reliefs mit dem Stieropfer beigegeben.[42] Hier bezeichnet Cautes

---

38 De antro nympharum 6 (p. 60,9–11 N. = 8,19 W.) ... τῶν δὲ ἐντὸς (τοῦ σπηλαίου) ... σύμβολα φερόντων τῶν κοσμικῶν στοιχείων καὶ κλιμάτων.

39 De antro nympharum 25 (p. 73,11–14 N. = 24,15 W) ψυχαῖς δ' εἰς γένεσιν ἰούσαις καὶ ἀπὸ γενέσεως χωριζομέναις εἰκότως ἔταξαν ἀνέμους διὰ τὸ ἐφέλκεσθαι καὶ αὐτὰς πνεῦμα ... καὶ τὴν οὐσίαν ἔχειν τοιαύτην.

40 Abb. 100 (Boppard; Schwertheim S. 56 nr. 51 mit Tafel 10); V 1956 (Apulum); 2122 (Sarmizegetusa); V 2185 (Dacia).

41 V 2120 (Sarmizegetusa).

42 Abb. 44 = V 335 (Rom); Abb. 71 = V 693 (Bononia); V 2006 (aus Dacien).

durch die erhobene Fackel den Beginn derjenigen Hälfte des Jahres, wo der Tag länger ist als die Nacht, und Cautopates umgekehrt die andere Jahreshälfte.[43]

Auf dem Relief in Trier (Abb. 90 = V 985) sieht man den Sonnenaufgang: Cautes-Heliodromus erschafft das Himmelsrund[44] und bescheint den Erdball, den er in der Hand trägt. Das Himmelsrund, welches die Szene umgibt, ist durch die sechs sommerlichen Zodialcalzeichen gekennzeichnet, vom „Widder" bis zur „Jungfrau". In dieser Jahreshälfte regiert Cautes.

Planetengötter und Planetenwoche

Wir haben gesehen, daß die sieben Figuren auf den Darstellungen des Stieropfers die sieben Mystengrade und die sieben Planetengötter bezeichnen. Auf den Gemmen gehört zu jeder Figur das Symbol eines Planeten und ein Stern; auf dem Mantel des Mithras leuchten im Augenblick des Opfers sieben Sterne auf; oft sieht man auch im Hintergrund (über dem Kopf des Mithras) die sieben Sterne. Auf vielen Reliefs sind außerdem sieben Altäre für den Kult der sichtbaren Götter (der Planeten) abgebildet.[45]

Auf mehreren Monumenten sind die sieben Götter auch durch Büsten oder Figuren dargestellt.[46] In einigen Fällen sind die Planeten in der Reihe der Wochentage angeordnet.

Daher sei hier das System der Planetenwoche kurz dargestellt. Es ist seit dem 1. Jahrhundert v. Chr. bekannt[47] und keineswegs speziell mithrisch, sondern war in der Kaiserzeit in allgemeinem Gebrauch. Noch unsere heutigen Wochentagsnamen sind aus der

---

43 Man könnte sagen, daß nicht Stier und Skorpion hätten genannt werden sollen, sondern die Äquinoctialzeichen Widder und Waage. Man hat die benachbarten Zeichen offensichtlich mit Rücksicht auf den Mithrasstier gewählt.

44 Vgl. oben S. 120.

45 Abb. 15 = V 34 bzw. 45 (Dura-Europos), Abb. 44 = V 335 (Rom), Abb. 50 = V 368 (Rom), V 1275 (Mannheim), 1791 (Aquincum), 1816 (Sárkeszi), V 1818 (Székesfehérvár; 8 Altäre), V 1973 (Apulum), Abb. 154 = V 2000 (Apulum; 9 Altäre), V 2068 (Sarmizegetusa), 2182 (Sucidava), Abb. 162 = V 2237 (Civitas Montanensium), Abb. 161 = V 2244 (Tavalicavo), V 2245 (Kral-Marko), V 2264 (Nicopolis ad Istrum).

46 V 239/41 (Ostia), Abb. 130 = V 1128 (Heddernheim), Abb. 128 = V 1137 (Rückingen), Abb. 131 = V 1430 (Virunum), V 1797 (Fragment aus Aquincum; nur Luna, Saturn und Venus erhalten), V 2202 (Biljanovac in Moesien), Abb. 164 = V 2338 (Kurtowo; Venus fehlt). Dazu die später besprochenen Monumente aus Ostia (V 307), Dieburg (Abb. 119 = V 1271), Brigetio (Abb. 143 = V 1727) und Bononia (Abb. 71 = V 693). – In dem Fragment aus Veles in Mazedonien V 2340 sind vermutlich auch die sieben Planetengötter zu erkennen, von links: Saturn, Luna, Venus (?), Mercur (?), Jupiter, Sol, Mars; darunter anscheinend Rest eines Zodiacus, mit dem Skorpion.

47 Ältestes Zeugnis ist Tibull I 3,18. Vgl. Bouché-Leclercq, L'astrologie grecque (1899) 476–484; Boll, R. E. VII 2556–61 (im Artikel „Hebdomas" der Abschnitt V Die Reihenfolge der Götter in der Planetenwoche); F. H. Colson, The Week (Cambridge 1926); O. Neugebauer, The Exact Sciences in Antiquity (1952) 162.

antiken Planetenwoche abgeleitet; dies sei durch die folgende Tabelle verdeutlicht, in welcher nur diejenigen Wochentagsnamen aufgeführt werden, welche noch direkt aus den Namen der Planetengötter abgeleitet sind:

Planetengott	Italienisch	Französisch	Englisch	Niederländisch	Deutsch
Saturn			Saturday	Zaterdag	
Sol			Sunday	Zondag	Sonntag
Luna	Lunedì	Lundi	Monday	Mandag	Montag
Mars (= Tiu, Ziu)	Martedì	Mardi	Tuesday	Dinsdag	Die(n)stag
Mercur (= Wotan)	Mercoledì	Mercredi	Wednesday	Woensdag	
Jupiter (= Thor, Donar)	Giovedì	Jeudi	Thursday	Dondersdag	Donnerstag
Venus (= Freya)	Venerdì	Vendredi	Friday	Vrijdag	Freitag

Aus der Reihe der Planeten- und Wochentagsgötter sind vor allem Saturn und der Sonnengott eliminiert worden, im Deutschen auch Mercur/Wotan. Dem Tag des Ziu/Tiu hat man im Holländischen und Deutschen durch Einschieben eines -n- und Umdeutung seinen heidnischen Charakter genommen. Im Mittelhochdeutschen gab es die Nebenform „Ziestag", ohne das -n-; im Dänischen heißt es Tirsdag (Tyr = Tiu).

Die Planetenwoche kommt auf den Mithrassteinen mit drei verschiedenen Anfangstagen vor:

(1) Beginnend mit dem Tag des Saturn und endend mit dem Tag der Venus auf einem Marmorfries in Ostia[48] und einem Fragment aus Dieburg;[49] dies ist die älteste Form der Planetenwoche.

(2) Beginnend mit dem Tag des Sonnengottes und endend mit dem Tag des Saturn auf der Bronzeplatte aus Brigetio (Abb. 143 = V 1727); hier hat Sol die Vorrangstellung, welche man ihm im 3. Jahrhundert nicht nur im Mithraskult, sondern auch sonst vielfach zuwies.

(3) Beginnend mit dem Tag der Luna und endend mit dem Tag des Sol auf dem Relief aus Bononia (Abb. 71 = V 693), wo die Wochentage von rechts nach links gelesen werden müssen; der Grund für diese Anordnung ist, daß man dem Sonnengott und Luna die Plätze belassen wollte, welche ihnen in fast allen Reliefs der westlichen Reichshälfte zuge-

---

48 V 307: Saturn (verloren) – Sol – Luna – Mars – Mercur (verloren) – Jupiter – Venus.
49 Abb. 119 = V 1271; erhalten sind nur Mars (beschädigt) – Mercur – Jupiter – Venus.

wiesen sind; wenn man die Planeten in der Reihenfolge der Wochentage zwischen diese beiden Götter einpassen wollte, blieb keine andere Lösung.

Planeten, Metalle und Töne

Bei der Weltschöpfung entstanden also die Planeten und mit ihnen die Wochentage; der Planet des Mithras ist Saturn/Kronos, und dieser ist als Chronos der Herr der Zeit.

Man hat aber auch die Töne und die Metalle auf die sieben Planeten zurückgeführt. Dies berichtet der Platoniker Celsus in seiner Schrift gegen die Christen.[49a] Um seine Ausführungen verständlich zu machen, müssen wir erst eines der beiden Systeme darstellen, durch welche man zu der Planetenwoche gelangen konnte.

Man verwendete ein Heptagramm, in welchem die sieben Planeten nach ihrem Abstand von der Erde kreisförmig angeordnet waren, also

Saturn – Jupiter – Mars – Sol – Venus – Mercur – Luna.

Dies ist in dem nebenstehenden Diagramm dargestellt; ich füge auch gleich die Metalle hinzu, welche man in Beziehung zu den Planeten gesetzt hat.

Man zog eine Linie von Saturn zum vierten Stern im Kreis, Sol, von da wieder zum vierten, Luna, von da wieder zum vierten, Mars, und fuhr damit fort, bis man wieder bei Saturn ankam (s. Abb. auf S. 211).[50]

Die Stationen dieses Vierersprungs ergeben die Reihe der Wochentage:
(Dies) Saturni – Solis – Lunae – Martis – Mercurii – Iovis – Veneris.

Nun war ein solches Heptagramm in der Musiktheorie in Gebrauch, denn wenn man innerhalb der Töne der Oktave vom ersten ausgehend einen Quartensprung macht, von dort wieder eine Quart nimmt und damit fortfährt, bis man an den Ausgangspunkt zurückkehrt, dann hat man die Grundtöne aller Tonarten erfaßt;[51] um ein Beispiel mit moderner Notierung zu verwenden: Wenn man von C-Dur (der Tonart ohne Kreuz) ausgehend eine Quart nach unten springt, kommt man zu G-Dur (der Tonart mit einem Kreuz), von da zu D-Dur (mit zwei Kreuzen), von da zu A-Dur (mit drei Kreuzen) und so fort, bis man wieder bei C-Dur endet; oder wenn man die Quart nach oben springt, erhält man einen entsprechenden Kreis von Tonarten mit b-Notierungen. Die Grundlagen hierfür sind rein mathematisch, da die Tonarten auf den Längen der angeschlagenen Saiten beruhen.

Nun gab es eine mathematisch-musikalische Lehre, in der man den Ursprung der Musik aus der „Sphärenharmonie" ableitete.[52] Man nahm an, daß die Planetensphären bei ihrem Umlauf Töne erzeugten, und daß man das Verhältnis dieser Töne zueinander in

---

49a Bei Horigenes, Contra Celsum VI 22; s. unten S. 213 Anm. 54.
50 Das Verfahren wird beschrieben von Cassius Dio XXXVII 18 (ed. Boissevain 1,405). Vgl. Boll, R. E. VII 2559; Sternglaube und Sterndeutung⁴ (1931) 67; Bouché-Leclercq, L'astrologie grecque 483; Hübner, Zeitschr. für Papyrol. 49, 1982, 53–55.
51 Vgl. die Übersicht von U. Klein im „Kleinen Pauly" III 1490/1.
52 Vgl. W. Burkert, Weisheit und Wissenschaft 328 ff. = Lore and Science (1972) 350 ff.

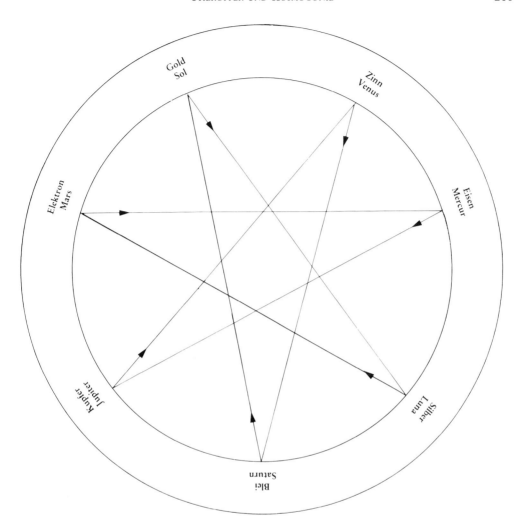

Ordnung der Planetengötter und der Metalle nach dem musikalischen Quartenschritt

Zahlen ausdrücken könne. Man setzte die sieben Töne der Tonleiter in Beziehung zu den sieben Planeten. Wenn nun ein Quartenschritt in der irdischen Musik eine korrekte Folge der Tonarten ergab, mußte dem auch ein Quartenschritt innerhalb der Planetensphären entsprechen. Das Resultat dieses Quartenschrittes ist die Planetenwoche, welche man offensichtlich sozusagen als eine wohltemperierte Folge der Planetengottheiten angesehen hat: Wenn auf den vom Saturn beherrschten Tag der Tag des Sonnengottes folgte und auf diesen der Tag der Luna, dann entsprachen die Benennungen der Wochentage durch die Menschen der Quartenharmonie am Himmel.

Da die Planeten in diesem System der Quartenschritte zunächst einmal nach ihrem Abstand von der Erde angeordnet waren, dieser Abstand also das Grunddatum ist, von dem ausgehend man erst zur Planetenwoche gelangte, muß das Heptagramm mit Saturn begonnen haben und nicht etwa mit Sol, und ebenso dann auch die Planetenwoche.

Exkurs: Die Ableitung der Planetenwoche von den Stundenherrschern

Die im Vorstehenden skizzierte Ableitung der Planetenwoche aus dem musikalischen Quartensprung steht zwar bei Cassius Dio und wird bei Celsus vorausgesetzt; aber die modernen Gelehrten bevorzugen eine andere Ableitung der Planetenwoche, welche ebenfalls bei Cassius Dio vorgeschlagen wird.[53]

Diese Erklärung geht von einem astrologischen System aus, nach welchem die sieben Planeten über die Stunden des Tages abwechselnd regieren. Über die erste Stunde regiert Saturn, über die zweite Jupiter, über die dritte Mars, über die vierte Sol, über die fünfte Venus, über die sechste Mercur, über die siebente Luna; in der achten Stunde ist wieder Saturn an der Reihe. Ihm fällt dann auch die fünfzehnte und die zweiundzwanzigste Stunde zu, und die fünfundzwanzigste, also die erste Stunde des nachfolgenden Tages, entsprechend dem Sol. So war der erste Tag, weil er mit einer Stunde des Saturn begann, der *Dies Saturni,* und der zweite, der mit Sol beginnt, ist der *Dies Solis.* Wenn man in diesem System fortfährt, folgt als dritter Tag der *Dies Lunae,* und alle anderen Wochentage folgen in der bekannten Weise. Das Schema, welches die Tagesherrscher bestimmt, ist also dieses:

Dies Saturni	Solis	Lunae	Martis	Mercurii	Jovis	Veneris
1 Saturn	Sol	Luna	Mars	Mercur	Jupiter	Venus
2 Jupiter	Venus	Saturn	Sol	Luna	Mars	Mercur
3 Mars	Mercur	Jupiter	Venus	Saturn	Sol	Luna
4 Sol	Luna	Mars	Mercur	Jupiter	Venus	Saturn
5 Venus	Saturn	(usw.)	(usw.)	(usw.)	(usw.)	(usw.)
6 Mercur	Jupiter					
7 Luna	Mars					
8 Saturn	Sol	Luna				
9 Jupiter	(usw.)	(usw.)				
10 Mars						
11 Sol						
12 Venus						
13 Mercur						
14 Luna						
15 Saturn	Sol	Luna				
16 Jupiter	(usw.)	(usw.)				

– Fortsetzung auf Seite 212 –

53 Bouché-Leclercq, L'astrologie grecque 476 ff.; Boll, R. E. s. v. Hebdomas VII 2556 ff.; Hübner, Zeitschr. für Papyrol. 49, 1982, 53–55.

Dies Saturni	Solis	Lunae	Martis	Mercurii	Jovis	Veneris
17 Mars						
18 Sol						
19 Venus						
20 Mercur						
21 Luna						
22 Saturn	Sol	Luna	Mars			
23 Jupiter	Venus	Saturn	Sol			
24 Mars	Mercur	Jupiter	Venus			

Es wird immer der Herrscher über die vierte Tagesstunde zum Herrscher über den nächsten Tag, weil auf ihn auch immer die elfte, achtzehnte und fünfundzwanzigste Stunde fallen müssen, und die fünfundzwanzigste ist die erste Stunde des folgenden Tages.

Man hat also, von der Folge der Planeten nach ihrer Entfernung von der Erde (im geozentrischen System) ausgehend, genau denselben Viererschritt, der auch bei dem musikalischen Heptagramm und dem Tonschritt διὰ τεσσάρων zu der noch heute geltenden Planetenwoche führt.

Rechnerisch führen also beide Operationen in korrekter Weise zur Planetenwoche. Die Frage ist nur, welche von beiden die ursprüngliche gewesen ist. Hier scheint mir die Entscheidung für die musikalische Ordnung viel näher zu liegen als die für das Abzählen der Stundenherrscher, aus drei Gründen:

(a) Die musikalische Erklärung gibt poetischen Sinn, während die andere auf ein rein zufälliges Abzählen hinausläuft;

(b) die Erklärung nach den Stundenherrschern setzt astrologische Vorstellungen, Determinismus und Fatalismus voraus, wie sie für die Stoa bezeugt sind, aber dem Platonismus widerstreiten und in den Mithrasmysterien jedenfalls nicht geherrscht haben können;

(c) die Erklärung nach den Stundenherrschern geht von den Stunden aus, nicht von den Tagen, und kommt damit erst sekundär zu den Tagesherrschern. Dagegen ergeben sich bei der musikalischen Erklärung die Götter der Tage unmittelbar, ohne Rekurs auf die Stundenherrscher.

Jedenfalls ist aus Celsus klar, daß in den Mithrasmysterien die Ableitung der Wochentags- und Planetengötter aus der musikalischen Theorie gegolten hat.

Der Bericht des Celsus bei Horigenes

Wir kehren zu den Mithrasmysterien zurück. Der große christliche Theologe Horigenes sagt in seiner Verteidigung des Christentums gegen die Angriffe des Platonikers Celsus, daß Celsus über die Mithrasmysterien berichtet habe:[54]

54 Horigenes, Contra Celsum VI 22 (2,92 Koetschau) (ὁ Κέλσος ... φησίν·) „αἰνίττεται δὲ ταῦτα καὶ ὁ Περσῶν λόγος καὶ ἡ τοῦ Μίθρου τελετή, ἣ παρ' αὐτοῖς ἐστιν. ἔστι γάρ τι ἐν αὐτῇ σύμβολον τῶν δύο τῶν ἐν οὐρανῷ περιόδων, τῆς τε ἀπλανοῦς καὶ τῆς εἰς τοὺς πλάνητας αὖ

„In der Mithrasweihe gibt es ein Symbol der beiden Umläufe am Himmel, des einen Umlaufs (= Kreises) der den Fixsternen und des anderen, der den Planeten zugeteilt ist,[55] und des Weges der Seele durch die beiden.[56] Das Symbol ist dieses: Eine siebentorige Leiter und darüber ein achtes Tor. Das erste der Tore ist aus Blei, das zweite aus Zinn, das dritte aus Kupfer, das vierte aus Eisen, das fünfte aus dem Metall, aus welchem das Mischgeld (in Gold-Silber-Legierung) geprägt ist,[57] das sechste aus Silber, das siebente aus Gold. Das erste Tor teilen sie dem *Saturn* zu, indem sie aus dem Blei die Langsamkeit des Sternes erklären, das zweite der *Venus*, indem sie ihr das Helle und Weiche des Zinns vergleichen, das dritte dem *Jupiter*, das „erzschwellige"[58] und harte, das vierte dem *Mercur* (denn Eisen und Mercur halten alle Arbeiten aus und verdienen Geld und sind „vieler Mühen"[59]), das fünfte dem *Mars*, das durch die Mischung ungleichmäßige und bunte, das sechste – das silberne – der *Luna*, und das siebente – das goldene – dem *Sol*, indem sie sich in der Benennung nach den Farben (der Planeten) zu richten suchen."[60]

Horigenes fährt dann fort: „Im weiteren untersucht Celsus den Grund für die dargelegte Reihenfolge der Sterne, welche durch die Namen der ‚bunten Materie' bezeichnet wird, und fügt der von ihm dargestellten persischen Theologie noch musikalische Begründungen hinzu; und er spendiert weiter zusätzlich noch eine zweite Erklärung, die sich wieder auf musikalische Theorien bezieht. Es schien mir aber unsinnig die Worte des Celsus hierüber vorzuführen; dies wäre ähnlich dem (Unsinn), den er selbst begangen hat, indem

νενεμημένης, καὶ τῆς δι' αὐτῶν τῆς ψυχῆς διεξόδου. τοιόνδε τὸ σύμβολον · κλῖμαξ ἑπτάπυλος, ἐπὶ δ' αὐτῇ πύλη ὀγδόη. ἡ πρώτη τῶν πυλῶν μολίβδου, ἡ δευτέρα κασσιτέρου, ἡ τρίτη χαλκοῦ, ἡ τετάρτη σιδήρου, ἡ πέμπτη κερατοῦ νομίσματος, ἡ ἕκτη ἀργύρου, χρυσοῦ δὲ ἡ ἑβδόμη. τὴν πρώτην τίθενται Κρόνου, τῷ μολίβδῳ τεκμηριούμενοι τὴν βραδυτῆτα τοῦ ἀστέρος, τὴν δευτέραν Ἀφροδίτης, παραβάλλοντες αὐτῇ τὸ φαιδρόν τε καὶ μαλακὸν τοῦ κασσιτέρου, τὴν τρίτην τοῦ Διός, τὴν ‚χαλκοβατῆ' καὶ στερράν, τὴν τετάρτην Ἑρμοῦ, τλήμονα γὰρ ἔργων ἁπάντων καὶ χρηματιστὴν καὶ ‚πολύκμητον' εἶναι τόν τε σίδηρον καὶ τὸν Ἑρμῆν, τὴν πέμπτην Ἄρεως, τὴν ἐκ τοῦ κράματος ἀνώμαλόν τε καὶ ποικίλην, ἕκτην Σελήνην τὴν ἀργυρᾶν, ἑβδόμην Ἡλίου τὴν χρυσῆν, μιμούμενοι τὰς χρόας αὐτῶν."
ἑξῆς ἐξετάζει (ὁ Κέλσος) τὴν αἰτίαν τῆς οὕτω κατειλεγμένης τάξεως τῶν ἀστέρων, δηλουμένης διὰ συμβόλων ἐν τοῖς ὀνόμασι τῆς ποικίλης (λοιπῆς cod., corr. Koetschau) ὕλης· καὶ μουσικοὺς λόγους προσάπτει ᾗ ἐκτίθεται Περσῶν θεολογίᾳ· προσφιλοτιμεῖται δὲ τούτοις καὶ δευτέραν ἐκθέσθαι διήγησιν, πάλιν ἐχομένην μουσικῶν θεωρημάτων. ἔδοξε δέ μοι τὸ ἐκθέσθαι τὴν λέξιν ἐν τούτοις τοῦ Κέλσου ἄτοπον εἶναι καὶ ὅμοιον ᾧ αὐτὸς πεποίηκεν, εἰς τὴν περὶ Χριστιανῶν καὶ Ἰουδαίων κατηγορίαν ἀκαίρως παραλαβὼν οὐ μόνον τὰ Πλάτωνος ὡς ἐκείνοις ἀρκεῖσθαι, ἀλλὰ καὶ τὰ (ὥς φησι) Περσῶν τοῦ Μίθρου μυστήρια καὶ τὴν διήγησιν αὐτῶν.

55 Vgl. Platon, Timaios 40 A/B, 47 C und passim.

56 Vgl. Platon, Phaidros 247 A4, 251 D2 und 4 (διέξοδος); Turcan, Mithras Platonicus 47.

57 Wörtlich: „aus gemischtem Geld", d. h. aus jenem Metall, in welchem man in Lydien die ersten Münzen geprägt hat. Es war eine natürliche Gold-Silber-Legierung, die man „Elektron" nannte.

58 Die Vocabel aus Homer, Ilias 1,426 und 14,173.

59 Die Vocabel aus Homer, Ilias 6,48; 10,379; 11,133, Odyssee 14,324; 21,10.

60 μιμούμενοι, ein platonisches Wort; Timaios 47 C.

er zu seiner Anklageschrift gegen die Christen und Juden ganz ohne Anlaß die Schriften Platons heranzog, sich aber damit nicht begnügte, sondern auch die sogenannten persischen Mithrasmysterien und den Bericht über sie heranzog."

Wir gehen auf die Platon-Zitate in den Worten des Celsus hier noch nicht ein, vermerken auch nur kurz, daß Celsus offensichtlich guten Grund hatte die Lehren der Mithrasmysterien neben denen Platons heranzuziehen; wir stellen hier nur fest, daß Celsus für die Mithrasmysterien folgende Planetenreihe bezeugt:

Saturn – Venus – Jupiter – Mercur – Mars – Luna – Sol,

also vom Tag des Saturn an rückwärts laufend die Reihe der Wochentage;[61] und daß er diese Reihenfolge mit zwei musikalischen Theorien in Verbindung bringt, deren eine sicherlich die oben dargestellte Quartenreihe war. Es ist klar, daß in den Mithrasmysterien die Lehre von der Sphärenharmonie vorgetragen wurde. Sie kam ja auch im Mythos vom Aufstieg des Hermes-Mercur durch die Planetensphären vor, den wir oben (S. 87/8) anläßlich des ersten Mystengrades besprochen haben.

Aus Celsus ergibt sich weiter, daß die Mithrasmysten mit ihren Theorien über die sieben Planeten und sieben Töne auch eine Lehre von den Metallen verbunden haben, wobei sie sich auf die Farben der Planeten beriefen.[62] Bei der Entstehung der Welt aus dem Stieropfer sind also auch die Metalle entstanden. Es gibt hierzu eine Parallele in dem iranischen Mythos vom Tod des Urmenschen Gayomard, aus dessen Leib die sieben Metalle entstanden.[63] Die Mythen vom Tod des Gayomard und dem Stieropfer laufen durchgehend parallel, da beide Urwesen sind, aus denen die Welt entsteht. Man darf also schließen, daß die Theologie der Mithrasmysterien hier wie so oft auf doppelte Quellen zurückzuführen ist, auf persische Mythen und auf griechische Philosophie.

Der Zodiacus

Wir müssen nun nochmals auf den Zodiacus zurückkommen, der auf vielen Reliefs und Fresken zu sehen ist, zum Beispiel auf dem Relief vom Heddernheim (Abb. 101 = V 1083) und auf dem Fresco des Mithraeum Barberini (Abb. 52 = V 390).

Es sei zunächst daran erinnert, daß die Bewegungen der Himmelskörper im ptolemäischen (geozentrischen) System anders erklärt wurden als im kopernikanischen (heliozentrischen) System.

---

61 Ob Celsus das Heptagramm in der falschen Richtung gelesen hat? Wenn man das Diagramm so liest, wie oben durch Pfeile bezeichnet ist, erhält man die Reihenfolge der Wochentage vorwärts gerichtet, wie sie auch in den oben beschriebenen Mithrasmonumenten vorausgesetzt wird. Vielleicht hat Celsus das Diagramm entgegen der oben durch die Pfeile bezeichneten Richtung gelesen und entsprechend eine nach rückwärts laufende Reihenfolge der Wochentage erhalten.

62 Über die Farben der Planeten s. Platon, Staat 616 E–617 A; Bidez im Anhang seines Buches „Eos ou Platon et l'orient" (Brüssel 1945).

63 Bundahishn Kap. 6 und 14 (Widengren, Iranische Geisteswelt 74 f.; Reitzenstein-Schaeder, Studien zum antiken Synkretismus 223, 225 f., 232; Zaehner, The Teachings of the Magi 75).

Wir unterscheiden drei Bewegungen:

1. Die Drehung der Erde um sich selbst.
2. Den Umlauf der Erde und der Planeten um die Sonne.
3. Den Umlauf des Mondes um die Erde.

Die Entstehung der Jahreszeiten erklären wir durch den Lauf der Erde um die Sonne. Da die Erdachse schräg zur Sonne steht, empfängt die nördliche Halbkugel im Juni viel mehr Sonne als im Dezember. Der Erdäquator steht schräg zu der Bahn, welche die Erde im Lauf des Jahres um die Sonne herum nimmt (vgl. Fig. 1).

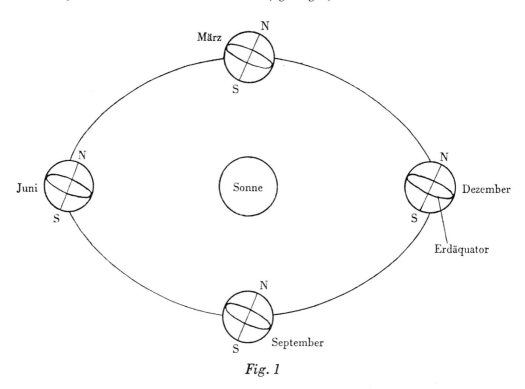

Fig. 1

Das ptolemäische System brauchte nur zwei Bewegungen:

1. Die tägliche Drehung des Fixsternhimmels um die Erde (anstelle der Drehung der Erde um sich selbst). Alle Fixsterne drehen sich parallel zum Himmelsäquator.
2. Den Umlauf von Sonne, Mond und Planeten um die Erde.

In diesem System wurde die Entstehung der Jahreszeiten dadurch erklärt, daß die Sonne im Lauf des Jahres (anscheinend) einen Kreislauf am Himmel nahm, der sich von März ab nach Norden über den Himmelsäquator erhob. Im Juni erreichte sie ihren höchsten

Stand, im September war sie wieder auf die Höhe des Himmelsäquators zurückgekehrt, und von September bis März nahm sie einen entsprechenden Weg nach Süden (vgl. Fig. 2).

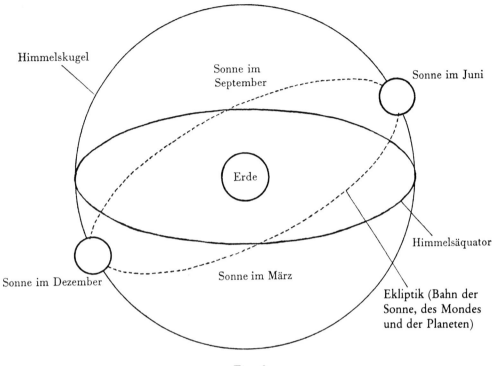

Fig. 2

Dieser Weg der Sonne heißt „Ekliptik". Auf demselben Weg bewegen sich nämlich anscheinend auch der Mond und die Planeten. Man kann „Ekliptik" übersetzen mit „Straße der Verfinsterungen", denn diese Erscheinungen ereignen sich auf dem Weg der Sonne und des Mondes. Die Ekliptik lieferte im geozentrischen System die Erklärung der Jahreszeiten, während wir auf die schrägstehende Erdachse rekurrieren. Daher war für die Alten die Ekliptik sehr wichtig, da sie sozusagen Sommer und Winter machte. Um sich diese Straße der Sonne zu merken, hat man die dahinter liegenden Fixsterne zu Hilfe genommen und sie in zwölf Sternbildern zusammengefaßt: Widder, Stier, Zwillinge, Krebs, Löwe, Jungfrau, Waage, Skorpion, Schütze, Steinbock, Wassermann, Fische. Dies ist der Zodiacus, an sich nur ein Mittel um sich am Himmel zu orientieren, ein breiter Streifen am Himmel, in dessen Mitte sich die Ekliptik befindet. Die Ekliptik bezeichnet den (scheinbaren) Weg der Sonne im Lauf des Jahres zwischen den Fixsternen.

Dazu kommt die tägliche Drehung der Sonne um die Erde (wir sagen: die Drehung der Erde um sich selbst). Diese beiden Bewegungen der Sonne ergaben im ptolemäischen

System einen spiralförmigen Lauf der Sonne durch das Jahr; die Sonne beschreibt an jedem Tag einen vollen Kreis um die Erde, setzt aber zwischen der Wintersonnenwende und der Sommersonnenwende an jedem Tag immer ein kleines Stück höher an. Von der Sommersonnenwende ab geht die Spirale dann wieder zurück bis zum tiefsten Punkt.

Die beiden größten Kreise am Himmel, Ekliptik und Himmelsäquator, stehen schräg zueinander (s. die Zeichnung Fig. 2); sie bilden sozusagen ein liegendes X.

Die beiden Bewegungen des ptolemäischen Systems, die der Fixsterne und die der Planeten (einschließlich Sonne und Mond), sind gegenläufig. Der Mond zum Beispiel macht scheinbar die Drehung des Fixsternhimmels mit, aber er verliert täglich etwa 50 Minuten. Zur Zeit des zunehmenden Mondes wird die Mondsichel bei Sonnenuntergang am westlichen Himmel sichtbar; der Vollmond geht im Osten zur Zeit des Sonnenuntergangs auf; der abnehmende Mond geht erst mitten in der Nacht auf. Entsprechendes gilt für die Sonne und die übrigen Planeten, natürlich in längeren Zeiträumen.

Wenn also in den Mithraeen Fixsterne, Planeten und Zodiacus abgebildet sind, so bedeutet dies, daß der Himmel mit seinen Lichtern nicht nur erschaffen, sondern auch in Bewegung gesetzt wurde: Der Fixsternhimmel – der Mantel des Mithras – begann sich zu drehen, und die Planeten begannen ihren Lauf in der entgegengesetzten Richtung; sie nahmen ihren Weg auf jener Straße, die durch die Sternbilder des Zodiacus markiert wird. Daß die beiden Drehungen, die der Fixsternsphäre und die der Planeten, in den Mithrasmysterien vorkamen, haben wir oben bei Celsus(-Horigenes) gelesen. Entsprechend sagt Claudian, daß Mithras die Sterne umlaufen läßt:

...... *volventem sidera Mithram*

(De laudibus Stilichonis I 63).

Der Globus mit den beiden sich schneidenden Kreisen – Himmelsäquator und Zodiacus – ist auch einigemale auf den Mithrasmonumenten dargestellt, allerdings nicht in dem liegenden, sich spitzwinklig schneidenden X (Kreuz), welches den Verhältnissen am Himmel entspricht, sondern so, daß die Kreise sich rechtwinklig schneiden. Man sieht dies auf den Altären zu Heddernheim (Abb. 106 = V 1127; auf dem Globus sitzt ein Adler mit dem Donnerkeil) und zu Köln (Abb. 98),[64] auf dem Trierer Relief Abb. 90 = V 985 (Adler mit Donnerkeil auf dem Globus im Giebel), auf einer Gemme (Abb. 168 = V 2361, Helios-Sol mit Viergespann und Globus; auf der anderen Seite das Stieropfer) und bei der Statue des Chronos auf dem Globus in Rom (Abb. 65 = V 543), auf die wir zurückkommen werden.

Wahrscheinlich darf man sogar in den Figuren der zentralen Szene mit dem Stieropfer auf einer Reihe von Reliefs Anspielungen auf den Zodiacus und den Himmelsäquator sehen, wie in zwei neueren Arbeiten vorgeschlagen worden ist.[65]

---

64 Schwertheim S. 17/8 nr. 11 b mit Tafel 4.
65 Vgl. Insler, Hommage à M. J. Vermaseren II (1978) 519–538; Speidel, Mithras-Orion (Leiden 1980; Etudes préliminaires 91).

Wenn man nämlich diejenigen Reliefs heranzieht, auf denen als Nebenfiguren nicht nur Rabe, Skorpion, Schlange und Hund abgebildet sind, sondern auch noch Kratér (Mischkrug) und Löwe, so hat man einerseits eine Reihe von Figuren, welche sich auf den Zodiacus beziehen, und andererseits Figuren, welche den Himmelsäquator betreffen.

Auf den Zodiacus beziehen sich der Stier (Taurus), die Fackelträger (Gemini), der Löwe (Leo), der Skorpion (Scorpius) und die Ähre am Schwanzende des Stiers (Spica, der hellste Stern in der Konstellation der „Jungfrau"). Von diesen Sternbildern können der Stier und die Ähre an seinem Schwanzende (Spica in der Jungfrau) gleichzeitig auch als Repräsentanten des Himmelsäquators gelten. Der Äquator wird ferner bezeichnet durch den Hund (Canis minor), die Schlange (Hydra), den Mischkrug (Kratér) und den Raben (Corvus).[66]

Der Vorteil dieser Erklärung ist, daß damit alle Personen und Symbole auf den Darstellungen des Stieropfers astral gedeutet werden können. Natürlich sind nicht alle Symbole genau am Platz ihres astralen Äquivalents; aber dies ist kaum ein Argument gegen diesen Deutungsvorschlag.

Der Zodiacus ist oft als Bogen über dem Stieropfer dargestellt, einigemale auch als Kreis um das Stieropfer. Neben einem der Fußbodenmosaike in Ostia sind ebenfalls die Symbole der Zodiacalzeichen abgebildet (Abb. 34 = V 239/241). In Ostia[67] und Angleur[68] sind kleine Einzeldarstellungen der Zodiacalzeichen gefunden worden, welche aus Serien der zwölf Zeichen stammen müssen. An der Decke des Mithraeums auf der Insel Ponza ist ein prächtiger Zodiacus aus Stuck erhalten.[69]

Schließlich stehen über dem Zodiacalbogen des großen Reliefs von Osterburken (Abb. 112/113 = V 1292) die Zwölfgötter. Mit diesem Wort bezeichnen wir den Kreis der zwölf olympischen Götter um Zeus/Jupiter. Sie waren in einen festen Bezug zu den Zodiacalzeichen gesetzt.[70] Damit wurde jeder der Zwölfgötter Herrscher über einen Himmelsmonat; denn die zwölf Zodiacalzeichen sind dem Sinne nach eine Monatseinteilung für den Himmel, wobei nur der jeweilige Anfangspunkt verschieden ist, indem die Himmels-Zwölftel des Zodiacus jeweils um den 20. Tag des julianischen Kalenders beginnen. Vereinfachend dargestellt, überschneiden sich die Monate und die Zeichen des Zodiacus in folgender Weise:

---

66 Vgl. die Nachweise bei Speidel S. 8–12. Für Speidels Deutung der Figur des Mithras als Orion s. oben S. 130–2.

67 V 320 B (Vermaseren, Corpus 2, S. 24/5); M. Floriani-Squarciapino, I Culti Orientali ad Ostia S. 57 mit Tafel XV Abb. 21.

68 V 954 (mit Abbildung 258 in Band II).

69 Monographie von Vermaseren, Mithriaca II, The Mithraeum at Ponza.

70 Zum Folgenden vgl. Weinreich in Roschers Mythologischem Lexikon VI 823–7 (§ 83–86).

Januar		Juli	
	Aquarius (Wassermann)		*Leo* (Löwe)
Februar		August	
	Pisces (Fische)		*Virgo* (Jungfrau)
März		September	
	Aries (Widder)		*Libra* (Waage)
April		Oktober	
	Taurus (Stier)		*Scorpius* (Skorpion)
Mai		November	
	Gemini (Zwillinge)		*Sagittarius* (Schütze)
Juni		Dezember	
	Cancer (Krebs)		*Capricornus* (Steinbock)
		(Januar)	

In diesem System gehört jeder Monat zu dem vorangehenden Zodiacalzeichen; es gehören also zusammen *Capricornus* und Januar, *Aquarius* und Februar, *Pisces* und März usw.

Diese Beziehung der Monate und Tierkreiszeichen aufeinander wäre sehr vereinfacht worden, wenn man die Monate auf der Erde zu dem gleichen Zeitpunkt wie die Himmelsmonate (die Zwölftel des Zodiacalkreises) hätte anfangen lassen. Tatsächlich hat offenbar der große Astronom Eudoxos, der in der Akademie Platons tätig war, eine solche Jahreseinteilung vorgeschlagen, und Platon selbst spielt in den Gesetzen an mehreren Stellen auf einen solchen Kalender an.[71] Deutliche Spuren dieses Systems findet man an derjenigen Stelle des Manilius, wo die Beziehungen der Zwölfgötter zu den Zodiacalzeichen besprochen werden (II 434–447) und in dem römischen Bauernkalender *(Menologium rusticum Colotianum).*[72] Das System ist dort dieses:

Capricornus – Ianuarius – Iuno		*Cancer – Iulius – Jupiter* (oder *Sol)*[73]	
Aquarius – Februarius – Neptunus		*Leo – Augustus – Ceres*	
Pisces – Martius – Minerva		*Virgo – September – Vulcanus*	
Aries – Aprilis – Venus		*Libra – October – Mars*	
Taurus – Maius – Apollo		*Scorpius – November – Diana*	
Gemini – Iunius – (Mercurius) Pluto		*Sagittarius – December – Vesta.*	

Dasselbe System findet sich auch auf dem sogenannten gabinischen Altar im Louvre.[74]

Die Zwölfgötter über dem Zodiacus auf dem großen Relief von Osterburken beziehen sich auf eine Variante dieses Systems (Abb. 113 = V 1292). in welchem Vesta durch Victoria ersetzt ist und Mercur an der Stelle des Pluto steht,[75] wobei zu bemerken ist, daß

---

71 Siehe unten Anm. 76 und die Nachweise bei Weinreich, in Roschers Lexikon VI 823/4.

72 C. I. L. I² S. 280; Dessau 8745.

73 Bei Manilius ist *Jupiter* der Beherrscher des „Krebses", im Menologium *Sol,* was klar eine sekundäre Änderung ist.

74 Weinreich in Roschers Lexikon VI 826 Abb. 8; Boll, Sphaera 474; Cumont, Les religions orientales dans le paganisme romain⁴ (1928) Tafel XIV 2 (neben S. 152).

75 Man sieht auf dem Relief in der oberen Reihe in der Mitte Jupiter, rechts von ihm Apollo, Mars

Pluto in dem System des Eudoxos und Platon zum Zeichen der Gemini gehört hat;[76] bei Manilius und den anderen Zeugen ist das ursprüngliche System in diesem Punkt verändert, während das Mithrasrelief den Pluto nicht eliminiert hat.

Das religiöse Jahr der Mithrasmysten hat, wie wir oben gesehen haben, mit der Frühlings-Tag-und-Nacht-Gleiche (Äquinoctium) am 21. März begonnen; in diesem Jahr war also der Gleichlauf der irdischen mit den himmlischen Monaten erreicht.

Felsgeburt und Geburt aus dem Ei

Neben dem Stieropfer gibt es einen zweiten Mithrasmythos von der Entstehung der Welt: Die Geburt des Gottes aus dem Felsen. Wir haben ihn oben bei der Besprechung des dritten Mystengrades behandelt, und haben anläßlich des Wasserwunders (5. Grad) dargelegt, daß „Fels" und „Himmel" im Persischen mit demselben Wort bezeichnet wurden. Als Gott des Himmels war Mithras felsgeboren. Möglicherweise hängt die Felsgeburt des Mithras auch damit zusammen, daß man Feuer (Licht) aus dem Stein schlug. Wenn schließlich der Sonnengott Mithras im Yäsht (10,13) im Osten über dem Berg aufleuchtet, das Licht bringt und so täglich die Welt neu erschafft, ist er wiederum felsgeboren.

Nach anderen Vorstellungen, die auch für Persien belegt sind,[77] ist das Weltall aus einem Ei entstanden. So zeigen zwei Reliefs in Modena (Abb. 74 = V 695) und Vercovicium (Abb. 89 = V 860), wie Mithras das Ei auseinanderstemmt; dadurch entsteht ein ovales Himmelsrund, welches durch den Zodiacus bezeichnet wird.

Die mythischen Bilder – Stieropfer, Geburt aus dem Fels und aus dem Ei – sind also verschieden, der Sinn ist derselbe: Mithras hat die Welt geschaffen. Die Äquivalenz der Bilder ist deutlich, wenn auf einigen Reliefs (z. B. in Brigetio, Abb. 143 = V 1727, und Tavalicavo, Abb. 161 = V 2244) neben dem Stieropfer noch in demselben Bild die Felsgeburt zu sehen ist. Solche Pleonasmen sind für das mythische Denken charakteristisch,

und Vulcan (man deutet diese Figur bisher als Hercules) und links von ihm Iuno, Minerva und Venus; in der oberen Reihe von links nach rechts Diana, Pluto, Ceres (man deutet diese Figur bisher als Proserpina), Victoria und Neptun.

76 Dies ergibt sich aus Platon, Gesetze 828 CD, wo dem Pluto der letzte Monat des Jahres zugewiesen wird. Das eudoxisch-platonische Jahr begann mit dem Zeichen des „Löwen" und dem Gott Zeus-Jupiter, s. Platon, Gesetze 767 C; das Jahr des Eudoxos begann mit dem Aufgang des Sirius, also zu dem Zeitpunkt, wo die Sonne in das Zeichen des „Löwen" trat; vor diesem Tag schaltete Eudoxos alle vier Jahre einen Schalttag ein (Plinius, hist. nat. II 130 = Eudoxos fr. 146 Lasserre; vgl. Lucan X 187 = Eudoxos fr. 134 Lasserre; die Fragmente der Octaeteris des Eudoxos bei F. Lasserre, Die Fragmente des Eudoxos von Knidos [Berlin 1966] F 129–269).

77 Plutarch, De Iside 47 (p. 370 A = 47,12 Sieveking); Bundahishn Kap. 1,43 (R. C. Zaehner, Zurvan, A Zoroastrian Dilemma [Oxford 1955] 318; The Teachings of the Magi 39 [als § 20]; Widengren, Iranische Geisteswelt [Baden-Baden 1961] 68; Menok i Chrat, s. Widengren, Die Religionen Irans 218). – M. L. West gibt folgende weiteren Hinweise: Selections of Zatspram 34,20 (Zaehner, Zurvan [Oxford 1955] 349); Datastan i Denik 90 (H. W. Bailey, Zoroastrian Problems 135 f.).

denn man denkt in Bildern, nicht in abstrakten Begriffen, sodaß die „Dublette" nicht auffällt; und wichtige mythische Vorstellungen beherrschen die Gedanken so stark, daß sie in mehreren Bildern ausgedrückt werden.

Der Sonnenaufgang

Jeder Sonnenaufgang bedeutet aufs neue eine Entstehung der Welt, die ohne Licht ein Chaos ist.[78] Der Aufgang der Sonne ist ein Triumph des Mithras und also dem Stieropfer äquivalent.

Die Beziehungen sind sogar noch enger. Nach persischer Überlieferung ist der 16. Tag jedes Monats der Tag des Mithras, jenes Gottes, der nach Plutarch der „Mittler" ist. An diesem Tag ist Vollmond; das heißt, der Mond geht zu genau dem Zeitpunkt unter, an dem die Sonne aufgeht. So tötet also wirklich Mithras den Mondstier jeweils am 16. Tag jedes Monats im Sonnenaufgang.

Wir haben auf einem römischen Relief eine Darstellung dieser Szene (Abb. 55 = V 458). Während Luna sich rechts zum Untergang neigt, steigt der Kopf des Sonnengottes aus dem Boden riesig empor. Für die sieben Strahlen, die vom Haupt des Gottes ausgehen, ist das Relief durchbrochen; es sollte von hinten erleuchtet werden. Mithras erhebt die rechte Hand in der bekannten Geste des Sonnengottes.

Wenn auf fast allen Darstellungen des Stieropfers links Helios seinen Wagen himmelan lenkt, rechts Luna ihr Gespann zum Untergang wendet, so wird für alle diese Reliefs dieselbe Deutung gelten: Das Opfer des Stiers bedeutet gleichzeitig den siegreichen Aufgang der Sonne, die am Himmel ihren Weg von links nach rechts nimmt.

Auf dem großen Relief von Osterburken (Abb. 112 = V 1292) eilt dem Gespann des Sonnengottes lichtbringend der Morgenstern voran (Lucifer), während neben der untergehenden Luna der Abendstern (Hesperus) in die Tiefe stürzt.

Die Zeit (Chronos)

Durch die gegeneinander laufenden Bewegungen der Fixsternsphäre und der im Zodiacus umlaufenden Planeten entstand die Zeit (Chronos). An dem immer gleichen Umlauf der Fixsternsphäre wäre es noch schwer gewesen, die Zeit zu messen; die wahren „Instrumente der Zeit" – so nennt sie Platon im Timaios (p. 42 D) – sind die Planeten, vor allem Sonne und Mond.

Durch den täglichen Lauf der hell scheinenden Sonne um die Erde entstanden Tag und Nacht.

---

78 Man vergleiche den Beginn des Hymnus matutinus des Prudentius, in welchem Christus als der verus Sol angerufen wird (Cathem. 2,1–8): Nox et tenebrae et nubila,/confusa mundi et turbida,/ lux intrat, albescit polus:/Christus venit, discedite!//Caligo terrae scinditur/percussa solis spiculo,/ rebusque iam color redit/vultu nitentis sideris.

Durch den monatlichen Lauf des Mondes längs des Zodiacus entstand der *Monat;* je nach seiner Stellung zur Sonne verändert der Mond seine Gestalt.

Durch den jährlichen Lauf der Sonne längs des Zodiacus entstand das *Jahr.* Man hat den Namen des Sonnengottes Mithras als verschlüsselte Anspielung auf diese Tatsache gedeutet. Wenn man nämlich die griechischen Buchstaben des Wortes Μείθρας (in welchem das -ει- als langes -i- gesprochen wurde) in die entsprechenden Zahlwerte des griechischen Ziffernsystems umwandelte und addierte, ergab sich die folgende Rechnung:[79]

$$
\begin{aligned}
\mu &= 40 \\
\varepsilon &= 5 \\
\iota &= 10 \\
\theta &= 9 \\
\varrho &= 100 \\
\alpha &= 1 \\
\sigma &= 200 \\
\hline
\text{Μείθρασ} &= 365
\end{aligned}
$$

Mithras war also der Gott des Jahres. Wenn die Sonne auf einem der beiden Punkte des Zodiacus angekommen ist, welche den Himmelsäquator schneiden (in den Zeichen des Widders und der Waage), dann sind auf der Erde Tag und Nacht gleich lang, und wir haben Frühling und Herbst; wenn die Sonne auf jenem Teil des Zodiacus steht, der am weitesten vom Himmelsäquator nach Norden entfernt ist (im Zeichen des Krebses), ist der Tag bei uns länger als die Nacht, und wir haben Sommer; wenn die Sonne schließlich auf dem Teil des Zodiacus angelangt ist, der am weitesten vom Himmelsäquator nach Süden entfernt ist (im Zeichen des Steinbocks), ist bei uns die Nacht länger als der Tag, und wir haben Winter.

---

79 Sie wird bezeugt von Hieronymus, Kommentar zu Amos I 3,9–10 (Corp. Christ. Lat. 76,250; Cumont, Mon. II 19). Er sagt, daß der Gnostiker Basilides einen Gott „Abraxas" nennt, weil die Addition der Zahlwerte der griechischen Buchstaben das Resultat 365 ergebe; dasselbe gelte für „Meithras": *Basilides omnipotentem deum portentoso nomine appellat* Αβραξας, *et eundem secundum Graecas litteras et annui cursus numerum dicit in Solis circulo contineri; quem ethnici* (die Heiden) *sub eodem nomine aliarum litterarum vocant* Μείθρας.
Ebenso heißt es in den Acta Archelai 68 (p. 98 Beeson, in dem Nachtrag am Ende des Werkes): *Basilides ... tot deos simulat esse, quot dies in anno sunt, et de his quasi minutalibus unam summam divinitatis efficit et appellat Meithram, siquidem iuxta computationem Graecarum litterarum Meithras anni numerum habet.*
Dieselbe Vorstellung in den ps.-clementinischen Homilien VI 10 (p. 110,10–12 Rehm) Ἀπόλλωνα δὲ ἥλιον τὸν περιπολοῦντα εἶναι νόμιζε . . ., ὃν καὶ Μείθραν ἐκάλεσαν, ἐνιαυτοῦ συμπληροῦντα περίοδον.
Auf der Gemme Abb. 169 = V 2364 sieht man auf der einen Seite Mithras beim Stieropfer und auf der anderen Seite den Gott Abraxas mit Hahnenkopf, Schlangenfüßen, Schild und Peitsche. Die beiden Darstellungen haben dieselbe Bedeutung, weil der Zahlenwert beider Götter 365 ist, das Jahr.

Mit dem Lauf der Sonne durch den Zodiacus entstehen also die *Jahreszeiten*. Daher sieht man auf mehreren Mithrasdenkmälern die Büsten von Frühling, Sommer, Herbst und Winter.[80]

Mit Tag, Monat und Jahr entstand die *Zeit* (Chronos), die sich in stetem Wechsel immer wieder erneuert. Sie ist – abweichend von der unveränderlichen Ewigkeit (Aion) – die Gottheit dieser Welt; sie bringt Leben und Tod, Gutes und Böses in stetem Wechsel.

Der zum siebenten Grad – dem Grad des Pater und des Mithras – gehörende Planet ist Saturn, in griechischer Sprache Kronos. Man hat in der Kaiserzeit ganz allgemein gesagt, Kronos und Chronos seien derselbe Gott. Mithras ist also, wie wir schon bei der Besprechung des siebenten Grades gesehen haben, auch Chronos. Die Zeit (Zurvan) war schon bei den Persern eine bedeutende Gottheit gewesen.[81]

Wir kommen damit zu dem löwenköpfigen Gott der Zeit, von dem wir schon beim Löwengrad und dann wieder beim siebenten Grad gesprochen haben.[82]

Der löwenköpfige Chronos

Es sind zahlreiche mithrische Statuen des Chronos auf uns gekommen, die einen männlichen Körper mit Löwenkopf zeigen, der von einer Schlange spiralförmig umwunden wird.[83] Chronos steht oft auf einem Globus; er ist der Herr der Erde oder auch des Himmelsrundes. Auf einer Statue in Rom (Abb. 65 = V 543) ist der Globus von zwei sich schneidenden kreisförmigen Reifen umgeben, dem Himmelsäquator und dem Zodiacus. Durch die gegenläufigen Bewegungen des Fixsternhimmels und der Sonne (und Planeten) auf diesen Kreisen entsteht die Zeit. In der Hand trägt der Gott ein Szepter, das durch eine Spirale in zwölf Windungen unterteilt ist; damit werden die Monate des Jahres

80 In den vier Ecken der Reliefs von Sidon (Abb. 18 = V 75), Heddernheim (Abb. 101 = V 1083), auf dem Altar aus Carnuntum (V 1685) und auf dem Relief von Dieburg (Abb. 123 = V 1247) im Kreis um den thronenden Sonnengott.

81 Vgl. Nyberg, Die Religionen des alten Iran 380 ff.; R. C. Zaehner, Zurvan. A Zoroastrian Dilemma (Oxford 1955) und The Dawn and Twilight of Zoroastrianism (London 1961), Teil II; Widengren, Die Religionen Irans 214–222 und 283–295; Duchesne-Guillemin, La religion de l'Iran ancien (1962) 302–7; West, Early Greek Philosophy and the Orient (Oxford 1971) 30–33; Boyce, A History II 232–241.

82 Die Figur ist oft besprochen worden. Ich nenne: Duchesne-Guillemin, Numen 2, 1955, 190 ff. und La Nouvelle Clio 10, 1958/60, 1–8; R. Zaehner, Bulletin of the School of African and Oriental Studies (University of London) 17 (1955) 237–243; M. Boyce, Bulletin of the School . . . 19 (1957) 314–6; Hinnels, Acta Iranica 1975 (Monumentum H. S. Nyberg) I 333 ff.; Gordon, Mithraic Studies 221/4; Vermaseren, Mithraic Studies 446–456; Bianchi, Mithraic Studies 460 ff.; Hansman, Etudes Mithriaques 215–228; v. Gall, Etudes Mithriaques 511–526.

83 Man nennt den Gott meistens nicht *Chronos*, sondern *Aion;* aus den obigen Darlegungen ergibt sich, daß der Name Chronos vorzuziehen ist. Nach Platon (Timaios 37 D) ist Chronos ein Abbild des Aion.

bezeichnet.[84] Auf einer Statue aus Ostia (Abb. 40 = V 312) hat Chronos vier Flügel, auf denen Symbole der vier Jahreszeiten angebracht sind. Der Löwenkopf ist wohl als Symbol der allesverzehrenden Gegenwart zu deuten, oder als Symbol des Sonnenfeuers. Die Schlange, die sich erneuert, indem sie die alte Haut abwirft, und sich in den Schwanz beißen kann, sodaß Anfang und Ende ineinander übergehen, bezeichnet das Jahr. Die Windung der Schlange um den Körper des Chronos bedeutet die spiralförmige Bahn der Sonne auf dem Zodiacus. Diese Deutung gibt Macrobius.[85] Die scheinbare Bahn der Sonne ist ja tatsächlich eine Spirale, welche aus der Kombination ihres täglichen Umlaufs mit dem Fixsternhimmel und ihres jährlichen Laufes durch den Zodiacus entsteht.

Auf einer Chronos-Statue von Arelate (Abb. 92 = V 879) sieht man die Zodiacalzeichen zwischen den Windungen der Schlange. Auf einer anderen Statue aus Rom (V 545)[86] sind nur vier Zeichen abgebildet, Widder, Krebs, Waage und Steinbock; dies sind die Zeichen der Sonnenwenden und der Tag-und-Nacht-Gleichen (Äquinoctien). Auf dem Fresco im Mithraeum Barberini (Abb. 52 = V 390) und einem Relief aus Rom (Abb. 44 = V 335) steht Chronos auf dem Globus inmitten der Zodiacalzeichen bzw. inmitten der Altäre für die Planetengötter.[87] Auf einem Relief aus Dacien (Abb. 160 = V 2198) sieht man über Mithras einen Löwenkopf, der sich zwischen dem Sonnengott und Luna befindet und wieder Chronos bezeichnet.

Daß diese Statuen eine Beziehung zum vierten Weihegrad, dem des Löwen, haben, ist klar; man wird den Löwenkopf vielfach als Maske deuten, die von einem „Löwen" getragen wird, ganz so, wie man es auf dem Relief von Konjic (Abb. 148 = V 1896) sieht. So sitzt z. B. auf der Statue aus Sidon der Löwenkopf, d. h. die Maske, auf einem noch ganz jugendlichen Männerkörper (Abb. 20 = V 78).

Aber diese Statuen müssen sich auch auf den Grad des Pater beziehen, denn wenn der löwenköpfige Gott auf mehreren Darstellungen unmittelbar über dem Kopf des Mithras steht, der den Stier opfert, so wird damit angedeutet, daß der Opfernde und der Löwengott über ihm zusammengehören. Überdies findet sich auf den Freskenbogen über dem Stieropfer in Dura-Europos an derselben Stelle Saturn (Abb. 15 = V 42,1). Auch auf dem Relief aus Dura-Europos trägt der Gott über Mithras inmitten des Zodiacus menschliche Züge (Abb. 15 = V 40). Auf der Schale aus Salona (Abb. 146 = V 1861) ist über dem

---

84 Hierzu bemerkt M. L. West (brieflich): „Die zwölf Abteilungen des Szepters können die zwölf Millennien darstellen, welche nach iranischem Glauben (bereits bei Theopomp 115 F 65 Jac. vorausgesetzt) den ganzen Lauf der Zeit enthalten. – Vgl. die 24 μέτρα des Szepters des Phanes (Orph. fr. 157) = die 24 Teile der rhapsodischen Theogonie, also der offiziellen Geschichte, die Apollon dem Orpheus mitteilt; ferner die γράμματα, welche Kronos (= Chronos) auf das Szepter der Selene eingeschnitten hat (Pap. Graec. Mag. IV 2842–7)".

85 Saturnalia I 17,69 *Draconis effigies flexuosum iter sideris monstrat.*

86 Kopf, Arme, Unterschenkel und Globus dieser Statue sind moderne Ergänzungen.

87 Entsprechend auch auf dem Monument von Poetovio Abb. 136 = V 1510; besprochen durch v. Gall, Etudes mithriaques 523. Chronos mit Löwenkopf über dem Globus auch in dem Relief aus Serdica V 2320/1 (= I. G. Bulg. 1937).

Stieropfer ein Dreierverein von Sol, Saturn und Luna, und zwar befindet sich Saturn genau in der Mitte über dem Kopf des Mithras. Schließlich sieht man auf mehreren Reliefs aus dem Donauraum auf dem Streifen unterhalb des Stieropfers, wie Mithras und der Sonnengott auf dem Sonnenwagen emporfahren und bewillkommnet werden von dem liegenden Saturn, dessen Leib von der Schlange umwunden ist; Saturn-Chronos vertritt hier den Pater.[88]

Hierher gehört auch eine Stelle des christlichen Autors Arnobius (um 300), in welcher der Mithrasdienst zwar nicht ausdrücklich genannt wird, die man aber doch ohne Bedenken auf den Gott mit dem Löwenkopf beziehen darf. Er sagt (VI 10): „Unter euren Göttern sehen wir das ganz wilde Antlitz eines Löwen, welches mit reinem Mennig (also rot) angestrichen ist und mit dem Namen des ‚Bringers der Früchte‘ (des Saturn) benannt wird".[89] Der löwenköpfige Gott heißt also Saturn.

Aus Emerita haben wir eine Statue desselben Gottes (Abb. 77 = V 777) mit Körper und Gesicht eines jungen Mannes. Sein Leib ist von einer Schlange umwunden, und mitten auf der Brust ist ein Löwenkopf aufgesetzt. An seiner linken Hüfte befindet sich der Kopf eines Hundes; an der entsprechenden Stelle der rechten Hüfte saß ebenfalls ein Tierkopf, der abgebrochen ist. Aus einer Stelle des Macrobius ergibt sich, daß es sich um einen Wolfskopf gehandelt hat. Macrobius kommt dort auf die Statue des Sarapis– Jupiter-Pluto-Saturn in Alexandria zu sprechen. Neben der Statue des Gottes steht Cerberus, der dreiköpfige Hund. Der mittlere Kopf ist der eines Löwen und bezeichnet die Gegenwart, welche zwischen Vergangenheit und Zukunft liegt und im gegenwärtigen Augenblick stark und „glühend" (fervens) ist; der rechte Kopf ist der eines schmeichelnden Hundes und bezeichnet die Zukunft, deren Hoffnungen uns schmeicheln; der linke Kopf ist der eines freßgierigen Wolfes und bezeichnet die Vergangenheit, weil alles, was geschieht, von ihr hinweggerissen wird.[90]

Es ist evident, daß die drei Tierköpfe auf der mithrischen Statue des Zeitgottes Chronos dieselbe Bedeutung haben: Vergangenheit (Wolf), Gegenwart (Löwe), Zukunft (Hund).

Mithras-Phanes-Eros

Hier ist noch anzuschließen das Relief aus Modena (Abb. 74 = V 695), auf dem der jugendliche Mithras aus einem feurigen Ei geboren wird.[91] Sein Leib ist von der Schlange umwunden, an seiner Brust sitzen in der Mitte, links und rechts Köpfe von Löwe, Widder

---

88 Abb. 150 = V 1935, Abb. 152 = V 1958, Abb. 153 = V 1972 (Apulum), V 2291 (Acbunar).

89 *inter deos videmus vestros leonis torvissimam faciem mero oblitam minio nomine Frugiferi nuncupari.*

90 Macrobius, Saturnalia I 20,13, vorzüglich erklärt von Pettazzoni, Essays on the History of Religions (Leiden 1954) 164–170; vgl. weiter 180–192 „The Monstrous Figure of Time in Mithraism", mit Behandlung der hierher gehörenden Mithrassteine.

91 Vgl. Cumont, Rev. hist. rel. 109, 1934, 67 ff. und Nilsson, Opusc. III 98–106.

(wohl statt des Wolfes, also: Vergangenheit) und Ziegenbock (wohl statt des Hundes, also: Zukunft).[92] Er ist also derselbe Chronos wie der soeben besprochene Gott aus Emerita und die vorher behandelten löwenköpfigen Gestalten. Er hat die Flügel, welche auf den anderen Statuen des Chronos die Jahreszeiten bedeuten; hinter seinem Hals ist die Mondsichel, von seinem Kopf gehen Sonnenstrahlen aus; in der einen Hand hält er den Donnerkeil, in der anderen ein Szepter.

Die Figur ist vom Zodiacus umgeben, und in den Ecken sind die Büsten der Windgötter.

Der Gott hat Bocksfüße, das heißt, sein Name ist Pan. Nun gab es im Griechischen neben dem Götternamen Pan auch ein gleichlautendes Adjektiv *pan* im Sinn von „jedes, alles". Die Worte gehören etymologisch nicht zusammen, aber der Gleichklang bewirkte, daß man ohne weiteres den Götternamen aus dem Adjektiv deutete. Die Bocksfüße als Abzeichen des Pan bedeuten also, daß diese Gestalt ein Allgott ist.

Das Bild des aus dem Ei geborenen Gottes lenkte ferner die Gedanken auch auf jenen griechischen Gott, der aus dem Ei geboren ist, den orphischen Urgott Phanes-Eros. Daß die Mithrasverehrer den Mithras mit Phanes gleichgesetzt haben, bezeugt eine Weihinschrift in Rom „Für Zeus-Helios-Mithras-Phanes".[93]

Der Gott im Oval trägt also die Namen Mithras, Chronos-Saturn, Phanes-Eros, Pan.

Er führt darüber hinaus die Symbole aller sieben Grade mit sich: 1 Widder, 2 Schlange, 3 Skorpion (im Zodiacus), 4 Löwenkopf (auf der Brust), 5 Luna (als Sichel hinter der Schulter), 6 Sol mit seinem strahlenumgebenen Haupt, 7 Chronos-Saturn. Er ist in jeder Hinsicht ein Allgott.

Vermutlich stellen fast alle hier besprochenen Statuen des Chronos-Saturn-Mithras mit dem Löwenkopf diesen Allgott dar. Einige der beim vierten Grad behandelten Statuen und Reliefs dürften – soweit sie keine Attribute höherer Grade mit sich führen – allein auf den Grad des Löwen und sein Element, das Feuer, zu beziehen sein; aber all jene Darstellungen, auf welchen der löwenköpfige Gott über Mithras (also dem Pater) zu sehen ist, und jene anderen, welche Symbole der Jahreszeiten und ihrer Zodiacalzeichen tragen, bezeichnen den siebenten Grad und gleichzeitig Mithras als Gott des Jahres und der Zeit.

---

92 Vielleicht bezeichnet der Widder auch das Zodiacalzeichen *(Aries)* des Frühlingsäquinoctiums, also des Jahresbeginns, und der Ziegenbock ist gleichzeitig der „Steinbock" *(Capricornus)*, das Zeichen der Wintersonnenwende und des *natalis invicti*.

93 *V 475* = Moretti, Inscriptiones Graecae urbis Romae 108 Διὶ Ἡλίῳ Μίθρᾳ Φάνητι κτλ. Dieser Mithras-Phanes-Eros war auch auf dem Relief aus Rom (Abb. 44 = V 335) abgebildet (auf dem oberen Streifen, in der Mitte der brennenden Altäre).

IX. Die kosmische Religion der Spätantike

Wir haben gesehen, daß auf vielen Monumenten der Mithrasreligion die Symbole des Kosmos vorkommen. Es wurde also in den Mysterien jene kosmische Religion gelehrt, welche in der späteren Antike fast allgemeine Gültigkeit hatte. Da die schriftlichen Zeugnisse über die Mysterien sehr mager sind, müssen wir zur Veranschaulichung dieser kosmischen Frömmigkeit nach anderen Texten des späteren Altertums greifen, welche nicht direkt mit den Mithrasmysterien zusammenhängen. Ich wähle

zwei Gedichte aus der Consolatio philosophiae des Boethius.

Der fromme Philosoph, heißt es dort, pflegt „seinen Sinn als freier Mensch zu den Pfaden des Äthers zu erheben; er blickt auf das Licht der rötlichen Sonne, er sieht das Gestirn des kühlen Mondes; er hat verstanden, wie die Planeten verschiedenartige Kreise durchlaufen, und dies in Zahlen begriffen.[1] Ja, er pflegt zu erforschen, warum die tönenden Winde die Meeresfläche aufwühlen, welcher Geist die Fixsternsphäre kreisen läßt, warum die Sterne im Osten rötlich aufgehen, um im Westen in die Wogen zu stürzen, was die Jahreszeit des Frühlings so friedlich heiter mischt, daß sie die Erde mit Rosen schmückt, wer es gegeben hat, daß der fruchtbare Herbst nach vollendetem Jahr in die schweren Trauben hineinfließt[2] – all dies erforscht er und kann die verschiedenen Ursachen (für alle Erscheinungen) der sich verbergenden Natur angeben" (I m. 2,6–23).

> *Hic quondam caelo liber aperto*
> *suetus in aetherios ire meatus*
> *cernebat rosei lumina solis,*
> *visebat gelidae sidera lunae*
> *et quaecumque vagos stella recursus*
> *exercet varios flexa per orbes*
> *comprensam numeris victor habebat.*
> *quin etiam causas, unde sonora*
> *flamina sollicitent aequora ponti,*
> *quis volvat stabilem spiritus orbem*
> *vel cur Hesperias sidus in undas*
> *casurum rutilo surgat ab ortu,*
> *quid veris placidas temperet horas,*
> *ut terram roseis floribus ornet,*
> *quis dedit, ut pleno fertilis anno*

---

1 Wörtlich: „er hat siegreich verstanden", hat das Problem gemeistert.
2 Die Antwort auf all diese Fragen ist natürlich: Gott. Der Gedankengang ist schon zarathustrisch (Yasna 44, 3–5).

autumnus gravidis influat uvis,
rimari solitus atque latentis
naturae varias reddere causas.

Hier kehrt alles wieder, was wir auf den mithrischen Reliefs gefunden haben: der Umlauf der Fixsterne und Planeten, der Kreislauf der Winde und der Jahreszeiten; dieser Kreislauf aller Dinge enthält die tröstliche Lehre, daß auch für den Menschen dasselbe Gesetz gilt: Auf das Unglück wird Glück folgen, aus dem Tod wird Leben hervorgehen.

Wie man den Schöpfer dieses Weltalls verehrte, mag ein anderes Gedicht des Boethius zeigen:

„O du Schöpfer des Fixsternhimmels, der du auf ewigem Sitz thronend den Himmel in schnellem Wirbel drehst und die Planeten zwingst, nach Gesetz umzulaufen,

so daß Luna bald mit voller Scheibe leuchtet, wenn sie mit voller Flamme in Opposition zu ihrem Bruder (Sol) steht und die kleineren Sterne überstrahlt, bald dem Sonnengott zu nahe kommend bleich wird und in der verdunkelten Scheibe ihr Licht verliert,

so daß Venus bald zu Beginn der Nacht als Abendstern ihren kühlen Aufgang nimmt, bald den üblichen Lauf wieder verändernd als Morgenstern beim Aufgang des Sonnengottes erbleicht.[3]

Du zwingst in der kalten Zeit der Wintersonnenwende, wenn die Blätter fallen, das Tageslicht zu kürzerem Verweilen; du verkürzest, wenn der heiße Sommer kommt, der Nacht ihre raschen Stunden auf die Hälfte.

Deine Kraft gibt dem sich wandelnden Jahr die rechte Mischung, so daß das Wehen des Nordwindes jene Blätter entführt, welche der Südwind als zartes Laub wiederbringt, und daß der Arktur (bei seinem Frühaufgang im Herbst) die Samen sieht, der Sirius (bei seinem Frühaufgang im Juli) die daraus hoch gewachsenen Ährenfelder verbrennt.

Nichts ist entbunden von dem uralten Gesetz, nichts kann die Aufgabe verlassen, die zu erfüllen ihm aufgetragen ist" (I m. 5,1–24).

O stelliferi conditor orbis,
qui perpetuo nixus solio
rapido caelum turbine versas
legemque pati sidera cogis,
ut nunc pleno lucida cornu
totis fratris obvia flammis
condat stellas luna minores,
nunc obscuro pallida cornu
Phoebo propior lumina perdat
et, qui primae tempore noctis

---

3 Morgenstern (Cautes-Lucifer) und Abendstern (Cautopates-Hesperus) kommen regelmäßig auf den Mithrasmonumenten vor.

agit algentes Hesperos ortus
solitas iterum mutet habenas
Phoebi pallens Lucifer ortu.
Tu frondifluae frigore brumae
stringis lucem breviore mora,
tu, cum fervida venerit aestas,
agiles nocti dividis horas.
tua vis varium temperat annum,
ut, quas Boreae spiritus aufert,
revehat mites Zephyrus frondes,
quaeque Arcturus semina vidit,
Sirius altas urat segetes;
nihil antiqua lege solutum
linquit propriae stationis opus.

Soviel über die kosmische Frömmigkeit, aus der wir auch die mithrischen Reliefs und Fresken deuten.

Die Weltschöpfung in Platons Timaios

Es ist offenkundig, daß dies von den altpersischen Vorstellungen ziemlich entfernt ist. Man hat das Weltbild der Spätantike in das persische Schöpfungsdrama hineininterpretiert. Verglichen mit den persischen Traditionen, ist dies sekundär; für die Mithrasmysterien der römischen Kaiserzeit ist es aber geradezu konstitutiv. Vermutlich sind die eigentlichen „Mysterien" des Mithras überhaupt erst entstanden, als man diese Um-Interpretation vornahm.

Der Ausgangspunkt dieser hellenisierenden Interpretation der persischen Religion war ein klassischer Text, der Timaios des Platon. In dieser berühmten Schrift hatte Platon in mythischer Form die Erschaffung der Welt beschrieben. Viele Einzelheiten des Timaios finden sich auf den Mithrasreliefs wieder.

Um dies klar zu machen, müssen wir einen kurzen Überblick über die Kosmogonie des Timaios geben.

Nach dem Mythos des Platon ist die Welt von einem Baumeister (δημιουργός) nach einem transzendenten Vorbild aus den vier Elementen geschaffen worden. Zusammengehalten wird das All und jedes lebende Wesen durch die Seele. In der Seele sind drei Bestandteile gemischt:

1. Unveränderliches *Sein*, welches mit dem transzendenten, unsichtbaren, unveränderlichen Reich der Ideen zusammenhängt.

2. Jenes immer sich selbst *Gleiche*, welches das Ewige der Ideen in unsere Welt transponiert und uns sichtbar vor Augen führt; dies Prinzip können wir am Himmel anschauen in der regelmäßigen, immer gleichen Drehung der Fixsterne nach rechts.

3. Das vom ewigen Sein der Ideen und Fixsterne *Verschiedene*, dessen himmlisches Bild die ihren Platz verändernden Planeten sind; sie laufen nach links auf der Ekliptik (dem Zodiacus).

Das *Gleiche* also und das *Verschiedene* werden symbolisiert durch die Fixsterne und Planeten und durch die Drehungen am Himmel nach rechts und links; durch das Gleiche kann das Irdische Anteil haben am transzendenten ewigen Sein, durch das Verschiedene ist sein Los Vergehen und Tod.

Der Baumeister der Welt mischte in einem Mischkrug (Kratér) aus dem Sein, dem Gleichen und dem Verschiedenen eine Seelensubstanz und schuf daraus die beiden großen (gedachten) Kreise am Himmel, den Himmelsäquator als Kreis des dem Ewigen *Gleichen* für die Fixsterne, den Zodiacus als Kreis des vom Ewigen *Verschiedenen* für die gegenläufige Bahn der Planeten. Er befestigte sie so aneinander, daß sie (von der Seite betrachtet) ein liegendes X bildeten. Dann schuf er Planeten und Fixsterne und setzte sie auf den beiden Bahnen in Bewegung; da entstanden Tage, Monate und Jahr, und da entstand die Zeit.

Die Zeit *(Chronos)* ist ein irdisches Abbild der transzendenten Ewigkeit *(Aion)*; die Ewigkeit ist ewig unveränderlich, in der Zeit lösen sich Vergangenheit, Gegenwart und Zukunft ab; in der steten Veränderung bleibt die Zeit doch immer dieselbe und transponiert so das Ewige in das Irdische.

Nach der Erschaffung der sichtbaren himmlischen Götter (der Sterne) und der anderen göttlichen Wesen war noch Seelensubstanz in dem Mischkrug übriggeblieben; hieraus schuf der Weltschöpfer die Seelen der Menschen und Tiere. Die niedrigeren Götter formten dann in seinem Auftrag aus den Elementen die Körper für die Seelen.

Bevor die Seelen verkörpert wurden, wies der Weltschöpfer jeder Seele ihre Heimat auf einem Fixstern zu und erklärte ihnen das Gesetz, dem sie unterstehen:

Von den Fixsternen, der Region des immer Gleichen, kommen die Seelen auf die Planeten, wo schon das vom Ewigen Verschiedene regiert; von den Planeten steigen sie auf die Erde hinab und werden in einen Körper gefügt. Dort werden sie Schmerz, Lust, Verlangen, Furcht und Zorn empfinden; wer diese Affekte überwindet und gerecht bleibt, dessen Seele wird nach dem Tod zu ihrer Heimat, auf ihren Fixstern zurückkehren; wer von den Leidenschaften überwunden wird, dessen Seele wird nach dem Tod nicht frei, sondern muß wieder zur Erde hinab und muß vielleicht gar in einem tierischen Körper Wohnung nehmen. Darum soll man während des Lebens alles daran setzen, dem Gleichen, das heißt dem Göttlichen, zu folgen; den aus den vier Elementen gebildeten Körper soll man durch die Vernunft beherrschen.

Danach fügten die niedrigeren Götter die Seelen in die Körper. Sobald nun die Seele vom Körper umgeben war, wurde sie überfallen von den sinnlichen Wahrnehmungen. Sie wurde von feurigen Körpern gebrannt, von festen irdenen gestoßen, sie wurde von feuchten Dingen zum Ausgleiten gebracht, vom Wind zersaust; die Vernunft hat es schwer, sich durchzusetzen. Aber eben die Sterne können den Menschen zu sich selbst zurückführen; der Anblick der ewigen Ordnung soll ihn dazu bringen, in sich selbst die Spuren derselben Ordnung zu erwecken, die in ihm schlummern; und wenn er dem Ewigen folgt (dem *Gleichen*), nicht dem Irdischen (dem *Verschiedenen*), wird er schließlich allem Unheil entrinnen. Wer dies aber versäumt, dem wird es gehen wie jenen, die nicht in die Mysterien eingeweiht sind: Er muß wieder in jenen Hades zurück, welcher das Leben auf unserer Welt ist.

Der Timaios und die Mithrasmysterien

Die Ähnlichkeit dieses Mythos mit den mithrischen Bildern ist groß. Ich zähle die gemeinsamen Punkte auf:

1. Ein Gott erschafft die Welt. Das ist im Orient selbstverständlich; in Griechenland kommt die Vorstellung selten vor,[4] und der einzige berühmte Text ist der Timaios.

2. Himmelsrund, Zodiacus und Planeten spielen eine wichtige Rolle. Sie bezeichnen die gegenläufigen Drehungen am Himmel. Dies ist durch Celsus ausdrücklich für die Mithrasmysterien bezeugt.

3. So entstehen Tag, Monat und Jahr.[5]

4. Gleichzeitig entsteht Chronos, die Zeit; auch der mithrische Chronos, ein löwenköpfiger Mann, ist in Beziehung gesetzt zum Zodiacus.

5. Die vier Elemente sind die Grundstoffe der körperlichen Welt. Die Vierzahl ist nicht selbstverständlich; manche Philosophen rechneten mit einem fünften Element. Vielleicht ist eine Fünferreihe der Elemente altiranisch;[6] jedenfalls kennt Mani fünf Elemente.

6. Die Seelensubstanz wird bei Platon in einem Mischkrug (Kratér) gemischt; in den Mithrasbildern fließt das Sperma, die Lebenssubstanz, in einen Mischkrug.

Wir fügen hinzu:

7. Bei Platon durchläuft die Seele die Planetensphären; dasselbe ist durch Celsus für die Mithrasmysterien bezeugt.

8. Bei Porphyrios, De antro nympharum 6, findet sich ein Bericht über das Buch eines gewissen Eubulos über die Mithrasmysterien. Eubulos sprach von „dem Schöpfer und Vater aller Dinge, Mithras", und zitierte damit aus dem Timaios, wo es heißt „den Schöpfer und Vater des Alls" (28 C 3). Eubulos hat also Mithras mit dem Weltschöpfer des Timaios gleichgesetzt. Er verwendet für das „Erschaffen" dasselbe Wort δημιουργεῖν („als Handwerker herstellen"), welches Platon von seinem Weltschöpfer gebraucht hatte.

---

4 Bei Alkman, Pherekydes und Parmenides; ausdrücklich abgelehnt von Heraklit (Vorsokratiker 22 B 30).

5 Dies kommt auch in den orientalischen Kosmogonien vor. M. L. West verweist auf Genesis 1,14; Enuma Elish V 1 ff. (Pritchard, Ancient Near Eastern Texts Relating to the Old Testament, Princeton 1955, S. 67/8); Rigveda X 190 (Lieder des Rigveda übersetzt von A. Hillebrandt, Göttingen 1913, S. 134).

6 Lommel, Festschrift für Ad. E. Jensen (1964) 365 ff., wiederabgedruckt bei B. Schlerath, Zarathustra (Wege der Forschung 169, Darmstadt 1970) 377 ff.

9. Von diesem Weltschöpfer heißt es im Timaios, es sei „schwer ihn aufzufinden, und wenn man ihn aufgefunden habe, sei es doch unmöglich, ihn allen mitzuteilen". Damit berührt sich nahe, daß Mithras in einer Inschrift aus Rom „unergreifbar" heißt (V 311 *indeprehensibilis*).

10. Auch die Wahl der Grotte als Symbol des Kosmos erinnert an Platon, in diesem Fall nicht an den Timaios, sondern an das berühmte Höhlengleichnis im „Staat": Wir Menschen sind auf der Erde gleichsam nur Gefangene in einer dunklen Höhle, und der Anblick des jenseitigen Lichtes ist uns verwehrt. Wir müssen unsere Fesseln zerbrechen, umkehren und aus der Höhle zum Licht, zur wahren Sonne, emporsteigen.

Nun sind die Mithrashöhlen Abbilder des Kosmos, wie Platons Höhle ein Gleichnis der Welt; im Mithraskult kamen Fesselungszeremonien vor; Platon spricht von einem Befreier, der die Gefesselten löst, und im Mithraskult trat ein *liberator* auf;[7] wie Platons Gefangene sollten die Mithrasmysten zum jenseitigen Licht emporsteigen. Auch hier sind die Beziehungen dicht; kein Mithrasdiener, der nur ein wenig Philosophie getrieben hatte, konnte sie übersehen.

Dies bedeutet nicht, daß man jedem Mysten die Deutung der Bilder aus dem Timaios vorgetragen hat. In den Mithrasmysterien war der philosophische Mythos des Timaios in leichter faßliche Bilder transponiert, die den unteren Graden genügen konnten. Aber wer die höheren Weihen empfing, hörte eine platonisierende Interpretation der Bilder und des Mithrasmythos.

Ein wichtiger Punkt in der philosophischen Deutung dürfte gewesen sein, daß der Mythos des persischen Gottes im tieferen Sinn nicht als eine einmalige, mythische Heilstat zu verstehen sei, sondern als symbolische Darstellung von etwas, was immer ist. Diese Interpretation gilt ja auch für den Timaios. Platon hat nicht sagen wollen, daß die Welt in Wirklichkeit einmal von einem Baumeister erschaffen wurde; er hat nur die Welt, wie sie ist, und ihren Sinn und Zusammenhang dargestellt, indem er einen Mythos von ihrer Entstehung erzählte. – So urteilten jedenfalls die meisten antiken und modernen Exegeten, und da diese Interpretation des Timaios die im Altertum fast allein gültige war, muß sie auch für die Mithrasreligion vorausgesetzt werden.

Der Leser dieses Buches wird längst verstanden haben, daß die Mithrasmysterien eine Religion gewesen sind, in welcher die alten persischen Elemente zu einem ganz neuen System zusammengesetzt waren, das fast durchgehend von platonischen Gedanken inspiriert worden ist. Nicht umsonst sagt Tertullian, daß die Mithrasmysten „philosophieren" (*philosophantur*),[8] nicht umsonst wirft ihnen ein anderer christlicher Schriftsteller vor: „Auf wieviele Weisen treibt man mit denjenigen ein schmähliches Spiel, die sich Weise (= Philosophen) nennen!"[9]

---

7 Ps. Augustinus (Ambrosiaster), Quaestiones veteris et novi testamenti 113,11; s. oben S. 138, Anm. 10.

8 Adversus Marcionem I 13.

9 Ps. Augustin (Ambrosiaster), Quaestiones veteris et novi testamenti 113,11 (p. 309 Souter) *ecce quantis modis turpiter inluduntur, qui se ‚sapientes' appellant.*

Die Seelenlehre der Mithrasmysterien; die Göttin Hekate als Bild der Weltseele

Auch die Seelenlehre der Mithrasmysterien war eine Variante der Lehre, welche Platon vorgetragen hatte. Im *Phaidros* wird die menschliche Seele einem Gespann zweier geflügelter Pferde verglichen, das von einem Wagenlenker gelenkt wird. Der Wagenlenker ist der νοῦς (der Geist, Verstand), das eine Pferd der θυμός (die Regung des Stolzes), das andere die ἐπιθυμία (Begierde). Eine ähnliche Dreiheit findet sich in den Mithrasmysterien.

Dabei hat der Erfinder der Mysterienlehre wahrscheinlich an persische Vorstellungen angeknüpft. Dort gab es eine Göttin der Natur und des Wassers, welche die drei Namen Ardvi-Sura-Anahita führte: „Die Feuchte, Starke, Makellose". Ihr gilt der 5. Yašt, und sie tritt mehrfach zusammen mit Mithras auf.[10]

Nun hat man in mehreren Mithraeen Statuen der dreiköpfigen Göttin *Hekate* gefunden, so in Sidon (Abb. 21 = V 84) und unter S. Prisca in Rom (Abb. 59 = V 486).[11] Aus einem Kapitel des Christen Firmicus Maternus, das gegen die Mithrasmysterien gerichtet ist, ergibt sich, daß diese Göttin die drei Seelenteile darstellte.[12]

Der erste Kopf stellt *Minerva* (Athena) dar; er bezeichnet denjenigen Seelenteil, der im Kopfe wohnt und *ira* heißt. Damit ist Platons θυμός gemeint, die leidenschaftlich-stolzen Regungen der Seele.

---

10   In den Inschriften des Königs Artaxerxes Mnemon, s. Kent, Old Persian 154 f. Die Griechen haben diese Göttin bald als *Athena* interpretiert (Plutarch, Artaxerxes 3), bald als *Aphrodite* (Berossos, Fragm. gr. Hist. 680 F 11/12 = Clemens, Protrept. 5,65,3 bzw. Agathias II 24; Iamblich, Babyloniaca 9 p. 32 Habrich), bald als *Artemis* (Artemis-Anaitis von Hypaipa in Lydien; Plut. Artax. 27).

11   Auch in Stockstadt (V 1187); in Osterburken (Abb. 112 = V 1292) wohl die drei Göttinnen im 3. Feld links unten.
    Nur *Minerva:* V 441 (Rom), Abb. 84 = V 820 (London), Abb. 104 = V 1086 (Heddernheim); Minerva und Diana in Stockstadt (V 1183/4); Minerva und ein Gott in Gimmeldingen (V 1318). Vgl. auch Minerva auf einem Relief bei Vermaseren-van Essen, S. Prisca S. 385 nr. 279 und Tafel XCI.
    Vermutlich stammen aus Mithraeen auch die Minerva Petronell und die Diana aus Purrbach am Neusiedler See (Corpus Signorum Imperii Romani, Österreich I 3 [1970, M.-L. Krüger] nr. 190 und 191).

12   De errore profanarum religionum 5, erklärt von Ziegler, Archiv für Religionswissenschaft 13, 1910, 247–269; vgl. Reallex. für Antike und Christentum VII 951 und Turcan, Mithras Platonicus 90–104 (La déesse aux trois visages). – Der Text lautet:
    ... et mulierem quidem triformi vultu constituunt ... (Nun werden erst die Statuen des Mithras besprochen; mitten in dieser Besprechung bricht die Handschrift ab; als die nächste erhaltene Seite einsetzt, ist man mitten in der Besprechung der Göttin mit dem ‚vultus triformis'):
    [et prima quidem pars est ea,] quae armata clipeo, lorica tecta, in arcis summae vertice consecratur. altera (so Bursian; der Codex hat: *tertia*) *etiam pars est quae in asperis secretisque silvarum agrestium ferarum sortitur* (= λαγχάνει) *imperium. ultima pars tripertitae istius divisionis est*

Der zweite Kopf stellt *Diana* (Artemis) dar; er bezeichnet denjenigen Seelenteil, der im Herzen wohnt und *mens* heißt. Dies ist Platons ‚Geist' (νοῦς); daß ‚Herz' in allegorischem Sinn ‚Geist' bedeutet, ist auch sonst bezeugt.[13] Diana, der ‚Geist', wohnt in den ‚Wäldern', denn wie es in den Wäldern vielerlei Wege gibt, so sind auch die Gedanken der Menschen, über welche der Geist regiert, vielfältig.

Der dritte Kopf stellt *Venus* (Aphrodite) dar. Sie wohnt in der Leber, welche der Sitz der Begierde *(libido)* ist. Dies ist Platons dritter Seelenteil, die Begierde (ἐπιθυμία).

Alle drei Seelenteile zusammen werden dargestellt im Bild der dreiköpfigen Göttin: Hekate (die Seele) besteht aus Minerva *(ira* = θυμός), Diana *(mens* = νοῦς) und Venus *(libido* = ἐπιθυμία).

Unter dieser Hekate ist nicht nur die Einzelseele des Menschen zu verstehen, sondern nach der in der Antike gängigen, aus Platons Timaios stammenden Vorstellung die Weltseele, von der alle Einzelseelen nur Teile darstellen.

Der Aufstieg der Seele: Psyche und Eros nach Platons Phaidros

Platon beschreibt im Phaidros, wie die Seelengespanne, von Eros begeistert, zum Firmament emporzusteigen suchen. Wir haben auf dem Relief aus dem Mithraeum zu Capua gesehen, wie ein kleiner Eros eine mächtige Psyche – den *Nymphus* – an der Hand faßt (Abb. 27 = V 186). Eine fragmentierte Gruppe von Eros und Psyche ist auch im Mithraeum unter S. Prisca gefunden worden (Abb. 64). Eine Gemme zeigt auf der einen Seite das Stieropfer des Mithras und auf der anderen Seite Eros und Psyche (Abb. 167 = V 2356). Es ist also sicher, daß der platonische Mythos von Eros und Psyche in den Mithrasmysterien eine Rolle spielte und auf den Aufstieg der Seele zum Fixsternhimmel bezogen wurde.[14]

Diesen Aufstieg sieht man bildlich im Mosaik der Leiter zu Ostia (Abb. 38 = V 299). Wie der von Eros begeisterte Mensch über Stufen (ἐπαναβασμοῖς) zur Schau der Ideen emporsteigt, lesen wir im Symposion (211 C 3).

quae libidinum vias, quae prava desideria, quae praeposterae cupiditatis monstrat inlecebras. ideo unam partem capiti (so Wower; der Codex hat: *capitis*) *adsignant, ut hominis iram quodammodo tenere videatur. aliam in corde statuunt ut diversarum cogitationum varietatem, quas multiplici intentione concipimus, in modum silvarum tenere videatur. tertia pars constituitur in iecore, unde libido nascitur et voluptas. illic enim genitalium seminum collecta fecunditas naturalibus stimulis desiderium cupiditatis exagitat.*

13 Proklos, in Parmenidem p. 808,25 Cousin; in Timaeum II 145,28 Diehl. Schon Horigenes kennt diese Allegorese (Comm. in Rom., Migne, Patrol. Graec. 14,893).

14 Auf dem unteren Streifen des Reliefs aus Bononia Abb. 71 = V 693 fährt anstelle des Sonnengottes (des Heliodromus) ein Putto, d. h. ein Eros, auf dem Wagen zum Himmel empor. Auch dies ist auf den Aufstieg der Seele zu beziehen.

Die Leiter der Mithrasmysterien ist, so sagt Celsus,[15] ein Symbol der beiden Umläufe am Himmel, des Umlaufs der Fixsternsphäre (mit dem Himmelsäquator) und der Bewegung der Planeten (durch den Zodiacus), und des Weges der Seele durch sie hindurch. Für den „Weg durch" die Umläufe gebraucht Celsus die Vokabel διέξοδος. Sie ist aus dem Phaidros genommen, wo das Wort dreimal von den Göttern über dem Fixsternhimmel und von den aufsteigenden Seelen gebraucht wird.[16]

Das lateinische Wort hierfür lautet *transitus;* wir haben bei der Besprechung des zweiten Grades gesehen, daß diese Vokabel den Übergang vom zweiten zum dritten Grad bezeichnete.[17] Ein solcher Übergang bedeutete immer auch den Übergang in eine andere Planetensphäre. Die Vocabel *transitus* ist auch astronomisch für die Bewegungen der Planeten benützt worden.[18]

Der überhimmlische Ort

Wenn der Seele der Aufstieg durch die Planetensphären zur Schale des Fixsternhimmels gelingt und sie ins Jenseitige, „Transszendente" (Hinüberschreitende) vorstößt, erblickt sie den „überhimmlischen Ort" (ὑπερουράνιος τόπος), in dem die Zwölfgötter auf ihren Wagen einherfahren. Auf dem Relief von Osterburken (Abb. 112/113 = V 1292) stehen die Zwölfgötter an genau diesem Ort, über dem Zodiacus, der ja aus Konfigurationen des Fixsternhimmels besteht. Links fährt der Sonnengott mit seinem Viergespann auf der Himmelskugel empor, rechts wendet Luna ihr Zweigespann hinab.

Der Christ Justin sagt an der oben (S. 190 f.) angeführten Stelle, bei allen Vorstellungen, welche bei den Mithrasdienern und im Christentum in ähnlicher Weise vorkämen, habe das Christentum die historische Priorität; die Mithrasverehrer hätten es sogar unternommen, eine ganze Reihe von Worten des Jesaias in ähnlicher Weise in ihren Mysterien vorzutragen. Jesaias hat gesagt: „Hört ihr in der Ferne meine Taten ... Wer wird euch den ewigen Ort[19] melden? Er, der in Gerechtigkeit wandelt ...".

In den Mithrasmysterien muß also etwas gesagt worden sein, das dem Wort des Jesaias von dem „ewigen Ort" sehr ähnlich war: Die Mithrasmysten werden von Platons „überhimmlischem Ort" gesprochen haben. Wenn man dem Justin vorgehalten hätte, daß das Wort Platons doch viel älter sei als die Mithrasmysterien, hätte er geantwortet: Platon hat es aus Jesaias genommen.[20]

Neben den Zwölfgöttern über dem Himmelsrund fährt auf dem Relief von Osterbur-

---

15 Bei Horigenes, Contra Celsum VI 22, zitiert oben S. 213/4 Anm. 54.
16 Phaidros 247 A 4; 251 D 2 und 4; Turcan, Mithras Platonicus 47.
17 S. oben S. 92 f.
18 S. oben S. 93, Anm. 16.
19 Dialogus 70 τὸν τόπον τὸν αἰώνιον.
20 Die Ausführungen über die Mithrasmysterien stehen bei Celsus bzw. Horigenes in einer Diskussion darüber, ob Platon seine Worte über den „überhimmlischen Ort" im Phaidros von den Juden übernommen habe (Contra Celsum VI 19–22 p. 89–93 Koetschau).

ken (Abb. 112 = V 1292) links der Sonnengott auf seinem Viergespann auf der Himmelskugel empor, rechts wendet Luna ihr Zweigespann hinab.

Wir haben diese Wagenfahrt des Sol und der Luna auf den täglichen Weg der Gestirne
um die Erde gedeutet, nach dem geozentrischen System. Dies war auch zweifellos richtig;
aber nun zeigt sich, daß diese Wagenfahrt noch eine zweite Bedeutung hatte. Sie stellt, in
Anlehnung an den Phaidros, die Wagenfahrt der Götter über der Schale des Fixsternhimmels dar, im überhimmlischen Ort.

Von hier aus fällt auch neues Licht auf jene ähnliche Szene einer Wagenfahrt, die wir
oben (S. 117) bei der Besprechung des fünften Grades behandelt haben. Dort steigt ein
persisch gekleideter junger Mann zu dem Sonnengott (bzw. dem Heliodromus) in den
Wagen; der Sonnengott reicht ihm die Hand, die beiden sind *syndexii.* Wir haben dies auf
eine Weihezeremonie bezogen, welche den Übergang vom fünften zum sechsten Grad
darstellte.

Gleichzeitig wird damit aber auch verwiesen auf den Aufstieg der Seele zum überhimmlischen Ort. Wer bis zum sechsten Grad aufgestiegen ist, der hat einen Blick auf jenen Ort
getan und jene Fahrt der Götter gesehen, welche im Phaidros beschrieben wird.

Der Weg der Seele durch die Planetensphären

Über den Weg der Seele durch die Planetensphären hat man viel spekuliert. Um die
Gedankengänge zu charakterisieren, seien wieder spätantike platonische Autoren herangezogen, die sich zwar nicht auf die Mithrasmysterien beziehen, aber ohne Zweifel die
Vorstellung richtig wiedergeben, welche alle Platoniker, und also auch die Mithrasmysten,
hatten.

Der Neuplatoniker Macrobius beschreibt in seinem Kommentar zu Ciceros „Traum
des Scipio" den Fall der Seele aus der Fixsternsphäre bis zur Erde hinab. „Die Seele gleitet
vom Zodiacus (= der Fixsternsphäre) aus zu immer tieferen Sphären hinab, und während
sie durch diese gleitet, wird sie nicht nur umkleidet von einem Leib aus Lichtstoff,[21] sondern erwirbt auch all jene Eigenschaften, von welchen sie (auf der Erde) Gebrauch
machen wird: In der Sphäre des *Saturn* logisches Denken und Verstand . . ., in der des
Jupiter Tatkraft . . ., in der des *Mars* feurigen Mut . . ., in der des *Sonnengottes* die Fähigkeit wahrzunehmen und sich Vorstellungen zu bilden . . ., die Begierde in der (Sphäre) der
Venus . . ., die Fähigkeit zu sprechen und sich verständlich zu machen . . . im Kreis des
Mercur; aber die Fähigkeit zu pflanzen und die Körper wachsen zu lassen gewinnt sie
beim Betreten des Kreises der *Luna.*"[22]

---

21 Also von dem sogenannten Astralleib (aus Sternenstoff). Die immaterielle Seele kann nicht
    unmittelbar von Materie umkleidet werden; zur Vermittlung zwischen der Seele und dem mate-
    riellen Körper wird zunächst allerdünnste Materie benötigt, die nur aus Licht besteht.
22 I 12,13–14 = Leemans, Studie over den Wijsgeer Numenius van Apamea (1937) S. 109–110 *de
    zodiaco . . . ad subiectas usque sphaeras anima delapsa dum per illas labitur, in singulis non solum
    . . . luminosi corporis amicitur accessu, sed et singulos motus, quod in exercitio est habitura, pro-*

Servius verteilt in seinem Kommentar zu Vergils Aeneis die Gaben der Planetengötter nach einem anderen System. „Wie die Erklärer der Natur sagen, erlosen wir, wenn wir im Entstehen begriffen sind, vom *Sonnengott* den Geist, von *Luna* den Körper, von *Mars* das Blut, von *Mercur* die Erfindsamkeit, von *Jupiter* die Begierde nach Ehren, von *Venus* die Leidenschaften, von *Saturn* die (Mischung der) Säfte; anscheinend müssen die Verstorbenen all dies den einzelnen (Planetengöttern) zurückgeben.“[23]

An einer zweiten Stelle des Servius lesen wir, im Detail etwas anders: „Die Sternkundigen haben sich ausgedacht, daß unser Körper und unsere Seele mit den Kräften der einzelnen (Planeten-)Götter in der Weise verbunden sind, daß die Seelen beim Abstieg an sich ziehen: von *Saturn* die Trägheit, von *Mars* den Zorn, von *Venus* die sexuelle Leidenschaft, von *Mercur* die Gewinngier, von *Jupiter* den Wunsch zu regieren.“[24]

Wie man sieht, hatte die Phantasie in den Einzelheiten ziemlich freies Spiel; aber die allgemeine Vorstellung war weit verbreitet.

Die Seelenwanderung

Das mythische Bild vom Aufstieg der Seele (Psyche) unter der Führung des Eros bis zum Fixsternfirmament hängt im Phaidros mit der Lehre von der Seelenwanderung zusammen, und in den Mithrasmysterien ist es nicht anders. Schon die feste Beziehung der Weihegrade zu den Planetengöttern und das Bild der Leiter würden genügen, dies zu beweisen. Aber Porphyrios sagt in der Schrift von der Nymphengrotte ausdrücklich, daß in den Mithrasmysterien die Seelenwanderung gelehrt wurde.

Diese Schrift enthält eine allegorische Erklärung von elf Versen aus dem 13. Buch der Odyssee, die für die Homererklärung ganz wertlos ist; denn was Porphyrios in die Verse allegorisch hineininterpretiert, hat Homer nie gemeint. Aber die Menschen des 3. Jahrhunderts waren davon überzeugt, daß Homer so allegorisiert habe; wenn wir also ihre Gedanken kennen lernen wollen, müssen wir bereit sein ihnen zuzuhören und versuchen, uns in ihre Vorstellungen zu versetzen. Wir wollen uns also für einen Augenblick – mit

---

ducit: in Saturni ratiocinationem et intelligentiam, quod λογιστικόν *et* θεωρητικόν *vocant; in Iovis vim agendi, quod* πρακτικόν *vocant; in Martis animositatis ardorem, quod* θυμικόν *nuncupatur; in Solis sentiendi opinandique naturam, quod* αἰσθητικόν *et* φανταστικόν *appellant; desiderii vero motum, quod* ἐπιθυμητικόν *appellant, in Veneris; pronuntiandi et interpretandi quae sentiat, quod* ἑρμηνευτικόν *dicitur, in orbe Mercurii;* φυτικόν *vero, id est naturam plantandi et augendi corpora, in ingressu globi Lunaris exercet.*

23 Zu Aeneis XI 51: *ut dicunt physici, cum nasci coeperimus, sortimur (*λαγχάνομεν) *a Sole spiritum* (νοῦν)*, a Luna corpus, a Marte sanguinem, a Mercurio ingenium, a Iove honorum desiderium, a Venere cupiditates, a Saturno humorem; quae omnia singulis reddere videntur exstincti.*

24 Zu Aeneis VI 714: *mathematici fingunt, quod singulorum numinum potestatibus corpus et anima nostra conexa sunt ea ratione, quia cum descendunt animae, trahunt secum torporem Saturni, Martis iracundiam (*θυμόν), *libidinem (*ἐπιθυμίαν) *Veneris, Mercurii lucri cupiditatem, Iovis regni desiderium.*

dem Vorbehalt, daß dies für Homer nicht stimmt – auf den Standpunkt stellen, die Homerverse seien allegorisch gemeint, und wollen hören, welche Auslegung uns Porphyrios vorschlägt; wir tun das, um *seine* Gedanken kennen zu lernen, nicht die Gedanken Homers.

Die Schiffsleute der Phäaken – so erzählt Homer – brachten Odysseus über Nacht in seine Heimat zurück und setzten ihn am Strand bei einer Grotte der Nymphen aus; sie legten neben ihn die Geschenke, welche der König Alkinoos dem Odysseus geschenkt hatte. Die Verse über die Nymphengrotte lauten in kürzender Paraphrase:

„An der Spitze des Hafens war ein Ölbaum, und in seiner Nähe eine liebliche dunkle Höhle, ein Heiligtum der Nymphen; darin standen Mischkrüge (Kratéres) aus Stein, in denen die Bienen summten ... Die Grotte hatte zwei Türen, die eine nach Norden zum Gebrauch der Menschen, die andere nach Süden, die göttlichere, zum Gebrauch der Unsterblichen".[25]

Nun argumentiert Porphyrios: Die Grotte in der Odyssee ist ein Symbol des Kosmos, und wenn die Perser – d. h. die Mithrasdiener – den Mysten einweihen, tun sie dies, indem sie im mystischen Drama den Weg der Seelen vom Himmel oben hinab in den Kosmos und wieder ihren Weg heraus[26] darstellen und dabei den Kosmos „Grotte" nennen. Die menschlichen Seelen werden durch die Wörter „Nymphen" und „Bienen" bezeichnet. – Die Äquivalenz von „Nymphe" mit „Bienenpuppe" haben wir besprochen, und im Mithraskult repräsentieren diese Nymphen den zweiten Grad. Auch die Mischkrüge *(Kratéres)* sieht man immer wieder auf den Monumenten. Sie sind Behältnisse des Feuchten. Im Timaios enthalten sie die Seelensubstanz, aus welcher alle beseelten Wesen geschaffen werden.

Die beiden Türen Homers beziehen sich nach Porphyrios auf die Seelenwanderung. Die Seelen, im Fixsternhimmel beheimatet, treten aus dem Bereich des Ewigen in den Kreislauf des Werdens und Vergehens hinüber an zwei Punkten der Ekliptik (des Zodiacus), dem nördlichsten im Zeichen des Krebses und dem südlichsten im Zeichen des Steinbocks (also an den Punkten der Sommer- und Wintersonnenwende). Sie gehen an diesen Stellen in die Planetensphären über, und zwar geschieht dies beim Weg vom Fix-

---

25 Odyssee 13,102–112

αὐτὰρ ἐπὶ κρατὸς λιμένος τανύφυλλος ἐλαίη,
ἀγχόθι δ'αὐτῆς ἄντρον ἐπήρατον ἠεροειδές,
ἱρὸν Νυμφάων, αἳ Νηϊάδες καλέονται.
ἐν δὲ κρητῆρές τε καὶ ἀμφιφορῆες ἔασι
λάϊνοι· ἔνθα δ'ἔπειτα τιθαιβώσσουσι μέλισσαι·
ἐν δ'ἱστοὶ λίθεοι περιμήκεες, ἔνθα τε Νύμφαι
φάρε' ὑφαίνουσιν ἁλιπόρφυρα, θαῦμα ἰδέσθαι,
ἐν δ'ὕδατ' ἀενάοντα. δύω δέ τέ οἱ θύραι εἰσίν,
αἱ μὲν πρὸς βορέαο καταιβαταὶ ἀνθρώποισιν,
αἱ δ'αὖ πρὸς νότου εἰσὶ θεώτεραι· οὐδέ τι κείνηι
ἄνδρες ἐσέρχονται, ἀλλ' ἀθανάτων ὁδός ἐστιν.

26 Porphyrios gebraucht hier das Wort ἔξοδος, womit er an das διέξοδος im Phaidros erinnert.

sternfirmament zur Erde hinab am höchsten Punkt, der im Norden liegt, also im Zeichen des Krebses; darum heißt diese Tür die Tür der Menschen. Die Drehung des Himmels führt die Seelen nun nach unten zur Einkörperung. Der Rückweg der Seelen führt von unten (der Erde) nach oben (zum Firmament); darum treten sie beim Rückweg vom südlichsten und tiefsten Punkt des Zodiacus aus in die Fixsternsphäre hinüber, im Zeichen des Steinbocks. Darum hat Homer die nördliche Tür der Nymphengrotte die Tür der Menschen genannt, die südliche Tür die „göttlichere"; er wollte nämlich – so Porphyrios – nicht sagen, daß diese Tür den Göttern vorbehalten sei, sondern nur, daß sie als die zum Ewigen führende Tür den Göttern näher stünde, die „göttlichere" sei. Gewiß, Homer sagt, dies sei die Tür der „Unsterblichen", aber damit bezieht er sich – immer nach Porphyrios – auf die unsterbliche Seele des Menschen.[27]

Diese Lehre vom Abstieg und Aufstieg der Seelen durch zwei Öffnungen stammt aus der berühmten Schlußpartie von Platons „Staat", wo in einem Mythos das Schicksal der Seele nach dem Tod und die Wahl eines neuen Lebensloses dargestellt wird. Platon spricht von den zwei „Mündungen" (στόμια p. 615 DE), allerdings ohne präzise Angaben zu machen, wo sie sich befinden; er nennt also die Zodiacalzeichen nicht.

Diese Vorstellungen vom Weg der Seele sind nun nicht etwa nur eine persönliche Auslegung des Porphyrios oder des etwas älteren Philosophen Numenios, dem Porphyrios in der Schrift von der Nymphengrotte (wie er selbst sagt) weitgehend folgt; nein, es ist auch die offizielle Lehre der Mithrasmysterien, denn im Bericht des Celsus über die siebensprossige Leiter mit dem achten Tor darüber heißt es ausdrücklich, die Leiter sei ein Symbol der beiden Bewegungen am Himmel, der Fixsternsphäre und der Planeten, „und des Weges der Seele durch sie hindurch"; Celsus setzt also eben jene Lehre voraus, welche Porphyrios überliefert. Und da die Leiter auf dem Mosaik zu Ostia abgebildet ist, müssen die Mithrasmysten zu Ostia dieselbe Lehre gehört haben.

Die Seele geht auch in die Leiber von Tieren ein

Wer die Seelenwanderung lehrte, stand vor der Frage, ob die Seele des Menschen auch in Tierleiber eingehen kann oder ob Menschenseelen sich immer nur in Menschenkörper begeben. Die Frage war unter den Platonikern stark umstritten.[28] Die Mithrasmysten rechneten damit, daß die Seele auch in Tierleiber eingeht; Platon hatte gesagt, daß Aias und Agamemnon sich zur nächsten Verkörperung den Leib eines Löwen und Adlers ausgesucht haben,[29] daß gerechte und sich selbst beherrschende Menschen im nächsten Leben

---

27 Diese Theorie von den beiden Türen steht auch bei Macrobius im Kommentar zu Ciceros „Traum des Scipio" I 12 und bei Proklos im Kommentar zu Platons Staat II 128,26–130,2 Kroll; die Stellen sind übersichtlich parallel nebeneinander abgedruckt bei E.-A. Leemans, Studie over den Wijsgeer Numenius van Apamea met Uitgave der Fragmenten (Brüssel 1937) S. 147 ff. Vgl. auch Numenius fr. 31–35 Des Places.
28 Vgl. Dörrie, Platonica Minora 420–440.
29 Staat 620 B.

zu Bienen[30] und daß die Seelen gutartiger Menschen[31] bei der nächsten Verkörperung zu Vögeln werden könnten. Die Weihegrade des „Löwen", des *Nymphus* und des *Corax* setzen eine spielerische Verwandlung in diese Tiere voraus.

Porphyrios kommt in seiner Schrift über die Enthaltsamkeit (von der Fleischspeise) auf diese Frage zu sprechen. Er ist dafür, nur pflanzliche Nahrung zu sich zu nehmen. Eines der Hauptargumente hierfür war, daß man nicht Körper verzehren dürfe, in welche eine Menschenseele eingegangen sei, vielleicht die eines Verwandten oder Freundes. Porphyrios behauptet, die persischen Priester aus der obersten Kaste äßen nichts Beseeltes, und auch die aus den beiden nächsten Kasten nur in sehr beschränktem Maße: „denn die ersten Priesterkasten lehren alle die Seelenwanderung; und darauf deutet man auch in den Mysterien des Mithras hin. Denn es ist bei ihnen Brauch, unsere Verwandtschaft mit den Tieren im Bild durch die Tier-(Grade) zu bezeichnen, so daß sie die Mysten, welche an ihrem Kult teilnehmen, ‚Löwen' nennen ... die Diener aber ‚Raben' ... Wer aber die Löweninsignien empfängt, dem legt man die verschiedensten Tiermasken an. Den Grund hierfür gibt Pallas in seinem Buch über Mithras an. Er sagt, die allgemeine, vulgäre Meinung sei, daß dies sich auf den Kreis des Zodiacus beziehe;[32] aber für das wahre und genaue Verständnis werde damit auf die menschliche Seele angespielt, von der sie sagen, sie werde von den verschiedensten Körpern umgeben".[33]

Man hat wahrscheinlich in den Mithrasmysterien die Tiere in die Sphären der verschiedenen Planetengötter eingeteilt. Solche Anordnungen des gesamten Tierreiches in „Reihen" (σειραί) waren in der römischen Kaiserzeit üblich; man stellte sich vor, daß zu jedem Planetengott bestimmte Vögel, Vierfüßler, Kriechtiere und Wassertiere gehörten.[34]

---

30 Phaidon 82 B; die Bienen sind ein πολιτικὸν καὶ ἥμερον γένος. Ähnlich Plotin III 4 [15] 2 (πολιτικὸν ζῷον) und Porphyrios, De abstinentia III 11.

31 Timaios 91 D 7 ἐκ τῶν ἀκάκων ἀνδρῶν. Die Vögel können nach oben fliegen und blicken zum Himmel empor (Phaidros 249 D).

32 Diese Deutung auf den Zodiacus (und die in diesem Kreis laufenden Planeten) ist zweifellos korrekt; aber man hat eine zweite Deutung hinzugefügt, die ebenso korrekt ist. Die beiden Deutungen schließen einander nicht aus.

33 De abstinentia IV 16 (p. 254 N.) καὶ γὰρ δόγμα πάντων ἐστὶ τῶν πρώτων τὴν μετεμψύχωσιν εἶναι, ὃ καὶ ἐμφαίνειν ἐοίκασιν ἐν τοῖς τοῦ Μίθρα μυστηρίοις. τὴν γὰρ κοινότητα ἡμῶν τὴν πρὸς τὰ ζῷα αἰνιττόμενοι διὰ τῶν ζῴων ἡμᾶς μηνύειν εἰώθασιν· ὡς τοὺς μὲν μετέχοντας τῶν αὐτῶν ὀργίων μύστας λέοντας καλεῖν ... τοὺς δὲ ὑπηρετοῦντας κόρακας ... ὅ τε τὰ λεοντικὰ παραλαμβάνων περιτίθεται παντοδαπὰς ζῴων μορφάς· ὧν τὴν αἰτίαν ἀποδιδοὺς Πάλλας ἐν τοῖς ‚Περὶ τοῦ Μίθρα' τὴν κοινὴν φησὶ φορὰν οἴεσθαι, ὡς πρὸς τὴν τοῦ ζωδιακοῦ κύκλου ⟨περίοδον⟩ ἀποτείνειν· τὴν δ' ἀληθινὴν ὑπόληψιν καὶ ἀκριβῆ περὶ τῶν ἀνθρωπίνων ψυχῶν αἰνίττεσθαι, ἃς παντοδαποῖς περιέχεσθαι σώμασι λέγουσι.

34 Vgl. die Koiraniden des Hermes Trismegistos und auch den Physiologus. Wahrscheinlich hat man auch Bäume, Pflanzen und Steine in dieses Planetensystem eingeordnet. Die Palme gehörte zum sechsten, die Zypresse zum vierten Grad. Für die Metalle s. oben S. 211 und 214.

Die Manichäer hatten ein ähnliches System (Augustin, Contra epistulam fundamenti 31, p. 233,12 Zycha):

Im einzelnen war die Einordnung natürlich variabel. Eine Besonderheit der Mithrasmysterien scheint gewesen zu sein, daß zum obersten Planetengott, Saturn, keine Tiere gehörten; wer in die siebente Sphäre aufgestiegen war, hatte menschliche Gestalt angenommen. Aus den bisher bekannten Monumenten kann man folgende Verteilung der Tiere auf die Planetengötter erschließen:[35]

	Mercur	Venus	Mars	Jupiter	Luna	Sol
Vogel	Rabe	Taube	?	Adler	Eule Nachtigall	Hahn
Vierfüssler	Widder	Ziegenbock (?)	Eber (?)	Löwe Hund	Stier	Pferd
Kriechtier	Schildkröte	Schlange	Skorpion	?	?	Eidechse[37]
Wassertier	Krabbe	Hydra	Krebs	– – –[36]	Delphin	Krokodil

Man hatte damit den Entwurf eines umfassenden, symbolischen Natursystems, das beliebig ausgebaut werden konnte.

Der Aufstieg der Seele nach Boethius

Die Rückkehr der Seele, ihren Aufstieg von der Erde bis zum Fixsternhimmel und zum „überirdischen Ort" des Phaidros, beschreibt ein Gedicht des Boethius im „Trost der Philosophie". Es ist vorauszuschicken, daß der Sturz der Seele im Phaidros bewirkt wird durch den Verlust der Flügel; der Aufstieg ist nur möglich, wenn der Seele neue Flügel wachsen, wozu ihr Eros hilft. Mit diesen geistigen Flügeln kann die Seele die unteren Elemente – Erde und Wasser – verlassen und zunächst durch die Luft (mit den Wolken) zum feurigen Äther emporsteigen; sie durchmißt die Sphären der Planeten, durchläuft zusammen mit dem Sonnengott (Phoebus) den Weg der Sonne und geleitet den „kalten

tenebrae – animalia serpentia
aquae   – animalia natantia
venti   – animalia volantia
ignis   – animalia quadrupedia
fumus   – animalia bipedia.

35 Für die Wassertiere vgl. die Schale aus Salona Abb. 146 = V 1861.
36 Da Jupiter der Planet des Feuers ist und da Wasser und Feuer immer im Krieg miteinander stehen (Porphyrios, De antro nympharum 15), kann es in der Reihe des Jupiter kein Wassertier geben. Vielleicht hat es in dieser Reihe auch kein Kriechtier gegeben; es war der Würde des Jupiter kaum angemessen.
37 Die Eidechse hieß σαῦρα ἡλιακή und gehörte zur Sonnenreihe. Man sieht sie auf dem Relief aus Rom (Abb. 54 = V 435) unterhalb des Sonnengottes aus einem Felsen schlüpfen.

Greis" Saturn auf seiner Bahn, um zum Fixsternhimmel emporzusteigen, jenem Kreis, auf dem die Nacht die Sterne aufleuchten läßt; dann durchstößt sie die Schale des Fixsternhimmels und stellt sich auf deren andere Seite; von dort hat sie den Blick auf das Ewige, den Herrn der Dinge, die platonische Idee des Guten.

Das Gedicht lautet (IV m. 1):

> Sunt etenim pennae volucres mihi,
> quae celsa conscendant poli;
> quas sibi cum velox mens induit,
> terras perosa despicit,
> aeris immensi superat globum
> nubesque postergum videt,
> quique agili motu calet aetheris
> transcendit ignis verticem,
> donec in astriferas surgat domos
> Phoeboque coniungat vias
> aut comitetur iter gelidi senis
> Miles corusci sideris,
> vel, quocumque micans nox pingitur,
> recurrat astri circulum
> atque, ubi iam exhausti fuerit satis,
> polum relinquat extimum
> dorsaque velocis premat aetheris
> compos verendi luminis.
> hic regum sceptrum dominus tenet
> orbisque habenas temperat
> et volucrem currum stabilis regit
> rerum coruscus arbiter.
> huc si te reducem referat via,
> quam nunc requiris immemor,
> ,haec', dices, ,memini, patria est mihi,
> hinc ortus, hic sistam gradum'.

„Ja, ich habe Flügel zum Fliegen, welche zur Höhe des Himmels aufsteigen können; wenn der rasche Geist diese anlegt, blickt er voll Verachtung auf die Erde herab; er übersteigt die Ballung der unermeßlichen Luft und sieht die Wolken hinter sich; er überschreitet die höchste Region des Feuers, die von der raschen Bewegung des Äthers erwärmt wird, bis er aufsteigt zu den Wohnungen der Sterne und seinen Weg mit Phoebus verbindet und als Soldat des funkelnden Gestirns dem Weg des kalten Greises (Saturn) folgt oder (schließlich) mit dem Kreislauf der Gestirne läuft, auf dem die schimmernde Nacht erstrahlt, um dann, wenn er dies ganz ausgekostet hat, das letzte Himmelsrund zu verlassen und auf den Rücken der raschen Äthersphäre zu treten um das verehrungswürdige Licht zu erblicken. Hier hält der Herr der Könige das Szepter; er lenkt das Weltall mit den Zügeln und regiert als funkelnder Richter aller Dinge – selbst fest stehend – den Wagen, der sich in schnellem Flug dreht. Wenn der Weg dich dorthin zurückgeführt hat – der Weg, den du jetzt suchst, weil du ihn vergessen hast –, wirst du sagen: Hier, jetzt erinnere ich mich, ist meine Heimat, hier mein Ursprung, hierhin will ich treten."

Zusammenfassung der mithrischen Seelenlehre

Man kann die Seelenlehre der Mithrasmysterien zusammenfassen: Die Seele des Menschen stammt von einem Fixstern; von dort ist sie durch die Sphären der Planeten bis zur Erde hinabgestiegen. Auf jeder der Planetensphären hat sie etwas vom Wesen des betreffenden Planeten angenommen, das heißt, auch etwas von seinen Leidenschaften. Schließlich ging sie auf der Erde in einen Körper ein.

Ihre Aufgabe war, so zu leben, daß sie nach dem Tod der Rückkehr auf ihren Stern würdig war. Hierzu wurden die Mithrasmysten angehalten durch die Stufenfolge der sieben Weihegrade und deren Symbolik.

Die sieben Grade sind in Ostia durch eine siebensprossige Leiter und durch sieben Tore bezeichnet. Das Hinübertreten in einen höheren Grad wurde durch das Aufsteigen auf der Leiter um eine Sprosse oder durch das Durchschreiten des nächsten Tores symbolisiert. Wer höher stieg, schritt vom Kreis des niedrigeren in den des höheren Planeten.

In den sieben Weihen wurde also der Weg der Seele durch die Planetensphären auf Erden vorweggenommen; nach dem Tod sollte die Seele durch die veränderlichen Kreisläufe der Planeten hindurch zur Fixsternsphäre aufsteigen, in die Region des Ewigen, und zu jenem Stern zurückkehren, der nach dem Timaios ihre wahre Heimat war.

Die Mithrasmysterien waren also für die Griechen und Römer keineswegs fremdartig, wie man vor den Bildern des Stieropfers zunächst glauben könnte. Sie riefen auf zu einem tapferen Leben im Dienst des Gottes, zur gegenseitigen Pflichterfüllung des Vorgesetzten und des Untergebenen und zum Kampf gegen die Leidenschaften in der eigenen Brust. Der Myste sollte nach dem Ewigen blicken und sich orientieren an der Unveränderlichkeit des Fixsternhimmels. Der religiösen Sehnsucht der Zeit kamen die Mithrasmysterien entgegen durch die tröstliche Verheißung der Unsterblichkeit der Seele und ihres Zusammenhangs mit Gott. Der Verstand der Menschen konnte seine Befriedigung finden in der Wissenschaftlichkeit dieser Lehre, welche dem damaligen Stand der Astronomie entsprach. Der große und rasche Erfolg der Mithrasmysterien im 2. und 3. Jahrhundert nach Christus ist gut zu verstehen.

X. Das vierte Jahrhundert

Die Mithrasmysterien verlieren die Unterstützung des Kaisers

Das Römerreich befand sich in der zweiten Hälfte des 3. Jahrhunderts n. Chr., in der Zeit der Soldatenkaiser, in einer schweren Krise. Es gelang dem Kaiser Diocletian, der von 284–305 regierte, diese Krise durch umfassende Reformen noch einmal zu meistern. Im Zuge dieser Maßnahmen verlor Rom aber seinen Rang als Reichshauptstadt. Dies hatte in Rom allgemeine Mißstimmung zur Folge. In den Wirren nach der Abdankung Diocletians benützte ein Prätendent, Maxentius, diese Mißstimmung um sich selbst in Rom zum Kaiser zu erheben; er opponierte gegen die Degradierung Roms und damit gegen die neue Ordnung. Konstantin, der inzwischen in den Westprovinzen des Reiches Herrscher geworden war, zog im Jahr 312 gegen Rom um Maxentius niederzuwerfen. Zu Beginn des Feldzugs soll dem Konstantin in nächtlicher Vision Christus erschienen sein, ihm das Kreuz gezeigt und gesagt haben: „In diesem Zeichen siege" *(hoc signo victor eris)*.[1] Am 28. Oktober 312 verlor Maxentius an der milvischen Brücke Schlacht und Leben.

Für die Mithrasmysten war der Sieg Konstantins eine Katastrophe. Die Mithrasreligion war eine Religion der Loyalität; wenn der Kaiser sie nicht mehr billigte, wie konnte sie weiterhin bestehen? Die Neigung Konstantins zum Christentum war bekannt; über die Offiziere und Beamten seiner nächsten Umgebung muß sich die Nachricht von der Abneigung des Kaisers gegen die Mithrasmysterien in wenigen Wochen durch das ganze Reich verbreitet haben.

Das nächste Jahr sah einen neuen Erfolg der Christen. Konstantin war mit Licinius verbündet, dem Herrscher der Donauprovinzen; dagegen stand der Herrscher des Ostens, Maximinus Daia, auf der Seite des Maxentius. Er soll vor der Schlacht dem Jupiter ein Gelübde getan haben, das Christentum auszurotten, falls ihm der Sieg zufalle; aber in der Schlacht auf dem Campus Serenus (bei der Poststation Tzirallum, zwischen Hadrianopolis und Konstantinopel) am 30. 4. 313 siegte Licinius.

Kurz vorher, am 15. 4. 313, hatte ein römischer Senator sich noch auf einer Inschrift als *pater sacrorum invicti Mithrae* bezeichnet.[2] Damit war es nun vorbei. Während wir für das 2. und 3. nachchristliche Jahrhundert jeweils Dutzende von datierten Mithrasinschriften besitzen, gibt es für die Zeit nach 313 abgesehen von den gleich zur Sprache kommenden Inschriften der heidnischen Reaktion aus der zweiten Hälfte des 4. Jahrhunderts nur

---

1 Euseb, Vita Constantini I 28 τούτῳ νίκα. Die lateinische Fassung auf den Münzen des Kaisers Vetranio (im Jahr 350).

2 V 523 *Dominis nostris Constantino et Maximino Augustis tertium consulibus Gaius Magius Donatus Severianus vir clarissimus, pater sacrorum invicti Mithrae, hierophantes Liberi patris et Hecatarum, taurobolium feci XVII Kalendas Maias.* – Diese Inschrift bezeugt nicht etwa die Mithrasmysterien, sondern das *taurobolium* der Magna Mater; aber der hier genannte Taurobolienpriester war außerdem auch Priester des Mithras, des Bacchus und der dreiköpfigen Hekate. Die Inschrift zeigt also einen Synkretismus, wie man ihn sonst erst 50 Jahre später beobachtet.

eine einzige datierte Inschrift aus dem Jahr 325 aus Gimmeldingen in der Pfalz *(V 1315)*.[3] Den Offizieren und Beamten im kaiserlichen Dienst war klar, daß der Mithraskult aller-höchsten Ortes nicht geschätzt wurde und daß es nicht mehr rätlich war, an mithrischen Zeremonien teilzunehmen.

Es ist charakteristisch, daß Ambrosius, Bischof von Mailand von 374–397, keine Ah-nung mehr von den Mithrasmysterien hatte. Er spricht an einer einzigen Stelle von Mi-thras und meint, es handle sich um eine Göttin.[4] Er hat den Namen „Mithra" nur aus einem Buch genommen.

Die stadtrömische Opposition gegen das Kaisertum von Konstantinopel und der Mithraskult

Seit 324 ließ Konstantin am Bosporus seine neue Hauptstadt erbauen, Constantinopolis; im Jahr 330 wurde sie feierlich eingeweiht. Sie wurde oft „das neue Rom" genannt und erhielt ihren eigenen Senat, nach dem Vorbild des römischen; auch alle anderen Einrich-tungen wurden nach dem Vorbild des „alten Rom" getroffen. Der Kaiser ist nicht mehr in die alte Reichshauptstadt gekommen.

In der römischen Aristokratie war der Grimm groß. Wer hatte Rom groß gemacht? – Der Senat. – Wer waren die Helfer, mit denen die guten Kaiser (Augustus, Trajan, Marc Aurel) die Welt regiert hatten? – Die Senatoren. – Und was bedeutete der römische Senat jetzt? – Nichts; er war die Stadtverordnetenversammlung einer Provinzstadt. – Welche Chancen auf eine politische Laufbahn hatten die römischen Senatoren aus den alten Adelsfamilien? – Jedenfalls nur sehr geringe; die Kaiser, die fast nie nach Rom kamen, waren von einer neuen regierenden Clique umgeben und wählten ihre Helfer aus dieser. Die römischen Adligen sollten von ihren Einkünften leben und Ruhe halten.

An allem war die neue Zeit schuld, und die neue Zeit verkörperte sich im Christentum. Wenn irgendwo etwas existierte, was an alledem schuldig war, dann war es gewiß diese neue Religion mit ihrem Ausschließlichkeitsanspruch. Es galt, sich auf das Gute Alte zu besinnen. Dazu gehörte auch die alte Religion, gehörte auch der Mithraskult, der ja nun seit 200 Jahren, seit sechs Menschengenerationen, in Rom Heimatrecht gewonnen hatte.

Freilich, solange der große Konstantin regierte, wagte man noch nicht aufzumucken. Auch unter seinen Nachfolgern hat man zunächst stillgehalten. Aber im Jahr 355 hat der

---

3 Das Relief von Gimmeldingen ist von ausgesuchter Scheußlichkeit. Entweder war diese Mithras-gemeinde zu arm um einen Bildhauer zu bezahlen, der sein Handwerk verstand, oder man hat es aus Gründen der Vorsicht nicht gewagt, in eine größere Stadt zu gehen, wo es fähige Bildhauer gab. Trier war zwar nicht weit entfernt, aber es war eine der Hauptresidenzen Konstantins.

4 Epist. XVIII 30 (über die große Göttin) *quam Caelestem Afri, Mithram Persae, plerique Venerem colunt.* – Der Irrtum geht (wie Cumont gesehen hat) auf Herodot I 131 zurück. – Dagegen kennt jener Autor, den wir „Ambrosiaster" nennen, die Mithrasmysterien. Er hat zur gleichen Zeit wie Ambrosius gelebt (unter Papst Damasus), aber in Rom, und dort war der Mithraskult noch nicht ganz vergessen.

kinderlose Kaiser Constantius (337–361) seinen 24jährigen Vetter Julian zum Caesar (Unterkaiser) erhoben und ihn mit seiner Schwester Helena vermählt. Es war damit zu rechnen, daß Julian – der längst innerlich zum Heidentum abgefallen war – später selber Kaiser werden würde. Julian wurde als Caesar nach Gallien geschickt. Im Jahr 356 gewann er Köln von den Germanen zurück, im Jahr 357 siegte er bei Straßburg über die Alemannen. Vom Jahr 357 ab findet sich in Rom wieder eine ganze Serie von Mithrasinschriften[5]. Ein Zusammenhang mit dem Aufstieg Julians scheint sicher.

Im Jahr 361 wurde Julian Kaiser, 363 ist er im Kampf gegen die Perser gefallen; das Römerreich war endgültig christlich. Der Kaiser der östlichen Reichshälfte residierte in Konstantinopel, derjenige der westlichen Hälfte in Trier oder Mailand. Die Adligen Roms blieben in innerer Opposition gegen die neuen Zustände und gegen das Christentum. Noch bestand der Senat in der Mehrheit aus Heiden. Man hatte das Empfinden, alle Kräfte aus der Vergangenheit zusammenfassen zu müssen um sich zu behaupten. So kommt es, daß damals in Rom eine Vermischung aller heidnischen Kulte stattgefunden hat. Man vereinigte den Kult des Mithras mit dem der Hekate, den des Bacchus mit dem der Ceres von Eleusis, den des Sonnengottes mit dem des Osiris. Alle Götter des Heidentums sollten sich zusammenschließen.

Die späten Inschriften aus Rom, welche Mithras nennen,[6] gehen vom Jahr 357 bis zum Jahr 387; danach hören sie auf. Man kann diese Texte eigentlich nicht mehr als echte Zeugnisse der Mithrasmysterien werten; Mithras war für diese Männer vor allem ein Exponent des Heidentums, einer der *vielen* Götter, an denen sie festhalten wollten. Der Faden, der diese römischen Mithrasverehrer der Spätzeit mit den Mysterien verband, welche eine über das ganze Reich hin verbreitete Organisation aufgebaut hatten, war dünn.

Die führenden Personen der heidnischen Opposition gegen das neue christliche Kaisertum waren Quintus Aurelius Symmachus, Virius Nicomachus Flavianus und Vettius Agorius Praetextatus.

Die Titel des Praetextatus lauten: *Augur, pontifex Vestae, pontifex Solis, ... curialis Herculis, sacratus Libero et Eleusiniis, hierophanta, neocorus, tauroboliatus,[7] pater patrum.[8]* Er ist ein Teilnehmer am Gespräch in den Saturnalien des Macrobius und trägt

---

5 Vgl. die nächste Anmerkung.

6 Zum Folgenden vgl. I. M. Hackethal, Zeitschrift für Papyrol. 3 (1968) 239–245. Zu der im folgenden besprochenen Gruppe von Mithrasinschriften stadtrömischer Senatoren gehören auch die Inschriften aus Antium (V 206) und Cirta in Africa (V 129), welche von Mitgliedern eben dieses Kreises gesetzt wurden, sowie vermutlich die Inschrift aus Pausilypum bei Neapel (V 175 = Dessau 4196, siehe Dessaus Anmerkung). Vgl. die Liste bei Vermaseren I S. 362. – Etwa ins Jahr 384 gehört der in V 369 genannte Agrestius, s. Herz, Zeitschr. für Papyrol. 49, 1982, 221.

7 Er hat also das Stieropfer *(taurobolium)* im Dienst der Magna Mater vollzogen, welches Prudentius (Peristephanon X 1011 ff.) beschreibt; dem eigentlichen Mithraskult ist diese besondere Form des Opfers wahrscheinlich fremd.

8 C. I. L. VI 1778 = V 420; 1779 = Dessau 1259 = Bücheler, Carm. Lat. epigr. 111; seine Gattin C. I. L. VI 1780 = Dessau 1260.

dort eine Theologie vor, nach der die Götter aller Nationen auf den einen Sonnengott Sol (Helios) zurückgeführt werden müssen.[9]

Gegen Flavianus richtet sich wahrscheinlich das *Carmen adversus paganos*,[10] wo ebenfalls alle heidnischen Kulte der Reihe nach vorgenommen werden, hier natürlich in polemischer Absicht.

Es muß in Rom ein ständiges Tauziehen zwischen der heidnischen Partei und jenen Römern gegeben haben, die bereit waren sich mit den neuen Zuständen zu arrangieren; und ebenso wechselte bei den Kaisern die Stimmung von Verfolgung der heidnischen Kulte zur Toleranz und wieder zurück zur Verfolgung. Wir können das Hin und Her manchmal im Detail verfolgen.

In einem Brief des Hieronymus lesen wir von der Zerstörung einer Mithrasgrotte im Jahr 377. Der Stadtpraefect Furius Maecius Gracchus „hat die Höhle des Mithras und alle ihre mißgestalteten Götterbilder[11] ... zerstört, zerbrochen, vernichtet und so, nachdem er dies sozusagen als Bürgschaft (für seine Einstellung) vorzeigte, die Taufe Christi erlangt".[12] Die Grotte hatte sich offensichtlich auf einem privaten Grundstück befunden und war bis zur Zerstörung kultisch benützt worden. Vielleicht hatte Gracchus selbst, solange er noch Heide war, an diesen Zeremonien teilgenommen und wußte daher, wo sich die Mithrashöhle befand. Viele stadtrömische Senatoren werden ihn als Verräter angesehen haben.

Im Jahr 382 hat Kaiser Gratian allen heidnischen Kulten in Rom die staatliche Unterstützung entzogen.[13] Die noch heidnisch gebliebenen Senatoren mußten ihre Kulte von jetzt ab aus privaten Mitteln finanzieren, und sie haben dies auch getan. Was den Mithraskult anging, so war er nie ein offizieller Staatskult gewesen und ist auch nie aus öffentlichen Mitteln finanziert worden. Gratians Verordnung hat ihn also nicht getroffen. Dennoch lesen wir in einer mithrischen Inschrift, daß ein römischer Adeliger (Tamesius Augentius Olympius) „eine Höhle erbaut, und dazu deine Beihilfe, Rom, nicht benötigt":

> *antra facit, sumptusque tuos nec Roma requirit.*[14]

---

9 Sat. I 17–23.

10 Riese, Anthol. Lat. I 20 (nr. 4) = Shackleton-Bailey, Anthol. Lat. I 17 (nr. 3); Baehrens, Poetae Latini Minores III 287. Vgl. zuletzt Wytzes, Der letzte Kampf des Heidentums in Rom (Etudes préliminaires 56, 1977) 162–4.

11 Es dürfte der löwenköpfige Chronos gemeint sein.

12 Hieronymus, epist. 107 (ad Laetam; 2,292 ed. Hilberg; 5,146 ed. Labourt) *ante paucos annos ... Gracchus nobilitatem patriciam nomine sonans, cum praefecturam regeret urbanam, ... specu Mithrae et omnia portentuosa simulacra ... subvertit fregit excussit, et his quasi obsidibus ante praemissis impetravit baptismum Christi.* Vgl. Prudentius, Contra Symmachum I 562–4. Für das Datum s. Seeck, R. E. VII 1687; Chastagnol, La préfecture urbaine à Rome au Bas-Empire (1960) 157 und Les fastes de la préfecture de Rome au Bas-Empire (1962) 200.

13 Erwähnt bei Symmachus, Relatio III 11–15 und im Codex Theodosianus XVI 10,20.

14 V 406 = Dessau 4269 = Bücheler, Carm.Lat.epigr. 265.

Die römischen Oppositionellen sind also trotzig bei der Ausübung der heidnischen Kulte geblieben und haben dabei den Mithrasdienst nicht mehr von der altüberlieferten Staatsreligion unterschieden.

Im Jahr 384 erwirkte Praetextatus als *Praefectus praetorio* einen kaiserlichen Erlaß, nach dem alle Privatleute Baustücke zurückerstatten mußten, welche sie aus öffentlichen Gebäuden entnommen hatten.[15] Mit den öffentlichen Gebäuden waren die heidnischen Tempel gemeint, die man als Steinbrüche benützt hatte. Dieser Erlaß schien ein großer Erfolg des Heidentums. Aber man hat nicht gewagt, ihn durchzuführen; man hätte ja viele Bauten der letzten Jahre wieder abreißen müssen.

Kurz danach wurde Symmachus zum Praefecten der Stadt Rom ernannt. Er wandte sich an den Kaiser mit dem Gesuch, man möge erlauben, daß die Statue der Victoria, welche früher im Senatsgebäude gestanden hatte, aber als heidnische Göttin entfernt worden war, wieder aufgestellt werde. Die Bittschrift des Symmachus ist in bewegenden Worten abgefaßt und hat bei Hofe tiefen Eindruck gemacht; die Bitte wäre fast gewährt worden, – aber da griff der gewaltige Bischof von Mailand, Ambrosius, ein und bedrohte den Kaiser (den Knaben Valentinian II.) mit der Exkommunikation, falls er den Heiden nachgebe. Dies ist im Jahr 384 geschehen und bedeutete für die Heiden eine entscheidende Niederlage.[16] Die letzte uns erhaltene Mithrasinschrift aus dem Kreis der römischen Opposition stammt aus dem Jahr 385.[17]

Außerhalb dieses Kreises römischer Oppositioneller kennen wir aus der zweiten Hälfte des 4. Jahrhunderts noch ein einziges datiertes Mithraeum. Es befand sich in Sidon und ist im Jahr 389 n. Chr. von Flavius Gerontius geweiht worden.[18] Es hat zu dieser Zeit natürlich auch im Ostreich noch gebildete Heiden gegeben; man braucht nur an den Rhetor Libanios zu erinnern. Dieses Heiligtum ist in einem Saal ohne Fenster gefunden worden, der komplett zugemauert war um der Zerstörung durch die Christen zu entgehen.[19]

---

15 Symmachus, Relatio XXI. Vgl. Ensslin, R. E. XXII 1578; Wytzes, Der letzte Kampf des Heidentums in Rom (1977) 102.

16 Vgl. die sorgfältige Darstellung bei Wytzes, Der letzte Kampf des Heidentums in Rom (1977), auch R. Klein, Der Streit um den Victoriaaltar (1972).

17 V 206 = Dessau 1264 = Bücheler, Carmina epigr. Lat. 654 aus Antium. – Die Grabschrift des Praetextatus (V 420 = C. I. L. VI 1778) aus dem Jahr 387 nennt den Gott Mithras nicht; Praetextatus wird nur *pontifex Solis* genannt. Es handelt sich jedenfalls um keine eigentliche Mithras-Inschrift. Praetextatus ist schon zu Ende des Jahres 384 gestorben.

18 V 76, 79, 85. Es wird das 500ste Jahr genannt. Da die autonome Aera von Sidon im Jahr 111 v. Chr. beginnt, handelt es sich um das Jahr 389 n. Chr. (E. Will, Syria 27, 1950, 261–269). Da der Name Gerontius nach dem Typ der Signa gebildet ist, der in der Spätantike so beliebt war, kommt eine Berechnung nach der seleukidischen Ära (d. h. beginnend mit dem Jahr 312 v. Chr.) nicht ernstlich in Betracht, – zumal diese Ära sonst für Sidon nirgends bezeugt ist. – Die korrekte Lesung der Inschrift V 76 lautet, wie A. Geissen im Louvre am Original festgestellt hat, Φλ. Γερόντιος, πατὴρ νόμιμος τῶν τελετῶν τοῦ θεοῦ, εὐχαριστῶν ἀφιέρωσα τῷ φ΄ ἔτει.

19 Vermaseren zu V 87 nach einer Notiz Cumonts.

Die Zerstörung der Mithraeen

Wie die meisten heidnischen Heiligtümer, sind auch die Mithrashöhlen von den siegreichen Christen systematisch zerstört worden. Der Befund der Ausgrabungen ist eindeutig: Unter S. Prisca in Rom zum Beispiel sind den Figuren auf den Fresken die Augen ausgekratzt worden. Die Reliefs wurden zertrümmert. Oft sind Fragmente erhalten, denen man deutlich ansieht, daß sie durch einen Schlag mit dem Pickel auf die Mitte des Steins zerstört worden sind; die Bruchstellen gehen strahlenförmig von der Mitte aus.

Es gibt einige antike Berichte über die Zerstörung der Mithraeen. Den Bericht des Hieronymus über die Vernichtung einer römischen Mithrasgrotte unter dem Stadtpräfekten Gracchus im Jahr 376/7 haben wir soeben gelesen. In Alexandria war in der Zeit vor Konstantin auf einem kaiserlichen Grundstück innerhalb der Stadt eine Mithrasgrotte angelegt worden. Als die Kaiser Christen geworden waren, wurde sie nicht mehr benützt; so hat Kaiser Constantius (337–361) sie den Christen geschenkt, um darauf eine Kirche zu erbauen. Beim Ausheben der Fundamente stieß man auf die unterirdische Höhle, „die mehr geeignet war zu Räubereien und Schandtaten als für religiöse Zeremonien";[20] „man fand Götterbilder und Geräte derjenigen, die dort einst weihten und geweiht wurden; sie schienen den Betrachtern lächerlich und fremdartig".[21] Die Christen führten die mithrischen Statuen, wohl vor allem den Chronos mit Löwenkopf, triumphierend im Umzug durch die Stadt. Die Heiden, von denen es noch viele in der Stadt gab, griffen den Umzug an, es kam zu Straßenschlachten und Tumulten, bei denen schließlich sogar der Patriarch Georgios ums Leben kam.[22]

Sehr oft haben die siegreichen Christen über den Mithrasheiligtümern ihre Kirchen erbaut. Die Höhlen waren wohl fast immer auf unbebauten Grundstücken angelegt worden und waren nun, wo der Kult verboten und auch außer Übung gekommen war, nur unbenütztes Land innerhalb einer dichtbebauten Stadt; wenn man einen Bauplatz für eine Kirche suchte, so boten sich diese Grundstücke geradezu an. Außerdem wurde beim Bau einer Kirche über einer Mithrashöhle der Sieg des Christentums über den Drachen des Heidentums einmal mehr vor Augen geführt. So haben die Archäologen besonders in Rom viele Mithrashöhlen unter christlichen Kirchen entdecken können.

20 Rufinus, Hist. eccles. XI 22 *reperta in loco sunt antra quaedam latentia et terrae defossa latrociniis et sceleribus magis quam caerimoniis apta.*
21 Sozomenos, Hist. eccles. V 7 ἄδυτον ἀνεφάνη, ἐν ᾧ ξόανα μὲν ἴσως καὶ ὄργανά τινα εὑρέθη τῶν ἐνθάδε ποτὲ μυούντων ἢ τελουμένων, ἃ τοῖς ὁρῶσι γέλοιά τε καὶ ξένα ἐδόκει.
22 Sokrates, hist. eccles. III 2–3 gibt einen ausgeschmückten Bericht: Man hat beim Ausheben der Fundamente Menschenknochen gefunden, denn die Heiden haben einst Menschenopfer vollzogen und dann aus den Eingeweiden der Geschlachteten geweissagt.

Anhang:
Armenische
Erzählungen

Das eigentliche Thema dieses Buches sind die römischen Mithrasmysterien. Es sollte das System dieser Religion dargestellt und vorgeführt werden, auf welchen persischen und auf welchen griechischen, philosophischen Voraussetzungen es beruhte. Dieser Gegenstand ist abgeschlossen, und der hier folgende Anhang hat nur noch peripheres Interesse. Es werden zwei Texte aus Armenien besprochen, die in Beziehung zum Gott Mithras stehen.

In dem Abschnitt über Armenien wurde erwähnt, daß sich in dem Roman des Iamblichos eine Serie von Episoden findet, welche an Zeremonien der Mithrasmysterien erinnern. Ferner wurde darauf hingewiesen, daß noch im 19. Jahrhundert in Armenien Epen über einen Helden Mher-Mithras aufgezeichnet worden sind, in welchen eine Reihe von Bildern den Traditionen über die römischen Mysterien ähnlich sind.

Die Babyloniaká des Iamblichos

Der Literat namens Iamblichos, der diesen Roman verfaßt hat, ist sonst unbekannt. Das Werk wurde um das Jahr 170 n. Chr. geschrieben[1], und zwar im östlichen Teil Groß-Armeniens. Die Muttersprache des Iamblichos war „syrisch", d. h. aramäisch; er war aber von einem „Babylonier", d. h. einem Parther, aufgezogen worden, und hat dann auch noch sehr gut Griechisch gelernt. Er lebte in Armenien unter dem König Sohaimos, der sich der Abkunft von den persischen und parthischen Königsgeschlechtern der Achaemeniden und Arsakiden rühmte. Sohaimos hatte lange Zeit als Geisel in Rom gelebt; aber als in der Regierungszeit des Marc Aurel Groß-Armenien von den Römern annektiert wurde, haben die Römer ihn als ihren Mann dort als König eingesetzt.[2] Damals wurde neben der alten Hauptstadt Artaxata eine neue Hauptstadt, Kainè Polis, gegründet, und dort dürfte Iamblichos seinen Roman verfaßt haben. Es ist wichtig sich klar zu machen, daß er an der äußersten Peripherie des Römerreiches lebte, in einer Gegend, die seit Jahrhunderten unter persischem und parthischem Einfluß gestanden hatte.

Der Roman zeigt auffallende Ähnlichkeiten zu den Riten der Mithrasmysterien, kann sich aber doch nicht unmittelbar auf diese Mysterien beziehen;[3] denn der römische Mithraskult war eine reine Männerangelegenheit,[4] während in den Babyloniaka die Schicksale eines Liebespaares vorgeführt werden. Der Roman ist nur in einer ausführlichen Inhaltsangabe bei Photios und in einer Serie von Fragmenten erhalten, was das Urteil über den Text sehr erschwert. Ich vermute, daß Iamblichos einen religiösen Roman nach dem Vorbild der anderen griechischen Liebesromane – des Achilleus Tatios, Xenophon von Ephesos, Longos – schreiben wollte und daß er auf die Religion seiner armenischen Heimat Bezug nimmt, in der Mithras eine große Rolle spielte, die aber keineswegs mit den römischen Mithrasmysterien identisch war.

Der Held des Romans heißt Rodanes; dies ist derselbe persische Heros, der im Avesta Thraitauna, im Königsbuch der Firdusi Feridun und sonst Fredun heißt.[5] Der Armenier Moses von Chorene nennt ihn Hruden.[6] Dieser Heros gehört zum Kreis des Mithras; Albiruni berichtet von ihm, daß er sich am Tag des Mithra, im Monat Mithra, zum erstenmal auf den Stier gesetzt habe.[7] Auch Mithras reitet ja auf dem Stier.

1 Ed. E. Habrich, Leipzig 1960.

2 Mommsen, Röm. Gesch. V 407,2; N. C. Debevoise, A Political History of Parthia (Chicago 1938) 249; R. E. III A 798 nr. 5.

3 Dies war früher meine Meinung (Roman und Mysterium 178–191); ich hatte damals die Mithrasmysterien noch nicht so gründlich untersucht. Aber die meisten der damals vorgelegten einzelnen Bemerkungen waren zutreffend; ich wähle aus ihnen im folgenden die wichtigsten aus.

4 Die Inschrift der „Löwin" *(lea)* aus Tripolis (Vermaseren 115) ist nicht mithrisch, das Wort λεαί-νας bei Porphyrios, De abstinentia IV 16 (p. 254,8 N.) korrupt; vielleicht sind die Worte τὰς δὲ γυναῖκας λεαίνας als Glosse zu streichen.

5 Für Faridun als Helden der Parther s. S. Wikander, Der arische Männerbund (Lund 1938) 96–109.

6 Hruden = Thraetaona, s. Hübschmann, Armenische Grammatik I (1897) 32 nr. 41.

7 Cumont, Textes et monuments I 171,3; 128,1; vgl. Widengren, Numen 1, 1954, 55.

Die große Tat des Fredun ist sein Sieg über den „Drachen" Sohak, der sich die Königsherrschaft angemaßt hatte, und die Befreiung eines schönen Mädchens aus dessen Gewalt.
In der iranischen Tradition ist diese Befreiung des Mädchens identisch mit der Befreiung
des Wassers aus der Regenwolke oder aus dem hemmenden Fels.[8] In den römischen
Mysterien gibt es zwei Episoden, die diesem Drachensieg parallel sind: Der Sieg des Jupiter (der im Rang unter Mithras steht) über die schlangenfüßigen Giganten und der Schuß
des Mithras gegen die Regenwolke bzw. gegen den Felsen, aus welchen dann das Wasser
hervorsprudelt. Der Kaiser Commodus soll in einem Mithrasritual „Drachen", welche
von Menschen dargestellt wurden, mit der Keule oder mit Pfeilen getötet haben.[9] Auch
Fredun hat den Drachen mit der Keule bekämpft.

In dem Roman des Iamblichos wird berichtet, daß der tyrannische König Garmos die
schöne Sinonis, die Frau des Rodanes, verfolgt. Rodanes überwindet am Ende den Garmos und gewinnt Sinonis zurück. Nun heißt aber auf Persisch *kirm* „Wurm, Schlange".
In den Konsonanten entsprechen sich Garmos und *kirm*.[10] Garmos ist also Vertreter des
Drachen, wie Rodanes des Fredun.

Die Babyloniaká sind der einzige antike Roman, in dem ein persönlicher Widersacher
des Helden vorkommt: Der Tyrann Garmos verfolgt den Rodanes. Darin unterscheiden
sich die Babyloniaká von den anderen Romanen, in denen die unberechenbare Göttin des
Zufalls (Tyche) anscheinend immer neue Gefahren herbeiführt, wo sich aber am Ende
herausstellt, daß nicht Tyche den Lauf der Dinge bestimmt hat, sondern die Vorsehung
(Pronoia). Bei Iamblich dagegen wird das Böse am Ende des Romans in Gestalt des
Tyrannen überwunden. So zeigt sein Werk das wichtigste Kennzeichen der iranischen
Religionen, den ausgeprägten Dualismus – im Gegensatz zu den römischen Mithrasmy-
sterien.

Der Roman enthält eine fast unendliche Reihe von Umschwüngen im Schicksal der
Helden. Immer wieder sterben Rodanes und Sinonis einen Scheintod, und es ist sehr
wahrscheinlich, daß diese Episoden sich auf Initiationszeremonien beziehen, in denen der
alte Mensch stirbt, um auf einer höheren Stufe wiedergeboren zu werden.

Sinonis und Rodanes sind vermählt und lieben einander. Aber Garmos, der König von
Babylon, begehrt die schöne Frau, und als sie sich ihm verweigert, läßt er sie mit einer
goldenen Kette fesseln und den Rodanes ans Kreuz binden. – Daß der Initiand bei der
Mithrasweihe gefesselt wurde, ist ausdrücklich bezeugt (s. oben S. 138, Anm. 18).

Sinonis entkommt aber und befreit ihren Gatten, und beide fliehen zu Pferde. – Dies ist
die Flucht des Vasallen vor dem König, welche wir oben am Beispiel des Kyros besprochen haben: Der Vasall befreit sich aus der Abhängigkeit des Tyrannen; seine Flucht

---

8 Lommel, Der arische Kriegsgott (1939); Widengren, Numen 1, 1954, 51 ff. und 2, 1955,95; die
　Religionen Irans (1965) 42.
9 Scriptores Historiae Augustae, Vita Commodi 9; s. oben S. 108, Anm. 30.
10 Die Vokale ändern sich in den meisten Sprachen leichter als die Konsonanten (Ablaut, Dialekt-
　unterschiede usw.).

bedeutet Aufstand, und daher schickt der Tyrann (hier Garmos) sogleich Truppen unter dem königlichen Eunuchen Damas zur Verfolgung aus.

Das Paar gelangt auf der Flucht zu einer Wiese, wo eine Quelle[11] sprudelt und eine „Löwensäule" steht. Eine Inschrift auf der Säule zeigt an, daß Gold vergraben ist; Rodanes nimmt es nicht mit. – Quellen gehörten zu allen römischen Mithrasheiligtümern;[12] die Löwensäule erinnert an den Weihegrad des Löwen.

Sinonis hat auf der Wiese einen Kranz zurückgelassen, den die Verfolger finden und an ihren König schicken. – Dieser Kranz, den Sinonis offenbar nicht tragen will, erinnert an das Ritual der Mithrasweihe, welches Tertullian (De corona 15; s. S. 95 f.) beschreibt: Es sollte dem Initianden ein Kranz aufgesetzt werden; aber dieser mußte ihn zurückweisen und sagen, Mithras sei sein Kranz.

Eine alte Frau versteckt das Paar in einer Höhle, welche 30 Stadien (ca. 6 km) lange Gänge hat. Der Eingang ist durch Gestrüpp verdeckt. – Dies erinnert an die Mithrashöhlen mit den langen Gängen, wie man sie noch heute in Rom unter San Clemente sehen kann. Auch in den armenischen Mithras-Überlieferungen des 19. Jahrhunderts kommt die Höhle vor.

Damas und seine Leute ergreifen die Alte und bedrohen sie mit dem Schwert, um sie zu einer Aussage zu zwingen. Vor Schreck stirbt die Alte. Man findet die Pferde des Rodanes und der Sinonis, welche außerhalb der Höhle geblieben waren. Als einem Soldaten der erzene Schild entfällt, hallt es von unten zurück; das Versteck ist entdeckt. Man gräbt auf, aber Sinonis und Rodanes merken es und entfliehen zum anderen Ausgang. Ein Schwarm wilder Bienen, welche sich an verwesenden Tieren genährt hatten und deren Honig giftig war, wird aufgescheucht. Sie wenden sich gegen die grabenden Soldaten, stechen sie und töten einige. – Wir haben gesehen, daß die Biene in den römischen Mysterien eines der Tiersymbole für den zweiten Grad der Mithrasmysten war. Hier geben die Bienen den in der Höhle Versteckten die Gelegenheit zur Flucht und verteidigen den Zugang zu der Höhle gegen Fremde. Offenbar warnt die Erzählung Uneingeweihte, in die unterirdischen Gänge des Geheimkultes einzudringen.

Sinonis und Rodanes kommen an einer Stelle vorbei, wo der Honig der Bienen herabtropft. Da sie hungrig sind, genießen sie den Honig und fliehen weiter. Aber nach kurzer Zeit wirkt das Gift, und sie sinken wie tot am Wege nieder. Die Soldaten verfolgen die Fliehenden und kommen zu der Stelle, wo sie scheintot am Wege liegen. Sie bedecken sie nach Vätersitte mit einem persischen Mantel[13] und werfen auf sie Fleisch, Brot und Früchte. Dann ziehen die Soldaten weiter. Das Fleisch lockt Raben an; diese streiten um die Beute und krächzen. So erwachen die Scheintoten und fliehen in die entgegengesetzte Richtung. – Auch hier finden sich starke Analogien zu der römischen Mithrasweihe. Wie die Initianden der Mysterien sterben Rodanes und Sinonis, werden bedeckt und stehen

11 § 21 p. 66,11 Habrich.
12 Porphyrios, De antro nympharum 5 (p. 59,15 Nauck = p. 8,4 Westerink) τὸ ἔνυγρον καὶ ἔνικμον τῶν ἄντρων.
13 Fr. 19, p. 17 Habrich.

wieder auf.[14] Sie essen Honig; wir wissen, daß die Mithrasmysten bei der Weihe zum „Löwen" und „Perser" Honig genossen haben (oben S. 105 und 117). Der Honig führt an Sinonis und Rodanes einen Scheintod herbei, der aber in Wahrheit ihre Rettung vor den Verfolgern bedeutet.[15] Dagegen sterben einige der von den Bienen gestochenen Soldaten einen stellvertretenden Tod.

Die Soldaten, welche die Scheintoten bedecken und ihnen Brot und Früchte spenden, erinnern an die *milites* der Mithrasmysterien; das Brot war dort eine sakramentale Speise (s. S. 137 f. und 189). Schließlich werden die Scheintoten durch Raben geweckt. Die Raben sind in den römischen Mysterien der erste Weihegrad; man sieht auf vielen Darstellungen, wie die Mysten Rabenmasken tragen. Die Rolle der Raben ist also von Mysten gespielt worden; ein Christ sagt darüber: „Sie schlagen mit den Flügeln wie die Vögel und ahmen die Stimme des Raben nach" (s. oben S. 87, Anm. 4).

Rodanes und Sinonis übernachten auf der Flucht in einem Haus, von dem sich herausstellt, daß es das Haus eines Räubers ist. Soldaten des Damas, welche gegen den Räuber ausgesandt waren, umstellen nachts das Haus, der Räuber wird gefangen, das Haus in Brand gesteckt. Sinonis und Rodanes sind vom Feuer umgeben. Sie schlachten einen Esel, legen ihn als Brücke über das brennende Feuer und entkommen so dem Tod. Als die Soldaten sie fragen, wer sie seien, antworten sie: „Die Geister der vom Räuber Ermordeten". Da sie bleich und abgemagert sind und mit schwacher Stimme sprechen, glauben die Soldaten ihnen, erschrecken und lassen sie entkommen. – Dies scheint sich auf ein Feuerritual zu beziehen, wie es der Mythograph Nonnos für den Mithraskult bezeugt.[16] Nonnos ist zwar für die römischen Mysterien keine zuverlässige Quelle; aber es spricht Einiges dafür, daß er Nachrichten über Mithraskulte des Ostens hatte, und auf einen solchen östlichen Kult dürfte sich der Roman des Iamblichos beziehen.

Später werden Rodanes und Sinonis gefangen genommen und sollen zum König Garmos gebracht werden. Aber ein einsichtiger Richter namens Soraichos gibt sie frei, als er erfahren hat, warum sie vor dem Tyrannen fliehen, und zeigt ihnen eine Insel der Aphrodite Tanaitis, welche von Euphrat und Tigris umflossen wird. Die beiden fliehen auf diese Insel. – Diese Göttin Tanaitis ist offenbar identisch mit der großen persischen Göttin Anaitis (Anahita), der Göttin der Flüsse und Wasser.[17] Bei den Armeniern genoß sie ganz besondere Verehrung.[18] Auf den Inschriften des Artaxerxes Mnemon wird Anahita neben

---

14 cap. 4 p. 16,7 H. ἀνίστανται. Vgl. Tertullian, De praescriptione haer. 40 *(imago resurrectionis)*.

15 Bienen und Honig sind πεφαρμακευμέναι (p. 14,8 H.); der Honig ist ein φάρμακον, das Tod und Leben bringen kann.

16 Hist. 6 im Kommentar zu Gregor von Nazianz (Migne, P. G. 36,989) = Cumont, Textes et monuments II 27 αἱ δὲ κολάσεις εἰσὶ τὸ διὰ πυρὸς διελθεῖν (κτλ.).

17 Der Yäscht 5 gilt dieser Göttin. Vgl. oben S. 234.

18 Strabon XI 14,16 p. 532 ἅπαντα μὲν οὖν τὰ τῶν Περσῶν ἱερὰ καὶ Μῆδοι καὶ Ἀρμένιοι τετιμήκασι, τὰ δὲ τῆς Ἀναίτιδος διαφερόντως Ἀρμένιοι, ἔν τε ἄλλοις ἱδρυσάμενοι τόποις, καὶ δὴ καὶ ἐν τῆι Ἀκιλισηνῆι.

Mithras genannt.[19] In den römischen Mysterien spielt eine dreiköpfige Hekate eine wichtige Rolle, welche die Göttinnen Minerva, Diana und Venus in sich vereinigte, s. oben S. 234; sie ist zweifellos mit Anahita identisch, die einen dreifachen Namen trägt[20]. Im Tempel der Anahita zu Pasargadai fand die Weihezeremonie des Perserkönigs statt.[21] Auch Rodanes wird am Ende des Romans König. – Es sei auch darauf hingewiesen, daß der Richter Soraichos, der das Paar bei Iamblich rettet, sich „Vater" des Rodanes und der Sinonis nennt,[22] und daß *pater* der oberste Weihegrad der römischen Mithrasmysten war.

Aus dem weiteren Verlauf der Handlung sei nur noch über zwei Episoden referiert, in welchen die Helden ihre Tapferkeit bewähren müssen.

Sinonis und Rodanes kehren auf der Flucht einmal bei einem reichen Mann, Setapos, ein. Dieser verliebt sich in Sinonis; als er abends getrunken hat, will er sie verführen. Aber als er sie an sich ziehen will, ergreift sie ein Schwert und tötet ihn (cap. 15, p. 52–55 H.).

Bei einer anderen Gelegenheit findet Sinonis den Rodanes mit einem anderen Mädchen, ohne daß es zwischen den beiden eine Liebelei gegeben hätte. Aber Sinonis vermutet das Schlimmste und geht mit gezücktem Schwert auf das unschuldige Mädchen los. Rodanes tritt dazwischen und entwindet ihr das Schwert. Auch er hat also seine Unerschrockenheit bewiesen. – Die Szene erinnert an die Schwertprobe der römischen Mithrasmysterien, die wir besprochen haben. Der Myste mußte einen Kranz erringen, der von einem Figuranten im heiligen Spiel mit einem Schwert verteidigt wurde, mußte also wahrscheinlich seinem rituellen Gegner das Schwert entwinden.

Am Ende des Romans wird Rodanes König von Babylon. Der dem Tyrannen entflohene Vasall wird selbst Herrscher, wie Kyros und Ardeschir.

Die Beziehungen der Erzählung zu den mithrischen Traditionen sind stark; dies gilt besonders für die Szene in der Höhle und die Anspielungen auf Löwen, Bienen, Raben, die Zeremonie mit dem Honig, das Ablegen des Kranzes und die Schwertproben. Ferner spielt Tanaitis-Anahita eine wichtige Rolle; zusammen mit Mithra wird die Göttin schon in den altpersischen Inschriften der Könige Artaxerxes II. Mnemon und Artaxerxes III. Ochos genannt. Der Sieg über den „Drachen" Garmos, schon für Thraitauna-Feridun bezeugt, und die Erzählung von der Flucht des Vasallen führt in die Welt der iranischen Männerbünde, welche für den persischen Staat so charakteristisch sind. Iamblichos hat einen Roman jener „feudalen" Welt des Orients geschrieben, deren Exponent der Gott Mithras war. Als literarisches Vorbild hat ihm der Typ des griechischen Liebes- und Mysterienromans gedient, und wie die griechischen Romane sich fast durchgehend auf

---

19 Kent, Old Persian S. 154 f. – Artaxerxes soll an vielen Orten Statuen der Aphrodite Anaitis aufgestellt haben (Berossos bei Clemens von Alexandria, Protreptikos 5,65,3 p. 50,2–6 Stählin = Jacoby, Die Fragmente der griech. Hist. 680 F 11 p. 394).

20 Ardvi Sur Anahita = die Feuchte, Starke, Unbefleckte.

21 Plutarch, Artaxerxes 3. Vgl. oben S. 31.

22 Fr. 61, p. 51,18 H.

Zeremonien der Isis- und Dionysos-Mysterien beziehen, so dürften sich viele Episoden in
den ‚Babyloniaka' auf Riten des armenischen Staates bezogen haben, in welchen Mithras
und Anahita eine entscheidende Rolle spielten.

Mithras im armenischen Volksepos

Noch im 19. Jahrhundert n. Chr. sind in Armenien Mithras-Überlieferungen lebendig gewesen. Man hat damals armenische Volksepen aufgezeichnet.[23] Das Land war seit etwa
1600 Jahren christlich gewesen; aber seine Bewohner hatten Mher[24] (= Mithras) noch
nicht vergessen. Er war aus einem Gott zu einem Riesen der Vorzeit geworden, um den
sich noch immer zahlreiche einzelne Motive ranken, welche für den alten Gott charakteristisch gewesen waren. Sie sind nun freilich in einen erzählerischen Kontext eingefügt, der
mit den alten Mithrasmythen nichts mehr zu tun hat. Der alte Zusammenhang ist
unkenntlich geworden, während die mythischen Einzelbilder sich über die Jahrtausende
hinweg in der Phantasie der Armenier lebendig erhalten haben. Ich gebe ein kurzes Résu-
mé des Inhalts, in welchem diejenigen Erzählmotive, welche in unserem Zusammenhang
ohne Bedeutung sind, übergangen oder nur kurz gestreift werden; in den Anmerkungen
werden die Parallelen aus den antiken Mithrasüberlieferungen notiert.

Der Held des Epos ist ein gewaltiger Riese namens *Mher* (Mithras). Er hatte viele Hel-
dentaten vollbracht, ist aber dann ins Unglück geraten. Er geht zum Grab seiner Eltern
und bittet sie um Rat und Hilfe. Sie raten ihm, zum Felsen des Raben zu gehen und dort
die Höhle zu betreten. Er reitet auf seinem Pferd[25] los. In der Ferne sieht er einen Raben
und schießt nach ihm;[26] der Rabe wird getroffen, fliegt ihm aber doch voraus und zeigt
ihm den Eingang zu dem Fels.[27] Die Höhle im Felsen öffnet sich,[28] und Mher reitet auf
seinem Pferd ein. Am Ende der Zeiten wird er wieder hinausreiten und die Welt von

23 Für das Folgende vgl. M. Dikran-Tchitouny, Sassounacan, épopée populaire arménienne (Paris
   1942) 1083–1097; Frédéric Feydit, David de Sassoun (Paris 1964); Leon Surmelian, Daredevils of
   Sassoun (London 1966); Boyle, Mher in the Carved Rock, Journal of Mithraic Studies 1, 1976,
   107–118 (dies ist die von mir benützte Übersetzung); Inhaltsangabe von M. Dikran-Tchitouny
   in den Actes du XXIᵉ congrès international des orientalistes, Paris 23–31 juillet 1948 (Paris 1949)
   368–571. Vgl. weiter G. Widengren, Die Religionen Irans 209 und 239; Gershevitch in Mithraic
   Studies I 84–89 und II 356–7; Boyle, Raven's Rock: A Mithraic Spelaeum in Armenian Folklo-
   re?, in Etudes mithriaques 59–73.
24 Neupersisch *Mihr*. Die Form *Meher*- kommt schon im Namen des *Meherdates* (nicht Mithradates) vor, der im 1. Jahrhundert n. Chr. kurze Zeit König der Parther gewesen ist (Tacitus, Anna-
   len XII 10–14).
25 Für Mithras auf dem Pferd siehe das Fresco von Dura-Europos Abb. 17 = V 52 und die Münzen
   von Trapezunt (s. oben S. 44).
26 Dies erinnert an den Pfeilschuß des Mithras gegen den Felsenhimmel auf den römischen Monumenten; daß Mithras hier auf den Raben zielt, ist sicherlich ein sekundärer Zug.
27 Auf den Reliefs fliegt der Rabe auf dem Sonnenstrahl vom Sonnengott zu Mithras.
28 Der Eingang zu den mithrischen Felsenhöhlen war zweifellos immer versteckt und öffnete sich
   nur jenem Besucher, der das richtige Zeichen gab.

einem Ende zum anderen durchqueren;[29] in der Zwischenzeit öffnet sich die Höhle nur einmal im Jahr, am Himmelfahrtsfest; Mher reitet heraus,[30] und geweihtes Brot[31] fällt vom Himmel, welches ihn und sein Ross für das ganze Jahr sättigt.

In der übrigen Zeit sitzt Mher in der Höhle; rechts und links von ihm brennt eine Kerze.[32] Er blickt auf das Himmelsrad, welches sich in der Höhle sausend um ihn dreht,[33] so wie die Sonne[34] sich Tag und Nacht um die Erde dreht.

Eine andere Episode des armenischen Epos heißt „Mher und der Löwe"; dort wird erzählt, wie Mher als Kind einen Löwen packt und in zwei Teile auseinanderreißt. Eine Verbindung zu dem persisch-römischen Gott ist nur insofern gegeben, als auch bei diesem „Löwen", nämlich die Mysten des vierten Grades, vorkommen.

Da der Held des armenischen Epos den Namen Mithras in seiner späteren Lautform trägt und da die einzelnen Übereinstimmungen mit Zügen des antiken Mithraskultes viel zu zahlreich und detailliert sind, als daß an Zufall gedacht werden könnte, wird man schließen, daß sich auch nach der Christianisierung in Armenien Traditionen über Mithras in epischen Erzählungen gehalten haben. Eindrucksvolle Bilder, welche an die alten mithrischen Vorstellungen erinnern, werden frei assoziierend aneinander gereiht; neue Motive werden ohne Bedenken mit eingewoben. Freilich, als der Gott zu einem Helden der Volkserzählung absank, ging der innere Zusammenhang der Bilder verloren.

29 Auf dem Relief von Neuenheim (Abb. 117 = V 1289) reitet der Heliodromus, den Erdglobus in der Hand, durch den Kosmos.

30 Wie die Mithrasmysten des fünften und sechsten Grades, der „Perser" und der Heliodromus, zum Himmel emporfahren, wird auf den Monumenten wohl hundertmal dargestellt.

31 Auf den Darstellungen mit dem gemeinsamen Mahl des Mithras und des Sonnengottes steht oft vor ihnen ein Tisch mit geweihten Broten; Justin und Tertullian bezeugen, daß es im Mithraskult eine Zeremonie mit dem Brot gegeben hat (s. oben S. 137 und 189). Wenn das geweihte Brot im armenischen Volksepos vom Himmel fällt, ist dies natürlich Anpassung an die Erzählung des Alten Testaments.

32 Auf dem Mithrasrelief stehen rechts und links vom Gott die beiden Fackelträger Cautes und Cautopates; auf dem Relief von Jaice (Abb. 147 = V 1902) befindet sich über ihren Köpfen jeweils eine Ausnehmung für eine Lampe oder Kerze.

33 Die Decken in den Kulthöhlen der römischen Mithrasdiener stellten den Sternhimmel dar, und auch sonst waren die Mithrashöhlen voll von astralen Symbolen.

34 Mithras ist selber *Sol invictus*. Im späteren Persischen heißt *mihr* „Sonne", was dem Namen des armenischen Mithras *(Mher)* entspricht.

BILDTEIL

In den Bildbeschreibungen werden auch Details der besprochenen Monumente angegeben, die hier auf den Abbildungen nicht oder nur schwer zu erkennen sind. Wenn in anderen Werken farbige Photographien der Darstellungen veröffentlicht sind, wird dies angegeben.

Abb. 1: Kommagene, Luftbild der Ostterrasse am Nemrud Dagh

Man sieht den aus Schottersteinen aufgehäuften Grabtumulus des Antiochos von Kommagene, davor die fünf sitzenden Götter (von links Antiochos – die Göttin Kommagene [der Kopf ist herabgestürzt] – Zeus – Mithras – Herakles; s. das nächste Bild). Darunter befindet sich ein quadratisch eingefaßter Platz. Auf der Rückwand, also unterhalb der Götterstatuen, waren fünf Reliefs, welche viermal den König Antiochos im Handschlag mit einer Gottheit zeigten (mit Kommagene – Zeus – Mithras – Herakles); das fünfte Relief stellte die Konjunktion der vier zugehörigen Sterne (Luna – Jupiter – Mercur – Mars) mit dem Königsstern Regulus im Sternbild des Löwen dar. Darunter erstrecken sich rechts und links bergab die beiden Reihen mit den Sockeln für die Ahnengalerie des Antiochos; auf den Sockeln waren Reliefs mit Bildern dieser Ahnen aufgestellt. Unten schließt ein großer Feueraltar den Platz ab.

Farbphotographie: F. K. Dörner, Kommagene (1981) S. 33 Abb. I.

Abb. 2: Kommagene, Nemrud Dagh, Ostterrasse

Die fünf riesigen Götterbilder, von links: Antiochos von Kommagene – die Göttin Kommagene (Luna) – Zeus/Oromasdes (Jupiter) – Mithras/Apollon/Helios/Hermes (Mercur) – Herakles/Artagnes/(Ares = Mars).

Rechts davon die Beine eines Adlers.

Farbphotographie: F. K. Dörner, Kommagene (1981) S. 34–35 Abb. II.

Abb. 3: Kommagene: Nemrud Dagh

Rekonstruktionszeichnung des Grabmals auf dem Nemrud Dagh. Rechts die Ostterrasse mit den Götterbildern und dem Feueraltar, links die Westterrasse.

Nach P. Bianchi, National Geographic 119, 1961, 396/7 (dort farbig).

Abb. 4: V 30 Nemrud Dagh, Westterrasse

Mithras (im Strahlenkranz) und König Antiochos von Kommagene (etwa 80–32 v. Chr.) im Handschlag; Mithras belehnt Antiochos mit dem Königreich Kommagene.

Abb. 5 a/b: Arsameia am Nymphaios (Kommagene)

Mithras; von einem Relief, welches Antiochos von Kommagene im Handschlag mit dem Gott zeigte. Es sind auch Fragmente von der Darstellung des Königs gefunden worden, s. die Rekonstruktionszeichnung, nach F. K. Dörner, Kommagene (1981) S. 199 Abb. 52.

Farbphotographie: F. K. Dörner, Kommagene (1981) S. 139 Abb. 14 und 15.
Eski Kâhta.

Abb. 6: Kommagene, Nemrud Dagh, Westterrasse

Kopf der Göttin Kommagene. Der Kopf war von der Statue heruntergefallen; er ist jetzt wieder aufgesetzt.

Abb. 7: Kommagene, Nemrud Dagh

Adler von der Westterrasse.

Abb. 8: Kommagene, Nemrud Dagh

Löwe von der Ostterrasse

Farbphotographie bei F. K. Dörner, Kommagene (1981) S. 117, Abb. IV.

Abb. 9: Arsameia am Nymphaios

Kopf eines Königs, wohl des Antiochos von Kommagene.

Museum Gaziantep.

Abb. 10: Arsameia am Nymphaios

Kopf einer Königin, vielleicht der Isias, der Gattin des Antiochos.

Museum Ankara.

Abb. 11: Kommagene, Nemrud Dagh

Ahnengalerie auf der Westterrasse: Relief des persischen Großkönigs Dareios, nach dem von Humann gefertigten Abguß. Mütze und Schuhe sind von Sternen besetzt; auf den Brustschnallen Adler; um den Hals eine Kette; in der rechten Hand ein großer Reif, in der linken ein Szepter; beides sind Herrschaftssymbole.

Berlin (Ost), Vorderasiatisches Museum.

Abb. 12: Kommagene, Nemrud Dagh

Ahnengalerie auf der Ostterrasse: Relieffragment mit dem Kopf des persischen Großkönigs Xerxes. Die Mütze ist von Sternen bedeckt, auf der Stirnbinde Adler.

Berlin (Ost), Vorderasiatisches Museum.

Abb. 13: V 31 Kommagene, Nemrud Dagh, Westterrasse

Relief mit der Darstellung der Planetenkonjunktion im Zeichen des Löwen im Jahre 62 v. Chr. Man nennt die Darstellung meist „Löwenhoroskop", aber es handelt sich nicht um eine Darstellung der Geburtsconstellation („Horoskop"); vielmehr wurde im Jahr 62 im Zeichen dieser Constellation dem schon erwachsenen König Antiochos sein Königreich auf Anordnung des Pompeius sehr vergrößert.

Der Leib des Löwen ist von Sternen bedeckt; diese entsprechen genau den Angaben der antiken Texte über diejenigen Sterne, welche die Constellation des „Löwen" bilden. Der größte und hellste dieser Sterne heißt *Regulus* (Basiliskos) und galt als besonderer Stern der Könige; er befindet sich auf dem Relief auf der Brust des Löwen, über der Mondsichel.

In diesem Sternbild, welches aus Fixsternen besteht, haben sich am 7. Juli 62 vier Planeten getroffen (Konjunktion; Luna zählt im geozentrischen System als Planet), die drei großen Sterne über dem Rücken des Löwen und Luna auf seiner Brust. Die Namen der drei großen Sterne sind durch Beischriften bezeichnet. Es bedeuten: (1) Luna = Göttin Kommagene; (2) der linke Stern = Mars = Ares-Herakles-Artagnes; Beischrift Πυρόεις Ἡρακλέ(ους); (3) der mittlere Stern = Mercur = Hermes-Apollon-Mithras; Beischrift: Στίλβων Ἀπόλλωνος; (4) der rechte Stern = Jupiter = Zeus-Oromasdes; Beischrift: Φαέθων Διός.

Dies sind also dieselben vier Götter, welche zusammen mit Antiochos auf den großen Sitzstatuen dargestellt sind, Kommagene, Oromasdes-Zeus, Mithras-Apollon, Artagnes-Herakles.

Dieses Relief stand in einer Reihe von fünf Reliefdarstellungen; auf den anderen vier war jeweils Antiochos im Handschlag mit einem dieser vier Götter abgebildet. Wie am Himmel am 7. 7. 62 die vier Planeten am *Regulus* (im Sternbild des Löwen) vorbeigezogen und ihn gegrüßt hatten, so begrüßten auf den zum Andenken aufgestellten Reliefplatten diese vier Götter den Antiochos mit Handschlag und belehnten ihn mit der Königsherrschaft in seinem Reich.

Berlin (Ost), Vorderasiatisches Museum.

Abb. 14: Kommagene, Nemrud Dagh

Rekonstruktion der Bilder auf der Westterrasse von O. Puchstein. Man sieht zwei Gruppen von je neun Figuren; von rechts nach links:

1–9 Große Sitzbilder:
   (1) Löwe
   (2) Adler
   (3) Herakles/Artagnes mit Keule
   (4) Mithras/Apollon/Hermes (nach der Deutung von J. H. Young; frühere Deutung: Antiochos)
   (5) Zeus/Oromasdes
   (6) Kommagene
   (7) Antiochos (nach der Deutung von J. H. Young; frühere Deutung: Mithras)
   (8) Adler
   (9) Löwe.

10–18 Kleinere Bilder und Reliefs:
   (10) Löwe
   (11) Adler
   (12) Die Planetenkonjunktion im Zeichen des „Löwen" im Jahr 62
   (13) Antiochos und Herakles-Artagnes im Handschlag
   (14) Antiochos und Zeus-Oromasdes im Handschlag
   (15) Antiochos und Mithras-Apollon-Hermes im Handschlag
   (16) Antiochos und die Göttin Kommagene im Handschlag
   (17) Adler
   (18) Löwe.

Abb. 15: V 34–42 Dura-Europos am Euphrat in Syrien

V 34: Kultnische des Mithraeums, wiederaufgebaut in New Haven. In Dura führten sieben Stufen, die den sieben Graden entsprachen, zu der Kultnische empor. In der Mitte zwei Reliefs mit dem Stieropfer (V 37 und 40); beide werden unten gesondert beschrieben. – Darüber im Halbkreis dreizehn mit Fresken ausgemalte Felder (V 42), ebenfalls unten gesondert beschrieben. – An die Hinterwand der Nische schließt im Winkel von 90° eine Wölbung an, auf der zwölf Zodiacalzeichen in Fresco gemalt sind. Auf der hier abgebildeten Photographie ist dieses Mauerstück nur als dunkler Bogen zu sehen. Danach biegt die Mauer wieder um 90° um und zeigt nun in Vorderansicht einen mit Fresken ausgemalten Bogen. Auf den beiden Seiten sitzen zwei Patres in persischer Tracht (V 44; einer hier in Abb. 16 a).

V 37: Das kleinere der beiden Kultreliefs. Mithras opfert den Stier; er faßt mit der Linken in die Nüstern des Tiers und sticht mit der Rechten in die Halsschlagader. Dabei blickt er frontal auf den Betrachter (nicht auf den Stier). Der Mantel des Gottes fliegt. Links neben dem Kopf des Mithras der Rabe, dann die Mondsichel; rechts die Sonnenscheibe. Rechts vom Stier der Hund und die

Schlange (zwischen den Beinen des Stiers); der Skorpion fehlt. An der persischen Mütze des Mithras und an den Symbolen von Sol und Luna waren Juwelen eingelassen, die herausgebrochen sind. – Unter dem Relief eine Inschrift in palmyrenischer Sprache (nach der Übersetzung von du Mesnil du Buisson): „A good memorial; made by Ethpeni the Strategos, son of Zabde'a, who is in command of the archers who are in Dura. In the month of Adar of the year 480". Dem Jahr 480 der seleukidischen Ära entspricht das Jahr 168/9 n. Chr. – Auf dem linken Rand des Reliefs die griechische Inschrift: Ἐθφανει ισταρτηγα (sic).

V 40: Das größere der beiden Kultreliefs. Stieropfer. Der Rabe auf dem Mantel des Mithras; Hund und Schlange greifen den Stier von rechts her an. Zwischen den Vorderbeinen des Stiers sieben Altäre für die Planetengötter. Der Skorpion fehlt. – Über dem Kopf des Mithras eine Büste des Chronos-Saturn; daneben befanden sich Büsten der Luna (links) und des Sonnengottes (rechts), die abgemeißelt sind. Nur der Kreis um Lunas Kopf und die Strahlen des Sonnengottes sind noch kenntlich. – Das Opfer findet unter dem Himmelsrund statt, das von zwei Säulen getragen wird. Im runden Bogen die zwölf Zodiacalzeichen, links mit dem Widder beginnend (Frühlingspunkt). Über dem *Widder* ist rechts oben eine kleine Sonnenscheibe, über dem *Stier* eine kleine Mondsichel, und über den nächsten vier Zodiacalzeichen ebenfalls Sterne oder kleine Scheiben. – Der Stifter *Zenobios* steht neben der rechten Säule auf einer kleinen Basis; neben ihm zwei Gestalten mit erhobener rechter Hand, *Iaribolês* und *Bar-na-Adad*. Unter ihnen knien zwei Knaben. Unter dem Relief die Inschrift: θεοῦ (sic) Μίθραν ἐπόησεν Ζηνόβιος ὁ καὶ Εἰαειβας Ἰαριβωλέους, στρατηγὸς τοξο-τῶν, ἔτους δευτέρου, πυ′ (also 168/9 n. Chr.).

V 42: Freskenbogen über dem Stieropfer. Mittelfeld, oben: (1) Saturn-Mithras mit Nimbus und Sichel. – *Von der Mitte nach links absteigend:* (2) Jupiter schleudert den Donnerkeil gegen die Giganten. – (3) Zwei schlangenfüßige Giganten im Kampf gegen Jupiter. Der obere hat einen Stein aufgehoben und will ihn gegen den Gott werfen; der andere ist bereits vom Donnerkeil getroffen und stürzt ab. – (4) Ruhender Saturn(-Mithras); Saturns Traum. – (5) Geburt des Mithras aus dem flammenden Felsen; in den erhobenen Händen trägt der Gott Fackeln. – (6–7) Diese Felder sind zerstört. – *Von rechts unten nach oben aufsteigend:* (8) Mithras (der Perser) schießt mit dem Bogen (Wasserwunder). – (9) Mithras (der Heliodromus) reitet auf dem weißen Stier (Rinderdiebstahl); er hält in der Hand einen kleinen roten Globus. – (10) Mithras trägt den Stier (der gute Hirt). – (11) Weihe des Heliodromus: Der Initiand ist vor dem Pater niedergekniet; dieser nimmt ihm die persische Mütze ab. Rechts darüber der Strahlenkranz, mit dem der Pater den Initianden krönen wird. – (12) Zwei persische Hirten tragen auf einem Stock den geopferten Stier herbei. – (13) Mithras (der Pater) und der Sonnengott (der Heliodromus, mit Strahlenkranz) beim Festmahl. Die Haut des Stieres ist auf dem Tisch vor ihnen ausgebreitet. Links davon eine Person mit Rabenmaske (der Corax) als Diener beim Mahl. Er bringt auf einem Stab die aufgespießten Fleischstücke.

Farbige Photographien von V 34–42 in: Mithraic Studies II, Tafeln 22–23 und 26–29; von V 34 bei A. Schütze, Mithras (1972) S. 24, Abb. 4. Yale University, Art Gallery, New Haven, Connecticut.

Abb. 16 a: V 44 Dura-Europos

Ein Pater der Mithras-Gemeinde in persischer Tracht. Er sitzt auf einem Thron und hält in der Hand Buchrolle und Magierstab.

Farbphotographie in: Mithraic Studies II, Tafel 25; A. Schütze, Mithras (1972) S. 25 Abb. 6.
Yale University, Art Gallery, New Haven, Connecticut.

Abb. 16 b: V 49 Dura-Europos

Fresco von der Rückwand des Mithraeums: Mithras (in persischer Tracht) und der Sonnengott (mit Nimbus) beim sacralen Mahl. Mithras hält in der linken Hand ein Trinkhorn und faßt mit der rechten den Sonnengott (den Heliodromus) um die Schultern, wie in Abb. 70 (V 641, Fiano Romano).

Farbphotographie in: Mithraic Studies II, Tafel 26 a; Schütze, Mithras S. 26 Abb. 7.
Yale University, Art Gallery, New Haven, Connecticut.

Abb. 17: V 52 Fresco aus Dura-Europos

Mithras zu Pferd in persischer Kleidung (mit Hosen) auf der Jagd. Er schießt mit dem Bogen; seitwärts ist ein Köcher mit Pfeilen befestigt. Die Schlange (zweiter Grad) unter ihm und der Löwe (vierter Grad) vor ihm sind seine Jagdgenossen. Vor ihm fliehen Hirsche (oben), ein wilder Bock, eine Wildziege, ein Eber (rechts unten); sie sind alle bereits von den Pfeilen des Gottes getroffen, die niemals fehlgehen. Vielleicht flog im zerstörten linken oberen Eck des Reliefs, über dem Mantel des Mithras, der Rabe. – In Dura-Europos lag eine Einheit von Bogenschützen, die Mithras als den Prototyp des Bogenschützen verehrten. – Es gab in Dura noch ein zweites solches Fresco.

Farbphotographie in: Mithraic Studies II, Tafel 14 a; Merkelbach, Weihegrade und Seelenlehre der Mithrasmysterien S. 33 Abb. 1; A. Schütze, Mithras S. 26 Abb. 8. Yale University Art Gallery, New Haven.

Abb. 18: V 75 Sidon (Syria)

Stieropfer. Auf der Spitze der persischen Mütze des Mithras ein Stern (Saturn); auch auf dem fliegenden Mantel erscheinen Sterne. Links der Rabe, unter dem Stier Skorpion und Schlange, rechts
der Hund. Sol und Luna sind hier und auf den beiden Reliefs von Dura (Abb. 15) umgekehrt wie
sonst angeordnet, Luna links und Sol rechts. – In den Ecken die Jahreszeiten: Links oben Frühling
mit Blumenkorb, rechts oben Sommer mit Ähre (darunter ein Adler, Symbol des vierten Grades),
rechts unten Herbst mit Fruchtkorb, links unten Winter mit Gans. – Im Kreis um Mithras und den
Stier die Zodiacalzeichen; über der Mütze des Mithras beginnend, nach links laufend: Stier (Frühlingspunkt) – Zwillinge – Krebs – Löwe – Jungfrau – Waage, dann unter dem Stier der Skorpion,
rechts unter dem Stier der Schütze – Steinbock – Wassermann, am oberen Rand Fische und Widder.
Die Positionen des Raben, der Schlange *(Hydra)* und des Hundes *(canis minor)* stimmen annähernd
mit der Stellung der entsprechenden Sternbilder innerhalb des Zodiacus überein. – Die Anordnung
der Jahreszeiten läuft im Uhrzeigersinn, die des Zodiacus entgegengesetzt; dies soll auf die beiden
Drehungen am Himmel (nach rechts und links) anspielen.

Paris, Louvre.

Abb. 19: V 77 Sidon

Ein persisch gekleideter Myste (der *Nymphus*) trägt den toten Stier weg *(Transitus);* auf der Spitze seiner persischen Mütze ein Stern (Venus). Das Tier ist relativ klein.

Paris, Louvre.

Abb. 20: V 78/9 Sidon

Statue des „Löwen", des Mysten im vierten Grad. Stehender Mann mit Löwenkopf und geöffnetem Maul; am Hinterkopf der Statue ein Loch, welches vermutlich ermöglichte, daß die Statue im Kult Feuer fauchen konnte. Der Leib ist von einer Schlange umwunden, deren Kopf unter dem Kinn des „Löwen" liegt. Die Schlange windet sich dreimal um den Körper. Mögliche Deutung: Die mittlere Windung bezeichnet die Äquinoctien, die obere und untere die Sommer- und Wintersonnenwende. Hinter den Schultern zwei Flügel. In den beiden eng anliegenden Händen hält der „Löwe" zwei Schlüssel (zum Öffnen der Tore; Janus). Der Löwe symbolisiert das Feuer, die Flügel die Luft, die Schlange die Erde; das Wasser wurde bei der Löwenweihe weggelassen, weil es dem Feuer feindlich ist (Porphyrios, De antro nympharum 15). – Auf der Statuenbasis die Inschrift: Φλ(άβιος) Γερόντιος, πατὴρ νόμιμος, ἀνεθέμην τῷ φ' ἔτι (= ἔτει). Das 500ste Jahr der sidonischen Ära fällt ins Jahr 389 n. Chr.

Paris, Louvre.

Abb. 21: V 84/5 Sidon

Statue der dreiköpfigen Hekate; auf den drei Köpfen sitzt ein gemeinsamer Korb. Um sie herum tanzen drei Mädchen, sich an den Händen fassend, einen Reigen. Die dreiköpfige Hekate war in den Mithrasmysterien ein Bild für die Weltseele. Hekate war zusammengesetzt aus Diana, Minerva und Venus. Diana hatte ihren Sitz im Herzen und bezeichnete den νοῦς (Gedanken), Minerva im Kopf und bezeichnete die leidenschaftliche Regung (*ira* = θυμός), Venus in der Leber und bezeichnete die *libido*. Dies legt Firmicus Maternus dar (De errore profanarum religionum 5). Die tanzenden Mädchen bezeichnen vermutlich die entsprechenden drei Teile der menschlichen Seele.

Unter der Statue die Inschrift: Φλ(άβιος) Γερόντιος, πατὴρ νόμιμος, εὐχαριστῶν τὴν θεὸν ἀφιέρωσα τῷ φ' ἔτι (= ἔτει).

Paris, Louvre.

Abb. 22: V 88 Secia bei Damascus (Syrien)

Relief mit dem Stieropfer. Mithras mit fliegendem Mantel, auf dem der Rabe sitzt; die Haare des Gottes sind so geordnet, daß sie wie ein Strahlenkranz aussehen. Die Hörner des Stiers bilden eine Mondsichel. Cautes, Skorpion, die Schlange, der Hund, Cautopates (nur Reste). Die Schlange saugt den Samen aus dem männlichen Glied des Stiers; vgl. das Monument des Ottaviano Zeno aus Rom, Abb. 44 = V 335.

Damascus, Musée National.

Abb. 23: V 164 Vermutlich Rom

Stieropfer in der Felsengrotte (= unter dem steinernen Himmel). Auf der Spitze der Mütze des Mithras ein Stern (Saturn). Der Stier verwandelt sich in die Mondsichel. Die Haare des Mithras und des Sonnengottes sind strahlenförmig geordnet; in denen des Sol sind sieben Löcher, in welchen die Strahlen des Strahlenkranzes wohl in Gold steckten. Der Kopf des Sonnengottes ist ein wenig von der linken Ecke nach oben verschoben (Aufgang), der Kopf der Luna nach unten (Untergang; sie blickt vom Stieropfer weg). Der Rabe auf dem Mantel scheint verloren. Cautes und Cautopates, der Skorpion, die Schlange, der Hund; unter ihm ein kleiner Löwenkopf, der darauf deutet, daß der Hund den Löwen-Grad repräsentiert. Das Relief stammt wahrscheinlich aus Rom und ist von einem Sammler nach Palermo gebracht worden.

Palermo, Museo Nazionale

Abb. 24: V 180 Capua

Blick in das Mithraeum mit den beiden Seitenbänken. Das Kultbild in Fresco am Ende und einige der seitlichen Fresken sind auf den nächsten Bildern wiedergegeben.

Sonderpublikation dieses Mithraeums: Vermaseren, Mithriaca I, The Mithraeum at S. Maria Capua Vetere, Etudes préliminaires 16/I (1971) mit vielen Farbtafeln.

Abb. 25: V 181 Capua

Fresco des Stieropfers. Der Mantel des Mithras entfaltet sich zum blauen Himmel, auf dem sieben Sterne (die Planeten) erglänzen. Auf der Spitze seiner persischen Mütze ein Stern (Saturn). Das Gesicht des Gottes ist vorsätzlich beschädigt. Er trägt ein rotes Gewand und rote Hosen. Der weiße Stier wird zur Mondsichel, sein Schwanz zu Ähren.

Das Opfer findet in der Felsenhöhle, d. h. unter dem steinernen Himmel statt. Über der Höhle links der Sonnengott im Strahlenkranz, neben ihm der Rabe; ein Strahl geht von Sol zu Mithras, den Rand der Grotte durchbrechend. Rechts oben Luna. Links Cautes mit erhobener Fackel und Stern auf der Mütze (Lucifer), in persischer Tracht und Bogen; entsprechend rechts Cautopates. Skorpion, Schlange und Hund. Links unten der Kopf des Oceanus, rechts unten Tellus (die Erdgöttin).

Farbige Photographie bei Vermaseren, Mithriaca I Tafeln 3–7 und 9–10. A. Schütze, Mithras (1972) S. 31 Abb. 14; Merkelbach, Weihegrade und Seelenlehre der Mithrasmysterien S. 34 Abb. 2 (nach Vermaseren).

Abb. 26: V 182 Capua

Fresco von der Seitenwand: Cautes steht mit erhobener Fackel zwischen Lorbeerbäumen, in der

286

linken Hand ein „persisches" Zweigbündel. Vor ihm ein brennender Altar; rechts neben ihm schreit
der Hahn, das Tier der Morgenfrühe.

Farbphotographie bei A. Schütze, Mithras (1972) S. 46 Abb. 25.

Abb. 27: V 186 Capua, Relief aus dem Mithraeum

Ein kleinerer Eros mit erhobener Fackel (= Lucifer-Heliodromus) faßt mit der Rechten eine größere Psyche um sie emporzuführen. Psyche hat keine weiblichen Kennzeichen; es handelt sich um
eine Darstellung der Weihe des Nymphus, des zweiten Mystengrades, bei welcher der Heliodromus
als Mystagoge fungierte.

Abb. 28: V 191 Capua, Fresco

Der nackte Myste kniet; neben ihm liegt ein Schwert. Hinter ihm der Mystagoge, der dem Mysten den Kranz aufsetzt. Links davon Reste des Pater. Vermutlich ein Augenblick aus dem von Tertullian beschriebenen Kranzritual (De corona militis 15).

Farbphotographie bei Vermaseren, Mithriaca I Tafel 25; A. Schütze, Mithras S. 155 Abb. 80; Merkelbach, Weihegrade und Seelenlehre der Mithrasmysterien S. 35 Abb. 3 (nach Vermaseren).

Abb. 29: V 187 Capua

Fresco: Der Mystagoge in weißer Tunica mit roten Streifen (rechts) führt den nackten Initianden, dem die Augen verbunden sind. Links ist die Figur des Paters verloren. Vgl. „Ambrosiaster", Quaestiones veteris et novi testamenti CXIII 11 (p. 308 Souter) *in spelaeo velatis oculis illuduntur* und *oculi illis velantur.*

Farbphotographien bei Vermaseren, Mithriaca I, Tafel 21 und A. Schütze, Mithras S. 153 Abb. 78.

288

Abb. 30: V 188 Capua

Fresco: In der Mitte kniet der nackte Myste mit verbundenen Augen, die Arme hinter dem Rücken gefesselt. Hinter ihm (rechts) der Mystagoge in weißer Tunica mit roten Streifen. Von links tritt der Pater mit hoher persischer Mütze und rotem Mantel auf ihn zu; er hält in der rechten Hand einen Stab oder einen Speer, in der linken vielleicht einen Kranz.

Farbphotographie bei Vermaseren, Mithriaca I Tafel 22. A. Schütze, Mithras S. 154 Abb. 79.

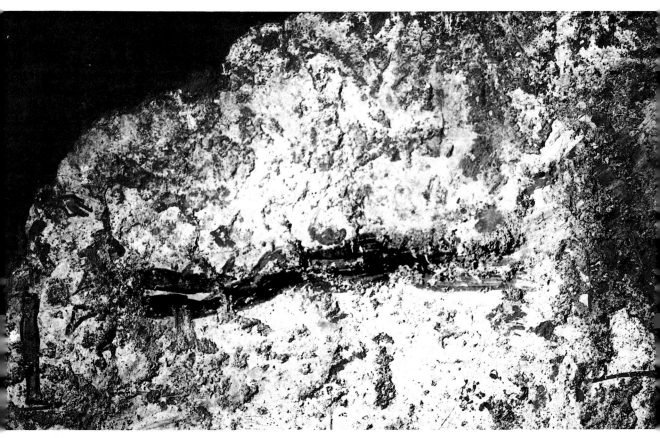

Abb. 31: V 193 Capua, Fresco

Der Myste liegt ausgestreckt auf dem Boden, die Hände nach vorn gestreckt. Von rechts tritt zu ihm der Pater mit ausgestreckter Hand heran. Links der Mystagoge, von dem nur die Beine, eine Hand und Reste des weißen Gewandes erhalten sind. Vgl. „Ambrosiaster", Quaestiones veteris et novi testamenti CXIII 1 (p. 308 Souter) *alii autem ligatis manibus intestinis pullinis proiciuntur super foveas aqua plenas, accedente quodam cum gladio et inrumpente intestina supra dicta, qui se liberatorem appellet.*

Farbphotographie bei Vermaseren, Mithriaca I Tafel 26. A. Schütze, Mithras S. 156 Abb. 82.

Skizze zur leichteren Orientierung:

Abb. 32: V 194 Capua, Fresco

In der Mitte kniet der nackte Myste mit vor der Brust verschränkten Händen, hinter ihm der weiß gekleidete Mystagoge. Vor dem Knienden liegt ein Brot mit Einkerbungen. Von rechts schreitet der Pater auf ihn zu; er hält in der rechten Hand einen Stab.

Farbphotographie bei Vermaseren, Mithriaca I Tafel 28; A. Schütze, Mithras S. 156 Abb. 81.

Abb. 33: V 234/5 Ostia, Bronzeplatte

Symbole des 5.–7. Grades: Sichel (Perser) – Sonnengott im Strahlenkranz (Heliodromus) – Schale (Pater).

Darunter die Inschrift (Dessau 4213):

Sex(to) Pompeio Sex(ti) fil(io)
Maximo
sacerdoti Solis in-
victi Mit(hrae)
patri patrum
q(uin)q(uennali) corp(oris)
  treiec(tus) toga-
tensium sacerdo-
tes Solis invicti Mit(hrae)
ob amorem et meri-
ta eius. semper habet.

Das Corpus *treiectus* ist ein Collegium für den Transport. Der Sinn von *semper habet* ist nicht klar. Sextus Pompeius Maximus muß eine Art oberster Pater für alle Mithraeen in Ostia gewesen sein. Er kommt auch vor in der Weihinschrift V 233 = C. I. L. XIV 4314.

H. B. Walters, Catalogue of the Bronzes, Greek, Roman, and Etruscan, in the Department of Greek and Roman Antiquities, British Museum, London 1899, S. 169 nr. 904.

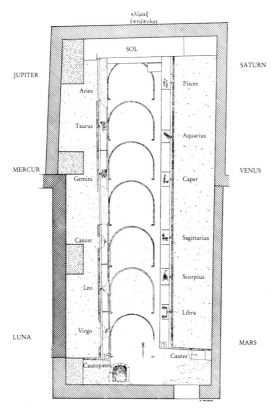

Abb. 34: V 239 Ostia, Mithraeum der sieben Tore (Mitreo delle sette sfere)

Fußbodenmosaik, Mittelgang: Die sieben Tore, welche aus Celsus (bei Horigenes, Contra Celsum VI 22) bekannt sind. Vor dem ersten Tor liegt ein Dolch. Während die Torbogen links direkt an die Grenzleiste anstoßen, ist rechts zwischen dem Tor und der Grenzleiste ein Zwischenraum gelassen, sicherlich für zeremonielle Zwecke. Vermutlich haben die Mysten der höheren Grade diesen Gang benützt um sich in demjenigen Feld aufzustellen, welches ihnen zukam, und haben so diejenigen Tore nicht überschritten, welche sie in einer früheren Weihe bereits passiert hatten. – *Seitenstreifen:* Die Zeichen des Zodiacus, beginnend links hinten mit dem „Widder" (zerstört; Frühlingsäquinoctium); es folgen Stier – Zwillinge – Krebs (zerstört) – Löwe (zerstört) – Jungfrau (zerstört) (Herbstäquinoctium). Es geht nun rechts vorn weiter: Waage – Skorpion – Schütze – Steinbock – Wassermann – Fische. – *Seitenwände* (hier nicht abgebildet, aber durch Beischriften bezeichnet): Rechts und links schließen die Seitenbänke an. Auf den Stützmauern der Seitenwände sind die Planetengötter dargestellt. Links hinten Jupiter, links Mitte Mercur, links vorn Luna; rechts vorn Mars, rechts Mitte Venus, rechts hinten Saturn. Der Sonnengott scheint zu fehlen; vielleicht befand er sich an der Rückwand. – *Auf den Stützmauern,* welche die Seitenbänke nach dem Eingang zu abschließen, sind Cautopates und Cautes abgebildet.

Becatti S. 49 fig. 10.

Abb. 35: V 252
Ostia

Saturnus vor ei-
nem brennenden
Altar. Um sein
Haupt ein Nim-
bus wie auf dem
Mittelfeld der
Fresken von Dura
(Abb. 15 = V 42),
in der Rechten die
Sichel, in der Lin-
ken ein Zweig,
neben ihm ein
Hund. Man deu-
tet die Figur als
„Silvanus", aber
die parallele Dar-
stellung aus Dura
zeigt, daß Satur-
nus gemeint ist.

Die Inschriften
beziehen sich auf
eine Restauration
unter Papst
Pius IX.

Rom, Vatican, ehe-
mals Lateran.

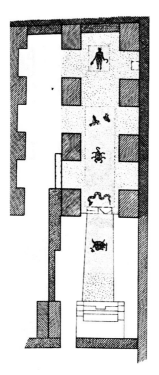

Abb. 36: V 279 Ostia, Mithraeum der Tiere (Mitreo degli animali), Fußbodenmosaik

Am Eingang (in der Abbildung oben) ein Mann mit „wildem" Antlitz und langen Haarsträhnen, in der Rechten eine Feuerschaufel, in der Linken eine Sichel: der „Löwe" (Feuer). – Eine Eule: der „Perser". – Ein Hahn: der *Heliodromus.* – Ein Skorpion: der *Miles.* – Eine Schlange: der *Nymphus.*

Der Kopf des Stiers mit den mondsichelgestaltigen Hörnern; rechts daneben das Schwanzende, welches sich beim Tod des Tieres in Ähren verwandelt; links das Heft des Dolches, mit welchem Mithras das Tier opfert. Es ist also nur derjenige Teil der Waffe sichtbar, der im Augenblick des Opfers nicht im Leib des Stieres steckt.

Ein Symbol des „Raben" befand sich vielleicht zwischen dem „Löwen" und den beiden anderen Vögeln.

Becatti S. 89.

Abb. 37: V 287 Ostia, Mosaik des Portals mit den sieben Toren (Mitreo delle sette porte)

Fußbodenmosaik, Eingang: Das Portal mit den sieben Toren. Im Bogen des großen Tores eine Lampe.

Mittelfeld: In der Mitte ein Mischkrug (Kratér, Symbol des Wassers). Links davon ein Rabe *(corax),* Symbol der Luft, eine Lanze (Attribut des Mars; *miles),* eine kleine Mondsichel, gleichzeitig einen Bogen darstellend *(Perses).* Rechts eine Schlange *(nymphus;* Symbol der Erde) und auf dem Seitenstreifen quer liegend ein Löwe *(leo;* Symbol des Feuers).

Es folgt ein Bassin, daneben zwei Wasserleitungen.

Danach *Jupiter* mit Szepter und Donnerkeil und *Saturn* mit der Sichel, das Haupt umhüllt. Eine Repräsentation des Sonnengottes ist nicht erhalten.

Stützwände der Seitenbänke (hier nicht abgebildet): Rechts, vom Eingang ausgehend: Ein Fackelträger auf einem Postament (nur die Füße erhalten), Mars, Luna. Links, vom Eingang ausgehend: Ein Fackelträger (nur die Füße), Venus, Mercur.

Becatti S. 95 fig. 20.

Abb. 38: V 299 Ostia, Mithraeum des Felicissimus (Leiter mit den sieben Türen)

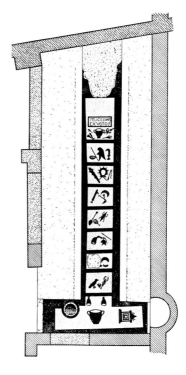

Fußbodenmosaik. Man betritt den Raum von links. Zunächst ein Kreis, der als Baum gedeutet wird, dann ein Mischkrug (Kratér) und ein brennender Altar. Im Mittelgang unter der ersten Sprosse zwei persische Mützen mit Sternen an der Spitze, Symbole des Cautes-Lucifer und des Cautopates-Hesperus.

Danach in sieben Feldern die Symbole der sieben Mystengrade und der sieben Planeten, in deren Schutz *(tutela)* sie stehen, eingerahmt von einer schwarzen *Leiter:* (1) *corax:* ein Rabe, ein Becher, der Heroldstab des *Mercur;* (2) *nymphus:* ein zerstörtes Symbol, eine Lampe, das mit Schmuckstücken besetzte Diadem der *Venus;* (3) *miles:* eine persische Mütze, Helm und Lanze des *Mars;* (4) *leo:* eine Feuerschaufel, ein Sistrum, der Donnerkeil des *Jupiter.* Das Sistrum war die Rassel der ägyptischen Göttin Isis. Als ihr Gemahl Osiris(-Orion) verschwunden war, suchte sie ihn und schwang dabei das Sistrum. Sie fand Osiris(-Orion) wieder in der Nilflut, die zu der Zeit eintrat, als die Sonne im *Löwen* stand und als am 14. Juli der Orion, am 19. Juli der Sirius (Hundsstern) in der Morgenfrühe aufging. – (5) *Perses:* Links das persische Kurzschwert, der Akinakes, mit dem Griff nach unten; an der Scheide rechts oben ein Haken, mit dessen Hilfe der Akinakes am Oberschenkel so befestigt werden konnte, daß er nicht baumelte. Daneben eine Sense (mit den zwei charakteristischen Handgriffen), Attribut des *Persers,* der Abendstern *(Hesperus)* und die Sichel der *Luna,* die gleichzeitig den Bogen des Persers bezeichnet. – (6) *Heliodromus:* Erhobene Fackel des Lucifer, Strahlenkranz des *Sonnengottes* mit der Peitsche, die er als Wagenlenker führt. (7) *Pater:* Schale und Stab des Magiers, Mütze des persischen Priesters, Sichel des *Saturn.*

Im obersten Feld der Mischkrug (Kratér), von Zweigen umgeben, darüber die Inschrift des Stifters: *Felicissimus ex voto f(ecit).*

Becatti S. 107 fig. 22.

Abb. 39: V 318 Ostia

Brosche von 7 cm Durchmesser: Stieropfer. Das Haupt des Mithras ist von einem Kranz mit neun Strahlen umgeben. Der Rabe sitzt auf dem Mantel des Gottes. Der Stier ist umgürtet (war also vorher gezähmt); der Schwanz wird zur Ähre. Statt Cautopates links eine Nachtigall, Vogel der Nacht und Symbol des fünften Grades; statt Cautes rechts ein Hahn, Symbol des Morgens und des sechsten Grades. Skorpion, Schlange und Hund. Die Deutung des linken Vogels auf eine Nachtigall verdanke ich Herrn Markus Kassel.   Oxford, Ashmolean Museum.

Abb. 40: V 312/3 Ostia, „Mithraeum Fagan"

Statue des Chronos-Saturn. Löwenköpfiger, ursprünglich rot bemalter nackter Gott mit weit offenem Mund. An den Schultern und Hüften je zwei kleine Flügel mit Symbolen der Jahreszeiten: Rechts oben Taube und Schwan, Frühling; links oben Ähren, Sommer; links unten Trauben, Herbst; rechts unten zwei Palmen und ein Rohr, Winter. Auf der Brust der Donnerkeil Jupiters; neben dem rechten Fuß Hammer und Amboss (Vulcan); neben dem linken Fuß ein Heroldstab (Mercur), ein Hahn (Symbol des sechsten Grades), ein Pinienzapfen (Anspielung auf die Geburt des Mithras aus dem Pinienzapfen). Eine Schlange windet sich 6mal um den Körper und legt ihren Kopf auf den Kopf des Gottes; sie bezeichnet den spiralförmigen Weg der Sonne von einem Solstitium zum anderen, vgl. Macrobius, Sat. I 17, 69.

In der rechten Hand hält der Gott zwei Schlüssel mit zwölf Löchern (den Monaten), in der linken ein Szepter. Mit den Schlüsseln öffnet der Gott die Tore; es können die Tore gemeint sein, welche der Myste beim Aufstieg durch die sieben Grade durchschreitet, oder das Tor des Aufgangs am Morgen und des Untergangs am Abend oder auch das Tor, welches Janus am 1. Januar für das neue Jahr eröffnet und am 31. Dezember wieder schließt.

Daneben die *Inschrift* (C. I. L. XIV 65 = Dessau 4212): *C. Valeri/us Heracles pat(er)/et C(aii) Valerii/Vitalis et Nico/mes sacerdo/tes s(ua) p(e)c(unia) p(o)s(ue)r(unt)./D(e)d(icatum) Idi(bus) Aug(ustis) Im(peratore)/Com(modo)/VI et/Septi/miano/co(n)s(ulibus)*.

Der Consulat des Kaisers Commodus („zum 6tenmal") und des M. Petronius Sura Septimianus fiel ins Jahr 190. – *Nicomês* ist eine Kurzform des Namens *Nicomedes*.

Neben dem Eingang in die Biblioteca Vaticana.

Abb. 41: V 321 Ostia

Stieropfer, in einen (Himmels-)Kreis komponiert. Der fliegende Mantel des Gottes entfaltet sich zum Himmel; auf ihm erglänzen sieben Sterne, die Planeten. Über den Schultern des Mithras zwei weitere Sterne, vielleicht Mithras-Orion bezeichnend. Der Stier wird zur Mondsichel, sein Schwanz zu Ähren. Skorpion, Schlange und Hund. Links oben der Sonnengott, in Blickverbindung mit dem sich umwendenden Mithras; rechts oben Luna mit der Mondsichel über der Stirn. – *Linkes Feld,* von oben nach unten: (1) Der Rabe auf einem Baum. – (2) Darunter der träumende Saturn. Der Gott ist durch die Sichel gekennzeichnet. Links von ihm das Kurzschwert. – (3) Links darunter taucht aus einem Baum eine persische Mütze auf (Baumgeburt des Mithras). – (4) Rechts daneben Cautopates mit gesenkter Fackel. – *Rechtes Feld,* von oben: (1) Weihe des Heliodromus, der vor Mithras kniet. Dieser hat dem Knieenden die persische Mütze abgenommen und hält sie in seiner Linken; mit der Rechten legt er dem Heliodromus die Strahlenkrone um das Haupt. – (2) Ein persisch gekleideter Hirt (der *Nymphus*) trägt den toten Stier weg *(Transitus).* – (3) Cautes.

Im Cortile des Belvedere der Vaticanstadt.

Abb. 42: V 334 Relief aus Rom

Mithras steht siegreich über dem verblutenden Stier; der Schwanz des Tieres verwandelt sich in eine Ähre. Der Gott trägt persische Tracht (Hosen) und hält in der Rechten das Kurzschwert, in der

Linken den Erdball; die Szene hat kosmische Dimension. Links oben der Sonnengott im Siebenstrahlenkranz, rechts oben Luna, hinter ihr die Mondsichel. Am Rand neben beiden Zypressen.

Linker Seitenstreifen: Unter dem rechten Arm des Sonnengottes der Löwe (vierter Grad), neben ihm am Rand ein Palmbaum. Rechts unter dem Löwen der Rabe (erster Grad), und rechts neben diesem der Skorpion (dritter Grad; rechts über dem Skorpion die rechte Hand des Mithras mit dem Schwert, rechts unter dem Skorpion das rechte Knie des Mithras). Weiter unten Cautes-Lucifer (sechster Grad), unter ihm der Hund (vierter Grad). Links unter Cautes wieder ein Palmbaum. Unter dem Stier die Schlange (zweiter Grad).

Rechter Seitenstreifen: Unter Luna ein Hahn (sechster Grad). Weiter unten sitzt Cautopates-Hesperus (fünfter Grad) mit gesenkter Fackel, nach rechts blickend. Über der Spitze seiner Mütze eine Biene im verpuppten Stadium der Nymphe (zweiter Grad). Am Rand rechts neben Cautopates der Adler Jupiters, den Donnerkeil in den Klauen (vierter Grad). Über und unter dem Adler je ein Palmbaum.

Das Relief wirkt wie eine Gruppenphotographie. Es finden sich folgende Repräsentationen der Grade: 1 Rabe – 2 Biene im Stadium der Nymphe, Schlange – 3 Skorpion – 4 Löwe, Adler, Hund – 5 Cautopates und Luna – 6 Cautes und Sol, Hahn – 7 Mithras.

Vgl. M. J. Vermaseren, Vigiliae Christianae 4, 1950, 142 ff.
Rom, im Casino der Villa Altieri neben dem Haus der Familie Villefranche, Viale Manzoni 41.

Abb. 43: V 338/9 Rom, Mithraeum unter San Clemente

Man erkennt deutlich die Bänke an den beiden Seiten und den Mittelgang. Der Altar hat im Altertum an einem anderen Platz gestanden. Man sieht vorn das Stieropfer, auf der linken Seite Cautopates, auf der rechten Seite Cautes (hier nicht sichtbar); die Rückseite zeigt eine große Schlange, s. Abb. 45.

Abb. 44: V 335 Rom

Zeichnung des nach Ottaviano Zeno benannten Mithrasreliefs (Vermaseren, Mithriaca IV, Tafel XV). Heute sind noch erhalten die beiden Fackelträger (im Louvre) und der Mittelteil des Stieropfers (im archäologisch-ethnologischen Museum von Sao Paolo), mit einem schönen, knabenhaften Mithras (Mithriaca IV Tafel XIX); die Tiere unter dem Stier sowie die Zypresse rechts mit Stierkopf und erhobener Fackel sind erhalten, der Mantel des Gottes, der Rabe und der Feigenbaum links mit dem Skorpion und der gesenkten Fackel sind verloren. Verloren ist auch der ganze obere Streifen. – Das Relief zeigt mehrere Besonderheiten: Neben dem Feigenbaum links der Skorpion (Zeichen des Herbstäquinoctiums) und die gesenkte Fackel (Zeichen des Winterhalbjahrs und der kurzen Tage); neben der Zypresse rechts der Stierkopf (Frühlingsäquinoctium) und die erhobene Fackel (Sommerhalbjahr und lange Tage). Daß der linke Baum ein Feigenbaum war, ergibt sich aus anderen Zeichnungen des Reliefs, welche Vermaseren (Corpus nr. 335 = fig. 93 und Mithriaca IV, Tafeln XI–XIV und XVI–XVII) abgebildet hat.

Der Skorpion unter dem Leib des Stieres (Symbol des dritten Grades) trinkt den Samen aus dem (heute abgebrochenen) männlichen Glied des sterbenden Stiers; vgl. das Relief aus Secia bei Damascus (Abb. 22 = V 88). – Die beiden Fackelträger waren auf eigenen Reliefplatten abgebildet. – Auf der oberen Randleiste sieben brennende Altäre für die sieben Planetengötter, durch andere Altäre mit Schwertern voneinander abgetrennt. In der Mitte steht der jugendliche Mithras-Phanes-Eros mit Flügeln, den Leib von der Schlange umwunden, wie auf dem Relief Abb. 74 = V 695. Am linken Ende der Altäre Saturn, ebenfalls mit Flügeln und den Leib von der Schlange umwunden. Rechts lenkt Luna ein Pferdezweigespann zum Untergang. Ganz links der Sonnengott (bzw. der Heliodromus) im Viergespann von vorn, mit im Sonnengestus erhobener Hand.

Vgl. Vermaseren, Mithriaca IV, Le monument d'Ottaviano Zeno et le culte de Mithra sur le Célius.

Abb. 45: V 339 Rom, Mithraeum unter S. Clemente

Die Schlange von der Rückseite des zu Abb. 43 beschriebenen Altars, Symbol des zweiten Mystengrades.

Abb. 46: V 344 Rom, Mithraeum unter San Clemente

Die Felsgeburt des Gottes. Der Fels ist so gebildet, daß er gleichzeitig einen Pinienzapfen darstellt.

PRIMVS PR SERVSFEC[T]

Abb. 47: V 350/1 Relief aus Rom

Stieropfer unter der steinernen Himmelsgrotte, die von zwei säulenartigen Palmen getragen wird. Der Schwanz des Stieres wird zu Ähre, sein Leib sieht wie eine Mondsichel aus; auf seinem Leib (unter dem Knie des Mithras) eine kleine Mondsichel. Links oben der Sonnengott im Strahlenkranz, unter ihm Hesperus und der Rabe (zwischen den Zweigen des linken Baums). Vom Sonnengott aus fällt ein Strahl auf Mithras. Rechts oben Luna, fast wie aus dem Palmbaum unter ihr auftauchend (wie auf dem Relief in Trier Abb. 94 a = V 992); links unter ihr Hesperus. Links vom Stier Cautopates neben einem Feigenbaum, unter dem Stier Skorpion und Schlange, rechts der Hund und Cautes.

Darunter zwei Szenen der Löwen-Weihe: Links kniet der nackte Initiand vor dem Pater. Dieser hat ihm eine neue Mütze aufgesetzt und wird ihm gleich den Donnerkeil übergeben, den er in der rechten Hand hält.

Rechts der Pater und der Initiand, zwischen ihnen ein Altar. Der Pater bestreicht die Hand des Initianden mit Honig; diese Zeremonie wird von Porphyrios, De antro nympharum 15 erwähnt.

Inschrift: *C(auto)p(ati) Primus Pater fecit.*

Rom, Museo Capitolino.

Abb. 48/9: V 353–355 Rom.

Zwei Marmorplatten, deren genauer Fundplatz unbekannt ist:

Abb. 48: V 353 Geburt des Mithras aus dem Felsen, der gleichzeitig wie ein Pinienzapfen aussieht. Der Gott hält in den Händen Dolch und Fackel. Die Haare unter der persischen Mütze sind als Lockenkranz gebildet.

Abb. 49: V 354 der Heliodromus mit Strahlenkranz und Lockenkranz, die rechte Hand zum Gruß erhoben, in der linken der Erdglobus und dahinter die Peitsche des Wagenlenkers.

V 355 Hinter beiden Reliefs die Inschrift: *C(auto)p(ati) Primus pater fecit.*

Rom, Palazzo Conservatori

Abb. 50: V 368 Rom, Esquilin, in der Nähe der Kirche S. Lucia in Selci.

Stieropfer unter dem Felsenhimmel. Der Rabe fliegt vom Sonnengott zu Mithras und durchbricht dabei die Himmelskuppel. Um den Kopf des Mithras sieben Sterne, Hinweis auf den astralen Charakter der sieben Hauptfiguren. Aus der Halsschlagader des Stiers rinnt Blut, der Schwanz wird zur Ähre, der Leib zur Mondsichel. Zwischen dem Sonnengott und Luna sieben Feigenbäume und dazwischen sechs Altäre; man soll den siebten Altar wohl hinter dem Raben verdeckt denken. Der linke Fackelträger war Cautes mit erhobener Fackel. Die weggebrochene Figur ist im Museum mit gesenkter Fackel, also falsch, ergänzt; der ergänzte Teil ist hier weggeschnitten. Unter dem Stier Skorpion, Schlange und Hund; unter der Schlange nochmals sieben Altäre für die Planetengötter. Rechts Cautopates (linke Hand und Ende der Fackel ergänzt). Auch die drei Sterne über dem Kopf des Stieres sind zum größeren Teil ergänzt.

Vatican, Museo Chiaramonti.

Abb. 51: V 383 Rom

Relief eines stehenden Mannes mit Löwenkopf und geöffnetem Mund, aus welchem ein Windstrahl auf den vor ihm brennenden Altar geht. Von den Hüften ab ist der Mann mit Hosen bekleidet. Er hält in jeder Hand eine brennende Fackel. Von seiner Schulter gehen vier Flügel aus (die vier Jahreszeiten), deren jeder von einer Schlange umwunden ist, die sich dreimal windet (die drei Monate jeder Jahreszeit bzw. der spiralförmige Weg der Sonne um die Erde während dieser drei Monate). – Löwe und Altar = Feuer, Flügel und Atem = Luft, Schlangen = Erde; kein Symbol des Wassers, s. zu Abb. 20 = V 78/9.   Rom, Palazzo Colonna.

Abb. 52: V 390: Rom, Mithraeum Barberini

Fresco aus dem Mithraeum Barberini. *Hauptbild:* Stieropfer. Der Gott wendet sein Gesicht bekümmert ab. Er trägt eine grüne Tunica, persische Hosen und einen roten Mantel, der sich in den Himmel verwandelt; das Rot des Mantels zeigt die feurige Natur des Himmels. Auf dem Mantel sind sieben Sterne zu sehen, die Planeten. Auf dem Hintergrund nochmals sieben Sterne zum Zeichen, daß die sieben Hauptfiguren astralen Charakter tragen. Der Stier ist weiß und nimmt die Gestalt der Mondsichel an. Cautes, Skorpion, Schlange, Hund, Cautopates.

Das Hauptbild wird durch zwei Bogen überwölbt, den Zodiacus und den Fixsternhimmel. Der *Zodiacus* beginnt rechts mit dem Widder, läuft also von rechts nach links (entgegen dem Uhrzeigersinn). In der Mitte, zwischen „Jungfrau" und „Waage" und direkt über der persischen Mütze des Mithras steht die löwenköpfige Statue des Chronos-Saturn, dessen Leib von einer Schlange umwunden ist; die Schlange symbolisiert den spiralenförmigen Weg der Sonne im Lauf des Jahres. Chronos-Saturn steht auf dem Himmelsglobus; sein Platz zwischen den Zodiacalzeichen bezeichnet die Mitte des Jahres beim Herbstäquinoctium, also zur Zeit des persischen Mithrafestes.

Darüber die Wölbung der *Fixsterne*, auf der sieben Altäre der Planetengötter stehen, mit Bäumen dazwischen. Links in der Ecke der Sonnengott, von dem ein Strahl, die beiden Wölbungen durchbrechend, zu Mithras geht; rechts von ihm der Rabe auf dem Rund des Fixsternhimmels. Rechts oben Luna.

Linker Streifen, von oben: (1) Jupiter erschlägt einen Giganten mit dem Donnerkeil. – (2) Saturns Traum. – (3) Felsgeburt des Mithras, der Fackel und Dolch in den Händen hält; neben ihm die beiden Hirten auf dem Felde, Cautes und Cautopates. – (4) Wasserwunder: Mithras (der „Perser") schießt einen Pfeil gegen den Felsenhimmel; ein Hirt kniet bittend vor ihm; rechts schöpft ein zweiter knieender Hirt aus vorgehaltener Hand Wasser. – (5) Ein persisch gekleideter Hirt (der Nymphus) trägt den toten Stier.

Rechter Streifen, von oben: (1) Heilige Mahlzeit. Hinter dem von der Stierhaut bedeckten Tisch sieht man Reste von anscheinend sechs Personen; davor ein kleiner, dreifüßiger Beisetztisch, auf dem anscheinend Brote liegen. Links steht ein persisch gekleideter Hirt; er hält die Hand im Gestus der Verehrung an den Mund (Kusshand; s. Minucius Felix, Octavius 2, 4; Plinius, nat. hist. XXVIII 25; Appuleius, Metam. IV 28 und Apologie 56,4). Vgl. zu Abb. 68 = V 590 *(Nama* = Verehrung). – (2) Der Perser (links außerhalb des quadratischen Feldes) steigt zum Sonnengott (Heliodromus) in die Quadriga um mit ihm emporzufahren. – (3) Mithras (der Pater) und der Sonnengott (der Heliodromus) zu den beiden Seiten eines brennenden Altars. Beide halten Spieße mit Fleischstükken, um sie zu braten und zu essen: Abschluß eines Vertrages. – (4) Ein persischer Hirt (= der Heliodromus als Vertreter des Sonnengottes) stemmt Himmel und Erde auseinander (Sonnenaufgang). Rechts und links Zypressen. – (5) Weihe des Heliodromus: Der Myste kniet vor dem Pater, der ihm die persische Mütze abgenommen hat und ihn mit dem Strahlenkranz bekränzt.

Farbige Photos von diesem Fresco bei Vermaseren. Mithriaca III. Tafel XIV–XVI.

Abb. 53: V 397 Rom, Castra praetoria

Drehbares Relief. Vorderseite (hier nicht abgebildet): Stieropfer, fragmentiert.

Rückseite: Kultmahl des Sonnengottes und des Mithras. Man sieht oben links Reste des gelagerten Mithras mit dem Trinkhorn in der Hand; vor ihm der Tisch, der mit dem Stierfell bedeckt ist. Die Hörner des Stiers bilden eine Mondsichel. Davor Reste des dreibeinigen Tisches mit den heiligen Broten. Rechts von dem kleinen Tisch ein Hund (vierter Grad), daneben eine Person mit Rabenmaske *(corax,* erster Grad); darüber Cautopates, an einen Baum gelehnt.

Mannheim, Schloßmuseum.

Abb. 54: V 435/6 Rom

Stieropfer in einem Rechteck. Der Mantel des Gottes fliegt. Die Haare bilden einen Kranz um seinen Kopf. Auf der Spitze seiner persischen Mütze ein Stern (Saturn); daneben im Feld rechts vier weitere Sterne, die andeuten, daß auch Rabe, Skorpion, Schlange und Hund astralen Charakter tragen. Der Schwanz des Stieres wird zur Ähre, sein Leib zur Mondsichel, seine Hörner bilden ebenfalls deutlich eine Mondsichel. Rechts vom Kopf des Stieres Luna, den Kopf vom Opfer abgewendet und zum Untergang blickend. Links oben der Sonnengott im Strahlenkranz, dann der Rabe. Links von der Hauptgruppe Cautes, neben ihm ein Palmblatt (Symbol der Sonne und des sechsten Grades). Rechts unter Luna Cautopates, wie seine Göttin nach unten blickend. Hinter Cautes trägt ein persischer Hirt (der Nymphus) den toten Stier weg *(Transitus).* Darunter (ganz links unten) eine kleine Schlange, Symbol des zweiten Grades. Diese Schlange unter dem Stierträger sieht man auch auf dem großen Relief von Heddernheim (Abb. 101 = V 1083); sie deutet an, daß die Aufgabe den Stier wegzutragen den Mysten des zweiten Grades übertragen worden ist, vielleicht nur in symbolischer Form. Über dem Kopf des Cautes und unter dem Sonnengott kriecht eine Eidechse (σαῦρα ἡλιακή) aus dem Felsen. Sie galt als Sonnentier. Seitlich zwei korinthische Säulen; die rechte hat das Kapitell nach unten gekehrt, wie die Fackel des neben der Säule stehenden Cautopates.

Auf der oberen Leiste die Inschrift: *Deo Soli invicto Mithrae Ti(berius) Cl(audius) Herm[e]s* (hier ein Blätterkranz, direkt über dem Kopf des Mithras) *ob votum dei typum d(ono) d(edit).*

Rom, Palazzo dei Musei di Roma, Antiquario.

Abb. 55: V 458 Rom, Mithraeum in den Caracallathermen

Reliefplatte mit einer Darstellung des Sonnengottes. Er erhebt die rechte Hand (Sonnenaufgang); Luna wendet sich zum Untergang. Der ganze Kopf des Gottes ist – mit Ausnahme von Resten der kranzförmig angeordneten Haare – verloren; aber die sieben von seinem Haupt ausgehenden Strahlen lassen keinen Zweifel am Sinn der Darstellung. Vgl. Abb. 49 = V 354.

Die Strahlen sind ausgeschnitten; die Platte war also dazu bestimmt, von hinten erleuchtet zu werden, wie auch die Bleiplatte aus dem Mithraeum unter S. Prisca Abb. 62 = V 494. Vermutlich ist sie in einen Altar eingesetzt worden, der eine tiefe Nische für eine Lampe hatte; als Abschluß der Nische wurde dann diese Platte eingesetzt. Vgl. die Altäre von Vindovala Abb. 86 b = V 839 und Aquincum Abb. 145 = V 1765.

Abb. 56: V 479 Rom, Mithraeum unter S. Prisca.

Schöner Kopf des Mithras, der den Blick leidvoll nach hinten wendet, während er den Stier opfert.

Vermaseren-van Essen, S. Prisca Tafel XIII 2.

Abb. 57; für die Beschreibung s. S. 311 oben

Abb. 58: V 479 Rom, Mithraeum unter S. Prisca

Kopf des Saturn-Sarapis mit dem Korb.

Vermaseren-van Essen, S. Prisca Tafel CV.

Text zu nebenstehendem Bild

Abb. 57: V 481 Rom, Mithraeum unter S. Prisca

Prozession der „Löwen", welche bei den Suovetaurilia und Palilia ihre Gaben bringen. Rechte Wand, Schicht der Zeit um 220 n. Chr. Von links nach rechts:

(1) zerstörte Figur
(2) Junger Mann mit weißem Stier
(3) Junger Mann mit Hahn; Beischrift: *Nama ... leoni*
(4) Junger Mann mit Widder; Beischrift: *Nama [... leoni]*
(5) Junger Mann mit Mischkrug (Kratér); Beischrift: *Nama Niceforo leoni*
(6) Junger Mann mit Eber; Beischrift: *Nama Theodoro leoni.*

Farbphotographien bei Bianchi, Mysteria Mithrae, Appendix Tafeln I–V.

Abb. 59: V 486 Rom, Mithraeum unter S. Prisca

Dreiköpfige Hekate; vgl. zu Abb. 21 = V 84.

Vermaseren-van Essen, S. Prisca S. 342 nr. 20 und Tafel LXXVII 1.

Abb. 60: Rom, Mithraeum unter S. Prisca

Kopf der Venus, der Planetengöttin des zweiten Grades. Es ist eine recht herbe Venus.

Vermaseren – van Essen, S. Prisca Tafel CIX.

Abb. 61: V 491 Rom, Mithraeum unter S. Prisca

Unterer Teil der Statue eines Giganten. Dazu muß wohl auch eine Statue des Jupiter gehört haben, der den Donnerkeil gegen den Giganten schwingt.

Oder eine Statue des Abrasax? Vgl. die Gemme Abb. 168 = V 2361.

Vermaseren – van Essen, S. Prisca S. 135 und Tafel LXXVIII.

Abb. 62: V 494 Rom, Mithraeum unter S. Prisca

Bleiplatte mit dem Kopf des Sonnengottes. Der Strahlenkranz ist ausgeschnitten; die Platte war also dazu bestimmt, von hinten beleuchtet zu werden. Sie könnte in einen Altar wie den von Vindovala (Abb. 86 b = V 839) oder Aquincum (Abb. 145 = V 1765) eingesetzt worden sein, wo sich große Ausnehmungen in den Altarsteinen befinden, in welche Lampen gestellt werden konnten.

Vermaseren – van Essen, S. Prisca S. 346 und Tafel LXXX.

Abb. 63: V 494 Rom, Mithraeum unter S. Prisca

Kopf des Mithras, in Intarsio ausgeführt.

Vermaseren – van Essen, S. Prisca S. 442 und Tafel XXXVII.

314

Abb. 64: Rom, Mithraeum unter S. Prisca

Eros und Psyche, sich umarmend. Köpfe und Füße sind abgebrochen.

Vermaseren – van Essen, S. Prisca, S. 478 nr. 275 und Tafel CXXVIII 1.

Abb. 65: V 543 Rom

Relief des löwenköpfigen Chronos-Saturn;
er konnte aus seinem Maul Feuer speien.
Er steht auf der Weltkugel, die durch zwei
Kreise markiert ist (Himmelsäquator und
Zodiacus), und hält in der Rechten einen
Schlüssel (Ianus), in der Linken ein Szep-
ter. Dieses ist durch eine Spirale in zwölf
Teile geteilt (zwölf Zodiacalzeichen, zwölf
Monate). Sein Leib ist von einer Schlange
umwunden, deren Schwanz auf dem Him-
melsglobus hinten aufliegt, während ihr
Kopf über dem Löwenkopf erscheint. Die-
se Schlange symbolisiert den spiralförmi-
gen Weg der Sonne um die Erde, im Laufe
des Jahres. Der Gott hat vier Flügel (vier
Winde und vier Himmelsrichtungen).

Museo Torlonia.

Stieropfer. Der Kopf des Mithras ist falsch ergänzt (der Gott müßte nach hinten blicken). Ergänzt sind auch der Mantel, der rechte Fuß, die Arme und Hände des Gottes; Mithras müßte den Stier mit seiner linken Hand in die Nüstern fassen. Ferner sind die Vorderbeine und der Schwanz des Stieres ergänzt; der Schwanz müßte sich in eine Ähre verwandeln. Ergänzt ist auch der Hund und der obere Teil der Schlange. Man beachte das Blut, welches aus der Halsschlagader strömt; der Stier vergießt aus seinem männlichen Glied Samen.

Museo Vaticano.

Abb. 67: V 593/4 Rom

Stieropfer; auch hier sind wieder falsche Restaurierungen wegzudenken, der Kopf und der ganze
Oberkörper des Gottes. Mithras blickt nicht nach vorn auf den Stier, sondern wahrscheinlich
zurück zum Sonnengott und dem Raben, eventuell auch ekstatisch nach oben wie in der Statue des
Kriton zu Ostia (V 230).

Diese Gruppe ist wichtig, weil sich hier das aus der Halsschlagader des Stieres fließende Blut in
Ähren verwandelt. Der Stier verwandelt sich in eine Mondsichel; zu diesem Zweck ist die Halsfalte
durchgezogen und das Hinterbein, welches die Rundung unterbrechen würde, durch den Fuß des
Gottes verdeckt. Hinter dem Stier Cautes und Cautopates, den Schwanz des Tieres haltend, der sich
zweifellos in ein Ährenbüschel verwandelte.

Darunter die Inschrift (C. I. L. VI 718 = Dessau 4199): *Alcimus Ti(berii) Cl(audii) Liviani
ser(vus) vil(i)c(us) Sol(i) Mi(thrae) d(onum) d(edit).*

Tiberius Claudius Livianus war unter Trajan Praefectus praetorio, s. Prosopographia Imperii
Romani², C 913.

London, British Museum.

Abb. 68: 590/1 Rom

Geburt des Mithras aus dem Felsen. Vor dem Gott Köcher, Pfeil und Bogen, Dolch; daneben die Inschrift: *Nama* („Verehrung"). Links und rechts die beiden Hirten auf dem Felde, Cautes und Cautopates; der letztere führt die Hand zum Gruß an den Mund, zum Gestus der Verehrung *(Nama;* vgl. zu Abb. 52 = V 390 (Rom).

Darunter die Inschrift (C. I. L. VI 731 = Dessau 4239): *L(ucius) Fl(avius) Hermadion/hoc mihi libens/ don(um) dedit.*

Dublin, Trinity College.

Abb. 69: V 598 Rom

Stieropfer unter dem Felsenhimmel. Der Stier wird zur Mondsichel, sein Schwanz zur Ähre. Über dem Himmelsrund der Sonnengott im Strahlenkranz, neben ihm der Rabe; rechts oben Luna. Skorpion, Schlange und Hund.

Unter dem Stier liegt die Erdgöttin Tellus mit einem Fruchtkorb. Dieser steht an derjenigen Stelle, wo sonst oft der Mischkrug (Kratér) steht, in welchem der Same des göttlichen Stieres aufgefangen wird (z. B. in Abb. 127 = V 1149, Groß-Krotzenburg); und der Fruchtkorb liegt über dem Schoß der Tellus.

Beim Stieropfer wurden Himmel und Erde voneinander getrennt. Damals fielen die Samen vom Mond auf die Erde herab, und Tellus ließ aus ihnen alles Lebendige wachsen. Vgl. den Vers aus dem Mithraeum unter S. Prisca:

Fecunda Tellus, omnia quae generas Pales ...

Berlin (Ost), Staatliche Museen, Antikenabteilung.

Abb. 70: V 641 Fiano Romano

Drehbares Relief; Vorderseite mit dem Stieropfer hier nicht abgebildet.

Rückseite: Das sacrale Mahl. Der Sonnengott mit Strahlenkranz, eine Peitsche in der Hand; Mithras mit persischer Mütze legt ihm den Arm auf die Schulter und hält in der anderen Hand eine lange Fackel. In der linken oberen Ecke eine Büste der Luna; sie blickt weg von der Mahlzeit, in welcher ihr Tier verspeist wird. Der Tisch ist mit der Haut des Stiers bedeckt; die Hörner bilden eine Mondsichel. Links ein persisch gekleideter Fackelträger, der dem Sonnengott das Trinkhorn reicht; rechts ein zweiter Perser mit Fackel, der einen Heroldstab (Symbol des ersten Grades) in ein brennendes Feuer hält. Zwischen beiden ein Mischkrug (Kratér), um den sich eine Schlange (zweiter Grad) windet.   Auf diesem Relief müssen die beiden Fackelträger wohl den dritten und vierten Grad repräsentieren (miles und leo); denn der fünfte und sechste Grad sind durch Luna und den Sonnengott vertreten.

Paris, Louvre.

Abb. 71: V 693 Bononia (Italia)

Hauptbild: Stieropfer; Locken umgeben das Haupt des Gottes wie ein Strahlenkranz; das Tier ist umgürtet und verwandelt sich in eine Mondsichel, der Schwanz in Ähren. Links Cautopates neben einem Feigenbaum mit einem Skorpion (Herbstäquinoctium); Skorpion, Schlange und Hund; Cautes neben einem Feigenbaum mit einem Stierkopf (Frühlingsäquinoctium).

Himmelsrund: Die 7 Planetengötter, von rechts nach links in der Folge der Wochentage: Luna – [Mars – Mercur – Jupiter – Venus –] Saturn – Sol. Die Köpfe des Mars, Mercur, Jupiter und der Venus sind modern restauriert; die Reihenfolge der Götter ist aber zweifellos richtig getroffen. Bei dieser Anordnung konnten der Sonnengott und Luna auf dem Relief diejenigen Plätze behalten, welche ihnen traditionell auf den Mithrasreliefs zugewiesen war.

Unterer Streifen, von links nach rechts: (1) Festmahl des Mithras, Cautes und Cautopates, also von drei Personen (nicht von zwei, wie sonst fast immer; aber vgl. V 782 aus Emerita). – (2) Wagenfahrt des Sonnengottes (bzw. des Heliodromus), der als Putto – d. h. als Eros – gebildet ist; Anspielung auf den Aufstieg der von Eros beflügelten Seele durch die Planetensphären. Vgl. das Relief mit Eros-Lucifer-Heliodromus und Psyche-Nymphus aus Capua (Abb. 27 = V 186). – (3) Rechts ruht Saturn (der Pater); wohl der Traum Saturns vor dem Aufsteigen des ‚Perses‘ zum Heliodromus.

Vgl. die Abhandlung von Anna Maria Brizzolara, Due rilievi votivi della collezione Palagi, in: Il Carrobbio, Rivista di Studi Bolognesi, diretta da A. Ferri e G. Roversi, 3 (Bologna 1977) 94–102.

Bologna, Museo Civico, inv. no. G 1051 (= Inv. Collezione Palagi 1623).

Abb. 72: V 694 Bononia (Italia)

Relief des Cautes-Perses mit gesenkter Fackel; auf der Spitze seiner Mütze ein Stern (Hesperus). Links oben die Mondsichel, Zeichen seiner Planetengöttin; etwas tiefer ein gekippter Krug, aus dem Wasser fließt (Anspielung auf das Regenwunder). Links zu seinen Füßen liegt ein Stier, rechts ein sprießender Palmbaum.

Bologna, Museo Civico.

Abb. 73: V 650/1 Nersae (Italia)

Hauptbild: Stieropfer unter dem Felsenhimmel. Links oben der Sonnengott mit der Peitsche des Wagenlenkers, neben ihm der Rabe auf dem fliegenden Mantel des Mithras, der sich zur Kugel aufbläht. Luna rechts oben mit Mondsichel und Köcher wendet sich ab. Der Stier wird zur Mondsichel, sein Schwanz zu Ähren. Cautes, Skorpion, Schlange, Hund und Cautopates.

Linker Seitenstreifen, von oben nach unten: (1) Jupiter über zwei schlangenfüßigen Giganten. Der rechte Gigant ergreift einen Stein, den er gegen Jupiter werfen will, wie in Abb. 15 = V 42,3 (Dura) und Abb. 131 = V 1430 (Virunum). Jupiter packt ihn bei den Haaren und schwingt den Donnerkeil, mit dem er ihn erschlagen wird. – (2) Saturn (mit der Sichel) liegt unter einem Feigenbaum, mit verhülltem Haupt, das auf den linken Arm gestützt ist; Saturns Traum. – (3) Geburt der Mithras aus dem Felsen. Rechts und links von ihm die Hirten, ihm den Kuß der Verehrung zuwerfend *(nama);* vgl. zu Abb. 52 = V 390 (Rom).

Rechter Seitenstreifen, von oben nach unten: (1) Ein persischer Hirt (der Heliodromus) reitet auf dem Stier. – (2) Eine Initiations- und Vertragszeremonie. Links von dem brennenden Altar kniet der nackte Initiand und hält in der Rechten einen nach unten gerichteten Dolch. Rechts steht der Pater mit persischer Mütze, in der Hand einen nach oben gerichteten Dolch. Der Initiand greift mit der Linken nach der Rechten des Paters; sie sind *syndexii.* – (3) Weihe des Heliodromus. Mithras hat dem Knieenden die persische Mütze abgenommen und hält sie mit seiner rechten Hand hoch; mit der Linken bekränzt er den Knieenden mit dem Strahlenkranz.

Darunter die Inschrift: *Apronianus rei p(ublicae) ark(arius) sua pecunia fecit.*

Apronianus war Sklave der *res publica Aequiculorum,* und zwar der oberste Kassenbeamte, also ein sehr angesehener und bewährter Mann.

Rom, Museo Nazionale delle Terme.

Abb. 74: V 695/6, Rom

Dieses Relief des Mithras-Phanes befand sich zur Zeit Muratoris (1672–1750) in der Privatsammlung eines Marchese d'Este in der Provinz Reggio nell'Emilia, also zwischen Mantua und Modena, und ist heute im Museum zu Modena. Die Sammlung des Marchese d'Este war durch Käufe zusammengebracht worden, zum Teil aus Rom. Die Herkunft des Reliefs aus Rom scheint fast sicher wegen der nur in diesem Relief so klaren Angleichung des Mithras an den orphischen Urgott Phanes; diese Gleichung ist bisher allein in einer Inschrift aus Rom bezeugt, V 475 = Moretti, I. G. urbis Romae 108 Διὶ Ἡλίῳ Μίθρᾳ Φάνητι κτλ.

Mittleres Oval: Darstellung der Kosmogonie. Aus dem Weltenei entsteht Mithras-Chronos-Phanes; die beiden Kappen des Eis, aus denen noch Feuer züngelt, über dem Kopf und unter den Füßen des Gottes. Um seinen Leib ringelt sich die Schlange; ihr Kopf liegt auf der oberen Ei-Kappe, unmittelbar über dem Kopf des Gottes. Sie symbolisiert den spiralförmigen Weg der Sonne um die Erde im Lauf des Jahres. Mithras-Phanes hat Flügel, wie der orphische Urgott Phanes-Eros, und Hufe, wie Pan, der nach seinem Namen als „All"-Gott verstanden wurde. Er trägt in seiner Hand den Donnerkeil, in der Linken ein Szepter. Hinter der Schulter sieht man die Mondsichel (wie beim Gott Men), und sein Kopf ist die Sonne, denn der Kopf ist von einem Lockenkranz umgeben, und Strahlen gehen von ihm aus.

Über dem Nabel eine Löwenmaske, links der Kopf eines Ziegenbocks, rechts der eines Widders. Es liegt nahe, dies zu deuten in Anlehnung an einen Bericht des Macrobius (Sat. I 20, 13) über die Attribute des Sarapis(-Saturn); bei Sarapis bezeichnet der Löwe die mächtige Gegenwart, ein Hund die schmeichelnde Hoffnung auf die Zukunft, ein Wolf die alles wegreißende Vergangenheit. Hier könnte der Ziegenbock auf die Zukunft, der Widder auf die Vergangenheit deuten. Vgl. zu Abb. 77 = V 777.

Ovaler Rand: Aus dem Ei ist der Himmelskreis entstanden, der durch die Zodiacalzeichen bezeichnet wird. Sie beginnen über dem Kopf des Gottes mit dem Widder und laufen nach links, gegen den Uhrzeigersinn.

In den Ecken Büsten der Windgötter. Links zwei bärtige Köpfe (wohl Eurus und Boreas), rechts zwei bartlose Jünglinge (wohl Notus und Zephyrus).

Inschrift: *Euphrosy/n[us] et Felix/p(ecunia sua) p(osuit)/Felix pater* (es ist *Euphrosyn[us]* zu ergänzen, nicht *Euphrosyn[e]*).

Modena, Museum.

Abb. 75: V 773/4 Augusta Emerita in Spanien

Statue des Cautopates-Perses. Kopf, Hände und Attribute verloren, außer dem Delphin neben dem linken Bein (Attribut des fünften Grades).

Auf der Basis die Inschrift: *Invicto sacrum C. Curius Avitus/Acci(o) Hedychro pa(tre)/*Δημήτριος ἐποίει (also ein griechischer Bildhauer).

Museum Merida.

Abb. 76: V 775 Augusta Emerita

Statue eines jugendlichen „Löwen"-Mysten; ihm zu Füßen sein Tier.

Museum Merida.

Abb. 77: V 777 Augusta Emerita

Statue des Mithras-Phanes-Chronos-Saturn. Jugendlicher, nackter Gott, dessen Leib fünfmal von einer Schlange umwunden ist; vermutlich führte eine verlorene sechste Windung die Schlange bis über den Kopf des Gottes. Die Windungen der Schlange bezeichneten den spiralförmigen Weg der Sonne, in sechs Monaten ansteigend, in sechs Monaten sinkend. Vermutlich waren am Rücken die üblichen Flügel (die Jahreszeiten) angebracht.

Auf der Brust ein Löwenkopf, nach Macrobius (Sat. I 20,13/4) die brennende Gegenwart; rechts neben den Beinen des Gottes ein Wolf, Symbol der alles verschlingenden Vergangenheit. Das Attribut neben dem anderen Bein ist abgebrochen; es war wohl der Hund, das Zeichen für die schmeichelnde Zukunft. Vgl. zu Abb. 74 = V 695/6.

Museum Merida.

Abb. 78: V 780/1 Augusta Emerita

Sitzender Mercur, Planetengott des ersten Grades. Neben ihm die Leier, die er aus der Schildkröte gefertigt hatte. Die sieben Töne der Tonleiter hat man zu den sieben Planeten (und also auch den sieben Mystengraden) in Beziehung gesetzt.

Auf der Leier die Inschrift: *Ann(o) Col(oniae) CLXXX invicto deo Mithrae sacrum C. Accius Hedychrus pater a(nimo) libente) p(osuit).*

Der Pater Hedychrus auch in V 744, 779 und 793. Das 180ste Jahr der Colonia Emerita Augusta war das Jahr 155 n. Chr.

Museum Merida.

328

Abb. 79: V 783 Augusta Emerita

Kopf des Saturn-Sarapis. Auf der flach abge-
schnittenen Kappe des Schädels hat ein Fruchtkorb *(modius)* gestanden.

Merida, Museum.

Abb. 80: V 784 Augusta Emerita

Statue der Venus, der Planetengöttin des zweiten Grades. Neben ihr ein kleiner Cupido auf
einem Delphin. Cupido (Eros) auch auf dem
Relief des Nymphus als Psyche in Capua
(Abb. 27 = V 186).

Eine Venus mit einem Delphin wurde auch
im Mithraeum der Caracallathermen in Rom
gefunden (V 460; Photo Alinari 30162, Anderson 21961).

Museum Merida.

Abb. 81: V 810/1 Londinium

Stieropfer im Zodiacus, d. h. beim Stieropfer entsteht das Himmelsrund. Der Stier verwandelt sich in die Mondsichel. Ein Teil vom Mantel des Mithras mit dem Raben ist abgebrochen. Cautes, Skorpion, Schlange (nur teilweise erhalten), Hund und Cautopates.

Die Zodiacalzeichen sind so angeordnet, daß das Frühlingsäquinoctium (mit dem Zeichen des Widders) rechts steht, das Sommersolstitium oben, das Herbstäquinoctium links und das Wintersolstitium unten; also entgegen dem Uhrzeigersinn und entgegen dem Weg der Sonne. Links oben fährt der Sonnengott auf der Quadriga über das Himmelsrund empor, von links nach rechts; rechts oben fährt Luna mit dem Rinderzweigespann hinab, ebenfalls von links nach rechts (im Uhrzeigersinn). Unten zwei Windgötter. Für die Position der Zodiacalzeichen im Kreis vgl. Abb. 89 = V 860 (Vercovicium), Abb. 119 = V 1271 (Dieburg) und V 1472 (Siscia).

Die Äquinoctien als Plätze der Mitte sind hier seitlich angeordnet, das Sommersolstitium (die höchste Position der Sonne) oben, das Wintersolstitium (die niedrigste Position der Sonne) unten. Beim Sommersolstitium ist der Platz, von dem aus die Seelen „in die Schöpfung hinabgehen", beim Wintersolstitium der Platz, wo sie „sich von der Schöpfung trennen" (Porphyrios, De antro nympharum 22 und 25; p. 71, 17–19 und 73, 11–12 Nauck = p. 22, 16–17 und 24, 15–16 Westerink).

Inschrift: *Ulpi/us/Silva/nus/fac/tus/Arau/sione/emeri/tus leg(ionis)/II Aug(ustae)/votum/solvit.* – Hier scheint *factus Arausione* zu bedeuten, daß Ulpius Silvanus in Arausio (Orange) in der Provence zum Mithrasmysten gemacht wurde.

Collingwood-Wright, The Roman Inscriptions of Britain nr. 3; A. R. Burn, The Romans in Britain ²(1969) S. 61 nr. 78.
The Museum of London (City Hall Museum).

330

Abb. 82: V 818 Londinium

Großer Kopf des Saturn-Sarapis, mit dem Getreidescheffel *(modius)* auf dem Kopf. Zu dieser Statue gehörte wahrscheinlich auch eine große rechte Hand (hier nicht abgebildet), welche ein *Steuerruder* hielt; vgl. die Bemerkung zu Abb. 83 = V 812.

The Museum of London.

Abb. 83: V 812 Londinium

Statue des Saturn. Er neigt mit der rechten Hand eine Opferschale über einen brennenden Altar; hinter dem Altar kommt eine Schlange hervor und ringelt sich um das Handgelenk des Gottes. In der linken Hand trägt der Gott ein Füllhorn; rechts hinter ihm ein Steuerruder und das Heck eines Schiffes, welches auf einer Woge schwimmt. Daß Saturn zu Schiff in Italien angekommen ist, erzählt Ovid, Fast. I 233 ff.; auch Macrobius, Sat. I 7, 21. Durch das Steuerruder wird symbolisiert, daß der oberste Gott den Lauf der Welt lenkt. Der Gott trägt das Füllhorn, weil er die Saaten gedeihen ließ; denn man leitete den Namen des Saturnus, trotz dem langen -a-, von *sata* ab.

Die Schlange gehört zu Saturn-Chronos. Die Deutung der Figur auf Saturnus ist durch das Relief von Poetovio (Abb. 139 = V 1591) gesichert.

The Museum of London.

Abb. 84: V 820 Londinium

Kopf der Minerva. Die Göttin stellt einen der drei Seelenteile dar, die leidenschaftlich-stolze Regung (θυμός
= ira; Firmicus Maternus, De errore profanarum religionum 5). Vgl. auch zu Abb. 105 = V 1086.

The Museum of London.

Abb. 85: V 821 Londinium

Sitzender Mercur, Planetengott des ersten
Mystengrades. Er hält in der linken Hand
einen Geldbeutel. Vor ihm ruht ein Widder; daneben eine Schildkröte, auf der
Photographie nicht zu erkennen. Aus ihr
wird der Gott die Leier herstellen; vgl. zu
Abb. 78 = V 780.

The Museum of London.

Abb. 86 a: V 839/840 Altar aus Vindovala (Rudchester)

Oberes Feld: Die Darstellung ist sehr beschädigt. Askew hat angenommen, daß die Felsgeburt des Mithras dargestellt gewesen sei.

Mittelfeld: In einem Kranz, dessen Schleifen nach unten hängen, steht das Wort *deo.*

Dies ist eine Anspielung darauf, daß in der von Tertullian (De corona militis 15) beschriebenen Weihezeremonie dem Initianden ein Kranz angeboten wurde, den dieser aber zurückzuweisen hatte; der Kranz gehörte dem Gott. Diese Interpretation hat schon Cumont vorgeschlagen.

Rechts und links davon Palmzweige, Symbole des Sonnengottes und des 6. Grades. Darunter die Inschrift: *L. Sentius/Castus/(centurio) leg(ionis) VI d(ono) p(osuit).* (Collingwood– Wright, The Roman Inscriptions of Britain 1398).

Unteres Feld: Ein Mann führt einen Stier an den Hörnern; dies bezieht sich darauf, daß Mithras den Stier gezähmt hatte, indem er ihn an den Hörnern packte. Dieselbe Szene ist auf dem Relief aus Besigheim (Abb. 111 = V 1301) abgebildet; Statius (Thebais I 719/720) nennt den „Mithras, der unter den Felsen der persischen Grotte die Hörner dreht, welche sich nicht dazu bequemen wollen ihm zu folgen".

Rechte Seite (hier nicht abgebildet): Oben eine persische Mütze, unten drei persische Kurzschwerter (Akinakes).

Linke Seite (nicht abgebildet): Oben ein Stierkopf.

Rückseite s. die nächste Abbildung.

E. und J. Harris, The Oriental Cults in Roman Britain 26/7 mit Tafel VI/VII.
Museum of Antiquities, Newcastle upon Tyne.

Abb. 86 b: V 839 Altar aus Vindovala (Rudchester)

Die Rückseite enthält zwei große Nischen, die ausgemeißelt sind und in welche man Lampen stellen konnte. Anscheinend konnte man den Altar umdrehen und hat dann, je nach Bedarf, in die obere oder in die untere Ausnehmung eine Einsetzplatte eingefügt, die durchbrochen war, so daß das Licht von hinten durchschien. In die obere Öffnung hat man wohl eine Darstellung des Sonnengottes eingesetzt, denn man sieht an der oberen Begrenzung Einschnitte, welche an die Strahlen eines Strahlenkranzes erinnern. Vermutlich befanden sich an der Einsetzplatte vergoldete Strahlen in Metall. Vgl. die Einsetzplatten Abb. 55 = V 458 (Rom) und Abb. 62 = V 494 (S. Prisca). Die untere Ausnehmung, die größere der beiden, wurde wahrscheinlich ausgefüllt durch ein Relief des Stieropfers, welches Durchbrechungen enthielt wie die Darstellungen aus Siscia (Abb. 134 = V 1475), Biljanovac (V 2202) und Kurtowo (Abb. 164 = V 2338). Vgl. den ähnlichen Altar aus Aquincum Abb. 145 = V 1765.

E. und J. R. Harris, The Oriental Cults in Roman Britain S. 26/7 und Tafel VI–VII.
Newcastle upon Tyne, Museum of Antiquities.

334

Abb. 87: V 847/8 Brocolitia am Hadrianswall in Britannien

Relief des Sonnengottes im Strahlenkranz; er trägt in der rechten Hand die Peitsche des Wagenlenkers. Die Strahlen sind durch Ausnehmungen im Stein dargestellt; die Darstellung wurde von hinten erleuchtet, und es ist hinten eine Nische vorhanden, in welche eine Lampe hineingestellt werden konnte.

Oben in Relief anscheinend Reste einer Büste des Sonnengottes, flankiert von Schlangen oder Ranken.

Dieser Altar ist aus zwei beschädigten Steinen zusammengesetzt und durch Ergänzungen miteinander verbunden, die zweifellos korrekt sind; der Teil links vom Kopf des Sonnengottes ist ergänzt. Den ursprünglichen Zustand des unteren Fragments ersieht man aus der Photographie bei Vermaseren, Corpus II fig. 256.

Darunter Inschrift: *Deo invicto/Mitrae M. Sim/plicius Simplex/pref(ectus) v(otum) s(olvit) l(ibens) m(erito)*

Nach dem Wort *deo* ein Epheublatt, nach *invicto* und *m(erito)* ein Palmzweig (Symbol des Heliodromus).

Collingwood-Wright, The Roman Inscriptions of Britain nr. 1546; Burn, The Romans in Britain S. 116 nr. 151; E. Birley, Roman Britain and the Roman Army 176.
Newcastle upon Tyne, Museum of Antiquities.

Abb. 88: V 858/9 Vercovicium am Hadrianswall in Britannien

Altar des Sonnengottes (bzw. des Heliodromus). Im Relief eine Büste des Sonnengottes mit dem Sieben-Strahlen-Kranz und der Peitsche; darunter die Inschrift: *Soli/Hiperion(i) (= Hyperioni)/ v(otum) l(ibenter) m(erito)*. In Zeile 2 sind die Buchstaben H + I + P + E und N + I in Ligatur geschrieben.

Vgl. Collingwood-Wright, The Roman Inscriptions of Britain nr. 1601; E. und J. R. Harris, The Oriental Cults in Roman Britain (Etudes préliminaires (6) 35 Anm. 6 mit Tafel V 2.
Newcastle upon Tyne, Museum of Antiquities.

Abb. 89: V 860 Vercovicium am Hadrianswall in Britannien

Kosmogonie: Mithras-Phanes sprengt das Weltei in zwei Teile; die obere Kappe der Schale über seinem Kopf, aus der unteren Kappe taucht der Gott empor. Seine Haare fassen das Gesicht wie ein Strahlenkranz ein. Die Arme sind ergänzt. Die rechte Hand hielt ein Schwert (Spitze ergänzt), die linke eine Fackel.

Aus dem Weltenei entstand die ovale Himmelsschale, bezeichnet durch die Zeichen des Zodiacus. Von links unten im Uhrzeigersinn: Wassermann – Fische [dann kleines Stück ergänzt] – Widder (Frühlingspunkt) – Stier – Zwillinge – [Krebs ergänzt] – Löwe – Jungfrau – Waage (Oberteil der Figur ergänzt; Herbstpunkt) – Skorpion – Schütze – Steinbock. Die beiden Solstitien sind also oben und unten angeordnet, die beiden Aequinoctien seitlich. Vgl. zu Abb. 81 = V 810 über den Zusammenhang mit der Seelenlehre, ferner Abb. 119 = V 1271 (Dieburg).

Das Relief konnte von hinten beleuchtet werden.

E. und J. R. Harris, The Oriental Cults in Roman Britain S. 34 und Tafel VIII.
Newcastle upon Tyne, Museum of Antiquities.

Abb. 90: V 985 Augusta Treverorum. Relief des Heliodromus.

Mittleres Rund: Cautes-Heliodromus im Himmelskreis als aufgehende Sonne. Er stützt den Unterarm auf den unteren Teil des Himmelsrundes und hält in der Hand den Erdball: Er bescheint die Erde. Sein Kopf ist von einem strahlenkranzartigen Lockenkranz umgeben. Die rechte Hand stützt er gegen den oberen Teil des Himmelsrundes; es soll wohl dargestellt werden, daß der Gott das Himmelsrund im Aufgehen sozusagen auseinanderstemmt, daß er den Himmel an jedem Morgen neu erschafft. Das Himmelsrund wird durch die 6 sommerlichen Zodiacalzeichen bezeichnet, die links mit dem Widder beginnen; es folgen Stier – Zwillinge – Krebs – Löwe – Jungfrau. Damit wird jenes Halbjahr bezeichnet, in dem der Tag länger ist als die Nacht und das unter dem Schutz des Heliodromus steht. In den Ecken Büsten der Windgötter.

Die ganze Darstellung ist von zwei Pfeilern eingefaßt, welche einen Tempelgiebel tragen; der ganze Kosmos ist ein *templum*, ein geordneter Bezirk (so kann man das Wort *templum* übersetzen).

Im Giebel: Ein Löwe (4. Grad), der Mischkrug (Kratér), ein Himmelsglobus mit zwei Bändern (Himmelsäquator und Ekliptik). Darüber saß ein Adler, der zwar weggebrochen ist, aber mit Sicherheit ergänzt werden kann (vgl. Abb. 42 = V 334 und Abb. 106 = V 1127); in den Klauen hielt er den Donnerkeil (links vom Globus); also Jupiters Vogel und sein Geschoß, wieder 4. Grad. Rechts daneben ein Becher (1. Grad). Gleichzeitig war im Giebel die Symbolik der Elemente dargestellt: Adler – Luft; Kratér – Wasser; Globus – Erde; Löwe und Donnerkeil – Feuer.

In den beiden oberen Ecken der Sonnengott und Luna. Unten Rabe, Schlange und Hund.

Schwertheim S. 229/230 nr. 190 b mit Tafel 53.
Trier, Rheinisches Landesmuseum.

Abb. 91: V 987 Augusta Treverorum, Altar

Dolch mit persischer Mütze in Relief. Symbole des dritten Grades.
Darüber als Inschrift des Altars:

D(eo) i(nvicto) M(ithrae)
Martius
Martia-
lis pater
in suo
posuit.

Schwertheim S. 230 nr. 190 c.
Trier, Rheinisches Landesmuseum.

Abb. 92: V 879 Arelata (Arles), in der Provincia Narbonensis

Torso des Chronos-Saturn, von der Schlange umwunden. In der Hand hielt der Gott wahrscheinlich die Schlüssel (Ianus). Zwischen den Windungen die Zeichen des Zodiacus: (Links beginnend) Widder – Stier – Zwillinge; Krebs – Löwe – Jungfrau; [Waage verloren] – Skorpion – [Schütze verloren]; der Rest ist verloren. Das Stück sichert die Deutung der Schlange um den Leib des Chronos auf den spiralförmigen Lauf der Sonne um die Erde innerhalb eines Jahres.   Arles, Musée lapidaire.

338

Abb. 93: V 988 Augusta Treverorum

Schale aus Terra sigillata. Mithras (links, mit persischer Mütze) und der Sonnengott beim Festmahl; vor ihnen auf dem Tisch drei Brote und ein Teller mit Fleisch. Der Sonnengott erhebt das Trinkhorn, während dem Mithras ein Diener von links her ein gefülltes Horn reicht. Rechts ein anderer Diener, der eine Speise bringt. Davor ein großer Löwe, Symbol des 4. Grades, welchen die meisten Mithrasmysten relativ rasch erreichten. Vor dem Löwen ein Mischkrug (Kratér), um den sich eine Schlange (2. Grad) ringelt. Rechts davon ein Rabe (1. Grad), links ein Hahn (6. Grad). Der Löwe symbolisiert das Feuer, der Kratér das Wasser, die Schlange die Erde, Hahn und Rabe die Luft.

Schwertheim S. 239/240 nr. 206. Rheinisches Landesmuseum Trier.

Abb. 94 a/b: V 992 Augusta Treverorum. Altar; Vorderseite und Rückseite hier nicht abgebildet.

Abb. 94 a: Rechte Seite: Luna taucht aus einem Baum empor (= Geburt des Cautopates). Vgl. Abb. 47 = V 350 (Rom).

Abb. 94 b: Linke Seite: Der Sonnengott im Strahlenkranz taucht aus einem Baum empor (= Geburt des Cautes).

Schwertheim S. 235 nr. 197; Trier, Rheinisches Landesmuseum.

Abb. 95: V 1012/3   Durnomagus
(Dormagen)

Stieropfer unter dem Himmelsrund.
Der Stier wird zur Mondsichel, sein
Schwanz zu Ähren. Die Büste des
Sonnengottes (sechster Grad) links
oben, der Rabe und der Kopf des
Mithras sind verloren. Skorpion,
Schlange und Hund wie gewöhn-
lich; rechts oben Büste der Luna
(fünfter Grad).

Darunter die Inschrift: *D(eo) S(oli)
i(nvicto) imp(eratu) C. Amandinius/
Verus buc(inator) v(otum) s(olvit)
l(ibens) l(aetus) m(erito).* – Hier bedeutet *imperatu* „auf Traumbefehl";
vgl. Dessaus Anmerkung 1 zu seiner
Nr. 4192.

Schwertheim S. 12 nr. 8 a.
Rheinisches Landesmuseum, Bonn.

Abb. 96: V 1019 Colonia Claudia Ara Agrippinensium (Köln)

Obere Randleiste eines Reliefs, von links nach rechts: (1) Ein gewölbter Bogen, der die Szene des
Wasserwunders abschloß; links von diesem Bogen kniete der Hirt, der aus vorgehaltener Hand
Wasser trinkt. – (2) Die Seele des Stiers im Mondboot, darunter vier Altäre. An anderer Stelle des
Reliefs müssen weitere drei Altäre abgebildet gewesen sein. – (3) Stier in einer Höhle. – (4) Ein Hirt
errichtet eine Hürde.

Ristow, Mithras im römischen Köln (Etudes préliminaires 42) S. 16/7 nr. 2; Schwertheim S. 15 nr. 10 a.
Römisch-Germanisches Museum, Köln.

Abb. 97: V 1027 a Colonia Claudia Ara Agrippinensium

Felsgeburt des Mithras. Die Haare des Gottes sind so angeordnet, daß sie an einen Strahlenkranz erinnern. Er hält in der rechten Hand den Dolch und in der linken Ähren.

G. Ristow, Mithras im römischen Köln S. 26 nr. 24; Schwertheim S. 17 nr. 11 a.

Römisch-Germanisches Museum, Köln.

Abb. 98: V 1027 b Colonia Claudia Ara Agrippinensium

Altar; auf der linken Seite ist ein runder Altar abgebildet; darauf liegt der Globus mit zwei Kreisen. Sie sollen den Himmelsäquator und den Zodiacus darstellen (die freilich in Wirklichkeit in spitzem Winkel zueinander stehen). Über den Globus ist die Geißel so gelegt, daß Stecken (rechts) und Lederstreifen (links) zusammen mit der Grundlinie (der Oberkante des Altars) ein Dreieck bilden. Peitsche und Globus sind Symbole des Heliodromus.

Auf der Vorderseite die Inschrift: *D(eo) i(nvicto) M(ithrae) S(oli) s(acrum)/Tiberius Cl(audius)/Romaniu[s]/vete[r]anu[s]/l(ibens) m(erito).*

B. und H. Galsterer, Die römischen Steinschriften aus Köln (1975) S. 36 nr. 125 mit Tafel 28; Ristow, Mithras im römischen Köln S. 25 nr. 23; Schwertheim S. 17/8 nr. 11 b.

Römisch-Germanisches Museum, Köln.

Abb. 99: V 1032 a Bonna (Bonn)

Altar der Luna, der von hinten beleuchtet werden konnte. Unten ein Stier, der nach rechts schreitet; zwischen seinen Hinterbeinen eine kleine Patera. Über den Leib des Stieres windet sich von rechts unten nach links oben eine Schlange empor. Rechts vom Stier der Stamm eines Weinstockes, fast ganz zerstört. Aus dem Stier entstanden Nutzpflanzen, also Getreide und Weinstock. Dieser ist hier abgebildet, auf einem Altar des fünften Grades, weil der „Perser" ein „Schützer der Früchte" war (Porphyrios, De antro nympharum 16).

Wortmann, Bonner Jahrbücher 169, 1969, 410 ff.; Schwertheim S. 35/6 nr. 36.
Rheinisches Landesmuseum Bonn.

Abb. 100: Boudobriga (Boppard)

Statue des Cautes, der einen Stierkopf in der linken Hand trägt. Dies ist eine Anspielung auf das Zodiacalzeichen des „Stiers", in welchem nach dem Frühlingsäquinoctium die Sonne ihren Weg am Himmel empor nimmt. Vgl. die entsprechenden Statuen aus Apulum (V 1956), Sarmizegetusa (V 2122) und einem Ort Daciens (V 2185).

Schwertheim S. 56 nr. 51.
Rheinisches Landesmuseum Bonn.

Abb. 101: V 1083 Nida (Heddernheim), Vorderseite

Hauptfeld: Stieropfer. Die persische Mütze des Mithras zeigt genau in die Mitte des Zodiacus über ihm, zwischen Jungfrau und Waage (Herbstäquinoctium). Auf dem fliegenden Himmelsmantel des Gottes sitzt der Rabe, Tier der Luft. Der Schwanz des Stieres verwandelt sich in eine Ähre. Links Cautopates-Hesperus, unter dem Stier die Schlange (Erde), der Skorpion, der Mischkrug (Kratér, Wasser), der Löwe (Feuer); rechts der Hund und Cautes-Lucifer; über diesem ein Baum, aus welchem eine Schlange herauszüngelt. Sie repräsentiert den 2. Grad. Darüber der Zodiacus, den Fixsternhimmel bezeichnend. Die Reihe beginnt links mit dem Widder (Frühlingsäquinoctium). – *Zwickel:* Links das Wasserwunder. Mithras (= der ‚Perser‘) schießt mit dem Bogen gegen den Felsenhimmel, aus dem Wasser hervorsprudelt; davor kniet ein persischer Hirt und trinkt das Wasser aus vorgehaltener Hand. Rechts dieselbe Szene seitenverkehrt. – *Horizontaler Streifen über dem Hauptbild:* Vier Szenen, durch Zypressen abgeteilt: (1) Geburt des Mithras aus dem Baum. – (2) Ein persisch gekleideter junger Mann schleppt den toten Stier weg; links unten eine Schlange, Symbol des 2. Grades (Einweihungszeremonie bei der Weihe des ‚Nymphus‘). – (3) Der Pater bekränzt den Heliodromus mit dem Strahlenkranz; dieser trägt in der Hand einen Globus. – (4) Ein Initiand kniet vor einer stehenden Person, die restauriert ist. Vermutlich Weihe des Heliodromus. – *Eckmedaillons:* Die vier Windgötter, d. h. die vier Himmelsrichtungen. – *Eckfelder über bzw. unter den Eckmedaillons:* Die vier Jahreszeiten; links oben Frühling, rechts oben Sommer, rechts unten Herbst, links unten Winter. – *Linker Seitenstreifen:* Oberes Feld: Jupiter, anscheinend im Kampf gegen den Giganten. – Unteres Feld: Saturns Traum. Mit diesem Feld gehört zusammen dasjenige, welches auf dem *rechten Seitenstreifen,* oben folgt: Die Geburt des Mithras aus dem Felsen. – Unten ein persischer Hirt mit seitwärts angewinkelten Armen; der Strauch daneben ist restauriert. Vermutlich war dargestellt, wie der Heliodromus beim Sonnenaufgang Ost und West auseinanderstemmt; oder der Hirt zündete in einem Baum Feuer. – *Oberer Querstreifen* (die Felder sind durch Zypressen abgeteilt): Links: Der Perser steigt in den Wagen des Sonnengottes. Der Berg in der Mitte ist restauriert. – Rechts: Luna lenkt ihr Zweigespann zum Untergang.

Schwertheim S. 67–9 nr. 59 a. Wiesbaden, Städtisches Museum.

Auf der Photographie sieht man vor dem Relief einen Altar mit dem Beginn der Inschrift: *D(eo) i(nvicto) M(ithrae)/M(arcus) Ter(entius)/Sene/cio/p(ecunia) s(ua) p(osuit).*

V 1095/6 = C. I. L. XIII 7363 = Schwertheim S. 72/3 nr. 59 m.

Abb. 102: V 1061 Taunum (Friedberg in Hessen)

Mischkrug (Kratér), um den sich zwei Schlangen (Symbole des 2. Grades) ringeln; sie gehen in die Henkel des Kruges über. Daneben in Relief ein *Skorpion* (3. Grad) und eine 3sprossige Leiter, ebenfalls Symbol des 3. Grades *(miles).*

Schwertheim S. 51 nr. 47 (l).
Darmstadt, Städtisches Museum.

344

Abb. 103: V 1083 Nida (Heddernheim), Rückseite

Mittelfeld (unten): Mithras und der Sonnengott in der Grotte beim Festmahl über dem geopferten Stier. Zwischen ihnen über einem Schwert eine persische Mütze und der Strahlenkranz des Heliodromus. Der Sonnengott (= der Heliodromus) hält in der Linken die Peitsche des Wagenlenkers und reicht dem Mithras mit der Rechten eine Traube. Mithras hält in seiner Rechten das Trinkhorn. Links und rechts bringen zwei Diener in persischer Tracht Schalen mit Broten.

Mittelfeld (oben): In der Mitte eine völlig zerstörte Person, sicherlich Mithras auf der Jagd, zwischen vier Jagdhunden. Auf der Wölbung, welche die beiden Felder voneinander trennt, drei erlegte Tiere, ein Eber, ein Widder, ein Stier; vermutlich Anspielung auf das Opfer des Suovetaurile.

Der Rahmen ist mit dem Rahmen der Vorderseite (Abb. 101) identisch; der mittlere Teil des Reliefs wurde um einen Zapfen gedreht, der Rahmen blieb stehen.

Schwertheim S. 67–69 nr. 59 a. Wiesbaden, Städtisches Museum.

Abb. 104: V 1087 Heddernheim

Altar; darauf ist eine persische Mütze abgebildet, die vielleicht über einem Dolch sitzt.

Schwertheim S. 70/1 nr. 59 e.
Wiesbaden, Städtisches Museum.

Abb. 105: V 1086 Heddernheim

Relief der Minerva, mit Speer und Schild; ihr Helm liegt auf dem Boden neben der Lanze. Minerva war die Personifikation der stolzen, kriegerischen Regungen in der als dreigeteilt aufgefaßten Seele des Menschen; vgl. Firmicus Maternus, De errore profanarum religionum 5 und oben zu Abb. 84 = V 820. Die ganze Seele wurde in der dreigestaltigen Göttin Hekate personifiziert (Diana-Minerva-Venus).

Schwertheim S. 70 nr. 59 d.
Wiesbaden, Städtisches Museum.

Abb. 109: V 1306 Fellbach in Württemberg

Relief mit dem Stieropfer. Der Schwanz des Stieres wird zur Ähre, sein Leib zur Mondsichel. Der fliegende Mantel des Gottes bauscht sich zum Himmelsrund auf. In den oberen Zwickeln der Sonnengott und Luna, auf dem Mantel des Mithras der Rabe; Skorpion, Schlange, Mischkrug (Kratér), Löwe und Hund. Die Fakkelträger fehlen; sie sind durch ihre Planetengötter (Sol und Luna) vertreten.

Rechts vom Hals des Stieres ein Altar, auf dem ein Dreieck zu sehen ist, welches mit einem Halbmond und einem Stern (Hesperus) darüber verziert ist (Symbol des fünften Grades, vgl. Ostia Abb. 38 = V 299; Groß-Krotzenburg Abb. 127 = V 1152; das Dreieck aus Heddernheim Abb. 108 = V 1120).

Zwischen dem Kopf des Mithras und dem des Stieres ein Dolch; darüber eine Lampe, Symbol des zweiten Grades.

Schwertheim S. 203 nr. 161.
Württembergisches Landesmuseum Stuttgart.

Abb. 110: V 1347/8 Königshoffen bei Straßburg

Tempelfront, in der Cautopates mit gesenkter Fackel steht; sein Kopf ist zerstört. Im Giebel eine Büste der Luna, der zugehörigen Planetengöttin.

Dazwischen die Inschrift: *In h(onorem) d(omus) d(ivinae). D(eo) i(nvicto) M(ithrae) Matto Gna/ti votum solvit l(aetus) l(ibens) m(erito)*

Straßburg, Archäologisches Museum.

Abb. 111: V 1301 Besigheim in Württemberg. Zwei Streifen von einem großen Altarbild.

Erster Streifen. (1) Geburt des Mithras aus dem Fels. Er hält in der Rechten das Schwert, in der Linken die Fackel. Neben ihm ein persischer Hirt mit Schaf. – (2) Ein nackter Mann mit persischer Mütze hält ein Schwert in der Hand und geht auf einen bekleideten Mann zu, der einen runden Gegenstand in der Hand hält. Mögliche Deutung: Bei der Weihe zum *miles* mußte der Initiand eine Mutprobe bestehen, in welcher ein Kranz eine Rolle spielte. Man bot ihm dann einen Kranz an; er mußte ihn ablehnen mit der Begründung, daß Mithras sein Kranz sei. – (3) Sechs Personen, sehr zerstört und nicht sicher zu deuten; vielleicht ein Kultmahl.

Zweiter Streifen: (1) Ein persischer Hirt (der Heliodromus, Vertreter des Sonnengottes) stemmt Himmel und Erde auseinander, die rechte Hand auf die Erde, die linke gegen das Himmelsrund stemmend (Sonnenaufgang). Hinter ihm erscheinen Bäume. – (2) Wasserwunder: Von rechts naht dem Mithras (bzw. dem ‚Perser‘) bittend ein Hirt. Der Gott holt mit der Linken einen Pfeil aus dem Köcher um ihn gegen den Felsenhimmel zu schießen. – (3) Wasserwunder, Fortsetzung: Mithras hat den Pfeil an den Bogen gelegt; vor ihm wieder bittend der Hirt. Danach der zweite Hirt, ebenfalls knieend; aber er fängt schon mit seinen Händen das aus dem Fels hervorsprudelnde Wasser auf. – (4) Ein persischer Hirt hat den Stier am Horn gepackt und führt ihn. Vgl. den Altar aus Vindovala, Abb. 86 a = V 839.

Schwertheim S. 198/9 nr. 155
Besigheim, Rathaus.

Abb. 112: V 1292 Osterburken

Hauptfeld: Stieropfer. Der Mantel des Gottes bauscht sich zum Rund auf, die Spitze seiner Mütze zeigt auf diejenige Stelle des Zodiacus, wo die „Waage" gerade die „Jungfrau" abgelöst hat, also auf den Punkt des Herbstäquinoctiums. Der Schwanz des Stieres endet in Ähren, sein Leib ist einer Halbmondsichel ähnlich; die Halsfalte ist weit nach rechts gezogen, die Vorderbeine angezogen, die

Hinterbeine durch das Bein des Gottes verdeckt. Links Cautopates-Hesperus mit Mohnkapsel (Schlaf), unter dem Stier Skorpion, Schlange, Mischkrug (Kratér), Löwe; rechts der Hund und Cautes-Lucifer.

Über dem Hauptbild der Zodiacus, d. h. der Fixsternhimmel, links mit dem Widder beginnend (Frühlingsäquinoctium).

Oberteil, linkes Feld: Der Sonnengott mit Sonnenscheibe um sein Haupt und erhobener rechter Hand mit Peitsche lenkt sein Viergespann den Himmel empor; über dem Viergespann fliegt Lucifer. In der linken oberen Ecke ein Windgott. Zwischen ihm und dem Sonnengott ein Feigenbaum. Aus der Spitze des Baumes taucht ein Perser auf (Baumgeburt; unmittelbar rechts neben dem Kopf des Windgottes); links von dem Baum (unter dem Windgott) pflückt ein persischer Hirt Feigen. Unter dem Baum der Rabe, links neben dem Raben die Geburt des Mithras aus dem Felsen, s. unten.

Oberteil, Mittelfeld: Versammlung der zwölf Götter; s. die Detailaufnahme Abb. 113 mit Beschreibung.

Oberteil, rechtes Feld: Luna (mit Mondsichel am Kopf) lenkt ihr Rindergespann zum Untergang; links oben hinter ihr stürzt Hesperus. Rechts neben Hesperus schleppt ein Hirt (der *Nymphus*) den geopferten Stier weg. In der rechten oberen Ecke ein Windgott; links neben ihm fünf Blätter. Unter Hesperus (links hinter Luna) ein grasender Stier. Darunter das Wasserwunder, s. unten.

Linke Seitenleiste, von oben nach unten: (1) Geburt des Mithras aus dem Felsen; er hält in den Händen Fackel und Schwert. – (2) Saturn (mit Sichel in der Hand) ruht; Saturns Traum. – (3) Jupiter erschlägt einen Giganten mit dem Donnerkeil. – (4) Saturn übergibt dem Jupiter über einem brennenden Altar den Donnerkeil. – (5) Drei Göttinnen. Man deutet sie als Parzen; die linke halte eine Rolle, die mittlere eine Waage, die rechte einen unbestimmbaren Gegenstand; man müßte wohl auch Spindel und Schere erwarten. Man könnte auch an die drei Gestalten der Hekate denken. – (6) Der Sonnengott taucht empor, den Globus haltend. Rechts von ihm eine liegende Person, s. die Detailaufnahme Abb. 114 mit Beschreibung. – (7) Sonnenaufgang: Der Kopf des Heliodromus taucht in einem Kreis auf, ähnlich wie auf dem Relief in Trier (Abb. 90 = V 985).

Rechte Seitenleiste, von oben nach unten: (1) Wasserwunder: Vor Mithras (dem ‚Perser‘) kniet bittend ein Hirt. Mithras hat Bogen und Pfeil erhoben und einen zweiten Pfeil gegen den Felsenhimmel abgeschossen. Links kniet ein anderer Hirt und schöpft mit beiden Händen das aus dem Fels quellende Wasser. – (2) Der Stier ist entlaufen; Mithras hat ihn eingeholt und um den Hals gefaßt um ihn zu würgen. Der Kopf des Gottes hängt seitlich, fast unter dem Stier. – (3) Der Sonnengott (bzw. der Heliodromus) mit seinem Viergespann. Hinter ihm steht Mithras und bindet ihm den Strahlenkranz um. – (4) Weihe des Heliodromus; vgl. die Detailaufnahme Abb. 115 mit Beschreibung. – (5) Der Sonnengott und Mithras reichen sich über dem brennenden Altar die rechte Hand *(syndexii).* – (6) Mithras zu Pferde auf der Jagd, hinter ihm ein Diener in persischer Tracht, einen Köcher mit Pfeilen auf der Schulter. Unterhalb des Mithras sein Jagdgenosse und Helfertier, der Löwe (4. Grad). – (7) Festmahl des Sonnengottes und des Mithras. Beide erheben ihre Trinkhörner, die vom Stier stammen. Der Tisch vor ihnen ist mit dem Fell des Stieres bedeckt. Davor der kleine Beisetztisch, vermutlich mit den heiligen Broten.

Inschrift auf der unteren Leiste: *D(eo) S(oli) i(nvicto) M(ithrae) M[er]catorius Castrensis in suo const(ituit).* – *Castrensis* ein „Lagerkind“; vgl. V 1724 *M. Ulpius Castrensis.*

Schwertheim S. 192–5 nr. 148. Badisches Landesmuseum Karlsruhe.

Abb. 113: V 1292 Osterburken, Detailaufnahme des Mittelfeldes im Oberteil

Versammlung der zwölf Götter; jedem Gott sind Schutz *(tutela)* und Aufsicht über ein Zeichen des Zodiacus zugeteilt:

Untere Reihe, von links: (1) Venus nackt, mit Spiegel in der Linken, sich das Haar aufsteckend („Stier") – (2) Minerva mit Schild und Lanze („Widder") – (3) Juno mit Schleier („Wassermann") – (4) Jupiter in der Mitte sitzend, mit Szepter („Löwe") – (5) Apollo, seine Leier auf einen Altar stützend („Zwillinge") – (6) Mars mit Panzer und Schild, in der Rechten wohl eine Lanze („Skorpion") – (7) Vulcan mit einem Werkzeug in der Rechten („Waage").

Obere Reihe, von links: (8) Diana nimmt mit der erhobenen rechten Hand einen Pfeil aus dem Köcher („Schütze") – (9) Pluto-Sarapis-Saturn, mit dem Korb auf dem Haupt, ein Szepter in der Hand („Krebs") – (10) Ceres mit Schleier („Jungfrau") – (11) Victoria („Steinbock"); sie hält einen Palmzweig in der Linken und bekränzt mit der Rechten den unter ihr sitzenden Jupiter – (12) Neptun mit dem Dreizack in der Linken („Fische").

Diese Aufteilung der Tutelae der zwölf Götter auf die zwölf Zodiacalzeichen entspricht weitgehend dem üblichen Schema, vgl. Manilius II 439–446 (Vers 434 *adiectaque numina signis*) und Boll, Sphaera 472–8; Weinreich, Zwölfgötter, in Roschers Mythologischem Lexikon VI 823–7. In zwei Punkten weicht die Darstellung der Osterburkener Reliefs allerdings von dem Üblichen ab: Das Zeichen des Krebses wird nicht von Merkur regiert, sondern von Pluto-Saturn, und dem „Steinbock" ist nicht Vesta zugeordnet, sondern Victoria. Daß die Römer den Platz der Vesta vielmehr der Victoria zuwiesen, ist nicht überraschend. Daß nicht Mercur abgebildet ist, sondern Pluto, geht auf Platon zurück (Gesetze VIII p. 828 CD), bei dem Pluton der Gott des letzten Monats im attischen Jahr ist; dieser Monat steht im Zeichen des Krebses. Die zwölf Götter von Osterburken befinden sich in jenem „überhimmlischen Ort" über dem von uns gesehenen Firmament, der im „Phaidros" geschildert wird. Das Firmament ist in Osterburken durch den Zodiacus bezeichnet.

Schwertheim S. 192–5 nr. 148. Badisches Landesmuseum Karlsruhe.

Abb. 114: V 1292 Osterburken, Detailaufnahme des Feldes 6 der linken Seitenleiste

Der Sonnengott (der Heliodromus) taucht empor, den Globus wie Atlas haltend. Rechts von ihm eine liegende Person, die Hand in der Weise der Schlafenden erhoben. Man deutet sie als Tellus, denn es sieht so aus, als ob weibliche Brüste dargestellt wären. Aber es handelt sich wohl nur um eine mechanische Beschädigung des Reliefs, die den Eindruck der Brüste erweckt; der Einschnitt im Leib unterhalb der „Brüste" setzt sich im herabhängenden Arm der liegenden Person fort, ist also erst sekundär entstanden. Es ist also wahrscheinlich der Traum Saturns (des Pater) dargestellt, welcher der Weihe des Heliodromus vorangehen mußte.

Badisches Landesmuseum Karlsruhe.

Abb. 115: V 1292 Osterburken, Detailaufnahme des Feldes 4 der rechten Seitenleiste

Der nackte Heliodromus kniet vor dem Pater. Dieser hat dem Knieenden die persische Mütze abgenommen und hält sie hoch. Zwischen den beiden auf dem Boden der Strahlenkranz, mit dem der Pater den Heliodromus bekränzen wird.

Badisches Landesmuseum Karlsruhe.

Abb. 116: V 1283 Neuenheim

Hauptbild: Stieropfer. Mithras blickt leidvoll zurück; auf seinem Mantel hat der Rabe gesessen (jetzt weggebrochen) und hat ihm gemeldet, daß es Zeit ist den Stier zu opfern. Der Mantel des Gottes ballt sich zum Himmelsrund. Der Stier ist umgürtet, war also vorher Haustier des Mithras gewesen. Sein Schwanz endet in der Ähre, sein Leib mit der weit nach rechts gezogenen Halsfalte sieht wieder aus wie eine Halbmondsichel. Links oben der Kopf des Sonnengottes, rechts oben Luna mit der Mondsichel auf der Stirn. Zwischen ihrem Kopf und dem des Mithras vier Zypressen vor einem felsigen Hintergrund; wahrscheinlich sind zwischen den Köpfen des Mithras und des Sonnengottes drei weitere Zypressen verloren gegangen. Links Cautopates, unter dem Stier Skorpion und Schlange, rechts ein Löwe über einem Mischkrug (Kratér), darüber Cautes.

Linker Seitenstreifen, von oben nach unten: (1) Felsgeburt des Mithras; er hält in der Rechten das Schwert, in der Linken den Globus. – (2) Saturn mit verhülltem Haupt, die Sichel in der Linken, überreicht über brennendem Altar dem Jupiter (mit Szepter) den Donnerkeil. Dies ist die Einweihungszeremonie des Löwengrades. – (3) Saturns Traum: Der Gott ruht, den Kopf auf die Hand gestützt, und hält in der Rechten die Sichel. – (4) Ein persischer Hirt (der Heliodromus, Vertreter des Sonnengottes) stemmt in der Haltung des Atlas die Himmelskugel empor; Sonnenaufgang.

Rechter Seitenstreifen, von oben nach unten: (1) Der Stier grast allein. – (2) Mithras trägt den Stier auf der Schulter, wie der gute Hirt. – (3) Der Stier ist entflohen; Mithras hat ihn erjagt, sich auf ihn geschwungen und würgt ihn am Hals. Der Stier läuft so rasch, daß der Leib des Gottes ausgestreckt nach hinten fliegt. – (4) Ein Hirt (der *Nymphus)* trägt den geopferten Stier auf den Schultern weg.

Oberer Streifen. Sechs Felder, die paarweise zusammengehören (1+6, 2+5, 3+4): (1) Windgott; daneben bohrt Mithras in der Zypresse Feuer. – (2) Mithras (der ‚Perser‘), von rechts nach links gewendet, schießt seinen Pfeil gegen den Felsenhimmel und bringt so den Regen. – (3) Der ‚Perser‘ (mit fliegendem Mantel) und der Sonnengott fahren zum Himmel empor. – (4) Luna lenkt ihr Rindergespann zum Untergang. – (5) Regenwunder: Mithras (der ‚Perser‘), von links nach rechts gewendet, schießt seinen Pfeil gegen den Felsen. – (6) Geburt des Mithras aus dem Feigenbaum; Windgott.

Schwertheim S. 184/5 nr. 141 a
Badisches Landesmuseum Karlsruhe.

Abb. 117: V 1289 Neuenheim

Der Sonnengott (= der Heliodromus) reitet zu Pferd über den Himmel, den Erdball in der Hand; sein Mantel ballt sich zum Himmelsrund. Löwe (vierter Grad) und Schlange (zweiter Grad) begleiten ihn. Im Hintergrund Zypressen.

Schwertheim S. 187 nr. 141 g und Tafel 41.
Badisches Landesmuseum Karlsruhe.

Abb. 118: V 1275 a Lopodunum (Ladenburg bei Heidelberg)

Festmahl des Sonnengottes und des Mithras, die auf einer Bank liegen, welche mit dem Fell des Stieres bedeckt ist. Der Sonnengott hält in der rechten Hand ein Trinkhorn; dahinter auf einer Stütze die Sonnenscheibe. Mithras mit persischer Mütze hält das Horn in der linken Hand. Beide Hörner sind vom Stier genommen. Vor den beiden ein dreifüßiger Tisch, auf dem ein Apfel, eine Weintraube und ein eingekerbtes Brot liegen. Die Beine des Tisches sind aus den Hufen des Stiers gemacht. In den beiden oberen Ecken Rosetten.

Schwertheim S. 188/9 nr. 144.
Heimatmuseum Ladenburg.

Abb. 119: V 1271 Dieburg

Rechte obere Ecke eines großen Mithrasreliefs. In der oberen Reihe die Planetengötter, von rechts nach links: Venus – Jupiter – Mercur – Mars (sehr beschädigt); der Rest ist verloren. Die Reihe begann also links mit Saturn, es folgten Sol und Luna.

Darunter ein Fragment des Zodiacus, der ein volles Rund gebildet hat. Es sind nur zwei Zeichen erhalten, von rechts nach links Stier und Zwillinge (man hat bisher gedeutet: Löwe – Skorpion – Zwillinge; aber der scheinbare Skorpion ist nur ein Trennungszeichen). Aus der Position der beiden erhaltenen Zeichen ist klar, daß die Reihe der Zodiacalzeichen rechts in der Mitte mit dem Widder begonnen hat (Frühlingsäquinoctium, wie in Abb. 81 und in V 1472, Siscia); für den Zusammenhang mit der Seelenlehre der Mithrasmysterien s. zu Abb. 81 = V 810. Die Planeten- und Wochentagsgötter laufen von links nach rechts, von Saturn zu Venus, die Zodiacalzeichen von rechts nach links (entgegen dem Uhrzeigersinn). Damit werden die beiden gegenläufigen Bewegungen des Himmels bezeichnet.

Schwertheim S. 167/8 nr. 124.
Kreismuseum Dieburg.

Abb. 120: V 1253 + 1254 Dieburg

Statue des Saturn. Der Gott hält in der linken Hand
das Füllhorn, in der rechten eine Schale, die auf einem
Altar ruht. Die Deutung auf Saturn ergibt sich aus dem
Relief von Poetovio, Abb. 139 = V 1591.

Schwertheim S. 164 nr. 123 f.
Kreismuseum Dieburg.

Abb. 121: V 1249 + 1264 Dieburg

Statue des Persers; er hält in der linken Hand den Bogen, in der rechten vermutlich den Pfeil. Neben ihm
ein Wassergefäß (Anspielung auf das Regenwunder).

Schwertheim S. 163 nr. 123 c.
Kreismuseum Dieburg.

Abb. 122: V 1247 Dieburg (Vorderseite)

Hauptbild: Mithras mit Pfeil und Bogen auf der Jagd; sein Mantel fliegt. Unter ihm drei Jagdhunde (vierter Grad), links steht Cautopates-Hesperus auf einem Krug (Anspielung auf das Wasserwunder), rechts Cautes-Lucifer. Die Ähnlichkeit zu dem wilden Jäger der Germanen ist unverkennbar. Der Kopf des Gottes ist bei der Zerstörung des Mithraeums von einem Hieb mit dem Pickel getroffen worden.

Oberes Bild: Links Mithras mit dem Lasso. In der Mitte ein großer Stall, der fast wie ein Tempel aussieht; darin liegt der Stier, der von Mithras gezähmt und zum Haustier geworden ist. Im Giebel des Gebäudes anscheinend links eine Büste des Sonnengottes, dann ein Adler über einem Globus, dann eine Büste der Luna (?). Rechts trägt ein persischer Diener (der *Nymphus*) den geopferten Stier weg.

Linke Seitenleiste, von oben nach unten:

1 Mithras steigt auf einen Baum, vielleicht einen Feigenbaum, um die Früchte zu pflücken.

2 Ein Perser schneidet Ähren; vgl. Abb. 132 (= V 1400, Mauls), linke Seitenleiste.

3 Geburt des Mithras aus dem Felsen; er hält in der rechten Hand das Messer, in der linken die Fackel.

4 Saturn sitzt sinnierend auf einem Felsen; vermutlich ist er gerade von seinem Traum erwacht. Er hält in der einen Hand das Messer und stützt den Kopf in die andere Hand.

Rechte Seitenleiste, von oben nach unten:

1 Mithras hat sich auf den fliehenden Stier geschwungen und würgt ihn.

2 Ein persischer Diener (der Nymphus) trägt den geopferten Stier weg. Vgl. die identische Darstellung im oberen Bild.

3 Ein Baum mit drei Ästen, aus welchen die Köpfe des Cautes, Mithras und Cautopates herauskommen (Baumgeburt).

4 Mithras und der Sonnengott beim Festmahl über dem Stier.

Unteres Bild: Links zwei Pferde; rechts der Sonnengott mit Strahlenkranz und Peitsche auf der Quadriga; der Perser steigt zu ihm auf den Wagen.

Die Inschrift ist auf drei Stellen verteilt:

In der Mitte unten: *(1) D(eo) i(nvicto) M(ithrae) (2) Silves(3)trius (4) Silvi(5)nus (6) et Silvestrius Pe[rpetuus et A]urelius nepos*

Um das Feld des Saturn (links): *(7) Perpetu(u)s frater (8) artis sutoriae (9) v(otum) s(olvit) l(ibens) l(aetus) m(erito).*

Um das Feld mit dem Kultmahl (rechts): *(10) Silvinus ar(11)tis quadratari(12)ae Aureli[us nepos]*

Vielleicht ist die hier als Zeile 9 eingeordnete Zeile vielmehr auf alle drei Dedicanten zu beziehen, *v(otum) s(olverunt) l(ibentes) l(aeti) me(rito),* und an das Ende des Textes einzuordnen. – In Zeile 6 könnte NEPOS auch Eigenname sein; aber auf der Rückseite heißt der Mann Silvestrius Aurelius, und so wird es sich um einen Neffen der beiden anderen Silvestrii handeln.

Schwertheim S. 159–162 nr. 123 a.

Kreismuseum Dieburg.

SILVES
TRVS
SILVI

Abb. 123: V 1247 Dieburg (Rückseite)

Dieses Relief wird meist als eine Darstellung des Phaethon-Mythos interpretiert, und es sei nicht bestritten, daß vermutlich eine Darstellung der Geschichte des Phaethon zugrunde gelegen hat, welche von der Darstellung Ovids (Metamorphosen I 750 – II 332) inspiriert war. Aber die Mithrasmysten (und auch schon der Künstler, welcher dieses Relief für sie schuf) haben der Darstellung einen mithrischen Sinn unterlegt. Es handelt sich um jene Szene des Mithrasmythos, welche man auf den Reliefs so oft sieht: Ein junger Mann steigt zum Sonnengott in dessen Wagen, um mit ihm empor-zufahren; eine solche Szene muß beim Aufstieg des „Persers" (fünfter Grad) zum *Heliodromus* (sechster Grad) symbolisch dargestellt worden sein. Ich deute das Dieburger Relief also so:

In der Mitte thront der Sonnengott (Vorbild des Heliodromus) und reicht seine rechte Hand *(iunctio dexterarum; sie sind syndexii)* dem an ihn herantretenden, nur mit einem Mantel bekleide-ten jungen Mann (dem „Perser"), der mit ihm die Wagenfahrt anzutreten beabsichtigt. Rechts unterhalb des Sonnengottes steht halbnackt die Göttin des Sommers mit einer Ähre in der Hand, hinter ihm die drei anderen Göttinnen der Jahreszeiten: Rechts Frau Winter in einem Kapuzenman-tel, in der Mittel halbbekleidet die Herbstgöttin, in der Hand eine Schale mit Früchten haltend, links etwas tiefer nackt die jugendliche Frühlingsgöttin. Hinter den Jahreszeiten eine Tempelfront mit vier Säulen und Giebel, darin ein Rundbild des Sonnengottes. Rechts und links von der Zentral-gruppe vier jugendliche Reitknechte mit je einem Pferd; sie werden gleich den Wagen anschirren.

Unterhalb der Zentralgruppe: Liegender Oceanus mit dem Rücken zum Betrachter (Wasser), Caelus unter einem Himmelsbogen (Luft), liegende Tellus (Erde). Das vierte Element, das Feuer, ist im Sonnengott personifiziert. – In den Ecken die vier Windgötter.

Das ganze Bild ist vom Himmelskreis umgeben; darauf steht die Inschrift: *Silvestrius Silvinus et Silvestrius Perpetu(u)s et Silvestrius Aurelius d(eo) S(oli) i(nvicto) M(ithrae)*.

Kreismuseum Dieburg.

Abb. 124: V 1241/2 Bingium (Bingen)

Altar des Heliodromus. Büste des Sonnengottes, zerstört. Der Kopf war von sieben Strahlen um-geben, die aus dem Stein ausgeschnitten waren; der Altar konnte von einer hinten befindlichen Nische aus beleuchtet werden, so daß das Haupt des Gottes in der dunklen Mithrashöhle von ei-nem Strahlenkranz umgeben war.

Dazu die Inschrift: *In h(onorem) d(omus) d(ivi-nae). Soli/invicto Mitrae/aram Privati Se/cundi-nus et Ter/tinus et Confinis/ex voto Privati/Terti-ni v(otum) s(olverunt) l(ibentes) l(aeti) m(erito)*.

Der Altar ist von drei Brüdern errichtet worden.

Schwertheim S. 126/7 nr. 108 b.
Städtisches Museum Bingen.

Die drei Privatii kommen auch auf einem Altar aus Bin-gen vor, der die Inschrift trägt (C. I. L. XIII 7505): *[I(ovi) o(ptimo) m(aximo)?] Primia Accepta et Privati Secund[i]nus et Tertinus et Con[fi]nis fratres ex voto Privati Tertini supra scri[pti] v(otum) s(olverunt) l(aeti) l(ibentes) m(erito)*. – Auf der linken Seite des Altars ist Victoria abgebildet, auf der rechten Mars.

Abb. 125: V 1210/1 Stockstadt

Statue des Mercur, des Planetengottes für den ersten Grad. Der sitzende Gott hält in der linken Hand den Heroldstab; auf seinem Knie sitzt der Dionysosknabe mit einer Traube in der Hand. Links hinter ihm ein Widder, rechts hinter ihm ein Hahn; vor ihm die Schildkröte, aus der er in Kürze die Leier fertigen wird.

Auf der Basis die Inschrift (C. I. L. XIII 11788 a): *D(eo) i(nvicto) M(ithrae). Mercuri[o]/Q(uintus) P(ublius) Gemellus/v(otum) s(olvit) l(aetus) l(ibens) m(erito).*

Hier ist *P(ublius)* anscheinend als Nomen gentilicium gebraucht.

Schwertheim S. 147/8, nr. 117 a.
Museum der Stadt Aschaffenburg.

Abb. 126: V 1138/9 Rückingen

Relief des Saturn, dessen oberer Teil verloren ist. – Man hat meistens gedacht, daß eine Göttin dargestellt sei. Aber das Steuerruder macht die Deutung auf Saturn praktisch sicher, wie bei der Statue in London Abb. 83 = V 812; auch dort fällt das Gewand des Gottes bis auf die Füße herab.

Man sieht links unten eine persische Mütze auf einem Dolch, daneben links einen Dreizack (auch in Abb. 151 = V 1942 ein Zeichen des fünften Grades). Rechts von der persischen Mütze ein Steuerruder; vgl. Abb. 83 = V 812 und die Notiz zu Abb. 82 = V 818. Darüber eine halbe Scheibe mit fünf Palmblättern, die als Strahlen angeordnet sind, also ein Symbol des Heliodromus. In der rechten Hand hielt Saturn das Szepter des Weltherrschers, in der linken ein Füllhorn.

Die Inschrift darunter ist fast zerstört; vielleicht ist zu ergänzen: *De[o invi]c[to Mithrae]/Nu[ ]o[*

Schwertheim S. 104/5 nr. 85 e.
Schloß Philippsruh bei Hanau.

Abb. 127:
V 1149 und 1150/3
Groß-Krotzenburg

Stieropfer unter dem Himmelsrund, welches durch den Zodiacus dargestellt ist. Der Kopf des Stieres ist so nach oben gebogen, daß er mit dem Leib eine Mondsichel bildet. Der Kopf des Mithras ist absichtlich zerstört; der Mantel des Gottes mit dem Raben und der Sonnengott sind verloren. Erhalten sind Cautopates – Skorpion – Mischkrug (Kratér) – Löwe – Hund – Cautes – Luna. Der Kratér steht genau unter dem männlichen Glied des Stiers, um den heiligen Samen aufzufangen.

Der halbe Zodiacus ist verloren; es ist aber klar, daß er links mit dem Zeichen des Widders begonnen haben muß, also mit dem Frühlingsäquinoctium. Erhalten sind, beginnend über dem verlorenen Kopf des Mithras: Libra – Sagittarius – Scorpius (die beiden Zeichen sind verwechselt) – Capricornus – Aquarius – Pisces. – Zu diesem Monument gehörten zwei Altäre:

V 1150/1 (oben der Sonnengott zwischen zwei Stierköpfen): *Deo Soli/invict(o) Mytrae/Iul(ius) Macrinus/immun(is) leg(ionis)/VIII Aug(ustae) ex voto/suscept(o) solvit/l(ibens) l(aetus) m(erito).*
V 1152/3 (oben eine Mondsichel im Dreieck zwischen zwei Sternen; vgl. zu Abb. 108): *D(eo) S(oli) inv(icto)/L(ucius) Fabi(us)/Anthi(mus)/v(otum) s(olvit) l(ibens) l(aetus) m(erito)/med[icus coh.] IIII (?)/[Vindelic(orum)].*

Schwertheim S. 130/1 nr. 113 a. Ehemals im Museum Hanau, im 2. Weltkrieg zerstört.

Abb. 128: V 1137 Rückingen bei Hanau, Vorderseite

Hauptbild: Stieropfer. Der Mantel des Gottes fliegt zum Himmel, seine persische Mütze zeigt in die Mitte des Zodiacus, an den Punkt der Herbstäquinoctien (zwischen „Jungfrau" und „Waage"). Der Leib des Stieres erinnert an eine Halbmondsichel: Die Halsfalte ist so breit, daß der Kopfteil des Tieres ganz unförmlich geworden ist; die Vorderbeine sind angezogen, die Hinterbeine durch das ausgestreckte Bein des Gottes verdeckt. Der Schwanz wird zur Ähre. Der Stier trägt drei Gurte, war also vorher schon eingefangen und ist dem Gott entlaufen; er ist selbst an seinem Tod schuld. Links Cautopates, rechts Cautes mit dem Hund. Die Köpfe der drei Personen sind absichtlich zerstört. Unten ist das Relief an der Stelle ausgebrochen, wo der Zapfen zur Drehung war; dadurch ist die Schlange verloren gegangen, den Skorpion kann man noch erahnen. Über dem Stieropfer der Zodiacus, d. h. das Himmelsrund, links mit dem Widder beginnend (dem Zeitpunkt des Frühlingsäquinoctiums), ferner Sol und Luna.

Streifen über dem Hauptbild: (1) Der oberste Streifen ist fast ganz zerstört. Rechts kniet Sol (bzw. der Heliodromus) vor Mithras (dem Pater), der ihm die persische Mütze abgenommen hat. – (2) (von links) Ein Myste, wohl der Heliodromus, kniet vor dem Pater, der ihm anscheinend das Strahlendiadem anlegt. – Dann vier paarweise angeordnete Büsten der Jahreszeiten: Links unten der Winter mit Bart und Kopftuch, rechts unten ein weiblicher Kopf, wohl der Herbst; die beiden oberen Köpfe (Sommer und Frühling) sind zerstört. – Danach der Stierzyklus: Der Stier grast, neben ihm ein Hirt (nur die Beine erhalten); dann eine unkenntliche Szene, von der nur die Beine erhalten sind; dann trägt Mithras den Stier in der Haltung des guten Hirten. Rechts ist der Stier dem Gott entlaufen, aber Mithras hat ihn eingeholt und wird auf ihn springen um ihn zu würgen. Im Mythos folgte dann das Stieropfer. – (3) Ein Perser (der *Nymphus*) trägt den toten Stier weg. – Mithras vor dem Feigenbaum; er scheint Feigen zu pflücken. Auf dem Baum stecken drei persische Mützen. – Der Sonnengott mit Peitsche und Viergespann. – Der Rabe (1. Grad). – Nun folgen die Planetengötter: Mars packt die widerstrebende Venus am Haarschopf. Die Szene könnte mit einer Initiationszeremonie des 2. Grades (des *nymphus*) zusammenhängen. – (4) Saturn (der Pater) übergibt dem nackten Jupiter (dem *leo*) den Donnerkeil – Der Sonnengott mit Globus, Luna mit Globus, Mercur mit hocherhobener Börse – Mithras und der Sonnengott reichen sich die Rechte – Mithras und der Sonnengott (Pater und Heliodromus) beim Festmahl; links und rechts zwei persische Diener. Der Tisch ist mit der Haut des Stieres bedeckt; davor ein kleiner Beisetztisch, wohl mit den heiligen Broten.

Schwertheim S. 101–4 nr. 85 a. Schloß Philippsruh bei Hanau.

Abb. 129: V 1137 Rückingen, Rückseite

Unteres Bild: Der Sonnengott und Mithras beim Mahl. Der Sonnengott erhebt die rechte Hand mit dem Trinkhorn und faßt mit der Linken nach dem Schwanz des Stieres, der zu Ähren wird. Mithras mit persischer Mütze faßt mit der linken Hand nach der Stierhaut und mit der Rechten nach einem Trinkhorn, welches ihm sein Diener reicht. In der rechten Ecke der Strahlenkranz des Heliodromus über dem Schwert. Rechts und links zwei persische Diener. Der Tisch ist mit der Haut des Stieres bedeckt; darüber hängen noch die Bänder, mit denen der Stier umgürtet gewesen war. Er war also schon gezähmt gewesen und ist dem Gott wieder entlaufen. Vor dem großen, mit der Stierhaut bedeckten Tisch schwache Reste eines kleinen Beisetztisches. – Auch hier sind die Köpfe aller Personen absichtlich zerstört.

Oberes Bild: Mithras als Reiter auf der Jagd, ein Lasso schwingend, von Tieren umgeben. Links oben ein Jagdhund, darunter ein aufspringender Eber *(sus),* darunter ein liegendes Pferd. Unter Mithras ein Füllen, rechts davon wieder ein aufspringender Eber *(sus),* rechts davon ein Hirsch; in der rechten oberen Ecke wohl ein Widder *(ovis).* Vielleicht also eine Anspielung auf die *Suovetaurilia.* – Wenn Germanen dieses Bild betrachteten, müssen sie verstanden haben, daß Mithras ein wilder Jäger ist, ganz wie ihr Wotan.

Schwertheim S. 101–4, nr. 85 a.
Schloß Philippsruh bei Hanau.

Abb. 130: V 1128 Heddernheim, Kleines Kultrelief

Hauptbild: Stieropfer in einem Kranz von Ähren; der Stier ist umgürtet. Der Kopf des Raben ist oben links im Kranz zu sehen; auch von Schlange und Hund sind Reste erhalten. Der Skorpion ist verloren. – Man sieht einen Stern über dem Kopf des Cautes-Lucifer; über dem verlorenen Kopf des Cautopates-Hesperus muß auch ein Stern gestanden haben. Neben dem Kopf des Mithras vier kleine Kreise, welche vielleicht die Sterne der vier ersten Grade bezeichnen (zugehörig zu Rabe, Schlange, Skorpion und Hund). Ferner je ein Stern neben dem ausgestreckten Fuß des Mithras und neben dem Knie des Gottes, welches auf dem Stier ruht. Fast sicher gehören diese beiden Sterne zur Configuration des *Orion;* die übrigen zugehörigen Sterne sind verloren. Orion, der große Jäger in der griechischen Mythologie, ist dem Mithras gleichgesetzt worden (Speidel).

Über dem Kranz: In der linken Ecke sind der Sonnengott und vermutlich Venus verloren. Erhalten ist dann eine Reihe von erst vier Altären (links von Mithras) und dann wieder fünf Altären (rechts von Mithras); dann Luna und der liegende Saturn. Es soll wohl an Saturns Traum gedacht werden, denn rechts unter Saturn ist die Geburt des Mithras aus dem Felsen zu sehen (s. unten).

Oberer Streifen: (1) Links das Wasserwunder: Reste des pfeilschießenden Mithras (des „Persers") und der aus der vorgehaltenen Hand trinkende Hirt. – (2) Drei Planetengötter: Mercur mit Geldbeutel und Heroldstab, Mars mit Helm, Lanze und Schild, Jupiter. – (3) Hirtenleben: Ein Hirt errichtet eine Hürde; der Stier im Stall. – (4) Die Seele des Stiers im Mondboot.

Links vom Kranz, von oben: (1) Ein persischer Hirt (der *Nymphus*) trägt den toten Stier weg (*Transitus;* fragmentiert). – (2) Ein persischer Hirt (der *Heliodromus*) reitet auf dem Stier; daneben ein Stern (Zodiacalzeichen des Stiers). – (3) Ein Löwe, mit Stern (Zodiacalzeichen des Löwen).

Rechts vom Kranz, von oben: (1) Geburt des Mithras aus dem Felsen. – (2) Ein Widder mit Stern (Zodiacalzeichen). – (3) Der Capricornus mit Stern.

Unterer Streifen, von links: (1) Ein persischer Hirt (der Heliodromus, Vertreter des Sonnengottes) stemmt Himmel und Erde auseinander (Sonnenaufgang). – (2) Weihe des Heliodromus: Der Pater hat dem knienden Mysten die persische Mütze abgenommen und hält sie hoch; gleichzeitig bekränzt er ihn mit einem Strahlendiadem. – (3) Kultmahl des Mithras und des Sonnengottes (= des Paters und des Heliodromus). Rechts davon ist fast sicher die Wagenfahrt des Persers und des Heliodromus verloren.

Die gesamte Szenerie ist durch die beigesetzten Sterne als astral gekennzeichnet. Vermutlich sind auch alle Zodiacalzeichen vorgekommen.

Schwertheim S. 84/6 nr. 61 (l).
Frankfurt, Museum für Vor- und Frühgeschichte.

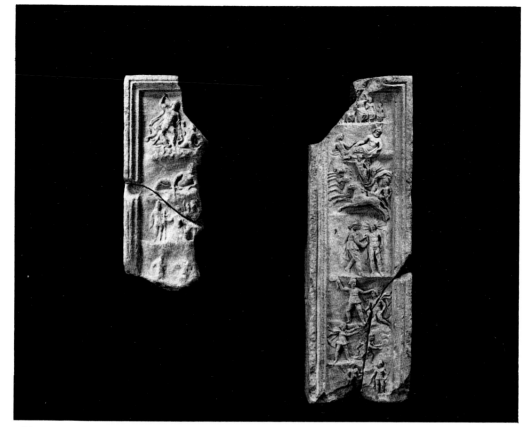

Abb. 131: V 1430 Virunum bei Klagenfurt (Noricum). Zwei Seitenstreifen von Mithrasreliefs (die beiden Streifen gehörten nicht zum selben Relief).

Linke Abbildung: (1) Oben erschlägt Jupiter mit dem Donnerkeil einen schlangenfüßigen Giganten, der rechts von ihm kniet. Links ein zweiter Gigant, der mit der rechten Hand einen Stein gegen Jupiter werfen will. – (2) Ruhender bärtiger Saturn, eine längliche Sichel in der Hand (Saturns Traum). – (3) Felsgeburt des Mithras; er hält den Dolch in der Rechten, die Fackel in der Linken; zu seinen beiden Seiten Cautopates und Cautes. – (4) Zwei stehende Personen; vermutlich befand sich zwischen ihnen ein brennender Altar. Wohl Mithras-Saturn und Jupiter im Handschlag.

Rechte Abbildung, von oben nach unten: (1) Fünf Planeten- und Wochentagsgötter sitzen auf Thronen, von links nach rechts: Der Sonnengott (fast ganz zerstört), Luna, Jupiter, Mars, Mercur. – (2) Saturn mit Sichel liegt mit nacktem Oberkörper, den Unterleib in einen Mantel gehüllt (Saturns Traum); neben ihm Venus. – (3) Ein Perser besteigt den Wagen des Sonnengottes. Mercur mit dem Heroldstab und Flügeln am Kopf weist ihnen den Weg. – (4) Der Pater (mit persischer Mütze) reicht dem Heliodromus die Hand; dieser hält eine Peitsche und trägt den Strahlenkranz. – (5) Der Heliodromus kniet vor dem Pater; dieser hat dem Heliodromus die persische Mütze abgenommen und schwingt sie hoch in der Luft; mit der anderen Hand hat der Pater dem Heliodromus den Strahlenkranz aufgesetzt. – (6) Mithras (der ‚Perser‘) schießt mit dem Pfeil gegen den Felsenhimmel; ein persischer Hirt schöpft mit vorgehaltener Hand das niederströmende Wasser. – (7) Die beiden Hirten: Links Cautes mit der erhobenen Fackel in der Linken, einen nicht mehr kenntlichen Gegenstand in der Rechten; rechts Cautopates mit dem Bogen und der gesenkten Fackel.

Klagenfurt, Landesmuseum.

368

Abb. 132: V 1400 Mauls im Eisacktal bei Innsbruck (Raetia)

Hauptbild: Stieropfer unter der Himmelsgrotte. Der Mantel des Mithras fliegt. Der Schwanz des Stieres wird zur Kornähre, sein Rücken ist mondsichelförmig gebogen. Cautopates, Skorpion, Schlange, Hund, Cautes.

Medaillon links oben: Der Sonnengott im Strahlenkranz; ein Strahl ist in Richtung auf Mithras verlängert, darüber der Rabe als Bote.

Medaillon rechts oben: Luna mit Mondsichel hinter der Schulter; links von ihr zwischen zwei Bäumen ein Eber *(sus).*

Obere Querleiste, von links nach rechts: Ein Widder *(ovis),* eine Tabula ansata ohne Inschrift, ein Stier *(taurus),* also ein Hinweis auf das Opfer der *Suovetaurilia.*

Linke Seitenleiste, von oben nach unten: (1) Jupiter packt einen schlangenfüßigen Giganten beim Haarschopf und erschlägt ihn mit dem Donnerkeil. – (2) Saturn ruht, die Sichel in der Rechten

(Saturns Traum). – (3) Geburt des Mithras aus dem Fels. – (4) Ein Perser schneidet mit der Sichel Getreide; vgl. Abb. 122 = V 1247, linke Seitenleiste. – (5) Ein persischer Hirt (der Heliodromus, der Grad des Sonnengottes) stemmt Himmel und Erde auseinander (Sonnenaufgang). – (6) Ein persischer Hirt führt den Stier. – (7) Zerstört.

Rechter Seitenstreifen, von oben nach unten: (1) Der Sonnengott und Mithras beim Mahl, auf dem Tisch das Stierfell. – (2) Der Sonnengott mit seinem Viergespann; ein Perser reicht ihm die Hand und besteigt den Wagen. – (3) Der Sonnengott und Mithras im Handschlag. – (4) Der Heliodromus kniet vor dem Pater (Mithras); dieser hat ihm die persische Mütze abgenommen und legt dem Knieenden die linke Hand auf die rechte Schulter. – (5) Mithras sitzt auf einem Felsen und gibt einem Hirten, der vor ihm kniet, seine rechte Hand; dahinter steht ein zweiter Hirt. Wohl eine Szene vor dem Wasserwunder (die Hirten bitten Mithras um Hilfe gegen die Trockenheit). – (6) Ein persischer Hirt (der Nymphus) trägt den geopferten Stier weg (*Transitus*).

Kunsthistorisches Museum Wien.

Abb. 133: V 1494/5 Poetovio (Pannonien), heute Ptuj, früher Pettau.

Statue: Ein persisch gekleideter Hirt trägt den geopferten Stier weg. Darunter die Inschrift (V 1495 = C. I. L. III 14 354[28] = Dessau 4246): *Transitu/C. Caecina/ Calpurnius/temp(lum) redemit/et ressti- tuit* (sic).

In den Wörtern *redemit* und *resstituit* ist das -*it* in Ligatur geschrieben.

Mit *transitus* wird der Übergang von einem Weihegrad zum anderen bezeichnet; gleichzeitig wird damit der Übergang von einer Planetensphäre in die andere angedeutet (vgl. Augustin, Confess. X 56). Da auf dem großen Relief von Heddernheim (Abb. 101 = V 1083, Streifen über dem Hauptbild) diese Szene unten eine kleine Schlange zeigt, handelte es sich um eine Einweihungszeremonie des Nymphus (zweiter Grad).

Selem, Les religions orientales dans la Pannonie romaine S. 104 nr. 40.

Heute in einem kleinen Haus neben dem Fundort, das als Museum dient.

Abb. 134: V 1475 Siscia (Pannonien)

Mittelfeld: Stieropfer in einem Kreis = Kranz, der aus Kornähren geflochten ist. Der Skorpion und Windungen der großen Schlange sowie die Vorderfüße des Hundes sind erhalten.

Oberer Streifen, von links: [Sol verloren] – (1) Rest des Wasserwunders: Der kniende Hirt trinkt aus den Händen das Wasser, welches aus dem Mondboot herabströmt. Rechts von ihm eine Felswand. – (2) Darüber die Seele des Stiers im Mondboot. – (3) Rechts davon der Stier im Stall, ganz klein, zwischen Mondboot und Mercur. – (4) Über dem Ährenkranz sieben Altäre für die Planetengötter; darüber drei dieser Götter: Mercur (mit Heroldstab in der Linken und Geldbeutel in der Rechten) – Jupiter (mit Szepter) – Mars (mit Lanze und Schild). – (5) Felsgeburt des Mithras. – (6) Bärtiger Kopf, wohl Saturn; vermutlich lag Venus rechts unter ihm. [Luna verloren].

Unterer Streifen, von links: (1) Weihe des Heliodromus. Der Pater hat dem vor ihm knieenden nackten Mysten die persische Mütze abgenommen. – Darüber kauert ein Löwe. – (2) Ein persisch gekleideter Hirt (der *Nymphus*) trägt den toten Stier weg *(Transitus).* – (3) Ein persischer Hirt (der Heliodromus) reitet auf dem Stier. – (4) Kultmahl des Sol (mit einem Brot) und des Mithras (mit einem Horn in der Hand). – (5) Ein Perser steigt zum Sonnengott in dessen Wagen; rechts begrüßt Saturn die beiden mit ausgestreckter rechter Hand. – (6) Darüber ruht Tellus.

Das Relief konnte von hinten erleuchtet werden. Ähnliche Reliefs V 2202 (Biljanovac); Abb. 164

= V 2338 (Kurtowo); für Altäre, in welche solche Reliefs eingesetzt werden konnten, s. Abb. 86 b
= V 839 (Vindovala) und Abb. 145 = V 1765 (Aquincum).

Selem, Les religions orientales dans la Pannonie romaine, Partie en Yougoslavie (Etudes préliminaires 85)
S. 84–88 nr. 15 mit Tafel XVII Abb. II 15.
Befand sich im archäologischen Museum von Zagreb; zuletzt verschwunden.

Abb. 135: V 1508 Poetovio (Pannonien)

Bronzene Nachtigall auf einem Dolch; Symbol des fünften Grades. Vgl. die Nachtigall in Abb. 39 = V 318. Auch hier verdanke ich die Deutung des Vogels Herrn Markus Kassel.

Selem, Les religions orientales ... S. 106 nr. 42 b.
Heute in einem kleinen Haus neben dem Fundplatz, das als Museum dient.

Abb. 136: V 1510 Poetovio (Pannonien), Fragmente eines großen Kultreliefs.

Großes Fragment des rechten Seitenstreifens, von oben: (1) Ein persischer Hirt (der Heliodromus, bzw. der Sonnengott) stemmt Himmel und Erde auseinander (Sonnenaufgang). – (2) Drei Zypressen, aus deren Spitzen drei Köpfe mit persischen Mützen hervorkommen; Baumgeburt des Cautopates, Cautes und Mithras. – (3) Mithras und Sol, zwischen ihnen ein Altar. Sie halten anscheinend in der Hand Dolche. Weihe des Heliodromus.

Kleinere Fragmente, mir nur bekannt aus der Zeichnung, welche H. v. Gall in den „Etudes mithriaques" als Tafel XXXI fig. 9 abgebildet hat (nach B. Saria, Zbornik za Umetnostno Zgogovino 12, 1933, 71 fig. 4 und 75 fig. 9). Dort sieht man: (1) Ein rechts oben an das größere Fragment anschließendes Stück des rechten Seitenstreifens; anscheinend ein knieender Hirt (Wasserwunder). – (2) Fragmente vom Fuß des Mithras mit der Schlange sowie vom Oberschenkel und Mantel des Gottes. – (3) Einen von einer Schlange umwundenen, löwenköpfigen Chronos-Saturn, der genau über der Spitze der persischen Mütze des Mithras gestanden haben muß. – (4) Fragment des Jupiter, der die rechte Hand im Kampf gegen die Giganten erhebt. Dieses Fragment ist wahrscheinlich in der Mitte des linken Seitenstreifens anzuordnen (nicht ganz oben links).

Selem, Les religions orientales ... S. 118–121 nr. 70.
Heute in der Krypta der Kirche des alten Dominikanerklosters, im „Lapidarium" des Regionalmuseums von Ptuj.

Abb. 137: V 1579 Poetovio (Pannonien)

Rechte obere Ecke eines großen Mithrasreliefs. Von dem Hauptbild sind auf diesem Fragment nur zu sehen die persische Mütze und der Hirtenstab des rechten Fackelträgers.
Nebenszenen: (1) Ganz oben rechts ein Wagenrad und Pferdefüße, also ein von rechts nach
links fahrendes Pferdegespann. Für Luna mit Pferdegespann vgl. V 184 (Fresco aus Capua). –
(2) Darunter sitzt Saturn ausruhend auf dem Globus, sich auf ein Szepter stützend. Links
neben ihm legt ein Hirt die Hand in anbetendem Gestus an den Mund. – (3) Links davon
besteigt ein persischer Hirt den Wagen des Sonnengottes (mit Peitsche). Der Hirt trägt eine
persische Mütze und hält in der Linken einen Dolch. – (4) Darunter rechts die Weihe des
Heliodromus: Der Initiand kniet nackt vor dem Pater, der ihm die persische Mütze abgenommen hat und sie hoch in die Luft schwingt. Davor reichen sich Mithras (= der Pater mit
der persischen Mütze) und der Heliodromus (mit Strahlenkranz) die Hand.

Selem, Les religions orientales . . . S. 133–6 nr. 97.
Heute noch am Fundort.

Abb. 138: V 1584/5 Poetovio, Altar

Vorderseite: Der Pater mit persischer Mütze und der Heliodromus im Strahlenkranz reichen sich die Hand über dem brennenden Altar. Dabei hält der Pater einen offenen Dolch nach oben; ein Rabe kommt geflogen und steckt darauf Fleischstücke, die sicherlich anschließend im Feuer gebraten und verzehrt werden sollen. Der Heliodromus hält in der linken Hand einen offenen Dolch nach unten. Neben dem Altar ein Delphin, Tier des Wassers und Symbol des fünften Grades.

Darüber Inschrift: *D(eo) S(oli) i(nvicto) M(ithrae) pro sal(ute) d(omini) n(ostri) Gallieni p(ii) f(elicis) invicti Aug(usti) Fl(avius) Aper v(ir) e(gregius) l(ibens) m(erito).* – Für Flavius Aper vgl. auch Abb. 140 = V 1593/4 und V 1596, sowie R. E. VI 2531 nr. 34 und die Prosopographia Imperii Romani[2], F 207.

Linke Seite: Bogen, Köcher, Dolch, Symbole des 5. Grades.

Rechte Seite: Regenwunder. In der Mitte kniet ein Hirt vor Mithras und bittet um Hilfe. Mithras (der ‚Perser‘) schießt den Pfeil gegen den Felsenhimmel. Links schöpft ein Hirt das herniederströmende Wasser mit den Händen.

Selem, Les religions orientales . . . S. 130/1 nr. 91.
Heute noch am Fundort.

Abb. 139: V 1591/2 Poetovio (Pannonien)

Altar, mit Inschrift auf der *Vorderseite: D(eo) S(oli) i(nvicto) M(ithrae)/pro salute/tesserarior(um)/et custod(um) ar/mor(um) leg(ionum) V M(acedonicae)/et XIII Gemin(ae) Gallienarum.*

Rechte Seite: Der Sonnengott (bzw. der Heliodromus) auf einer Basis mit einer Zwölf-Strahlen-Krone, eine Peitsche in der Rechten und den Erdglobus in der Linken. Hinter seinen Beinen vier Pferdeköpfe, d. h. seine Quadriga. Oben ein kauernder Löwe, hier nicht abgebildet.

Linke Seite: Saturn-Sarapis mit Modius auf dem Kopf und ziemlich jugendlichem Gesicht, in der Linken ein Füllhorn, gießt mit der Rechten aus einer Schale eine Spende in das Feuer, welches auf dem neben ihm stehenden Altar brennt. Oben wieder ein liegender Löwe.

Selem, Les religions orientales S. 128/9 nr. 89.
Am Fundort aufbewahrt („Mithraeum III").

Abb. 140: V 1593/4 Poetovio (Pannonien)

Oberes Bild: Saturn liegt ausgestreckt und schläft. Im Traum erscheint ihm ein weiblicher Genius, der seine Hand über dem Schlafenden erhebt. Man deutet die Figur als Victoria, was möglich, aber nicht ganz sicher ist. Zwischen Saturn und dem Kopf des Mithras (im unteren Streifen) ein Kurz-schwert. Vgl. oben Abb. 41 (= V 321, Ostia), Feld (2) links.

Unteres Bild: Felsgeburt des Mithras. Die zwei Hirten ziehen ihn aus dem Fels; er hält in der rechten Hand das Messer und in der Linken die Fackel.

Darunter die Inschrift: *D(eo) S(oli) i(nvicto) M(ithrae)/pro sal(ute) officialium Apri prae/positi leg(ionum) V M(acedonicae) et XIII Gem(inae)/Gallienarum.*

Für Flavius Aper vgl. oben zu Abb. 138 = V 1584/5.

P. Selem, Les religions orientales dans la Pannonie romaine, Partie en Yougoslavie (Etudes préliminaires 85) S. 131/2, nr. 92.

Am Fundort aufbewahrt („Mithraeum III").

Abb. 141: V 1690 Carnuntum (Pannonien)

Ein Löwe mit einem Stierkopf zwischen den Vordertatzen. Reste gelber und roter Farbe im Haar und auf dem Maul.

Deutsch-Altenburg, Museum Carnuntinum.

Abb. 142: V 1697/8 Carnuntum (Pannonien)

Altar mit der Weihinschrift des Diocletian und seiner Kollegen aus dem Jahr 307 (C. I. G. III 4413 = Dessau 659).
    Linke Seite: Cautes mit erhobener Fackel, in der linken Hand die Kornähren vom Schwanz des Stieres.
    Rechte Seite: Cautopates mit gesenkter Fackel.

    Inschrift: *D(eo) S(oli) i(nvicto) M(ithrae)*
                          fautori imperii sui
                          Iovii et Herculii
                          religiosissimi
                          Augusti et Caesares
                          sacrarium
                          restituerunt.

Corpus signorum Imperii Romani, Österreich I 3 (1970) nr. 176 (M.-L. Krüger).
Deutsch-Altenburg, Museum Carnuntinum.

Abb. 143: V 1727 Brigetio (Pannonien), Bronzeplatte

Hauptbild: Mithras opfert den Stier durch Stich in die Halschlagader. Der Stier ist umgürtet; sein Schwanz endet in Ähren. Der Mantel des Mithras fliegt und wird sich dem Himmelsrund anpassen, welches durch einen Kranz aus Lorbeerblättern dargestellt wird. Der Rabe fliegt auf einem Sonnenstrahl von Sol zu Mithras und durchbricht dabei das Rund der Grotte. Um den Kopf des Mithras sieben Sterne, die Zeichen der sieben Planetengötter und Mystengrade. Über dem Lorbeerkranz links der Sonnengott mit Strahlenkranz und Geißel und rechts Luna mit erhobener Fackel.

Links und rechts vom Stier Cautopates und Cautes mit Fackel und Hirtenstab; unter dem Stier Skorpion, Schlange, Mischkrug (Kratér), Löwe und Hund; der Kratér soll den Samen des Stieres auffangen, vgl. Abb. 66 = V 548 (Rom), Abb. 69 = V 598 (Rom) und Abb. 127 = V 1149 (Rückingen). Unter der gesenkten Fackel des Cautopates die Felsgeburt.

Eckmedaillons: Die vier Jahreszeiten. Rechts oben Frühling, rechts unten Sommer, links unten Herbst, links oben Winter.

Unterer Streifen: Die Planeten- und Wochentagsgötter, von links: Saturn mit Sichel – Sol mit Peitsche – Luna mit Fackel – Mars mit Helm, Speer und Panzer – Mercur mit Heroldstab – Jupiter mit Donnerkeil – Venus mit Spiegel.

Budapest, Nationalmuseum.

Abb. 144: V 1740 Alcšut (Pannonien), Relief

Mittelfeld: Stieropfer; auf dem fliegenden Mantel des Gottes der Rabe. Direkt über dem Stierkopf Luna (der Stier wird zur Mondsichel); in der linken oberen Ecke der Sonnengott. Links Cautopates, dann Schlange – Skorpion – Hund – Cautes; über diesem die Felsgeburt. Die Spitze der persischen Mütze des Gottes durchbricht das Himmelsrund (= Sonnenaufgang = Felsgeburt).

Oberer Streifen, von links: (1) Stier im Stall. – (2) Regenwunder: Mithras (der ‚Perser‘) schießt mit Pfeil und Bogen, ein Hirt schöpft das niederströmende Wasser mit der hohlen Hand aus der Felsenquelle. – (3) Darüber die Seele des Stiers im Mondboot, aus dem der Regen herniederrinnt. – (4) Ein Hirt errichtet eine Hürde; neben ihm ein Widder (Hirtenleben).

Unterer Streifen, von links: – (1) Sol kniet vor Mithras (Weihe des Heliodromus durch den Pater). – (2) Sacrales Mahl. – (3) Ein Perser steigt zum Sonnengott in den Wagen. Zyklus des Heliodromus.

Budapest, Nationalmuseum.

Abb. 145: V 1765/6 Aquincum (Pannonien)

Altar, Vorderseite. Oben ein Kratér zwischen Cautes und Cautopates. Vorn eine Inschrift: *D(eo) i(nvicto) M(ithrae)/Cael(ius) Anicetus/cum filio/suo v(otum) s(olvit) l(ibens)/m(erito).*

Darunter eine viereckige Nische, in welche eine Abdeckplatte eingesetzt werden konnte; dies ist deshalb sicher, weil dahinter ein Falz kenntlich ist, wie D. Wortmann beobachtet hat (Bonner Jahrbücher 169, 1969, 420). Die Abdeckplatte dürfte Durchbrechungen gehabt haben, die von hinten beleuchtet wurden, wie die Darstellungen des Sonnengottes Abb. 62 = V 494 (S. Prisca) und Abb. 55 = V 458 (Rom). Vgl. die ähnlichen Vorrichtungen in dem Altar von Vindovala Abb. 86 b = V 839.

Rechte Seite (hier nicht abgebildet): Oben ein Akanthos-Ornament, darunter ein Löwe, der einen Stier zwischen seinen Pranken hält. Von dieser Seite aus ist ein kleines Loch in den Stein gebohrt, welches in die Nische einmündet, die von der Vorderseite aus in den Stein gearbeitet ist; vielleicht für die Zirkulation der Luft für die Lampe, welche in der großen Nische gestanden hat.

Linke Seite (hier nicht abgebildet): Oben ein Akanthus-Ornament, unten ein Rabe mit einem Pfeil im Schnabel.

Budapest, Nationalmuseum.

380

Abb. 146: V 1861 Salona (Dalmatien)

Runde Platte, in der Mitte Stieropfer im Himmelsrund. Auf dem Mantel des Mithras der Rabe – Cautopates – Skorpion – Schlange – Hund – Cautes.

Auf dem Rand: Über dem Kopf des Mithras ruht Saturn (Saturns Traum); neben ihm der Sonnengott und Luna. Rechts von Luna: Krokodil – Delphin – Wasserschlange – Mischkrug (Kratér, unter dem Stier) – Wasserschlange – Hummer – Krabbe.

Man kann folgende Zuordnung zu den mithrischen Graden erwägen: 1 Krabbe (als kleinstes der Wassertiere) – 2 Wasserschlange (Hydra) – 3 Krebs (oder Hummer), denn seine Scheren sind denen des Skorpions ähnlich –5 Delphin (vgl. Abb. 75 = V 773 und Abb. 151 = V 1942/3) – 6 Krokodil (Sonnentier; denn der Sonnengott fährt auf dem Krokodil; Clemens, Strom. V 7, 41, 3).

Für den 4. Grad kann es kein Wassertier geben, denn zu diesem Grad gehört das Feuer, und dieses ist dem Wasser feindlich. Für den 7. Grad gibt es keine Tiergestalt.

Split, Archäologisches Museum.

Abb. 147:
V 1902 Jajce (Dalmatien)

Relief mit dem Stieropfer. Das Relief ist durch einen Tempel mit Giebel eingefaßt. Die sieben üblichen Figuren, Rabe (über dem Mantel des Gottes) – Sol – Cautopates – Skorpion – Schlange – Hund – Cautes. Über den Köpfen der beiden Fackelträger Nischen für Lampen.

E. Imamović, Antički Kultni i Votivni Spomenici na Području Bosne i Hercegovine (Sarajevo 1977) S. 450/1 nr. 233.

Jajce in Zentral-Bosnien, am Fundort.

Abb. 148: V 1896 Konjic in Dalmatien

Drehbares Relief, Rückseite: Die Mithrasmysten beim Festmahl. Auf dem Tisch ist die Stierhaut ausgebreitet. Hinter dem Tisch sitzt (rechts) der Pater mit erhobener rechter Hand, links der Heliodromus, das Trinkhorn in der Linken. Links der *Corax* mit Rabenmaske, eine Schale in der Hand, und der *Perses* mit erhobenem Trinkhorn. Unterhalb des Tisches kauert ein *Leo*, daneben ein dreibeiniger Beisetztisch mit vier eingekerbten Broten. Rechts zunächst eine Figur mit zerstörtem Kopf, wohl der *Miles,* und dann ein *Leo* mit großer Löwenmaske, aber menschlichen Beinen. Ein Symbol des *Nymphus* ist nicht zu sehen.

Die hier nicht abgebildete Vorderseite stellt das Stieropfer dar *(taurus);* rechts trägt ein Perser einen Widder weg *(ovis),* links ein zweiter Perser einen Eber *(sus),* also Anspielung auf die *Suovetauri-lia.*

Dazu die Inschrift (C. I. L. III 14617): *Deo Soli inv[ict]o Meith[rae],* mit -ei- in Ligatur.

Sarajevo, Archäologisches Museum.

Abb. 149:
V 1920/1 Potaissa (Dacia)

Hauptbild: Stieropfer. Über dem fliegenden Mantel des Gottes der Rabe, über dem Kopf des Stieres Luna (der Stier wird zum Mond). Der Kopf des Sonnengottes befindet sich am linken oberen Eck des Reliefs. Links vom Stier Cautopates, unter ihm Schlange und Skorpion, rechts Hund und Cautes. Über Cautes die Felsgeburt des Mithras.

Linker Streifen, von oben: (1) Unter dem Kopf des Sonnengottes trägt ein persisch gekleideter Hirt (der *Nymphus*) den toten Stier weg *(Transitus).* – (2) Ein persischer Hirt (der *Heliodromus*) reitet auf dem Stier, ihn an den Hörnern packend. – (3) Der nackte Initiand kniet vor dem Pater, der ihm die persische Mütze abnimmt; Einweihung des Heliodromus.

Oberer Streifen, von links: (1) Wasserwunder: Ein Hirt streckt seine Hände bittend zu Mithras aus; Mithras (der ‚Perser‘) mit Pfeil und Bogen schießt gegen den Felsenhimmel; ein knieender Hirt schöpft Wasser, welches aus dem Felsen strömt. – (2) Darüber die Seele des Stiers im Mondboot; das Wasser, welches der rechte Hirt schöpft, strömt aus dem Mondboot hernieder. – (3) Der Stier im Stall. – (4) Hirtenleben: Rechts vom Stall ein Ziegenbock, unter ihm (auf der Himmelswölbung) ein Widder. Rechts davon liegt Saturn (vgl. Vergil, eclog. 4,6 *redeunt Saturnia regna;* gleichzeitig Anspielung auf Saturns Traum). Dann ein Hirt, der eine Hürde errichtet. Schräg rechts darunter die Felsgeburt des Mithras (oben erwähnt); sie ist mit Absicht in der Nähe des träumenden Saturn angeordnet.

Auf der unteren Leiste die Inschrift (C. I. L. III 899): *Ael(ius) Maximus miles/leg(ionis) V Mac(edonicae) v(otum) s(olvit) l(ibens) p(osuit).*

Museum Cluj (Klausenburg)

Abb. 150:
V 1935/6 Apulum (Dacia)

Mittelfeld: Stieropfer; das Gesicht des Mithras ist zerschlagen. Der Stier ist umgürtet. Auf dem Mantel des Mithras der Rabe. Links faßt Cautopates an den Schwanz des Stiers, der sich in Ähren verwandelt. Skorpion, Schlange, Hund, Cautes. Hinter diesem trinkt ein Löwe aus dem Mischkrug (Kratér). Darüber die Felsgeburt des Gottes. In der linken oberen Ecke des Mittelfeldes trägt ein persisch gekleideter Hirt (der *Nymphus*) den toten Stier weg. Darunter reitet ein anderer persischer Hirt (der *Heliodromus*) auf dem Stier, ihn an den Hörnern packend.

Oberer Streifen, von links: (1) Der Sonnengott. – (2) Wasserwunder: Mithras (der ,Perser') schießt den Pfeil gegen den Felsenhimmel; rechts von ihm schöpft ein Hirt aus vorgehaltener Hand das Wasser aus der Felswand. – (3) Die Seele des Stiers im Mondboot, von dem das Wasser zum Hirten herabregnet. – (4) Der Stier im Stall. Darunter die sieben Altäre der Planetengötter. – (5) Hirtenleben: Ein Ziegenbock (oben) und ein Widder (unten); ein Hirt neben der Einfriedigung. Rechts unter dem Hirten und Luna ruht Saturn (*Saturnia regna* und Anspielung auf Saturns Traum; die Felsgeburt des Mithras [s. oben] darunter). – (6) Luna mit Halbmond hinter der Schulter.

Unterer Streifen, von links: (1) In diesem verlorenen Feld kniete zweifellos der nackte Myste vor dem Pater (Weihe des Heliodromus). – (2) Das sacrale Mahl des Mithras und des Sonnengottes (des Paters und des Heliodromus). – (3) Ein Perser steigt zum Sonnengott auf dessen Wagen; rechts bewillkommnet Saturn-Kronos-Chronos die beiden; sein Leib ist von einer Schlange umwunden. Vgl. Abb. 152 = V 1958, Abb. 153 = V 1972, V 2036, 2038, 2048, 2166, 2291.

Dazu Inschrift (C. I. L. III 1109 = Dessau 4220): (Auf dem Leib des Stiers) *D(eo S(oli) i(nvicto) M(ithrae)* (am unteren Rand) *[pro salute et incolumit]at(e) M.Aur. Thimothei et Aur. Maximi/ [votum nuncupavit so]lvitq(ue) Euthices (= Eutyches) eorum lib(ertus).*

Sibiu (Hermannstadt), Museul Regional.

Abb. 151: V 1942/3 Apulum (Dacia)

Altar; auf beiden Seiten ein Delphin und ein Dreizack, Symbole des fünften Grades. Auf der Vorderseite die Inschrift (C. I. L. III 1113):

Invicto
Mythrae
Diosco-
rus
Marci (servus oder *libertus)*
v(otum) s(olvit) l(ibens) m(erito)

Museum Cluj (Klausenburg)

Abb. 152: V 1958 Apulum in Dacien, Relief

Mittelfeld: In der Mitte: Stieropfer, von einem Laubkranz eingerahmt; über dem Rand Büsten des Sonnengottes und der Luna. Etwas links unter dem Sonnengott durchbricht der Rabe den Kranz. Die beiden Fackelträger, Skorpion, Schlange und Hund.

Linkes Feld, oben: Ein persischer Hirt (der *Nymphus*) trägt den toten Stier *(Transitus).* In dem darunter verlorenen Feld war vermutlich dargestellt, wie ein anderer persischer Hirt (der Heliodromus) auf dem Stier reitet.

Rechtes Feld: Ein Mischkrug (Kratér), darüber ein Löwe, der aus ihm trinken will; darüber die Felsgeburt. Der Gott hält Fackel und Dolch in den erhobenen Händen.

Oberer Streifen: (1) Wasserwunder. Ein Hirt fleht Mithras um Hilfe an, die Hand erhoben; Mithras (der ,Perser') mit Pfeil und Bogen; ein zweiter Hirt trinkt aus erhobener Hand das Wasser. – (2) Daneben die Seele des Stiers im Mondboot. – (3) Hirtenleben: Unter dem Mondboot ein Schaf und ein Widder, darüber klein der Stier im Stall; dann ein Ziegenbock, der einem Hirten auf die Schulter springt. Daneben ein stehender Hirt und Saturn, auf einem Ruhebett gelagert (*Saturnia regna;* gleichzeitig Anspielung auf Saturns Traum; darunter (im rechten Feld, s. oben) die Felsgeburt.

Inschrift auf der Leiste zwischen dem oberen und mittleren Streifen: *D(eo) i(nvicto) M(ithrae) T.Aur(elius), F(abia tribu), Marcus, vet(eranus) leg(ionis) XIII G(eminae).*

Unterer Streifen: (1) [Links ist die Szene mit der Weihe des Heliodromus verloren.] – (2) Das gemeinsame Mahl des Sol und Mithras. Sie ruhen auf einer Bank, vor der ein dreifüßiger kleiner Beisetztisch steht. – (3) Ein Perser steigt auf den Wagen des Sonnengottes (des Heliodromus); sie werden von Saturn-Chronos begrüßt, um dessen Leib sich eine Schlange windet.

Alba Iulia, Museul Regional.

Abb. 153: V 1972 Apulum (Dacia)

Mittelfeld: Stieropfer. Der Stier ist um-gürtet. Der Rabe über dem fliegenden Mantel des Gottes. Links Cautopates mit gesenkter Fackel; mit der Rechten faßt er nach dem Schwanz des Stiers, der sich in Ähren verwandelt. Skorpion, Schlange, Hund, Cautes. Hinter diesem ein Löwe über einem Mischkrug (Kratér); über Cautes ruht Saturn, mit der Sichel in der Hand. Rechts darunter die Felsgeburt.

Linker Seitenstreifen: Ein Hirt trägt den Stier; darunter reitet ein Hirt auf dem Stier.

Oberer Streifen: (1) Links der Sonnen-gott mit seinem Gespann. – (2) Dann das Regenwunder: Ein Hirt geht bittend auf Mithras zu; Mithras (der ‚Perser‘) mit Pfeil und Bogen; ein weiterer Hirt trinkt Wasser aus vorgehaltener Hand. – (3) Es folgt unterhalb des oberen Randes der Stier im Mondboot und über der Leiste zwischen dem oberen und mittleren Streifen sieben Altäre für die Planetengötter. – (4) Hirtenleben: Zwischen dem Stier im Mondboot und den 7 Altären ein Zelt, in welchem der Stier ruht; daneben steht ein Hirt, der das Zelt gerade öffnet. Rechts davon ein zweiter Hirt in ruhender Stellung; er hat eine Hürde errichtet, die rechts von ihm dargestellt ist. Weiter rechts liegen eine Ziege und ein Schafbock. – (5) Luna mit Peitsche und einem Rinder-Zweigespann.

Unterer Streifen: [1 und 2: Die Szenen mit der Weihe des Heliodromus und dem gemeinsamen Mahl sind verloren.] – (3) Ein Perser steigt zum Sonnengott in das Viergespann; rechts bewill-kommnet Saturn die beiden mit erhobenen Händen. Sein Leib ist von einer Schlange umwunden.

Alba Iulia, Museul Regional.

Abb. 154: V 2000 Apulum (Dacia), Relief

Hauptfeld: Stieropfer. Der Leib des Tieres ist stark verformt, der Hals nach oben zu verlängert, damit der Eindruck einer Mondsichel entstehe. Links Cautes mit Hirtenstab und erhobener Fackel (Lucifer), über ihm die Büste des Sonnengottes. Rechts Cautopates mit Hirtenstab; die gesenkte Fackel ist abgebrochen. Neben ihm der Hund, über ihm (direkt über dem Kopf des Stiers) die Büste der Luna. Der Skorpion unter den Hoden des Stiers. Die Schlange fehlt. Zwischen der Büste des Sonnengottes und dem Kopf des Mithras der Rabe, über ihm fünf Altäre; vier weitere Altäre zwischen dem Kopf des Mithras und der Büste der Luna.

Oberer Streifen, von links nach rechts: (1) Ein persischer Hirt (der *Nymphus*) trägt den geopferten Stier weg *(Transitus).* – (2) Die Seele des Stiers im Mondboot. – (3) Mithras (der ‚Perser‘) schießt den Pfeil (Regenwunder). – (4) Der Stier im Stall. – (5) Felsgeburt und Anbetung der Hirten: Zunächst ein Hirt, der die Hand in der Geste des anbetenden Grußes *(nama)* zum Mund hebt; vgl. zu Abb. 52 = V 390 (Rom); dann zwei weitere Hirten; schließlich der aus dem Felsen auftauchende junge Gott, mit Schwert und Fackel in den Händen.

Unterer Streifen, von links nach rechts: (1) Der nackte Heliodromus kniet vor dem Pater (Einweihungszeremonie). – (2) Der Sonnengott (Heliodromus) und Mithras (Pater) beim Festmahl; Mithras hält das Trinkhorn hoch. – (3) Ein Perser steigt zum Sonnengott in dessen Wagen. – (4) Rechts Saturn, das Haupt verhüllt und die Hand in der Weise des Schlafenden erhoben (Saturns Traum vor der Weihe des Heliodromus).

Şibiu (Hermannstadt), Museul Regional.

Abb. 155: V 2025 Micia in Dacia

Stieropfer in sehr primitiver Darstellung. Sonnengott und Luna, Cautes und Cautopates; keine Helfertiere. Der Stier wird zur Mondsichel.

Cluj (Klausenburg), Museum.

Abb. 156: V 1985 Apulum (Dacia), Altar des Heliodromus

Auf dem Stier reitet Cautes-Lucifer mit erhobener Fackel. Rechts unter dem Stier eine Palme, Symbol der Sonne.

Alba Iulia, Muzeul Regional.

Abb. 157: V 2186 Dacia; genauer Fundort unbekannt

Altar des Heliodromus: Cautes-Lucifer reitet mit erhobener Fackel auf dem Stier. Vgl. Abb. 156 = V 1985 aus Apulum.

Şibiu (Hermannstadt), Museul Regional, inv. no. 7274.

Abb. 158: V 2134 Sarmizegetusa (Dacia)

Geburt des Mithras aus dem Felsen. Die Arme des Gottes mit Fackel und Dolch sind abgebrochen. Der Fels ist von einer Schlange umwunden, wie in V 1687 (Carnuntum), 1949, 1991, 1994 (alle Apulum), 2151 (Sarmizegetusa).

Museum Deva.

Abb. 159: V 2190 Dacia, genauer Fundort unbekannt

Fragment mit der Weihe des Heliodromus. Der nackte Myste kniet vor dem Pater (= Mithras), der ihm die persische Mütze abnimmt. Vermutlich war in dem weggebrochen Teil rechts oben der Strahlenkranz des Heliodromus zu sehen.

Bukarest, Coll. Severeanu, nr. inv. 19085.

Abb. 160: V 2198/9
Vermutlich aus Apulum (Dacia)

Relief mit Stieropfer. Über dem Kopf des Mithras ein Löwenkopf, verkürztes Bild für die löwen-köpfige Figur des Chronos-Kronos-Saturn; denn zum siebten Grad (Pater = Mithras) gehört der Planetengott Saturn. In den oberen Ecken der Sonnengott und Luna, diese über dem Stierkopf. Unter dem Sonnengott der Rabe. Links Cautopates mit gesenkter Fackel, die linke Hand in vereh-rungsvollem Gruß *(nama)* an den Mund geführt (vgl. zu Abb. 52 = V 390). Skorpion, Schlange, Hund und Cautes wie üblich. Hinter bzw. über den beiden Fackelträgern zwei Zypressen. Die Anordnung von Sol – Luna – Cautes – Cautopates ist kreisförmig, Aufgang – Untergang – Aufgang – Untergang. – Darunter eine kaum noch kenntliche Inschrift: Pro [salute Imperatoris ... (?) / Att(ius) Val[erianus ...

Cluj (Klausenburg), Museum.

Abb. 161: V 2244 Tavalicavo (Moesia), Relief

Hauptbild: Das Opfer findet in einem kosmischen Tempel statt, der von zwei Pfeilern eingerahmt und einem Giebel überdacht ist. Stieropfer; der Stier wird zur Mondsichel. Links Cautopates mit einem Löwen, rechts Cautes, beide mit Hirtenstäben und ihren Fackeln. Skorpion, Schlange und Hund. Der Kopf des Mithras ist zerschlagen.

Im Hauptbild oben, von links nach rechts: (1) Ein persischer Hirt (der *Heliodromus*) reitet auf dem Stier. – (2) Ein persischer Hirt (der *Nymphus*) trägt den toten Stier weg *(Transitus).* – (3) Unmittelbar über dem Kopf des Stiers: Die Seele des Stiers im Mondboot; sie ist also nach dem Opfer in den Mond aufgestiegen. – (4) Die Felsgeburt des Gottes. – Im Hintergrund sieben Sterne.

Oberer Streifen: Links der Sonnengott, rechts Luna. Im Dreieck zwischen dem Sonnengott und dem Tempelgiebel der Rabe und sieben Altäre für die sieben Planetengötter.

Im Tempelgiebel (Mitte) das Wasserwunder: Ein Hirt kommt bittend zu Mithras; Mithras (der ,Perser') als Bogenschütze; ein zweiter Hirt trinkt aus vorgehaltener Hand das vom Himmel herabströmende Wasser. Im Tempelgiebel rechts der Stier im Stall und ein Ziegenbock. Im Dreieck zwischen dem Tempelgiebel und Luna: Ein Hund und zwei Hirten.

Unterer Streifen, von links: (1) Weihe des Heliodromus: Der nackte Myste kniet vor dem Pater, der ihm die persische Mütze abgenommen hat. – (2) Das sacrale Mahl des Sonnengottes und des Mithras. – (3) Ein Perser steigt in den Wagen des Sonnengottes. – (4) Saturn ruht mit verhülltem Haupt auf einem Wolkenberg, die rechte Hand in der Art der Schlafenden erhoben (Saturns Traum).

Küstendil, Museum.

Abb. 162: V 2237/8 Civitas Montanensium (Moesia)

Relief mit dem Stieropfer; der Stier wird zur Mondsichel. – Links oben der Sonnengott mit erhobener rechter Hand; rechts unter ihm der Rabe. Auf dem Rund über dem Stieropfer befand sich eine Reihe von sieben Zypressen und sieben Altären, meist weggebrochen. Rechts oben Luna, vom Opfer ihres Tieres wegblickend. – Im zentralen Rundbild links Cautopates, unten Skorpion, Schlange und Hund, rechts Cautes. – Im rechten Feld die Felsgeburt über einem brennenden Altar. – Im linken Feld ein großer Löwe. – Inschrift: *Deo san/cto in/victo Lucaius ex votu* (sic) *po(suit).*
Sofia, Nationalmuseum.

Abb. 163: V 2268/9 Novae an der Donau (Moesia)

Viereckiger Stein, oben und unten abgebrochen. Auf der Vorderseite die Inschrift: *[Invicto]/deo/ Melichrisus/P. Caragoni/Philopalaestri/ ---.*
Linke Seite: Cautopates mit gesenkter Fackel, in der Hand eine Eule (das Tier der Nacht).
Rechte Seite: Cautes mit erhobener Fackel, in der Hand einen Hahn (das Tier der Sonne).
Svichtov, Museum.

Abb. 164: V 2338 Kurtowo-Konare (Thracia)

Hauptbild: Stieropfer; das Tier wird zur Mondsichel. Der Rabe auf dem Mantel des Mithras; links Cautopates (Fackel abgebrochen); unter dem Stier Skorpion, Schlange und Hund; rechts Cautes mit erhobener Fackel und Hirtenstab. – Rechts (über Cautes) die Felsgeburt. – Links im oberen Feld der persische Hirt *(Nymphus),* der den toten Stier wegträgt; *Transitus.* – Darunter reitet ein persischer Hirt (der *Heliodromus)* auf dem Stier, ihn an den Hörnern lenkend.

Auf dem *Trennungsstreifen* zwischen Hauptbild und oberem Streifen 8 Altäre.

Oberer Streifen: (1) Links der Sonnengott über 3 Altären. – (2) Wasserwunder: Ein Hirt wendet sich bittend an Mithras; Mithras (der ‚Perser‘) als Bogenschütze; der zweite Hirt trinkt aus der vorgehaltenen Hand das Wasser. – (3) Drei stehende Planetengötter: Mercur, Mars mit Lanze und Schild, Jupiter mit dem Szepter. – (4) Die Seele des Stiers im Mondboot.– (5) Hirtenleben: Unter dem Mondboot ein liegender Widder; dann errichtet ein Hirt eine Hürde. – (6) Rechts davon ruht Saturn *(Saturnia regna;* gleichzeitig Anspielung auf Saturns Traum; direkt darunter die Felsgeburt, s. oben). Über Saturn: Luna. – Von den Planeten– und Wochentagsgöttern fehlt also Venus; sie ist vermutlich herausgebrochen.

Unterer Streifen: (1) Links ein Löwe. – (2) Ein persischer Hirt (der Heliodromus) stemmt zwei Wände (Osten und Westen) auseinander. Die Szene ist aequivalent jenen Darstellungen, auf denen der Heliodromus als Vertreter des Sonnengottes Himmel und Erde auseinanderstemmt. Mit dem Sonnenaufgang treten ja nicht nur „Oben und unten" auseinander, sondern auch „Rechts und links". – (3) Der Myste kniet vor dem Pater, der ihm die persische Mütze abnimmt; Weihe des Heliodromus. – (4) Das Kultmahl des Sol und des Mithras. – (5) Ein Perser steigt zum Heliodromus in den Sonnenwagen; rechts davon Saturn. Unter dem erhobenen Bein des Pferdes ein Horn, aus dem Wasser fließt, wohl Symbol des Oceanus, über den das Viergespann hinwegfliegt.

Dieses Relief konnte von hinten erleuchtet werden. Vgl. zu Abb. 86 b = V 839 (Vindovala) und zu Abb. 145 = V 1765 (Aquincum).

Plovdiv, Nationalmuseum.

Abb. 165 a/b: V 2354 Gemme

Abb. 165 a: Vorderseite:

Stieropfer. Links ein Palmbaum, Cautes-Lucifer und die Schildkröte, rechts Schlange, Hund und Cautopates-Hesperus. Über Cautes eine Büste des Sonnengottes mit Peitsche, über Cautopates der Luna. Am oberen Rand der Rabe. – Im Feld sieben Sterne, davon einer größer als die anderen (am rechten Rand, als Zeichen für die Sonne, oder auch für Saturn, den Stern des Mithras).

Ferner die Symbole der sieben Grade: (1) Der Heroldstab des Mercur, zwischen Luna, dem Donnerkeil und der Taube. – (2) Die Taube der Venus (rechts über dem Kopf des Mithras). – (3) Das Schwert des Mars (über dem Mantel des Mithras) – (4) Der Donnerkeil Jupiters (am oberen Rand, zwischen dem Raben und Luna). – (5) Die nach unten gewendete persische Mütze (am rechten Rand), sowie ein Pfeil (zwischen Luna und dem Stier). – (6) Die nach oben gewendete persische Mütze (zwischen dem Kopf des Stiers und Cautopates) und die Palme. – (7) Die Sichel Saturns (links neben Mithras).

Abb. 165 b: Rückseite:

Ein Löwe, Symbol des vierten Grades, und vor seinem geöffneten Mund eine Biene, Symbol des zweiten Grades. Anspielung auf die Löwenweihe, bei welcher die Zunge des Initianden mit Honig bestrichen wurde, um sie von aller Sünde zu reinigen (Porphyrios, De antro nympharum 15). Vielleicht haben die Mysten des zweiten Grades (die Nymphoi = Bienen) dabei ministriert.

Um den Löwen die sieben Planeten mit Beischriften, welche geheime Namen der Planeten angeben. Bisher ist es nur für drei dieser Namen gelungen zu bestimmen, auf welchen Planeten sie sich beziehen. Die Namen stehen jeweils im Vocativ: (1) Σημέα = Sol, s. Preisendanz, Pap. Graec. Mag. III 206 in einer Anrufung des Helios – (2) Καντεῦ – (3) Κεντεῦ – (4) Κοντεῦ – (5) Κηριδεῦ = Saturn, s. P. G. M. IV 3105 und 3119 in einer Anrufung des Saturn – (6) Δαρυνγώ = Mercur, s. C. Bonner, Studies in Magical Amulets 196/7 – (7) Λύκυνξ.

Firenze, Museo archeologico.

Abb. 166: V 2355 Gemme, vermutlich aus Aquileia

Fast identisch mit der vorigen Nummer. Der Pfeil des fünften Grades fehlt.

Udine, Museum.

394

Abb. 167: V 2356 Gemme,
zur Hälfte abgebrochen

Vorderseite: Stieropfer, hinter dem Stier sproßt ein Busch oder Baum. Rabe, Skorpion und ein Teil der Schlange erhalten, Hund und Brust des Stiers abgebrochen.

Rückseite: Amor und Psyche (diese nur zur Hälfte erhalten) umarmen sich; rechts neben Amor die Inschrift Νειχαροπληξ. Für dieses Wort vgl. Pap. Graec. Mag. II 14; IV 1280 und 2139; XVI 62 und Audollent, Defixionum tabellae 242, 3; Delatte, Musée belge de philologie et d'histoire 18, 1914, 14; Bonner, Studies in Magical Amulets S. 201 und 245; Delatte-Derchain, Les intailles magiques gréco-égyptiennes (1964) S. 235–8 nr. 323 und 325–7.

Auf dem Rand der Gemme eine Inschrift. Sie ist nur aus einer alten Abschrift bekannt, in der einige Fehler sind; Delatte hat erkannt, daß es sich um ein Palindrom handelt, das auch sonst oft belegt ist. Ich setze gleich die berichtigte Fassung der Formel hierher. Diejenigen Buchstaben, welche auf der Gemme verloren gegangen sind, stehen in eckigen Klammern; der letzte Teil der Formel, von dem noch die Buchstaben]βωε[erhalten sind, stand im Inneren des Rings:

[ιαε]ωβαφρενεμουνοθιλαριχριφιαευε[αιφιρκιραλιθονυομενερφα]βωε[αι]

Diese Formel (oder Teile von ihr) kommt in den Pap. Graec. Mag. oft vor, I 140/1, III 59/60, IV 398/9 und 409, V 357, VII 584/6 und col. 17, XIXa 16–45, XXXVI 115–133, LIX 9–10; Kropp, Koptische Zaubertexte 2, 31 (XIII), 10 und 3, 126. Anspielungen auf die Formel in den Pap. Graec. Mag. I 195; III 77 und 269; IV 3071/2; V 361 und 366; VII 1022.

Wo diese Gemme sich heute befindet, ist unbekannt.

Abb. 168:
Siehe nebenstehende Seite.

395

Abb. 168: V 2361 Gemme (Roter und grüner Jasper Intaglio); s. vorige Seite unten.

Vorderseite: Stieropfer; nur Mithras und der Stier. Mithras = siebter Grad, Pater.

Rückseite: Der Heliodromus (= der Sonnengott) in seinem Viergespann, von vorn gesehen. Er hält in seiner rechten Hand die Peitsche und in der linken den Globus, auf dem zwei sich schneidende Ringe eingezeichnet sind, Himmelsäquator und Zodiacus. Sein Wagen ist mit einem Palmblatt (Symbol des sechsten Grades) verziert. Vgl. die Gruppe aus Stockstadt (V 1174 = Schwertheim S. 140 nr. 116 n mit Tafel 29) und das Relief aus Interanum V 942.

Über dieser Szene steht das Palindrom Αβλαναθαναλβα, das für solare Gottheiten charakteristisch ist (Bonner, Studies in Magical Amulets 202).

Darunter 6 Buchstaben, von links laufend: T V Ξ E V I, was zu erklären bisher nicht gelungen ist. Man könnte es mit der Annahme versuchen, daß der dritte Buchstabe (Ξ) ungenau gezeichnet ist – die Gemme ist hier stark vergrößert abgebildet – und ein nach links gewendetes E darstellen soll, und daß der sechste Buchstabe (I) ein T bedeuten soll. Dann wären die ersten drei Buchstaben von der Mitte aus nach links laufend zu lesen, spiegelverkehrt, EYT. Die nächsten drei Buchstaben ergäben dann, nach rechts laufend, wieder EYT, also zweimal EYT(YXEI). Wenn man die Gemme z. B. auf einem Siegel abdrückte, ergab sich wieder dieselbe Buchstabenfolge, einmal spiegelverkehrt und einmal rechtsläufig. Unter diesen Buchstaben ein Stern.

Breite 3,2 cm; Höhe 2,3 cm. C. Bonner, Studies in Magical Amulets S. 265 nr. 71.
The Metropolitan Museum of Art, New York, Gift of John Taylor Johnson, 1881 [81. 6. 297].

Abb. 169 a/b: V 2364 Rechteckige Gemme (Haematit)

Vorderseite: Stieropfer, mit den Repräsentanten der 7 Grade; seitwärts je ein brennender Altar: (1) Rabe – (2) Schlange – (3) Skorpion – (4) Hund – (5) Luna als Planetengöttin des „Persers" – (6) Sonnengott als Planetengott des Heliodromus – (7) Mithras.

Rückseite: Figur des Abrasax mit Hahnenkopf, erhobener Geißel, einem Schild in der Hand, auf welchem Ιαω steht, einem Panzergewand und Schlangenbeinen. Die Peitsche ist als Attribut des Wagenlenkers auch ein Attribut des Heliodromus, und der Hahn ist ein Tier dieses Grades. Die Abrasax-Figur des Amuletts könnte also auf den Heliodromus bezogen sein.

Sowohl Abrasax als auch Meithras haben den Zahlwert 365, sind also Götter des Jahres.

Höhe 1,3 cm, Breite 1,8 cm, Tiefe 0,3 cm. Bonner, Studies in Magical Amulets S. 264 nr. 68.
Baltimore, Walters Art Gallery [42.868].

REGISTER

398

I. Verzeichnis der Fundorte und jetzigen Standorte der abgebildeten Mithrasmonumente

Die Ziffern beziehen sich auf die Abbildungen in diesem Buch

II Sachregister

Die Ziffern beziehen sich auf die Seiten in diesem Buch, Ziffern in Klammern auf die Anmerkungen

III Stellen aus der Literatur

Aus der griechischen und lateinischen Literatur

* Die indischen und persischen Texte sind nur in Übersetzungen benützt.

406

IV Besprochene Mithrasmonumente, geordnet nach Vermaserens Corpus inscriptionum et monumentorum religionis Mithriacae

Zuerst stehen die Nummer von Vermaseren, daneben die jeweiligen Seiten bzw. Abbildungen in diesem Buch. Die Zahlen in Klammern beziehen sich auf die Anmerkungen.

V Besprochene Mithrasmonumente, die nicht im Corpus von Vermaseren stehen

Die Ziffern beziehen sich auf die Seiten in diesem Buch, Ziffern in Klammern auf die Anmerkungen